Zur Leistungsfähigkeit
privaten Infrastrukturengagements

Europäische Hochschulschriften

Publications Universitaires Européennes
European University Studies

Reihe V
Volks- und Betriebswirtschaft

Série V Series V
Sciences économiques, gestion d'entreprise
Economics and Management

Bd./Vol. 2298

PETER LANG
Frankfurt am Main · Berlin · Bern · New York · Paris · Wien

Antje Stobbe

Zur Leistungsfähigkeit privaten Infrastrukturengagements

Eine Analyse für die neuen Bundesländer

PETER LANG
Europäischer Verlag der Wissenschaften

Die Deutsche Bibliothek - CIP-Einheitsaufnahme

Stobbe, Antje:

Zur Leistungsfähigkeit privaten Infrastrukturengagements : eine Analyse für die neuen Bundesländer / Antje Stobbe. - Frankfurt am Main ; Berlin ; Bern ; New York ; Paris ; Wien : Lang, 1998
(Europäische Hochschulschriften : Reihe 5, Volks- und Betriebswirtschaft ; Bd. 2298)
Zugl.: Jena, Univ., Diss., 1997
ISBN 3-631-32786-2

27
ISSN 0531-7339
ISBN 3-631-32786-2

Printed in Germany 1 2 3 4 5 7

Für Erika und Klaus Peter

Inhaltsübersicht

Inhaltsverzeichnis

Abbildungsverzeichnis

Tabellenverzeichnis

Abkürzungsverzeichnis

AfA	-	Absetzung für Abnutzung
Art.	-	Artikel
Bd.	-	Band
BIP	-	Bruttoinlandsprodukt
BRD	-	Bundesrepublik Deutschland
cet. par.	-	ceteris paribus
DDR	-	Deutsche Demokratische Republik
ehem.	-	ehemalig(e/er)
EGW	-	Einwohnergleichwerte
ERP	-	European Recovery Program
FN	-	Fußnote
ggf.	-	gegebenenfalls
GmbH	-	Gesellschaft mit beschränkter Haftung
i.d.R.	-	in der Regel
i.e.S.	-	im engeren Sinne
IC	-	Intercity-Zug
i.S.	-	im Sinne
Jhdt.	-	Jahrhundert
Kap.	-	Kapitel
KLV	-	Kombinierter Ladungsverkehr
km/h	-	Kilometer pro Stunde
km^2	-	Quadratkilometer
m^3	-	Kubikmeter
Mio.	-	Millionen
Mrd.	-	Milliarden
NFL	-	Holländische Gulden
Nr.	-	Nummer
NVA	-	Nationale Volksarmee
o.g.	-	oben genannt(e/n)
Pkm	-	Personenkilometer
qkm	-	Quadratkilometer
RdNr.	-	Randnummer
RGW	-	Rat für gegenseitige Wirtschaftshilfe
sog.	-	sogenannte(r)
SERO	-	Sekundärrohstoffwirtschaft
Sp.	-	Spalte
tkm	-	Tonnenkilometer
u.a.	-	unter anderem
vgl.	-	vergleiche

Verzeichnis der wichtigsten Symbole

Teil III

μ, λ, β	Lagrangemultiplikatoren
ε	Spillover-Quote
AC	Durchschnittskosten im Einproduktfall
AR	Durchschnittserlös im Einproduktfall
C	Kostenfunktion
c	Überfüllungsfunktion
C_i	Grenzkosten des Kollektivgutes i
D	Nachfrage
k	Zahl von Konsumgruppen
MC	Grenzkosten im Einproduktfall
MR	Grenzerlös im Einproduktfall
MRS	Grenzrate der Substitution
MRT	Grenzrate der Transformation
p	Preis
p_e	absoluter Geldwert des externen Effektes
p_g	Geldwert des Gesamtnutzens des Kollektivgutes
q_i	Qualitätsvariable des Kollektivgutes i
R_i	Grenzerlös des Kollektivgutes i
s	Zahl der Mitglieder
$\hat{s}$	Gesamtbevölkerung
U	Nutzenfunktion eines repräsentativen Haushaltes
v	variable Nutzungsrate
w_i	Gewichte der sozialen Wohlfahrtsfunktion
x	ganzzahlige Menge von Konsumgruppen
X	Kollektivgut
y	privates Gut, Output
z_i	Zahl der Nutzer eines Kollektivgutes i

Teil IV

τ	Einkommenssteuersatz
ρ	Zeitpräferenzrate
β, γ	Elastizitäten
ϕ, φ	Stadt
ν, ζ, ι	Region
α_K, α_L, α_V	Produktionselastizitäten der eingesetzten Faktoren
$\eta_{k,t}$	Steuerelastizität des pro-Kopf-Kapitals

$\eta_{k,V}$	Infrastrukturelastizität des pro-Kopf-Kapitals
η_{KV}	Infrastrukturelastizität der privaten Kapitalnachfrage
A	Agglomerationsfaktoren
a	Index der Inputeffizienz
b_{φ}	Gewichte verschiedener Verkehrsträger
c	pro-Kopf-Konsum
$c_{\phi v}$	Anteil der Stadtbevölkerung an der Regionenbevölkerung
C_V	Grenzkosten der Infrastruktur
C_Y	Grenzkosten des Outputs
d	Entfernung zwischen Städten in der Region
E	Entwicklungsachsenvariable
f_{kg} bzw. f'	Symbole der entsprechenden Ableitungen der Pro-Kopf-Größen
F_K	Grenzproduktivität des Kapitals
F_L	Grenzproduktivität der Arbeit
F_V	Grenzproduktivität der Infrastruktur
G	Infrastrukturleistungen
H	Zahl der Unternehmen
K	privates Kapital
k	Pro-Kopf-Kapitalausstattung
k_0	Kapitalvermögen (Anfangsausstattung)
K_{ges}	gesamter Kapitalstock der Volkswirtschaft
L	Arbeit
M_ι	Einwohnerzahl einer Region
N_ϕ	Einwohnerzahl einer Stadt
n_ι	Wachstumsrate der Arbeitsbevölkerung der Region i
Q_ι	Locational Qualities der Region i
r	Kapitalmarktzins
R	Zahl der Regionen
S_ι	Sektoralstruktur der Region i
t	Steuersatz auf Kapital
V	Infrastruktur
w	Lohnsatz
Y	gesamtwirtschaftliche Produktion
y	Pro-Kopf-Produktion eines Unternehmens
y_g	Wachstumsrate des Konsums bzw. des Sozialproduktes
y_p	Wertschöpfung eines repräsentativen Haushalts
y_ι	Wachstumsrate des regionalen Einkommens
y_ι^c	Wachstumsrate der zentralen Subregion

I. Problemstellung

Die Wirtschafts- und Währungsunion der beiden deutschen Staaten zum 1.7.1990 hat vor allem auf Seiten der ehemaligen DDR eine schwere Anpassungskrise ausgelöst. Der Zusammenbruch einer Vielzahl in der Marktwirtschaft nicht wettbewerbsfähiger Unternehmen verursachte zunächst eine hohe Arbeitslosigkeit. Für den nachfolgend nur verzögert einsetzenden Aufschwung in den neuen Bundesländern wurden umfangreiche Investitionshemmnisse verantwortlich gemacht. Diese sind zum einen Teil in den institutionellen Rahmenbedingungen zu suchen, so z.B. in administrativen Hemmnissen, wie einer mit den neuen Rechtsgebieten nicht vertrauten Verwaltung, aber auch in ungeklärten Eigentumsfragen. Zum anderen Teil hat aber auch „der desolate Zustand der vorhandenen Infrastruktur - insbesondere im Verkehrs- und Kommunikationsbereich - [...] Investoren abgeschreckt.“[1] Zudem werden Mängel in der Abfallbeseitigung, in der Abwasserent- und Wasserversorgung, im Gewässerschutz, in der Luftreinhaltung sowie in der Energieversorgung sowohl für eine Behinderung der wirtschaftlichen Entwicklung als auch für eine Beeinträchtigung der Lebensqualität der Menschen verantwortlich gemacht.[2]

Aus der Diagnose einer mangelhaften Infrastrukturausstattung erwächst die Forderung nach Sanierung und Erweiterung des Infrastrukturbestandes zur Beschleunigung des wirtschaftlichen Wachstums. Dieser Forderung stehen aber nicht nur Restriktionen im Bereich der Planung und Ausführung gegenüber, sondern vor allem auch begrenzte Finanzierungsspielräume namentlich der öffentlichen Hand. Daher wird vielfach die Beteiligung privater Unternehmen an der Erstellung und Finanzierung von Infrastrukturinvestitionen erwogen. Zudem wird auf Spezialisierungsvorteile privater Unternehmen, deren wirtschaftlichere Betriebsführung sowie eine bessere Qualität des Managements hingewiesen.[3]

Durch die zeitgeschichtlichen Ereignisse der Wiedervereinigung hat sich in den 1990er Jahren das praktische und wissenschaftliche Interesse Fragen der Infrastruktur zugewandt, wobei besonders die Beteiligung privater Unternehmen an der Bereitstellung von Infrastrukturgütern Aufmerksamkeit erhält. Die Auseinandersetzung mit dem Thema Infrastruktur kann auf einen breiten Dialog in den 1960er und 1970er Jahren in Deutschland zurückgreifen. Damals beschäftigte man sich vor allem mit Fragen der Bedeutung von Infrastrukturinvestitionen für die wirtschaftliche Entwicklung und der statistischen Erfassung dieser Zusammenhänge, aber auch mit Analyseverfahren, Planungs- und Entscheidungsprozessen sowie Planungskritik.[4] Grundlegende und nicht in Frage

---

1 Sachverständigenrat (1991) S. 5.
2 Vgl. Sachverständigenrat (1990) S. 251.
3 Vgl. ebenda S. 252.
4 Vgl. z.B. Jochimsen, R. (1966) sowie verschiedene Beiträge in Simonis, U.E. (1977) und Arndt, H.; Swatek, D. (1971).

gestellte Annahme war die Bereitstellung von Infrastrukturgütern durch den Staat. Folglich ist dieses Kennzeichen auch als Merkmal in verschiedenen Definitionen von Infrastruktur enthalten.[5]

Die Diskussion der 1990er Jahre wendet sich hingegen fast übergangslos,[6] d.h. ohne die Argumente für eine 'Staatsaufgabe Infrastruktur' zu würdigen, der Erörterung der Rolle von Privaten im Rahmen der Bereitstellung, Finanzierung und/oder Erstellung von Infrastrukturgütern zu. Dieser perspektivische Wandel hängt wesentlich mit einer Gewichtsverschiebung innerhalb grundsätzlicher ökonomischer Denkmuster zusammen. „Der wissenschaftliche „Paradigmenwechsel" hin zu neoliberalen und angebotsökonomischen Konzepten staatlicher Wirtschaftspolitik sowie die verstärkte institutionelle Betrachtung ökonomischer Zusammenhänge durch den „property rights" und „agency"-Ansatz, die „ökonomische Theorie der Politik" und die Bürokratietheorie belebten auch das wissenschaftliche Interesse an der Deregulierung und der Einbeziehung Privater in die Produktion und Bereitstellung öffentlicher Leistungen."[7]

Ebensowenig wie die meisten neueren Ansätze ihre Abwendung von der herkömmlichen Theorie der Infrastruktur in Bezug auf das Bereitstellungsproblem begründen, sind sie durch eine klare Bestimmung des Begriffs der Infrastruktur oder der 'Privatisierung' gekennzeichnet. So ist sowohl von „Fragen der privaten Bereitstellung und Privatisierung von Infrastruktur und öffentlichen Leistungen allgemein"[8] als auch von privater Finanzierung[9] oder Einbeziehung Privater in die Produktion von Infrastrukturleistungen die Rede. Vor dem Hintergrund grundsätzlich ähnlicher Erwägungen in den genannten Veröffentlichungen führt deren ambivalente begriffliche Grundlegung jedoch zu wenig trennscharfen Ergebnissen. Darüber hinaus resultiert die stark von politischen Grundhaltungen geprägte Diskussion nicht selten in einer Konfrontation von Behauptungen anstelle einer Abwägung sachlich begründeter Argumente unter Verwendung eines transparenten Bewertungshintergrundes.

Sowohl die veränderte reale Situation seit der Wiedervereinigung als auch die vielfach wenig transparente theoretische Diskussion bieten Anlaß, sich um eine grundsätzliche Klärung des Problems zu bemühen. Die in dieser Arbeit zu untersuchende Frage lautet „Was kann privates Infrastrukturengagement vor dem Hintergrund der Situation in den neuen Bundesländern leisten?" Diese Problemstellung beinhaltet - wie bereits angedeutet - jedoch ihrerseits verschiedene unbestimmte Begriffe, deren Bedeutung im Zuge des Fortgangs der Arbeit zu erläutern ist, um eine präzise Beantwortung der Ausgangsfrage zu ermöglichen. In diesem Zusammenhang sind vier Problembereiche abzugrenzen. Zunächst ist

---

5 Vgl. z.B. Stohler, J. (1965) S. 294, Tuchtfeld, E. (1977) S. 146ff.
6 Eine Ausnahme stellt die Arbeit von Klös, H.-P. (1989a) dar.
7 Bach, S. (1994) S. 208.
8 Ebenda.
9 Vgl. z.B. Kirchhoff, U.; Müller-Godeffroy, H. (1994), Schmidt, F.O. (1993b) S. 528f.

zu fragen, ob die These eines mangelhaften Infrastrukturbestandes in den neuen Ländern in Verbindung mit einer zu geringen Planungs-, Finanzierungs- und Durchführungskapazität überhaupt zutreffend ist. Dies ist gleichbedeutend mit der Frage, welchen ökonomischen Stellenwert dieser Untersuchungsgegenstand vor dem Hintergrund der deutschen Wiedervereinigung hat (Abschnitt II.2 - 4).

Ausgangsfrage:	Was kann privates Infrastrukturengagement vor dem Hintergrund der Situation in den neuen Bundesländern leisten?
Problemkreis 1:	Welchen ökonomischen Stellenwert hat die Ausgangsfrage vor dem Hintergrund der deutschen Wiedervereinigung?
Problemkreis 2:	Was ist unter dem Begriff Infrastruktur zu verstehen?
Problemkreis 3:	Was ist unter privatem Infrastrukturengagement zu verstehen?
Problemkreis 3a:	Inwieweit sollen unter normativen (bspw. wohlfahrtstheoretischen) Gesichtspunkten Kompetenzen im Rahmen der Bereitstellung von Infrastrukturgütern Privaten übertragen werden?
Problemkreis 3b:	Welche konkrete Ausgestaltung kann ein privates Engagement annehmen?
Problemkreis 4:	Vor welchem Bewertungshintergrund ist die Leistungsfähigkeit privaten Infrastrukturengagements zu überprüfen?

Tab. 1.1: Übersicht zu den zu behandelnden Problemkreisen.

Will man diesen Problemkreis erörtern, so ist allerdings zweitens *zuvor* zu beantworten, was unter dem Begriff Infrastruktur zu verstehen ist, da es sich hierbei um einen wenig aussagekräftigen Oberbegriff handelt (Abschnitt II.1). Der dritte Diskussionsbereich befaßt sich mit der Frage, was unter einem 'privaten Infrastrukturengagement' zu verstehen ist. Dieser Problemkreis ist zweigeteilt: Zum einen ist zu beleuchten, inwieweit Kompetenzen im Rahmen der Bereitstellung von Infrastrukturgütern prinzipiell Privaten übertragen werden sollen. Hierzu ist das Bereitstellungsproblem von Infrastrukturgütern mit Hilfe wohlfahrtstheoretischer Argumente zu untersuchen (Abschnitt III). Zum anderen ist zu analysieren, welche konkreten institutionellen Ausgestaltungen ein privates Engagement annehmen kann.[10] Nur wenn diese Gestaltungsformen präzise voneinander abgegrenzt werden, läßt sich im Anschluß die Frage nach deren Leistungsfähigkeit beantworten.

Die Beantwortung der Ausgangsfrage erfordert viertens die Skizzierung eines Bewertungsmaßstabes in Form eines Zielsystems. Hier sollen raumordnungs- und regionalpolitische sowie finanzwissenschaftliche und ordnungspolitische Kriterien entwickelt werden, um die Konzeption der Leistungsfähigkeit transparent zu gestalten (Abschnitt IV). Nachdem diese vier Präzisierungen erfolgt sind, kann die Ausgangsfrage „Was kann privates Infrastrukturengagement vor dem Hintergrund der Situation in den neuen Bundesländern leisten?" beantwortet werden (Abschnitt V).

Das Erkenntnisinteresse der Arbeit besteht in einer Analyse der Leistungsfähigkeit privaten Infrastrukturengagements. Die zur Beleuchtung dieses Themenkomplexes gewählte *Vorgehensweise* der Arbeit orientiert sich daher sowohl an diesem Erkenntnisinteresse als auch an einer möglichst umfassenden Darlegung des Erkenntnisgegenstandes 'Infrastruktur'. So sollen einerseits Art und Umfang staatlicher Aufgabenkompetenzen hinterfragt werden. Andererseits ist die Leistungsfähigkeit privaten Infrastrukturengagements aus ganz unterschiedlichen Perspektiven zu beleuchten, so z.B. aus dem Blickwinkel der Wachstumstheorie, der Ordnungspolitik etc. Zwar läßt sich argumentieren, daß eine *geschlossene* Theorie der Infrastruktur bisher fehle, die dieser umfassenden Betrachtungsweise gerecht werden könnte. Im folgenden sind aber jeweils *die* Ansätze zu präsentieren, die zur Beantwortung der anliegenden Teilfrage am geeignetsten erscheinen. In diesem Zusammenhang werden daher *unterschiedliche Perspektiven* ökonomischer Theoriebildung herangezogen, welche zu einer umfassenden Beleuchtung des Erkenntnisgegenstandes beitragen, nicht jedoch ein *konsistentes Theoriegebäude* darstellen.

---

10 Die einzelnen Finanzierungsformen werden der Übersichtlichkeit halber in Abschnitt V der Arbeit den jeweiligen Bewertungen vorangestellt.

II. Infrastruktur - begriffliche Grundlagen und situativer Kontext

1. Begriffliche Grundlagen

1.1 Dogmenhistorische Betrachtung

1.1.1 Infrastruktur als Staatsaufgabe und Entwicklungsparameter

Im folgenden ist zunächst zu klären, was unter dem Begriff der Infrastruktur zu verstehen ist (Problemkreis 2). Nimmt man aktuelle Veröffentlichungen zum Thema Infrastruktur zur Hand, so wird unter diesem Oberbegriff ein weites Spektrum verschiedener Themengebiete abgehandelt, so z.B. Probleme des Verkehrs, der Trinkwasserversorgung und Abwasserentsorgung, der Aus- und Weiterbildung, des Aufbaus von Verwaltungsstrukturen, der Energieversorgung, der Abfallwirtschaft, der Forstwirtschaft, des Gesundheitswesens, des Umweltschutzes, des Freizeit- und Sportwesens, der inneren und äußeren Sicherheit sowie der Telekommunikation.[11] Die obige Aufzählung ist jedoch eher eine (fast) wahllose Auflistung und leistet keinen konstruktiven Beitrag zu einer trennscharfen Begriffsbestimmung von Infrastruktur. So fällt es schwer, von den genannten Bereichen soweit zu abstrahieren, daß sich einheitliche Merkmale zu einer umfassenden Definition von Infrastruktur zusammenfassen lassen. Obwohl oder vielleicht gerade weil Infrastruktur einen beinahe konturenlosen Oberbegriff darstellt, hat dieser Terminus eine sehr breite Verwendung gefunden. So formuliert BOESLER: „Zu den unbestimmten, aber praktisch nicht mehr eliminierbaren Worten des landesplanerischen Sprachgebrauchs gehört *Infrastruktur*."[12]

Anstatt Infrastruktur auf Basis des heutigen Verständnisses zu definieren, kann der Versuch unternommen werden, zur Präzisierung des Begriffsinhaltes von Infrastruktur auf dessen dogmenhistorische Genese zurückzugreifen, d.h. zu skizzieren, welche Güter mit dem Begriff Infrastruktur belegt worden sind. Ein derartiges Zurückverfolgen des Begriffes zu seinen ursprünglichen Elementen könnte Aufschluß über Herkunft und historisches grundsätzliches Verständnis der Bezeichnung Infrastruktur geben. Jedoch ist die erstmalige Verwendung des Begriffsnamens 'Infrastruktur' erst auf die 40er Jahre dieses Jahrhunderts zu datieren. Dieser entstammt dem französischen Eisenbahnwesen, in welchem *infrastructure* die erdverbundenen Einrichtungen mit langer Lebensdauer (Bahnkörper, Tunnel, Brücken, Bahnhöfe etc.) bezeichnet.[13] Politische Bedeutung erlangte der Begriff erst in der NATO zu Beginn der 1950er Jahre, wo er im Zuge eines Programms zum Ausbau von Flughäfen, Öl-Pipelines und Treibstoffreservoirs sowie von Kommunikations- und Luftverteidigungssyste-

---

[11] Vgl. Institut für Kommunalwissenschaften, Konrad-Adenauer-Stiftung (1992), Roscher, H. (1993), Wille, E. (1993) S. 17.

[12] Boesler, F. (1966) Sp. 767.

[13] Vgl. Frey, R.L. (1984) S. 201.

men die ortsfesten Anlagen und Einrichtungen bezeichnete.[14] Der Versuch, die Genese des Begriffsinhalts der Infrastruktur zu beschreiben, ist also mit dem Hindernis verbunden, daß der Begriffsname bis zu Beginn der 40er Jahre nicht existierte. Da die gegenständliche Existenz von Infrastruktur jedoch *nicht* neu ist, lassen sich in der Dogmengeschichte *Vordiskurse* in ökonomischer Perspektive[15] namhaft machen, die durch eine begriffliche Zusammenfassung bestimmter Kategorien von Gütern zu dem Sammelbegriff Infrastruktur in seiner nunmehr üblichen Bedeutung als Element des Marktes geführt haben. Bei diesem Versuch ist als Arbeitshypothese zunächst von den in der obigen Auflistung genannten Bereichen, die vorläufig als zur Infrastruktur zugehörig vermutet werden, auszugehen. Der Begriff Infrastruktur soll zusammenfassend verwendet werden, wenn ein Unterlassen weiterer Spezifizierungen dies erlaubt.

Bereits die **Merkantilisten** waren im 17. Jahrhundert von der Bedeutung des Ausbaus des Verkehrssystems sowie der höheren Ausbildungs- und Forschungsanstalten für die Förderung des Wohlstandes und die Behauptung des Territorialstaates überzeugt. Die merkantilistischen Theoretiker „were practitioners dedicated to improving their own fortunes and those of their nation in the struggle against other states for supremacy. The ultimate test of the strong state was its ability to wage war, [...]. [...] The modern state needed money to acquire the sinews of war. The essence of mercantilism, therefore, was statecraft (Staatsbildung), and economic policy became a primary instrument to promote the simultaneous development and growth of the economy and the state.“[16] Ausdruck und Maß fand dieses Ziel in der Verwirklichung einer positiven Zahlungsbilanz durch Förderung des Handels und speziell des Exports. Dies wurde z.B. in Frankreich unter JEAN-BAPTISTE COLBERT (1619-1683) im wesentlichen durch eine Konzentration von Produktion und Handel in der Hand des Staates angestrebt. Die sich entwickelnde *staatliche Wirtschaftspolitik* zielte unter anderem auf den Ausbau der Verkehrsinfrastruktur, um geeignete räumliche und institutionelle Bedingungen für ein einheitliches Wirtschaftsgebiet zu schaffen.[17] Gleichzeitig diente die Erweiterung des Verkehrswesens auch als Voraussetzung dafür, alle Wirtschaftssubjekte in Arbeitsteilung und Handel einzubeziehen.

Auch der deutsche Kameralismus sieht den Staat als bedeutendsten Handel- und Gewerbetreibenden der vorindustriellen Zeit, dessen Aktivitäten ursprünglich fiskalisch motiviert waren.[18] Ähnlich wie in Frankreich wurde der

---

14 Vgl. van Laak, D. (1995) S. 1, Boesler, F. (1966) Sp. 767.

15 Vernachlässigt werden soll z.B. die kulturanthropologische Perspektive oder die Analyse des Infrastrukturbegriffs in seiner Bedeutung als Element von Staatlichkeit Hegels. Vgl. hierzu van Laak, D. (1995) S. 6.

16 Rima, I.H. (1986) S. 23.

17 Vgl. Henning, F.-W. (1985) S. 142, Frey, R.L. (1972) S. 4.

18 Vgl. Henning, F.-W. (1985) S. 239.

Infrastruktur eine so emminente entwicklungs- und wachstumspolitische Bedeutung zugeschrieben, daß der Ausbau der Infrastruktur sowie weiterer technischer Voraussetzungen des Handels zusammen mit dem Militär zu den vordringlichen Aufgaben aufgeklärter absolutistischer Staaten gehörte.[19] Damit deuten sich bereits im 17. Jahrhundert zwei fundamentale Infrastruktur-Diskurse der späteren Zeit an: zum einen die Frage, ob es sich bei der Bereitstellung von Infrastrukturgütern um eine Staatsaufgabe handelt, und zum anderen die Rolle der Infrastruktur als Voraussetzung für wirtschaftliche Entwicklung.

Sir **WILLIAM PETTY** (1623-1687) formulierte 1662 seinen Katalog der Staatsaufgaben („The Publick Charges of the State")[20], zu welchen er neben Landesverteidigung, Justiz, Polizei, Schulen und Universitäten die „öffentliche Werke" zählte. Explizit nennt er als Teil staatlicher Aufgaben „the Charge of Highwayes, Navigable Rivers, Aquaeducts, Bridges, Havens, and other things of universal good and concernment."[21] Dieser Katalog diente als Grundlage für die später von **ADAM SMITH** (1723-1790) formulierten Leistungspflichten moderner Staatlichkeit, zu denen neben der Friedenssicherung nach innen und außen die Bereitstellung von Infrastruktur als dritte Staatsaufgabe zählt. SMITH beschreibt diese Aufgabe wie folgt:

„... and, thirdly, the duty of erecting and maintaining certain publik works and certain publik institutions, which it can never be for the interest of any individual, or small number of individuals, to erect and maintain; because the profit could never repay the expence to any individual or small number of individuals, though it may frequently do much more than repay it to a great society."[22]

Vor dem Hintergrund ökonomischer Theoriebildung im 20. Jahrhundert lassen sich die Ausführungen von SMITH bereits als Konnotationen wohlfahrtstheoretischer Argumente interpretieren. So kann das obige Zitat in seinem ökonomischen Gehalt als Idee des Kollektivgutproblems und des damit verbundenen Trittbrettfahrerproblems interpretiert werden.[23] Auch deutet der Halbsatz „though it may frequently do much more than repay it to a great society" die Divergenz sozialer und privater Nutzen an und würde nach moderner ökonomischer Theorie auf das Vorliegen externer Effekte von Infrastrukturgütern hinweisen. Weitere ökonomische Schlußfolgerungen, die über die Klassifizierung der Bereitstellung von Infrastruktur - bei SMITH Straßen, Kanäle und Häfen aber auch z.B. die kostenlose Volksschule - als Staatsaufgabe hinausgehen, werden jedoch aus dieser Zuordnung nicht gezogen.

JOHN STUART MILL (1806-1873) betrachtet staatliche Eingriffe in den Wirtschaftskreislauf als zu begründende Ausnahmen der von ihm favorisierten

---

19 Vgl. Himmelmann, G. (1986) S. 36.

20 Petty, W. (1662) S. 1.

21 Ebenda S. 3.

22 Smith, A. (1776/1994) 4. Buch, 9. Kapitel, S. 745

23 Vgl. Frey, R.L. (1984) S. 202.

Laisser-faire-Politik.[24] Als eine derartige Ausnahme ist nach MILL beispielsweise das staatliche Schulwesen zu qualifizieren, da hier die Konsumentensouveränität aufgrund einer Unterschätzung zukünftiger Nutzen von Bildung versage.[25] Auch alle Objekte zur Sicherung der Schiffsnavigation (Leuchttürme, Seezeichen etc.) müsse der Staat bereitstellen, da Private aufgrund fehlender Möglichkeiten, Konsumenten von der Nutzung auszuschließen, keine Erträge erzielen könnten und so kein Interesse an einem privaten Angebot bestehe.[26] Das hier angedeutete, aber nicht so benannte Trittbrettfahrerproblem beschrieb 1739 bereits DAVID HUME (1711-1776) und zog es als ökonomische Rechtfertigung für eine staatliche Bereitstellung von Infrastrukturgütern heran:

„Tho neigbours may agree to drain a meadow, which they possess in common; because 'tis easy for them to know each others mind; and each must perceive, that the immediate consequence of his failing in his part, is, the abandoning the whole project. But 'tis very difficult, and indeed impossible, that a thousand persons shou'd agree in any such action; it being difficult for them to concert so complicated a design, and still more difficult for them to execute it; while each seeks a pretext to free himself of the trouble and expence and wou'd lay the whole burden on others. Political society easily remedies both these inconveniences... Thus bridges are built; harbours open'd, ramparts rais'd; canals form'd; fleets equip'd; and armies disciplin'd; every where, by the care of government, which [...] [is] exempted from all these infirmities."[27]

Zu bemerken ist jedoch, daß Infrastrukturkomponenten auch an dieser Stelle nur im Zusammenhang mit der primären Frage Erwähnung finden, *ob* und *inwieweit* der Staat in den Wirtschaftskreislauf eingreifen solle. Sie sind jedoch nicht *als solche* Gegenstand der Diskussion. Demgegenüber formulierte der französische Eisenbahningenieurs **JULES DUPUIT** (1804-1866) am Beispiel von Brücken, Chausseen und Eisenbahnen weitergehende ökonomische Konzeptionen. So stellte er - auf der Suche nach einer Entscheidungsregel für die Bereitstellung von Infrastrukturgütern[28] - die Frage nach der Meßbarkeit des Nutzens derartiger Einrichtungen und erlangte dabei erstmalig ein Verständnis des Grenznutzenkonzepts.[29] Anhand theoretischer und numerischer Beispiele befaßte sich DUPUIT weiterhin mit dem Problem der Kosten und Erträge des Eisenbahntransportes. Obwohl er keine geschlossene Kostentheorie formulierte, ist davon auszugehen, daß DUPUIT das mit Transportnetzen verbundene Phänomen der economies of scale bzw. des natürlichen Monopols erkannte.[30] So ist

---

24 Vgl. Mill, J.S. (1848/1985) S. 314.

25 Vgl. ebenda S. 318.

26 Vgl. ebenda S. 343.

27 Hume, D. (1739/1978) S. 538f.

28 Vgl. Ekelund, R.B., Jr.; Hébert, R.F. (1976) S. 269.

29 Vgl. Dupuit, J. (1844/1952) S. 94, Ekelund, R.B., Jr., Hébert, R.F. (1976) S. 270. So analysierte er beispielsweise das Nutzenproblem sowie die Existenz und Größe von Konsumenten- und Produzentenrente am Beispiel der Nutzung von Brücken.

30 Vgl. Ekelund, R.B., Jr.; Shieh, Y.-N. (1986) S. 489. Die Bedeutung von DUPUITS Beitrag zur Theorie des Marginal Cost Pricing ist allerdings umstritten. So ist beispielsweise ABOUCHAR der Ansicht, daß es nicht angemessen sei, den von DUPUIT formulierten theo-

DUPUITS Werk als Beitrag zu einem Vordiskurs der *wohlfahrtstheoretischen Infrastrukturdiskussion* zu klassifizieren.

Ähnlich wie DUPUIT zog auch **FRIEDRICH LIST** (1789-1846) seine ökonomischen Schlußfolgerungen aus der Betrachtung des Eisenbahnwesens. Unter dem Einfluß der Freihandelslehre ADAM SMITHs und als Wegbereiter des deutschen Zollvereins (1834)[31] betonte LIST besonders die Bedeutung der (Verkehrs-)Infrastruktur für die gesamtwirtschaftliche Entwicklung. Dies ist vor allem auf die generelle ökonomische Perspektive LISTs zurückzuführen, der mit seiner 'Theorie der produktiven Kräfte' auf die *Schaffung* von zukünftigem Wohlstand abstellt und sich dadurch von den Klassikern abgrenzt, die die *Anhäufung* von Reichtum in Form von Konsumgütern ins Zentrum ihrer Betrachtung gestellt hatten. „Die *Kraft, Reichtümer zu schaffen* ist [...] unendlich wichtiger als der *Reichtum selbst.*"[32] So stellt LIST die Möglichkeiten der Güterproduktion und den Beitrag der produktiven Kräfte zum zukünftigen Wohlstand in den Mittelpunkt seiner Betrachtung. Unter der Prämisse, daß das „[Produzieren] produktiver Kräfte" produktiver sei, als Tauschwerte herzustellen,[33] gelangt LIST zu der Auffassung, daß

> „[k]ein Aufwand der gegenwärtigen Generation [...] so entschieden und so vorzugsweise zum besondern Vorteil der künftigen Generation [gereicht] als der für die Verbesserung der Transportmittel, zumal da in der Regel dergleichen Anlagen, außerdem daß sie die produktiven Kräfte der künftigen Generation außerordentlich und in fortwährend steigender Progression vermehren, im Lauf der Zeit nicht nur sich hinreichend verzinsen, sondern auch noch Dividenden bringen."[34]

Nicht nur das Transportwesen, sondern auch die Leistung von Lehrern, Virtuosen, Ärzten, Richtern und Administratoren trage dazu bei, die *Rahmenbedingung für zukünftiges Wirtschaften* zu schaffen. Damit wird die Infrastruktur bei LIST als Voraussetzung für Produktion, wirtschaftliche Entwicklung und Handel

---

retischen Ansatz auf die komplexe Problematik heutiger Transportnetze zu übertragen. Dies sei darin begründet, daß seine Auffassung zum Preisproblem nicht mehr rekonstruiert werden könne. Vgl. Abouchar, A. (1976) S. 276, ähnlich Ekelund, R.B. (1968) S. 462f.

31 1819 wurde unter dem Einfluß von LIST der Deutsche Handels- und Gewerbsverein gegründet. Vgl. Henning, F.-W. (1993) S. 89 und S. 87.

32 List, F. (1959) S. 144, (Hervorhebung im Original). Entgegen der Überschrift des 12. Kapitels seines Werkes 'Das Nationale System der Politischen Ökonomie' handelt es sich bei der Theorie der produktiven Kräfte allerdings um kein geschlossenes Konzept. Vgl. Häuser, K. (1989) S. 243.

33 List, F. (1959) S. 151f.

34 Ebenda S. 265f. Hier schließt sich auch die Überlegung an, daß aufgrund der hohen zukünftigen Nutzen von Infrastrukturgütern auch die Kosten derselben auf kommende Generationen verteilt werden dürfen. Hierzu ist eine Finanzierung durch Staatsverschuldung gerechtfertigt [vgl. ebenda S. 265].

betrachtet.[35] Gleichzeitig betont er die Rolle von Staat und Verfassung, welche die Aufgabe haben, eben jene geeigneten Rahmenbedingungen zu schaffen.[36] LIST wendet sich in dieser Auffassung gegen SMITH, da nach seiner Auffassung die Privatökonomie nicht als Leitbild für die Nationalökonomie dienen könne. Die Privatökonomie vernachlässige vielmehr die Bedürfnisse künftiger Generationen. So führt er zur Aufgabe des Staates aus:

„Der Staat ist bei dergleichen Unternehmungen [Errichtung der Verkehrsinfrastruktur sowie Führung von Verkehrsunternehmungen (A.S.)] den Privatkompanien gegenüber in großem Vorteil: er gewinnt jedenfalls, insofern die nationalökonomischen Vorteile fast überall unendlich größer sind als der erforderliche Aufwand, selbst wo das Erträgnis nur die Betriebskosten ersetzt; bei ihm wird der Verlust auf den minder günstigen Linien durch den Gewinn auf den bessern ausgeglichen; er kann mehr auf den Nutzen des Ganzen als den Vorteil des Einzelnen, mehr auf den Staatszweck als auf den augenblicklichen Ertrag der Unternehmungen sehen; er wird also mehr System und Einheit ins Ganze bringen. In seiner Natur liegt es, nicht nur die Bedürfnisse der Gegenwart, sondern auch die der künftigen Generationen ins Auge zu fassen, während die Privaten sich zunächst nur die Erreichung von Dividenden und von möglichst hohen Dividenden zum Ziel setzen müssen. Der Staat, zumal wo es sich von finanziell produktiven Unternehmungen handelt, ist in seinen Mitteln unendlich weniger beschränkt als Privatkompanien; er vermag also die Nation früher in den Besitz der Vorteile solcher Unternehmungen zu setzen.“[37]

Hier wird deutlich, daß LIST die dem Staat zuzuordnenden Aufgaben weiter faßt als SMITH und ihm auch die Beachtung zukünftiger Belange zuordnet. Weiterhin wird dem Staat der Vorteil zugeschrieben, defizitäre Betriebsführung durch Quersubventionierung ausgleichen zu können und gesamtwirtschaftlichen Nutzen in das Kalkül einzubeziehen.

Die vorangehende Betrachtung hat zwei wichtige Vordiskurse zur Begriffsbildung von Infrastruktur erhellt. So wird erstens thematisiert, ob und aus welchen Gründen die Bereitstellung von bestimmten Infrastrukturgütern (Bildung, Verkehr) als Staatsaufgabe anzusehen ist. Gemeinsam ist den verschiedenen Argumentationslinien die Überlegung, daß der Markt nicht in allen Fällen zu befriedigenden Ergebnissen führe und daher einer übergeordneten, staatlichen Unterstützung bedürfe. So wird auf - hier nach modernem Theorieverständnis benannte - Phänomene wie Kollektivgüter in Verbindung mit dem Trittbrettfahrerproblem, externe Effekte, die Unterschätzung zukünftiger Nutzen sowie natürliche Monopole als Rechtfertigung einer staatlichen Zuständigkeit hingewiesen. Das empfohlene Ausmaß des Staatseingriffs ist allerdings kritisch von der zugrundeliegenden Staatsauffassung der einzelnen Theoretiker abhängig.

Zweitens wird die integrative Rolle von Infrastrukturgütern als Voraussetzung für wirtschaftliche Entwicklung und Wachstum erörtert. Während jedoch

---

35 Deutlich wird dies auch in den Ausführungen LISTS über die Entstehung und Entwicklung einzelner Gewerbezweige, für die er auch die Relevanz von Kanal- und Deichbauten herausstellt. Vgl. List, F. (1959) S. 263ff.

36 Vgl. Häuser, K. (1989) S. 243.

37 List, F. (1837/1929) S. 60.

im Merkantilismus Infrastruktur vor allem der Verteidigung des frühneuzeitlichen Territorialstaates gegen innere und äußere Feinde diente, stand bei SMITH und LIST ihre den Handel und Wohlstand fördernde Funktion im Vordergrund. Diese erlangt mit Beginn der Industrialisierung eine besondere Bedeutung, als der wachsende Güteraustauch durch eine sprunghafte Ausweitung des Verkehrssektors ermöglicht wurde.[38] Durch die mit der Industrialisierung einhergehenden sozialen Veränderungen wurde, was heute als Infrastruktur bezeichnet wird und bis zu diesem Zeitpunkt hauptsächlich das Transport- und Bildungswesen umfaßte, zudem in seinem Begriffsspektrum erweitert.

1.1.2 Infrastruktur und Daseinsvorsorge

Vor dem Hintergrund einer (manchester-)liberalen Staatsauffassung, der fortschreitenden Industrialisierung und der hieraus resultierenden Forderung nach vollkommener Freiheit im Wirtschaftsleben entwickelten sich gravierende Disparitäten in den Lebensbedingungen der Bevölkerung. So wurden die im Zuge der Industrialisierung und des technischen Fortschrittes entstehenden realen Wohlstandszuwächse zugunsten der Eigentümer des relativ knappen Kapitals verteilt, während sich auf Seiten der Arbeiter verschärft die 'soziale Frage' stellte. Gleichzeitig hatte die mit der Industrialisierung einhergehende Urbanisierung enorme Ver- und Entsorgungsprobleme zur Folge. So mußten die Kommunen in der Folge - über die bisherigen Ordnungsaufgaben (Polizei, Schulwesen, Armenfürsorge) hinaus - Aufgaben übernehmen, die der allgemeinen Daseinsvorsorge zuzuordnen sind.[39] Dies wurde seit 1879 im wesentlichen durch den Ausbau der Kommunalwirtschaft (öffentliche Unternehmen) betrieben, so z.B. von Wasser-, Gas- und Elektrizitätswerken, Klärwerken, Müllabfuhr, Krankenhäusern, kommunalen Omnibus- und Straßenbahnlinien sowie Sparkassen.[40]

Auch auf wissenschaftlicher Ebene wurde zur sozialen Frage Stellung genommen. Dies geschah u.a. im 1872 in Eisenach gegründeten Verein für Socialpolitik, der sich unter entscheidendem Einfluß von **GUSTAV VON SCHMOLLER** (1838-1917) die „Schaffung einer Basis in der öffentlichen Mei-

---

38 Vgl. Henning, F.-W. (1993) S. 159.

39 Vgl. Himmelmann, G. (1986) S. 39. Gleichzeitig versagte das bisherige System der sozialen Sicherung, das auf den Drei-Generationenvertrag der Großfamilie und die Solidarität der Dorfgemeinschaft aufbaute. Beginnend mit der 'Kaiserlichen Botschaft' 1881 wurde die Sozialversicherung schließlich durch die BISMARCKsche Sozialgesetzgebung in Ansätzen neu gefaßt.

40 Gleichzeitig war damit der Versuch verbunden, die lokale Macht privater Monopole zu reduzieren, so daß Regional- und Sozialpolitik ineinander griffen. Vgl. Himmelmann, G. (1986) S. 41, Hofmann, W. (1984) S. 584f.

nung für Reformen der sozialen Verhältnisse“[41] zur Aufgabe gemacht hatte. So entstand in den 90er Jahren des letzten Jahrhunderts das Konzept der ‘sozialen Aufgaben der Gemeinden’. Dies sah eine erweiterte und aktive Rolle der Gemeinden in der Gesellschaft in Abkehr vom Manchester-Liberalismus vor und zielte auf eine Integration der Arbeiterschaft in dieselbe ab.[42] Während in der theoretischen Diskussion vor allem die Sozialpolitik im engeren Sinne im Vordergrund stand, war in der Kommunalpolitik die Versorgung der Bevölkerung mit Basisgütern wie Gas und Wasser zentral. So wies der Oberbürgermeister von Dresden, OTTO BEUTLER, 1903 darauf hin, daß nicht nur die Arbeiter, sondern auch „die kleinen Handwerksmeister“, die „kleinen Beamten“ und „Ladenfräulein“ nicht in der Lage seien, „aus eigener Kraft ihre geistige und materielle Lage so zu gestalten, ... wie wir es auf der Basis christlicher Moral stehend und im Interesse der Gemeinschaft selbst wünschen müssen“.[43] Nach Auffassung führender Sozialpolitiker machten die so veränderten technischen und sozialen Lebensbedingungen der industrialisierten Gesellschaft in den Städten einen ‘helfenden und fördernden’ Eingriff der Kommunen notwendig und hatten ein gewandeltes Verständnis des staatlichen Aufgabenspektrums zur Folge.[44]

Die in den Ansätzen der Jahrhundertwende implizierte Ansicht, es bestehe ein bestimmter Bedarf an öffentlicher Regulierung innerhalb eines sich entwikkelnden kapitalistischen Industriesystems, welcher mit Hilfe der öffentlichen Wirtschaft gedeckt werden könne,[45] kann als Vorläufer des Konzeptes der Daseinsvorsorge von ERNST FORSTHOFF angesehen werden.[46] So führt Forsthoff mit explizitem Bezug auf die Industrialisierung aus:

„... auch die Aufgaben der Verwaltung wurden andere, um neue erweitert. Die Zusammenballung großer Menschenmassen auf relativ engem Raum und die damit notwendig verbundene Trennung der Menschen von den Lebensgütern rief Daseinsvorsorgebedürfnisse hervor, welche die Verwaltung durch Erbringung eigener Leistungen befriedigen mußte. Man denke an die kommunalen Versorgungsbetriebe (Wasser, Gas, Elektrizität), an die öffentlichen Verkehrsunternehmungen, an die verwaltungsmäßige Bewirtschaftung und Verteilung von Lebensgütern in Krisenzeiten, an Leistungen auf dem Gebiete des Medizinalwesens, kulturelle

---

41 Gutmann, G. (1993) S. 107. Die hier genannte Denkrichtung wird häufig als Kathedersozialismus, Staatssozialismus oder auch als jüngere historische Schule bezeichnet. Vgl. Schmölders, G. (1988) S. 114ff.

42 Vgl. Hofmann, W. (1984) S. 584. HOFMANN weist allerdings darauf hin, daß die hier diskutierten Argumente für kommunale Wirtschaftsbetriebe bereits in den 1830er und 1860er Jahren ausgetauscht wurden und auch zu dieser Zeit bereits einzelne derartige Unternehmen gegründet wurden.

43 Adickes, F.; Beutler, O. (1903) Die sozialen Aufgabe der deutschen Städte. Zwei Vorträge, gehalten auf dem ersten deutschen Städtetag zu Dresden am 2. September 1903, Leipzig. Zitiert nach Hofmann, W. (1984) S. 585.

44 Vgl. Hofmann, W. (1984) S. 583. Gleichzeitig waren hiermit auch gesamtgesellschaftliche Zielsetzungen verbunden, so z.B. die Hoffnung, Revolution zu vermeiden.

45 Vgl. Himmelmann, G. (1986) S. 41.

46 Vgl. Forsthoff, E. (1938).

Veranstaltungen und vieles andere mehr. Die Verwaltung, bisher wesentlich Ordnungsgarant, wurde jetzt auch wesentlich **Leistungsträger**."[47]

So resultieren auch für FORSTHOFF die neuen, gewandelten Aufgaben der Verwaltung aus der tiefgreifenden Veränderung von Lebensräumen durch die Industrialisierung.[48] Neben dieser sozialen Funktion der Verwaltung[49] soll sie nach der ursprünglichen Konzeption FORSTHOFFs die wirtschaftlichen Prozesse stabilisieren und damit die staatliche Autorität festigen.[50] Die Frage jedoch, wie die Grenzen staatlicher Daseinsvorsorge konkret zu ziehen sind,[51] wird bei FORSTHOFF nur grob bestimmt („... und vieles andere mehr") und signalisiert damit eine prinzipielle Offenheit gegenüber staatlichem Interventionismus. Zudem ist die Begriffsbildung in den Schriften Forsthoffs nicht eindeutig.[52] So führt er nur aus, daß der „Daseinsvorsorge [...] alle Leistungen der Verwaltungen an die Staatsgenossen zugerechnet werden. Dabei kann es zunächst keinen Unterschied ausmachen, ob diese Leistungen lebensnotwendig sind oder nicht."[53] Während bei FORSTHOFF die Elemente der Daseinsvorsorge noch unbestimmt bleiben, erweitert sich deren Aufgabenspektrum im Zuge der historischen und dogmengeschichtlichen Entwicklung. Auch das Spektrum der Güter, die als zur Infrastruktur gehörig vermutet werden können, hat sich damit vergrößert.

1.1.3 Infrastruktur als Element der Raumwirtschaftstheorie

Gegen Ende des 19. Jahrhunderts und zu Beginn des 20. Jahrhunderts wurden über die skizzierten Problembereiche hinaus auch raumplanerische und raumwirtschaftstheoretische Fragen aufgeworfen. Diese resultieren ebenso wie das Problem der Daseinsvorsorge aus der Industrialisierung und der mit dieser einhergehenden Verstädterung. In deren Entwicklung ergab sich die Notwendigkeit, lenkend in die Entstehung und das Wachstum von Siedlungsräumen einzugreifen. Neben der in dieser Zeit entstehenden Raumplanung mit ersten Konzepten für Berlin und das Ruhrgebiet (1920) ist in Bezug auf die Infrastrukturtheorie vor allem die Entwicklung der Raumwirtschaftstheorie von Bedeutung. Diese umfaßt sowohl gesamtwirtschaftliche (Standortstrukturtheorien) als auch einzelwirtschaftliche Betrachtungen. Letztere befassen sich mit der opti-

47 Forsthoff, E. (1956) S. 35 (Hervorhebung im Original).
48 Vgl. Scheidemann, D. (1991) S. 7.
49 Vgl. ebenda S. 196.
50 Vgl. ebenda S. 241.
51 Vgl. ebenda S. 6.
52 Vgl. zur Wandlung des Konzeptes in Abkehr vom Nationalsozialismus ebenda S. 242.
53 Forsthoff, E. (1956) S. 306. Im folgenden werden allerdings die hoheitliche Verwaltung und wirtschaftliche Unternehmungen, „wenn sie unmittelbar den einzelnen Staatsgenossen Leistungen und Vorteile gewähren" [ebenda S. 307] als zur Daseinsvorsorge gehörig genannt. Weiterhin ist anzumerken, daß in früheren Ausführungen FORSTHOFFS die Lebenswichtigkeit als Abgrenzungskriterium diente. Vgl. ebenda S. 42.

malen Standortbestimmung eines Unternehmens im Raum (Industriestandorttheorie).[54] Beiden Ansätzen ist gemeinsam, daß sie die Verkehrsinfrastruktur i.d.R. nur als impliziten Bestandteil ihrer Theorie aufnehmen, dennoch aber die Bedeutung von Verkehrsanlagen für die Standortbestimmung von Unternehmen sowie für die Herausbildung der Siedlungsstruktur erkennen.

Im Rahmen der Fragestellung der Arbeit ist vorrangig die Entstehung erster Siedlungsstrukturtheorien von Interesse. Diese raumwirtschaftlichen Vordiskurse erlangen vor allem in ihrer Verbindung mit der Wachstumstheorie Bedeutung und können als Bausteine für eine sich entwickelnde theoretische Grundlage der Regionalpolitik gewertet werden. Für die Genese einer derartigen Theorie, die auch die Infrastruktur als Instrument einbezieht, ist zunächst **WALTER CHRISTALLERS** Theorie der zentralen Orte als richtungsweisender Ausgangspunkt zu nennen.[55] Die Theorie der zentralen Orte leistet auf der Basis ökonomischer Bestimmungsfaktoren - insbesondere der Transportkosten - einen Beitrag zur Erklärung der hierarchischen Ordnung der Siedlungen sowie einer ebensolchen Gliederung der Wirtschaft im Raum.[56] Im Ergebnis gelangt CHRISTALLER zu einem System hexagonaler Marktgebiete mit zentralen Orten, die sich in Abhängigkeit von der Reichweite[57] der Absatzgebiete der betrachteten Produkte bilden und erklärt damit den räumlichen Differenzierungsprozeß. Die Bedeutung der Verkehrsinfrastruktur expliziert CHRISTALLER, indem er Verkehrsachsen (Eisenbahnlinien) zwischen zentralen Orten in die Modellannahmen einbezieht. Dies führe zu einer Anordnung der Zentren entlang der

---

54 Der erste systematische Ansatz einer Industriestandorttheorie geht auf ALFRED WEBER zurück. Dieser identifiziert als die Standortwahl beeinflussende Faktoren Arbeitskosten, Agglomerationsvorteile sowie Transportkosten [vgl. Weber, A. (1922) S. 32ff. und für eine überblicksartige Darstellung und Einordnung Schätzl, L. (1992) S. 34ff.]. Als *entscheidendes* Element für den betrieblichen Optimierungsprozeß bestimmt WEBER jedoch die Transportkosten, die von der räumlichen Verteilung von Material und Konsum sowie dem Gewicht des eingesetzten Materials abhängen. Die Existenz eines Transportweges (Eisenbahn) unter Berücksichtigung des damals gültigen Tarifsystems wird dabei vorausgesetzt [vgl. Weber, A. (1922) S. 42f.]. WEBER führte allerdings in einer späteren 'Annäherung an die Wirklichkeit' seiner Theorie unter anderem gekrümmte Verbindungen und weitere Elemente des Transportapparates (Wasserstraßen, Landstraßen) ein. Vgl. ebenda S. 80ff.

55 Als erster Standorttheoretiker wird JOHANN HEINRICH VON THÜNEN bezeichnet, der die Herausbildung optimaler räumlicher Strukturen der Bodennutzung untersuchte. Da der Zusammenhang zwischen der VON THÜNENschen Theorie der Landnutzung und einer Theorie der Infrastruktur jedoch eher weitläufig ist, soll hier auf eine eingehendere Darstellung verzichtet werden.

56 Vgl. Schätzl, L. (1992) S. 69. Neben verschiedenen Homogenitätsannahmen, ökonomischem Rationalverhalten und einer polypolistischen Marktstruktur wird ein in alle Richtungen gleichförmiges Verkehrsnetz angenommen, so daß die Transportkosten als direkt proportional zur Entfernung angenommen werden können.

57 Die Reichweite eines Gutes ist abhängig von der Höhe seiner Transportkosten.

Linieninfrastrukturen (Verkehrsprinzip)[58] und damit zu einer - im Gegensatz zur hexagonalen Marktstruktur veränderten Anordnung der zentralen Orte.

Zu werten ist die Theorie CHRISTALLERS als „unentbehrlicher Baustein für die Entwicklung einer umfassenden Theorie der räumlichen Struktur der Wirtschaft."[59] Sie stellt neben anderen Theorien - so z.B. der Theorie der Marktnetze AUGUST LÖSCHS (1944) - den Ausgangspunkt für eine Verbindung von Standorttheorie und Wachstumstheorie dar, wie sie z.B. von EDWIN VON BÖVENTER vorgenommen worden ist. Dieser erklärt regionales Wirtschaftswachstum u.a. in Abhängigkeit von der Infrastrukturausstattung (d.h. als Element der Raumstruktur) einer Region.[60] Über die zuvor erwähnten Ansätze zur Wachstumstheorie gehen die raumwirtschaftlichen Konzepte insofern hinaus, als daß sie nicht nur die Bedeutung von Infrastruktur als Voraussetzung für Wachstum anerkennen, sondern auch die *räumliche Verteilung* der ausgelösten Wachstumswirkungen und deren Auswirkung auf die Siedlungsstruktur berücksichtigen. Sie schaffen damit den Hintergrund für die Diskussion des Beitrags von Infrastruktur als Entwicklungsparameter einer Region im Rahmen der Regionalpolitik.

Der vorangehende dogmengeschichtliche Abriß hat zwei wichtige Problemkreise erhellt. Zum einen hat er Elemente vorgestellt, die nach einer ersten Vermutung zum Begriff der Infrastruktur gezählt werden können. Dabei hat sich im historischen Verlauf die Abgrenzung staatlicher Funktionen erweitert. Während zunächst nur die Bereitstellung von Verkehrsanlagen sowie Institutionen zur Bildung und Erziehung als staatliche Aufgaben angesehen wurden, weitete sich die Zuständigkeit des Staates unter dem Einfluß der Industrialisierung auf Einrichtungen der Daseinsvorsorge aus. Diese Entwicklung hat zu einem eher verschwommenen Infrastrukturbegriff beigetragen.

Zum anderen haben die historischen Ausführungen konzeptionelle Aspekte der Infrastruktur herausgestellt, die einer eingehenden theoretischen Erörterung bedürfen. So ist erstens zu fragen, inwieweit die Bereitstellung von Infrastrukturgütern als eine Staatsaufgabe anzusehen ist. Es wurde deutlich, daß die Beantwortung dieser Frage einerseits vom grundsätzlichen staatsphilosophischen Standpunkt[61] abhängig ist. Andererseits wurden *ökonomische* Argumente genannt (z.B. das Problem öffentlicher Güter), um eine Bereitstellung von Infrastrukturgütern durch den Staat zu rechtfertigen. Diese wohlfahrtstheoretischen Ansätze sind in Teil III der Arbeit im Hinblick auf ihre Bedeutung für eine

58 Vgl. Christaller, W. (1933) S. 80ff. CHRISTALLER weist darauf hin, „wie schwierig es ist, in einem solchen System von zentralen Orten in befriedigender Weise die Verkehrswege anzulegen. Wir stoßen auf fundamentale Probleme in der Linienführung." Ebenda S. 77.

59 Schätzl, L. (1992) S. 79.

60 Vgl. v. Böventer, E. (1962) S. 6ff., Schätzl, L. (1992) S. 189ff. und die Ausführungen in IV.1.2.

61 Vgl. zu unterschiedlichen Ansätzen z.B. Rosen, H.S.; Windisch, R. (1992) S. 5ff.

Rechtfertigung staatlicher Aktivität zu hinterfragen (Problemkreis 3). Zweitens werden die Wirkungen von Verkehrsinfrastrukturgütern auf die räumliche Struktur und das regionale Wachstum einer Volkswirtschaft im historischen Diskurs thematisiert. Hieran anknüpfend ist in Teil IV.1.2 der Arbeit zu skizzieren, welche modelltheoretischen Erklärungsansätze zu den Wachstumswirkungen von Infrastrukturgütern bestehen. Diese stellen einen Baustein zur Bewertung der Ausgangsfrage „Was kann ein privates Infrastrukturengagement leisten?" dar.

Der vorangehende Abschnitt hat gezeigt, welche verschiedenen sozialphilosophischen Einflüsse zur inhaltlichen Ausprägung eines fast konturenlosen Infrastrukturbegriffs beigetragen haben. Der folgende Abschnitt bemüht sich nun um eine präzise Inhaltsbestimmung, welche sich als tragfähiger Ausgangpunkt für die vorliegende Arbeit eignet.

1.2 Begriff der Infrastruktur

Die Literatur zur Theorie der Infrastruktur hat eine allgemein anerkannte Definition des Begriffs der Infrastruktur bisher nicht hervorgebracht.[62] Vielfach verwendet werden aufzählende, d.h. additive Definitionen, die widerspiegeln, daß es sich bei Infrastruktur inhaltlich um ein Bündel ganz unterschiedlicher Einrichtungen handelt. In formaler Hinsicht erfassen additive Definitionen jedoch nicht die wesentlichen Charakteristika von Infrastruktur und sind daher abzulehnen.[63]

Die umfassendste Definition von Infrastruktur, die gleichzeitig auch die breiteste Verwendung gefunden hat, hat JOCHIMSEN geprägt. Er definiert Infrastruktur als „Summe der materiellen, institutionellen und personalen Einrichtungen und Gegebenheiten [...], die den Wirtschaftseinheiten zur Verfügung stehen und mit beitragen, den Ausgleich der Entgelte für gleiche Faktorbeiträge bei zweckmäßiger Allokation der Ressourcen, d.h. vollständige Integration und höchstmögliches Niveau der Wirtschaftstätigkeit, zu ermöglichen."[64] Die hier vorgestellte Definition ist im Kontext neoklassischer Wirtschaftstheorie zu betrachten und begreift Infrastruktur als Gesamtheit aller Einrichtungen, die einen Beitrag dazu leisten, die Wirklichkeit dem neoklassischen Idealzustand

---

62 Vgl. Frey, R.L. (1984) S. 201, Stohler, J. (1965) S. 281.

63 Vgl. Kraft, J. (1966) S. 14, Borchardt, K. (1971) S. 13, Klös, H.-P. (1989b) S. II-1.

64 Jochimsen, R. (1966) S. 100. Vgl. auch Jochimsen, R.; Gustafsson, K. (1977) S. 38. JOCHIMSEN begreift den Integrationsgrad und das Niveau der Wirtschaftstätigkeit als Indikator für die Funktionsfähigkeit der Marktwirtschaft [vgl. Jochimsen, R. (1966) S. 90]. Vollständige Integration wird dabei durch die Zahlung gleicher Entgelte für gleiche Faktorbeiträge angezeigt, während der Integrationsgrad den Abstand des Ist-Zustandes vom Idealzustand vollständiger Integration mißt [vgl. ebenda S. 96]. Das Niveau der Wirtschaftstätigkeit ist durch die tatsächliche Höhe des Pro-Kopf-Einkommens der Erwerbstätigen bestimmt.

näher zu bringen. In diesem Sinne bezeichnet JOCHIMSEN Infrastruktur auch als Basisfunktion für den arbeitsteiligen Wirtschaftsprozeß.[65] Er führt hierzu weiterhin aus: „Die Infrastruktur der Marktwirtschaft trägt dazu bei, trotz raum- und sektordifferenzierender Gegebenheiten wie Friktionen, Diskontinuitäten und externen Effekten, ausgeglichene Faktorentgelte als Ergebnis des Wirtschaftsprozesses zu schaffen und zu erhalten."[66]

Weiterhin stellt diese Definition auf die Folgen für Integration und wirtschaftliche Entwicklung[67] ab, wodurch sie finalen Charakter erhält. So ergibt sich erst in der Rückprojektion, d.h. aus der Betrachtung der Auswirkungen auf Niveau und Integrationsgrad der Wirtschaftstätigkeit, was zur Infrastruktur zählt (relationale Bestimmung von Infrastruktur).[68] Eine solche Definition ist jedoch wenig trennscharf, zumal in einer arbeitsteiligen Wirtschaft jeder Produzent mit seinen Gütern und Diensten zur Wirtschaftstätigkeit anderer Produzenten und Konsumenten beiträgt. Daher sind die „materiellen, personalen und institutionellen Einrichtungen und Gegebenheiten" präziser zu bestimmen.

- Die **institutionelle Infrastruktur** gibt den Rahmen ab, innerhalb dessen die Wirtschaftseinheiten eigene Wirtschaftspläne formulieren und durchführen können.[69] Sie „umfaßt die gewachsenen und gesetzten Normen, Einrichtungen und Verfahrensweisen in ihrer „Verfassungswirklichkeit"."[70] Hierzu zählen u.a. das Vertrags-, das Eigentums- und das Erbrecht, d.h. also die staatliche Rechtsordnung. Darüber hinaus sind aber auch das tatsächliche Verhalten sowie die Einrichtungen und Institutionen[71] von Gruppen oder Individuen zur institutionellen Infrastruktur zu zählen.
- Die **personale Infrastruktur** (auch human capital oder immaterielles Infrastrukturkapital) umfaßt die „Zahl und Eigenschaften der Wirtschaftssubjekte

---

65 Vgl. Jochimsen, R. (1966) S. 101

66 Ebenda S. 101.

67 So führt JOCHIMSEN in einer modifizierten Definition explizit aus, daß Infrastruktur dazu beitragen solle „zugleich die größte Zuwachsrate der Gesamtwirtschaft herbeizuführen" [ebenda, S. 145].

68 Vgl. Borchardt, K. (1971) S. 14. Gleichzeitig wird auf die funktionale Bedeutung der Infrastruktur im Hinblick auf die Zielerreichung abgestellt. Vgl. Jochimsen, R.; Gustafsson, K. (1977) S. 38.
BORCHARDT weist darauf hin, daß mit einer derartigen Definition die Frage der Rolle von Infrastrukturgütern für die wirtschaftliche Entwicklung nicht mehr gestellt werden kann, da „die Klasse der Phänomene, die man der Infrastruktur zurechnen will, unter dem Gesichtspunkt ihrer Fähigkeit, Entwicklung oder gar „größte Zuwachsraten" hervorzubringen, definiert" wird [Borchardt, K. (1971) S. 14]. Da die Entwicklungsbedingung bereits im Begriff enthalten sei, sei die Ausgangsfrage tautologisch formuliert.

69 Vgl. Jochimsen, R. (1966) S. 117ff.

70 Ebenda S. 117.

71 Eine Institution bezeichnet dabei ein „bestimmtes Arrangement individueller Verfügungsrechte, dem die auf Dauer angelegte Funktion zugeschrieben wird, in regelhafter Weise bestimmte Probleme der Koordination und Motivation individueller Handlungen zu lösen [...]". Windisch, R. (1996a) S. 1160f.

der arbeitsteiligen Marktwirtschaft im Hinblick auf ihre Fähigkeit, zur Erhöhung von Niveau und Integrationsgrad der Wirtschaftstätigkeit beizutragen.“[72] Allgemeinbildung, Spezialisierung und Qualifizierung der Individuen bilden die qualitative Komponente personaler Infrastruktur.

- Der Bereich der **materiellen Infrastruktur** wird auch als ‘baurelevante’ Infrastruktur bezeichnet. Damit ist jener Teil der derzeit meist staatlicherseits bereitsgestellten Produktionsvorleistungen gemeint, der den Sachkapitalbestand einer Volkswirtschaft durch Investitionen vermehrt. Von materiellen Infrastrukturgütern wird angenommen, daß sie zu privaten Investitionen komplementär sind und damit produktivitätserhöhend wirken. Darüber hinaus werden sie zugleich als Voraussetzung für private Investitionen betrachtet.[73] Beispielhaft können genannt werden:
  1. die Gesamtheit aller Anlagen, Ausrüstungen und Betriebsmittel, die zur Energieversorgung, Verkehrsbedienung und Telekommunikation dienen,
  2. Bauten usw. zur Konservierung der natürlichen Ressourcen und Verkehrswege im weitesten Sinne (z.B. Deichbau und Flutschutz, Entwässerung und Bewässerung, Verhinderung von Wind-, Wasser- und Temperaturerosion, Abwässer- und Abfallbeseitigungen zur Erhaltung der Gewässer),
  3. die Gebäude[74] und Einrichtungen der staatlichen Verwaltung, des Erziehungs- und Forschungs- sowie des Gesundheits- und Fürsorgewesens.[75]

  In der neueren Literatur wird weiterhin die Umweltschutzinfrastruktur erwähnt.[76]

Bei Betrachtung der genannten Infrastrukturkategorien fällt auf, daß hier Funktionsbereiche ganz unterschiedlicher Art unter dem Oberbegriff der Infrastruktur zusammengefaßt werden. So kritisiert RENÉ FREY, daß aufgrund der Weite der erfaßten Betrachtungsfelder die Definition nicht „als Grundlage für die Bewältigung von Problemen, die sich in heutigen Marktwirtschaften im Zusammenhang mit der Bereitstellung öffentlicher Leistungen ergeben“ tauglich sei.[77] Im Zuge des Bestrebens eine operationalere Definition zu finden, soll

---

72 Jochimsen, R. (1966) S. 133. Vgl. ähnlich auch Jochimsen, R.; Gustafsson, K. (1977) S. 39.

73 Vgl. Klös, H.-P. (1989a) S. 7. Für die angesprochenen Wirkungszusammenhänge vgl. IV.1.

74 In bezug auf den Gebäudebestand einer Wirtschaft ergeben sich Abgrenzungsprobleme. Die oben genannten Einrichtungen für Erziehung und Ausbildung, Wissenschaft und Forschung, sowie für das Kranken- und Sozialwesen werden zwar der materiellen Infrastruktur zugerechnet, ihre Bedeutung wird aber nur im Zusammenhang mit der institutionellen und personalen Infrastruktur erkennbar. Vgl. Jochimsen, R. (1966) S. 107.

75 Vgl. Jochimsen, R. (1966) S. 103, Klös, H.-P. (1989a) S. 7, Frey, R.L. (1972) S. 1.

76 Vgl. Klös, H.-P. (1989a) S. 7.

77 Frey, R.L. (1984) S. 201. Auch JOCHIMSEN bemerkt, daß diese Bestandteile eher „pragmatisch als theoretisch-systematisch“ zusammengestellt seien [Jochimsen, R. (1966) S. 193]. Als vorteilhaft erweist sich allerdings die durch die weite Begriffsfassung deut-

daher auf die ursprüngliche Verwendung des Begriffes zurückgegriffen werden. Die erstmalige Verwendung der Bezeichung 'Infrastruktur' in der NATO für alle ortsfesten Objekte und Anlagen militärischer Bedeutung legte bereits zwei definitorische Aspekte fest.[78] In dieser Begriffsfassung ist sowohl der Charakter der Investition[79] als auch das Kriterium einer baulichen Anlage für den Infrastrukturbegriff konstitutiv.[80] Damit beschränkt sich die ursprüngliche Fassung des Infrastrukturbegriffs auf den Bereich der *materiellen Infrastruktur.* Auch die von HIRSCHMAN angestellten grundsätzlichen Überlegungen zum 'social overhead capital' (Sozialkapital) in Abgrenzung zu den 'directly productive activities' deuten in diese Richtung. Danach ist Sozialkapital im engeren Sinne im Gegensatz zum Sozialkapital im weiteren Sinne als eine Investition aufzufassen, die durch technische Unteilbarkeiten sowie einen großen Kapitalkoeffizienten charakterisiert ist.[81] JOCHIMSEN betrachtet HIRSCHMANS Verständnis des Sozialkapitals als mit seiner Definition der materiellen Infrastruktur übereinstimmend.[82] In dieser Arbeit soll der engeren Fassung des Begriffs gefolgt werden. Infrastruktur wird danach ausschließlich als materielle Infrastruktur, d.h. als bauliche Anlage i.S. einer Investition, aufgefaßt.

Im folgenden sollen die bereits oben angedeuteten Eigenschaften der (materiellen) Infrastrukturgüter zu einer Definition zusammengeführt werden. Dabei lassen sich die genannten Teilbereiche der materiellen Infrastruktur aufgrund ihrer Heterogenität nur schwer so kategorisieren, daß sich eine schlüssige und vor allem trennscharfe Definition ergibt. Wegen dieser Heterogenität wird in der Literatur zumeist auf sogenannte 'konstitutive' Eigenschaften[83] der (mate-

---

lich werdende Komplementarität der einzelnen Infrastrukturkomponenten. Vgl. Jochimsen, R.; Gustafsson, K. (1977) S. 39f.

78 Vgl. II.1.1.1.

79 Andere Autoren betonen ebenfalls den Investitionscharakter von Infrastrukturgütern. So definiert STOHLER Infrastrukturausgaben als Ausgaben, „die zwar für öffentliche Güter getätigt werden, jedoch insofern Investitionen darstellen, als gegenwärtigem Aufwand künftige Erträge entsprechen" [Stohler, J. (1965) S. 294]. Diese Definition klammmert bestimmte Bereiche der institutionellen Infrastruktur aus, so daß Justiz, Polizei und Verwaltung aufgrund des fehlenden Investitionscharakters nicht zur Infrastruktur gezählt werden. Ausbildung und Forschung werden hingegen als wenig spezifizierte Begriffe in den Katalog der Infrastrukturgüter aufgenommen, was zeigt, daß hier das Merkmal einer baulichen Anlage nicht als Abgrenzungskriterium verwendet wurde. Ähnlich bei Tuchtfeld, E. (1977) S. 146f.

80 Vgl. Boesler, F. (1966) Sp. 767.

81 Vgl. Hirschman, A.O. (1967) S. 78. Als Sozialkapital im weiteren Sinne bezeichnet HIRSCHMAN alle öffentlichen Dienstleistungen, die sowohl die Rechtsprechung und die Aufrechterhaltung der öffentlichen Ordnung als auch das Erziehungs- und Gesundheitswesen sowie das Transport- und Nachrichtenwesen und die Energie- und Wasserversorgung umfassen.

82 Vgl. Jochimsen, R. (1966) S. 104.

83 Vgl. Ewers, H.-J. (1993) S. 25. Vgl. für die genannten Eigenschaften ebenda, sowie Jochimsen, R. (1966) S. 105ff. und Jochimsen, R.; Gustafsson, K. (1977) S. 40.

riellen) Infrastruktur verwiesen, die deren allgemeine Charakteristika erfassen. (Materielle) Infrastrukturgüter sind danach

- Vorleistungen, die als notwendige Voraussetzung in viele Produktions- und Konsumaktivitäten eingehen und deshalb universell verwendet werden, selbst aber im Produkt nicht erkennbar sind (Polyvalenz),
- standortgebundene Nutzungen, bei denen Leistungserstellung und Leistungsverzehr zusammenfallen (Immobilität),
- Güter, die durch technische Unteilbarkeiten gekennzeichnet sind. Für derartige Güter ist vielfach ein hoher Kapitalkoeffizient sowie eine niedrige Umschlagshäufigkeit des Kapitals charakteristisch, wobei für eine wirtschaftliche Erstellung dieser Anlagen Mindestgrößen als erforderlich angesehen werden.

In der Literatur wird als weitere konstitutive Eigenschaft der (materiellen) Infrastruktur ihre Bereitstellung oder Kontrolle durch die öffentliche Hand genannt bzw. diese Kontrolle wird aufgrund angeblich hoher Risiken von Infrastrukturinvestititonen als wünschenswert erachtet.[84] Dieses Merkmal soll hier aber nicht in den Katalog der konstitutiven Eigenschaften aufgenommen werden, da es im folgenden gerade ein Gegenstand der Untersuchung sein soll.[85]

Über die genannten Abgrenzungskriterien hinaus können weitere Zuordnungen vorgenommen werden, die den Untersuchungsgegenstand näher eingrenzen. So lassen sich materielle Infrastrukturgüter in *produktives* bzw. unternehmensorientiertes und *konsumtives* bzw. haushaltsorientiertes Infrastukturvermögen - je nach Zuordnung der Anlagennutzungen zur weiteren marktmäßigen Verwertung oder zur direkten Verwendung in den Haushalten - unterteilen.[86] Einige Infrastrukturgüter, so z.B. Autobahnen, können auch gleichzeitig konsumtiv *und* produktiv genutzt werden. So stellt ein sonntäglicher Ausflug eine konsumtive Verwendung des Infrastrukturgutes, ein Gütertransport hingegen eine produktive Nutzung dar. Im Rahmen der folgenden Ausführungen soll primär die produktive Verwendung aufgrund ihres direkten Vorleistungscharakters im Produktionsprozeß im Zentrum der Betrachtung stehen. Konsumtive Nutzungen werden nur insoweit betrachtet, wie sie von der produktiven Nutzung schwierig abzugrenzen sind.

Weiterhin lassen sich im Bereich der materiellen Infrastruktur *punktförmige* und *netzförmige* Infrastrukturgüter unterscheiden. Als punktförmige Infrastrukturgüter werden die Anlagen charakterisiert, die von einem bestimmten,

---

84 Vgl. Hirschman, A.O. (1967) S. 78, Jochimsen, R. (1966) S. 105, Jochimsen, R.; Gustafsson, K. (1977) S. 40, Tuchtfeld, E. (1977), S. 146f., Musgrave, R.A. (1971) S. 54.

85 Vgl. hierzu Teil I bzw. den dort erläuterten Problemkreis 3 und für weitere Ausführungen Teil III.

86 Vgl. Jochimsen, R. (1966) S. 103f., Gatzweiler, H.-P.; Irmen, E.; Janich, H. (1991b) S. 70.

singulären Ort ihre Leistungen abgeben, so z.B. Klärwerke oder Verladezentren. Die Errichtung netzförmiger Infrastrukturgüter hingegen hat zum Ziel, unterschiedliche Standorte in der Weise miteinander zu verbinden, daß Netzwerke entstehen (Gleise, Straßen).[87]

Die obige Beschränkung des Infrastrukturbegriffs auf bauliche Anlagen mit investivem Charakter unter Beachtung der angeführten konstitutiven Eigenschaften erlaubt es, im weiteren die Frage der Leistungsfähigkeit privaten Infrastrukturengagements auf Infrastruktur*investitionen* einzugrenzen. Der weitere Gang der Untersuchung wird sich dabei auf den Bereich der Verkehrsinfrastrukturgüter (ausschließlich Flughäfen[88]), Umschlagplätze und Verladeeinrichtungen sowie die Einrichtungen der Ver- und Entsorgungsinfrastruktur (Wasserversorgung, Abwasserentsorgung, Abfallentsorgung) konzentrieren.[89] Die Betrachtung wird auf die genannten Güter eingeschränkt, da diesen ein wesentlicher Beitrag als komplementärer und produktivitätserhöhender Faktor zur privaten Wirtschaftstätigkeit zugeschrieben wird. Sie werden daher vielfach als *wirtschaftsnahe Infrastruktur* bezeichnet. Gleichzeitig ist bei diesem Infrastrukturbereich in den neuen Ländern - auch vor dem Hintergrund der desolaten Umweltsituation - ein entscheidender Engpaß anzunehmen, welcher die wirtschaftliche Entwicklung behindern könnte.

Vernachlässigt werden Infrastruktureinrichtungen, denen zwar ebenfalls eine produktivitätserhöhende Wirkung unterstellt werden kann, deren Angebot aber heute bzw. in absehbarer Zukunft als quasi-ubiquitär[90] anzunehmen ist (z.B. Kommunikationsinfrastruktur). Darüber hinaus sollen solche (materiellen) Infrastrukturgüter keine Rolle in der Betrachtung spielen, deren Funktion sich zentral an die Dienstleistungskomponente personaler Infrastruktur knüpft. Hierzu zählen z.B. die Bauten der Verwaltungsinfrastruktur sowie der sozialen Infrastruktur (Kindergärten, Schulen, Gerichte, Krankenhäuser, etc.). Umfang und Zustand des Infrastrukturbestandes in den neuen Ländern zum Zeitpunkt der Wiedervereinigung werden im folgenden Abschnitt eingehend dargestellt.

---

87 Vgl. Funck, R.; Blum, U. (1984) S. 223f.

88 Die Flughäfen der neuen Länder - mit Ausnahme der Agrarflughäfen - sind nach der Wiedervereinigung bereits in gemischte Gesellschaften, die Gebietskörperschaften und z.T. private Unternehmen umfassen, überführt worden [vgl. Hedtkamp, G. (1995) S. 52]. Daher soll auf eine getrennte Analyse hier verzichtet werden.

89 Die Energieversorgung soll hier ausgeklammert werden, da diese z.B. im Bereich der Strom- und Gasversorgung bei Privatunternehmen liegt. Letztere werden in Konzessionsverträgen durch die Gemeinden ermächtigt, Bau und Unterhalt von Stromleitungen und Kraftwerken zu betreiben, und gleichzeitig zur Versorgung der Einwohner verpflichtet. Vgl. Deregulierungskommission (1991) S. 78f.

90 Vgl. Treuner, P. (1993) S. 8f.

2. Situationsanalyse

2.1 Die zentralistische Wirtschaftsordnung der ehemaligen DDR und ihre Konsequenzen in Bezug auf den Infrastrukturbestand

2.1.1 Extensive Industrialisierung und zentrales Planungssystem als Bestimmungsgründe für die Vernachlässigung des Infrastrukturbestandes

Im folgenden ist zu untersuchen, welchen *ökonomischen Stellenwert* die Ausgangsfrage „Was kann privates Infrastrukturengagement vor dem Hintergrund der Situation in den neuen Bundesländern leisten?" hat (Problemkreis 1). In diesem Zusammenhang ist zunächst zu überprüfen, ob die These eines mangelhaften Infrastrukturbestandes in den neuen Ländern zutreffend ist (II.2.2). Zuvor soll jedoch skizziert werden, ob und in welcher Form historische Entwicklungen zu einer Vernachlässigung des Infrastrukturbestandes geführt haben können (II.2.1). Dabei ist als Arbeitshypothese von einem schlechten Erhaltungszustand auszugehen, ohne daß dieser zunächst näher bestimmt wird. Zudem ist die räumliche Verteilung der Infrastrukturdefizite zu berücksichtigen. Da Infrastrukturgüter immer standortgebunden sind und daher Auswirkungen auf die Gestaltung des Raumes haben, ist nämlich zu vermuten, daß die Entscheidung für einen Ausbau oder eine Vernachlässigung von Infrastrukturgütern an einem bestimmten Standort gleichzeitig Auswirkungen auf deren wirtschaftliche Entwicklungschancen hat.[91]

Die Begründung für den extrem schlechten Erhaltungszustand der Infrastruktur in den fünf neuen Bundesländern ist in der zentralistisch ausgerichteten sozialistischen Wirtschaftsordnung der ehemaligen DDR zu suchen und ist in diesem Sinn systembedingt. Dieser Entwicklung ging die Teilung Deutschlands nach dem zweiten Weltkrieg voran, durch die sowohl der gewachsene Wirtschaftsraum als auch das Verkehrsnetz zerschnitten wurde. Die Teilung Deutschlands ist daher Ausgangspunkt der Betrachtung. Die wirtschaftsräumliche Zerschneidung trennte die natürlichen Ressourcen und die Grundstoffindustrie im Westen Deutschlands von der verarbeitenden Industrie (im wesentlichen Leicht- und Textilindustrie) im Osten Deutschlands.[92] Die DDR vereinigte zum Zeitpunkt der deutschen Teilung auf ihrem Territorium nur noch ca. 3% der Steinkohlenförderung, 1,6% der Roheisenproduktion und 8% der Rohstahlproduktion des Deutschen Reiches.[93] Zur Überwindung dieses Defizits, das durch starke Kriegszerstörungen sowie Industriedemontagen im Zuge der Reparationszahlungen an die ehemalige UdSSR verstärkt wurde, verfolgte die

---

91 Für eine Präzisierung der hier zugrundeliegenden Wirkungszusammenhänge vgl. IV.1.

92 Vgl. Hasenpflug, H.; Kowalke, H. (1991) S. 69.

93 Vgl. Dienemann, O. (1990) S. 197.

DDR eine Strategie der extensiven Industrialisierung.[94] Das hiermit verbundene Ziel einer Vervollständigung ihres Wirtschaftsgebietes in Bezug auf 'wesentliche' Industriezweige entsprach sowjetisch geprägten strukturpolitischen Vorstellungen. Danach hatten sozialistische Volkswirtschaften über eine eigene Schwerindustrie und Metallurgie zu verfügen sowie den Produktionsprozeß im eigenen Land zu belassen (**Autarkiestreben**). Diesem Leitbild folgend wurden in den 1950er Jahren die Schwerindustrie, die Werftindustrie sowie die Energie- und Kohlewirtschaft der DDR aufgebaut.[95] Die neu errichteten Standorte leisteten einen Beitrag zur Industrialisierung des Nordens und des Ostens der DDR, wobei tendenziell eine räumliche Gleichverteilung der Industriestandorte angestrebt wurde.[96]

In der ehemaligen DDR bestand allerdings ein vom Deutschen Reich übernommenes erhebliches Süd-Nord-Gefälle mit eher landwirtschaftlich strukturierten Gebieten im Norden und industriell geprägten Regionen in Thüringen und Sachsen.[97] Zudem orientierte sich die Industrialisierungspolitik in den 1960er und 1970er Jahren wieder auf traditionelle Standorte und damit bestehende Industriepotentiale. Damit kam es zu einer Verdichtung bestehender Industrieansiedlungen, so daß das Süd-Nord-Gefälle nicht überwunden werden konnte.[98] Diese Abkehr vom Prinzip der Gleichverteilung hin zu einer Konzentration auf bereits bestehende Industriestandorte im Süden der DDR spiegelt wider, daß die Wirtschaftsplanung der DDR eine hauptsächlich **sektorale Orientierung** hatte. Sie war auf Wachstum in bestimmten Branchen und damit verbunden auch an bestimmten Standorten ausgerichtet. Der Abbau der so ent-

---

94 Vgl. Zimmermann, H.; Müller, W.; Döring, T.; Lass, W.; Lapp, S. (1993) S. 72, Wetzker, K. (1990) S. 215.

95 Vgl. Hasenpflug, H.; Kowalke, H. (1991) S. 69. Dabei wurden bestehende Industriestandorte (Leuna-Werke, Chemische Werke Buna, Stahl- und Walzwerk Brandenburg, Kraftwerk Vockerode/Elbe) wiederaufgebaut, aber auch in großem Umfang Neugründungen und Erweiterungen vorgenommen (Eisenhüttenwerk West Calbe, Eisenhüttenkombinat Ost Eisenhüttenstadt, Werftindustrie in den Ostseestädten Rostock, Wismar und Stralsund, Hochseehafen Rostock, Braunkohlenveredelungskombinat Schwarze Pumpe, Braunkohlenkokerei Lauchhammer, Großkraftwerke Lübbenau und Vetschau).

96 Vgl. Hasenpflug, H.; Kowalke, H. (1991) S. 69. Dieses Ziel war mit der Absicht, territoriale Disparitäten in Bezug auf die Arbeits- und Lebensbedingungen zu reduzieren, verbunden. Vgl. Wetzker, K. (1990) S. 215.

97 Vgl. Dienemann, O. (1990) S. 197 und ausführlicher Werner, F. (1985) S. 87ff.

98 Vgl. Hasenpflug, H, Kowalke, H. (1991) S. 70. In den siebziger Jahren wurde die Elektronikindustrie in Ost-Berlin und in den Bezirken Chemnitz, Gera, Erfurt und Suhl, die Herstellung von Datenverarbeitungsanlagen in den Bezirken Dresden, Chemnitz, Erfurt und Suhl, der Chemieanlagenbau in den Bezirken Leipzig, Halle, Chemnitz und Erfurt, der Kunststoffmaschinenbau in den Bezirken Chemnitz, Dresden und Halle und der Metalleichtbau in den Bezirken Leipzig, Halle und Chemnitz angesiedelt bzw. ausgebaut. Vgl. Kehrer, G. (1980) Entwicklungstendenzen der Standortverteilung der Industrie in der DDR. in: Petermanns Geographische Mitteilungen (124) 2, S. 105-109 zitiert nach Hasenpflug, H., Kowalke, H. (1991) S. 70.

standenen regionalen Disparitäten wurde jedoch vernachlässigt.[99] Ebenso gab es keine eigenständige, zielgerichtete Politik zur Beeinflussung von Standortfaktoren oder Infrastruktur. Die genannten Bereiche ebenso wie die natürlichen Ressourcen wurden vielmehr im Rahmen der Konzentration auf bestimmte Wirtschaftszweige instrumentalisiert, so daß Erhaltung und Erweiterung von Infrastruktureinrichtungen im wesentlichen durch die Prioritäten in Bezug auf die Industriestandorte bestimmt war.[100]

Dieser Trend verstärkte sich in den 1980er Jahren, da nach dem X. Parteitag der SED 1981 die sog. **Phase der Intensivierung** der Wirtschaft der DDR begann. In diesem Zusammenhang wurde auf eine intensivere Nutzung der Roh- und Brennstoffe, verstärkte Rationalisierung im Bereich der Industrie durch Anwendung von Mikroelektronik und Informationstechnologien sowie die Substitution von Erweiterungs- durch Ersatzinvestitionen abgestellt.[101] Mit der seit Beginn der 1980er Jahre eintretenden Verlangsamung des gesamtwirtschaftlichen Wachstums ging gleichzeitig eine Differenzierung des Entwicklungstempos einher. Diese verlief entsprechend des Ziels der Rationalisierung zugunsten der Bezirke Frankfurt/Oder, Gera und Erfurt als Standorte der Mikroelektronik und zu Lasten der Agglomerationen Leipzig, Halle, Chemnitz und Dresden. Eine entsprechende Lenkung der Finanzmittel für Städtebau und Infrastruktur bewirkte eine Bevorzugung Ost-Berlins, der meisten Bezirksstädte sowie der Standorte neuangesiedelter Kombinate[102] und eine Vernachlässigung der altindustriellen Regionen sowie der Kleinstädte.[103] **Fehlende Regionalpolitik** machte daher den Bedeutungsverlust bestimmter Industriezweige im Strukturwandel gleichbedeutend mit einem Niedergang der betroffenen Regionen.[104] Dementsprechend war 1990 der schlechte Erhaltungszustand der Infrastruktur, der Verfall der Städte sowie die Umweltbelastung in den Ballungszentren Sachsens und Sachsen-Anhalts wesentlich ausgeprägter als dies für den Durchschnitt zutraf.[105]

Im Zusammenhang mit der Zielsetzung der intensiveren Nutzung von Ressourcen wurde - über die räumliche Konzentration hinaus - die Infrastruktur stark belastet.[106] Die **geringe Produktivität** sowie allokative Ineffizienzen aufgrund staatlicher Planung und des Fehlens von Privateigentum bewirkten schließlich, daß für Investitions- und Konsumzwecke - namentlich auch für Ersatz- und Erweiterungsinvestitionen im Infrastrukturbereich - nur relativ

---

99 Vgl. Ostwald, W. (1990) S. 186.

100 Vgl. Roscher, H. (1993) S. 15.

101 Vgl. Hasenpflug, H.; Kowalke, H. (1991) S. 70.

102 Z.B. Gaskombinat 'Schwarze Pumpe' im Bezirk Cottbus, Düngemittelwerk in Rostock, Petrochemisches Werk in Schwedt.

103 Vgl. Ostwald, W. (1990) S. 186, Fege, B.; Göbel, M.; Jung, H.-U. (1990) S. 60.

104 Vgl. Zimmermann, H.; Müller, W.; Döring, T.; Lass, W.; Lapp, S. (1993) S. 74.

105 Vgl. Ostwald, W. (1990) S. 187, Fege, B.; Göbel, M.; Jung, H.-U. (1990) S. 60f.

106 Vgl. Hasenpflug, H.; Kowalke, H. (1991) S. 70.

wenig finanzielle Mittel zur Verfügung standen.[107] So führte SCHÜRER in seinem Bericht für das SED-Politbüro aus: „Der Ausbau der Infrastruktur, darunter das Straßenwesen, mußte insgesamt aufgrund der zurückgehenden Akkumulationskraft vernachlässigt werden; der Verschleißgrad des Autobahn- und Straßennetzes ist hoch."[108] Zusammenfassend ist also sowohl von einer allgemeinen Vernachlässigung der Infrastruktur zugunsten der Industrialisierung auszugehen, als auch zusätzlich von einer bewußten Benachteiligung bestimmter Regionen mit der Folge verschärfter regionaler Disparitäten. Verstärkt wurde diese Auseinanderentwicklung durch Nutzungsintensivierung und zunehmenden Verschleiß.[109]

Aber auch innerstädtisch waren beträchtliche Gefälle im infrastrukturellen Versorgungsniveau auszumachen. So wurden die Innenstädte weitgehend zugunsten des **Neubaus von Plattenbausiedlungen** am Rande von Groß- und Mittelstädten vernachlässigt. Letztere wiesen meist eine umfassende Versorgung mit Wasser- und Abwasserleitungsnetzen sowie Strom-, Fernwärme- und Gasnetzen auf.[110] Auch Verkehrsinvestitionen wurden überwiegend in städtischen Neubau-Randgebieten vorgenommen, so daß vielfach günstige Anbindungen durch den öffentlichen Personennahverkehr (ÖPNV) erreicht werden konnten. Daher bestanden im Modal Split der Städte relativ große Anteile für den ÖPNV.[111] Umfangreiche Verkehrsinvestitionen in den städtischen Randlagen erfolgten allerdings ebenfalls auf Kosten der Erhaltung der Straßen und Brücken im Innenstadtbereich. Zusätzlich waren Unterschiede im Versorgungsgrad in Abhängigkeit von der Stadtgröße festzustellen. So fehlten vor allem in Kleinstädten und auf Dörfern Abwasserleitungssysteme und Kläranlagen sowie Gasleitungen.[112]

Für die Vernachlässigung der Infrastruktur waren darüber hinaus die Organisation der kommunalen Finanzen sowie die **Strukturentwicklung im Bausektor** verantwortlich. Im Vergleich zur Bundesrepublik, wo im Bauwesen eine Betriebsgröße von bis unter 100 Beschäftigten (ca. 70% aller Betriebe) dominierte, machten in der DDR Kombinate mit über 200 Beschäftigten einen eben

[107] Vgl. Zimmermann, H.; Müller, W.; Döring, T.; Lass, W.; Lapp, S. (1993) S. 72.

[108] Schürer, G. (1992) S. 1113.

[109] HEDTKAMP spricht in Bezug auf den Infrastrukturbestand der ehemaligen DDR davon, daß „die Kurve der ökonomischen Abschreibung schließlich ziemlich abrupt und steil abfällt." Hedtkamp, G. (1995) S. 35.

[110] Vgl. Roscher, H. (1993) S. 16. Hiervon sind vor allem Neubausiedlungen am Rande von Großstädten wie z.B. Berlin, Dresden, Leipzig, Halle, Schwerin und Neubrandenburg betroffen. Vgl. Fege, B.; Göbel, M.; Jung, H.-U. (1990) S. 60.

[111] Vgl. Daimler Benz Forschungsinstitut (1990) S. 102. Als Modal Split bezeichnet man die Aufteilung des Personen- und Güterverkehrs auf die unterschiedlichen Verkehrsbereiche (Straßen-, Schienen-, Luft- und Schiffahrtsverkehr).

[112] Vgl. Roscher, H. (1993) S. 16.

solchen Anteil an der gesamten Branche aus.[113] Diese Konzentrationsprozesse im Bauwesen an wenigen Standorten, die sog. „Entterritorialisierung der Produktionsstruktur",[114] hatte zur Folge, daß den Gemeinden keine örtlich angesiedelten Unternehmen mehr zur Verfügung standen, die Erhaltung oder Ausbau der Infrastruktur hätten vornehmen können. Da zudem aufgrund des Konzentrationsprozesses große Distanzen zwischen dem Unternehmensstandort und dem Investitionsort überwunden werden mußten,[115] waren unmittelbare, problemadäquate Lösungen im Bereich des Unterhaltes, der Wartung und des Ersatzes von Infrastrukturgütern nur schwer möglich.

Die **Eigeninitiative** der Kommunen bzgl. der Gestaltung und des Erhalts ihrer Infrastruktur war zusätzlich aufgrund des zentralistischen Staatsaufbaus stark beschränkt, da faktisch eine kommunale Selbstverwaltung der Gemeinden fehlte.[116] Bezirke, Kreise und Gemeinden waren nur „territoriale Einheiten des zentralistisch aufgebauten Staatsapparates",[117] was sich auch im Haushaltsrecht der DDR widerspiegelte. So war jeder Einzelhaushalt von Gemeinden, Kreisen und Bezirken im Haushalt der jeweils nächsthöheren Ebene enthalten, so daß alle Haushalte in einem einzigen Staatshaushalt integriert waren. Dieses Schachtelprinzip[118] führte dazu, daß höhere staatliche Ebenen in ihren Haushaltsplänen über Finanzmittel bestimmten, deren Verwendung ihnen nicht zugeordnet war. Durch eine solche Verletzung des Konnexitätsgrundsatzes, wie er bspw. in Art. 104a I GG niedergelegt ist, konnte die Dringlichkeit von Erhaltungs- und Erweiterungsinvestitionen nicht angemessen berücksichtigt wer-

---

113 Vgl. Dienemann, O. (1990) S. 198. Im folgenden werden als Referenzgröße immer Daten der ehemaligen Bundesrepublik verwendet. Damit soll jedoch *nicht* impliziert werden, daß die durch diese Statistiken abgebildeten Strukturen in der ehemaligen Bundesrepublik anzustrebende Idealzustände wären. Vielmehr soll die Gegenüberstellung lediglich als Anhaltspunkt für die jeweiligen Größenverhältnisse in entwickelten Industriegesellschaften dienen. Eine Rechtfertigung für die Verwendung der Daten der ehemaligen Bundesrepublik ergibt sich aus der gemeinsamen historischen Entwicklung vor der deutschen Teilung und der gemeinsamen zukünftigen Entwicklung nach der deutschen Wiedervereinigung.

114 Dienemann, O. (1990) S. 198.

115 Vgl. Zimmermann, H.; Müller, W.; Döring, R.; Lass, W.; Lapp, S. (1993) S. 74.

116 Formal wurde den Gemeinden durch den Artikel 82 der Verfassung der DDR zugestanden, daß sie über die eigenen Einnahmen ohne Einschränkung selbst verfügen können. Faktisch standen aber die Bestimmungen des Gesetzes über die Staatshaushaltsordnung und des Statuts des Ministeriums der Finanzen der praktischen Umsetzung dieses Artikels entgegen [vgl. Knoop. P. (1990) S. 99]. Die Haushaltsplanung und der Vollzug lagen danach beim Finanzministerium, das gegenüber allen untergeordneten Haushaltsebenen weisungsbefugt war. Die Selbstverwaltungsrechte wurden damit in einem System der zentralen Planung faktisch wirkungslos. Vgl. auch Zimmermann, H.; Müller, W.; Döring, R.; Lass, W., Lapp, S. (1993) S. 77.

117 Lützenkirchen, G. (1990) S. 106.

118 Vgl. West, C.-D. (1985) S. 199, Zimmermann, H.; Müller, W.; Döring, R.; Lass, W., Lapp, S. (1993) S. 77. Zudem wurden Einnahmen und Ausgaben unterer staatlicher Ebenen mit steigender Ebene mehrfach erfaßt (Doppelzählungen).

den.[119] Vielmehr wurden sektorale und regionale Schwerpunkte von Infrastrukturinvestitionen durch das zentrale Haushaltssystem gesetzt, wobei man hauptsächlich - wie oben gezeigt - den Erfordernissen der Industrieförderung folgte.[120] So wurden die Kommunen in der Ausübung ihrer Aufgabenverantwortung behindert mit der Konsequenz eines beschleunigten Verfalls der kommunalen Infrastrukturen.

Die Ausgaben für die dezentralen Verkehrswege und die Kommunalwirtschaft wurden in der DDR durch die Bezirke, Kreise und Gemeinden getätigt. Dennoch entfielen von den Ausgaben für örtliche Staatsorgane, staatliche Einrichtungen und Maßnahmen (91% der Gesamtausgaben) ca. 70% auf konsumorientierte Verwendungen (Tab. 2.1). Nur ca. 30% wurden produktiv eingesetzt, wie z.B. für Investitionen, Werterhaltung[121], Material und andere produktive Leistungen und lediglich 12% der oben genannten Ausgabenkategorie können *direkt* den Investitionen zugerechnet werden. Angesichts des schlechten Erhaltungszustandes der kommunalen Infrastruktur muß der **Anteil der Investitionen** an den Ausgaben als sehr gering veranschlagt und vor dem Hintergrund des sich heute abzeichnenden Sanierungs- und Erweiterungsbedarfs als vollkommen unzureichend für ein Aufhalten des fortschreitenden Verfalls der Städte bewertet werden.

Ausgabengruppen	Anteile in %
Investitionen	12,1%
Werterhaltungsmittel	10,3%
Personalausgaben	31,9%
Vergütungen, Honorare, etc.	4,1%
gesellschaftl. Verbrauch	12,8%
(darunter: Material und produktive Leistungen)	(8,2%)
Verpflegung	3,2%
nicht produktive Leistungen	25,6%

Tab. 2.1: Ausgaben für örtliche Staatsorgane, staatliche Einrichtungen und Maßnahmen für das Jahr 1989. Quelle: Knoop, P. (1990) S. 103.

Der Verfall der Infrastruktur läßt sich also - ausgehend von der deutschen Teilung - aus dem zentralistischen Wirtschaftssystem erklären. Die Bindung von Ressourcen im Zuge einer Strategie der extensiven Industrialisierung be-

119 Vgl. Knoop. P. (1990) S. 97.
120 Vgl. West, C.-D. (1985) S. 199.
121 Eine präzise Definition sowie die inhaltliche Aufschlüsselung der Ausgaben für Werterhaltung ist allerdings nicht möglich.

deutete eine Lenkung von Finanzmitteln in den Aufbau von Industriestandorten und eine gleichzeitige Vernachlässigung der Infrastruktur. Letztere wurde nur in instrumentellem Sinne in den Regionen gefördert, die industriell bedeutsam waren. Dies hatte neben einem allgemeinen Verschleiß aufgrund fehlender Ersatzinvestitionen und Überbeanspruchung auch starke räumliche Disparitäten im Erhaltungszustand zur Folge. Die zentrale Planwirtschaft übte aber auch Einfluß auf einen Teil der Infrastruktur, nämlich die Verkehrsinfrastruktur, über die zentrale Planung des Transportwesens aus. Die speziellen Auswirkungen der Steuerung des Modal Split auf das Verkehrsinfrastrukturnetz sollen im nächsten Abschnitt zunächst am Beispiel des Güterverkehrs und nachfolgend an dem des Individualverkehrs dargestellt werden.

2.1.2 Die Vorrangstellung des Schienenverkehrs in der ehemaligen DDR

Auch im Verkehrssektor der ehemaligen DDR war eine weitgehende Verstaatlichung erfolgt, so daß der größte Teil der Verkehrsleistungen durch volkseigene Transportunternehmen erbracht wurde.[122] Die zentrale Planung von **Güterverkehrsleistungen** orientierte sich allerdings nicht an wirtschaftlichen Erfordernissen, sondern war durch strukturpolitische Vorgaben geprägt. So zog ein Wandel dieser Vorgaben auch eine veränderte Schwerpunktsetzung im Verkehrssektor nach sich.[123] Während bis zum Beginn der achtziger Jahre zwecks qualitativer Differenzierung in den Transportleistungen dem LKW-Verkehr ein großer Anteil am Gütertransport zugeteilt wurde, wurde dieser nach 1980 zugunsten der Eisenbahn zurückgedrängt.[124] Dieser Umschwung in der Steuerung des Modal Split war hauptsächlich ein Ergebnis der Energieeinsatzplanung.[125] Die auf Autarkie, Förderung der heimischen Braunkohleindustrie und Einschränkung des Energieverbrauchs ausgerichtete Energiepolitik fand - in Verbindung mit der 'Politik der Intensivierung', die im Verkehrssektor den Transportaufwand senken sollte, - ihre Spiegelung in der Steuerung des Modal Split und der Investitionen in die Verkehrsinfrastruktur. So wurden bspw. Inve-

---

122 Vgl. Daimler Benz Forschungsinstitut (1990) S. 56.

123 Vgl. Aberle, G. (1992) S. 5.

124 Vgl. Daimler Benz Forschungsinstitut (1990) S. 56.

125 Vgl. Willeke, R. (1990) S. 64. Die Energiepolitik der DDR wurde bis zum Beginn der 80er Jahre durch die der Sowjetunion stark beeinflußt und war auf eine Erhöhung des Anteils von Erdöl und Erdgas, welche aus den Mitgliedsstaaten des Rates für gegenseitige Wirtschaftshilfe (RGW) importiert wurden, ausgerichtet [vgl. Bethkenhagen, J. (1986) S. 56]. Infolge des zweiten Ölpreisschocks verteuerten sich jedoch die Energieimporte erheblich, so daß die DDR sowohl ihre Energiepolitik als auch ihre Transportpolitik veränderte. Im Energiesektor wurden zur Verwirklichung weitgehender Autarkie Investitionen in den Braunkohlenbergbau getätigt und gleichzeitig Braunkohle oder Braunkohleprodukte als Brennstoff anstelle von Heizöl gefördert. Außerdem sollte durch Gesetze und Verordnungen der Energieverbrauch eingeschränkt werden. Vgl. auch Werner, F. (1985) S. 77.

stitionen in die Elektrifizierung des Reichsbahnnetzes vorgenommen, um den Verbrauch an Dieseltreibstoff zu reduzieren, und gleichzeitig Gütertransporte auf der Straße bei Distanzen über 50 km[126] verboten.

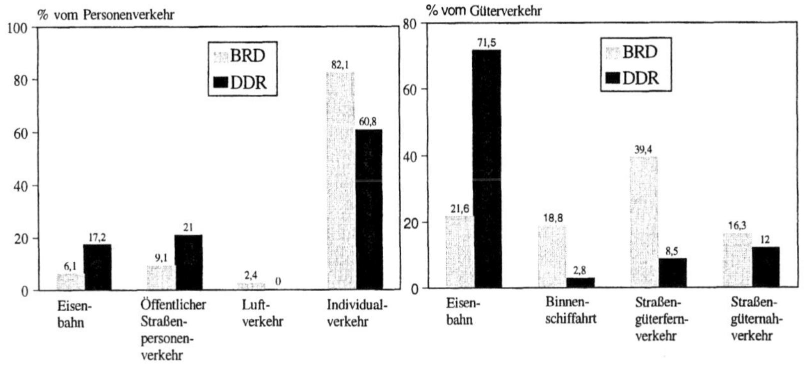

Abb. 2.1: Anteile der Verkehrsträger in der Bundesrepublik Deutschland und in der ehemaligen DDR 1989 (Verkehrsleistung in tkm bzw. Pkm). Quelle: (Der) Bundesminister für Verkehr (1993) S. 201, 305.[127]

Diese Steuerung des Verkehrssektors, welche in einem Anteil der Eisenbahn von 71,5% (1989) am gesamten Güterverkehr resultierte (Abb. 2.1), fand ihren Niederschlag im Zustand der Schieneninfrastruktur zur Zeit der deutschen Vereinigung. So verfügte die DDR über ein sehr dichtes Schienennetz mit einer umfangreichen Bedienung der Nebenstrecken.[128] Dabei waren aber - trotz der Investitionen in die Elektrifizierung seit Beginn der 80er Jahre - nur etwa 25% der Strecken elektrifiziert.[129] Die Verlagerung von Gütertransporten auf die Schiene hatte ferner eine sehr hohe Netzbelastung zur Folge. Dies führte - auch bedingt durch nur geringe Ersatzinvestitionen - zu einem entsprechend hohen Verschleiß mit dem Ergebnis zahlreicher Langsamfahrstellen und einer Verlängerung von Transportzeiten durch Streckensperrungen und damit verbundene

126 Vgl. Aberle, G. (1990) S. 360.

127 Die Angaben bzgl. des Anteils der Eisenbahn an der Verkehrsleistung im Personenverkehr schließen den S-Bahnverkehr ein. Im öffentlichen Straßenpersonenverkehr werden Stadtschnellbahn, Straßenbahn- und Kraftomnibusverkehr sowie Verkehrsleistungen, die im grenzüberschreitenden Gelegenheitsverkehr mit Kraftomnibussen im Ausland erbracht wurden, erfaßt. Auf den Werkverkehr mit Kraftomnibussen entfällt 1989 ein Anteil von 0,8%, auf den Taxi- und Mietwagenverkehr 0,2%.

128 Vgl. Laaser, C.-F. (1990) S. 111. Dabei handelt es sich im wesentlichen um das Schienennetz des deutschen Reiches, das kaum erweitert worden ist. Im Gegensatz zum Netz der Deutschen Bundesbahn, in dem seit Beginn der 50er Jahre zahlreiche Nebenstrecken stillgelegt wurden, sind in der DDR die Nebenstrecken erhalten worden [vgl. Laaser, C.-F. (1990) S. 111f.]. Vgl. hierzu im einzelnen auch II.2.2.1.

129 Vgl. Daimler Benz Forschungsinstitut (1990) S. 68.

Umleitungen.[130] Aussagen darüber, wie diese Steuerung des Modal Split Quantität und Qualität der Straßenverkehrsinfrastruktur beeinflußt hat, können allerdings nicht abgeleitet werden.

Auch können vor dem Hintergrund der vorhandenen Literatur kaum Aussagen über staatliche Planungen und Konzepte bzgl. des **Personenverkehrs** gemacht werden. Das vorhandene Datenmaterial läßt lediglich folgende Befunde über die Aufteilung der Verkehrsträger zu: Im Personenverkehr wurde der größte Teil der Verkehrsleistung (im Jahr 1989 60,8%) durch den Individualverkehr abgedeckt (Abb. 2.1).[131] Der Vergleich zur ehemaligen Bundesrepublik zeigt jedoch, daß der Anteil des Individualverkehrs an der Verkehrsleistung hier (BRD) um ca. 20 Prozentpunkte höher war und im Jahre 1989 einen Anteil von 82,1% einnahm. Demgegenüber machten die öffentlichen Verkehrsträger einen wesentlich geringeren Anteil an der Verkehrsleistung aus als in der DDR. Auch vor dem Hintergrund eines relativ geringen Motorisierungsgrades von 4,3 Einwohner je zugelassenem PKW im Jahr 1989 in der ehemaligen DDR gegenüber 2,1 in der ehemaligen Bundesrepublik läßt sich eine relative Vorrangstellung des öffentlichen Personenverkehrs in der DDR feststellen.[132]

Die Bestimmungsgründe einer auch hier bestehenden Verlagerung des Modal Split auf die Schiene bzw. den öffentlichen Verkehr sind primär im ÖPNV-Anschluß großer randstädtischer Wohnsiedlungen zu finden.[133] So bestanden die Investitionsschwerpunkte im Rahmen des innerstädtischen Personenverkehrs einerseits im Bereich der randstädtischen Netzerweiterung des Nahverkehrs. Andererseits wurde schwerpunktmäßig der Erwerb von Fahrzeugen für den öf-

---

130 Vgl. Aberle, G. (1990) S. 360. Seit Beginn der 80er Jahre wurden bis auf Investitionen in die Elektrifizierung keine weiteren Substanzerhaltungsmaßnahmen mehr ausgeführt.
Das Daimler Benz Forschungsinstitut errechnet für das Jahr 1988 eine Netzbelastungskennzahl [(Pkm + tkm)/ (Gesamtlänge + Länge der mehrgleisigen Strecken)] der Schieneninfrastruktur der Deutschen Reichsbahn von 4,56. Für die Deutsche Bundesbahn, die ihre Hauptstrecken als ausgelastet ansieht, läßt sich eine Netzbelastungskennzahl von 2,5 für dasselbe Jahr ermitteln. Das Forschungsinstitut zieht daraus den Schluß, daß die Deutsche Reichsbahn im Überlastungsbereich operierte. Dies habe die Konsequenz gehabt, daß es kaum Zugpausen gegeben habe, um die notwendigen Reparaturen auszuführen. [vgl. Daimler Benz Forschungsinstitut (1990) S. 70f.]. Damit kam es zu einer starken Verschlechterung des Zustandes der Gleisanlagen. Vgl. Aberle, G. (1992) S. 6.

131 Für die Jahre 1990 bis 2000 ging die DDR-Verkehrsplanung von einem - wie auch bereits in den vorangehenden Jahren - stagnierenden Anteil des öffentlichen Personenverkehrs aus. Daher sollte der Zuwachs in der Personenverkehrsleistung - im Gegensatz zum Güterverkehr - vom Individualverkehr abgedeckt werden. Vgl. Daimler Benz Forschungsinstitut (1990) S. 99.

132 Vgl. Laaser, C.-F. (1990) S. 111. Hier muß angefügt werden, daß der Individualverkehr durch eine extreme Verknappung des PKW-Angebotes beeinflußt wurde. Dennoch wurde 1989 ein Bestand von 3,2 Mio. PKW registriert, was zu dem beschriebenen Rückgang des Anteils des Individualverkehrs bei der Reichsbahn führte. Vgl. Aberle, G. (1992) S. 5f.

133 Vgl. Wetzker, K. (1990) S. 174.

fentlichen Personennahverkehr betrieben.[134] Ebenso wie die Energieeinsatzplanung letztlich für den Modal Split im Güterverkehr und die Infrastrukturpolitik bestimmend war, ist letztere also auch im Fall des innerstädtischen Personenverkehrs lediglich eine abgeleitete Politik. Hier ist sie Konsequenz der Wohnungspolitik unter der Restriktion sehr knapper Mittel bei stark zunehmendem Mobilitätsbedarf. Die Konzentration der Investitionstätigkeit auf den öffentlichen Personennahverkehr führte dazu, daß die notwendige Instandhaltung der bestehenden innerstädtischen Infrastrukturnetze vernachlässigt wurde und diese sich 1989 in großenteils desolatem Zustand befanden (Zustandsnoten III und IV).[135]

Zusammenfassend ist festzuhalten, daß sowohl die historische deutsche Teilung und das zentrale Planungssytem im allgemeinen als auch die spezielle Steuerung der Energiewirtschaft und des Wohnungsbaus im besonderen negative Rückwirkungen auf den Erhaltungs- und Ausbauzustand der Infrastruktur gehabt haben. Für die weitere Analyse ist erstens von Bedeutung, daß eine Beendigung der Steuerung des Modal Splits in Verbindung mit einem ausgeweiteten Angebot an Kraftfahrzeugen im Zuge der deutschen Vereinigung zu einem sprunghaften Anwachsen des Transportaufkommens geführt hat. Dieser Zusammenhang ist bei der Bestimmung des Infrastrukturbedarfs zu berücksichtigen. Zweitens bildet diese Beschreibung den Hintergrund für die detailliertere Analyse des Bestandes und Zustandes der Infrastrukturgüter zum Zeitpunkt der Wiedervereinigung. Dabei wird das Jahr 1989 als Referenzzeitpunkt verwendet, da diese Daten vom durch die Wiedervereinigung verursachten statistischen Bruch unbeeinträchtigt sind und keine neueren (d.h. nach der Wiedervereinigung entstandenen) strukturellen Veränderungen im Verkehrs- bzw. Ver- und Entsorgungssektor beinhalten. Anzumerken ist allerdings, daß die Analyse des Infrastrukturbestandes bereits einen Bewertungsmaßstab impliziert. So kann ein potentieller Mangel nur in Bezug auf eine Referenzgröße festgestellt werden. Die Verwendung des westdeutschen Netzes als Referenzzustand ist hier und im folgenden jedoch nicht im Sinne eines Idealtypus zu verstehen, sondern soll le-

---

134 Vgl. Wetzker, K. (1990) S. 178.

135 Vgl. Daimler Benz Forschungsinstitut (1990) S. 101 und die dort angegebene Literatur. Die Zustandsnote I ist charakterisiert durch die Eigenschaften 1. keine Schäden, 2. Fahrbahn ist im Profil ebenflächig, 3. Deckenoberfläche gleichmäßig dicht, 4. Befahrbarkeit gut, 5. Wartung gewährleistet; die Zustandsnote II umfaßt die Charakteristika 1. geringe Unebenheiten im Profil (z.B. Risse und kleine Schlaglöcher), 2. keine Behinderung der Befahrbarkeit, 3. Ausbesserung im Rahmen der Instandhaltung gewährleistet. Die Zustandsnote III weist die Merkmale auf: 1. Fahrbahn im Profil unregelmäßig, 2. Randzerstörungen und größere Schlaglochbildung, 3. Zerfallserscheinungen in der Decke, 4. Verkehr wird behindert, 5. Abschnittsweiser Einbau einer neuen Tragschicht und ggf. Neuprofilierung erforderlich. Die Zustandnote IV erfaßt die Merkmale: 1. Fahrbahn zerfällt im Profil, 2. Tragschicht ist zerstört bzw. mürbe, 3. Unterbau ist angegriffen, 4. Decke kaum noch befahrbar, 5. Einbau neuer Trag- und Deckschichten erforderlich. Vgl. hierzu auch Schmuck, A. (1990) S. 533, Tab. 3.

diglich als Vergleichsgröße dienen. Diese Vorgehensweise kann mit dem Bestehen eines einheitlichen Staatsgebietes vor dem zweiten Weltkrieg und einer vermutlich ähnlichen infrastrukturellen Ausgangslage gerechtfertigt werden. Die Auseinanderentwicklung der beiden deutschen Staaten nach 1945 ist an diesen Zahlen abzulesen. Schließlich ist anzumerken, daß die verwendeten Daten hoch aggregiert sind und daher keine regionalen Disparitäten widerspiegeln können. Für die abschließende Bewertung ist daher auf die in II.2.1 vorgestellten Überlegungen zu den unterschiedlichen räumlichen Entwicklungen in der ehemaligen DDR zurückzugreifen.

2.2 Der Infrastrukturbestand in den neuen Bundesländern

2.2.1 Verkehrsinfrastruktur

2.2.1.1 Straße

Die DDR verfügte über ein Straßennetz von ca. 47.200 km überörtlichen Straßen, davon 1.850 km Autobahnen, 11.300 km Fernverkehrsstraßen und 34.000 km Bezirksstraßen, sowie über 77.400 km Kommunalstraßen.[136] Eine differenziertere Bewertung des Umfangs des DDR-Straßennetzes kann man in einem ersten Schritt bereits erhalten, wenn man sowohl die Flächendichte als auch die Einwohnerdichte des ostdeutschen Straßennetzes im Verhältnis zum westdeutschen Netz betrachtet. Die Flächendichte des Straßennetzes der DDR (Tab. 2.2) war generell geringer als die in der ehemaligen Bundesrepublik, dennoch ist das Netz der ehemaligen DDR als quantitativ gut ausgebaut und flächendeckend zu bezeichnen.[137] Unterdurchschnittliche Werte sind allerdings für die Autobahnen (Faktor 2,05),[138] aber auch für die Gemeindestraßen (Faktor 1,82) zu beobachten.

Bei Betrachtung der Einwohnerdichte zeigt sich, daß die ehemalige DDR im Fernverkehrsstraßennetz (Bundesstraßennetz) eine höhere Dichte aufwies als die ehemalige Bundesrepublik (Faktor 0,72) und lediglich bei den Autobahnen die Einwohnerdichte wesentlich geringer war (Faktor 1,24). Bei Bezirksstraßen und kommunalen Straßen lag die Einwohnerdichte nur geringfügig unter den Werten der ehemaligen Bundesrepublik.[139] Aussagen über die Dichte des Netzes sind damit im wesentlichen von der Bezugsgröße abhängig. Generell kann aber - im Vergleich zur ehemaligen Bundesrepublik - ein unterrepräsentierter Anteil der Autobahnen bei durchschnittlicher Dichte des Straßenverkehrsnetzes

---

136 Vgl. (Der) Bundesminister für Verkehr (1993) S. 297.

137 Vgl. z.B. Lorbeer, R. (1990) S. 128, Aberle, G. (1992) S. 12.

138 Die berechneten Faktoren setzen den jeweiligen Wert für die ehemalige Bundesrepublik zum Wert für die ehemalige DDR in Beziehung.

139 HAHN weist darauf hin, daß die durchschnittliche Straßendichte der ehemaligen DDR bezogen auf die Einwohnerzahl ungefähr dem EG-Durchschnitt entspricht. Vgl. Hahn, W. (1991) S. 4.

festgestellt werden. Einschränkend muß hier allerdings auf die unterschiedliche regionale Dichte innerhalb der ehemaligen DDR verwiesen werden, die im wesentlichen mit dem räumlichen Süd-Nord-Gefälle der Wirtschaftstätigkeit und der Siedlungsstruktur übereinstimmte.[140] So war beispielsweise im Raum Leipzig/Halle/ Chemnitz die Dichte des Straßennetzes überdurchschnittlich im Vergleich zum Raum Mecklenburg.

	Ehem. DDR	Ehem. Bundesrepublik	Ehem. DDR	Ehem. Bundesrepublik
	m / km²	m / km²	m / Tausend Einwohner	m / Tausend Einwohner
Überörtliche Straßen insgesamt	435,69	698,3	2872,09	2771,26
Autobahnen	17,08	35,06	112,57	139,14
Bundesstraßen	104,31	125,04	687,60	496,18
Landes-/Kreisstraßen	313,85	537,96	2068,88	2134,69
Gemeindestraßen	714,46	1298,66	4709,75	5133,24

Tab. 2.2: Dichte des Straßennetzes der DDR und der ehemaligen Bundesrepublik für das Jahr 1989.
Quelle: (Der) Bundesminister für Verkehr (1993) S. 104, 297; eigene Berechnungen.[141]

Darüber hinaus bestanden allerdings schwere qualitative Defizite im Straßennetz der ehemaligen DDR, welche auf fehlende Wartung sowie unterlassene Erhaltungsinvestitionen zurückzuführen sind. Im Ergebnis wiesen über die Hälfte aller Straßen, davon ca. 36 % aller überörtlichen und mehr als 70% der kommunalen Straßen, Zerstörungen in der Fahrbahndecke, den Tragschichten und im Unterbau auf, so daß sie mit den Zustandsnoten III und IV versehen werden müssen (Abb. 2.2).[142] Die Autobahnen und Bundesstraßen unterlagen demnach einem besseren Erhaltungszustand, Stadt- und Gemeindestraßen hingegen einem besonders schlechten. Von letzteren waren mehr als ein Viertel nur

---

140 Vgl. Fege, B.; Göbel, M.; Jung, H.-U. (1990) S. 56.

141 Die Unterteilung der überörtlichen Straßen in Autobahnen, Bundesstraßen, Landes- und Kreisstraßen erfolgte nach der für die Bundesrepublik üblichen Statistik. Die überörtlichen Straßen der DDR waren nach Autobahnen, Fernverkehrsstraßen und Bezirksstraßen gegliedert. Ein Vergleich der Größenordnungen in der nach 1990 weitergeführten Statistik zeigt aber, daß Fernverkehrsstraßen als Bundesstraßen und Bezirksstraßen als Summe von Landes- und Kreisstraßen gefaßt werden können.
Die Angaben bzgl. der Länge der Kommunalstraßen in der ehemaligen DDR bezieht sich auf das Jahr 1985.
Für die Berechnungen wurde eine Fläche der ehemaligen Bundesrepublik von 248.717 km² und der DDR von 108.333 km² zugrunde gelegt [vgl. Daimler Benz Forschungsinstitut (1990) S. 4]. Die Bevölkerungszahlen der Bundesrepublik betrug 1989 62,679 Mio. und die der DDR 16,434 Mio. Einwohner.

142 Vgl. Daimler Benz Forschungsinstitut (1990) S. 72.

mit verminderter Geschwindigkeit zu befahren, die bis zu 20 km/h hinabreichte.[143]

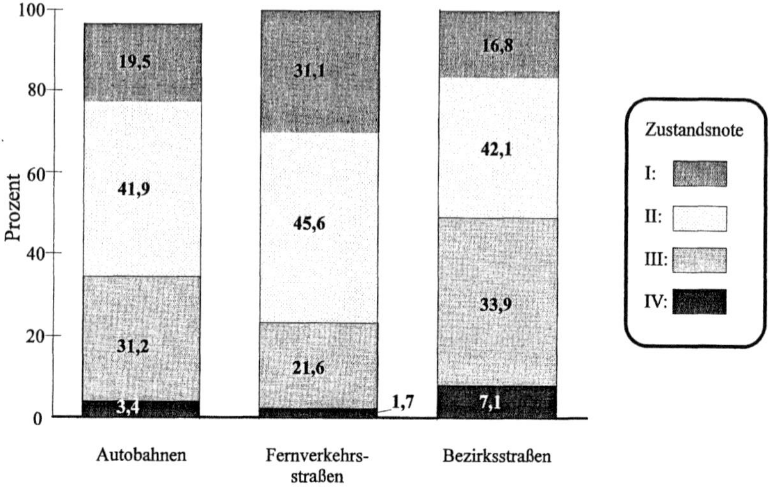

Abb. 2.2: Erhaltungszustand der Straßen in der DDR für das Jahr 1988 nach Zustandsnoten in %.[144]
Quelle: Angaben des Entwicklungs- und Ingenieursbetrieb des Straßenwesens, Berlin (EIB Sw), zitiert nach Daimler Benz Forschungsinstitut (1990) S. 75.[145]

143 Vgl. Roßberg, K. (1991) S. 264.

144 Vgl. zur Definition der Zustandsnoten Fußnote 135. Die Berechnung des Anteils der überörtlichen Straßen mit den Zustandsnoten III und IV legt Daten des BUNDESMINISTERS FÜR VERKEHR über die Straßenlängen aus dem Jahr 1988 zugrunde [vgl. (Der) Bundesminister für Verkehr (1993) S. 297], die mit den zu Beginn des Abschnitts II.1.2.1.1 genannten Straßenlängen identisch sind.
Die Datenlage ist allerdings widersprüchlich. Nach LORBEER habe sich der Anteil der Autobahnen, die die Zustandsnoten III und IV (in der dem DAIMLER BENZ FORSCHUNGSINSTITUT entsprechenden Abgrenzung) erhielten, in den letzten zehn Jahren von 53,6% auf 44,7% reduziert. Bei den Fernverkehrsstraßen erhielten 22,1%, bei den Bezirksstraßen 40,8% und bei den kommunalen Straßen 68,1% die Zustandsnoten III und IV. 26% des kommunalen Straßennetzes erhielten die Note IV und seien damit kaum noch befahrbar. Vgl. Strategie zur Erhöhung der Leistungsfähigkeit des Straßenwesens für den Zeitraum 1991-95, Ministerium für Verkehrswesen, Hauptverwaltung Straßenwesen Berlin vom 2.5. 1988, S. 3-6, zitiert nach Lorbeer, R. (1990) S. 128.
Vergleicht man diese Zahlen mit denen bei SCHMUCK, so wird deutlich, daß es sich hierbei um Anteile bezogen auf die Fläche handeln muß. SCHMUCK gibt allerdings für den Anteil der Bundesautobahnen den Wert 45,5% an. Der Anteil der schwer geschädigten Fahrbahnflächen bei den Autobahnen ist in diesem Fall höher. Vgl. Schmuck, A. (1990) S. 533, Abb. 3.

145 Trotz Rücksprache mit dem DAIMLER BENZ FORSCHUNGSINSTITUT konnten die fehlenden Angaben in der Rubrik Autobahnen nicht ermittelt werden.

Die Differenzierung in der Güte des Erhaltungszustandes ist auch bei Brükken zu beobachten. Die Autobahnbrücken waren zu ca. 50% ohne Schäden. Kommunale Brücken hingegen waren von stärkeren Verschleißerscheinungen gekennzeichnet.[146] Ca. 38,7% sämtlicher Brücken wiesen schweren Verschleiß auf und wurden daher mit den Zustandsnoten III und IV versehen.[147] Desweiteren waren zahlreiche Ortsdurchfahrten und Kreuzungen ungenügend ausgestaltet; Ortsumgehungen fehlten sehr häufig. Auch die Ausstattung mit Verkehrsanlagen (Leitplanken, Leitpfosten, Lichtsignalanlagen, Fahrbahnmarkierungen) war unzureichend.[148]

In direkter Folge des schlechten Straßenzustandes, der mangelnden technischen Verkehrsausstattung sowie der bestehenden Tragfähigkeitsbeschränkungen der Brücken war der Verkehrsfluß durch eine hohe Zahl von Geschwindigkeitsbeschränkungen gehemmt. Hierzu trug auch die z.T. ungenügende überörtliche Verkehrsführung bei.[149] Der qualitativ relativ schlechte Verkehrsfluß und die eingeschränkte Zahl und Art der Verbindungen innerhalb der neuen und zwischen den alten und den neuen Bundesländern hatte auch Konsequenzen für die Verbindungsqualität, d.h. die Erreichbarkeit von Standorten. Betrachtet man die gesamte Güte[150] der Straßeninfrastruktur, so dominieren in einer Analyse der Erreichbarkeit von ECKEY und HORN die Noten 'sehr schlecht' bis 'schlecht'. Während im Bereich der Schiene regionale Konzentrationen unzureichender Erreichbarkeit festzustellen waren, waren die Städte mit *schlechter* Erreichbarkeit auf der Straße im Gebiet der ehemaligen DDR relativ gleichmäßig verteilt.[151] Eine Häufung der *sehr schlechten* Erreichbarkeiten ließ sich vor allem für die meisten Kreise in Sachsen-Anhalt, Sachsen und Thüringen sowie im östlichen Mecklenburg-Vorpommern feststellen. Nur in Brandenburg konn-

---

146 Gluch, E. (1992b) S. 61. Generell waren bei dem Bestand von 31255 Brücken auf dem Gebiet der ehemaligen DDR massive Überalterungserscheinungen festzustellen. Die 26301 Massivbrücken waren zu 17% älter als 100 Jahre und 21% der 2452 Stahlbrücken weisen ein Alter von mehr als 70 Jahren auf.

147 Vgl. Lorbeer, R. (1990) S. 128, Hahn, W. (1991) S. 6. ROßBERG schätzt, daß 10% aller Brücken neu gebaut werden müssen und 40% in ihrer Tragfähigkeit beeinflußt sind [vgl. Roßberg, K. (1991) S. 266]. Das DAIMLER BENZ FORSCHUNGSINSTITUT spricht von mehr als einem Drittel der Brücken, die in ihrer Tragfähigkeit beeinflußt seien [vgl. Daimler Benz Forschungsinstitut (1990) S. 72]. Der Anteil der schadhaften Brücken bezogen auf die jeweilige Brückenfläche war jedoch 1987 geringer (im Durchschnitt 22,1%) und wies bei Brücken im Zuge von Bundesautobahnen 11,5%, von Bundesfernstraßen 16,5%, von Bezirksstraßen 21,5% und von Gemeindestraßen 35,8% auf. Auch hier war die Tendenz größerer Schadhaftigkeit bei Gemeindeinfrastruktur im Gegensatz zur Autobahn zu erkennen. Vgl. Schmuck, A. (1990) S. 533, Abb. 4.

148 Vgl. Daimler Benz Forschungsinstitut (1990) S. 74.

149 Vgl. Busch, B. (1990) S. III-7.

150 Vgl. Eckey, H.-F.; Horn, K. (1992) S. 226, Karte 2. Die Güte der Infrastruktur wurde durch die durchschnittliche Luftliniengeschwindigkeit zu allen übrigen Kreisen, gewichtet mit der Einwohnerzahl der betrachteten Kreise, gemessen.

151 Vgl. (Der) Bundesminister für Raumordnung, Bauwesen und Städtebau (1991) S. 67.

ten durchschnittliche Erreichbarkeiten festgestellt werden. Darüber hinaus waren im Straßennetz - ebenso wie im Schienennetz - die Nord-Süd-Verbindungen wesentlich besser ausgebaut als die Ost-West-Verbindungen. Auch hier dominiert - mit Ausnahme der Autobahn A 4 - die Ausrichtung der Autobahnen auf Berlin.[152]

Die ehemalige DDR verfügte damit über ein - im Vergleich zur Bundesrepublik - durchschnittlich dichtes Verkehrsnetz, das allerdings einen relativ unterrepräsentierten Anteil an Autobahnen aufwies. Qualitativ sind Mängel vor allem im Bereich der kommunalen Straßen und Brücken festzustellen, während die Autobahnen einschließlich der Brücken einen - auf die ehemalige DDR bezogenen - überdurchschnittlichen Erhaltungsszustand aufwiesen. Die aus dem unzureichenden Erhaltungszustand der Straßeninfrastruktur folgenden negativen Konsequenzen für die Erreichbarkeit wirken sich - bei allgemein schlechter Erreichbarkeit in den neuen Ländern - besonders stark in Sachsen-Anhalt, Sachsen, Thüringen und im östlichen Mecklenburg-Vorpommern aus.

2.2.1.2 Schiene

Die zentrale Planung des Transportwesens in der ehemaligen DDR führte zu einem Anteil der Eisenbahn an der Güterbeförderung, der 1989 ungefähr das dreifache des Anteils der ehemaligen Bundesrepublik ausmachte. Die damit sicherlich verbundene Überschreitung der optimalen Kapazitätsauslastung machte sich besonders in einer abnehmenden Qualität des Schienennetzes bei steigender Zahl von Störfällen bemerkbar.

Die DDR verfügte 1989 über ein insgesamt auf die Fläche und auch auf die Einwohnerzahl bezogen dichteres Schienennetz als die ehemalige Bundesrepublik (Tab. 2.3).[153] Während die DDR bezogen auf die Einwohnerzahl in *allen* Kategorien höhere Kennzahlen erreichte als die ehemalige Bundesrepublik, ergibt sich in Bezug auf die Flächendichte ein differenzierteres Bild. Hier fällt vor allem die relativ höhere Dichte der Nebenstrecken auf. Die Flächendichte der Hauptstrecken und besonders auch der elektrifizierten und mehrgleisigen Strekken war hingegen geringer als in der ehemaligen Bundesrepublik. Nur ca. 30% der Strecken der DDR waren mehrgleisig - gegenüber 41% (gesamtes Netz) bzw. 45,5% (Netz der DB) in der ehemaligen Bundesrepublik - und nur 27,28% der Strecken in der DDR waren elektrifiziert im Gegensatz zu 40,3% (gesamtes Netz) bzw. 43,3% (Netz der DB) in der ehemaligen Bundesrepublik 1989.[154] Darüber hinaus zeigt sich - ebenso wie bei der Betrachtung des Straßennetzes -,

---

152 Vgl. (Der) Bundesminister für Raumordnung, Bauwesen und Städtebau (1991) S. 68, Karte 6.2.

153 Vgl. Laaser, C.-F. (1990) S. 111, Busch, B. (1990) S. III-2.

154 Vgl. (Der) Bundesminister für Verkehr (1993) S. 51, 63, 289 sowie eigene Berechnungen.

daß die Flächendichte dem bestehenden Süd-Nord-Gefälle in der Wirtschaftstätigkeit und der Siedlungsstruktur entsprach.[155]

	Ehem. DDR m / km²	Ehem. Bundesrepublik m / km²	Ehem. DDR m / 1000 Einwohner	Ehem. Bundesrepublik m / 1000 Einwohner
Streckenlänge	129,55	108,56 (120,62)	854,02	430,77 (478,63)
Hauptstrecken	69,57	73,18	458,62	290,37
Nebenstrecken	59,98	35,38 (47,44)	395,40	140,40 (188,26)
Mehrgleisige Strecken	39,98	49,45	256,97	196,24
Elektrifizierte Strecken	35,35	47,04 (48,65)	232,99	186,67 (193,05)

Tab. 2.3: Dichte des Schienennetzes in der DDR und der ehemaligen Bundesrepublik für das Jahr 1989.
Quelle: (Der) Bundesminister für Verkehr (1993) S. 51, 63, 289; eigene Berechnungen.[156]

Eine wichtige Rolle zur Bewertung des Infrastrukturträgers 'Schiene' spielen der Zustand des Schienennetzes, die Leistungsfähigkeit der ehemaligen Deutschen Reichsbahn in bezug auf Verkehrsverbindungen und Reise- bzw. Transportzeit sowie die allgemeinen Erreichbarkeitsverhältnisse in den neuen Ländern.[157] Bzgl. des Zustandes des Schienennetzes machten sich zum einen die fehlenden Ersatz- und Erweiterungsinvestitionen bemerkbar, zum anderen waren die Folgen der historisch bedingten Teilung des Gesamtnetzes zu beheben. Das Schienennetz in der ehemaligen DDR war im wesentlichen mit dem des Deutschen Reiches identisch, da es keine bedeutsamen Streckenneubauten gegeben hat.[158] Durch die Teilung Deutschlands sind allerdings 35 der 44 Ost-West-Schienenstränge demontiert worden, so daß nach der Wiedervereinigung nur noch neun durchgehende Ost-West-Verbindungen bestanden.[159] Die ohnehin vorhandene Ausrichtung des Schienennetzes auf Berlin wurde durch dieses Abschneiden der Ost-West-Verbindungen noch verschärft, so daß im Ergebnis die Nord-Süd-Strecken einen besseren Ausbauzustand aufweisen.[160]

155 Vgl. Fege, B.; Göbel, M.; Jung, H.-U. (1990) S. 56.
156 Die Zahlen in Klammern in den Spalten 2 und 4 beziehen das nicht bundeseigene Netz von 3000 km ein, wovon 400 km elektrifiziert sind. Es wurde unterstellt, daß es sich hierbei ausschließlich um Nebenstrecken handelt.
157 Vgl. Hahn, W. (1991) S. 4.
158 Vgl. Daimler Benz Forschungsinstitut (1990) S. 70.
159 Vgl. Hahn, W. (1991) S. 5.
160 Vgl. (Der) Bundesminister für Raumordnung, Bauwesen und Städtebau (1991) S. 65.

Eine sehr hohe Netzbelastung und nur geringe Ersatzinvestitionen im Schienenunterbau vor allem in den 80er Jahren haben einen steten Verfall der Schieneninfrastruktur mit direkten Auswirkungen auf die Leistungsfähigkeit und die Transportzeiten der ehemaligen Reichsbahn bewirkt. Im Jahr 1988 existierten ca. 1000 Langsamfahrstellen mit einer Gesamtlänge von ca. 950 km. Zusätzlich bestanden auf ca. 30% aller Eisenbahnstrecken Achslastbeschränkungen, so daß kein ohne Behinderungen befahrbares Netz vorhanden war.[161] Dieser Zustand war auch durch alkaligeschädigte Betonschwellen, die sich auf ca. 3.000 km Länge zersetzten und daher ersatzbedürftig sind, begründet.[162] Darüber hinaus waren von 8200 Eisenbahnbrücken 3500 älter als 85 Jahre, ohne in dieser Zeit eine grundlegende Renovierung erfahren zu haben. Ca. 33% aller Eisenbahnbrücken konnten nur noch eingeschränkt befahren werden.[163] Im Ergebnis hat diese Situation - im Zusammenwirken mit einer veralteten, störanfälligen Sicherungstechnik - zu einer Erhöhung der Transportzeiten durch Streckensperrungen und Umleitungen geführt. So erreichte die Deutsche Reichsbahn lediglich Geschwindigkeiten, die ca. 20-30% unter denen der Deutschen Bundesbahn lagen und konnte daher nicht als wettbewerbsfähig gelten.[164]

Darüber hinaus zeigen Untersuchungen zur Güte der Verkehrsinfrastruktur 'Schiene' für verschiedene Kreise in Deutschland, daß auch die Erreichbarkeit von Standorten in den neuen Ländern durch die Eisenbahn als relativ schlecht einzustufen ist. ECKEY und HORN ermitteln danach im gesamtdeutschen Vergleich die Einstufung 'sehr schlecht' am häufigsten in den neuen Ländern, wobei eine Konzentration dieser Bewertung in den Kreisen Thüringens und Sachsens sowie im südlichen Sachsen-Anhalt festzustellen ist. Hier machen sich besonders die fehlenden Verbindungen nach Westdeutschland bemerkbar und damit die im Schienennetz wesentlich ausgeprägteren Auswirkungen der deutschen Teilung als im Bereich der Straßeninfrastruktur.[165] Die restlichen Stand-

---

161 Vgl. Busch, B. (1990) S. III-4, Hahn, W. (1991) S. 5.

162 Vgl. Aberle, G. (1992) S. 11. Die Zahl dieser alkaligeschädigten Betonschwellen wird auf ca. 10 Millionen geschätzt. Vgl. Voigt, W. (1990) S. 105.

163 Vgl. Busch, B. (1990) S. III-3f. HAHN hält - ausgehend von 8700 Brücken - 840 Stahl- und 450 Massivbrücken für umfassend erneuerungbedürftig (= 15%). 180 Brücken müßten vollkommen ausgetauscht werden. Die Massivbrücken weisen nach HAHN ein Durchschnittsalter von 100 Jahren auf. Vgl. Hahn, W. (1991) S. 5.

164 Konkret kam es 1987 zu ca. 9200 Schienenbrüchen, 9800 Signal- und Blockstörungen und 890 Fahrleitungsstörungen. Auf der direkten Verbindung zwischen Dresden und Leipzig wurde z.B. nur eine Durchschnittsgeschwindigkeit von ca. 60 km/h erreicht. Vgl. Busch, B. (1990) S. III-4, (Der) Bundesminister für Raumordnung, Bauwesen und Städtebau (1991) S. 67, Laaser, C.-F. (1990) S. 112, Aberle, G. (1990) S. 360.

165 Vgl. auch (Der) Bundesminister für Raumordnung, Bauwesen und Städtebau (1991) Karte 6.2, S. 68 und Karte 6.3, S. 69 im Vergleich.

orte in der ehemaligen DDR bekommen die Zustandsnoten 'durchschnittlich' bis 'schlecht' bzgl. der Erreichbarkeit durch die Bahn.[166]

Zusammenfassend ließ sich im Bereich der Schieneninfrastruktur erstens eine schlechte Qualität der Ost-West-Verbindungen feststellen, die sich in einer ebensolchen Erreichbarkeit der Standorte in den neuen Bundesländern abbildete. Zweitens bestanden umfangreiche Mängel im Schienenunterbau, bei Brücken und im Bereich der Sicherungstechnik, die die Bahn nicht wettbewerbsfähig sein ließen. Schließlich ist festzuhalten, daß die Befriedigung dieses umfangreichen Modernisierungsbedarfs - bedingt durch Streckensperrungen und Umleitungen - die Qualität des Verkehrsträgers zunächst noch zurückgehen lassen wird. Daher ist mit einer Verschärfung der Engpässe im Bereich der Schiene und einer Abdrängung des Verkehrs auf die Straße zu rechnen.[167] In letzter Konsequenz wird das Infrastrukturgut 'Straße' daher den entscheidenden Engpaßfaktor darstellen.

2.2.1.3 Wasserstraßen und Häfen

In Bezug auf das Wasserstraßennetz der ehemaligen DDR lassen sich ähnliche Aussagen treffen wie für das Straßen- und Schienennetz. Auch hier geht ein beachtliches quantitatives Angebot - im Hinblick auf Länge und Dichte - mit einer weitgehend unzureichenden Angebotsqualität einher. Bei einer Gesamtlänge von 2319 km Binnenwasserstraßen, davon 1675 km Hauptwasserstraßen und 644 km Nebenwasserstraßen[168] erreichte die DDR eine höhere Flächendichte (15,46 m/km²) als die ehemalige Bundesrepublik mit 13,62 m/km² (Tab. 2.4). Die Bedeutung dieser Zahlen muß allerdings in zweifacher Hinsicht relativiert werden. Zum einen waren die sog. Hauptwasserstraßen in der DDR nur für Schiffstypen mit einer Tragfähigkeit von 650-1000 t geeignet und keine Hauptwasserstraße der DDR konnte mit Schiffen mit Tragfähigkeiten zwischen 1000 und 1500 t und Tauchtiefen von 2,5 m, wie sie außerhalb des ehemaligen RGW üblich waren, befahren werden.[169] Zum anderen hatte die Binnenschiffahrt in der DDR nur eine äußerst geringe Bedeutung. Der Anteil

---

166 Vgl. Eckey, H.-F.; Horn, K. (1992) S. 226. Ausnahmen bilden die an Schleswig-Holstein angrenzenden Kreise Mecklenburg-Vorpommerns.

167 Vgl. Klemmer, P. (1991) S. 614, Schrumpf, H. (1992) S. 133.

168 Vgl. (Der) Bundesminister für Verkehr (1993) S. 297. Die Länge der Binnenwasserstraßen betrug in der Bundesrepublik 1989 4447 km, wobei 3387 km davon für Schiffe mit einer Tragfähigkeit von über 650 t befahrbar waren. Danach ergibt sich eine Länge der Nebenwasserstraßen von 1060 km (23,8%). Vgl. (Der) Bundesminister für Verkehr (1993) S. 110.

169 Vgl. Daimler Benz Forschungsinstitut (1990) S. 78. In der ehemaligen Bundesrepublik konnten 1989 immerhin 3080 km Binnenwasserstraßen mit Schiffen über 1000 t Tragfähigkeit befahren werden (69,26% aller Wasserstraßen und 90,94% aller Hauptwasserstraßen). Vgl. (Der) Bundesminister für Verkehr (1993) S. 110.

der Binnenschiffahrt an der gesamten Verkehrsleistung betrug 1989 nur 2,8%, am Verkehrsaufkommen sogar nur 2,2%.[170]

	Ehem. DDR	Ehem. Bundesrepublik	Ehem. DDR	Ehem. Bundesrepublik
	m / km²	m / km²	m / Tausend Einwohner	m / Tausend Einwohner
Ges. Wasserstraßen	21,40	17,88	141,11	70,95
Hauptwasserstraßen	15,46	13,62	101,92	54,04
Nebenwasserstraßen	5,94	4,26	39,19	16,91

Tab. 2.4: Dichte des Wasserstraßennetzes der DDR und der ehemaligen Bundesrepublik für das Jahr 1989.
Quelle: (Der) Bundesminister für Verkehr (1993) S. 110, 297; eigene Berechnungen.

Die Bestimmungsgründe für die Diskrepanz zwischen Flächendichte und tatsächlicher Nutzung waren sowohl in wirtschaftsgeographisch ungünstigen Umständen als auch in fehlendem Ausbau bzw. fortschreitender Zustandsverschlechterung der Wasserstraßen begründet. Eine wirtschaftsgeographische Betrachtung der DDR zeigt, daß die einzige Nord-Süd-Erschließung durch die Elbe gegeben war. Damit war ein direkter Anschluß des bedeutendsten Seehafens der DDR, Rostock, an weiterführende Binnenwasserstraßen nicht vorhanden.[171] Der Elbe fehlte auf der anderen Seite durch die deutsche Teilung die Anbindung an die Nordsee, so daß sie als traditionelles Hinterland des Hamburger Hafens nicht mehr dienen konnte. Schließlich war lediglich Dresden als einziges bedeutendes Wirtschaftszentrum Sachsens und Thüringens auf Binnenwasserstraßen erreichbar.[172] Dementsprechend war geographisch bedingt - und durch die deutsche Teilung verstärkt - die Situation der Binnenschiffahrt in der DDR eher ungünstig.

Verschärft wurde diese Lage durch die starken Wasserstandsschwankungen der Elbe und der Oder sowie die relativ geringen Kanalquerschnitte in Ost-West-Orientierung.[173] Auch ist die unzureichende Größe zahlreicher Schleusen,

[170] Vgl. (Der) Bundesminister für Verkehr (1993) S. 306 und 308. Die Verkehrsleistung wird in tkm, das Verkehrsaufkommen in t gemessen. Der Anteil der Binnenschiffahrt betrug in der Bundesrepublik 1989 18,8% der Verkehrsleistung und 7,1% des Verkehrsaufkommens. Vgl. (Der) Bundesminister für Verkehr (1993) S. 217 und S. 221.

[171] Vgl. Grossmann, G. (1991) S. 516.

[172] In Ost-West-Richtung waren über verschiedene Kanäle nur die mitteldeutschen Industriegebiete angeschlossen. Für alle Ost-West-Transporte wirkte sich darüber hinaus die nie fertiggestellte Kanalbrücke über die Elbe bei Madgeburg als hinderliche Lücke im Wasserstraßennetz der DDR aus. Vgl. Schönknecht, R. (1991) S. 360.

[173] Während westdeutsche Kanäle generell Binnenschiffe mit 80 m Länge, 9,5 m Breite, 2,5 m Tiefgang und etwa 1350 t Tragfähigkeit aufnehmen können, sind die Wasserstraßen in der DDR nur für den bedingten Einsatz von 67 m langen, 8,20 m breiten und 2,5 m

von denen ca. 75% älter als 50 Jahre sind, zu erwähnen.[174] Fehlende Ersatz- und Erhaltungsinvestitionen haben die Funktionsweise der Wasserbauten beeinträchtigt[175] und die ohnehin bestehende Flachwasserproblematik verschärft. Im Ergebnis hat sich der Transportaufwand erhöht, da Transportzeiten länger und die Ladefähigkeit der Binnenschiffe aufgrund geringer Wasserstände rückläufig war.

Auch bei den Wasserstraßen bietet sich folglich das für die Verkehrsinfrastruktur der DDR typische Bild: Das in Bezug auf die Flächendichte größere Wasserstraßennetz der ehemaligen DDR war durch fehlende Ersatz- und Erhaltungsinvestitionen sowie Überalterung der Wasserbauten in seiner Funktionsfähigkeit wesentlich beeinträchtigt. Zudem ergab sich durch die deutsche Teilung und die ungünstige geographische Lage eine nur geringe Bedeutung der Binnenschiffahrt in der DDR.

2.2.2 Abwasserentsorgung

Auch die Situation der Ent- und Versorgungsinfrastruktur in den neuen Bundesländern war unzureichend. Dies galt für den Anschlußgrad der Haushalte und der Industrie sowohl an Sammelkanalisationen als auch an Kläranlagen, woraus eine starke Belastung der Umwelt resultierte. Privathaushalte waren in den neuen Bundesländern im Durchschnitt nur zu 73% an die Kanalisation und zu 58% an Kläranlagen angeschlossen (Tab. 2.5). Dabei ist festzuhalten, daß die regionalen Unterschiede in der Versorgungslage ganz erheblich waren. So lag der Anteil der Haushalte mit Kläranlagenanschluß in einer großen Zahl der Kreise Sachsens, im Nord-Westen von Mecklenburg-Vorpommern sowie in einigen Kreisen Brandenburgs unter 60%.[176] Tendenziell war in kleineren Orten und im ländlichen Raum der Anschlußgrad an Kanalisation und Klärwerke wesentlich geringer und tendierte teilweise gegen Null.

Regionale Disparitäten wurden durch die Art der Abwasserreinigung noch verstärkt. So war in der DDR noch ein relativ hoher Anteil mechanischer Reini-

---

tauchenden Schiffen bei Tragfähigkeiten bis zu 1000 t konzipiert. [Der Ausbau der Wasserstraßen in der ehemaligen BRD ist für Schiffe mit 105 bis 110 m Länge, 11,4 m Breite und 2,7 bis 3,2 m Tiefgang bereits zu einem wesentlichen Teil erfolgt.] Praktisch konnten jedoch nur Tauchtiefen bis zu 2 m, auf dem Oder-Havel-Kanal und dem Oder-Spree-Kanal sogar nur bis 1,85 m realisiert werden. Auch die Tauchtiefe auf der Elbe ist in den vergangenen 20 Jahren in bestimmten Bereichen um 25 bis 40 cm zurückgegangen. Vgl. Schönknecht, R. (1991) S. 360ff.

174 Vgl. Hahn, W. (1991) S. 5.

175 Vgl. Grossmann, G.(1991) S. 516. Der schlechte Erhaltungszustand der Kanalbauten verstärkt sich stetig, da die relativ geringen Kanalquerschnitte zu schweren baulichen Schäden durch die Schiffahrtsnutzung führen und geführt haben. Vgl. Schönknecht, R. (1991) S. 362.

176 Vgl. Bundesministerium für Raumordnung, Bauwesen und Städtebau (1994a) S. 173.

gung zu verzeichnen (31%), während sich weitergehende biologische Behandlungsmethoden fast ausschließlich auf den Ostteil Berlins beschränkten (Tab. 2.6).[177] Im Gegensatz zu dieser Praxis würde die „Einhaltung der allgemein anerkannten Regeln der Technik nach Anhang I zur Allgemeinen Rahmen-Abwasserverwaltungsvorschrift [...] in allen öffentlichen Kläranlagen i.d.R. die 3. Reinigungsstufe erfordern."[178]

Bundesland	Anschluß der Bevölkerung an Sammelkanalisation [%]	Kläranlagen [%]
Berlin	97,5	97,5
Mecklenburg-Vorpommern	66,0	60,0
Brandenburg	55,0	54,0
Sachsen-Anhalt	74,0	56,0
Sachsen	76,0	57,0
Thüringen	82,0	47,0
DDR/ neue Länder	73,0	58,0
ehemalige Bundesrepublik	92,5	89,7

Tab. 2.5: Anschlußgrad der Wohnbevölkerung an Sammelkanalisation und Kläranlagen.[179]
Quelle: (Der) Bundesminister für Raumordnung, Bauwesen und Städtbau (1991) S. 80 und die dort genannten Quellen.

Die unzureichende Reinigung der Haushaltsabwässer hatte direkte Konsequenzen für die Belastung der Gewässer und die Genießbarkeit des Trinkwassers.[180] Außerdem wurden Böden und Gewässer durch die Beseitigung der jährlich ca. 18,5 Mio. m³ Fäkalien, die zu ca. 30% nicht ordnungsgemäß deponiert wurden, unkontrolliert belastet.[181] Hierzu trugen auch die z.T. stark mit Schwer-

---

177 Vgl. (Der) Bundesminister für Raumordnung, Bauwesen und Städtebau (1991) S. 80. In diese Durchschnittsangaben ist ein Prozentsatz für Ost-Berlin eingerechnet worden, so daß sich ein einfacher Durchschnitt nicht bilden läßt.
Betrachtet man die gesamte erfaßte Abwassermenge (in Tabelle 2.6 wurden nur die geklärten Abwässer erfaßt), so wurden von 1,4 Mrd. m³ Abwässern pro Jahr 12% unbehandelt in Gewässer geleitet, 36% nur mechanisch, 52% mechanisch-biologisch und davon wiederum 14% weitergehend mit Phosphateliminierung behandelt. Vgl. Clausnitzer, E. (1990) S. 613 und (Der) Bundesumweltminister (1991) S. 14.

178 (Der) Bundesminister für Raumordnung, Bauwesen und Städtebau (1991) S. 80.

179 Die Angaben für die ehemalige Bundesrepublik beziehen sich auf das Jahr 1987 und für die DDR auf das Jahr 1989.

180 Vgl. hierzu II.2.2.3.

181 Vgl. Clausnitzer, E. (1990) S. 613. Vgl. zum Begriff der 'ordnungsgemäßen Deponierung' FN 202.

metall belasteten Klärschlämme bei,[182] die - allerdings mit abnehmender Tendenz - zu 65% in der Landwirtschaft als Dünger eingesetzt wurden. Eine wietere Belastung der Böden ergab sich durch schadhafte Abwasserkanäle. Hier spielt vor allem die Altersstruktur der Kanalsysteme eine Rolle, nach der ca. 43% der Abwasserkanäle in den neuen Ländern älter als 60 Jahre waren (alte Bundesländer ca. 19% älter als 50 Jahre).[183] Das Bundesumweltministerium

	Klärkapazität		
Bundesland	nur mechanisch [%]	mechanisch-biologisch [%]	mech.-biol. und weitergehende Behandlung [%]
Berlin	0,0	10,2	89,8
Mecklenburg-Vorpommern	10,0	89,0	1,0
Brandenburg	17,0	83,0	0,0
Sachsen-Anhalt	62,0	38,0	0,0
Sachsen	51,0	49,0	0,0
Thüringen	40,0	60,0	0,0
DDR/ neue Länder	31,0	52,0	17,0
ehemalige Bundesrepublik	2,6	67,8	28,2

Tab. 2.6: Öffentliche Abwasserbeseitigung.[184]
Quelle: (Der) Bundesminister für Raumordnung, Bauwesen und Städtebau (1991) S. 78 und die dort angegebenen Quellen.

geht davon aus, daß von 36 000 km Kanalbestand 60 - 70% schadhaft sind; 800 km seien stark funktionsgefährdet und daher dringend sanierungsbedürftig.[185] Für die Situation der Gewässer waren vor allem die ungeklärten Indu-

---

182 Die Angaben schwanken zwischen 232 000 und 1,1 Mio. t Trockenschlamm pro Jahr. Vgl. Clausnitzer, E. (1990) S. 614 und (Der) Bundesumweltminister (1991) S. 14.

183 Vgl. Witten, R.; Wellnitz, J. (1991) S. 1628. Die zugrundeliegende Altersstruktur wird wie folgt angenommen: Ehemalige Bundesrepublik: 0-25 Jahre: 53%, 25-50 Jahre 28%, 50-75 Jahre 12%, 75-100 Jahre 6%, >100 Jahre 1%. DDR: 0-10 Jahre 9,8%, 10-30 Jahre 24,9%, 30-60 Jahre 22,4%, 60-80 Jahre 26,0%, 80-100 Jahre 14,0%, > 100 Jahre 2,9%.

184 Die Angaben für die neuen Bundesländer beziehen sich auf das Jahr 1989 und beschreiben die Behandlungskapazität. Die Vergleichsdaten für die alten Bundesländer sind dem Jahr 1987 zugeordnet und geben die behandelte Abwassermenge an. Die angegebenen Zahlen addieren sich zum Teil nicht zu 100%, da nicht alle Behandlungsarten aufgeführt worden sind.

185 Vgl. (Der) Bundesumweltminister (1991) S. 14 und Clausnitzer, E. (1990) S. 614. BERNHARDT, RUDOLPH und SUCH gehen demgegenüber davon aus, daß von 36 500 km Abwassernetz nur 17 000 km saniert werden müssen; das entspräche ca. 47% [vgl. Bernhardt, H., Rudolph, K.-U.; Such, W. (1992) S. 42]. Das IFO-INSTITUT spricht sogar nur von 35% schadhafter und zu sanierender Rohre unter der Annahme, daß nur nach dem Krieg

strieabwässer bedrohlich, welche aufgrund veralteter Produktionstechnologien in hohem Maße anfielen. Ca. 2,3 Mrd. m³ Industrieabwasser und 1,7 Mrd. m³ Kühlwasser pro Jahr gelangten zu 95% ungeklärt bzw. nicht ausreichend geklärt in die Flüsse. Besonders Schwermetalle, toxische Substanzen, sauerstoffzehrende Stoffe sowie umfangreiche Salzeinleitungen aus der Kali- und Sodaindustrie belasteten die Gewässer derart, daß sie zur Trinkwasseraufbereitung nicht mehr geeignet waren.

Zusammenfassend ist festzuhalten, daß der Bestand an Kläranlagen und Sammelkanalisationen insbesondere zur Reinigung des Industrieabwassers unzureichend war. Zudem waren die bestehenden Klärwerke mit veralteten Aufbereitungstechniken ausgestattet, woraus eine hohe Gewässerbelastung resultierte. Schließlich haben schadhafte Kanäle zu einer Gefährdung des Grundwasser und einer Verschmutzung der Böden beigetragen. Dabei sind in allen Bereichen starke regionale Disparitäten in der Ausstattung mit Abwasserentsorgungsinfrastruktur vorhanden.

2.2.3 Trinkwasserversorgung

Die Trinkwassersituation in den neuen Bundesländern ist durch ein beschränktes Wasserdargebot bei hoher Ausnutzung gekennzeichnet. Während die Gebietsfläche der neuen Länder 43% der Fläche der alten Bundesländer ausmacht, beträgt das mittlere Wasserdargebot pro Jahr nur 11% der ehemaligen Bundesrepublik.[186] Bezieht man das Wasserdargebot allerdings auf die Einwohnerzahl, so errechnet sich ein Prozentsatz von 42% pro Einwohner und Jahr gegenüber der ehemaligen Bundesrepublik. Dennoch war die durchschnittliche Wassernutzung (ohne Elektrizitätswirtschaft) in der DDR wesentlich höher (46% des Dargebotes) als in der ehemaligen Bundesrepublik (nur 9% des Dargebotes). Diese Situation ist sowohl auf die relativ geringen Niederschläge und Zuflüsse zurückzuführen als auch auf den verschwenderischen Umgang mit Trinkwasser in Industrie, Landwirtschaft und Privathaushalten der ehemaligen DDR.[187]

Als Folge dieser quantitativ schlechten Situation befand sich das Wasserdargebot in der DDR auch qualitätsmäßig in einem durchweg eher schlechten Zustand. Neben den genannten Ursachen spielten sowohl der hohe Abwasseranfall aufgrund überholter Produktionsverfahren als auch die unzureichende Klärung von Abwässern vor allem der Industrie aber auch der privaten Haushalte eine

---

gebaute Kanalisationen einen guten Erhaltungszustand aufweisen und Rohre mit einem Alter von 75 Jahren und mehr zu 60% schadhaft sind. Vgl. Gluch, E. (1992a) S. 11.

186 Vgl. Bernhardt, H.; Rudolph, K.-U.; Such, W. (1992) S. 66.

187 In Trockenperioden war die Wasserversorgung in den früheren Bezirken Halle, Dresden, Potsdam und Neubrandenburg nicht gesichert. Vgl. Bernhardt, H.; Rudolph, K.-U.; Such, W. (1992) S. 39.

gewichtige Rolle. Die Gewässerbelastung durch die Industrie - hier speziell durch die Chemieindustrie und die Kali-Werke - war allerdings im Vergleich zur Verschmutzung durch private Haushalte wesentlich gravierender.[188] Darüber hinaus bestand ein hoher diffuser Schadstoffeintrag speziell aus der Landwirtschaft, der im wesentlichen das Grundwasser belastete.[189] Der Trend zu einer Verschlechterung der Grundwasserqualität war daher vor allem in industriellen Ballungsregionen und landwirtschaftlich stark genutzten Räumen zu beobachten. Da das Rohwasser für die Trinkwasseraufbereitung zu 71% aus Grundwasser, zu 11% aus Ufer- und Infiltrat, zu 8% direkt aus dem Oberflächenwasser und zu 10% aus einem Gemisch von Oberflächen- und Grundwasser gewonnen wurde, schlug sich die starke Belastung durch Landwirtschaft und Industrie direkt in der Güte des Trinkwassers nieder.[190] Das Ausmaß der speziellen Belastung des Grundwassers ist zur Zeit jedoch nicht bekannt.

Detaillierteres Datenmaterial liegt allerdings über die hohe Schadstoffbelastung sowohl der Wasserläufe als auch der stehenden Gewässer in den neuen Ländern vor, die aus der starken Nutzung von Oberflächengewässern sowie der geringen Klärung der Haushalts- und Industrieabwässer resultierte. Die Abbildung 2.3 zeigt, daß 1989 42% der Wasserläufe und 24% der stehenden Gewässer derart verschmutzt waren, daß sie für eine Trinkwasseraufbereitung nicht mehr zur Verfügung standen.[191] Obwohl die Nutzung von Oberflächengewässern für die Trinkwasseraufbereitung quantitativ nicht so bedeutsam ist wie die des Grundwassers, ist die aus Abbildung 2.3 ersichtliche Entwicklung ökologisch in hohem Maß bedenklich.

Über die Trinkwasserqualität im einzelnen existieren keine eindeutigen Angaben. Der RAUMORDNUNGSBERICHT 1991 ging beispielsweise davon aus, daß 9,6 Mio. Einwohner zeitweise oder ständig qualitativ beeinträchtigtes Trink-

188 Vgl. (Der) Bundesumweltminister (1991) S. 13f., Adler, U. (1990) S. 47.

189 Hier wirken sich vor allem die starke Gülle- und Mineraldüngerverwendung sowie hohe Einsatzmengen von Pflanzenschutzmitteln negativ auf die Böden und die Grundwasserqualität aus. Vgl. Bundesministerium für Raumordung, Bauwesen und Städtebau (1994) S. 192.

190 Vgl. (Der) Bundesumweltminister (1991) S. 15, Adler, U. (1990) S. 48.

191 Die Flüsse Mulde, Saale, Pleiße sowie die Schwarze und Weiße Elster waren biologisch verödet (Gruppe I). Für die anderen beiden Gewässergüteklassen gilt, daß sie nur mit sehr aufwendigen Technologien (Gruppe II) bzw. mit umfangreichen Aufbereitungsmaßnahmen (Gruppe III) als Trinkwasser genutzt werden konnten [vgl. (Der) Bundesumweltminister (1991) S. 13]. Auch die Elbe bei Dresden wies eine übermäßige Verschmutzung auf bzw. war ökologisch zerstört [vgl. Bundesminsterium für Raumordnung, Bauwesen und Städtebau (1994a) S. 193, Karte 22.1 und Bundesministerium für Umwelt, Naturschutz und Reaktorsicherheit (1993a) S. 11]. Bzgl. der allgemeinen Gewässergüte in den neuen Ländern muß allerdings angemerkt werden, daß diese durch Sanierungsmaßnahmen, Betriebsstillegungen und Produktionsverfahrensänderungen verbessert werden konnte. Die Elbe, Saale, Mulde und Schwarze Elster gehörten aber dennoch zu den stärksten verschmutzten Flüssen Europas. Vgl. Bundesministerium für Umwelt, Naturschutz und Reaktorsicherheit (1993a) S. 12.

wasser erhielten, wovon 1,2 Mio. Einwohner Trinkwasser bekamen, das die Nitratgrenzwerte überstieg und 1,4 Mio. mikrobiologisch nicht einwandfreies Wasser verwendeten.[192] Verschiedene Quellen wiesen jedoch übereinstimmend die ehemaligen Bezirke Dresden, Leipzig und Halle als besonders belastet aus, aber auch die Regionen Chemnitz, Erfurt, Gera und Cottbus wurden genannt. Die Überschreitungen der Grenzwerte konzentrierten sich im wesentlichen auf regionale Schwerpunkte in Thüringen, Sachsen und im südlichen Sachsen-Anhalt.[193]

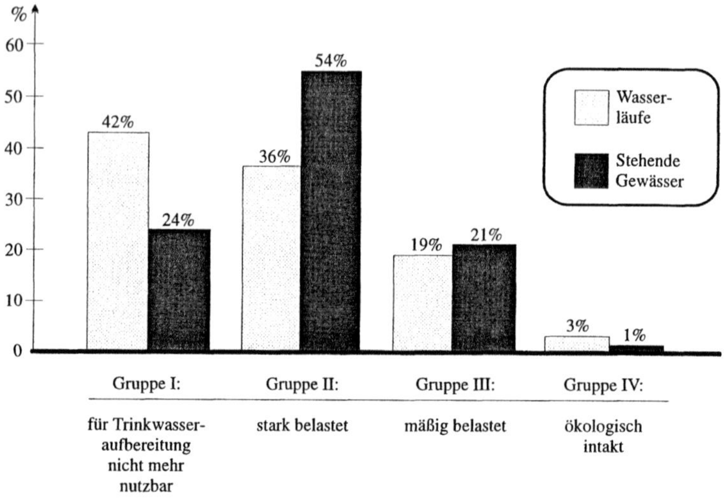

Abb. 2.3: Belastung von Wasserläufen und stehenden Gewässern in den neuen Bundesländern (1989).
Quelle: Der Bundesumweltminister (1991) S. 13.

Die schlechte Trinkwasserqualität macht Infrastrukturinvestitionen im Bereich der Wasserversorgung erforderlich. So sind Investitionen in den Bereichen Wasseraufbereitung, Neuerschließung von Wasservorkommen und Ausbau der Fernwasserversorgung notwendig, um die Trinkwasserqualität zu sichern. Aber auch die bestehenden Anlagen zum Zweck der Trinkwasserversorgung sind

---

192 Vgl. (Der) Bundesminister für Raumordnung, Bauwesen und Städtebau (1991) S. 78. BERNHARDT, RUDOLPH und SUCH nennen ebenfalls eine Zahl von über 9 Mio. Bürgern in den neuen Ländern, die Trinkwasser erhielten, das die Grenzwerte der Trinkwasserverordnung überschreite, wovon 4 Mio. Trinkwasser mit Färbung, Trübung od. organischen Belastungen verwendeten. 4,8 Mio. Einwohner benutzten bakteriologisch nicht einwandfreies und 1,4 Mio. Bürger den Grenzwert für Nitrat übersteigendes Trinkwasser. Vgl. Bernhardt, H.; Rudolph, K.-U., Such, W. (1992) S. 40.

193 Vgl. Bundesministerium für Raumordnung, Bauwesen und Städtebau (1994a) S. 172 und Karte 18.4.

erheblich überaltert und in einem sehr schlechten Zustand. Von den vorhandenen 97.000 km Trinkwasserleitungen - es bestand ein relativ hoher Anschlußgrad an das Trinkwassernetz von 94,8%[194] - hatten ca. die Hälfte ein Alter von über 50 Jahren, ca. 8000 km sind älter als 100 Jahre. Im Ergebnis kam es zu ca. 80.000 Rohrbrüchen im Jahr (das ist ca. ein Rohrbruch pro km Leitung (!)) und Wasserverlusten zwischen 12 und 30% beim regulären Trinkwassertransport.[195] Desweiteren existierten vielfach überalterte Aufbereitungsanlagen, Desinfektionsanlagen sowie Überwachungsanlagen mit einem zumeist nicht angemessenen technischen Standard.[196] Auch wiesen einige Trinkwassertalsperren im Thüringer Wald, im Harz und im Erzgebirge eine Überalterung der Bausubstanz und des technischen Gerätes auf.[197]

Der kritische Zustand der Gewässer sowie des Grundwassers in den neuen Ländern wirft also eine zweiseitige Problemlage auf. Zum einen war der Anschlußgrad der Haushalte und der Industrie an Kanalisation und Kärwerke unzureichend. Auf der anderen Seite war auch die Aufbereitung des Trinkwassers im weiteren Sinne defizitär, und daher die Trinkwasserqualität in den neuen Ländern mangelhaft. Darüber hinaus zeichnet sich ein umfassender Sanierungsbedarf im Bereich des Leitungsnetzes ab, um sowohl eine Verschwendung von Trinkwasser als auch das unkontrollierte Einsickern von Abwässern in den Boden zu verhindern.

2.2.4 Abfallentsorgung und Altlasten

Auch im Bereich der Abfallentsorgung und der Altlasten besteht die Notwendigkeit, ein neues funktionsfähiges Entsorgungssystem aufzubauen sowie Deponien, Müllablagerungen und belastete Flächen zu sanieren. In der DDR war das Abfallaufkommen im Bereich des Hausmülls wesentlich geringer (180 kg/Einwohner im Jahr 1989) als in der ehemaligen Bundesrepublik (375 kg/ Einwohner im Jahr 1987).[198] Dies war im wesentlichen in einem relativ niedrigen Konsumniveau aber auch in der Verwendung von Abfall zur Raumheizung begründet.[199] Im Bereich des Industriemülls hingegen ist das Abfallaufkommen

---

194 Vgl. Bernhardt, H.; Rudolph, K.-U.; Such, W. (1992) S. 40.

195 Vgl. (Der) Bundesumweltminister (1991) S. 15, Bernhardt, H., Rudolph, K.-U.; Such, W. (1992) S. 41, Adler, U. (1990) S. 48. ROSCHER weist darauf hin, daß aufgrund der ungünstigen Materialstruktur die Schadenshäufigkeit bei Trinkwasserleitungen höher liege als in den alten Bundesländern. Von überdurchschnittlicher Schadenshäufigkeit sind besonders Stahlleitungen betroffen, die zwischen 1950 und 1970 ohne Korrosionsschutz verlegt worden sind [vgl. Roscher, H. (1993) S. 16 und Abb. 3, S. 19].

196 Vgl. Bernhardt, H.; Rudolph, K.-U.; Such, W. (1992) S. 42.

197 Vgl. (Der) Bundesumweltminister (1991) S. 15. Zur Beseitigung biologischer Verockerung in Brunnen für die Trink- und Brauchwasserversorgung sind 347 Brunnen mit Kobald-60-Sonden mit insgesamt 7291 Strahlungsquellen bestückt.

198 Vgl. (Der) Bundesminister für Raumordnung, Bauwesen und Städtebau (1991) S. 80.

199 Vgl. Adler, U.; Sprenger, R.-U.; Wackerbauer, J. (1991) S. 8.

1990 deutlich höher gewesen als in den alten Bundesländern, was auf z.T. veraltete Produktionstechniken zurückzuführen ist. Es ist allerdings davon auszugehen, daß sowohl das Hausmüll- als auch das Industriemüllaufkommen durch das - aufgrund der Rohstoffknappheit geschaffene - Recyclingsystem (SERO = Sekundärrohstoffwirtschaft) reduziert wurde.[200] Einschränkend muß jedoch bemerkt werden, daß das SERO-System nicht nach ökonomischen oder ökologischen Gesichtspunkten geführt wurde, sondern Ergebnis einer auf Autarkie ausgerichteten Wirtschaft war. Dementsprechend wurden zum Teil stark umweltbelastende Aufbereitungsanlagen betrieben.[201] Das Fehlen jeglichen ökologischen Bewußtseins kann auch in Bezug auf die restlichen ca. 54-60 Mio. Tonnen des Abfallaufkommens diagnostiziert werden, die nur zum Teil geordnet deponiert wurden.[202] Über die tatsächliche Zahl der Deponien und sog. wilden Müllkippen existieren widersprüchliche Angaben.[203] Nach Angaben des BUNDESMINISTERIUMS FÜR UMWELTSCHUTZ, NATURSCHUTZ UND REAKTORSICHERHEIT (Tab. 2.7) existierten 7672 Deponien zum Ende des Jahres 1990, die ab 1995 auf ca. 90 Deponien schrumpfen sollten. Der RAUMORDNUNGSBERICHT 1993 berichtet - mit der unten gezeigten Prognose übereinstimmend - von ca. 300 Deponien, die zu diesem Zeitpunkt noch genutzt wurden.[204]

Zudem war auch die Abfallbehandlungsstruktur vor allem bei gefährlichen Stoffen unzulänglich. Dies galt vor allem für industrielle Abfälle, die nicht einer

---

200 Das SERO-System umfaßte nicht nur Komponenten des Hausmülls wie Papier, Glas und organische Abfälle, sondern auch Industrieabfälle. Ca. 40% der industriellen Abfälle wurden im Rahmen der SERO wiederverwertet, wodurch ca. 10% der Rohstoffe für die Industrie wiedergewonnen wurden. Vgl. Adler, U.; Sprenger, R.-U.; Wackerbauer, J. (1991) S. 8.

201 Vgl. (Der) Bundesumweltminister (1991) S. 19.

202 Vgl. Voss, G. (1990) S. IV-13. Eine ordnungsgemäße Deponierung erfordert die Einhaltung bestimmter Sicherheitsstandards in Abhängigkeit von der Gefährlichkeit der zu deponierenden Abfälle, so z.B. Einzäunung, Mengenerfassung und Eingangskontrolle.

203 ADLER zählt 173 geordnete Deponien, 4870 'kontrollierte Ablagerungen' und 7437 wilde Müllkippen [vgl. Adler, U. (1990) S. 49]. Der RAUMORDNUNGSBERICHT 1991 sowie der BUNDESUMWELTMINISTER gehen hingegen von 13.000 Ablagerungsflächen aus, von denen 11.000 Hausmülldeponien und 2000 zum großen Teil betriebseigene Deponien zur Ablagerung industrieller Abfälle seien [vgl. (Der) Bundesminister für Raumordnung, Bauwesen und Städtebau (1991) S. 81 und (Der) Bundesumweltminister (1991) S. 18]. Die Hausmülldeponien teilen sich in nur 120 geordnete Deponien, 1000 kontrollierte Ablagerungen und ca. 10.000 wilde Müllkippen auf. Von den Deponien für industrielle Abfälle waren 600 für schadstoffhaltige Abfälle, 200 für Schadstoffe und 4 für Gifte (Sonderdeponien) angemeldet. Im Bereich des Hausmülls überwog die Deponierung. In einer einzigen Müllverbrennungsanlage in Berlin, die allerdings keine Rauchgasreinigung enthielt, wurden nur 90.000 t von 3,6 Mio. t Siedlungsabfall vernichtet. Auch im Bereich der Industrieabfälle wurden lediglich ca. 0,12% in 55 betriebseigenen Verbrennungsanlagen entsorgt. Vgl. (Der) Bundesumweltminister (1991) S. 18f.

204 Vgl. Bundesministerium für Raumordnung, Bauwesen und Städtebau (1994a) S. 175. Die ausgewiesenen Zahlen basieren auf Angaben der Länder.

entsprechenden Entsorgung zugeleitet werden konnten, und daher z.T. ungeordnet in den Kombinaten lagerten.[205] Die meisten dieser ungeordneten Deponien in- und außerhalb der Kombinate stellten eine potentielle Gefährdung des Grundwassers dar. Die in der ehemaligen DDR praktizierte Abfallentsorgung hat damit zu einer großen Zahl von **Altlasten** geführt, deren Umfang erst langsam deutlich wird.[206] Bis Januar 1993 sind bereits ca. 63.000 Verdachtsflächen ermittelt worden, die zum großen Teil in den ehemaligen Industriezentren der DDR zu finden sind.[207] Die Ermittlung der *genauen* Zahl der Verdachtsflächen und Deponien sowie deren Lokalisierung gestaltet sich jedoch aufgrund der oben skizzierten uneinheitlichen Datenlage als sehr schwierig. Es ist aber eine begründete Vermutung, daß ein immenser Investitionsbedarf besteht, da Altablagerungen und kontaminierte Betriebsgelände gesichert und saniert werden müssen.[208]

	Anzahl der Deponien			
Bundesland	Ende 1990	Ende 1991 (gerundet)	Ende 1992	nach 1995 geplant
Brandenburg	1399	500	65	15
Mecklenburg-Vorpommern	1392	340	70	5-10
Sachsen	1800	150	80	14
Sachsen-Anhalt	1989	100	80	20
Thüringen	1182	340	55	30
Summe	7672	1430	350	ca. 90

Tab. 2.7: Geplante Entwicklung der Zahl der Deponien.
Quelle: Bundesministerium für Umwelt, Naturschutz und Reaktorsicherheit (1993a) S. 17.

Will man - über die bisherige Vorgehensweise dieses Kapitels hinaus - Aussagen über den künftigen Infrastrukturbedarf machen, so ist zunächst festzuhalten, daß der Übergang zu einem marktwirtschaftlichen System mit einem erhöhten Siedlungsabfallaufkommen pro Kopf verbunden gewesen ist, das sich bereits zwei Jahre nach der Vereinigung dem westdeutschen Niveau angenähert hatte.[209] Dies ist im wesentlichen durch das erhöhte Konsumniveau bei steigender Verpackungsintensität sowie durch die wachsende Bautätigkeit zu erklären. Daneben ist aufgrund des Zusammenbruchs des SERO-Systems der

[205] Vgl. Adler, U. (1990) S. 49, (Der) Bundesumweltminister (1991) S. 19.
[206] Vgl. Adler, U.; Sprenger, R.-U.; Wackerbauer, J. (1991) S. 8.
[207] Vgl. Bundesministerium für Umwelt, Naturschutz und Reaktorsicherheit (1993a) S. 20.
[208] Vgl. Gluch, E. (1992a) S. 12. Ein spezieller Sanierungsbedarf ergibt sich bzgl. der Werksgelände der Urangewinnungskombinate in Aue und Crossen.
[209] Vgl. Bundesministerium für Raumordnung, Bauwesen, Städtebau (1994a) S. 174.

Verwertungsanteil gesunken.[210] Darüber hinaus sollte die Anzahl der Deponien jedoch aufgrund ihres Gefährdungspotentials drastisch verringert werden (Tab. 2.7). Diese Auseinanderentwicklung von Abfallaufkommen und zur Verfügung stehender Deponiefläche macht - auch beim Primat der Vermeidung und Verwertung von Abfall - die Erschließung neuer, gesicherter Deponien und die Errichtung von Verbrennungsanlagen notwendig. In den neuen Ländern ist die Schaffung von Entsorgungssicherheit zusätzlich eine Voraussetzung für die Ansiedlung von Unternehmen.[211] Im Bereich der Abfallbeseitigung und der Altlasten ergibt sich folglich einerseits der oben skizzierte Erweiterungsbedarf und andererseits ein gewaltiger und nicht absehbarer Sanierungsbedarf bei alten Deponien, Altlasten sowie kontaminierten Betriebsgeländen.

2.2.5 Schlußfolgerungen

Im folgenden sind die vorangegangenen Ausführungen auf Kernhypothesen zu konzentrieren, welche die infrastrukturelle Situation in der DDR im Jahr 1989 unter Berücksichtigung räumlicher Disparitäten charakterisieren. Dabei ist die vorgenommene Bestandsaufnahme unter dem Vorbehalt einer sehr unsicheren Datenlage zu betrachten, wodurch sich je nach herangezogener Quelle erhebliche Abweichungen bzgl. der Einschätzung der Quantität und Qualität der Infrastrukturgüter ergeben. Deutlich wird dies z.B. bei der Analyse der Altlasten sowie der Abwasserentsorgung. Die unklare Datenlage hat daher zur Konsequenz, daß Bedarfsprognosen[212] von der jeweils zugrundegelegten Quelle abhängig und Schätzungen mit starken Unsicherheiten belastet sind. Hier deutet sich bereits an, daß eine zentrale, d.h. auf einer hohen staatlichen Ebene angesiedelte Planung des Infrastrukturbedarfs wenig zweckmäßig erscheint. Vielmehr sollten dezentrale Planungsträger einbezogen werden, um Kenntnisse lokaler Daten und Gegebenheiten zu nutzen.

Betrachtet man zunächst die **quantitative Infrastrukturausstattung**, so läßt sich ein in weiten Teilen befriedigender Bestand feststellen. Dies gilt vor allem für das Verkehrsnetz - mit Ausnahme der Autobahnen - aber auch für die Wasserversorgung. Unzureichend auch in quantitativer Hinsicht ist allerdings die Abwasserentsorgung (Anschlußgrad an die Kanalisation sowie an Klärwerke), woraus eine verminderte Gewässer- und Trinkwasserqualität resultiert: In allen Infrastrukturbereichen sind jedoch starke **qualitative Mängel** zu verzeichnen, so daß von einem „Widerspruch zwischen quantitativer und qualitativer Ausstattung an Anlagen und Netzen der Technischen Infrastruktur [als] [...] spezi-

---

210 Vgl. (Der) Bundesumweltminister (1991) S. 19, (Der) Bundesminister für Raumordnung, Bauwesen und Städtebau (1991) S. 80, Bundesministerium für Umwelt, Naturschutz und Reaktorsicherheit (1993a) S. 16.

211 Vgl. Bundesminister für Raumordnung, Bauwesen und Städtebau (1991) S. 81.

212 Zum Begriff des Infrastrukturbedarfs vgl. den folgenden Abschnitt II.3.1.

fische Erscheinungsform gegenwärtiger Raumstruktur auf dem Gebiet der DDR"[213] gesprochen werden kann. In allen Infrastrukturbereichen ist aufgrund fehlender Ersatzinvestitionen ein hoher physischer Verschleiß der technischen Anlagen und Netze zu verzeichnen. Dies betrifft vor allem den qualitativen Zustand des Straßennetzes sowie des Schienenunterbaus, der Wasserstraßen sowie des Kanal- und Wasserleitungsnetzes. Fehlende Erweiterungsinvestitionen haben darüber hinaus dazu geführt, daß die bestehenden Anlagen und Netze technisch veraltet sind (z.B. fehlende Elektrifizierung des Schienennetzes, Klärwerke mit mangelhafter Klärkapazität). Vor allem im Bereich der Wasserwirtschaft hat die unzureichende Ausstattung der Anlagen, aber auch der verschwenderische Umgang mit der Ressource Wasser, zunehmende ökologische Belastungen nach sich gezogen. Die sich hieraus ergebenden Rückwirkungen auf die Lebensqualität (Beeinträchtigungen des Trinkwassers, Gefährdungen des Bodens durch Altablagerungen) zeigen direkte Ansatzpunkte für eine Verbesserung der Infrastruktur auf. So ist eine quantitative Ausweitung und qualitative Verbesserung der gesamten Ver- und Entsorgungsinfrastruktur erforderlich sowie eine Sanierung der Altlasten notwendig.

Neben der allgemeinen Vernachlässigung des Infrastrukturbestandes ergibt sich eine qualitative **Differenzierung der Infrastrukturausstattung in räumlicher Sicht**. Hier sind Ausstattungsgefälle unterschiedlicher Art zu verzeichnen, so z.B. zwischen dem Süden und dem Norden der ehemaligen DDR, zwischen geförderten und nicht-geförderten Kreisen, zwischen Groß-, Mittel- und Kleinstädten, zwischen Stadt und Land sowie zwischen Umland und Ballungskernen.[214] Während das Süd-Nord-Gefälle historische Wurzeln hat und durch die Konzentration der Investitionstätigkeit auf bestehende Standorte gefestigt wurde, resultieren - wie oben gezeigt - die darüber hinausgehenden qualitativen räumlichen Ausstattungsunterschiede aus der Steuerung anderer Politikbereiche (z.B. Wohnungsbau, Industrieansiedlung). Die Phase der Intensivierung in den 80er Jahren führte zu einer Konzentration des Wohnungs-, Industrie- und Städtebaus auf die Standorte der Mikroelektronik (Gera, Erfurt, Frankfurt/Oder) zu Lasten der altindustriellen Gebiete (Leipzig, Halle, Dresden, Chemnitz). Zu diesen regionalen Disparitäten kamen qualitative infrastrukturelle Ausstattungsunterschiede *innerhalb* der Standorte, die ebenfalls infolge von Wohnungs- und Industrieansiedlungen in randstädtischen Lagen entstanden sind und im Ergebnis eine Vernachlässigung der Stadtkerne zugunsten der Randlagen in der infrastrukturellen Ausstattung zur Folge hatten.

Vernachlässigt wurden in der Wasserwirtschaft sowie in der Verkehrsanbindung neben den Ballungskernen auch die Klein- und Mittelstädte sowie die ländlichen Gebiete. Dies ist ebenfalls durch die einseitige Ausrichtung der In-

---

[213] Fege, B.; Göbel, M.; Jung, H.-U. (1990) S. 61.
[214] Vgl. ebenda S. 81.

frastruktur in Bezug auf Industrieansiedlungen und Konzentrationsprozesse in der Landwirtschaft zu erklären, die zu ungunsten der Kleinstädte und Dörfer verliefen und die räumliche Zentralisation der Bevölkerung in den Städten förderten. Festzuhalten ist, daß die „überdurchschnittliche Förderung bestimmter Sektoren und Produktionsrichtungen [...] nicht nur zu Lasten der gesamten volkswirtschaftlichen Struktur und ihrer Leistungsfähigkeit [ging], sondern [...] auch zu einem Hemmnis einer komplex zu gestaltenden Entwicklung räumlicher Strukturen [wurde], so in Ballungsgebieten, städtischen Verdichtungsräumen und Standortkomplexen vieler Gebiete. Eine analoge Wirkung hatten auch Programmplanungen in der [...] technischen Infrastruktur. [...] Folgen waren zunehmende Disproportionen innerhalb und zwischen den Territorialeinheiten in der Lebensqualität der Bevölkerung, im Verfall der Städte und der Infrastruktur sowie in der Zuspitzung sozialer und ökologischer Probleme."[215]

Leitlinien für Infrastrukturinvestitionen müßten sich daher - neben der erforderlichen quantitativen und qualitativen Verbesserung des Infrastrukturbestandes - an einem Abbau regionaler Disparitäten orientieren. Konkret bedeutet dies die Verbesserung der verkehrlichen Anbindung sowie der Ent- und Versorgungsinfrastruktur in den Klein- und Mittelstädten, die Konzentration der Investitionen auf die infrastrukturell benachteiligten Innenstädte sowie die Erneuerung und Erweiterung der Infrastrukturgüter in den benachteiligten nördlichen und altindustriellen Regionen der ehemaligen DDR. Maßstab für derartige Aussagen bzgl. der Notwendigkeit von Investitionen ist dabei ein durchschnittlich anzustrebendes Ausstattungsniveau, welches sich bspw. am Standard der alten Länder orientieren könnte. Diese Überlegungen implizieren jedoch bereits das Ziel einer *regional ausgewogenen* Infrastrukturversorgung und Entwicklung. Die Vorrangstellung dieser Zielsetzung soll in Kapitel IV.2 überprüft und mit dem Ziel der Wachstumsorientierung konfrontiert werden.

3. Zur Bestimmung des Infrastrukturbedarfs in den neuen Bundesländern

3.1 Zum Begriff des Infrastrukturbedarfs

Der vorangehende Abschnitt hat gezeigt, daß der Infrastrukturbestand in den neuen Bundesländern vor allem in qualitativer Hinsicht mangelhaft ist und zugleich starke räumliche Ungleichgewichte aufweist. Soll jedoch die These eines unzureichenden Infrastrukturbestandes in den neuen Ländern *in Verbindung mit einer zu geringen Planungs-, Finanzierungs- und Durchführungskapazität* überprüft werden (Problemkreis 1), so ist auch der *Umfang der zu tätigenden Investitionen* zu skizzieren. Bevor die Ergebnisse verschiedener Studien zur

[215] Fege, B.; Göbel, M.; Jung, H.-U. (1990) S. 86.

Abschätzung des Infrastrukturbedarfs für die neuen Bundesländer vorgestellt werden, wird der Begriff des Infrastrukturbedarfs präzisiert.

Versteht man Bedarf als „Summe aller objektivierbaren Bedürfnisse, die meßbar und in Zahlen ausdrückbar sind",[216] so stellt sich - selbst bei Vernachlässigung des implizierten Aggregationsproblems - die Frage, unter welchen Prämissen in empirischen Studien die Beschränkung menschlicher Bedürfnisse auf die geschätzten Bedarfsgrößen vorgenommen wird. Gesucht wird hierbei das Infrastrukturoptimum aus branchen- oder gesamtwirtschaftlicher Sicht.[217] Geht man davon aus, daß Infrastruktur unter Einsatz privater Produktionsfaktoren erstellt wird, so ist also festzulegen, ob diese Ressourcen direkt im Produktionsprozeß von Konsumgütern einzusetzen sind oder für Infrastrukturgüter verwendet werden sollen. Wählt man für diese normative Frage das Leitbild der Pareto-Effizienz und faßt Infrastrukturgüter als Kollektivgüter auf, so lassen sich bspw. statische, optimale Bereitstellungsregeln für reine oder überfüllte öffentliche Güter angeben (III.2). Die Frage, *welches* effiziente Projekt zu realisieren ist, ist dann mit Hilfe einer sozialen Wohlfahrtsfunktion zu ermitteln. Kann ein Wohlfahrtszuwachs errechnet werden, so ist das betrachtete Projekt durchzuführen.[218]

Wählt man eine dynamische Perspektive, so bietet bspw. die neue Wachstumstheorie, die den Einfluß der Infrastruktur auf den - ebenfalls normativ zu bestimmenden - Wachstumspfad einer Volkswirtschaft modelliert, Ansatzpunkte zur Ermittlung eines optimalen Infrastrukturpfades (IV.1.2). Dies setzt voraus, daß man Infrastrukturleistungen als Voraussetzung für Wachstum begreift, welche nicht durch andere private oder öffentliche Leistungen substituiert werden können. „Bei einer unveränderten Übernahme der Wachstumswünsche des marktwirtschaftlichen Sektors müßte eine Prognose der dazu notwendigen Infrastruktureinrichtungen aufgrund [...] sektorale[r] Produktionsfunktionen [...] die sektoral differenzierten Wachstumsraten und daraus den Bedarf jedes Sektors an der betreffenden Infrastrukturleistung ermitteln."[219]

Diesen theoretischen Überlegungen zur Bestimmung des optimalen Infrastrukturbestandes steht jedoch ein umfangreiches Informationsproblem entgegen. Zudem ist einschränkend anzufügen, daß „gegenwärtig der Gesamtumfang der Staatsausgaben das Resultat eines Kompromisses zwischen ganz heterogenen gemeinschaftlichen und partikularen sowie ökonomischen und politischen

216 Gabler Volkswirtschaftslexikon (1990) S. 84.

217 Vgl. hierzu auch Pfähler, W.; Hofmann, U.; Lehmann-Grube, U. (1995) S. 88ff.

218 Vgl. Rosen, H.S.; Windisch, R. (1992) S. 467. Im Rahmen der Projektbewertung wird hier die Nutzen-Kosten-Analyse verwendet, um Entscheidungen über die Realisierung von Infrastrukturprojekten zu treffen.

219 Frey, R.L.; Brüngger, H. (1977) S. 159.

Zielsetzungen" ist.[220] Vor diesem Hintergrund baut die Planung von Infrastrukturinvestitionen auf Prognosen auf, für die sich zwei grundsätzliche Vorgehensweisen anbieten:[221]

(a) Die Infrastrukturausstattung eines Landes oder einer Region ist im (inter)nationalen Vergleich zu bewerten und im Hinblick auf 'Rückstände' zu analysieren ('Catching-up-Funktion').
(b) Die Infrastrukturausstattung ist auf 'Zukunftstrends' i.S. erkennbarer Entwicklungslinien eines Landes oder einer Region ausgerichtet und an diese flexibel anzupassen bzw. soll derartigen Entwicklungen entgegensteuern.

In den neuen Bundesländern steht zunächst vor allem die 'Catching-up-Funktion' im Zentrum der Betrachtung.[222] Leitbild für die Beseitigung infrastruktureller Defizite ist dabei der Verfassungsgrundsatz einheitlicher Lebensverhältnisse in der Bundesrepublik Deutschland (IV.2.2). Daher wird in den vorzustellenden Studien der Ist-Zustand der alten Bundesländer als anzustrebendes Ausstattungsniveau für die neuen Bundesländer definiert. Dabei wird eine bestimmte Kombination zwischen Infrastrukturkapital, Bevölkerungsgröße und Höhe des Bruttoinlandsproduktes (BIP), die sich an den Werten der alten Bundesländer orientiert, als wünschenswert unterstellt.[223] Der Infrastrukturbedarf bestimmt sich dann als Differenz zwischen den aus dem Ist-Bestand der alten Bundesländer errechneten Richtgrößen und dem Ist-Bestand in den neuen Bundesländern. Dementsprechend führt GLUCH im Rahmen der Abschätzung des Investitionsbedarfs für die Verkehrsinfrastruktur aus, daß der „Aufbau der Verkehrsinfrastruktur in den neuen Bundesländern [...] im Rahmen allgemeiner verkehrspolitischer Ziele erfolgen [wird]. Er wird sich letztlich jedoch nur unwesentlich von den im Bundesverkehrswegeplan 1985 genannten Zielen der Verkehrsinvestitionspolitik unterscheiden."[224] Eine derartige Vorgehensweise hat allerdings den Nachteil, daß sie keine von den alten Bundesländern unabhängige Bestimmung des Soll-Zustandes der Infrastruktur - bspw. nach den oben dargestellten Methoden - in den neuen Ländern vornimmt. Eine detaillierte Kritik einer solchen Vorgehensweise schließt sich an die im folgenden zu

---

220 Stohler, J. (1965) S. 294. So führt STOHLER weiter aus, daß die „Methode der Budgetierung nur noch eine zweitbeste Optimierung zu[läßt]: Die Verteilung der großen Beträge [auf die einzelnen Ausgabenbereiche (A.S.)] ist bereits durch irgendeinen politischen Entscheidungsprozeß erfolgt, wenn der Versuch unternommen wird, den Nutzen, welchen die in einzelnen Sektoren verfügaren Beträge stiften, zu maximieren." Ebenda S. 294f.

221 Vgl. Oppenländer, K.H. (1988) S. 290.

222 Zur Vorgehensweise (b) vgl. II.3.3.

223 Vgl. Gluch, E. (1992b) S. 16ff.

224 Ebenda S. 63. GLUCH führt hier die verkehrssichere Erhaltung der Substanz der Verkehrswege, die zügige Fertigstellung laufender Projekte, die Erfüllung veränderter qualitativer Ansprüche, die regionale Erschließung und Anbindung sowie den bedarfsgerechten Ausbau der Verkehrswege an.

skizzierende Studie zur Abschätzung des Investitions- und Baubedarfs in den neuen Ländern an.

3.2 Empirische Schätzungen des Infrastrukturbedarfs für die neuen Bundesländer

Die bisher von wissenschaftlicher Seite erstellten Infrastrukturbedarfsschätzungen orientieren sich im wesentlichen an den Gegebenheiten und politischen Zielsetzungen, die für die *alten* Länder Gültigkeit haben. Obwohl eine solche Vorgehensweise in bestimmten Bereichen zu Fehlschlüssen führen muß, sollen die Ergebnisse der Studie des IFO-INSTITUTES FÜR WIRTSCHAFTSFORSCHUNG hier vorgestellt werden.[225] Die ermittelten Zahlen dienen im Rahmen dieser Arbeit lediglich als Orientierungsgrößen, die Aussagen bzgl. der Finanzierungsfähigkeit des Infrastrukturbedarfs durch die öffentlichen Haushalte ermöglichen sollen. Sie spiegeln keinen Optimalbedarf wider.

Das IFO-INSTITUT legte 1992 eine Studie zum Baubedarf in den neuen Bundesländern vor, die im Auftrag des Hauptverbandes der Deutschen Bauindustrie erstellt wurde. Die Studie nimmt einen Bearbeitungszeitraum von 15 Jahren, vom 1.1.1991 bis zum 31.12.2005, an. Im Rahmen der Untersuchung wurde das Ziel unterstellt, die Lebensbedingungen in den neuen Ländern möglichst schnell denen in den alten Ländern anzugleichen.[226] Eine solche Angleichung setze einen zügigen Aufbau einer funktionstüchtigen Infrastruktur in Verbindung mit einem hohen Qualitätsstandard voraus. Darüber hinaus solle für Industrie, öffentliche Verwaltung und Dienstleistungssektor ein angemessener Gebäudebestand verwirklicht werden. Das unterstellte Ziel einer Angleichung der Lebensverhältnisse in den neuen Bundesländern in möglichst kurzer Zeit erscheine allerdings „a priori bis zum Jahr 2005 allenfalls bei effizienter Mobilisierung aller vorhandenen Kräfte möglich.“[227] Kürzere Zeiträume seien unrealistisch.

Rahmengebend für die Untersuchung waren die Versorgungsziele, die bereits in früheren Studien des IFO-INSTITUTES für die alten Länder formuliert wurden.[228] Damit seien explizit die derzeit in der ehemaligen BRD „gültigen, im breiten Konsens akzeptierten gesellschaftlichen Normen“ berücksichtigt sowie „die Fixierung auf heute herrschende individuelle Ansprüche und Versorgungs-

---

225 Weitere Schätzergebnisse sollen im folgenden zum Vergleich angefügt werden. Diese beruhen jedoch zum Teil auf Partialschätzungen und führen zu keinem auf einheitlichen Grundannahmen aufbauenden Ergebnis. Die oben darzustellende Studie bietet demgegenüber den Vorteil, daß sie auf konsistenten Annahmen beruht.

226 Vgl. Gluch, E. (1992b) S. 1.

227 Ebenda S. 3.

228 Vgl. hierzu auch Behring, K. u.a. (1989) S. 5, 46f., 50ff..

ziele" vorgenommen worden.[229] Für die Analyse wurde weiterhin unterstellt, daß im Jahr 2005 in den neuen Ländern die gleiche Bevölkerungsgröße vorhanden sein wird, welche bereits im Jahr 1991 bestand (15,94 Mio.). Die Erwerbstätigenstruktur ist annahmegemäß zu diesem Zeitpunkt mit der in Westdeutschland identisch. Gleiches gilt für die Erwerbstätigenquote, so daß im Jahr 2005 fast 7,2 Mio. Personen erwerbstätig sein werden. Das Produktivitätsniveau wird jedoch erst 89-90% des westdeutschen Wertes ausmachen.[230] Dabei wird unterstellt, daß sich das Bruttoinlandsprodukt von 183 Mrd. DM (1991) auf ca. 675 Mrd. DM im Jahr 2005 erhöht.

Zur Abschätzung des Baubedarfs[231] in den neuen Bundesländern nahmen die Autoren eine funktionale Aufspaltung des Gesamtbedarfs in die Bereiche Wohnen, überregionaler und regionaler Verkehr, Umweltschutz, Wirtschaft, Energie, Wasser, Kommunikation, sozio-kulturelle Infrastruktur und Sonstiges vor.[232] Im folgenden werden in Übereinstimmung mit der bisherigen Vorgehensweise ausschließlich der überregionale und regionale Verkehr, der Bereich Umweltschutz sowie die Wasserversorgung behandelt. Dabei umfaßt der Baubedarf im Umweltschutz Investitionen in die Luftreinhaltung, in den Gewässerschutz (Kanalisation, Klärwerke, Entsorgung in der Landwirtschaft, Regenwasserbehandlung), in die Abfallwirtschaft und Altlastenentsorgung sowie in den Lärmschutz. Weitere Annahmen sowie Details zur Bestimmung des Investitions- und Baubedarfs werden in Anhang I dargestellt.

	Investitionsbedarf	Erhaltungsbedarf	Erweiterungsbedarf	Gesamter Baubedarf
Überregionaler Verkehr	207	114	93	207
Regionaler Verkehr	196	134	62	196
Umweltschutz	214,5	45	118	163
Wasserversorgung	32	13	8	21
Gesamte Infrastruktur	**757**	**344**	**292**	**636**

Tab. 2.8: Gesamter Infrastrukturinvestitions- und Baubedarf - in Mrd. DM und Preisen von 1990 -.

---

229 Gluch, E. (1992b) S. 219. Darüber hinaus weisen die Autoren darauf hin, daß „mögliche zukünftige Veränderungen gesellschaftlicher und individueller Ziele und Normen [...] hingegen unberücksichtigt bleiben" mußten. Ebenda S. 220.

230 Vgl. ebenda S. 18 und S. 19, Tab. 2.1.

231 Unter Bauinvestitionen werden „alle Gegenstände, die bei Arbeiten zur Errichtung neuer oder zur Veränderung bestehender Bauwerke fest mit dem Grundstück bzw. mit dem Boden verbunden werden, auch wenn sie nicht von Unternehmen des Baugewerbes geliefert bzw. eingebaut wurden" verstanden. Gluch, E. (1992b) S. 5, vgl. auch Behring, K. (1989) S. 37ff.

232 Vgl. Gluch, E. (1992b) S. 14 in Anlehnung an Behring, K. (1989) S. 50ff.

Tabelle 2.8 ermittelt auf der Basis der Studie des IFO-INSTITUTES einen Gesamt-Infrastrukturinvestitionsbedarf in Höhe von 757 Mrd. DM,[233] wovon 344 Mrd. DM auf Erhaltungsbedarf[234] (Nachholbedarf, Modernisierungs- und Instandhaltungsmaßnahmen) und 292 Mrd. DM auf den Erweiterungsbedarf entfallen. Der im Vergleich zum Investitionsbedarf geringere Baubedarf umfaßt 646 Mrd. DM.[235] Während in der hier skizzierten Studie des IFO-INSTITUTES der Baubedarf im Vordergrund stand, ist im Rahmen dieser Arbeit der gesamte Investitionsbedarf zu betrachten. Dies ist durch die Tatsache begründet, daß nicht der reine Baubedarf, sondern die gesamte Investitionssumme der zu erstellenden Infrastrukturobjekte das Finanzierungsvolumen bestimmt.

Hervorzuheben ist, daß aufgrund verschiedener methodischer Probleme sowie einer unzulänglichen Datenbasis die ermittelten Zahlen keinesfalls als *exakter* Bedarf zu verstehen sind. So besteht bei häufig uneinheitlichem Zahlenmaterial und unpräziser Datenlage offenbar nicht in allen Bereichen eine genaue Kenntnis über Quantität und Qualität des Infrastrukturbestandes. Deutlich wird dies z.B. in der Beurteilung des Kanalnetzes, bei der das Bundesumweltministerium von 36.000 km Netzlänge mit einem schadhaften Anteil von 60-70% ausgeht, während das IFO-INSTITUT ein 50.000 km langes Netz mit 35%igem Sanierungsbedarf unterstellt. Ebenso unterschiedlich ist die jeweils unterstellte Altersstruktur des Netzes. Weiterhin sind die ermittelten Bedarfsgrößen im Bereich der Altlasten nicht vollständig. So ist die Berechnung des Investitionsbedarfs nicht umfassend, weil sowohl die Verdachtsflächen als auch die ehemaligen Gebiete der sowjetischen Streitkräfte explizit aus der Betrachtung ausge-

233 Frühere Schätzungen des Investitionsbedarfs unterzeichnen den notwendigen Mitteleinsatz. So ergab eine Schätzung des Bundesministeriums der Finanzen einen Bedarf von 127 Mrd. DM für den Ausbau des Verkehrsnetzes in den neuen Ländern [vgl. FAZ „127 Milliarden DM für den Verkehr notwendig" vom 25.10.1990 zitiert nach Laaser, C.-F. (1990) S. 115]. VOSS ermittelte einen Gesamtinvestitionsbedarf für den Ausbau der Energie- und Wasserversorgung sowie für den Umweltschutz zwischen 130 und 200 Mrd. DM. Dabei legt die erste Größe einen der BRD analogen Pro-Kopf-Versorgungsstandard zugrunde (versorgungsorientierter Investitionspfad) während bei der zweiten eine zur BRD analoge Infrastrukturausstattung bezogen auf das Sozialprodukt (leistungsorientierter Investitionspfad) unterstellt wird [vgl. Voss, G. (1990) S. IV-16]. Nach GLUCH läßt sich hingegen ein Investitionsbedarf im Bereich der Energieversorgung (Strom, Erdgas, Fernwärme) in Höhe von 107,5 Mrd. DM und ein Baubedarf von 49 Mrd. DM berechnen, so daß sich hier ein Vergleichswert von 322 Mrd. DM ergibt. Vgl. Gluch, E (1992b) S. 187, 190.

234 Zur Erläuterung der Begriffe Erhaltungsbedarf, Erweiterungsbedarf und Nachholbedarf vgl. Anhang I.

235 GLUCH ermittelt im Teilbereich Umweltschutz einen höheren Baubedarf. Dies ist dadurch zu erklären, daß hier nicht der Infrastruktur zuzurechnende und eindeutig privatwirtschaftliche Aufgabenbereiche eingearbeitet wurden. Der von GLUCH ermittelte gesamte Baubedarf beträgt - unter Berücksichtigung der Teilbereiche Wohnen, Wirtschaft, Energie, Kommunikation, Sozio-kulturelle Infrastruktur und Sonstiges - 2369 Mrd. DM (in Preisen von 1990). Vgl. Gluch, E. (1992b) S. 230.

grenzt werden. Hinzu kommt eine allgemeine Unsicherheit bzgl. der Zahl der noch nicht entdeckten kontaminierten Flächen.

Lückenhaft ist die Studie m. E. zweitens im Bereich des überregionalen Verkehrs. Hier werden lediglich die im Bundesverkehrswegeplan bereits ausgewiesenen Projekte in den Baubedarf einbezogen. Es ist zwar richtig, daß nur diese Projekte in dem dort abgesteckten Planungszeitraum realisiert werden. Sie werden jedoch nur zufällig den 'Optimalbedarf' erfassen, welcher sich aus der Differenz zwischen dem bspw. nach wachstumstheoretischen Gesichtspunkten ermittelten Soll-Bestand in den neuen Ländern und dem mangelhaften Ist-Bestand errechnet. Zudem ist zu berücksichtigen, daß die geplanten Vorhaben einen Kompromiß zwischen ökonomischen und politischen Zielsetzungen darstellen und so als Bedarf bspw. in wachstumspolitischer Perspektive nur eine eingeschränkte Aussagekraft haben.

Schließlich kann die starke Orientierung an Planvorstellungen und Gegebenheiten der alten Länder kritisiert werden. Die Verwendung westdeutscher Kennzahlen als Erfahrungswerte und deren direkte Übertragung auf die neuen Länder sieht für diese keine eigenständige Entwicklungsrichtung vor. In bestimmten Bereichen, so z.B. im Fall der Kanalanschlußdichte und der entsprechenden Ableitung der benötigten Leitungskilometer, erscheint diese Vorgehensweise gerechtfertigt. Hier geht es um die Sicherung relativ unstrittiger und regional unspezifischer Grundbedürfnisse. Im Verkehrssektor hingegen sind die spezifischen Entwicklungsmöglichkeiten der Regionen im Zusammenhang mit deren sektoraler und branchenspezifischer Spezialisierung zu beachten. Darüber hinaus gibt es - z.B. gerade im Bereich der Verkehrsplanung innerhalb von Städten - politisch umstrittene und damit keineswegs eindeutige Lösungsmöglichkeiten. Eine simple Übertragung der westdeutschen Verhältnisse untergräbt die Schaffung von Alternativen und die Möglichkeit, bspw. Stadtentwicklung in den neuen Ländern grundlegend anderen Gestaltungen zu unterwerfen als dies in den alten Ländern geschehen ist. Versucht man jedoch, derart spezifische regionale Bedarfe in die Betrachtung einzubeziehen, so lassen sich *allgemeine* Aussagen über Infrastrukturbedarfe kaum ableiten.[236] Daher mag die Vorgehensweise der Autoren in der Absicht, gerade *solche* Aussagen zu formulieren, gerechtfertigt sein. Hinzu kommen die nur schlechten Prognosemöglichkeiten regionaler Entwicklung in den neuen Ländern aufgrund des sich vollziehenden starken Strukturwandels, so daß ein Rückgriff auf die westdeutschen Erfahrungswerte - vor dem Ziel der Einheitlichkeit der Lebensverhältnisse[237] - Anhaltspunkte für die Berechnung bot. Insgesamt muß aber festgehalten werden,

---

[236] Vgl. zu diesem Problem spezieller den folgenden Abschnitt II.3.3.

[237] Die hier unterstellte Interpretation des Verfassungsgrundsatzes der Einheitlichkeit der Lebensverhältnisse unterstellt eine Orientierung am Ziel einer *regional ausgewogenen* Infrastrukturausstattung in den neuen Ländern.

daß die in der Studie der IFO-INSTITUTES ermittelten Werte nicht mehr als grobe Schätzungen eines umfassenden Bedarfs darstellen können.

3.3 Der Infrastrukturbedarf in regional- und sektorspezifischer Betrachtungsweise

3.3.1 Der Industriesektor der ehemaligen DDR und der sich abzeichnende Strukturwandel

Die Studie des IFO-INSTITUTES vernachlässigt, daß sich im Rahmen des Strukturwandels eine *für die neuen Länder spezifische* Regional- und Sektorstruktur herausbilden wird. Dies ist jedoch in zweifacher Hinsicht für die Bestimmung des Infrastrukturbedarfs in den neuen Ländern von Bedeutung. Zum einen ist anzunehmen, daß bestimmte, sich im Strukturwandel herausbildende Industrien spezifische Infrastrukturbedarfe haben. So haben strukturelle Verschiebungen in den neuen Ländern z.B. im Bereich der Häfen dazu geführt, daß sich eine Umorientierung von fast ausschließlichen Schüttgut-Transporten auf ein breiteres Gütersortiment vollzieht, d.h. auf Stückgüter wie Massenstückgüter, Großcontainer, Schwer- und Sperrgüter, Gefahrgüter bis hin zum Kombinierten Ladungsverkehr (KLV).[238] Damit ist gleichzeitig die Anforderung an die Binnenhäfen verbunden, sich von reinen Umschlagbetrieben zu multifunktionalen Dienstleistern (Güterverkehrszentren) umzuorientieren.[239]

Zum anderen ist zu beachten, daß sich die Entwicklung dieses Strukturwandels der Wirtschaft *im Raum* vollzieht. Dies bedeutet, daß sich in bestimmten Regionen sektorale Verschiebungen im Industriebesatz vollziehen und diese unter Umständen durch eine Konzentration einzelner Branchen geprägt sein werden. Begreift man Infrastruktur als *Voraussetzung* von Industrieansiedlung und wirtschaftlicher Entwicklung,[240] so ist anzunehmen, daß sich in einzelnen Regionen *in Abhängigkeit von deren spezifischen Standortvorteilen* Branchen ansiedeln, die diese Vorteile nutzen. Benötigen diese Branchen zudem über den Grundbedarf hinausgehende spezielle Infrastrukturgüter (z.B. im Transportwesen oder Energiesektor) so ist - bei bestehenden Defiziten - von *regionenspezifischen* Infrastrukturbedarfen auszugehen. Für Investitionsentscheidungen im Rahmen der Infrastrukturbereitstellung ist dies von Bedeutung, weil Infrastruktur immer standortgebunden ist und daher ihren Charakter als Voraussetzung für private Investitionen nur in bestimmten Regionen entfaltet. Da die zuvor ermittelten aggregierten Größen über diesen Zusammenhang keinen Aufschluß gaben, ist im folgenden zu untersuchen, ob *Aussagen über Infrastrukturanforderungen einzelner Regionen* getroffen werden können. Im Rahmen

---

238 Vgl. Grossmann, G. (1991) S. 517.
239 Vgl. ebenda S. 518.
240 Vgl. zu den Wirkungen der Leistungsabgabe von Infrastrukturgütern Teil IV.I.

dieser disaggregierteren Betrachtungsweise ist zunächst der Strukturwandel der Industrie[241] in den neuen Ländern und dessen regionale Verteilung kurz zu skizzieren. In Abschnitt II.3.3.2 sollen dann Aussagen über die regionale Verteilung des Infrastrukturbedarfs abgeleitet werden.

	BRD in %	DDR in %
Elektrotechnik/Elektronik	17,0	16,7
Fahrzeugbau	11,5	6,0
Maschinenbau	12,8	19,0
Metallerzeugung	13,4	8,6
Steine, Erden, Glas, Keramik	3,5	4,7
Chemie	12,3	8,9
Bergbau, Energie	5,4	8,5
Nahrungs- und Genußmittel	9,2	9,7
Bekleidung	6,2	12,0
Druck, Papier,Textil	3,8	1,8
Holzindustrie	4,7	4,2

Tab. 2.9: Verteilung der Erwerbstätigen im Verarbeitenden Gewerbe und im Bergbau (1989). Quelle: Statistisches Bundesamt, Staatliche Zentralverwaltung für Statistik in der DDR, Bericht über die Berufstätigen in der DDR per 30.09.1989. Zitiert nach Gerstenberger, W. (1992) S. 137.

Die Wirtschaft der ehemaligen DDR wies **im Jahr 1989** im Bereich des Verarbeitenden Gewerbes sowie des Bergbaus einen Erwerbstätigenanteil von

241 Es ist allerdings anzumerken, daß die gesamte Wirtschaft der ehemaligen DDR einem extremen Strukturwandel unterliegt. So wies diese 1989 einen relativ hohen Anteil der Beschäftigten im Bereich der Landwirtschaft von 10% gegenüber 3,7% in der ehemaligen Bundesrepublik auf. Der Anteil des gesamten Dienstleistungssektors (Handel und Verkehr, Staat und Organisation sowie marktbestimmte Dienstleistungen) war in der DDR mit 45,9% relativ unterrepräsentiert. Besonders der Bereich der marktbestimmten Dienstleistungen war mit 5,3% erheblich geringer als in der Bundesrepublik, was die systembedingte Ausweitung des staatlichen Bereichs gegenüber der fast völligen Vernachlässigung von Finanzdienstleistungen, Beratungsdiensten etc. reflektiert. Vgl. Schrumpf, H. (1992) S. 128, Gerstenberger, W. (1992) S. 126.
Im Zuge der Wirtschafts- und Währungsunion hat die Wirtschaft der ehemaligen DDR starke Produktionseinbrüche in allen Sektoren erfahren. So verzeichnete der landwirtschaftliche Sektor einen starken Beschäftigtenabbau, von dem regional konzentriert vor allem das nördliche Sachsen-Anhalt, Mecklenburg-Vorpommern sowie das Berliner Umland betroffen sind [vgl. Sachverständigenrat (1993) S. 93, Planungsausschuß für regionale Wirtschaftsstruktur (1994) S. 66, 110]. Der noch relativ unterrepräsentierte Dienstleistungssektor [vgl. Lichtblau, K. (1994) S. 23] kann - vor allem in den monostrukturierten Industriestandorten - trotz eines erheblichen Zuwachses an Arbeitsplätzen die Verluste von Beschäftigungsmöglichkeiten in anderen Sektoren vielfach nicht kompensieren. Die Auswirkungen dieser Entwicklungen auf den Infrastrukturbedarf sind im folgenden jedoch zu vernachlässigen.

37,9% auf und war daher - unter Berücksichtigung des Anteils in der ehemaligen Bundesrepublik von 33,2% - relativ überdimensioniert.[242] Analysiert man die Verteilung der Erwerbstätigen *innerhalb* des Verarbeitenden Gewerbes und des Bergbaus (Tab. 2.9), so fällt zunächst auf, daß in den Bereichen Bekleidung, Bergbau und Maschinenbau relativ hohe Beschäftigungsanteile im Vergleich zur ehemaligen Bundesrepublik zu verzeichnen waren, während die Druckindustrie, Chemieindustrie, Metallerzeugung und der Fahrzeugbau jeweils geringere Beschäftigungsanteile aufwies.[243] In diesem Zusammenhang ist auf die besondere *räumliche Konzentration* der verschiedenen Branchen hinzuweisen, die speziell in Sachsen und Sachsen-Anhalt sowohl nach der Industrieproduktion als auch nach der Anzahl der Industriebeschäftigten ausgeprägt war.[244] Diese ist der Zusammenschau in Tabelle 2.10 zu entnehmen. Entsprechend der aufgezeigten Schwerpunkte liefen die Güterströme im wesentlichen zwischen diesen industriellen Verdichtungsräumen in Ost-West-Ausrichtung ab, so daß sich der Eisenbahnverkehr - 71,5% der Verkehrsleistungen wurden 1989 von der Eisenbahn erbracht[245] - im wesentlichen auf den Süden der DDR konzentrierte.[246]

Im Zuge der **deutschen Vereinigung** kam es sowohl zu einem starken Rückgang der Produktion und Beschäftigung im Verarbeitenden Gewerbe und im Bergbau als auch zu Verschiebungen zwischen den betrachteten Sektoren. LICHTBLAU analysiert diese mit Hilfe des Gewichtungsprofils des Produktionsindex der ostdeutschen Industrie für die Jahre 1990 bis 1993. Er kommt zu dem Ergebnis, daß die Bauwirtschaft ihr Gewicht von 18,1% (1990) auf 32% (1993)[247] fast verdoppeln konnte und damit nicht nur den größten Anteil, son-

---

242 Vgl. Gerstenberger, W. (1992) S. 136. Dies resultierte daraus, daß in der DDR u.a. die Strukturverschiebungen hin zum tertiären Sektor langsamer verliefen als in der ehemaligen Bundesrepublik. Vgl. Wetzker, K. (1990) S. 75.

243 Das Gewicht der Bekleidungsindustrie läßt sich im wesentlichen durch den fehlenden Wettbewerbsdruck aus Entwicklungs- und Schwellenländern erklären, während der Bergbau im Zuge der Energiepolitik der DDR (Rohbraunkohleförderung) eine hervorragende Rolle spielte. Die geringe Bedeutung des Fahrzeugbaus ist ebenfalls auf eine Energiepolitik zurückzuführen, die eine Orientierung des Modal Split hin zur Schiene bewirkte. Vgl. Gerstenberger, W. (1992) S. 127.

244 Für eine nähere Analyse der Regionen in der DDR vgl. Wetzker, K. (1990) S. 214f.

245 Vgl. (Der) Bundesminister für Verkehr (1993) S. 308.

246 Vgl. Daimler Benz Forschungsinstitut (1990) S. 83. Dabei waren 33% der Gütertransporte der Deutschen Reichsbahn Braunkohlentransporte, die zu einem großen Teil in den Gewinnungsregionen (Halle/Leipzig, Cottbus) erfolgten. Dies läßt sich damit erklären, daß ein Großteil der Braunkohle in diesen Bezirken verstromt wurde. Transporte fanden nur in geringerem Umfang in Nord-Süd-Richtung statt. Diese hatten ihren Ursprung hauptsächlich in den Regionen Halle, Leipzig und Cottbus (Braunkohlentransporte) aber auch im Gebiet Frankfurt/Oder.

247 Vgl. Lichtblau, K. (1994) S. 19 und Tab. A4 in Anhang II. Hierzu werden Daten, die die Entwicklung des Gewichtungsprofils im Produktionsindex ab 1990 widerspiegeln, verwendet, da der statistische Bruch durch die Wiedervereinigung keine direkte Vergleichbarkeit des Datenmaterials zuläßt. Es können keine einfachen Anteile (in Prozent) ver-

	Grundstoff-güter[248]	Investitions-güter[249]	Verbrauchs-güter[250]
Brandenburg			
Cottbus	BE		
Verflechtungsraum Berlin		MF*E*	
Frankfurt/Oder	C		
Sachsen-Anhalt			
Halle	*C*BMe	*M*F	
Magdeburg		*M*F	
Sachsen			
Chemnitz/Zwickau		*M*FE	
Lausitz	B		T
Erzgebirge, Dresden		*M*FE	T
Leipzig	CB	*M*F	
Riesa	Me		
Mecklenburg-Vorpommern			***N***
Rostock, Wismar, Stralsund, Wolgast, Boizenburg		W	
Thüringen	B		***TBN***
Erfurt		MF	

Tab. 2.10: Regionale Schwerpunkte der Industrie.
Quelle: Planungsausschuß für regionale Wirtschaftsstruktur (1994) S. 50, 66, 103f., 110, 122, Heine, M.; Walter, D. (1990) S. 403.

dern auch die stärkste Zunahme in der Gewichtung erfuhr.[251] Starke anteilsmäßige Verluste mußten der Bergbau (4,4% (1993) gegenüber 9,6% (1990)) und

barkeit des Datenmaterials zuläßt. Es können keine einfachen Anteile (in Prozent) verwendet werden, da sich im Zuge des starken Rückgangs der Produktion bzw. der Beschäftigung bei einer derartigen Berechnung sowohl die Zähler- als auch die Nennergröße verändert, so daß sich keine gültigen Ergebnisse ermitteln lassen. Zudem sind hier keine Beschäftigtenzahlen angegeben worden, da im Verhältnis zum Rückgang der Produktion nach der Wiedervereinigung die Einbrüche bei den Beschäftigtenzahlen wesentlich geringer waren. Vgl. DIW (48/1992) S. 646 und Stille, F. u.a. (1992) S. 158.

248 Die Grundstoffgüterindustrie umfaßt die Chemieindustrie (C), Steine und Erden (S) sowie die Metallerzeugung (Me). Hier wird auch der Bereich Energie (E) und Bergbau (B) zugeordnet.

249 Die Investitionsgüterindustrie umfaßt den Fahrzeugbau (F), den Maschinenbau (M), Elektrotechnik/Elektronik (E). Gesondert ausgewiesen wird auch die Werftindustrie (W) aufgrund ihrer speziellen Bedeutung in Mecklenburg-Vorpommern.

250 Die Verbrauchsgüterindustrie umfaßt die Bekleidungsindustrie (Kl), den Bereich Druck (D), Papier (P), Textil (T). Hinzugezählt wird hier auch die Nahrungs- und Genußmittelindustrie (N).

251 Im Vergleich zu den alten Bundesländern ist ein relatives Übergewicht des Baugewerbes und eine nur geringe Bedeutung des Verarbeitenden Gewerbes, insbesondere der weltmarktabhängigen Investitionsgüterindustrie festzustellen. Dieser Produktionszweig ist

das Verarbeitende Gewerbe insgesamt hinnehmen (48,4% (1993) gegenüber 60,0% (1990)). Dabei sind innerhalb des Verarbeitenden Gewerbes insbesondere die Investitionsgüterindustrie (Maschinenbau und Elektrotechnik) sowie die Bekleidungsindustrie und die Chemische Industrie negativ betroffen.[252] Im Gegensatz dazu haben die baunahen Wirtschaftsbereiche, wie Steine und Erden, Stahl- und Leichtmetallbau, Glas und Holz, sowie die eher binnenmarktorientierten Branchen (Mineralölverarbeitung, Kunststoffwaren, Nahrungs- und Genußmittel) Zuwächse erfahren.[253] Besonders die Industriezweige, die in der DDR im Verhältnis zum alten Bundesgebiet relativ hohe Beschäftigungsanteile aufwiesen, unterliegen in der Transformationsphase starken Schrumpfungsprozessen. Davon sind in besonderem Maße eben die in Tabelle 2.10 ausgewiesenen monostrukturierten Industriestandorte betroffen, die durch nur wenige Großbetriebe geprägt waren und derzeit noch kaum an der wirtschaftlichen Aufwärtsentwicklung teilhaben.[254]

3.3.2 Die Konsequenzen des Strukturwandels für den Infrastrukturbedarf

BACH, GORNIG, STILLE und VOIGT analysierten im Auftrag des Bundesministers für Wirtschaft u.a. den Zusammenhang zwischen sektoraler Spezialisierung der regionalen Wirtschaft und dem Infrastrukturprofil der betrachteten Region. Dabei untersuchten sie zunächst, ob *für die alten Bundesländer* - bei Vernachlässigung von Kausalanalysen - sektorale Spezialisierungen mit signifikant unterschiedlichen Infrastrukturausstattungen verbunden sind.[255] Die aus dieser Analyse gewonnen Ergebnisse wurden dann - unter Berücksichtigung der im vorigen Abschnitt skizzierten Aussagen zum Strukturwandel - auf die neuen Bundesländer übertragen.

Für die alten Bundesländer wurden im Rahmen der Betrachtung der sektoralen Spezialisierung zum einen die Gruppen der Grundstoffgüter-, Investitionsgüter- und Verbrauchsgüterindustrien anhand ihrer Beschäftigungsanteile un-

---

also bisher kein konjunkturförderndes Element, so daß eine wettbewerbsfähige industrielle Basis des Aufschwungs weitgehend fehlt. Weiterhin ist zu betonen, daß die „wirtschaftliche Erholung in den neuen Bundesländern [...] in hohem Maße transfergestützt und weniger auf Erfolge auf den Weltmärkten zurückzuführen [ist]. Bei Einstellen der Transfers würde der Bauboom und damit der gesamte Erholungsprozeß zum Stillstand kommen." Lichtblau, K. (1994) S. 19.

252 Diese Entwicklung ist bereits 1990 von einigen Autoren prognostiziert worden. Vgl. z.B. Heine, M.; Walter, D. (1990) S. 403, Wetzker, K. (1990) S. 18.

253 Vgl. Lichtblau, K. (1994) S. 18.

254 Besonderen Anpassungsproblemen stehen darüber hinaus die Braunkohleregionen Cottbus und Halle/Leipzig gegenüber, die aufgrund ihrer Verbindung von Bergbau und ebenfalls negativ betroffener Chemieindustrie sowie des Schwermaschinenbaus vielfältigen Umstrukturierungsaufgaben unterliegen. Vgl. Heine, M.; Walter, D. (1990) S. 405.

255 Vgl. hier und im folgenden Bach, S.; Gornig, M.; Stille, F.; Voigt, U. (1994) S. 168ff.

tersucht.[256] Zum anderen wurden die vier größten Industriebranchen der Bundesrepublik (Chemie, Maschinenbau, Straßenfahrzeugbau, Elektrotechnik) betrachtet. Diesen wurden die von der BUNDESFORSCHUNGSANSTALT FÜR LANDESKUNDE UND RAUMORDNUNG für Westdeutschland neu ermittelten Infra-

	Regionen mit Schwerpunkten im Bereich Grundstoffgüter	Investitionsgüter	Verbrauchsgüter	Regionen ohne Schwerpunkt
Autobahn	102	99	100	99
Eisenbahn (IC)	108	99	80	108
Eisenbahn (KLV)	119	106	79	93
Flughafen	115	97	87	100
Energieversorgung	106	99	90	103
Abwasserversorgung	102	106	94	100
Abfallentsorgung	134	120	75	80
nachrichtlich:				
Anzahl der Regionen[257]	20	17	17	24
Anteil an der Beschäftigung[258]	34,5	24,6	14,9	36,8

Tab. 2.11: Infrastrukturprofile westdeutscher Regionen mit Spezialisierung auf Industriebereiche 1992.
Quelle: Bach, S.; Gornig, M.; Stille, F.; Voigt, U. (1994) S. 176, Tabelle 7/3.

strukturindikatoren gegenübergestellt. Für die in dieser Arbeit relevanten Infrastrukturbereiche mit Ausnahme der Wasserversorgung[259] werden die jeweiligen Indikatorwerte, die Indexwerte darstellen, in den Tabellen 2.11 und 2.12 angegeben. Der Mittelwert aller westdeutschen Regionen in Bezug auf die Infrastrukturausstattung liegt bei 100. Ist der angezeigte Wert höher als 100, so ist die Infrastrukturausstattung besser als im Mittelwert aller westdeutschen Regionen und umgekehrt.

---

256 Eine Spezialisierung auf eine Branche oder einen Sektoranteil wurde angenommen, wenn der Beschäftigtenanteil über 20% lag.

257 Insgesamt wurden hier und im folgenden 67 Regionen unterschieden. Regionen, die in mehreren Bereichen Schwerpunkte besitzen, wurden entsprechend mehrfach berücksichtigt.

258 Hier und im folgenden wurde der Anteil der Regionen an der sozialversicherungspflichtigen Beschäftigung in Westdeutschland insgesamt betrachtet.

259 Als Infrastrukturindikator wird hier von der BUNDESFORSCHUNGSANSTALT FÜR LANDESKUNDE UND RAUMORDNUNG der Abgabepreis verwendet, der jedoch keinen Aufschluß über die vorhandenen Kapazitäten gibt und daher in diesem Zusammenhang untauglich ist.

Die Autoren kommen zu dem Schluß, daß Regionen, in denen sich die Grundstoffindustrie spezialisiert hat, eine überdurchschnittliche Ausstattung im Bereich der sachkapitalorientierten Infrastruktur aufweisen. Dies gelte besonders für die Abfallbeseitigung und die Anbindung an Güterumschlagbahnhöfe und Flughäfen. Auch in Regionen mit Spezialisierung im Investitionsgüterbereich sei die Infrastrukturausstattung höher als der Durchschnitt. Ansonsten weisen Investitionsgüterindustrien keine überdurchschnittlichen Infrastrukturanforderungen auf. Verbrauchsgüterindustrien konzentrieren sich sogar eher auf Regionen mit unterdurchschnittlicher Infrastrukturausstattung. Hieraus lassen sich jedoch keine Rückschlüsse über das absolute Niveau der Infrastrukturanforderungen der genannten Industrien ziehen, da die Infrastrukturausstattung in den alten Bundesländern in Quantität und Qualität generell hohen Standards genügt.

	Regionen mit Schwerpunkten im Bereich				Regionen
	Chemie-industrie	Maschinen-bau	Straßenfahr-zeugbau[260]	Elektro-technik	ohne Schwer-punkte
Autobahn	102	101	101	98	98
Eisenbahn (IC)	114	99	108	103	88
Eisenbahn (KLV)	106	111	117	94	91
Flughafen	128	90	101	101	84
Energieversorgung	104	102	101	100	94
Abwasserversorgung	104	105	101	105	94
Abfallentsorgung	128	117	108	108	63
nachrichtlich:					
Anzahl der Regionen	18	18	22	16	18
Anteil an der Beschäftigung	32,5	25,0	40,3	27	22,5

Tab. 2.12: Infrastrukturprofile westdeutscher Regionen mit Spezialisierung auf ausgewählte Industriebranchen 1992. Quelle: Bach, S.; Gornig, M.; Stille, F.; Voigt, U. (1994) S. 179, Tabelle 7/4.

Die speziellen Infrastrukturanforderungen der größten Branchen aus den Bereichen Grundstoff- und Investitionsgüterindustrie werden in Tabelle 2.12 getrennt zusammengestellt. Hier fallen vor allem die generell hohen Anforderungen der chemischen Industrie auf, während Regionen mit Schwerpunkten im Maschinenbau und im Straßenfahrzeugbau mit Ausnahme des Bahnanschlusses bzw. der Abfallentsorgung eher durchschnittliche Ausstattungsniveaus aufweisen. Generell durchschnittliche Werte sind in auf Elektrotechnik spezialisierten Regionen zu finden. Die Autoren ziehen aus dieser Analyse den Schluß, daß der Anbindung an das Autobahnnetz sowie der Abwasserentsorgung eine Basis-

260 Ohne Reparaturwerkstätten.

funktion in Bezug auf die Entwicklung von Industriebranchen zukommt, da in jedem Fall mindestens das westdeutsche durchschnittliche Ausstattungsniveau erreicht wurde. Als Spezialbedarf einzelner Industrien können hingegen Güterumschlaghöfe der Bahn sowie Anlagen zur Sondermüllbehandlung gelten.

BACH, GORNIG, STILLE und VOIGT unternehmen nun den Versuch, den ermittelten Zusammenhang zwischen Infrastrukturprofil und sektoraler Spezialisierung der regionalen Industrie *auf die neuen Bundesländer zu übertragen.* Da sich letztere jedoch - wie in II.3.3.1 gezeigt - in einem tiefgreifenden Umstrukturierungsprozeß regionaler und sektoraler Art befinden, dessen Ergebnis kaum prognostizierbar ist,[261] kann keine längerfristig gültige *Voraussage* über die Infrastrukturansprüche bestimmter Regionen getroffen werden. Um aber dennoch einen Zusammenhang zwischen Infrastrukturprofil und sektoraler Spezialisierung einer Region herstellen zu können, ist eine Aussage über die *regionale Verteilung der Industrie* notwendig. Daher betrachten die Autoren als *Momentaufnahme* des grundlegenden Strukturwandels der Wirtschaft in den neuen Ländern die nach Branchen und Bundesländern geordneten Beschäftigtenzahlen für das Jahr 1992.[262] An diesen ist abzulesen, daß bestimmte Branchen in den jeweiligen ostdeutschen Bundesländern einen überdurchschnittlichen Anteil an den gesamten Beschäftigten des Verarbeitenden Gewerbes des Bundeslandes im Verhältnis zum ostdeutschen Durchschnitt aufweisen. So ist in der Chemieindustrie in Sachsen-Anhalt mit 22,5% aller Beschäftigten des Bergbaus und des Verarbeitenden Gewerbes ein Beschäftigtenschwerpunkt festzustellen, wenn man diese Zahl dem Anteil der Beschäftigten in der Chemieindustrie für Ostdeutschland (8,8%) gegenüberstellt. Die 1992 noch bestehende regionale Konzentration der Beschäftigten ist in Tabelle 2.10 durch die fett gedruckten Buchstaben markiert.[263]

Interpretiert man die zuvor für die alten Bundesländer dargestellten Zusammenhänge zwischen der Infrastrukturausstattung von Regionen[264] und deren

---

261 Vgl. Bach, S.; Gornig, M.; Stille, F.; Voigt, U. (1994) S. 198.

262 Da im folgenden die *Vorgehensweise* der Autoren im Mittelpunkt der Betrachtung steht und die konkreten Daten nicht weiter verwendet werden, können an dieser Stelle Zahlen aus dem Jahr 1992 verwendet werden.

263 Die für die Analyse der Beschäftigtenschwerpunkte verwendeten Daten sind in Tab. A 5 in Anhang 2 zusammengestellt worden.
Brandenburg, Sachsen-Anhalt und Sachsen weisen in der Grundstoffindustrie jeweils einen überdurchschnittlichen Anteil an Beschäftigten im Verhältnis zum Anteil in den alten Bundesländern auf. Dieser ist im wesentlichen auf den relativ hohen, aber nur in Sachsen-Anhalt überdurchschnittlichen Anteil der Chemieindustrie zurückzuführen, so daß in Tabelle 2.10 nur dieser ausgewiesen wird. Vgl. Bach, S.; Gornig, M.; Stille, F.; Voigt, U. (1994) S. 190, Tab. 7/7.

264 Für ein vollständiges Bild müßte auch eine Analyse der Infrastrukturprofile der neuen Länder im Jahr 1992 vorgenommen werden [vgl. Bach, S.; Gornig, M.; Stille, F.; Voigt, U. (1994) S. 193, Tabelle 7/8]. Die an dieser Stelle dargestellten Infrastrukturprofile der neuen Länder sollen nicht aufgenommen werden, da sie für den in dieser Arbeit abzu-

sektoraler Spezialisierung als sektorspezifische Infrastruktur*anforderungen* und berücksichtigt gleichzeitig die derzeitige regionale Verteilung der Branchen in den neuen Bundesländern, so lassen sich hieraus *Aussagen über die Infrastrukturbedarfe* in den einzelnen Regionen ableiten.[265] So ziehen die Autoren beispielsweise den Schluß, daß bei einer unzureichenden Infrastrukturausstattung der Region Sachsen-Anhalt die dort ansässige Grundstoffgüterindustrie in ihrer Existenz und ihrem Wachstum behindert würde.[266] Dies sei durch die hohe Anforderung der Grundstoffgüterindustrie an die materielle Infrastruktur, insbesondere an die Abfallentsorgung und den kombinierten Ladungsverkehr der Bahn zu begründen. Ähnliche Schlußfolgerungen können auch für die Regionen in Sachsen und Sachsen-Anhalt gezogen werden, in denen Investitionsgüterindustrien spezialisiert sind und in denen die Anforderungen an den kombinierten Ladungsverkehr und die Abfallentsorgung nicht befriedigt werden können. Zurecht weisen die Autoren jedoch auf den einschränkenden Charakter einer Momentaufnahme des industriellen Wandels in den neuen Ländern hin und führen aus, daß die „gegenwärtige Industriestruktur [...] nur als Hinweis auf mögliche spezielle Infrastrukturdefizite in traditionellen sektoralen Spezialisierungsfeldern der ostdeutschen Bundesländer verwendet werden“ kann.[267]

Der skizzierten Analyse sind drei wesentliche Kritikpunkte anzufügen. Erstens ist die rückwärts gerichtete Betrachtungsweise zu bemängeln, durch die nur bereits existierende Industrien erfaßt werden. Da aber die Ergebnisse des Strukturwandels prinzipiell unbekannt sind,[268] kann folglich nicht analysiert werden, *wo* sich *neue* Industrien bzw. Dienstleistungsunternehmen[269] ansiedeln werden. Folglich kann über *erst entstehende* Infrastrukturbedarfe aufgrund der

schätzenden *Gesamt*investitionsbedarf keinen zusätzlichen Erkenntnisgewinn darstellen. Hierfür ist vielmehr die in Teil II.1 dargestellte defizitäre Situation *zum Zeitpunkt der Wiedervereinigung* von Bedeutung. Daher wird die sich anschließende Betrachtung vor dem Hintergrund der in Teil II.2.2 geschilderten generell defizitären Situation der Infrastruktur in den neuen Ländern vorgenommen. Durch diese Vereinfachung werden die grundsätzlichen Aussagen nicht berührt.

265 Dies setzt allerdings voraus, daß sich die für die alten Länder gewonnenen Ergebnisse auf die neuen Bundesländer übertragen lassen.

266 Vgl. Bach, S.; Gornig, M.; Stille, F.; Voigt, U. (1994) S. 194.

267 Ebenda S. 191.

268 Bisher ist lediglich ablesbar, daß sich entlang der Autobahn A 4 in Thüringen durch Erschließung von Gewerbeflächen und Ansiedlung neuer Unternehmen eine Aufschwungregion abzeichnet [vgl. Planungsausschuß für regionale Wirtschaftsstruktur (1994) S. 121]. Darüber hinaus sind in Mecklenburg-Vorpommern Umsatzsteigerungen im Ernährungsgewerbe zu verzeichnen [vgl. ebenda S. 66]. Insgesamt lassen sich die Regionen mit dem höchsten Auslandsumsatz, der als Anhaltspunkt für eine sich entwickelnde internationale Wettbewerbsfähigkeit gewertet werden kann, in Sachsen, Thüringen und Sachsen-Anhalt finden. Vgl. Sachverständigenrat (1993) S. 94.

269 So haben die Autoren zwar die sich aus der Ansiedlung von Dienstleistungsunternehmen in den alten Ländern ergebenden Infrastrukturprofile analysiert. Diese sind jedoch nicht auf die neuen Länder übertragen worden.

sich im Strukturwandel entwickelnden neuen Industrien bzw. Dienstleistungsunternehmen kaum Konkretes ausgesagt werden. Die vorgestellte Untersuchung läßt sich daher nicht vervollständigen.

Zweitens ist selbst die rückwärtsgerichtete Betrachtung nicht eindeutig. So kann nicht mit Sicherheit davon ausgegangen werden, daß die untersuchten Branchen mit einem überdurchschnittlichen Beschäftigtenanteil *tatsächlich Wachstumsbranchen* sind. Denkbar wäre auch, daß sie - im Maßstab entwickelter Industriegesellschaften - tatsächlich noch überdimensioniert sind und daher in der Zukunft eher schrumpfen müßten. So stellt bspw. LICHTBLAU fest, daß der Anteil der Chemieindustrie am Nettoproduktionsindex von 3,6% (1992) auf 2,6% (1993) weiter sank.[270] Die von den Autoren herangezogenen Daten spiegeln daher weder eine stabile, aussagekräftige Struktur der Wirtschaftszweige wider[271] noch lassen sie auf sich im Strukturwandel behauptende Branchen schließen. In diesem Fall kann aber auch keine unzureichende, das Wachstum behindernde Infrastrukturausstattung unterstellt werden.

Schließlich ist das Kausalitätsproblem in der vorgestellten Analyse als nicht relevant ausgegrenzt worden.[272] Folglich wurde bei der Betrachtung der einzelnen *westdeutschen Branchen* und deren regionaler Infrastrukturausstattung nicht beachtet, ob die überdurchschnittliche Infrastrukturausstattung aus den Einkommen, die die dort dominierende Branche generiert hat, erst resultiert. Alternativ wäre aber auch denkbar, daß die Infrastrukturausstattung das Wachstum der in der betrachteten Region angesiedelten Branche gerade erst ermöglicht hat. Die Klärung derartiger Wirkungsverläufe ist aber für die Übertragung der Ergebnisse auf die ostdeutschen Verhältnisse und die hieraus gezogenen wirtschaftspolitischen Konsequenzen von zentraler Bedeutung. Wird die hier unterstellte Kausalität nicht eindeutig bestimmt, so können keine Aussagen über einen mangelhaften Infrastrukturbestand im Sinne einer Restriktion wirtschaftlicher Entwicklung getroffen werden.

Zusammenfassend ist festzuhalten, daß die Ergebnisse der vorgestellten Analyse aufgrund der Verwendung einer Momentaufnahme des Strukturwandels in den neuen Bundesländern sowie fehlender Beachtung der Kausalitäten als sehr unbefriedigend einzustufen sind. Gleichzeitig ist aber wegen der generell bestehenden Unkenntnis bzgl. der Ergebnisse des Strukturwandels *keine weitergehende Prognose* des Infrastrukturbedarfs möglich, die sich an der wirtschaftlichen Entwicklung ausgewählter Wirtschaftszweige in bestimmten Re-

---

270 Vgl. Lichtblau, K. (1994) S. 17.

271 Dies ist auch am Rückgang der Beschäftigtenzahlen abzulesen. So sank die Zahl der Beschäftigten in der Chemie- und Mineralölindustrie in Ostdeutschland nach Angaben des Statistischen Bundesamtes von 72749 (1992) auf 53693 Personen (1993). Liegt jedoch keine stabile Nennergröße vor, so ist die Bestimmung von Anteilen an der Sektorstruktur wenig aussagekräftig. Hier liegt folglich zusätzlich ein methodisches Problem vor.

272 Vgl. Bach, S.; Gornig, M.; Stille, F.; Voigt, U. (1994) S. 168f.

gionen orientiert und damit bedarfsorientiert ist.[273] Es ist also faktisch nur möglich, regionale Mangelzustände - gemessen am durchschnittlichen Ausstattungsniveau - festzustellen und anhand dieser einen ausgleichenden Infrastrukturbedarf zu bestimmen. So können *keine sinnvollen Ausführungen zum Infrastrukturbedarf, die über die Thesen in II.3.2 hinausgehen, getroffen werden.* Aussagen über die *räumliche Verteilung* von Infrastrukturinvestitionen müssen sich - bei Unkenntnis der Ergebnisse des Strukturwandels und der Aufschwungregionen - als Hilfskonstruktion daher *an einer Theorie orientieren*, die Thesen darüber formulieren kann, wo Aufschwungregionen mit einem umfassenden Infrastrukturbedarf als Rahmenbedingung für wirtschaftliche Entwicklung entstehen könnten. Eine solche ist die Theorie der Schwerpunktorte, die in Abschnitt IV.2 herangezogen werden soll.

Der Abschnitt II.3.2 hat den Finanzierungsbedarf für Infrastrukturinvestitionen bis zum Jahr 2005 skizziert. Die o.g. Zahlen gaben einen Anhaltspunkt dafür, welches Finanzvolumen zur Sanierung und Erweiterung des mangelhaften Infrastrukturbestandes bis zum Jahr 2005 durch die öffentlichen Haushalte bei einer ausschließlich öffentlichen Finanzierung aufgebracht werden müßte. Soll untersucht werden, inwieweit diesem Bedarf Finanzierungsspielräume auf Seiten der öffentlichen Hand gegenüberstehen (Problemkreis 1), so ist im nächsten Schritt die Haushaltslage und insbesondere die derzeitige Verschuldungssituation der Gebietskörperschaften zu analysieren. Im Anschluß sollen die sich durch die Neuordnung des Finanzausgleichs ergebenden Konsequenzen für die öffentlichen Haushalte skizziert werden. Dabei ist zum einen die Bedienung der Schattenhaushalte von Bedeutung und zum anderen die Entwicklung der Einnahmen der ostdeutschen Länder und Gemeinden. Darauf aufbauend werden die Grenzen einer staatlichen Kreditaufnahme diskutiert.

4. Die Haushaltssituation des Bundes und der neuen Länder

4.1 Die Haushaltsentwicklung in den Gebietskörperschaften seit der Wiedervereinigung

In den vorangehenden Kapiteln wurde u.a. deutlich, daß eine Umsetzung der dem gesamten Infrastrukturbedarf in den neuen Bundesländern entsprechenden Investitionen vor dem Jahr 2005 nicht realistisch ist. Obwohl der in der zugrundegelegten Studie des IFO-INSTITUTES skizzierte Bedarf durch bereits getätigte Baumaßnahmen verringert worden ist, sind *auch zukünftig* noch umfangreiche Investitionen notwendig. Es ist daher gerechtfertigt, im folgenden die Haus-

---

[273] Anzumerken ist weiterhin, daß aufgrund der langen Planungs- und Bauzeiten von Infrastrukturinvestitionen eine bedarfsorientierte Investitionspolitik der wirtschaftlichen Entwicklung immer erst nachfolgen kann, wenn sie sich an dem in bestimmten Regionen stattfindenden Aufschwung orientiert.

haltssituation 1995 als Referenzpunkt zur Analyse der derzeit existierenden Haushaltsspielräume heranzuziehen.

Während in den 80er Jahren die Haushaltssituation der Gebietskörperschaften in den alten Ländern im wesentlichen durch Konsolidierung geprägt war,[274] nahmen im Jahr 1990 bereits vor der Vereinigung die Schulden der öffentlichen Haushalte wieder zu. Die westdeutschen Länder und Gemeinden hatten die höchsten Ausgabenzuwächse - bei nur mäßigem Einnahmenwachstum - seit 1980 vorzuweisen.[275] Im Zuge der deutschen Vereinigung kam es schließlich zu einem sprunghaften Anstieg der Verschuldung der öffentlichen Haushalte (Tab. 2.13), da die deutsche Einheit zunächst vorrangig durch Kredite finanziert werden sollte.[276] Dieser Anstieg ist im wesentlichen durch den Bund[277] sowie verschiedene Schattenhaushalte getragen worden. So stieg die Verschuldung des Bundes bis 1994 gegenüber 1989 um 45,25%, während die der westdeutschen Länder mit 33,69% und die der westdeutschen Gemeinden mit 30,34% geringere Zuwächse erfuhr.[278]

Der größte Anteil der Transfers in die neuen Länder ist - abgesehen von der Sozialversicherung - über den speziell geschaffenen *Fonds Deutsche Einheit* erfolgt, dessen Volumen 1993 bei knapp 90 Mrd. DM lag. Der Fonds Deutsche Einheit war zunächst degressiv gestaltet worden,[279] weil man von einer raschen positiven wirtschaftlichen Entwicklung in den neuen Ländern ausging. Da diese jedoch nicht eintrat, wurde der Fonds zweimal aufgestockt, so daß schließlich für das Jahr 1993 35,2 Mrd. DM und für 1994 34,6 Mrd. DM zur Verfügung standen.[280] Die grundsätzliche Konzeption des Fonds basiert auf einer Kreditfinanzierung, welche die höchsten Beiträge der westdeutschen Länder zu Zinszahlungen und Tilgungen erst ab 1995 vorsieht. Diese werden dann aber für

---

274 Vgl. Schlesinger, H.; Weber, M.; Ziebarth, G. (1993) S. 247. So betrug die Nettokreditaufnahme der öffentlichen Haushalte im Jahr 1989 nur 25,8 Mrd DM [vgl. Deutsche Bundesbank (September 1995) S. 56*.] Hieraus ergibt sich bei einem Bruttoinlandsprodukt von 2224,44 eine Defizitquote von 11,6%.

275 Vgl. Kitterer, W. (1993a) S. 45.

276 Vgl. DIW (21/1994) S. 344. Das DIW weist darauf hin, daß seitens der Bundesregierung das Transfervolumen in die neuen Länder offenbar unterschätzt worden sei.

277 So wurde die Finanzierung von 12 Mrd. DM des bis 1992 begrenzten Gemeinschaftswerks 'Aufschwung Ost' aus dem Bundeshaushalt bereitgestellt. Vgl. Münstermann, E. (1994a) S. 99, DIW (21/1994) S. 343.

278 Die Berechnungen basieren auf Angaben der Deutschen Bundesbank (September 1995) S. 56*.

279 Die ursprüngliche Staffelung des Fonds sah Abflüsse in Höhe von 22 - 35 - 28 - 20 - 10 Mrd. DM für die Jahre 1990 bis 1994 vor. Vgl. Tofaute, H. (1992) S. 67, Münstermann, E. (1994a) S. 99.

280 Die erste Aufstockung erhöhte die Mittel des Fonds für das Jahr 1992 auf 33,9 Mrd. DM, gestaltete die Zuweisungen für die Jahre 1993 und 1994 aber weiterhin degressiv. Eine zweite Aufstockung betrug 1993 3,705 Mrd. DM und 1994 10,7 Mrd. DM. Vgl. DIW (25/1992) S. 317.

mindestens 20 Jahre auf diesem Höchstniveau verharren.[281] Damit ist die anfängliche Finanzierung der deutschen Einheit zentral über den Bund sowie durch Nebenhaushalte erfolgt, so daß die „westdeutschen Länder und Gemeinden [...] [bisher] ihren finanziellen 'Besitzstand' wahren“[282] konnten. Durch die Verteilung der Finanzierungslasten ab 1995 tragen jedoch die alten Länder und ihre Gemeinden größere Anteile sowohl an den Tilgungslasten des Fonds als auch am Finanzausgleich.

	1990	1991	1992	1993	1994	Dez. 1995
Bund	542 189	586 493	611 099	685 283	712 488	756 834
davon NVA- und Wohnungsbau-Verbindlichkeiten	-	1 481	1 451	1 421	1 391	1 382
Westdeutsche Länder	328 787	347 409	366 602	393 577	415 052	442 411
Ostdeutsche Länder	-	4 937	22 528	40 263	55 650	69 084
Westdt. Gemeinden	125 602	132 060	140 132	149 211	155 663	161 950
Ostdt. Gemeinden	-	8 642	14 462	23 648	32 465	35 550
Gebietskörperschaften	**996 578**	**1079 541**	**1154 823**	**1291 982**	**1371 318**	**1465 829**
Fonds Deutsche Einheit	19 793	50 482	74 371	87 676	89 188	87 146
Kreditabwicklungsfonds/	27 634	27 472	91 747	101 230	102 428	
Erblastentilgungsf.[283]						328 888
ERP-Sondervermögen	9 485	16 368	24 283	28 263	28 043	34 200
Bundeseisenbahnverm.	-	-	-	-	71 173[284]	78 400
Öffentliche Haushalte	**1053 490**	**1173 864**	**1345 224**	**1509 151**	**1662 150**	**1994 463**
Treuhandanstalt	14 058	39 402	106 792	168 322	172 626 (März)	-
Bundesbahn	47 065	37 969	48 017	58 098	-	-
Summe	**1114 613**	**125 1235**	**1500 033**	**1735 571**	**1834 776**	**1994 463**

Tab. 2.13: Verschuldung der öffentlichen Haushalte und Nebenhaushalte [in Mio. DM].[285]
*Quelle: Deutsche Bundesbank, Monatsbericht Juni 1996, S. 56*f.*[286]

281 Vgl. Karrenberg, H. (1993b) S. 572 und Tabelle 1, S. 573. Die Aufstockungen der Jahre 1993 und 1994 wurden allerdings durch Barzahlungen des Bundes und der Länder finanziert, so daß diese nicht die Zins- und Tilgungslasten des Fonds erhöhen. Die Kredite des Fonds werden in Jahresraten von 10% des bestehenden Schuldenstandes verzinst und getilgt. Während die Lasten ursprünglich von Bund und Ländern jeweils zur Hälfte getragen werden sollten, haben die Länder im Zuge der Neuordnung des Finanzausgleichs Annuitäten von 2,1 Mrd. DM vom Bund zusätzlich übernommen. Vgl. Kitterer, W. (1993a) S. 47, Karrenberg, H. (1993b) S. 573.

282 Schlesinger, H.; Weber, M.; Ziebarth, G. (1993) S. 250.

283 Ab 1995 wurden die Schulden der Treuhandanstalt und des Kreditabwicklungsfonds in den Erblastentilgungsfonds transferiert und daher nicht mehr gesondert ausgewiesen.

284 Ab 1994 wurden die Schulden der Bundesbahn in das Bundeseisenbahnvermögen überführt.

Nutznießer des Fonds Deutsche Einheit waren die ostdeutschen Länder und ihre Kommunen. Dennoch stieg der Schuldenstand der ostdeutschen Länder im Jahr 1994 bereits auf ca. 55 Mrd. DM an. Nach Berechnungen des SACHVERSTÄNDIGENRATES hatten bspw. im Jahr 1994 Brandenburg, Sachsen-Anhalt und Thüringen nach dem stark verschuldeten Land Bremen sowie dem Saarland die höchsten Schuldenquoten unter den Bundesländern.[287] Dies spiegelt die geringe Steuerkraft der ostdeutschen Bundesländer wider.[288] Auch die Einnahmen der ostdeutschen Kommunen fußen nur zu einem geringen Teil auf Steuern. Ausgleichend wirkte hier jedoch die 40%ige Beteiligung der Gemeinden an den Ländereinnahmen aus dem Fonds Deutsche Einheit sowie Länderzuweisungen - nach Einheitsvertrag - von mindestens 20% der Landessteuereinnahmen.[289] Dadurch sind die ostdeutschen Kommunen in ihrer Einnahmeseite allerdings sehr stark von Zuweisungen anderer Gebietskörperschaften abhängig, die 1994 64% ihrer Einnahmen ausmachten.[290]

Zusammenfassend ist festzuhalten, daß die starke Zunahme der Verschuldung durch die deutsche Einheit auf eine bereits stark angespannte Haushaltslage des Bundes und der westdeutschen Länder und Kommunen traf. In den ersten vier Jahren nach der Wiedervereinigung wurden die Transfers in die neuen Länder im wesentlichen durch eine Kreditaufnahme des Bundes und seiner Nebenhaushalte finanziert. Dies führt nun zu einer Einschränkung künftiger Haushaltsspielräume vor allem des Bundes. Die neuen Länder und ihre Kommunen haben ihre Einnahmen zu einem überwiegenden Teil aus Zuweisungen bestritten und darüber hinaus in den vergangenen Jahren ebenfalls beträchtliche Defizite aufgebaut. Damit ist die Haushaltssituation in den neuen Ländern ebenfalls als sehr angespannt zu charakterisieren, obwohl hier aufgrund der geringen Altschulden zunächst noch mäßige Zinsbelastungen anfallen.

---

285 Die Angaben schließen die Verschuldung der Haushalte untereinander aus. In die Schulden der Gemeinden ist die Verschuldung der Krankenhäuser sowie der kommunalen Zweckverbände einbezogen worden.

286 Hier soll auf Daten der Deutschen Bundesbank zurückgegriffen werden, da diese im Gegensatz zum Statistischen Bundeamt für die einzelnen Gebietskörperschaften die ost- und westdeutschen Zahlen getrennt ausweist. Zudem erfolgt eine präzisere Darstellung der Schattenhaushalte.

287 Vgl. Sachverständigenrat (1995) S. 197, Tabelle 47. Berechnet man die Gesamt-Schuldenquote für die neuen Länder, so zeigt sich, daß diese erstmals im Jahr 1994 den Wert für die alten Länder insgesamt übersteigt. Diese Berechnungen basieren auf Daten des Sachverständigenrates (1995) S. 144, Tabelle 37 und S. 378, Tabelle 26*.
Hier wird auf die Daten des Sachverständigenrates - in Zusammenarbeit mit dem Statistischen Bundesamt - zurückgegriffen, da die Bundesbank das nominale Bruttoinlandsprodukt nicht nach Bundesländern ausweist. Es sollen jedoch nur qualitative Aussagen vorgestellt werden, da die vom Sachverständigenrat verwendeten Daten nicht der gleichen Abgrenzung folgen wie die der Bundesbank.

288 Vgl. Fuest, W. (1994) S. 7.

289 Vgl. Deutsche Bundesbank (März 1994) S. 30, Fuest, W. (1994) S. 8.

290 Vgl. Sachverständigenrat (1995) S. 211, Tabelle 51.

4.2 Die Neuordnung des Finanzausgleichs

4.2.1 Die Schattenhaushalte

Aufgrund der Neuordnung des Finanzausgleichs ab 1.1.1995 durch das 'Gesetz zur Umsetzung des föderalen Konsolidierungsprogramms' sind sowohl die Finanzbeziehungen der Gebietskörperschaften als auch die bestehenden Sondervermögen neu geordnet worden. Letztere umfassen aus den regulären Haushalten ausgegliederte Schulden, deren zukünftig anfallende Zinszahlungen und Tilgungen im wesentlichen durch den Bund getragen werden müssen. Ab 1995 existieren neben dem Fonds Deutsche Einheit der Erblastentilgungsfonds, das ERP-Sondervermögen, das Bundeseisenbahnvermögen und der neu geschaffene Entschädigungsfonds.[291] Der **Erblastentilgungsfonds** umfaßt - wie der Fonds Deutsche Einheit - ab 1995 vereinigungsbedingte Schulden, die sich aus den Schulden des Kreditabwicklungsfonds, der Treuhandanstalt sowie zum - 1.7.1995 - den Altschulden aus der DDR-Wohnungswirtschaft zusammensetzen. Der Kreditabwicklungsfonds wurde eingerichet, um die Altschulden der ehemaligen DDR in Höhe von knapp über 100 Mrd. DM zu übernehmen.[292] Zu dieser Summe sind die Altschulden der Wohnungswirtschaft der DDR hinzuzählen. Nach Art. 22 IV Einigungsvertrag ist das Vermögen der volkseigenen Betriebe der Wohnungswirtschaft auf die Kommunen der neuen Länder übertragen worden, die damit zugleich aber auch Altschulden von 35 Mrd. DM übernahmen. Da Zins- und Tilgungszahlungen gestundet wurden, sind diese Altschulden bis Ende 1994 auf ca. 50 Mrd. DM angewachsen,[293] so daß die Übernahme der Altschulden in den Erblastentilgungsfonds eine wesentliche Entlastung der Kommunalhaushalte bedeutete. Schließlich fanden die Schulden der Treuhandanstalt Eingang in den Erblastentilgungsfonds. Dies ist insofern bemerkenswert, als die Treuhandanstalt weder nach der Volkswirtschaftlichen Gesamtrechnung noch nach der Finanzstatistik zum Staat gezählt wurde und der

291 Vgl. Göbel, H. (1994) S. 13. Aus dem *Entschädigungsfonds* sollen Zahlungen an Alteigentümer in der ehemaligen DDR und an die Vertriebenen erfolgen. Nach einem bisherigen Gesetzentwurf muß der Bund erst ab 2004 Bundeszuschüsse in Höhe von 11 Mrd. DM über fünf Jahre hinweg leisten. Die Finanzierung soll bis dahin aus verschiedenen Quellen, jedoch nicht aus Kreditaufnahme erfolgen.

292 Zu den Altschulden zählen die Gesamtverschuldung des Republikhaushaltes der DDR, die Verbindlichkeiten aus der Zuteilung von Ausgleichsforderungen an die Geldinstitute und Außenhandelsbetriebe durch den Ausgleichsfonds Währungsumstellung, die Verpflichtungen des Bundes aus seiner Gewährträgerhaftung für die Staatsbank Berlin sowie die Kosten der Abwicklung von Forderungen und Verbindlichkeiten im Rahmen des Außenhandels- und Valutamonopols der DDR. Vgl. Anlage I, Kapitel IV, Sachgebiet B, Nr. 47 zum Einigungsvertrag, in: Stern, K.; Schmidt-Bleibtreu, B. (1990) S. 443f.

293 BMF-Finanznachrichten (Nr. 43/92, vom 27. April 1992, S. 4) zitiert nach Kitterer, W. (1993a) S. 50. Durch die Übernahme dieser Schulden waren die Gemeinden in den neuen Ländern „fast so stark verschuldet wie die Kommunen im alten Bundesgebiet nach über vier Jahrzehnten eines Infrastrukturaufbaus, der in den Kommunen der ehemaligen DDR noch geleistet und finanziert werden muß." Karrenberg, H. (1991) S. 304.

Bund diese Zurechnung bisher auch ablehnte.[294] Der Erblastentilgungsfonds nimmt ab 1995 keine neuen Kredite auf, sondern wird ausschließlich durch - die Summe von sieben Mrd. DM übersteigende - Bundesbankgewinne getilgt bzw. durch den Bund verzinst. Letzterer wird in den kommenden vier Jahren hierzu jeweils 29 Mrd. DM aufbringen.[295]

Das **ERP-Sondervermögen**, das ursprünglich nach dem zweiten Weltkrieg aus Mitteln des Europäischen Wiederaufbauprogramms gebildet worden ist, vergibt derzeit hauptsächlich Kredite zur Förderung des Mittelstandes in den neuen Ländern. Unabhängig von der deutschen Vereinigung übernahm das **Bundeseisenbahnvermögen** ab dem Jahr 1994 die Altschulden der Bundesbahn und der Reichsbahn von derzeit ca. 78 Mrd. DM.[296] Bezieht man die verschiedenen Schattenhaushalte in die Berechnung der Staatsverschuldung ein, so ergab sich im Dezember 1995 ein Wert von 1 994 463 Mio. DM, wovon nur 1 465 829 Mio. DM auf die direkt ausgewiesene Verschuldung der Gebietskörperschaften entfallen. Dies entspricht einer Schuldenquote von 57,65% bei Berücksichtigung der Schattenhaushalte bzw. von 42,37%, wenn ausschließlich der Schuldenstand der Gebietskörperschaften einbezogen wird.[297]

Zur Bewertung der oben charakterisierten Haushaltssituation ist erstens darauf hinzuweisen, daß die Bedienung der Nebenhaushalte in Form von Zinszahlungen sowohl für den Erblastentilgungsfonds als auch für das Bundeseisenbahnvermögen und Teile des Fonds Deutsche Einheit (s.u.) den Bundeshaushalt belasten. Hierdurch kommt es zu einer zusätzlichen, wenig transparenten Einengung des Haushaltsspielraumes des Bundes. Zweitens läßt sich die Existenz der oben charakterisierten Fonds nur bedingt damit rechtfertigen, daß hier Erblasten der DDR sowie einigungsspezifische Kosten angefallen sind, die getrennt von den Haushalten der Gebietskörperschaften ausgewiesen werden sollten. So sind Schattenhaushalte der Transparenz der Staatswirtschaft im allgemeinen abträglich, da die Zins- und Tilgungsbelastungen der Haushalte nicht eindeutig erfaßt werden. Zinszahlungen für die Fonds werden beispielsweise im Bundeshaushalt nicht als solche ausgewiesen, sondern als Zuschüsse ver-

---

[294] Vgl. Kitterer, W. (1993a) S. 49, Tofaute, H. (1992) S. 67, Deutsche Bundesbank (1995) S. 62. Der SACHVERSTÄNDIGENRAT weist darauf hin, daß „durch die häufig kritisierte Zurechnung der Treuhandanstalt zum Unternehmenssektor nicht mehr als eine zeitliche Verschiebung öffentlicher Haushaltslasten erreicht wurde“. Sachverständigenrat (1995) S. 139.

[295] Nach Modellrechnungen wird der Fonds bei einem Kapitalmarktzins von 7,5% und einem Bundesbank-Mehrgewinn von 6 Mrd. DM pro Jahr bis zum Jahr 2019 getilgt werden. Vgl. Göbel, H. (1994) S. 13.

[296] Ab 1996 darf der Fonds keine neuen Kredite mehr aufnehmen. Die Tilgung erfolgt ab 1998 mit jährlich 2,8 Mrd. DM aus dem Haushalt des Verkehrsministers. Vgl. Göbel, H. (1994) S. 13.

[297] Hier wurde ein Bruttoinlandsprodukt für das Jahr 1995 von 3 459,6 Mrd. DM zugrundegelegt. Vgl. Deutsche Bundesbank (Juni 1996) S. 61*.

bucht.[298] Dies galt bisher sowohl für die Zinsen des Fonds Deutsche Einheit als auch für die aus dem Bundeshaushalt zu finanzierenden anteiligen Zinsen des Kreditabwicklungsfonds. Zusätzlich unterliegen nicht alle Fonds einer regelmäßigen und übersichtlichen Berichterstattung. Darüber hinaus ist es bedenklich, daß Schuldendienstleistungen wiederum durch Kreditaufnahme finanziert werden, da hierdurch die Verbindlichkeiten lediglich kumuliert werden.[299] So wurden im Kreditabwicklungsfonds die Zinslasten, die die Treuhandanstalt nicht zahlen konnte, aus Krediten finanziert. Auch die Zinsen der Wohnungswirtschaft wurden gestundet. Die resultierende Beschleunigung des Schuldenzuwachses und der damit verbundene Schuldendienst engen ab 1995 den Haushaltsspielraum des Bundes entsprechend stark ein.

4.2.2 Die Verschiebung der Finanzierungslasten

Die Neuordnung des Länderfinanzausgleichs ab 1995 hat neben den Aufwendungen für die verschiedenen neugeschaffenen Sondervermögen aus dem Bundeshaushalt auch weitreichende Konsequenzen für die Aufteilung der Belastungen aus der deutschen Vereinigung zwischen den Gebietskörperschaften. Waren zunächst die alten Länder relativ wenig belastet und lag die hauptsächliche Finanzlast beim Bund und in den Sondervermögen, so wurden ab 1995 die alten Länder und ihre Gemeinden stärker als bisher zur Finanzierung der deutschen Einheit herangezogen.[300] Allerdings bleibt der Bund stark belastet, da ihm durch das Föderale Konsolidierungsprogramm zusätzliche Ausgaben in Höhe von 16 Mrd. DM entstehen.[301]

Die neuen Länder wurden ab 1.1.1995 in den Finanzausgleich einbezogen und sind als Empfängerländer Nutznießer der Neuregelung.[302] Dabei war das Ziel, in den neuen Ländern öffentliche Ausgaben in Höhe von 105% der westdeutschen Pro-Kopf-Ausgaben zu realisieren und 180% der westdeutschen Pro-Kopf-Investitionen zu ermöglichen.[303] Gleichzeitig sollte die Staatsverschuldung in den neuen Ländern frühzeitig begrenzt werden. Die alten Länder wer-

298 Vgl. Kitterer, W. (1993a) S. 52. Bei einer Verzinsung von 8% und einem Schuldenstand von derzeit 528,636 Mrd. DM aus den Nebenhaushalten handelt es sich immerhin um einen Betrag von 42,29 Mrd. DM.

299 Vgl. ebenda S. 51f.

300 Dabei fallen die Zins- und Tilgungslasten des Fonds Deutsche Einheit ins Gewicht, die die Länder zu einem Anteil von 72% tragen. Hiervon werden ca. 80% in den Jahren 1995 bis 1997 von den Ländern Nordrhein-Westfalen, Bayern, Baden-Württemberg und Hessen übernommen. Vgl. Karrenberg, H. (1993b) S. 573.

301 Vgl. Sachverständigenrat (1995) S. 138, DIW (36/1994) S. 637.

302 Zu den Wirkungen des Finanzausgleichs vgl. im einzelnen Karrenberg, H. (1993a) S. 194ff..

303 Vgl. Bundesminister der Finanzen, Föderales Konsolidierungsprogramm in der von den Fraktionen der CDU/CSU und F.D.P. am 20.1.1993 beschlossenen Fassung, S. 12. zitiert nach Hummel, M.; Nierhaus, W. (1994) S. 5.

den zur Umsetzung dieses Zieles ausschließlich zu Zahlerländern und transferierten 1995 12,78 Mrd. DM in die neuen Länder. Darüber hinaus wird der den Ländern zustehende zusätzliche Umsatzsteueranteil von 7 Prozentpunkten (Erhöhung von zuvor 37% auf 44%) auf die neuen Länder verteilt. Weiterhin werden - zusätzlich zu Bundesergänzungszuweisungen in Höhe von 21,28 Mrd. DM[304] sowie Finanzhilfen für Investitionen nach dem Investitionsförderungsgesetz Aufbau Ost in Höhe von 6,6 Mrd. DM[305] - 2,86 Mrd. DM aus dem Umsatzsteueranteil der alten Länder an die neuen Ländern transferiert. Letztere erhalten insgesamt aus dem Länderfinanzausgleich sowie aus Bundesergänzungszuweisungen und Investitionshilfen einen Betrag von 57,46 Mrd. DM.[306] Dabei sollen die Investitionshilfen vor allem zum Aufbau der Infrastruktur und zur Beseitigung von Altlasten aller Art dienen und somit zur Erleichterung der investitionspolitischen Besonderheiten in den neuen Ländern beitragen.

Es stellt sich nun die Frage, ob die umfangreichen Transfers in die neuen Länder tatsächlich dazu geführt haben, daß hier ein überdurchschnittliches Investitionsniveau realisiert und gleichzeitig die Staatsverschuldung begrenzt werden konnte. Diese Bewertung der Neuordnung des Finanzausgleichs ist im Zusammenhang mit der sich abzeichnenden Haushaltslage der übrigen Gebietskörperschaften vorzunehmen. So ist zunächst festzuhalten, daß sich das Finanzierungsdefizit des Bundes 1995 trotz der Übernahme der Lasten aus dem Finanzausgleich nur leicht erhöht hat.[307] Gleichzeitig stiegen die Ausgaben für Sachinvestitionen und Investionshilfen an, wobei letztere zum größten Teil den neuen Ländern zugute kamen. Betrachtet man allerdings die gesamtwirtschaftliche Verschuldung unter Berücksichtigung des Erblastentilgungsfonds, so ergab

---

304 Bundesergänzungszuweisungen erhalten von den alten Ländern nur noch das Saarland und Bremen in nennenswerter Höhe für Haushaltsnotlagen. Rheinland-Pfalz erhält 70 Mio. DM.

305 Spitzenbelastungen der finanzschwachen, alten Länder werden noch einmal durch Umverteilungen innerhalb der alten Bundesländer (sog. Ausgleichsbeträge) ausgeglichen. Unter vollständiger Berücksichtigung der Länder- und Gemeindesteuerkraft ergeben sich allerdings Verschiebungen in der Finanzkraftreihenfolge der Bundesländer. So ist das Land Bayern nach erfolgtem Finanzausgleich, bei dem es insgesamt 3,8 Mrd. DM - davon 1,4 Mrd. DM Tilgungen für den Fonds Deutsche Einheit - zahlt, zusammen mit dem Saarland und Niedersachsen an letzter Stelle bzgl. der Finanzausstattung bei den alten Ländern. Vgl. Hummel, M; Nierhaus, W. (1994) S. 10.

306 Die alten Länder müssen von diesem Betrag 13,04 Mrd. DM aufbringen. Hinzu kommen allerdings die Beiträge zum Fonds Deutsche Einheit, die sich auf 6,85 Mrd. DM belaufen, so daß die alten Länder ab 1995 jährlich 19,89 Mrd. DM zusätzlich aufbringen müssen [vgl. Hummel, M.; Nierhaus, W. (1994) S. 8]. Bei weiterer Gültigkeit der vorherigen Regelungen hätten die alten Zahlerländer lediglich 1,8 Mrd. DM im Finanzausgleich zur Verfügung stellen müssen [vgl. Hummel, M.; Nierhaus, W. (1994) S. 5]. Das DIW rechnet hier entfallende Regelungen (z.B. Fonds Deutsche Einheit, Berlinhilfe Steuererhöhungen) gegen und ermittelt eine per-Saldo-Belastung der westdeutschen Ländern und Gemeinden von ca. 9 Mrd. DM bei einer zusätzlichen Ausstattung der neuen Länder (ohne Berlin) von knapp 15 Mrd. DM. Vgl. DIW (26/1994) S. 447.

307 Vgl. Sachverständigenrat (1995) S. 146.

sich eine stark erhöhte Defizitquote von 9,6% gegenüber 2,73% ohne die Berücksichtigung aller Schattenhaushalte.

Die Defizite der ostdeutschen Länder sind bei überdurchschnittlichem Ausgabenwachstum gesunken.[308] So nahmen die Sachinvestitionen der neuen Länder deutlich um 15% zu. Während die Einnahmen dieser Länder jedoch um 13% stiegen - sie erhielten damit ab 1995 deutlich höhere Leistungen als aus dem Fonds Deutsche Einheit[309] -, nahmen die Gemeindeeinnahmen nur um 4, 75% zu. Dafür ist der Umstand verantwortlich, daß der Anteil der Kommunen an den Finanzausgleichsleistungen - im Gegensatz zu dem Anspruch der Kommunen auf 40% der Finanzmittel aus den Leistungen des Fonds - nicht festgeschrieben ist, sondern im Ermessen des jeweiligen Bundeslandes liegt.[310] Entsprechend nutzen die neuen Länder die ihnen zusätzlich zufließenden Mittel zum Abbau ihrer Defizite. So beobachtet MÜNSTERMANN kritisch: „Ganz offensichtlich räumen die ostdeutschen Länder der Konsolidierung ihrer Staatsfinanzen einen höheren Stellenwert ein als dem Aufbau einer funktionierenden Kommunalverwaltung und einer leistungsfähigen kommunalen Infrastruktur."[311] Faktisch ist allerdings zu beobachten, daß die Kommunen bei kaum veränderten Defiziten das Investitionsniveau des Jahres 1994 beibehalten konnten.

Dennoch entstanden den Kommunen zusätzliche Belastungen vor allem im Bereich der Sozialausgaben dadurch, daß durch bundesgesetzliche Regelungen neuartige Anforderungen und finanzielle Verpflichtungen an sie herangetragen wurden.[312] Diesen zukünftigen Ausgabensteigerungen stehen nur geringe ei-

---

308 Vgl. Sachverständigenrat (1995) S. 147.

309 Vgl. Münstermann, E. (1994b) S. 132.

310 Vgl. Sachverständigenrat (1995) S. 211. Damit ist die Frage, wie sich die Finanzlage der Kommunen zukünftig entwickeln wird, von der Beteiligung der Kommunen an den Mitteln aus dem Länderfinanzausgleich sowie an den Bundesfinanzhilfen abhängig. Vgl. Karrenberg, H. (1993b) S. 578.

311 Münstermann, E. (1994b) S. 132. MÜNSTERMANN bemerkt an dieser Stelle weiterhin, daß der Aufschwung in den neuen Ländern ohne einen Beitrag der Kommunen zum Aufbau der Infrastruktur nicht gelingen könne. Andere Autoren gehen hingegen von einer Entspannung der Finanzlage der Kommunen in den neuen Ländern aus [vgl. z.B. DIW (26/1994) S. 447]. So wird auch die Ansicht vertreten, daß „es mit der Reform des bundesstaatlichen Finanzsystems gelingen [dürfte], die Haushalte der ostdeutschen Länder und Gemeinden zu stabilisieren und den Ausbau der Infrastruktur finanziell abzusichern." [DIW (36/1994) S. 629]. Dabei wird jedoch auf die Voraussetzung hingewiesen, daß die „ostdeutschen Länder ihre Gemeinden an den zusätzlichen Mitteln adäquat beteiligen." DIW (36/1994) S. 637.

312 Hierzu zählen z.B. die Einsparungen des Bundes im Bereich der Arbeitslosenhilfe sowie der Verkürzung der Eingliederungshilfe für Aussiedler, die auf der einen Seite zu einem starken Anstieg der Sozialhilfeausgaben führen werden [vgl. Karrenberg, H. (1993b) S. 576, Fuest, W. (1994) S. 5]. Zudem werden die Kommunen auch durch den aus dem Schwangeren- und Familienhilfegesetz entstehenden Rechtsanspruch auf einen Kindergartenplatz sowie durch die Notwendigkeit, eine 3. Reinigungsstufe bei Kläranlagen zu

gene Einnahmen der Kommunen bei einer gleichzeitig stark angespannten Haushaltslage gegenüber. Die Kommunen haben daher 1995 erhöhte Zuweisungen für investive Zwecke in Anspruch genommen.[313] Diese Abhängigkeit von Zuweisungen hat jedoch zur Folge, daß - neben den entstehenden allokativen Ineffizienzen - die Kommunen nicht flexibel auf neue Anforderungen reagieren können.[314]

Betrachtet man die Haushaltslage der alten Bundesländer und ihrer Gemeinden, so wird deutlich, daß diese im Endergebnis die Hauptlasten der Wiedervereinigung tragen. Während die Ausgaben nur unterdurchschnittlich anstiegen, erhöhten sich aber trotzdem die Defizite der alten Länder vor allem durch die Zuweisungen an die neuen Bundesländer im Rahmen des Finanzausgleichs.[315] Gleichzeitig sanken 1995 die Investitionsausgaben in Ländern und Gemeinden.

Unter Berücksichtigung der durch die Modifikation des Finanzausgleichs bewirkten veränderten Haushaltssituation stellt sich die Frage, ob hierdurch eine tragfähige, langfristig durchhaltbare Lösung geschaffen worden ist, welche das derzeitige Niveau an Infrastrukturinvestitionen beizubehalten gestattet. Dies würde voraussetzen, daß das derzeit realisierte und in Zukunft beizubehaltende Investitionsniveau den in II.3.2 skizzierten Bedarf deckt. Postulate der BUNDESBANK und des SACHVERSTÄNDIGENRATES an eine 'solide' zukünftige Finanzpolitik sprechen gegen eine langfristig tragfähige Lösung. So schätzt die BUNDESBANK, daß sich die Abgabenquote im Jahr 1995 auf 44,5% des Bruttoinlandproduktes belaufen wird. „Die seit 1991 erfolgte Erhöhung der Abgaben kann freilich nur ein zeitweiliger Notbehelf zur Stabilisierung der Haushaltslage sein."[316] Hieraus leitet sich die Forderung ab, die Abgabenquote zu senken, da diese die Wettbewerbsfähigkeit der deutschen Wirtschaft beeinträchtige.[317] Gleichzeitig sollte es „finanzpolitisch absolute Priorität haben",[318] die Staatsausgabenquote mittelfristig auf das Niveau vor der deutschen Vereinigung zurückführen. „Die Finanzpolitik muß die Staatsquote reduzieren, dies vor allem, um die drückende Abgabenbelastung zu mindern, negative Auswirkung für Leistungs- und Investitionsanreize zu beseitigen, den in den letzten Jahren ständig größer gewordenen abgabenbedingten Keil zwischen den Arbeitskosten und netto verfügbaren Arbeitseinkommen zurückzunehmen, im ganzen vor

---

installieren, stark belastet. Auf der anderen Seite werden die Eindämmung des Zustroms von Asylbewerbern durch das neue Asylrecht, die Neuordnung der Leistungen an Asylsuchende sowie die Einführung der Pflegeversicherung ab 1996 dämpfend auf den Anstieg der Sozialhilfeausgaben wirken. Vgl. Deutsche Bundesbank (März 1994) S. 28.

313 Sachverständigenrat (1995) S. 147.

314 Zur Problematik der Zuweisungsabhängigkeit vgl. Sachverständigenrat (1995) S. 212.

315 Vgl. Sachverständigenrat (1995) S. 146.

316 Deutsche Bundesbank (1995) S. 64.

317 Vgl. Dornbusch, H.-L. (1995) S. 26.

318 Deutsche Bundesbank (1995) S. 65.

allem: den Gestaltungsspielraum der privaten Wirtschaftssubjekte gegenüber der Staatsaktivität auszuweiten."[319]

Vor dem Hintergrund des hohen Schuldenstandes sowohl in den alten als auch in den neuen Ländern weisen SACHVERSTÄNDIGENRAT und BUNDESBANK auf die Notwendigkeit hin, die öffentlichen Haushalte zu konsolidieren.[320] „Unter gesamtwirtschaftlichen Aspekten kann der Staat nicht auf Dauer einen so großen Teil der privaten Ersparnis für seine Zwecke beanspruchen wie in den letzten Jahren, ohne daß dadurch die Möglichkeiten für das weitere Wirtschaftswachstum und einen Beschäftigungsanstieg beeinträchtigt werden."[321] Aus der Kombination dieser finanzpolitischen Gebote entsteht jedoch ein schwieriges Dilemma, denn in „mittelfristiger Perspektive steht die Finanzpolitik vor einer schwierigen Gratwanderung angesichts der Notwendigkeit, die Haushaltskonsolidierung fortzusetzen und die drückende und im internationalen Vergleich hohe Abgabenbelastung allmählich wieder zurückzuführen. Diese Doppelaufgabe kann umso besser gelöst werden, je mehr es den öffentlichen Haushalten auf allen Ebenen gelingt, den Ausgabenanstieg einzuschränken."[322]

Vor dem Hintergrund der oben vorgestellten Bewertung muß es zumindest als fragwürdig gelten, daß das derzeit bestehende Investitionsniveau in den neuen Ländern aufrechterhalten werden kann. Soll bspw. bei steigenden kommunalen Sozialaufwendungen der gesamte Ausgabenanstieg begrenzt werden, so sind Einsparungen in anderen Ausgabenbereichen notwendig. Im Gegensatz zu staatlichem Konsum sowie Transfer- und Subventionsausgaben sind die Investitionen die kurzfristig am leichtesten zu variierenden Ausgaben.[323] Da die erstgenannten Kategorien u.a. vielfältige Sozial- und Personalaufwendungen umfassen und daher kurzfristig unflexible staatliche Verpflichtungen darstellen, sind diese als primäre Einsparungsinstrumente nicht geeignet. Demgegenüber sind die Ausgabenansätze für neue Investitionsprojekte am wenigsten langfristig gebunden und daher in der Regel zunächst von Einsparungen betroffen. Zudem ist die langfristige politische Tragfähigkeit des Finanzausgleichs aufgrund der starken Belastungen der alten Länder zumindest zu hinterfragen.

---

319 Sachverständigenrat (1995) S. 180.

320 Vgl. Sachverständigenrat (1995) S. 180, ähnlich Dornbusch, H.-L. (1995) S. 52. Grenzen der Staatsverschuldung können objektiv allerdings nicht bestimmt werden. Zwar ist durch den Artikel 115 GG vorgeschrieben, daß die Einnahmen aus Krediten die Summe der Ausgaben für Investitionen nicht überschreiten dürfen. Diese Regel wird jedoch zur Abwehr einer Störung des gesamtwirtschaftlichen Gleichgewichtes außer Kraft gesetzt (Art. 115 I Satz 2 GG). In diese Ausnahme kann auch die deutsche Einheit eingeordnet werden, so daß die durch das Grundgesetz bestimmte Grenze der Staatsverschuldung praktisch gegenstandslos wird.

321 Deutsche Bundesbank (1995) S. 65, ähnlich Hummel, M.; Nierhaus, W. (1994) S. 11.

322 Deutsche Bundesbank (1995) S. 64f.

323 Vgl. hierzu im Hinblick auf die keynesianische Konjunktursteuerung Pätzold, J. (1991) S. 151ff.

Soll bei gegebenem Ausgabenrahmen ein Investitionsobjekt realisiert werden, so kann dies entweder durch Abgaben oder Nettokreditaufnahme finanziert werden. Soll jedoch aus ordnungs- und wachstumspolitischen Gründen die Abgabenquote zurückgeführt werden, so ließe sich das Projekt nur auf Basis einer Defizitfinanzierung durchführen. Im folgenden soll mit Hilfe der Theorie der Staatsverschuldung untersucht werden, inwiefern eine Finanzierung von Investitionen durch Nettokreditaufnahme zu rechtfertigen ist. Zudem sind Argumente vorzustellen, die begründen, warum staatliche Kreditaufnahme begrenzt werden sollte.[324]

4.2.3 Grenzen einer staatlichen Kreditaufnahme

Die Diskussion der ökonomischen Folgewirkungen staatlicher Kreditaufnahme[325] gründet sich auf die Überlegung, daß späteren Generationen eine Last durch hohe Budgetdefizite in der Gegenwart entstehen kann. Die Bewertung der Folgewirkungen hängt dabei entscheidend von den Begriffen der Last und der Generation ab. Versteht man bspw. als Generation alle Individuen, die zu einem Zeitpunkt geboren wurden, so können im Zeitpunkt $t = 0$ drei Generationen im Alter von 20, 40 und 60 Jahren unterschieden werden. Annahmegemäß wird in diesem Zeitpunkt eine Staatsanleihe betrachtet, die nur von der jungen und mittleren Generation finanziert wird.[326] Während alle drei Generationen in $t = 0$ von den kreditfinanzierten erhöhten Staatsausgaben profitieren, finanziert die Generation der 60jährigen diese nicht, da die Tilgung der Anleihen in $t = 1$ außerhalb ihres Zeithorizontes liegt. Wird annahmegemäß nach 20 Jahren in $t = 1$ die Staatsanleihe getilgt, so müssen hierfür vom Staat von den *nun* leben-

---

[324] Eine Betrachtung der negativen gesamtwirtschaftlichen Wirkungen einer hohen Abgabenbelastung soll an dieser Stelle ausgeklammert werden, da vor dem Hintergrund der bereits sehr hohen Abgabenbelastung in der Bundesrepublik und aufgrund des gleichzeitigen hohen Kapitalbedarfs die Kreditfinanzierung als relevante Finanzierungsform von Infrastrukturinvestitionen anzusehen ist.

[325] Stabilitätspolitische sowie außenwirtschaftliche Argumente sollen hier nicht diskutiert werden. Vgl. hierzu z.B. Schlesinger, H.; Weber, M.; Ziebarth, G. (1993) S. 252f. bzw. 254f.

[326] Die Argumentation des 'Weiterwälzungsansatzes' stützt sich auf Bowen, W.G.; Davis, R.G.; Kopf, D.H. (1960). Die Modelle von LERNER und BARRO sollen hier nicht berücksichtigt werden. Das Modell von LERNER zur internen und externen Verschuldung erscheint zu restriktiv, um eine Aussage bzgl. der komplexen Entwicklung in der Bundesrepublik zuzulassen. Darüber hinaus wird der von BARRO postulierte dynastische Altruismus nicht in die Betrachtung einbezogen. Danach würden altruistische Wirtschaftssubjekte die Lasten, die ihren Nachkommen durch die Staatsverschuldung entstehen, durch höhere Ersparnis in Form von Erbschaften auszugleichen versuchen. Diese Argumentation erscheint aber gerade vor dem Hintergrund der starken Zunahme der Staatsverschuldung im Rahmen der deutschen Vereinigung in der hier postulierten extremen Form unrealistisch. Für eine Darstellung der Theorie des dynastischen Altruismus vgl. Barro, R.J. (1974).

den drei Generationen Steuern erhoben werden. Die Generation der jetzt 20jährigen, die zum Zeitpunkt $t = 0$ noch nicht geboren war, zahlt damit in Form der Steuer für einen Staatsverbrauch, an dem sie vor 20 Jahren nicht teilgenommen hat. Sie erfährt daher ein geringeres Lebenszeitkonsumniveau und in dieser Form eine Last durch die staatliche Kreditaufnahme früherer Generationen. Die Kreditfinanzierung von Staatsaufgaben stellt in diesem Ansatz lediglich eine Verschiebung der Steuerbelastungen in die Zukunft dar.[327]

An die Problematik der hier analysierten Lastverschiebung lassen sich weitere Überlegungen anschließen, die auf die negativen *gesamtwirtschaftlichen* Wirkungen der Staatsverschuldung abstellen. Derartige Effekte können dann auftreten, wenn durch die ökonomischen Aktivitäten des Staates (Kreditaufnahme, Steuererhebung) Verzerrungen in den individuellen ökonomischen Entscheidungen hervorgerufen werden. Nimmt man an, daß die Tilgung der Staatsanleihen letztlich über eine erhöhte Besteuerung erfolgen muß, so ist abzuschätzen, ob sich diese negativ auf das Niveau des Bruttoinlandsproduktes (BIP) auswirkt. Wäre dies der Fall, so entstünde hieraus eine Last der Staatsverschuldung. Empirischen Untersuchungen zufolge führt eine Erhöhung der Steuerquote um einen Prozentpunkt zu einer Reduktion des BIP um mehr als 0,6 Prozentpunkte.[328] Auch die langfristige Wachstumsrate einer Volkswirtschaft ist durch verzerrende Wirkungen der Besteuerung signifikant negativ betroffen. So kann gezeigt werden, daß Volkswirtschaften bei gleichem Angebot an öffentlichen Leistungen aufgrund eines höheren Steuerniveaus langsamer wachsen.[329]

Weiterhin können negative gesamtwirtschaftliche Wirkungen von der Nettokreditaufnahme des Staates auf den Kapitalstock der Volkswirtschaft ausgehen. Senkt der Staat die Steuern bei gegebenen Staatsausgaben und finanziert letztere durch eine erhöhte Nettokreditaufnahme, so wird die Steuersenkung einen höheren Konsum der Privathaushalte zur Folge haben.[330] Die gestiegene Kreditnachfrage des Staates am Kapitalmarkt resultiert jedoch bei gegebener Ersparnis und damit gegebenem Kreditangebot der Haushalte in einem höheren Realzins. Staatliche Kreditnachfrage führt dann zu einer Verdrängung zinsempfindlicher privater Investitionen mit entsprechenden negativen Auswirkungen auf das gesamtwirtschaftliche Wachstum[331] (crowding-out-Hypo-

327 Vgl. Richter, W.F. (1992) S. 177.

328 Vgl. Engen, E.M.; Skinner, J. (1992) S. 24.

329 Vgl. Devereux, M.B.; Love, D.R. (1993) S. 27, Dowrick, S. (1992) S. 18, Engen, E.M.; Skinner, J. (1992) S. 32.

330 Dies setzt voraus, daß bei gegebener Ersparnis der privaten Haushalte die Steuerbelastung derselben zu Lasten des privaten Konsums geht.

331 Vgl. hierzu Modigliani (1961) S. 738. Hier wird allerdings unterstellt, daß der Staat konsumtive Ausgaben unterhält. Würden durch die Nettokreditaufnahme staatliche Investitionen finanziert, so wäre zu untersuchen, ob staatliche oder die verdrängten privaten Investitionen produktiver sind. Von der Beantwortung dieser Frage hängt es nämlich ab, ob

these).[332] Auch durch diesen Mechanismus ergibt sich eine Last für zukünftige Generationen in Form eines geringeren Kapitalstocks.

Geht man allerdings davon aus, daß die Summe der Steuereinnahmen zum Zeitpunkt der Zinszahlungen konstant bleibt und daß die Staatsschuld nicht getilgt wird, so muß sie revolviert werden. In diesem Fall wird der Anteil der Zinszahlungen an den Steuereinnahmen durch die derart ansteigende Staatsverschuldung über die Zeit zunehmen. Dieser Zusammenhang wird durch eine wachsende Zins-Steuer-Quote ausgedrückt, die damit gleichzeitig sich reduzierende Haushaltsspielräume anzeigt. Bei gegebenen Staatsausgaben kann nämlich nur noch ein geringerer Anteil derselben über Steuereinnahmen finanziert werden, während der Rest durch eine erneute Kreditaufnahme abgedeckt werden muß. Hieraus ergibt sich also eine Last in Form geringerer Haushaltsspielräume. Der gleiche Zusammenhang kann durch die Entwicklung der Zins-Ausgaben-Quote gemessen werden, die den Anteil der Zinsausgaben an den Gesamtausgaben berechnet.[333]

Es ist deutlich geworden, daß die Verschuldung des Staates mit verschiedenen Formen der Verschiebung von Lasten auf zukünftige Generationen verbunden sein kann und wohl auch sein wird. Hieran anschließend stellt sich die Frage, ob es unter bestimmten Umständen *gerecht* sein kann, Lasten derzeitiger kreditfinanzierter staatlicher Ausgaben auf zukünftige Generationen zu überwälzen. Nach MUSGRAVE läßt sich die Finanzierung von staatlichen Aufgaben durch Kreditaufnahme dann rechtfertigen, wenn es sich um investive Ausgaben handelt (pay-as-you-use-principle).[334] Eine Beteiligung späterer Generationen an den Kosten des Investitionsprojektes über Zins- und Tilgungszahlungen würde in diesem Fall begründet erscheinen, da den gleichen Individuen auch der Nutzen des staatlichen, kreditfinanzierten Investitionsprojektes zuteil würde.

Nachdem allgemein dargestellt wurde, welche Zusammenhänge bei der Bewertung der Staatsverschuldung berücksichtigt werden müssen, sollen diese theoretischen Argumente auf die Staatsfinanzen des Bundes und der neuen Bundesländer bezogen werden. Zunächst ist zu fragen, ob die Last, die durch die im Zuge der deutschen Wiedervereinigung stark gestiegene Verschuldung

---

sich negative Auswirkungen in Form eines geschrumpften gesamtwirtschaftlichen Kapitalstocks ergeben.

332 In einer großen offenen Volkswirtschaft würde das gestiegene Zinsniveau zudem zu einer Zunahme der Nettokapitalimporte und einer Aufwertung der heimischen Währung führen (außenwirtschaftliches crowding-out). In diesem Fall würde die Verdrängung privater Investitionen reduziert.

333 Vgl. Klodt, H., Stehn, J. et al. (1994) S. 261. Je größer der Anteil des Schuldendienstes an den Gesamtausgaben ist, desto eher werden die Gebietskörperschaften ihre bestehenden Ausgaben durch weitere Steuer- und Abgabenerhöhungen bzw. eine erneute Nettokreditaufnahme finanzieren müssen.

334 Vgl. hierzu Musgrave, R.A. (1966) S. 523ff.

auf zukünftige Generationen fallen wird, durch das pay-as-you-use-Argument zu rechtfertigen ist. Für den Anteil der Verschuldung, der zur Finanzierung von öffentlichen Investitionen im allgemeinen und im Bereich der Infrastruktur im speziellen (Verkehrsnetz, Müll- und Abwasserentsorgung, Wasser- und Stromversorgung) verwendet wurde, ist dies der Fall, da es sich hier um Investitionsobjekte mit langer Lebensdauer und ebensolcher Nutzenabgabe handelt.[335] Als kritisch erweist sich im Fall der neuen Länder allerdings, daß die Kreditaufnahme nicht einmal überwiegend für investive Zwecke verwendet wird, sondern vielmehr ein großer Teil auf die Abdekkung der Altschulden der DDR entfällt. Darüber hinaus sind ca. 70% der Bruttotransfers in die neuen Länder - 1991 140 Mrd. DM und 1992 knapp 170 Mrd. DM - Verbrauchsausgaben.[336] Damit wird aber ein großer Teil der Kreditaufnahme, der diese Transfers finanziert, nicht zu investiven, sondern zu konsumtiven Zwecken verwendet und kann daher nicht in das MUSGRAVEsche Argument eingeordnet werden.

Darüber hinaus werden zukünftige Haushaltsspielräume durch die vereinigungsbedingte Verschuldung beschnitten. So wurden z.B. im Fonds Deutsche Einheit bis 1994 Kredite an die neuen Länder kumuliert. Die Schulden werden ab 1995 in einem Umfang von 9,5 Mrd. DM pro Jahr durch Bund und Länder bedient, so daß sich eine massive Beschneidung von Haushaltsspielräumen sehr schnell einstellt und sich nicht unbestimmt auf 'zukünftige Generationen' verlagern läßt. Entsprechend gehen Schätzungen für die Bundesrepublik davon aus, daß die Zins-Ausgaben-Quote der Gebietskörperschaften insgesamt von 7,9% 1990 auf 12,9% 1996 ansteigen und die Zins-Steuer-Quote im gleichen Zeitraum von 11,4% auf 17,9% zunehmen wird.[337] Damit wären bereits 1996 allein ca. 18% aller Steuereinnahmen für den Zinsendienst aufzubringen. Insbesondere die Haushaltsspielräume des Bundes sind stark eingeschränkt[338] und werden - wie in II.4.2.1 gezeigt - durch die Schuldendienstverpflichtungen der Nebenhaushalte zukünftig zusätzlich beschnitten.

Ob aufgrund des starken Zuwachses der Staatsverschuldung - unter Beachtung der oben skizzierten empirischen Ergebnisse - mit negativen Auswirkungen auf das gesamtwirtschaftliche Wachstum zu rechnen (crowding-out) ist, läßt sich derzeit nicht beantworten. Insoweit durch die Nettokreditaufnahme Investitionen in den neuen Ländern finanziert wurden, läßt sich zwar vermuten, daß bei geringer Qualität des bestehenden Infrastrukturkapitals die Produktivität der betrachteten Investitionen hoch sein wird.[339] Ob diese allerdings höher sein

335 Vgl. Müller, L. (1993) S. 124.
336 Vgl. ebenda S. 124, ähnlich Müller-Kästner, B. (1994) S. 15, Rudolph, K-U. (1994) S. 92. Unter Bruttotransfers versteht man alle Übertragungen an die neuen Länder vor Abzug der Einnahmen, die der Bund aus diesen Regionen erhält.
337 Vgl. Müller, L. (1993) S. 125.
338 Vgl. Dornbusch, H.-L. (1995) S. 70 und S. 74.
339 Vgl. Fuest, W. (1991) S. 7, Müller, L. (1993) S. 127.

wird als die privater Investitionen läßt sich theoretisch nicht bestimmen. Ein crowding-out wäre allerdings in den neuen Ländern besonders einschneidend, da hier gerade die Attraktion privater Investitionen von entscheidender Bedeutung für die Transformation ist.[340]

Abschließend bleibt festzuhalten, daß aufgrund der besonderen Umstände der deutschen Vereinigung die erhöhte Kreditaufnahme des Staates eine wichtige Brückenfunktion darstellte und in dieser Hinsicht nicht zu ersetzen gewesen wäre.[341] So ergibt sich für eine Übergangszeit aufgrund einigungsspezifischer Aufgaben eine hohe Ausgabenbelastung auf Seiten des Staates. Sollen aber die Zusatzlasten der Besteuerung so gering wie möglich gehalten werden, werden außerordentliche Aufgaben nicht durch Steuern finanziert, sondern durch eine Erhöhung der Staatsschuld aufgefangen.[342] Auch im Fall der Wiedervereinigung wurden daher potentielle steuerliche Spitzenbelastungen durch Staatsverschuldung geglättet. Zusammenfassend ist jedoch festzustellen, daß die öffentlichen Haushalte in der Bundesrepublik stark belastet sind und daß diese Haushaltssituation negative gesamtwirtschaftliche Wirkungen sowie verringerte zukünftige Haushaltsspielräume nach sich zieht, welche sich derzeit bereits abzeichnen.[343] Künftige Generationen erfahren eine Last durch die Staatsverschuldung, indem ihnen ein geringerer Kapitalstock und ein reduziertes Lebenszeitkonsumniveau zur Verfügung steht. Dabei kann Staatsverschuldung jedoch mit Hilfe des pay-as-you-use-Argumentes gerechtfertigt werden, wenn durch die Nettokreditaufnahme Investitionen finanziert werden. So stehen bei Infrastrukturinvestitionen zukünftigen Finanzierungslasten künftige Nutzen aus dem Investitionsobjekt gegenüber. Aufgrund der negativen allokativen Wirkungen der Staatsverschuldung und der Tatsache, daß nur ein kleiner Teil der Staatsverschuldung den investiven Ausgaben zuzurechnen ist, wird allerdings in der Literatur vielfach eine Konsolidierung der öffentlichen Haushalte gefordert.

Anzumerken ist aber, daß der Konsolidierungsdruck der Gebietskörperschaften unterschiedlich ist. Hat die hohe Verschuldung der Gebietskörperschaften insgesamt und des Bundes insbesondere negative gesamtwirtschaftliche Wirkungen zur Folge, so ist die Verschuldung einer einzelnen Gemeinde im wesentlichen vor dem Hintergrund der Erhaltung zukünftiger Haushaltsspielräume zu betrachten. Bei den Kommunen zeigt sich also ebenso wie beim Bund eine angespannte Haushaltslage und die Notwendigkeit der Konsolidierung, während die ostdeutschen Länder aufgrund der hohen Transfers (noch) vor ei-

---

340 Die Altschuldenübernahme bzw. die bestehenden Ausgleichsforderungen, die ca. ein Viertel des Gesamtschuldenzuwachses bis Ende 1996 ausmachen, sind allerdings nicht mit einer Mittelaufnahme verknüpft und haben daher keine crowding-out-Effekte am Kapitalmarkt zur Folge. Vgl. Müller, L. (1993) S. 125.

341 Vgl. Schlesinger, H.; Weber, M.; Ziebarth, G. (1993) S. 251.

342 Vgl. hierzu Barro, R.J. (1979) S. 944 und S. 946ff.

343 Vgl. Kitterer, W. (1993b) S. 634.

nem geringeren Konsolidierungsdruck stehen. Perspektiven für eine Konsolidierung der öffentlichen Haushalte[344] ergeben sich zum einen in Form von Ausgabenkürzungen (Einsparungen bei den Personalausgaben, Subventionsabbau) und zum anderen durch Privatisierung.[345] Eine Ausweitung der Steuereinnahmen ist - wie oben bereits angedeutet - nicht als Mittel der Beschneidung der Neuverschuldung in Betracht zu ziehen.

5. Zwischenergebnis

Auf der Suche nach einer präzisen Bestimmung des Begriffs und einer Abgrenzung der wesentlichen theoretischen Aspekte der Infrastruktur wurde zunächst deutlich, daß sich der Infrastrukturbegriff von einer engen Begriffsfassung, die lediglich Verkehrsinfrastrukturgüter und Bildungseinrichtungen umfaßte, auf die Elemente der Daseinsvorsorge ausgeweitet hat. Die dogmengeschichtliche Analyse hat weiterhin gezeigt, daß eine Auseinandersetzung mit dem Thema 'Infrastruktur' einerseits die Frage aufzunehmen hat, ob es sich bei der Bereitstellung von Infrastrukturgütern aufgrund deren spezifischer Eigenschaften (öffentliche Güter, natürliche Monopole, externe Effekte etc.) um eine Staatsaufgabe handelt. Andererseits konzentrierte sich die historische Diskussion auf die Bedeutung von Infrastrukturgütern für die individuelle Standortwahl und die Entwicklung der Wirtschaft im Raum.

Im Rahmen der Begriffsfindung (Problemkreis 2) konnte der Infrastrukturbegriff in seiner weitesten Fassung von JOCHIMSEN zwar als der umfassendste charakterisiert werden, muß aber gleichzeitig als nur wenig operational gelten. Beschränkt man sich daher auf die ursprüngliche Bedeutung des Begriffs, so ist die *materielle* Infrastruktur als wesentlicher Kern des Infrastrukturbegriffs zu isolieren. Diese Definition wird im folgenden verwendet.

Der Diskussion um die Leistungsfähigkeit privaten Infrastrukturengagements vor dem Hintergrund der deutschen Wiedervereinigung (Problemkreis 1) kommt ein hoher ökonomischer Stellenwert zu. Es wurde zunächst aufgezeigt, daß die Vernachlässigung des Infrastrukturbestandes in den neuen Ländern einerseits aus der deutschen Teilung resultierte, andererseits aber Folge des sozialistischen Planungs- und Wirtschaftssystems war. So wurde deutlich, daß

---

344 Grundsätzlich können zur Finanzierung der deutschen Einheit die Instrumente 1. Ausgabeneinsparungen und Haushaltsumschichtungen, 2. Mobilisierung privaten Kapitals, 3. Einnahmeverbesserungen (Steuer-, Gebühren- und Beitragserhöhungen) 4. Kreditaufnahme des Staates unterschieden werden. Vgl. Fuest, W. (1991) S. 8f.

345 Vgl. Klodt, H.; Stehn, J. et al. (1994) S. 266ff. Hier wird neben der Privatisierung von Unternehmensanteilen der öffentlichen Hand sowie der Privatisierung öffentlicher Dienstleistungen auch die private Bereitstellung von Infrastruktur gefordert. Auch FUEST vertritt die These, daß der Staat die Infrastruktur selbst bei strikten Einsparungen in den öffentlichen Haushalten nicht allein finanzieren könne, so daß privates Kapital mobilisiert werden müsse. Vgl. Fuest, W. (1991) S. 11.

die zentralistische Lenkung von Ressourcen zu einem qualitativ unterentwikkelten Infrastrukturbestand beigetragen hat. Zudem bestanden auch quantitative Defizite, da bspw. im Bereich des Straßen- und Schienennetzes über den bestehenden Umfang des deutschen Reiches keine wesentlichen Erweiterungen vorgenommen worden sind. Gravierend waren vor allem starke regionale Disparitäten, die sich zu ungunsten der Klein- und Mittelstädte, der Innenstadtbereiche sowie der monostrukturierten altindustriellen Zentren auswirkten.

So besteht vor dem Hintergrund eines *allgemeinen* Rückstandes in Bezug auf den Lebensstandard ein *spezieller* Nachholbedarf bei der Infrastruktur. Dieser bezieht sich zum einen auf die Sanierung bestehender Kapazitäten und zum anderen auf den Ausbau der Netze und Stationen. Die Schätzung des *konkreten* Bedarfs ist jedoch mit Problemen behaftet. Für die im Rahmen der Arbeit relevante Infrastruktur ist ein Investitionsbedarf von 757 Mrd. DM und ein Baubedarf von 636 Mrd. DM abgeschätzt worden. Aufgrund der unsicheren Datenlage und der starken Ausrichtung der Schätzung an westdeutschen Politikvorgaben können die genannten Zahlen jedoch nur als Richtgröße interpretiert werden. Da sie zudem hoch aggregiert sind, lassen sie keine Befunde über die regionale Verteilung der zu tätigenden Investitionen zu. Aufgrund der Unkenntnis der Ergebnisse des Strukturwandels sind allerdings Aussagen, die sich an den Infrastrukturanforderungen der Industrie ausrichten, in einer von einem starken Strukturwandel geprägten Wirtschaft generell nicht möglich. Für konkrete Investitionsentscheidungen ist vielmehr auf theoretische Ansätze zurückzugreifen, die Zusammenhänge zwischen Infrastrukturinvestitionen und der Existenz von Wachstumsregionen herstellen können. Eine derartige Theorie wird in Teil IV.1.2 sowie IV.2.2 dargestellt.

Schließlich wurde deutlich, daß dem skizzierten hohen Infrastrukturbedarf restriktive Finanzierungskapazitäten auf Seiten der öffentlichen Haushalte gegenüberstehen. So befindet sich die Verschuldung der Gebietskörperschaften durchweg auf einem sehr hohen Niveau. Die Neuordnung des Länderfinanzausgleichs bewirkte zwar eine verbesserte Finanzausstattung der neuen Länder. Die Kommunen in den neuen Ländern sind aber stark von Zuweisungen und damit von einer Durchreichung der verbesserten Länderfinanzausstattung abhängig, die ihnen den Aufbau einer funktionsfähigen kommunalen Infrastruktur ermöglichen soll. Schließlich sieht sich der Bund - vor allem auch durch die Zins- und Tilgungsbelastungen aus den Sondervermögen - in der Zukunft stark eingeschränkten Haushaltsspielräumen gegenüber. Vor diesem Hintergrund wird eine Konsolidierung der öffentlichen Haushalte gefordert und mit individuellen und gesamtwirtschaftlichen Lasten der Staatsverschuldung begründet. Auch erweckt die Einschränkung künftiger Haushaltsspielräume der Gebietskörperschaften wachsende Besorgnis. Ein Ansatzpunkt, die öffentlichen Haushalte zu konsolidieren, kann in der Privatisierung öffentlicher Leistungen und dabei speziell in einem privaten Infrastrukturengagement bestehen.

III. Allokationstheoretische Grundlagen zur Bereitstellung von Infrastruktur

1. Marktversagen als wohlfahrtstheoretische Begründung der Bereitstellung von Infrastruktur durch den Staat

1.1 Die Kategorien des Marktversagens

Der bisherige Gang der Arbeit hat den grundsätzlich hohen Stellenwert der Ausgangsfragestellung „Was kann privates Infrastrukturengagement vor dem Hintergrund der Situation in den neuen Bundesländern leisten?" dargelegt. Im folgenden Abschnitt ist nun zu untersuchen, was unter einem privaten Infrastrukturengagement verstanden werden kann (Problemkreis 3). Grundsätzlich hängt das Zustandekommen einer Infrastrukturleistung am Markt, die von Haushalten konsumiert oder von Produzenten als Vorleistung in der Produktion eingesetzt werden kann, von

- der Bereitstellung,
- der Erstellung oder Produktion und
- der Finanzierung

eines Infrastrukturgutes ab.[1] Bereitstellung eines Gutes bedeutet, daß ein Individuum oder eine Institution für seine Verfügbarkeit nach Quantität und Qualität *verantwortlich* ist. Liegt die Bereitstellungsverantwortung z.B. für das Infrastrukturgut Autobahn beim Staat, so kann dieses Gut allerdings durchaus privat *produziert* und finanziert werden. Als Produzent wird der „agent that actually and directly performs the work or delivers the service to the consumer"[2] bezeichnet. Folglich können Bereitstellung und Produktion eines Gutes auseinanderfallen. Ein öffentlich bereitgestelltes Gut *kann* aber auch *öffentlich produziert*, d.h. in einem staatlichen Betrieb hergestellt werden. Entsprechende Aussagen gelten für das Problem der Finanzierung.

Vor diesem Hintergrund kann nun die These formuliert werden, daß in dem Fall, in dem die Bereitstellung eines Infrastrukturgutes Privaten übertragen werden kann, dies auch für die Erstellung und Finanzierung möglich ist. Daher soll zunächst die grundlegende Frage beantwortet werden, inwieweit Kompetenzen im Rahmen der *Bereitstellung* von Infrastrukturgütern prinzipiell Privaten übertragen werden sollen (Problemkreis 3a). Anders gefaßt kann dieses Problem auch durch die Frage formuliert werden, inwieweit die Bereitstellung von Infrastrukturgütern als Staatsaufgabe anzusehen ist.

---

1 Vgl. für eine derartige Unterscheidung Savas, E.S. (1982) S. 56f. und mit Bezug auf öffentliche Güter Rosen, H.S.; Windisch, R. (1992) S. 130. Der Betrieb einer Infrastruktureinrichtung ist hier zu vernachlässigen.

2 Savas, E.S. (1982) S. 56.

Nach der hier zugrundliegenden Perspektive besteht für die Verlagerung von Aufgaben aus dem privaten Sektor heraus hin zum Staat grundsätzlich eine Begründungsnotwendigkeit. In der Literatur besteht die Auffassung, daß aufgrund verschiedener Ursachen des Marktversagens - z.B. Phänomenen wie öffentliche Güter, externe Effekte, natürliche Monopole - die Bereitstellung von Infrastrukturgütern als Staatsaufgabe zu klassifizieren sei.[3] Während in der frühen Literatur (z.B. bei SMITH, HUME) die formale Absicherung der geäußerten Auffassung noch fehlt, wird die Infrastrukturdiskussion der 60er und 70er Jahre klar von diesen allokationstheoretischen Argumenten - im Sinne MUSGRAVEs[4] - als Rechtfertigung einer Staatstätigkeit im Bereich der Infrastruktur durchzogen. Das dieser Perspektive zugrundeliegende theoretische Leitbild ist neoklassischer Natur und drückt sich im ersten Hauptsatz der Wohlfahrtsökonomik aus. Dieser besagt, daß in dem Fall, in dem alle Produzenten und Konsumenten unter vollständigem Wettbewerb handeln, d.h. Preisnehmer sind, ein Konkurrenzgleichgewicht, falls bestimmte Bedingungen vorliegen, pareto-effizient sei.[5] Werden die bisher noch nicht präzisierten „bestimmten Bedingungen“ verletzt, so 'versagen' die Märkte bei der effizienten Allokation von Ressourcen. Derartiges Marktversagen wird auch im Fall von Infrastrukturgütern vermutet und als Rechtfertigung einer staatlichen Bereitstellung[6] herangezogen.[7] Dabei geht die Vermutung eines Versagens von Infrastrukturgütermärkten mit einer *Unterversorgung* an Infrastrukturleistungen in einer Situation ohne Staatsintervention einher.[8] In diesem Zusammenhang sind vor allem externe Effekte, öffentliche Güter sowie das natürliche Monopol die

---

3 Vgl. II.1.1.

4 MUSGRAVE ordnet der Staatstätigkeit die Allokations-, die Distributions- und die Stabilisationsfunktion zu. Vgl. Musgrave, R.A. (1966) Kap. 1.

5 Vgl. hierzu z.B. Bator, F.M. (1958) S. 351f., Rosen, H.S.; Windisch, R. (1992) S. 103f. Eine Güterverteilung, in der eine Besserstellung eines Wirtschaftssubjektes nur dann möglich ist, wenn ein anderes schlechter gestellt wird, heißt pareto-effizient. Vgl. ebenda S. 97.

6 An dieser Stelle ist einschränkend zu bemerken, daß aus der Existenz von Marktversagen nicht *stringent* eine staatliche Aufgabenverantwortung abgeleitet werden kann. So kann eine wirtschaftspolitische Einflußnahme auch durch folgende Alternativen oder deren Kombinationen erfolgen: a) geeignete Besteuerung oder Subventionierung von privaten Produzenten oder Konsumenten; b) staatliche Regulierungen in Form von speziell geschaffenen staatlichen Regulierungskommissionen oder direkt durch den Staat; c) Entscheidung für eine Nicht-Intervention des Staates unter Aufrechnung der Kosten des Staatseingriffes gegen seine Vorteile; d) Setzen eines ordnungspolitischen Rahmens, innerhalb dessen private Aktivitäten zugelassen werden. Vgl. zur Kritik des oben dargestellten Ansatzes auch Hesse, G. (1979) Kap. III.

7 Diese Argumentation schlägt sich z.B. auch im bundesdeutschen Wettbewerbsrecht nieder. So sind bestimmte Infrastrukturbereiche (Verkehrsträger, Energieversorgung, Wasserversorgung) als wettbewerbspolitische Ausnahmebereiche bestimmt worden (§§99 und 103 GWB).

8 Vgl. Klös, H.-P. (1989a) S. 9.

entscheidenden Eingriffstatbestände. Daneben findet auch der Gedanke der Meritorisierung von Infrastrukturgütern Eingang in die Diskussion.[9]

Soll nun die Frage erörtert werden, inwieweit die Bereitstellung von Infrastrukturgütern prinzipiell Privaten übertragen werden kann, so ist zunächst zu untersuchen, ob die genannten Marktversagenskategorien als Rechtfertigung für einen Staatseingriff herangezogen werden können. Sind die erwähnten Tatbestände in ihrer *idealen* Ausprägung nicht auf Infrastrukturgüter anwendbar, so sind modifizierte allokationstheoretische Kategorien vorzustellen. Generell soll die Untersuchung Kriterien dafür liefern, in welchen Fällen der Wirtschaftsprozeß der übergeordneten ('öffentlichen') Unterstützung bedarf, um Infrastrukturgüter in einem System, das allokationstheoretisch zu pareto-optimalen Lösungen führen soll, zur Verfügung zu stellen.

Im anschließenden Abschnitt wird zunächst die Theorie externer Effekte sowie das Konzept meritorischer Güter vorgestellt, da diese unter angebotstheoretischen Aspekten für die Bereitstellung von Infrastrukturgütern von eher nachgeordneter Bedeutung sind. Wesentliche Argumente können aus der Kollektivgütertheorie (III.2) sowie aus der Theorie natürlicher Monopole (III.3) abgeleitet werden, die nicht nur in ihrer reinen Form, sondern auch in ihren Erweiterungen betrachtet werden sollen. In III.4 soll der Versuch einer Zuordnung wohlfahrtstheoretischer Merkmale zu verschiedenen Infrastrukturbereichen unternommen werden. In diesem Zusammenhang ist auch die Rolle des Staates bei der Bereitstellung von Infrastrukturgütern zu präzisieren.

1.2 Die Theorie externer Effekte

1.2.1 Das Konzept externer Effekte und Instrumente der Internalisierung

Eine für Infrastrukturgüter relevante Kategorie des Marktversagens ist das Phänomen externer Effekte. Wirken bestimmte Kosten bzw. Vorteile ökonomischer Aktivitäten eines Wirtschaftssubjekts außerhalb marktvermittelter Interdependenzbeziehungen auf das Wohlergehen oder die Produktionsbedingungen eines oder mehrerer anderer Wirtschaftssubjekte ein, so spricht man von einem externen Effekt.[10] Externe Effekte werden folglich *nicht* durch den Preisme-

---

9 Oft wird auch eine Liste verschiedener technischer, ökonomischer und institutioneller Eigenschaften genannt, die die staatliche Bereitstellung von Infrastruktur rechtfertigen sollen [vgl. z. B. Stohler, J. (1965) S. 281]. Diese können jedoch im wesentlichen auf die genannten Kategorien des Marktversagens zurückgeführt werden.

10 Vgl. Rosen, H.S.; Windisch, R. (1992) S. 222. Ähnlich formulieren BAUMOL und OATES: „An externality is present whenever some individual's (say *A*'s) *utility* or *production* relationships include real (that is, nonmonetary) variables, whose values are chosen by others (persons, corporations, governments) without particular attention to the effects on *A*'s welfare." Baumol, W.J.; Oates, W.E. (1988) S. 17 (Hervorhebung im Original).

chanismus erfaßt,[11] so daß private und soziale Kosten der den externen Effekt verursachenden wirtschaftlichen Tätigkeit nicht übereinstimmen. Zudem sind Externalitäten dadurch gekennzeichnet, daß die Aktivitäten des den externen Effekts auslösenden Wirtschaftssubjektes *beiläufig* auf andere Individuen einwirken und die sich ergebenden Wirkungszusammenhänge nicht intendiert sind.[12] Treten *negative* externe Effekte auf, so entsteht durch die diese verursachende Tätigkeit ein externer Schaden, infolgedessen die sozialen Kosten höher sind als die privaten Kosten. In das privatwirtschaftliche Angebotskalkül werden jedoch nur die privaten Grenzkosten einbezogen, so daß die Produktion über das effiziente Maß hinaus ausgedehnt wird. Hierdurch wird die pareto-optimale Allokation verfehlt.[13]

Ursächlich dafür, daß Externalitäten auftreten, ist nach ARROW die **Nicht-Existenz von Märkten.**[14] Ausgehend von einer Zwei-Güter-Ökonomie, formulieren die zwei Wirtschaftssubjekte A und B des Modells Präferenzen in Bezug darauf, wieviel sowohl sie selbst als auch das andere Individuum von den beiden betrachteten Gütern konsumieren. Danach lassen sich die Nutzenfunktionen mit $i, j = A, B$ und $i \neq j$ formulieren als $U^i(\cdot) = U^i(y_{i1}, y_{i2}, y_{j1}, y_{j2})$, wobei $y_{i\kappa}$ den Konsum des Individuums i von Gut $\kappa = 1,2$ darstellt. Darüber hinaus kennzeichnet ARROW die konsumierte Menge eines Gutes danach, in wessen Nutzenfunktion sie erscheint. Daher ergibt sich die Nutzenfunktion des Individuums i als

$$(1) \quad U^i(\cdot) = U^i(y^i_{i1}, y^i_{i2}, y^i_{j1}, y^i_{j2}) \qquad i, j = A, B; i \neq j.$$

Konsument A unterhalte nun zwei Produktionsprozesse, in denen er zum einen das Gut 1 als Input verwendet und hieraus in verbundener Produktion die Güter y^A_{A1} und y^B_{A1} produziert. Zum anderen stelle er im zweiten Produktionsprozeß die Güter y^A_{A2} und y^B_{A2} her. Eine pareto-optimale Allokation ist nun dadurch gekennzeichnet, daß jedem Gut der Nutzenfunktion (1) ein Preis $p^i_{j\kappa}$ zugeordnet werden kann. Begreift man eine Externalität als ein so definiertes Gut und unterstellt ein Modell vollständiger Konkurrenz, so kann der erste Hauptsatz der Wohlfahrtsökonomik Anwendung finden. Demnach ist ein Konkurrenzgleichgewicht unter vollständigem Wettbewerb pareto-optimal, wenn jedes Gut *im Markt* getauscht werden kann. Weil bei Vorliegen von Externalitäten ein

11 Vgl. Heller, W.P.; Starett, D.A. (1976) S. 10.

12 Vgl. Rosen, H.S.; Windisch, R. (1992) S. 222. Diese Überlegung geht auf E.J. Mishan (1969) S. 342f. zurück.

13 Im Fall positiver externer Effekte wird der Grenzvorteil der betrachteten Aktivität nicht in das privatwirtschaftliche Kalkül einbezogen, so daß die Angebotsmenge im Vergleich zum Pareto-Optimum zu gering ausfällt.

14 Vgl. Arrow, K.J. (1977) S. 72ff., Heller, W.P.; Starrett, D.A. (1976) S. 10ff. Die vorliegende Darstellung folgt Cornes, R.; Sandler, T. (1986) S. 30f.

pareto-effizientes Gleichgewicht gerade *nicht* zustande kommt, folgert ARROW, daß für diese 'Güter' ein entsprechender Markt nicht existiert.[15] HELLER und STARRET leiten hieraus die These ab, daß bei Vorliegen einer Externalität die private Wirtschaft keine ausreichenden Anreize besessen habe, einen potentiellen Markt für ein Gut zu schaffen. Daher resultiere eine ineffiziente Allokation.[16] Derartige Anreize, einen Markt zu schaffen, können fehlen, falls es sich als zu kostspielig erweist, Eigentumsrechte an dem Gut zu definieren und durchzusetzen.[17] Darüber hinaus können zu hohe Transaktionskosten in Form von Koordinations- und Informationskosten oder eine zu geringe Zahl von Anbietern und Nachfragern verhindern, daß ein *wettbewerblicher* Markt zustande kommt.

Es stellt sich nun die Frage, inwieweit sich aus der Tatsache, daß externe Effekte auftreten und eine pareto-effiziente Allokation verhindern, wirtschaftspolitischer Handlungsbedarf ableitet. Nach traditioneller Auffassung besteht die Aufgabe der Wirtschaftspolitik darin, das bei Paretoeffizienz bestehende Niveau wirtschaftlicher Tätigkeit herbeizuführen und die vorhandenen Externalitäten zu internalisieren.[18] Dies ist dann erreicht, wenn *die* Angebotsmenge der den externen Effekt verursachenden Tätigkeit am Markt realisiert wird, welche unter Berücksichtigung der *sozialen* Grenzkosten im privatwirtschaftlichen Angebotskalkül ermittelt worden ist. Diese Angebotsmenge kann sich *ohne staatliche Intervention* ergeben, wenn Eigentumsrechte klar verteilt und nur wenige Akteure involviert sind, so daß kaum Transaktionskosten auftreten. In diesem Fall werden die Beteiligten nach dem COASE-Theorem[19] über Entschädigungszahlungen verhandeln, so daß privatwirtschaftliches Gewinnstreben für eine Internalisierung externer Effekte sorgt.[20] Ist jedoch - wie bei Infrastrukturgütern - eine große Zahl von Individuen an derartigen Verhandlungen beteiligt, so übersteigen die Transaktionskosten der Verhandlungslösung i.d.R. die so-

15 Vgl. Arrow, K.J. (1977) S. 74f.

16 Vgl. Heller, W.P.; Starrett, D.A. (1976) S. 10. LEDYARD betont allerdings, daß diese Aussage von der Unterstellung einer (pareto-optimalen) Gleichgewichtssituation abhänge und damit nicht frei von den zugrundliegenden Institutionen sei. Vgl. Ledyard, J. (1976) S. 24.

17 Vgl. Rosen, H.S.; Windisch, R. (1992) S. 112, Cornes, R.; Sandler, T. (1986) S. 31f. Für die Errichtung von Eigentumsrechten ist aber eine essentielle Voraussetzung, daß Individuen vom Konsum des Gutes ausgeschlossen werden können [vgl. ebenda S. 33]. CORNES und SANDLER weisen aber auch darauf hin, daß das Fehlen wohldefinierter Eigentumsrechte nicht immer ein ausreichender Grund ist, auf Ineffizienzen zu schließen, die politische Interventionen notwendig machen. Eine solche wäre z.B. dann nachteilig, wenn die Kosten der Intervention die sozialen Erträge, die durch die Intervention entstehen, übersteigen.

18 Vgl. Baumol, W.J.; Oates, W.E. (1988) S. 18 und kritisch hierzu Cordato, R.E. (1992) S. 3.

19 Vgl. Coase, R. (1960) und Windisch, R. (1986) S. 32f. Hier ist auf die analytische Parallelität zu den vorangestellten Überlegungen von ARROW hinzuweisen.

20 Vgl. Sohmen, E. (1976) S. 245.

zialen Gewinne. In diesem Fall ist - ebenso wie bei schlecht definierten Eigentumsrechten - das COASE-Theorem nicht anwendbar.[21]

Unter diesen Voraussetzungen ist - nach traditioneller Auffassung - zur Internalisierung von externen Effekten ein wirtschaftspolitischer Eingriff notwendig. So können bspw. im Rahmen des *ordnungsrechtlichen Ansatzes* Ge- und Verbote erlassen werden.[22] Die Instrumente des *ökonomischen Ansatzes* hingegen setzen lediglich die Rahmenbedingungen für ökonomisches Handeln und verlagern die Anpassungsreaktionen auf die Seite der agierenden Wirtschaftssubjekte. Zu diesen Internalisierungsinstrumenten sind fiskalische Mittel, wie z.B. PIGOU-Steuern und -Subventionen,[23] zu zählen, aber auch Verschmutzungslizenzen[24] sowie die Zuteilung exklusiver Verfügungsrechte an der Umwelt an Private.[25] Im folgenden ist von vorrangiger Bedeutung, inwieweit das vorgestellte Theoriegebäude externer Effekte auf das Problem der Bereitstellung von Infrastrukturgütern anwendbar ist.

1.2.2 Externe Effekte und Infrastrukturgüter

Infrastrukturgütern wird vielfach eine hohe Externalitätenkomponente zugeschrieben.[26] Während die gesamte Vorleistungsinfrastruktur (Verkehrsinfrastruktur, Schulen, Forschungseinrichtungen etc.) die Förderung privater Haushalte und Unternehmen durch positive externe Effekte bezwecke, sei die sogenannte 'Zwangsinfrastruktur', zu der z.B. die Bereiche Entsorgung und Umweltschutz zählen, auf die Vermeidung von negativen externen Effekten ausgerichtet. Ohne eine staatliche Bereitstellung von Infrastrukturgütern käme es daher zu einer Unterversorgung mit Gütern, die positive externe Effekte generierten bzw. negative externe Effekte reduzieren sollen. Es ist jedoch fraglich, ob eine derartige Argumentation vor dem skizzierten Konzept externer Effekte Bestand haben kann. So sind die den *Verkehrsinfrastrukturgütern* zugeschriebenen positiven externen Effekte im wesentlichen als indirekte Produktivitätseffekte zu klassifizieren.[27] „Die Unternehmen bedienen sich des öffentlichen

---

21 Vgl. Windisch, R. (1981) S. 113.

22 Vgl. zur Unterscheidung des ordnungsrechtlichen vom ökonomischen Ansatz Oates, W.E. (1985) S. 329, Suntum, U.v. (1993) S. 9 und zu den Nachteilen des ordnungsrechtlichen Ansatzes z.B. Rosen, H.S.; Windisch, R. (1992) S. 254ff., Bonus, H. (1981) S. 64f., Oates, W.E. (1985) S. 329ff.

23 Vgl. z.B. Cornes, R.; Sandler, T. (1986) S. 52ff., Rosen, H.S.; Windisch, R. (1992) S. 238ff., zum sog. Preis- und Standardansatz Baumol, W.J.; Oates, W.E. (1988) 159ff.

24 Vgl. zum Emissionsrechteansatz Bonus, H. (1981) S. 65ff., Binswanger, H.C. (1981) S. 87f.

25 Vgl. hierzu Wegehenkel, L. (1981) S. 247ff.

26 Vgl. Klös, H.-P. (1989a) S. 15f.

27 Vgl. zu den von der Erstellung und Existenz von Infrastrukturgütern ausgehenden Wirkungen im einzelnen IV.1.

Infrastrukturvermögens als kollektiv nutzbarer Zwischenprodukte [...], die wie externe Produktionsfaktoren die Kosten ihrer Güterproduktion senken."[28] Dabei fallen diese Wirkungen umso höher aus, je weniger die Unternehmen für diese Vorleistung zahlen müssen.[29] Die hier angedeuteten Zusammenhänge lassen sich jedoch nicht präzise durch das Konzept externer Effekte abbilden. Die folgenden drei Skizzen sollen dies verdeutlichen.

(a) Die Abgabe von Verkehrsleistungen des Infrastrukturgutes Autobahn ist zwar jedem potentiellen Nutzer zugänglich und für diesen nicht mit privaten Kosten verbunden, so daß es sich um ein *kollektiv nutzbares* Zwischenprodukt handelt. Dies ist aber ursächlich dem Kollektivgutcharakter[30] des Infrastrukturgutes zuzuschreiben sowie der institutionell bedingten fehlenden Ausschließbarkeit. Zudem gehen diese Wirkungen nicht *beiläufig* von Infrastrukturgütern aus, sondern sind gerade *intendiert*. Damit ist die in diesem Zusammenhang zu analysierende relevante wohlfahrtstheoretische Kategorie die der Kollektivgüter und nicht die der externen Effekte.[31]

(b) Ähnlich ist in Bezug auf die Bereitstellung der Entsorgungsinfrastruktur zu argumentieren. In diesem Zusammenhang wird die *Vermeidung* negativer externer Effekte von Produktions- und Siedlungstätigkeit auf die Umwelt als Begründung für eine staatliche Bereitstellung genannt. Hier ist das Infrastrukturgut *als solches* allerdings als *Internalisierungsinstrument* zu klassifizieren. Die Tatsache, daß Entsorgungsinfrastrukturgüter nicht bereitgestellt würden, falls keine staatliche Verantwortung bestünde, ist ebenfalls auf das im Rahmen von Kollektivgütern relevante Trittbrettfahrerproblem bzw. auf die Problematik natürlicher Monopole zurückzuführen, nicht jedoch auf das Phänomen externer Effekte.

(c) Schließlich ist zu fragen, ob es sich bei den als externen Effekten klassifizierten indirekten Produktivitätseffekten tatsächlich um technologische und nicht vielmehr um sog. *pekuniäre* externe Effekte handelt.[32] Bei diesen werden die Wirkungen von Konsum- und Produktionsaktivitäten auf andere über

---

28 Wille, E. (1993) S. 24, ähnlich Bach, S. (1994) S. 214f.

29 Darüber hinaus ist der indirekte Produktivitätseffekt von der Art der Finanzierung des Investitionsobjektes abhängig, „denn diese kann nicht nur die Steuerbelastung der Unternehmen erhöhen, sondern im Falle der Staatsverschuldung auch deren Kreditfinanzierung erschweren bzw. verteuern." Wille, E. (1993) S. 24.

30 Vgl. zum Problem der Kollektivgüter III.2.

31 Hier ist allerdings auf die enge Verbindung zwischen der Theorie kollektiver Güter und der externer Effekte hinzuweisen. So ist im Grenzfall, in dem von der Wirkung positiver externer Effekte niemand mehr ausgeschlossen werden kann, die den externen Effekt generierende Ressource als Kollektivgut zu klassifizieren. Vgl. z.B. Baumol. W.J.; Oates, W.E. (1988) S. 18f.

32 Die Unterscheidung zwischen pekuniären und technologischen externen Effekten geht auf Viner, J. (1931/1953) S. 217ff. zurück. Vgl. zu dieser Unterscheidung auch Bator, F.M. (1958) S. 357f.

Marktpreise entgolten, so daß sie nicht notwendig zu einer Fehlallokation von Ressourcen führen.[33] Eine Förderung von Aktivitäten, die mit positiven externen Effekten verbunden ist, ist also nur dann gerechtfertigt, wenn Individuen sich Grenzvorteile nicht monetär über den Markt aneignen können.[34] Dieser Zusammenhang kann am Beispiel von Güterverkehrsleistungen der Eisenbahn verdeutlicht werden. Wird eine neue Eisenbahnstrecke von A nach B in Betrieb genommen, welche die alte und längere Verbindung A - C - B ersetzt, so schlägt sich bei entgeltlicher Abgabe von Güterverkehrsleistungen die verkürzte Transportroute cet. par. in reduzierten Gesamttransportkosten nieder.[35] Dies gilt auch für ein Unternehmen, welches Produktionsfaktoren von A zu seinem Standort B transportiert und sich aufgrund der verminderten Transportkosten einer verbesserten Kostensituation gegenübersieht. In diesem Fall liegen jedoch keine (technologischen) externen Effekte vor, welche einen wirtschaftspolitischen Handlungsbedarf signalisieren.

Die skizzierten Wirkungszusammenhänge zeigen auf, daß sich im Fall von Infrastrukturgütern die behaupteten positiven Externalitäten in einigen Fällen auf andere wohlfahrtstheoretische Kategorien (Kollektivgüter, natürliche Monopole) zurückführen lassen. In anderen Fällen handelt es sich um pekuniäre externe Effekte. Zusammenfassend ist festzuhalten, daß externe Effekte nicht als Rechtfertigung einer staatlichen Bereitstellung von Infrastrukturgütern dienen können. Vielmehr ist darauf hinzuweisen, daß der aus vermuteten Externalitäten abgeleitete wirtschaftspolitische Handlungsbedarf weitere Externalitäten generiert, welche in eine Interventionsspirale münden können, eine wirksame Korrektur hin auf eine second-best-Lösung jedoch erschweren. So wird am Beispiel des Straßenverkehrs die Doppeldeutigkeit der behaupteten staatlichen infrastrukturellen Bereitstellungsverantwortung aufgrund von Marktversagensargumenten transparent, welche mit einer unentgeltlichen Leistungsabgabe des Infrastrukturgutes verbunden ist. Während in dem Fall, in dem Privateigentum an einem knappen Gut besteht, der Preis die Opportunitätskosten der Nutzung widerspiegelt, kommt es im Fall von Gemeineigentum (sog. Allmenderessourcen) zu einer Übernutzung der Ressource.[36] Kein Teilnehmer am Straßenverkehr muß nämlich in Rechnung stellen, inwieweit sein Gebrauch des Gutes andere durch Lärm, Luftverschmutzung oder Überfüllung beeinträchtigt.[37] In der Vergangenheit wurden aber eben diese externen Kosten des Verkehrs, wie

---

33 Vgl. Baumol. W.J.; Oates, W.E. (1988) S. 29ff.

34 Vgl. Rosen, H.S.; Windisch, R. (1992) S. 262.

35 Dies setzt eine Berechnung der Transportkosten in Abhängigkeit von der Distanz in km sowie einen konstanten Transportkostensatz pro km voraus.

36 Da die Leistungen von Verkehrsinfrastrukturgütern, wie z.B. Autobahnen, unentgeltlich abgegeben werden, kommt es zu einer Überschußnachfrage nach bzw. zu einem restriktiven Angebot an diesen Leistungen. Vgl. Hieronymi, O. (1993) S. 77.

37 Vgl. Rosen, H.S.; Windisch, R. (1992) S. 224.

Umweltschäden, die Zunahme von Staus und Unfallträchtigkeit, wiederum als Begründung dafür verwendet, einen Ausnahmebereich 'Verkehrspolitik' zu konstituieren.[38] Damit hat die wohlfahrtstheoretisch begründete staatliche Infrastrukturverantwortung in Verbindung mit einer unentgeltlichen Abgabe von Infrastrukturleistungen wiederum zu Externalitäten geführt, die ihrerseits weitere staatliche Eingriffe - jetzt allerdings im Verkehrswesen - nach sich zogen.

Das Beispiel zeigt zunächst, daß Staatseingriffe, die mit der Absicht getätigt werden, Fehlallokationen zu korrigieren, weitere Verzerrungen nach sich ziehen können, falls das korrigierende institutionelle Arrangement mit allokativen Schwachstellen behaftet ist. Werden zudem second-best-Lösungen verfehlt, so sind weitere Staatseingriffe die Folge, die *ihrerseits* die wirtschaftspolitisch verursachten Verzerrungen korrigieren sollen. Im Ergebnis kommt es zu der von VON MISES beschriebenen Kettenreaktion von Staatseingriffen.[39] Zudem wird deutlich, daß das Problem der Bereitstellung von Infrastrukturgütern mehrdimensional ist und vielfältige Interdependenzen aufweist. So sind nicht nur die (vermuteten) positiven Wachstumseffekte in das Bereitstellungskalkül einzubeziehen, sondern auch die Beeinträchtigung der Umwelt und die Erhöhung des Energieverbrauchs.[40] Gerade die Bereitstellung von Verkehrsinfrastrukturgütern zieht vielfache negative externe Effekte nach sich. Hierzu zählen z.B. die Zerschneidung von Landschaften und Versiegelung von Oberflächen durch neue Infrastrukturobjekte sowie Luftverschmutzungen, Lärm und Beeinträchtigungen des Grundwassers durch induzierte Verkehrsströme.[41] Beachtet man, daß im Regelfall jede Aktivität in der Nettobetrachtung (positive oder negative) Externalitäten nach sich zieht,[42] so gestaltet sich der Einsatz marktkonformer Instrumente (z.B. Lizenzen) mit dem Ziel der Internalisierung von Externalitäten als schwierig. Das zugrundeliegende Problem einer optimalen wirtschaftspolitischen Steuerung läßt sich daher kaum lösen. Dem Staat verbleibt vielmehr die Aufgabe, einerseits im Rahmen der Investitionsentscheidung die mit dem Projekt verbundenen Wirkungen abzuwägen und zu gewichten. Andererseits hat er einen Ordnungsrahmen für die Nutzung von Infrastrukturgütern zu erstellen. Welche allokationstheoretischen Aspekte bei dessen Gestaltung zu beachten sind, ist in den folgenden Abschnitten zu Kollektivgütern und zum natürlichen Monopol zu erläutern.

38 Vgl. Suntum, U.v. (1993) S. 3.
39 Vgl. von Mises, L. (1949/1966) S. 858.
40 Vgl. Hieronymi, O. (1993) S. 80.
41 Vgl. hierzu im Detail IV.2.2.5.
42 Vgl. Kofner, S. (1995) S. 416.

1.3 Das Problem meritorischer Güter

Ein weiteres Argument für die staatliche Bereitstellung von Infrastrukturgütern bezieht sich auf ihren meritorischen Charakter. Dem Konzept der meritorischen Güter unterliegt die Idee, daß Wirtschaftssubjekte nicht immer die für sie selbst optimalen Entscheidungen treffen.[43] MUSGRAVE, auf den die Entwicklung des Konzepts meritorischer Güter zurückgeht, zieht aus der Vermutung, daß verzerrte (distorted) individuelle Präferenzen nicht zu einem gesellschaftliches Güteroptimum führen, den Schluß, daß in bestimmten Fällen meritorische Eingriffe des Staates erwünscht seien.[44] Unter meritorischen Güter werden demnach solche Güter verstanden, die durch politische Entscheidungsträger *in größerem Umfang bereitgestellt* werden, als es durch die am Markt geäußerten Bürgerpräferenzen erfolgen würde.

Eine präzise normative Analyse meritorischer Güter fällt schwer, da sich deren Konzept auch bei MUSGRAVE ständig weiterentwickelt[45] hat. Darüber hinaus ist es - wie SCHMIDT betont - der praktischen Politik entnommen und nicht theoretisch entwickelt worden: „Ihre Nichtbeachtung [der meritorischen Güter (A.S.)] hätte bedeutet, daß wesentliche Teile der finanzwirtschaftlichen Tätigkeit moderner Staaten - faktisch - unbeachtet geblieben und - normativ - nicht zu begründen gewesen wären."[46] Dennoch lassen sich einige grundsätzliche Zusammenhänge skizzieren. So werden die individuellen Präferenzen dann als verzerrt angesehen, wenn bspw. falsche bzw. unvollständige Informationen, fehlende Beurteilungsmöglichkeiten, mangelnde Erfahrung oder systematische Unterschätzung der Zukunft vorliegen bzw. unmündige Bürger (z.B. Kinder) betroffen sind.[47] In diesen Fällen konsumieren Wirtschaftssubjekte bestimmte Güter in geringerem als dem optimalen Umfang.[48] Die dieser verminderten Nachfrage zugrundeliegenden Bedürfnisse werden jedoch als „so bedeutend angesehen [...], daß für ihre Befriedigung durch das öffentliche Budget über das hinaus Sorge getragen wird, was der Markt zur Verfügung stellt und was von

---

43 Vgl. Andel, N. (1984) S. 641. Meritorische Güter sind Güter, die als meritorisch erachtete Bedürfnisse befriedigen. Beide Begriffe werden in der Literatur und im folgenden zur Kennzeichnung der gleichen Problematik verwendet. Vgl. Andel, N. (1984) S. 630, FN 1.

44 Vgl. Musgrave, R.A. (1956/57) S. 341.

45 Zur Entwicklung des Konzeptes der meritorischen Güter bei MUSGRAVE vergleiche die chronologische Darstellung bei Andel, N. (1984) S. 631-637.

46 Schmidt, K. (1970) S. 15.

47 Vgl. hierzu z.B. Andel, N. (1984) S. 634, Head, H.G. (1988) S. 17, Rittig, G. (1984) S. 78f. Auch die Bewahrung des öffentlichen Kapitals in Form allgemeiner Kultur, einschließlich grundsätzlicher Institutionen und Wertstrukturen, die sich im politischen oder rechtlichen System widerspiegeln, sowie der Sprache und des religiösen Erbes, die den Rahmen für soziale und ökonomische Beziehungen abgeben, wird als Rechtfertigung für meritorische Eingriffe genannt. Vgl. Head, H.G. (1988) S. 27.

48 Vgl. Head, J.G. (1966) S. 3.

privaten Käufern bezahlt wird.“[49] Eine Einmischung des Staates in die Konsumentensouveränität wird auf diese Weise gerechtfertigt.

Im Fall der Infrastruktur sei die systematische Unterschätzung der Zukunftsbedürfnisse, d.h. die individuelle Höherbewertung des Gegenwarts- über den Zukunftskonsum, für einen Staatseingriff begründend. Der Staat werde (a) zum „**Advokaten zukünftiger Generationen**“[50], wenn Erträge wegen langer Ausreifungszeiten von Infrastrukturinvestitionen erst spät anfielen oder sich aufgrund der langen Lebensdauer von Infrastrukturgütern auf einen weiten Zeitraum erstreckten. Hohe Investitionsrisiken sowie schlecht formulierte oder nicht bestehende individuelle Präferenzen für bestimmte Infrastrukturgüter seien weitere Ursachen für meritorische Staatseingriffe. Darüber hinaus sei es (b) für Individuen schwierig, alle Wirkungen und Rückwirkungen von relevanten Handlungen sowohl zwischen verschiedenen Infrastruktursubsektoren als auch zwischen Infrastruktursektoren und anderen Sektoren der Wirtschaft abzuschätzen **(Informationsproblem).** Ursächlich hierfür sei eine allgemein nur schwach ausgeprägte Markttransparenz.[51] Weiterhin sei (c) - unter Bezugnahme auf das Ziel der **Versorgungssicherheit** - eine Planungszentralisierung im Infrastrukturbereich erforderlich, da hohe produktionstechnische Interdependenzen bestünden. Sollten Private diese einbeziehen, so entständen derart hohe Kosten, daß ein Angebot nicht mehr zustande käme. Aus dieser Bestandsaufnahme leitete MUSGRAVE das Recht einer informierten Gruppe ab, anderen Individuen in einer demokratischen Gesellschaft Entscheidungen ‘überzustülpen’.[52]

Dieser Schluß wird jedoch von liberalen Ökonomen als ‘autoritäres Vorurteil’, als ‘Verstoß gegen die Konsumentensouveränität’ bzw. als ‘Glorifizierung des Staates’ abgelehnt.[53] So führt RECKTENWALD aus, daß das „Konzept des meritorischen und demeritorischen Gutes [...] die Gefahr in sich [berge], daß der Zwang mißbraucht wird, um Gruppen- oder elitäre Interessen besser durchsetzen zu können, indem etwa Merkmale der Öffentlichkeit und des ‘Gemeininteresses’ zugunsten einer einzelnen Gruppe interpretiert oder vorgeschoben werden.“[54] Nach einer derartigen Auffassung ist das Konzept meritorischer Güter mit einem normativen wirtschaftspolitischen Rahmenwerk, das sich auf Kon-

---

49 Musgrave, R.A. (1966) S. 15.

50 Frey, R.L. (1972) S. 78.

51 Vgl. ebenda. FREY sieht die mangelnde Markttransparenz und die teilweise Nicht-Meßbarkeit von Kosten und Erträgen aber als direkte Folge der Finanzierung von Infrastrukturinvestitionen durch den Staat. Der Verzicht auf Preise untergrabe auch ihre Funktion als Knappheitsindikatoren, als Koordinationsmittel von Angebot und Nachfrage sowie als Element des Umsatzes deren indirekten Beitrag als Finanzierungsmittel. Vgl. ebenda, S. 79.

52 Vgl. Musgrave, R.A. (1966) S. 16.

53 Vgl. Klös, H.-P. (1989a) S. 14, FN 5.

54 Recktenwald, H.C. (1980) S. 178, ähnlich Musgrave, R.A. (1966) S. 16.

sumentenpräferenzen stützt, unvereinbar.[55] Zudem sei - selbst wenn der Regierung unterstellt werden könne, daß sie an der Verbesserung der individuellen Wohlfahrt interessiert sei - ein schwieriges Informationsproblem zu lösen.[56]

Selbst bei Vernachlässigung des letzten Kritikpunktes schließt sich die Frage an, ob - vorausgesetzt, daß Individuen in bestimmten Fällen *nicht* in ihrem eigenen besten Interesse handeln - diese Annahme ein Argument für staatliche Intervention in den Marktprozeß sein kann. Dies wäre nur dann der Fall, wenn gegenüber dem unvollkommenen individuellen Kalkül eine überlegene Entscheidung durch den politischen Prozeß zustande kommen würde. Könnte nicht nachgewiesen werden, daß der politische Prozeß eine gegenüber der Marktlösung verbesserte Allokation bietet, so bliebe die Analyse meritorischer Güter institutionell unbestimmt und der Versuch, einen konzeptionellen Rahmen für die staatliche Intervention auf der Basis des Konzeptes meritorischer Güter zu entwickeln, schlüge fehl.[57]

Auf Basis eines konkreten Beispiels ist es jedoch kaum möglich, anzugeben, ob der Umfang der budgetären Intervention durch die individuellen Präferenzen gedeckt ist.[58] Daher ist *generell* zu beleuchten, ob im Rahmen des demokratischen Prozesses die Bereitstellung meritorischer Güter durch die Konsumentenpräferenzen unterstützt wird. Setzt man voraus, daß Wirtschaftssubjekte bei Wahlen die gleichen Präferenzen artikulieren wie am Markt, so würden sich die verzerrten Präferenzen der Bürger auch bei Wahlen und in den Programmen der Regierungen widerspiegeln. „Even if government experts of party elites could somehow determine the true preferences of individuals, the inclusion of merit goods policies would result in electoral disaster. Such policies may therefore never be tried.“[59] In diesem Fall ist jedoch ein staatlicher Eingriff in die Präferenzen der Wirtschaftssubjekte auf der Grundlage des Konzeptes meritorischer Güter normativ nicht zu rechtfertigen.[60]

---

55 Hinzuweisen ist an dieser Stelle darauf, daß meritorische Staatseingriffe nicht unter die Tatbestände des Marktversagens subsumiert werden können, da hier ein normatives Rahmenwerk, das sich auf individuelle Präferenzen stützt, durch ein paternalistisches Werturteil abgelöst werde. Vgl. Rosen, H.S.; Windisch, R. (1992) S. 117.

56 Vgl. Head, J.G. (1966) S. 24.

57 Vgl. Brennan, G.; Lomasky, L. (1983) S. 184.

58 Vgl. Andel, N. (1984) S. 647.

59 Head, J.G. (1966) S. 27 (ohne Hervorhebung). Head begründet diese Auffassung mit der Annahme, daß für die Wirtschaftssubjekte der Nutzen der bereitzustellenden meritorischen Güter nur schwer zu erkennen bzw. deren Eintreten gar unsicher sei. In seinem Aufsatz 'On Merit Wants' (1988) schließt sich HEAD allerdings der unten dargestellten Meinung von BRENNAN und LOMASKY an. Vgl. S. 28ff.

60 Vgl. Brennan, G.; Lomasky, L. (1983) S. 185. Das unterstellte Wahlmodell geht auf DOWNS, BLACK u.a. zurück.

BRENNAN und LOMASKY stellen demgegenüber die These auf, daß Wirtschaftssubjekte in Wahlen andere Präferenzen äußern als am Markt[61] und es keine zwingende Beziehung zwischen der Präferenzskala des gleichen Individuums als homo oeconomicus und als homo politicus gebe.[62] Während marktliche Entscheidungen unter Berücksichtung der Opportunitätskosten[63] der relevanten Güter getroffen würden, können in Wahlprozessen Lösungen favorisiert werden, ohne daß *im Zeitpunkt der Wahl* signifikante Kosten getragen werden müssen. In diesem Fall können Wähler an der Urne Güter favorisieren, die sie aufgrund ihrer moralischen Werte in einem größeren Umfang zu halten wünschen als dies durch ihre (marktlichen) Präferenzen begründet wäre (meritorische Güter). Dies bedeutet, daß die (politische) Wahl meritorischer Güter nicht mit der tatsächlichen Güterwahl der Individuen am Markt übereinstimmt. Die wichtige Schlußfolgerung hieraus lautet, daß keine normative Autorität benötigt wird, die die Konsumentenpräferenzen allwissend durchschauen muß, um meritorische Güter staatlicherseits bereitzustellen.

Die Autoren selbst erheben jedoch zwei kritische Einwände. Erstens kann unter Berücksichtigung der Modelle der Public Choice Theorie nicht generell davon ausgegangen werden, daß das abgebildete politische Ergebnis der wahren Präferenzstruktur der Wählerschaft entspricht.[64] „Accordingly, even if citizens vote more „morally" than they behave in markets, we cannot conclude that political outcomes will be more „moral" than their market analogs, because those political outcomes need not accurately reflect citizens' electoral preferences."[65] Selbst unter der Voraussetzung, daß die politischen Entscheidungen den Präferenzen der meisten Wähler entsprächen, kann zweitens das durch den Wahlprozeß erwirkte Ergebnis von einigen Bürgern unter moralischen Gesichtspunkten schlechter bewertet werden als das Marktergebnis. Das politische Ergebnis impliziert nämlich eine einheitliche Bereitstellungsmenge, die nur per Zufall genau der moralisch präferierten Bereitstellungsmenge des einzelnen

61 Vgl. zur Darstellung des Modells Brennan, G., Lomasky, L. (1983) S. 186ff. Die Autoren unterscheiden zwischen consumer sovereignty, voter sovereignty und reflective sovereignty. Letztere soll im folgenden mit den moralischen Werten der Individuen identifiziert werden. Vgl. zu einer ähnlichen wie der obigen Differenzierung Head, J.G. (1988) S. 11, der auf PIGOU verweist. Dieser unterscheidet desires, satisfactions und welfare. Vgl. Pigou, A.C. (1928) Teil 2, Kapitel 8, Abschnitt 4.

62 Diese These geht aus COLM zurück. Vgl. Colm, G. (1965) S. 213.

63 Unter den Opportunitätskosten versteht man den Wert eines Gutes, der anderen durch die Nutzung des Gutes durch eine bestimmte Person vorenthalten wird. Bei einer effizienten Allokation werden die Ressourcen über den Marktpreis in ihre produktivste Verwendung gelenkt. Vgl. Demsetz, H. (1970) S. 295f.

64 Hierfür sind Phänomene wie z.B. zyklische Majoritäten verantwortlich. Vgl. für einen Überblick Windisch, R. (1986) S. 20f. Zur Kritik an dem dargestellten Modell vgl. Brennan, G.; Lomasky, L. (1983) S. 200ff.

65 Ebenda S. 201.

Wirtschaftssubjektes entspricht.[66] In diesem Fall wäre die Bereitstellung des meritorischen Gutes durch den politischen Prozeß nicht mehr generell dem marktlichen Ergebnis vorzuziehen.

Wie aus den obigen Ausführungen deutlich wurde, können die ordnungspolitischen Bedenken gegen einen meritorischen Staatseingriff nicht beseitigt werden. Es stellt sich daher die Frage, ob die oben aufgezeigten Sachverhalte, die als Argumente für eine Meritorisierung von Infrastrukturgütern fungieren, mit Hilfe alternativer, ordnungskonformer staatlicher Politiken in einen marktwirtschaftlichen Ansatz integriert werden können. So ist es im Fall von **Informationsproblemen** ordnungspolitisch sinnvoller, Fehlinformationen zu reduzieren und fehlende korrekte Informationen durch Informationspolitik[67] bereitzustellen.[68] Sind Informationsprobleme zudem auf eine schwach ausgeprägte Markttransparenz zurückzuführen, so könnten Preise als Knappheitsindikatoren eingeführt werden. Hierdurch werden Kosten und Erträge meßbar und externe Effekte reduziert.

Legitimiert werden können staatliche Eingriffe - unter den oben genannten Vorbehalten - in den Fällen, in denen der Staat aus Sicherheitsgründen nicht informieren kann und in denen zu erwarten ist, daß Individuen trotz Information die Zukunft systematisch unterschätzen bzw. in ihren Entscheidungen die extreme Asymmetrie bzgl. der zukünftigen Anpassungskosten vernachlässigen (z.B. bei der Bewahrung des allgemeinen Kulturgutes und im Umweltschutz).[69] Letzteres trifft bei Infrastrukturgütern in Bezug auf das Wachstumsziel einer Volkswirtschaft zu. Hier wird aufgrund der langen Lebensdauer von Infrastrukturinvestitionen eine Korrektur der **individuellen Zeitpräferenz** angestrebt, um die intertemporale Allokation der Ressourcen zu verbessern.[70] Zudem läßt sich unter dem Argument der **Versorgungssicherheit** eine staatliche Bereitstellung bspw. von Wasserver- und Abwasserentsorgung rechtfertigen.

---

66 Vgl. Brennan, G.; Lomasky, L. (1983) S. 202. Dies gilt umso mehr, wenn nicht - wie hier unterstellt - alle Individuen das meritorische Gut als ein solches betrachten.

67 Diese Aussage ist allerdings nicht auf Fälle übertragbar, bei denen es sich um Kenntnisse handelt, die nur durch persönliche Erfahrungen gewonnen werden können. Hier ist zu fragen, ob ein Eingriff in die Präferenzen derjenigen, die sonst anders entschieden hätten, gerechtfertigt ist, selbst wenn man in großem Umfang „mit einer ex post-Billigung durch die Betroffenen rechnen kann." Vgl. Andel, N. (1968/69) S. 211.

68 Vgl. Andel, N. (1984) S. 641, diese These findet sich auch bei McLure, Ch.E., Jr. (1968) S. 481. Da Information aber auch Kosten verursacht, ist es ökonomisch nicht rational, vollkommene Information anzustreben und sie als Voraussetzung der Konsumentensouveränität anzusehen [vgl. Andel, N. (1984) S. 645]. Die Annahme, daß sich Konsumentensouveränität auf vollständige Marktkenntnis und rationale Einschätzung stützt, findet sich z.B. bei Musgrave, R.A. (1966) S. 16.

69 Vgl. Head, J.G. (1988) S. 28. Auch im Fall unmündiger Bürger kann ein meritorischer Staatseingriff gerechtfertigt werden.

70 Vgl. Frey, R.L. (1972) S. 80.

Dennoch ist hier kritisch zu hinterfragen, ob es sich bei den genannten Fällen tatsächlich um ein Problem meritorischer Güter handelt und nicht vielmehr um generelle Staatsaufgaben. So wird im ersten Beispiel auf die Stabilisierungsfunktion bzw. die allgemeine Wachstumspolitik des Staates abgestellt, während im letzteren die Distributionsfunktion staatlicher Wirtschaftspolitik angesprochen ist.[71] Das Konzept meritorischer Güter ist daher im folgenden für das infrastrukturelle Bereitstellungsproblem als nicht relevant zu vernachlässigen.

2. Die Theorie kollektiver Güter

2.1 Reine Kollektivgüter

Nach gängiger Argumention in der Literatur werden Infrastrukturgütern Kollektivguteigenschaften zugeschrieben.[72] Nach SAMUELSON ist ein Kollektivgut[73] ein Gut, dessen Konsum durch Individuum *A* nicht den Konsum des gleichen Gutes durch Individuum *B* beeinträchtigt. Kollektivgüter - als polarer Gegensatz zu rein privaten Gütern[74] - sind folglich durch Nicht-Rivalität im Konsum[75] gekennzeichnet. Dies impliziert erstens, daß verschiedene Individuen zwar die gleiche Menge des Kollektivgutes konsumieren, deren subjektive Wertschätzung für das Kollektivgut aber durchaus unterschiedlich sein kann. Die von SAMUELSON formulierte Optimalbedingung für die Bereitstellung kollektiver Güter setzt daher - bei annahmegemäß einheitlicher Bereitstellungsmenge - die Summe der individuellen Grenzraten der Substitution gleich der Grenzrate der Transformation

$$(2) \qquad \sum_{i=1}^{n} MRS^i = MRT.$$

SAMUELSONS Definition eines Kollektivgutes impliziert zweitens, daß bei Vorliegen von voller Nichtrivalität im Konsum die Grenzkosten einer Beteili-

---

71 Für eine Diskussion dieser Argumente zur Rechtfertigung staatlicher Infrastrukturbereitstellung vgl. III.4.2.

72 Vgl. z.B. Frey, R.L. (1972) S. 73ff. und S. 80f.

73 Hier ist nochmals darauf hinzuweisen, daß der Begriff des Kollektivgutes (reines öffentliches Gut) abzugrenzen ist von den Begriffen der 'öffentlich bereitgestellten' und der 'öffentlich produzierten' Güter. Beide Güter, die öffentlich bereitgestellten und die öffentlich produzierten, sind nicht notwendig identisch (können es aber sein) mit dem oben definierten Kollektivgut. Im weiteren wird zur Klärung des Sachverhaltes immer die genaue Bezeichnung verwendet.

74 Vgl. Samuelson, P.A. (1954) S. 387.

75 BLÜMEL, PETHIG und V.D. HAGEN machen darauf aufmerksam, daß das Kriterium der Nicht-Rivalität für die Definition eines Kollektivgutes nicht immer trennscharf sei. Das Charakteristikum der Rivalität kennzeichne nicht nur private Güter, sondern auch öffentliche Güter an ihrer Kapazitätsgrenze (z.B. zusammenbrechender Verkehr auf einer Autobahn). Sie ziehen daher das Kriterium des gemeinsamen Konsums vor. Vgl. Blümel, W.; Pethig, R.; v.d. Hagen, O. (1986) S. 247.

gung zusätzlicher Konsumenten gleich Null sind. Dies ist darin begründet, daß die Konsumenten gerade *nicht* um die Nutzung des Gutes rivalisieren. Ist das Kollektivgut einmal bereitgestellt, wäre es daher ineffizient, weitere Konsumenten von der Nutzung auszuschließen und die Leistungen des Kollektivgutes nur gegen Entgelt abzugeben.[76] Zudem kann Nicht-Ausschließbarkeit bei Kollektivgütern auch auf fehlende oder nicht durchsetzbare Eigentumsrechte zurückgeführt werden. Im ersten Fall wird das Kollektivgut von niemandem direkt besessen (res nullius). Im zweiten Fall sind, obwohl eine Gruppe (res communis) oder bestimmte Einzelpersonen Eigentümer sind, die Ausschließungskosten prohibitiv hoch bzw. ein Ausschluß technisch nicht möglich.[77]

Die Bereitstellung eines Kollektivgutes stößt jedoch auf Schwierigkeiten, da sich die Optimalbedingung (2) nicht durch den Marktmechanismus implementieren läßt. Wie oben gezeigt, sollte aus Effizienzgründen bei bereits bereitgestellten Kollektivgütern das Ausschlußprinzip nicht angewendet werden. Dies hat jedoch zur Folge, daß Nutzer generell keinen Anreiz haben, ihre Bewertung der Produktion des Kollektivgutes gemäß ihren *tatsächlichen* Präferenzen anzugeben, wenn dies die Höhe des durch sie zu entrichtenden Finanzierungsbeitrags positiv beeinflußt.[78] Äußert das Individuum hingegen wahrheitsgemäß seine tatsächliche und nur ihm selbst bekannte Zahlungsbereitschaft für das Kollektivgut, so kommt der hieraus resultierende finanzielle Beitrag in Höhe der wahren Zahlungsbereitschaft des Individuums einer Strafzahlung gleich.[79] Daher haben die Individuen einen strategischen Anreiz, ihre wahren Präferenzen zu verbergen[80] und sich als Trittbrettfahrer (free-rider) auf die ausreichende Zahlungsbereitschaft anderer zu verlassen. Wenn dies alle tun würden, so würde der tatsächlich geäußerte, gegenüber der wahren Zahlungsbereitschaft geringere Finanzierungsbeitrag als verzerrtes Marktsignal wirken mit der Folge, daß das Kollektivgut in zu geringer Menge angeboten würde. Diese Form des Marktversagens wird in der Literatur vielfach als Begründung dafür angesehen, daß Kollektivgüter nur durch den politischen Prozeß bereitgestellt werden können.[81]

Bereits SAMUELSON begriff jedoch das Kollektivgut als *polaren Gegensatz* zum rein privaten Gut und betrachtete die meisten realen Fälle als *Zwischenformen* dieser beiden Extrema.[82] Bevor derartige Zwischenformen analysiert

76 Vgl. Musgrave, R.A. (1971) S. 46.
77 Vgl. Blümel, W.; Pethig, R.; v.d. Hagen, O. (1986) S. 257.
78 Vgl. Windisch, R. (1986) S. 29.
79 Vgl. Bonus, H. (1978) S. 55. Hier besteht spieltheoretisch betrachtet die Situation des Gefangenendilemmas.
80 Vgl. Samuelson, P.A. (1954) S. 388.
81 Vgl. Windisch, R. (1986) S. 29, Hanusch, H. (1981) S. 43.
82 Vgl. Samuelson, P.A. (1955) S. 350 und FN 117.

werden, sind in der sich anschließenden Kritik der Kollektivguttheorie zunächst alternative Allokationsmechanismen zu beleuchten.[83] Die britische Geschichte zeigt **erstens**, daß Leuchttürme privat gebaut, betrieben und finanziert wurden, vererbbar und veräußerbar waren. Obwohl es sich hier um ein ‘klassisches’ Kollektivgut handelt - das Signal eines Leuchtfeuers unterliegt der Nichtrivalität im Konsum -, wurden Leuchttürme in verbundenem Angebot (tie-ins)[84] mit Schutzleistungen von Häfen bereitgestellt. Dies wurde vor allem durch die Formulierung und Durchsetzung von Verfügungsrechten durch den Staat ermöglicht, welcher die Hafenbesitzer ermächtigte, zusammen mit Hafengebühren staatlich festgesetzte Entgelte für die Leuchtturmdienste zu erheben.[85] So hat offenbar das *Eigeninteresse* der Hafenbesitzer an einem sicheren Erreichen ihres Hafens in Verbindung mit *klar definierten Verfügungsrechten* durchaus zu einer privaten Bereitstellung eines klassischen Kollektivgutes geführt. Die Relevanz von tie-ins in Zusammenhang mit der Bereitstellung von Infrastrukturgütern wird in III.2.2 berücksichtigt.

In Frage zu stellen ist **zweitens**, ob Individuen *generell* nach dem Trittbrettfahrerkalkül handeln. So kritisiert BRUBACKER die Voreingenommenheit zahlreicher Ansätze zum Kollektivgutproblem, welche die Ineffizienz freiwilliger Lösungen sowie das Trittbrettfahrerproblem als wahrscheinliches Verhalten unterstellen und hieraus die Angemessenheit eines staatlichen Eingriffs ableiten.[86] Derartigen Annahmen widersprechen vor allem private, freiwillige Initiativen, welche als Auslöser für die Bereitstellung von Bibliotheken, Kunstmuseen, Theatern etc. anzusehen sind.[87] Neben rein altruistischen Beweggründen[88] spielen vielfach aber auch soziale Zwänge bei der Überwindung des Trittbrettfahrerproblems eine Rolle. So führt SAVAS am Beispiel von privaten Wohnstraßen aus: „When the collective organization is relatively small and the members have similar values and similar interests, informal social pressures can be adequate to assure that everyone contributes his or her fair share and no one is a free rider.“[89] Dies legt nahe, daß sowohl zunehmende Gruppengröße als auch die Heterogenität von Interessen die Motivation der Wirtschaftssubjekte untergraben, ‘freiwillige’ Beiträge zur Bereitstellung von Kollektivgütern zu lei-

83 Vgl. Blümel, W.; Pethig, R.; v.d. Hagen, O. (1986) S. 248. Zur weiteren Diskussion von Allokationsmechanismen und Präferenzaufdeckungsmechanismen für Kollektivgüter vgl. ebenda S. 277ff., Rosen, H.S.; Windisch, R. (1992) S. 158ff., Oakland, W.H. (1987) S. 522ff.

84 Vgl. hierzu z.B. Foldvary, F. (1994) S. 81.

85 Vgl. Coase, R. (1974) S. 375.

86 Vgl. Brubacker, E.R. (1975) S. 157f. und FN 17.

87 Vgl. Smith, V.L. (1980) S. 585.

88 Vgl. detaillierter zum Problem der altruistischen Bereitstellung kollektiver Güter Foldvary, F. (1994) S. 81ff.

89 Savas, E.S. (1982) S. 54.

sten.[90] Die Frage, ob Trittbrettfahrerverhalten ein relevantes Phänomen darstellt, kann jedoch nicht allgemeingültig theoretisch, sondern nur empirisch beantwortet werden.[91] „But the fact that free-riding was overcome in some particular cases or for some products does not imply that free-riding can be eliminated in general."[92] In Bezug auf das Infrastrukturproblem bedeutet dies, daß eine altruistisch motivierte Bereitstellung von Infrastrukturgütern nur additionalen Charakter haben kann. Auch der soziale Zwang einer kleinen Gruppe mit homogener Interessenlage ist nur in wenigen Fällen zu unterstellen, da Infrastrukturgüter typischerweise für einen großen und i.d.R. anonymen Kreis von Nachfragern erstellt werden.

So ist im folgenden als Arbeitshypothese von der Relevanz des Trittbrettfahrerproblems im Rahmen der *Bereitstellung von Infrastrukturgütern* auszugehen. Hieran anschließend ist zu untersuchen, *ob Infrastrukturgüter als Kollektivgüter* aufzufassen sind, oder ob nicht auch in diesem Fall die Theorie kollektiver Güter eher als „elegante Theorie ohne bedeutsame Anwendungsmöglichkeiten"[93] zu klassifizieren ist. Infrastrukturgütern kommt aber nur selten der Charakter *reiner* Kollektivgüter zu.[94] Nur im Fall unausgelasteter Straßen oder Kanäle sowie bei freien Gütern, die zu Transportdiensten genutzt werden (Flüsse, Ozeane und der Luftraum) ist diese allokationstheoretische Kategorie sinnvoll anzuwenden.[95] Das für öffentliche Güter typische Trittbrettfahrerproblem ist allerdings nur bei Straßen und Kanälen von Bedeutung, da die übrigen o.g. Infrastrukturgüter nicht im Sinn von Investitionsgütern[96] erstellt werden müssen. Bei Autobahnen bspw. ist zudem das Definitionsmerkmal der Nicht-Rivalität im Konsum spätestens dann in Frage zu stellen, wenn der Verkehr zur abendlichen 'rush-hour' ins Stocken gerät.

Schließlich ist zu fragen, ob es sich bei Fernverkehrsstraßen nicht vielmehr um 'gekorene' als um 'geborene' Kollektivgüter handelt. So zeigt das Beispiel der USA, daß mittels der Erhebung von Mautgebühren ein Ausschluß vom

---

90 Vgl. zu einer spieltheoretischen Formulierung der Zusammenhanges zwischen der Gruppengröße und dem Bereitstellungsproblem Sandler, T. (1992) S. 35ff.

91 Vgl. Rosen, H.S.; Windisch, R. (1992) S. 140 und die dort diskutierten empirischen Arbeiten zur Frage der Relevanz des Trittbrettfahrerproblems.

92 Foldvary, F. (1994) S. 18.

93 Goldin, K.G. (1977) S. 53.

94 Als klassische - allerdings immaterielle - Beispiele kollektiver Güter werden innere und äußere Sicherheit und bei erweiterter Auffassung Außenpolitik, bestimmte Zweige der Wirtschaftspolitik sowie Preisstabilität genannt. Vgl. Rittig, G. (1984) S. 20.

95 Vgl. Blümel, W.; Pethig, R.; v.d. Hagen, O. (1986) S. 258. Die letztgenannten Beispiele werden als common property resources bezeichnet.

96 Generell läßt sich die - für Konsumgüter entwickelte - Theorie der Kollektivgüter auf Investitionsgüter und damit auf die hier zu betrachtenden Infrastrukturgüter übertragen [vgl. Musgrave, R.A. (1971) S. 48]. Hier werden auch Vor- und Nachteile der Übertragung auf Investitionsgüter diskutiert.

Kollektivgut Autobahn praktiziert werden kann. Als Beispiele für einen Konsumentenausschluß können weiterhin die Gebührenerhebung zur Kostendekkung bei kodierten Fersehsendern (Pay-TV) sowie Beschränkungen der Nutzungszahl und -intensität von Innenstadtstraßen über Parkgebühren genannt werden. Ausschließbarkeit ist in der Praxis also vielfach als Kontrollproblem anzusehen, und Exklusivität kann - unabhängig vom Problem der Effizienz - künstlich eingeführt werden. Daher ist es offenbar sinnvoll, mit jedem Gut eine bestimmte Ausschließungs*technik* zu verbinden, die sich aus dem Zusammenspiel verschiedener institutioneller, ökonomischer und rechtlicher Gegebenheiten sowie den physischen Eigenschaften des Gutes und den technischen Möglichkeiten ergibt.[97] Dabei werden Fälle technischer Nicht-Ausschließbarkeit mit zunehmendem technischen Fortschritt (Mautstraßen, elektronische Verkehrsüberwachung) einer abnehmenden Tendenz unterliegen,[98] so daß als wesentlicher Bestimmungsgrund für den Nicht-Ausschluß von Nutzern Ineffizienz aufgrund von Nichtrivalität im Konsum anzusehen ist.

Obwohl zahlreiche Autoren das Kriterium der Nicht-Ausschließbarkeit als das entscheidende Definitionsmerkmal kollektiver Güter ansehen,[99] ist es allein noch kein Indiz für Marktversagen. Vielmehr ist hierfür der Umstand bestimmend, daß im Falle der Nichtrivalität die Grenzkosten einer Nutzung durch weitere Konsumenten gleich Null sind.[100] Können Infrastrukturgüter identifiziert werden, auf die dieser Tatbestand *nicht* zutrifft, so besteht für diese Güter offenbar kein Marktversagen im Sinne eines Kollektivgutproblems. In diesem Fall wäre die Notwendigkeit staatlicher Bereitstellung derartiger Infrastrukturgüter zu hinterfragen. Der sich anschließende Teil III.2.2 widmet sich der Identifikation von Infrastrukturgütern, die keine reinen Kollektivguteigenschaften aufweisen und zeigt auf der Basis neoklassischer Modelle Möglichkeiten und Grenzen privater Bereitstellung auf.

---

97 Vgl. Blümel, W.; Pethig, R.; v.d. Hagen, O. (1986) S. 248.

98 Vgl. Rittig, G. (1984) S. 21.

99 KRAUSE-JUNK ist z.B. der Auffassung, daß durch Ausschluß die Möglichkeit besteht, externe Effekte zu internalisieren und folglich durch Anwendung des Marktmechanismus eine Pareto-optimale Lösung zu finden. Das Problem der Unterversorgung mit Kollektivgütern sei damit gelöst. KRAUSE-JUNK zieht daraus den Schluß, daß es nur bei fehlender Ausschließbarkeit zu nicht optimalen Marktlösungen komme, so daß das entscheidende Argument das der Ausschließbarkeit sei. Seiner Meinung nach ist aber auch fehlende Ausschließbarkeit kein Indiz für Marktversagen. Der Markt müsse lediglich in der Lage sein, mit Ausschluß zu drohen, ohne daß Ausschließungskosten anfielen, um Pareto-Optimalität zu erzielen [vgl. Krause-Junk, G. (1971) S. 60f.]. Auch RITTIG sieht Nichtrivalität nur als eine Quelle für die Nichtanwendung des Nicht-Ausschlußprinzips und betrachtet ebenfalls letzteres als das entscheidende Charakteristikum kollektiver Güter. Vgl. Rittig, G. (1984) S. 25.

100 Vgl. Oakland, W.H. (1987) S. 486.

2.2 Relativierung der reinen Kollektivgütertheorie

2.2.1 Die komplexere Güterwelt

Die SAMUELSONsche Definition des Kollektivgutes impliziert die Charakteristika der Nicht-Rivalität im Konsum sowie der Nicht-Ausschließbarkeit von Konsumenten. Um Infrastrukturgüter, die nur zu einem geringen Teil als reine Kollektivgüter betrachtet werden können, systematisch zu erfassen, soll eine umfassendere Analyse der Güterwelt diese Charakteristika aufnehmen und die Grenzbereiche ihrer Gültigkeit untersuchen. *Kollektivgüter im weiteren Sinne* sollen daher auch hier nach den Charakteristika 'Rivalität' und 'Ausschluß' klassifiziert werden (Abb. 3.1).[101]

Das Charakteristikum 'Ausschluß' wird anhand der Kosten eines individuellen Nutzungsausschlusses und damit auch indirekt anhand der zur Verfügung stehenden Ausschließungstechnik dargestellt. An der Ordinate bezeichnet Punkt K dabei den Grenzfall, bei dem die Kosten eines individuellen Nutzungsausschlusses für einen Unternehmer nicht mehr tragbar sind.[102] An der Abszisse ist die Zahl der Mitnutzer abgetragen, welche den Grad der Beeinträchtigung im Konsum (Rivalität) widerspiegelt. Dabei gibt der Punkt N die Schwelle an, ab der zunehmend mit einer wechselseitigen Beeinträchtigung im Konsum des Gutes zu rechnen ist. In Punkt M stiftet das Gut bei völliger Kapazitätsauslastung keinen Nutzen mehr. Die Abstände zwischen den betrachteten Punkten hängen von der jeweiligen Nutzungskapazität des Gutes ab.

---

[101] Vgl. Hanusch, H. (1981) S. 46, ähnlich Musgrave, R.A.; Musgrave, P.B; Kullmer, L. (1990) S. 57f. und mit Erweiterungen Grossekettler, H. (1985) S. 212f. GROSSEKETTLER unterstellt allerdings, daß bei zunehmender Rivalität im Konsum Kollektivgüter wieder in den Bereich der Individualgüter übergehen. Dies ist aber nicht der Fall. Im Grenzfall wird das Kollektivgut zwar angeboten, stiftet aber niemanden mehr Nutzen (z.B. bei völligem Zusammenbruch des Verkehrs auf der Autobahn) [vgl. Hanusch, H. (1981) S. 44 sowie dort FN 15]. *Uneingeschränkter* gemeinsamer Konsum ist aber ebenfalls kein notwendiges Definitionsmerkmal kollektiver Güter. Vielmehr wird ein Kollektivgut mit nutzungsabhängiger Qualität als ein Gut mit multiplen Charakteristika (d.h. einer Quantitäts- und einer Qualitätskomponente) verstanden, von denen wenigstens eines (hier die Qualitätskomponente) dem gemeinsamen Konsum unterliegt. Vgl. Blümel, W.; Pethig, R.; v.d. Hagen, O. (1986) S. 247.

[102] Diese Schwelle ist allerdings für jedes Kollektivgut unterschiedlich. Darüber hinaus ist hier realistischerweise eher von einem *Bereich* auszugehen, in dem die Ausschließungskosten für den jeweiligen Unternehmer zu hoch werden, so daß kaum eine definitive *Grenze* gezogen werden kann. Ähnliche Überlegungen gelten auch für die unten zu erläuternde Schwelle des unbeeinträchtigten Konsums *N*. Diese ist noch schwerer zu bestimmen, da hier zusätzlich das Problem der individuellen Bewertung von Beeinträchtigungen durch Mitnutzer zu berücksichtigen ist.

Die Grafik zeigt im Bereich A die reinen Kollektivgüter oder auch 'Zwangskollektivgüter',[103] bei denen der Ausschluß von Konsumenten aufgrund prohibitiv hoher Kosten unmöglich und aufgrund vollständiger Nicht-Rivalität im Konsum auch ineffizient ist (z.B. Hochwasserschutz von Deichen). Ist das Ausschlußprinzip grundsätzlich anwendbar, liegt aber Nicht-Rivalität im Konsum vor (Gütergruppe B), so ist nach dem vorgestellten theoretischen Ansatz ein Ausschluß potentieller Konsumenten ineffizient. Allerdings kann durch einen Ausschluß über Gebührensysteme eine Präferenzaufdeckung erleichtert sowie ein Finanzierungsbeitrag zur Bereitstellung des Gutes geleistet werden. Daher sind in diesem Bereich die Verfahrenskosten mit den oben skizzierten allokativen Vorteilen des Ausschlusses (Präferenzaufdeckung, Finanzierungsbeitrag) zu vergleichen.[104] Die Gütergruppe C umfaßt die potentiellen Klubgüter. Hier sind bei vorhandenen Ausschlußtechniken zu vertretbaren Kosten die Auswirkungen zunehmender Rivalität auf die Grenzkosten und die effizienten Bereit-

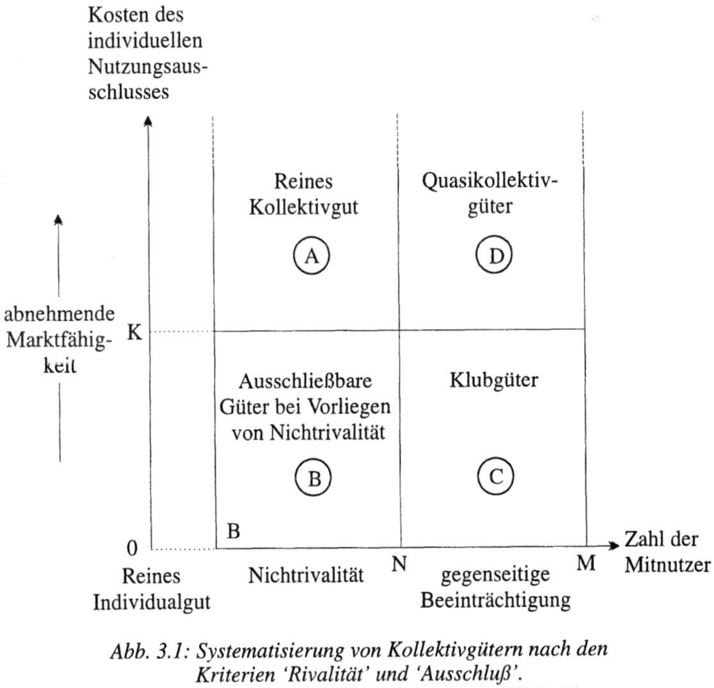

Abb. 3.1: Systematisierung von Kollektivgütern nach den Kriterien 'Rivalität' und 'Ausschluß'.
Quelle: modifiziert nach Hanusch, H. (1981) S. 46.

103 Dieser Begriff - wie auch der der Quasikollektivgüter - geht auf Grossekettler, H. (1985) S. 213 zurück.

104 Vgl. Hanusch, H. (1981) S. 48.

stellungsmengen und -formen zu diskutieren. Ist trotz gegenseitiger Beeinträchtigung im Konsum keine wirtschaftlich vertretbare Ausschlußtechnik zur Rationierung des Konsums vorhanden, so muß bei den so gekennzeichneten 'Quasikollektivgütern' (Bereich D) zentral die Frage der optimalen Bereitstellung diskutiert werden. Die einzelnen Gütergruppen und ihre Anwendungsbeispiele werden im Hinblick auf ihre Implikationen bzgl. einer effizienten Allokation von Infrastrukturgütern in den folgenden Abschnitten III.2.2.2 und III.2.2.3. untersucht.

2.2.2 Ausschließbare Güter bei Vorliegen von Nichtrivalität

Infrastrukturgüter, die durch Nichtrivalität im Konsum (bis zu einer fixen Kapazitätsgrenze[105]) gekennzeichnet sind, sind z.B. Rohrleitungssysteme, Netze, Kläranlagen etc. Gleichzeitig unterliegen diese Infrastrukturgüter nur geringen Kosten des individuellen Nutzungsausschlusses. So ist es bspw. relativ leicht möglich, zusätzliche Nutzer an ein Kanalnetz anzuschließen und deren Nutzungshäufigkeit zu überwachen. Ein Blick auf Güter mit ähnlichen Eigenschaften z.B. Kinos, Schwimmbäder etc. zeigt, daß der Marktmechanismus für die Errichtung dieser Anlagen sorgt. Die Frage, ob Märkte aber fähig sind, durch Ausschlußmöglichkeiten eine *effiziente* Bereitstellung kollektiver Güter herbeizuführen, muß ambivalent beurteilt werden. Liegt Nichtrivalität im Konsum vor, so begründet der Ausschluß von Konsumenten - nach traditioneller Argumentation - einerseits Ineffizienz, da der marginale Konsument zu Grenzkosten von Null am Konsum des Gutes beteiligt werden könnte.[106] Andererseits wird dem Ausschlußmechanismus eine entscheidende Bedeutung bzgl. der Präferenzaufdeckung zugeschrieben.[107] Ausschlußverfahren erhalten dann Relevanz, wenn die Kenntnis der individuellen Präferenzen für allokative Entscheidungen benötigt wird. Der Ausschluß wird daher in einer *Entscheidungssituation* interessant, in der noch keine Beschlüsse über den Umfang des Angebotes und dessen Finanzierung gefallen sind. Für bereits erstellte öffentliche Güter, für die kurzfristige Mengenvariationen nicht möglich sind und deren unmittelbare Leistungsabgabe keine variablen Kosten verursacht, haben nachträgliche Ausschlußverfahren hingegen keine Bedeutung mehr.[108] Folglich sind auf statischen Voraussetzungen beruhende pareto-effiziente Preisregeln nur von be-

---

105 Die Frage, ob tatsächlich Nichtrivalität vorliegt, ist eng mit der Kapazität des Kollektivgutes verbunden. Diese soll hier als ausreichend angenommen werden.
106 Vgl. Endres, A. (1981) S. 135.
107 Vgl. Demsetz (1970) S. 299.
108 Vgl. Hanusch, H. (1981) S. 75 sowie FN 60, ähnlich Goldin, K.G. (1977) S. 57.

grenztem Nutzen für die Frage der langfristigen Bereitstellung von Infrastrukturgütern.[109]

BAUMOL und ORDOVER zeigen formal, daß für den hier beschriebenen Gütertypus gerade *keine* pareto-optimale Allokation zustandekommt, wenn ein Preis in Höhe von Null gesetzt wird.[110] Die Autoren führen ihre Untersuchung mit Hilfe der folgenden Kostenfunktion C durch

(3) $C(z,q) = C(z_1,\ldots,z_m,q_1,\ldots,q_n)$

mit $C_i = \partial C / \partial z_i = 0$ *und* $C_j = \partial C / \partial q_j > 0, \quad (\forall z_i, q_j \neq 0).$

Dabei stellen $z_1,\ldots,z_m$ die Nutzerzahlen für m ausschließbare Kollektivgüter dar, wobei annahmegemäß jeder Nutzer zu Grenzkosten von Null mit einer weiteren Einheit des i-ten Gutes versorgt werden kann. Eine Erhöhung der Qualitätsvariablen q für das betrachtete Gut führt hingegen zu einem Anstieg der Kosten, so daß $C_j > 0$.[111] Die von den Autoren verwendete Methode beruht auf der Anwendung des RAMSEY-Theorems,[112] mit dessen Hilfe Preise ermittelt werden, die mit einer optimalen Allokation unter einer Nebenbedingung (Budgetrestriktion) einhergehen. Eine allgemeine Form des RAMSEY-Theorems kann wie folgt dargestellt werden:[113]

(4) $p_i - C_i = -\mu(R_i - C_i).$

Hier bezeichnet p_i den Preis des Kollektivgutes, μ den Lagrange-Multiplikator, R_i den Grenzerlös und C_i die Grenzkosten des Gutes i.[114]

Das RAMSEY-Theorem ist auch für den Fall eines ausschließbaren Kollektivgutes anwendbar, da hier langfristig die Bereitstellungskosten in das Optimierungskalkül einbezogen werden müssen.[115] So werden Preise in Höhe der

109 Vgl. Van der Bellen, A. (1971) S. 62.

110 Die Darstellung folgt Baumol, W.J.; Ordover, J.A. (1977) S. 6ff.

111 BAUMOL und ORDOVER nennen beispielhaft die Zahl der Leser (z) wissenschaftlicher Zeitschriften (m), welche als Qualitätsmerkmal durch die Anzahl der Seiten (q) gekennzeichnet sind.

112 Das Theorem geht auf Ramsey, F. (1927) S. 47ff. zurück.

113 Für die weitere Analyse wird immer eine monopolistische Marktstruktur mit einer linearen Preis-Absatz-Funktion und einer ebensolchen Grenzerlösfunktion unterstellt.

114 Da eine Grenzkostenpreisbildung bei Wirksamwerden einer Budgetrestriktion keine Kostendeckung erwirkt, müssen RAMSEY-Preise notwendig von Grenzkostenpreisen abweichen. Die quasi-optimale Differenz zwischen dem Preis des Gutes und den Grenzkosten ergibt sich nach (4) aus der Differenz zwischen Grenzerlös und Grenzkosten, gewichtet mit dem Lagrangemultiplikator μ. Sind die Kreuzpreiselastizitäten der Nachfrage gleich Null, so ergibt sich der bekanntere Spezialfall, nach dem sich die prozentuale quasi-optimale Differenz invers zur Preiselastizität der Nachfrage des Gutes verhält.

115 Die Grenzkosten der Bereitstellung des Gutes sind langfristig also positiv, so daß Nichtrivalität als Funktion der Kosten der Bereitstellung angesehen werden kann. In diesem Fall

Grenzkosten von Null nicht die Investitionsausgaben decken. Daher müssen bei einer *staatlichen* Produktion des Kollektivgutes *verzerrende Steuern* bspw. auf Konsumgüter oder den Faktor Arbeit erhoben werden, um die Anschaffungsausgaben des Kollektivgutes zu finanzieren. Hiermit wird letztlich ein positiver Nach-Steuer-Preis für das Kollektivgut eingefordert. Mit dieser Konstellation ist aber direkt die zentrale Problemstellung des RAMSEY-Theorems verbunden, wie die Abweichungen dieser Preise von den Grenzkosten gestaltet werden müssen, um die mit einer verzerrenden Besteuerung einhergehenden Wohlfahrtsverluste zu minimieren. Da also Preise von Null nicht dazu beitragen, die Bereitstellungskosten zu decken und eine Budgetrestriktion in Form verzerrender Besteuerung in das Optimierungskalkül einzubeziehen ist, sprechen BAUMOL und ORDOVER von der „inevitability of the budget constraint".[116]

Als notwendige Bedingung für quasi-optimale Preise ergibt sich aus (4) bei $C_i = 0$ für zwei beliebige beliebige Kollektivgüter i und κ

$$(5) \quad p_i = -\mu R_i \qquad oder \qquad p_i / p_\kappa = R_i / R_\kappa .$$

BAUMOL und ORDOVER zeigen in einem nächsten Schritt, daß bei einem ausschließbaren Kollektivgut, das Nichtrivalität im Konsum aufweist, ein *gewinnmaximierender Monopolist*[117] Preise erheben wird, die über den quasi-optimalen Ramsey-Preisen liegen. Der Monopolist wird nämlich wegen $C_i = 0$ und $C_i = R_i$ sein Gewinnmaximum bei $R_i = 0$ realisieren, so daß er faktisch Erlösmaximierung betreibt. Demgegenüber werden die quasi-optimalen Preise wegen (5) aus dem negativen Teil der linearen Grenzerlösfunktion abgleitet. Die Autoren ziehen daraus den Schluß, daß „while prices charged by the profit maximizing supplier of a public good will be undesirably high, they need not be worse from the point of view of resource allocation than the zero prices that are traditionally recommended."[118] Die entscheidende Schlußfolgerung, die aus dieser Analyse zu ziehen ist, besagt, daß unter wohlfahrtstheoretischen Überlegungen eine unentgeltliche, staatliche Bereitstellung nicht mehr einer privaten, monopolistischen Bereitstellung vorzuziehen ist. Zudem ist gezeigt worden, daß Nicht-Rivalität im Konsum nicht zwangsläufig zu der Schlußfolgerung führt, daß Konsumenten von der Nutzung aus Effizienzerwägungen *nicht* ausgeschlossen werden dürfen. Berücksichtigt man die bestehende Budgetrestriktion, ist die These des aus Nichtrivalität abgeleiteten Marktversagens nicht haltbar.

---

gibt es keine 'geborenen' Kollektivgüter, sondern nur eine Entscheidung über die anzustrebende Kapazität bzw. deren Ausweitung auf ein Niveau, bei dem Nichtrivalität vorherrscht. Vgl. Noll, W. (1984) S. 94f. und auch Goldin, K.D. (1977) S. 57.

116 Baumol, W.J.; Ordover, J.A. (1977) S. 7.

117 Es wird hier unterstellt, daß es sich bei dem Anbieter um einen gewinnmaximierenden Monopolisten handelt, wobei annahmegemäß die Grenzkosten gleich Null sind und die durchschnittlichen Kosten daher einen stetig fallenden Verlauf haben.

118 Baumol, W.J.; Ordover, J.A. (1977) S. 12.

Die Wahl zwischen den beiden genannten Angebotsformen muß allerdings fallweise über die mit den jeweiligen Verfahren verbundenen Kosten erfolgen. Dabei sind die Verfahrenskosten und die statischen allokativen Nachteile gegen die langfristigen allokativen Vorteile, die eine Anwendung des Ausschlußprinzips versprechen könnte, abzuwägen.[119]

Aufzuzeigen ist an dieser Stelle zudem die allokationstheoretische Parallelität zum Fall des natürlichen Monopols. Da in der Betrachtung annahmegemäß von Grenzkosten von Null ausgegangen wurde, liegen bei zunehmender Ausbringungsmenge ständig sinkende Durchschnittskosten vor.[120] Gleichzeitig wurde ein einzelner Anbieter unterstellt, so daß der Ansatz faktisch ein natürliches Monopol modelliert. Die Vermutung, daß dieser Fall auf Infrastrukturgüter (z.B. Rohrleitungssysteme) zutreffen könnte, liegt auch insofern nahe, als deren Erstellung zudem i.d.R. mit hohen versunkenen Kosten einhergeht. Wie die vorangehende Analyse jedoch zeigt, wird eine solche Angebotskonstellation eine monopolistisch überhöhte Preissetzung nach sich ziehen. Folglich schließen sich unmittelbar Fragen zur Regulierung natürlicher Monopole an, die in III.3. thematisiert werden sollen. Die Betrachtung ausschließbarer, nichtrivaler Kollektivgüter unter Berücksichtigung einer Budgetrestriktion hat die Untersuchung also letztlich zur Theorie natürlicher Monopole geführt. Im anschließenden Abschnitt sollen jedoch zunächst Kollektivgüter betrachtet werden, die Überfüllungserscheinungen aufweisen.

2.2.3 Güter mit nutzungsabhängiger Qualität

2.2.3.1 Zur ökonomischen Rationalität von Überfüllungsphänomenen

Wie in III.2.1 skizziert, sehen sich bspw. das Fernstraßennetz aber auch Ein und Ausfallstraßen zu Stoßzeiten zunehmender Kapazitätsauslastung gegenüber. Die Klassifizierung dieser Infrastrukturgüter als *reine* Kollektivgüter ist folglich nicht zutreffend. Sie sind vielmehr durch eine Situation gekennzeichnet, in der der Konsum des Kollektivgutes durch eine Person die Qualität der Leistungen für andere reduziert, wobei gemeinsame Nutzung trotzdem möglich bleibt. Diesen Zustand bezeichnet man als Überfüllung (congestion).[121] Bevor Überfüllungsphänomene ökonomisch präziser modelliert werden, werden im folgenden kurz die Bestimmungsgründe von Überfüllungserscheinungen betrachtet.

Einen theoretischen Ansatz bietet die Analyse von Allmenderessourcen (Common-Pool Resources). „The term 'common-pool resource' refers to a natu-

---

119 Vgl. Hanusch, H. (1981) S. 48.
120 Baumol, W.J.; Ordover, J.A. (1977) S. 12, FN 5.
121 Vgl. Oakland, W.H. (1987) S. 499, Bonus, H. (1978) S. 65.

ral or man-made resource system that is sufficiently large as to make it costly (but not impossible) to exclude potential beneficiaries from obtaining benefits from its use.“[122] Sei beispielhaft eine Brücke als eine erstellte Allmenderessource (resource system) angenommen, so sind hiervon die Leistungen (resource units) derselben zu unterscheiden, welche durch die Nutzer in Anspruch genommen werden (Überqueren der Brücke). Diese Aneignung des Leistungsstroms unterliegt im Gegensatz zu reinen Kollektivgütern *nicht* dem Kriterium der Nicht-Rivalität im Konsum (privates Quantitätscharakteristikum)[123] und ist zudem durch Ausschließbarkeit gekennzeichnet. Nutzen zu viele Wirtschaftssubjekte die Ressource, so resultieren aufgrund dieses privaten Quantitätscharakteristikums die für Allmenderessourcen charakteristischen Überfüllungs- bzw. Übernutzungsphänomene. Die Qualitätskomponente hingegen erfüllt Kollektivguteigenschaften, da eine bestimmte Qualität, die sich aus der Zahl der Nutzer und der von ihnen verursachten Überfüllungserscheinungen bestimmt, durch alle Nutzer gemeinsam konsumiert wird.[124] Im Grenzfall, z.B. bei völligem Zusammenbruch des Verkehrs, wird das Kollektivgut zwar angeboten, stiftet aber in bezug auf seine Qualität niemanden mehr Nutzen.[125] Güter, die Überfüllungsphänomenen unterliegen, sind analytisch also als Güter mit *multiplen Charakteristika*[126] zu begreifen, die eine Quantitäts- und eine Qualitätskomponente aufweisen. Unterliegen Allmenderessourcen Überfüllungserscheinungen, so sind sie mit der zu betrachtenden Kategorie der überfüllten Kollektivgüter identisch. Die folgenden Ausführungen verdeutlichen, daß dies auf die institutionellen Rahmenbedingungen ihrer Leistungsabgabe zurückzuführen ist.[127]

Die Analyse unterstellt zunächst eine lineare Kostenfunktion in Abhängigkeit von der Nutzungsintensität der betrachteten Allmenderessource (z.B. eine Autobahn).[128] Die zugrundeliegende Produktionsfunktion hingegen unterliegt ab-

---

122 Ostrom, E. (1991) S. 30.

123 Die Tatsache, daß nur die Ressource der gemeinsamen Nutzung unterliegt, nicht aber die abgegebenen Leistungen, ist der wesentliche Unterschied zu einem reinen Kollektivgut. Bei letzterem sind beide Elemente durch Nichtrivalität im Konsum gekennzeichnet. Vgl. Ostrom, E. (1991) S. 31.

124 Vgl. Pethig, R. (1981) S. 187.

125 Vgl. Hanusch, H. (1981) S. 44 sowie FN 15. In diesem Fall geht das nutzungsabhängige Kollektivgut aber nicht wieder in den Bereich der Individualgüter über, sondern ist wegen des gemeinsamen Konsums der Qualitätskomponente als Kollektivgut zu kategorisieren.

126 Vgl. Blümel, W.; Pethig, R.; v.d. Hagen, O. (1986) S. 247.

127 Vgl. Gordon, H.S. (1954) S. 128. Die folgenden theoretischen Ausführungen stellen eine Übertragung der Ausführungen von GORDON zur Problematik der Übernutzung von Fischgründen auf das Infrastrukturproblem dar [vgl. Gordon, H.S. (1954) S. 129ff.]. So bezieht auch OSTROM explizit Infrastrukturgüter (z.B. Brücken) in die Analyse von Allmenderessourcen ein. Vgl. Ostrom, E. (1991) S. 30.

128 Im Fall von Autobahnen sind Kosten der Raumüberwindung anzusetzen, die den Wirtschaftssubjekten in Form von Ausgaben für Benzin etc. entstehen. Diese privaten Kosten,

nehmenden Grenzerträgen. Diese sind auf die wachsende gegenseitige Beeinträchtigung der Nutzer untereinander bei zunehmender Nutzungsintensität zurückzuführen, d.h. auf eine reduzierte Leistungsqualität bspw. aufgrund von sich ausweitenden Stauungen. Vereinfachend werden weiterhin lineare Funktionen sowie ein Preis von 1 Geldeinheit angenommen, um Mengen- und Werteinheiten als identisch ansehen zu können. So ergibt sich die optimale Nutzungsintensität für die Allmenderessource Autobahn in Punkt B (Abb. 3.2.a). Die Fläche ABDE kann dann als ökonomische Rente interpretiert werden, die dem Nutzungspotential (resource system) als fixem Faktor - hier der Autobahn - zugeordnet werden kann. Sie repräsentiert die zusätzliche Produktivität, die durch eine bessere Angebotsqualität der Autobahn (i.S. von schnellerer Raumüberwindung) im Gegensatz zu z.B. Landstraßen[129] erzielt werden kann.

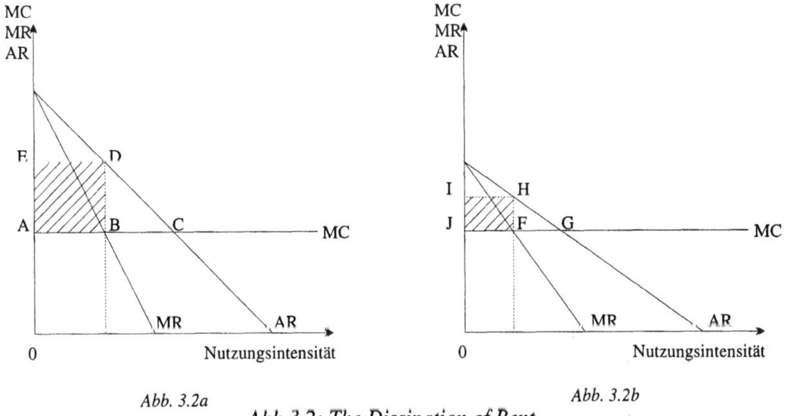

Abb.3.2: The Dissipation of Rent.
Quelle: Gordon, H.S. (1954) S. 131.

Entscheidend für die Analyse von Überfüllungsphänomenen ist, daß niemand sich diese ökonomische Rente aneignen kann. Es kommt daher ein durch Konkurrenz geprägter Prozeß zustande, welcher letztlich die ökonomische Rente vollständig aufzehrt. Unterstellt seien zwei Allmenderessourcen unterschiedlicher Qualität - z.B. eine Autobahn in Abbildung 3.2a und eine Landstraße in 3.2b -, wobei eine bestimmte Nutzungsintensität der Landstraße mit einem ge-

die ein Individuum aufwenden muß, um die Leistung der Allmenderessource in Anspruch nehmen zu können, sind zu unterscheiden von dem Umstand, daß ein Individuum zu Grenzkosten von Null an den Leistungen eines reinen Kollektivgutes beteiligt werden kann. Letztere beziehen sich nämlich auf die Kosten, die ein zusätzlicher Nutzer für den Betrieb des Kollektivgutes ausmacht, während erstere aus der Perspektive des Nutzers entstehen.

129 Diese würden der Grenzbewirtschaftung von Böden in der Landwirtschaft entsprechen.

ringeren Durchschnittsertrag verbunden ist als die der Autobahn. Die jeweiligen Optima in Punkt B bzw. Punkt F, in denen der Grenzertrag beider Güter identisch ist, stellen jedoch keinen stabilen Gleichgewichtszustand dar. Können Transportunternehmen wählen, ob sie die Landstraße oder die Autobahn nutzen wollen, so werden sie das Infrastrukturgut wählen, welches ihnen den höheren Durchschnittsertrag erbringt.[130] Da letzterer in Abbildung 3.2a mit OE größer ist als in 3.2b (OI), werden Konsumenten Autobahnen stärker nutzen. Ein stabiles Gleichgewicht ergibt sich erst dann, wenn die Durchschnittskosten gleich dem Durchschnittsertrag sind (Punkt C). Folglich übersteigt die Nutzungsintensität das Optimum und die ökonomische Rente wird - bei auf beiden Märkten annahmegemäß identischen Durchschnittskosten - vollkommen aufgezehrt.

GORDON schließt hieraus, daß „[w]ealth that is free for all is valued by none because he who is foolhardy enough to wait for its proper time of use will only find that it has been taken by another. [...] Under unregulated private exploitation they [the common-property resources (A.S.)] can yield no rent; that can be accomplished only by methods which make them private property or public (government) property, in either case subject to a unified directing power."[131] Die Frage, welches institutionelle Arrangement eine derartige Übernutzung auf ihr optimales Niveau hin einschränken könnte, ist an dieser Stelle zunächst zurückzustellen. Im Rahmen der Analyse von Klubgütern (III.2.2.3.4) sind jedoch Möglichkeiten und Grenzen einer effizienten *privaten* Bereitstellung von Allmenderessourcen zu untersuchen. Im sich anschließenden Abschnitt sollen Überfüllungsphänomene zunächst als Kostendimension erfaßt werden

2.2.3.2 Die Kosten der Überfüllung

Das Problem der Übernutzung von Allmenderessourcen läßt sich auch durch die wohlfahrtstheoretische Kategorie der negativen externen Effekte beschreiben. „This form of ownership [communally owned land (A.S.)] fails to concentrate the cost associated with any person's exercise of his communal right on that person. If a person seeks to maximize the value of his communal rights, he will tend to overhunt and overwork the land because some of the costs of his doing so are borne by others."[132] So werden die Beeinträchtigungen, die durch die Nutzung der Allemenderessource durch *A* auf Wirtschaftssubjekt *B* eingehen, von *A* nicht in Rechnung gestellt. Die Aktivität von *A* geht vielmehr bei-

---

130 So zeigt der Durchschnittsertrag im Gegensatz zur Grenzbetrachtung an, welches Infrastrukturgut den höheren Gesamtertrag bei einer bestimmten Nutzungsintensität erzielt.

131 Gordon, H.S. (1954) S. 135. Die Analyse von OSTROM zeigt allerdings an historischen Beispielen, daß auch alternative, freiwillige institutionelle Arrangements zwischen den Beteiligten gefunden werden können, die eine Übernutzung der Ressource vermeiden.

132 Demsetz, H. (1967) S. 110.

läufig in die Nutzenfunktion eines jeden Individuums ein, das das überfüllte Infrastrukturgut nutzt (negative Externalität). Der Nutzen, den das überfüllte Kollektivgut für ein beliebiges Individuum stiftet, ist daher auch abhängig von der Zahl der simultanen Konsumenten sowie der Nutzungskapazität des angebotenen Gutes.[133]

Um die Effekte, die vom Phänomen der gegenseitigen Beeinträchtigung auf die optimalen Bereitstellungsmengen einwirken, abschätzen zu können, sind negative Externalitäten als Kostenkalkül zu formulieren. Hier sind drei Kostenarten zu unterscheiden: Erstens entstehen *Überfüllungskosten* (congestion costs), die wegen psychischen Drucks der Reduktion der Platzqualität, der Massierung von Nutzern etc. auftreten.[134] So hemmt z.B. im Fall des Straßenverkehrs jedes hinzukommende Fahrzeug den gesamten Verkehrsfluß. Die Verlängerung der Fahrtdauer eines jeden einzelnen Verkehrsteilnehmers, bewertet zu der individuellen Wertschätzung der verlorenen Zeit, ist als Kostenkomponente im Sinne der Überfüllungskosten zu kalkulieren. Zweitens sind *Verdrängungskosten* relevant, die durch freiwillige Substitution seitens der Konsumenten entstehen oder in Form von monetären Beiträgen - z.B. Rationierungsgebühren - zur Nachfrageumlenkung auftreten. Werden drittens Erweiterungsinvestitionen getätigt und die Kosten auf die Nachfrager umgelegt, so entstehen aus deren Sicht *Überlastkosten.*[135] Die Summe aus Überfüllungs-, Verdrängungs- und Überlastkosten wird als Grenznutzungskosten bezeichnet.[136] Diese entstehen bei der Ausdehnung der Zahl der Nutzer und spiegeln den Grad an Rivalität wider, der sich bei fehlendem Konsumentenausschluß in Überfüllungserscheinungen ausdrückt.

Die skizzierten (externen) Grenznutzungskosten einer Beteiligung zusätzlicher Konsumenten an den Leistungen des überfüllten Kollektivgutes sind als positive Grenzkosten der Leistungsabgabe zu interpretieren. Es ist daher effizient, einen positiven Preis von den Konsumenten zu erheben und die Personen auszuschließen, deren Grenznutzen die Grenzkosten der Nutzung unterschreitet.[137] Ein Konsumentenausschluß könnte nun grundsätzlich die Möglichkeit

133 Vgl. Hanusch, H. (1981) S. 77.
134 Vgl. Oakland, W.H. (1972) S. 339f.
135 Vgl. Grossekettler, H. (1985) S. 216. Überlastkosten können auch den Charakter von sprungfixen Kosten haben, wenn durch eine Erweiterung der Kapazität mehrere Nutzer gleichzeitig bedient werden (z.B. Zusatzvorstellungen in einem Theater). Sie sind dann nur näherungsweise als Grenzkosten im Sinne einer kleinen Erhöhung der Kosten interpretierbar [vgl. Grossekettler, H. (1985) S. 216, FN 8]. Zusätzliche Konsumenten können nur in trivialen Fällen kostenlos versorgt werden, nämlich wenn sie den Service sowieso nicht nutzen oder wenn die Kapazität nicht ausgenutzt ist. Vgl. Goldin, K.G. (1977) S. 58.
136 Vgl. Grossekettler, H. (1985) S. 216. Eine mathematische Präzisierung findet sich auf S. 215.
137 Vgl. Goldin, K.G. (1977) S. 59.

einer marktlichen Bereitstellung kollektiver Güter mit nutzungsabhängiger Qualität eröffnen.[138] Bei der Entscheidung für oder gegen einen Preisausschluß ist jedoch auch die Frage zu beantworten, ab welcher Kostenobergrenze dieses Systems ein *Verzicht* auf einen Preis-Ausschluß als vorteilhaft angesehen werden muß.[139] Dies ist im besonderen Maße ein Problem des effizienten Ausschlußverfahrens. Die hierzu angewendete Technik ist nur dann wirtschaftlich vertretbar, wenn sie es erlaubt, Überfüllungskosten im Vergleich zum Zustand der entgeltlosen (öffentlichen) Bereitstellung einzusparen und diese eingesparten Kosten nicht von den anfallenden Ausschlußkosten überkompensiert werden.[140] Darüber hinaus sind sowohl der Zusammenhang zwischen Benutzerzahl und Ausschlußmöglichkeiten[141] als auch die Veränderung der Qualität des gemeinsam genutzten Gutes (*externe Effekte durch Ausschluß*) zu berücksichtigen. Der letztgenannte Aspekt ist im folgenden vertieft zu betrachten.

So reduzieren z.B. Kassiereinrichtungen an Autobahnen bei elastischer Nachfrage auf der einen Seite die Zahl der Nutzer der betrachteten Fernstraße, drängen aber auch viele Fahrzeuge auf das übrige Straßennetz ab. Es werden also externe Effekte verursacht, die sich in Kosten in Form von Staus, Umwegekosten und Umweltbelastungen in den nun stärker belasteten Städten und Gemeinden niederschlagen.[142] Zur Operationalisierung dieser externen Effekte ist die Spillover-Quote (ε), die den Wert der externen Effekte relativ mißt, zu definieren:

$$(6) \qquad \varepsilon = \frac{p_e}{p_g}.$$

Der absolute Geldwert der externen Effekte des Kollektivgutes, welcher durch die Anwendung der Exklusionstechnik entsteht und nicht durch eine zusätzliche oder alternative Technik vermeidbar ist, wird mit p_e bezeichnet. Die Größe p_g mißt hingegen den Geldwert des Gesamtnutzen des Gutes. GROSSEKETTLER teilt die durch den künstlich herbeigeführten Konsumentenausschluß entstehenden Externalitäten in grobe Kategorien ein, die einen Anhaltspunkt für deren wirtschaftspolitische Einordnung geben (Tab. 3.1).

Danach sind externe Effekte, bei denen die zugehörigen Werte der Spillover-Quote unter einem bestimmten Grenzwert liegen (ε_u), vernachlässigbar und die

---

138 Vgl. Oakland, W.H. (1987) S. 515.

139 Vgl. Rittig, G. (1984) S. 49.

140 Vgl. Grossekettler, H. (1985) S. 222f.

141 So ist z.B. der Ausschluß einer Einzelperson von der Nutzung einer Autobahnauffahrt wegen zu hoher Kosten nicht möglich, während eine ganze Gemeinde bei mangelnder Wertschätzung durch Sperrung der Auffahrt ausgeschlossen werden könnte. Vgl. Grossekettler, H. (1985) S. 229.

142 Vgl. ebenda S. 223ff.

zugehörige Ausschlußtechnik kann angewendet werden. Dies gilt auch für Externalitäten, die aus ordnungspolitisch legitimierten Gründen fühlbar sein sollten. Weiterhin gibt es internalisierungsbedürftige, jedoch nicht dominierende externe Effekte, die einen Ausschluß zulassen, bei denen aber Internalisierungsmaßnahmen ergriffen werden sollten. Im letzten Fall überschreitet die Spillover-Quote eine bestimmte Obergrenze (ε_o), ab der die externen Effekte, die durch einen Ausschluß entstehen, dominieren. In diesem Fall sollten Konsumenten nicht von der Nutzung ausgeschlossen werden.[143]

	Kategorien
$\varepsilon < \varepsilon_u$	Externe Effekte sind *vernachlässigbar.*
$\varepsilon_u \leq \varepsilon \leq \varepsilon_o$	Es gibt *internalisierungsbedürftige, jedoch nicht dominierende* externe Effekte.
$\varepsilon \geq \varepsilon_o$	Externe Effekte *dominieren.*

Tab. 3.1: Werteklassen externer Effekte durch Ausschluß.
Quelle: modifiziert nach Grossekettler, H. (1985) S. 225.

Obwohl diese Heuristik wertvolle Einsichten bzgl. der Einordnung von Externalitäten liefert, sind einige kritische Einwände zu formulieren. Zunächst ist der präzise Wert von ε kaum zu ermitteln, da Kenntnisse über den Verlauf der Nachfragefunktionen i.d.R. nur unvollkommen bestehen. Darüber hinaus sind die Grenzwerte ε_u und ε_o festzulegen. Hierzu ist jedoch zu bestimmen, *wessen Perspektive* für die Internalisierungsbedürftigkeit entscheidend ist. Der Ansatz unterstellt eine (staatliche) Instanz, welche über die Internalisierungsbedürftigkeit von Externalitäten entscheidet und die Grenzwerte (politisch) festlegt. Damit ist diese jedoch anfällig für Lobbytätigkeiten und die Durchsetzung von Partikularinteressen. Unter Berücksichtigung dieser Probleme bietet die obige Heuristik aber dennoch einen Anhaltspunkt für die mit Ausschlußtechniken verbundenen Schwierigkeiten und kann zumindest in der Kategorie dominanter externer Effekte (d.h. im Hinblick auf die Extrema) eine Entscheidungshilfe bieten.

Zusammenfassend ist festzuhalten, daß im Fall von Kollektivgütern mit nutzungsabhängiger Qualität Grenznutzungskosten durch zusätzliche Konsumenten entstehen. Es ist daher gerechtfertigt, einen mit der Grenzkostenregel begründeten Nichtausschluß von Konsumenten zu verwerfen. In die Entschei-

143 Zusätzlich gibt es bestimmte Freiheiten (z.B. Gewerbefreiheit) und Allgemeingültigkeiten (z.B. Allgemeingültigkeit des Rechts) für die ex definitione die Spillover-Quote den oberen Grenzwert übersteigt, d.h. in diesen Fällen sollte aus Prinzip niemand ausgeschlossen werden. Vgl. hierzu auch Bohley, P. (1977) S. 31f.

dung, Nachfrager von der Nutzung eines Kollektivgutes auszuschließen, sind jedoch auch die Ausschlußkosten sowie die aus einem Ausschluß resultierenden Externalitäten einzubeziehen. Im folgenden sind die Konsequenzen, die vom Phänomen der gegenseitigen Beeinträchtigung auf die paretooptimalen Mengen und Preise des Kollektivgüterangebotes ausgehen, zu umreißen. Dabei soll die Entscheidung für oder gegen einen Konsumentenausschluß aufgrund des obigen Kostenkalküls als abgeschlossen und - vor dem Hintergrund bestehender Überfüllung - als gegeben angenommen werden.

2.2.3.3 Nicht-ausschließbare Güter mit nutzungsabhängiger Qualität

Quasikollektivgüter, zu denen bspw. überfüllte Landstraßen zählen, unterliegen bei bestehenden Überfüllungsphänomenen so hohen Ausschlußkosten, daß ein Konsumentenausschluß unterbleibt (Gütergruppe D in Abbildung 3.1). Da - bei gegebener Kapazität - die Grenzkosten der Nutzung positiv sind (Überfüllungskosten), ist diese Lösung nicht effizient und es gelten die Ergebnisse, die für übernutzte Allmenderessourcen abgeleitet wurden. Das Bereitstellungsproblem besteht jedoch ebenso wie bei Kollektivgütern ohne Überfüllungsphänomen.[144] Beide Güterarten werden - nach traditioneller Auffassung - nicht privatwirtschaftlich angeboten, da Konsumenten aufgrund des Trittbrettfahrerproblems ihre Zahlungsbereitschaft nicht wahrheitsgemäß angeben. So scheitert also eine private Bereitstellung an zu geringen Finanzierungsbeiträgen. Dies ist insofern bemerkenswert, als hier aufgrund fehlender Nicht-Rivalität im Konsum nach der in III.2.1 vorgestellten Definition kein Marktversagen besteht.[145] Eine staatliche Bereitstellung, welche den Preis nicht als Rationierungsinstrument einsetzen kann, muß daher analog zum Fall reiner öffentlicher Güter das Problem der optimalen Kapazität für Quasikollektivgüter lösen.[146]

Kann die Kapazität jedoch *nicht* optimal dimensioniert werden und kommt es daher zu Überfüllungsphänomenen, so sind unterschiedliche Anpassungsreaktionen denkbar. Bspw. sind ab einer bestimmten Nutzungsdichte Warteschlangen (Stauungen) oder vermehrte Selbstausschlüsse von Konsumenten[147] wahrscheinlich. Beide Formen der Rationierung werden jedoch das Kriterium der Paretoeffizienz nicht erfüllen. Der Ausschluß nach der First-Come-First-Serve-Methode ist in jedem Fall nicht effizient, da nicht sichergestellt wird, daß die

---

[144] Vgl. Foldvary, F. (1994) S. 81.

[145] Im Fall von überfüllten Stadt- und Landstraßen handelt es sich allerdings um Güter mit schwankender Kapazitätsauslastung, so daß hier ein zeitlich abhängiges Kollektivgutproblem vorliegt.

[146] Vgl. Oakland, W.H. (1987) S. 502. Dies setzt allerdings voraus, daß *keine* variablen Nutzungsraten unterstellt werden. Vgl. Blümel, W.; Pethig, R.; v.d. Hagen, O. (1986) S. 273.

[147] Dies trifft z.B. auf Freizeiteinrichtungen zu, bei denen die Nutzungsqualität entscheidend mit der Nutzungsabsicht (nämlich Erholung) verbunden ist.

Nutzer mit der höchsten Wertschätzung in den Genuß des Quasikollektivgutes kommen.[148]

Einen Ansatzpunkt, auch bei Quasikollektivgütern Konsumenten nach der Zahlungsbereitschaft 'auszuwählen', bietet die Verwendung von sog. *tie-ins*. Wird z.B. die Nutzung von Innenstadtstraßen je nach ihrem Überfüllungszustand an differenzierte Parkgebühren gekoppelt, so wird das Quasikollektivgut in Verbindung mit den Parkflächen dem Preisausschluß unterworfen. Für das Bereitstellungsproblem bedeutet dies, daß „any voluntary provision of a non-excludable collective good requires some tie-in to a severable or excludable good, a good which is specific to the individual or requires an entrance fee."[149] Inwieweit derartige tie-ins als Lösung des Infrastrukturbereitstellungsproblems dienen können, kann a priori allerdings nicht beantwortet werden. Bieten sie sich *nicht* an, so ist im Fall der Quasikollektivgüter eine staatliche Bereitstellung erforderlich.

2.2.3.4 Klubgüter

Die Theorie der Klubgüter (Gütergruppe C in Abbildung 3.1) ist nur auf Mitgliederorganisationen (Vereine, Klubs) anwendbar, die die Möglichkeit haben, andere von der Nutzung auszuschließen.[150] Dabei ist unter einem Klub eine freiwillig gegründete Gruppe zu verstehen, deren Mitglieder gegenseitigen Nutzen aus einem Gut, das durch ausschließbare Erträge gekennzeichnet ist, aus der Teilung von Produktionskosten oder aus der gemeinsamen Nutzung von Mitgliedereigenschaften ziehen.[151] Nach OLSON sind diese Gruppen als Exklusivklubs zu klassifizieren.[152] In Exklusivklubs, die unreine Kollektivgüter nutzen, kann Überfüllung bzw. Überbeanspruchung entstehen. Daher muß die Mitgliedschaft begrenzt werden, wenn Rationierung *innerhalb* eines Klubs vermieden werden soll. Die Klubtheorie bereitet das theoretische Fundament für Aussagen

---

148 Vgl. Goldin, K.G. (1977) S. 62.

149 Foldvary, F. (1994) S. 81.

150 Vgl. Buchanan, J.M. (1965) S. 13. Die auf BUCHANAN zurückgehende Klubgütertheorie ist von der von TIEBOUT (1956) begründeten Theorie lokaler Kollektivgüter zu unterscheiden. Letztere befaßt sich im wesentlichen mit *öffentlichen* Leistungen, die auf einen *bestimmten geographischen* Kreis beziehen. Das Angebot dieser Leistungen steht dabei nur den dort ansässigen Individuen zur Verfügung. Da sich die Frage einer effizienten Allokation in diesen Modellen im wesentlichen auf die Entscheidungen der *öffentlichen* Jurisdiktionen bezieht, im folgenden aber das Problem *privater Bereitstellung* untersucht werden soll, vernachläßigt die sich anschließende Analyse die Theorie lokaler Kollektivgüter. Vgl. zur Unterscheidung zwischen lokalen Kollektivgütern und Klubgütern Scotchmer, S. (1994) S. 94 und zur Theorie lokaler Kollektivgüter S. 107ff.

151 Vgl. Sandler, T.; Tschirhart, J.T. (1980) S. 1482.

152 Vgl. Olson, M. (1973) S. 38 und FN 58 sowie Kühne, K. (1984) S. 127. Von Exklusivklubs sind Inklusivklubs zu unterscheiden, die reine Kollektivgüter nutzen.

über die Allokationseffizienz unreiner öffentlicher Güter, von deren Konsum Nutzer ausgeschlossen werden können.[153] Beispielhaft sind aus der Gruppe der Infrastrukturgüter Häfen, Autobahnen oder Verladezentren zu nennen.[154]

Sollen die Bedingungen für eine effiziente Allokation bestimmt werden, so muß die optimale Bereitstellungsmenge, die Mitgliederzahl[155] und die Nutzungsrate wegen identischer, in die Ausgangsgleichungen und Optimalbedingungen einfließender Variablen simultan bestimmt werden.[156] Die der Optimierung unterstellten **Annahmen** sollen im folgenden kurz skizziert werden. Vereinfachend werden symmetrische Überfüllungseffekte, bei denen die Nutzung einer jeden Person einen identischen Überfüllungsbeitrag verursacht, unterstellt. Aufgrund dieser Annahme läßt sich eine einzige Überfüllungsfunktion für ein repräsentatives Mitglied bestimmen, die für die Optimierung zugrundegelegt werden kann.[157] Dem Klubgut läßt sich daher ein privates Quantitätscharakteristikum und ein öffentliches Qualitätscharakteristikum zuordnen.

Klubs sind weiterhin nach verschiedenen Merkmalen zu kategorisieren. Dabei stellen unterschiedliche Kombinationen dieser Merkmale jeweils unterschiedliche Typen von Klubs dar, die in Tabelle 3.2 durch E, F, G etc. gekennzeichnet sind. So sind sie zunächst nach den Präferenzen ihrer Mitglieder zu klassifizieren. In homogenen Klubs sind die Präferenzen der Mitglieder identisch, während bei heterogenen Klubs die jeweiligen Mitglieder unterschiedliche Präferenzen haben. Grundsätzlich muß weiterhin zwischen einer Ein-Klub-Betrachtung und einer gesamtwirtschaftlichen Betrachtung unterschieden werden.[158] Bei der *Ein-Klub-Betrachtung* werden lediglich die Optimalbedingungen für einen Klub formuliert. Dabei wird entweder der Nutzen eines repräsentativen Mitgliedes (homogene Präferenzen) oder eine soziale Wohlfahrtsfunktion, in die nur die Nutzen der Mitglieder (heterogene Präferenzen) eingehen, maximiert. Bei einer *gesamtwirtschaftlichen Betrachtung* hingegen müssen die Nutzenfunktionen sowohl der Mitglieder als auch der Nichtmitglieder berücksichtigt werden, wenn nicht die gesamte Bevölkerung in einem Klub zusammengeschlossen ist.

Zusätzlich ist zwischen einer fixen und einer variablen Nutzung zu unterscheiden. Während bei *fixer Nutzung* unterstellt wird, daß alle Mitglieder vom

153 Vgl. Sandler, T.; Tschirhart, J.T. (1980) S. 1482.
154 Vom Problem der versunkenen Kosten sei hier zunächst abgesehen.
155 Der Ausschluß vermindert den Zustand der Überfüllung für die verbleibenden Konsumenten (= Klubmitglieder). Er ist in diesem Fall also nicht ineffizient, sondern wird gerade durch die Effizienzbedingungen gefordert. Vgl. Blümel, W.; Pethig, R.; v.d. Hagen, O. (1986) S. 274.
156 Vgl. Sandler, T.; Tschirhart, J.T. (1980) S. 1485.
157 Vgl. Blümel, W.; Pethig, R.; v.d. Hagen, O. (1986) S. 273f.
158 Vgl. Cornes, R.; Sandler, T. (1986) S. 175f.

gesamten Angebot des Klubgutes Gebrauch machen, wird bei *variabler Nutzung* die Häufigkeit der Nutzung (Nutzungsrate) relevant. Im folgenden werden selektiv *unterschiedliche Kombinationen* (E, H, L) der oben differenzierten Merkmale vorgestellt. Dabei sollen im Lauf der Untersuchung restriktive Annahmen zunehmend aufgegeben werden.

Mitglieder	Fixe Nutzung	Variable Nutzung
Homogen (Ein-Klub-Betrachtung)	E	F
Homogen (Gesamtwirtschaftliche Betrachtung)	G	H
Heterogen (Ein-Klub-Betrachtung)	I	J
Heterogen (Gesamtwirtschaftliche Betrachtung)	K	L

Tab. 3.2: Klassifizierung exklusiver Klubs.
Quelle: Cornes, R.; Sandler, T. (1986) S. 164.

Es wird zunächst untersucht, in welcher Weise Überfüllungskosten auf die Optimalbedingungen Einfluß nehmen, die für reine Kollektivgüter formuliert worden sind.

(1) Im sogenannten BUCHANAN-Modell[159] wird ein **einzelner Klub** betrachtet, in dem sich die Mitglieder (s) mit **homogenen Präferenzen** freiwillig und dezentral organisiert haben. Diese nutzen das Kollektivgut X mit **fixen Nutzungsraten**, so daß aufgrund homogener Präferenzen die Kapazität des Klubgutes voll ausgeschöpft wird und sich die Mitglieder die anfallenden Kosten teilen (**Fall E**).[160] Unter Berücksichtigung der in Anhang 3 spezifizierten Annahmen und Funktionen ergeben sich die Optimalbedingungen (7) und (8).[161] Die bekannte SAMUELSONsche Optimalbedingung für reine Kol-

159 Vgl. Buchanan, J.M. (1965) S. 1ff. Eine Darstellung dieses Modells findet sich auch bei Blümel, W.; Pethig, R.; v.d. Hagen, O. (1986) S. 275, sowie mit der Nebenbedingung identischer Kostenbeiträge auch bei Oakland, W.H. (1987) S. 503f.

160 Es wird weiterhin unterstellt, daß keine Diskriminierung gegenüber anderen Mitgliedern erfolgt und daß keine Transaktions- und Ausschlußkosten anfallen. Vgl. Sandler, T.; Tschirhart, J.T. (1980) S. 1483.

161 Allgemein kann festgestellt werden, daß *bei konstanter Qualität* des Kollektivgutes im Optimum zwischen der Kostensenkung für den einzelnen, die durch die Beteiligung zusätzlicher Nachfrager an den Gesamtkosten entsteht, und der Zunahme der Gesamtkosten als Folge der notwendigen Ausdehnung der Güterkapazität ein Gleichgewicht gefunden werden muß. Zur Formulierung dieser Aussage mit Hilfe von Elastizitäten vgl. ausführlicher Shibata, H.(1979) S. 403f. Bei *abnehmender Qualität* des Kollektivgutes, d.h. bei wachsender wechselseitiger Beeinträchtigung, muß im Optimum sichergestellt sein, daß der Nutzen des letzten noch zum Konsum zugelassenen Nachfragers größer oder gleich

lektivgüter (7) sagt aus, daß im Optimum die Grenzrate der Substitution (MRS) zwischen dem Kollektivgut X und dem privaten Gut y gleich der Grenzrate der Transformation ist. Zusätzlich muß die Mitgliederbedingung (8) erfüllt sein, nach der für das repräsentative Klubmitglied die Grenzrate der Substitution zwischen der Gruppengröße und dem privaten Gut gleich der entsprechenden Grenzrate der Transformation sein muß. Dies bedeutet, daß im Optimum der Grenzertrag eines zusätzlichen Mitglieds gleich dessen Grenzkosten sein muß. Dabei ist der Grenzertrag normalerweise negativ, da zusätzliche Mitglieder Überfüllungserscheinungen mit sich bringen. Auch die Grenzkosten sind negativ, da neue Klubmitglieder die Bereitstellungskosten reduzieren.[162]

(7) $\sum_{i=1}^{s} MRS^i_{Xy} = MRT_{Xy}$ *Samuelsonsche Bereitstellungsbedingung*

(8) $MRS^i_{sy} = MRT^i_{sy}$ *Mitgliederbedingung*

mit $i = 1,\ldots,s.$

(2) Betrachtet man nun nicht nur einen einzigen homogenen Klub, sondern unternimmt eine **gesamtwirtschaftliche Betrachtung (Fall H)**, so müssen die obigen Ergebnisse erweitert werden. In das gesamtwirtschaftliche Modell werden nun nicht nur Mitglieder und Nichtmitglieder einbezogen, sondern es wird auch eine variable Nutzungsrate (v)[163] eingeführt. Dabei bezeichnet c die Überfüllungsfunktion und U die Nutzenfunktion. Alle mit ~ gekennzeichneten Symbole zeigen Variablen von Nicht-Mitgliedern an. Weiterhin wird unterstellt, daß die Zahl der Klubs bereits gegeben ist.[164] Neben der modifizierten SAMUELSONschen Bereitstellungsbedingung (7') ergibt sich im Optimum eine Mitgliederbedingung (8') und eine Beitragsbedingung (9). In (7') stellt sc_2 einen Gewichtungsparameter dar, der die Auswirkung einer infinitesimal kleinen Kapazitätsausweitung auf den Überfüllungsgrad des Klubs beschreibt. Die Bedingung (8') zeigt auch hier, daß die Zahl der aufzunehmenden Mitglieder sich dann im Optimum befindet, wenn der Nettonutzenzuwachs, den ein zusätzliches Mitglied bei Aufnahme in den Klub erfährt, gleich den Grenzkosten der Nutzung ist, welche sich durch den zusätzlichen Besuch auf alle vorhandenen Mitglieder auswirken. Letztere setzen

den Nutzeneinbußen ist, die bei allen anderen durch dessen Nutzung verursacht werden. Vgl. Hanusch, H. (1981) S. 77f.

162 Vgl. Sandler, T.; Tschirhart, J.T. (1980) S. 1484.

163 Dabei erhöht eine Zunahme der Nutzung die Überfüllung, während eine Erhöhung des Bereitstellungsumfanges des Kollektivgutes die Überfüllung reduziert. Vgl. Sandler, T.; Tschirhart, J.T. (1980) S. 1488.

164 Dieses Modell findet sich bei Cornes, R.; Sandler, T. (1986) S. 176ff.

sich - wie die rechte Seite von (8') zeigt, aus den marginalen Überfüllungskosten[165] sowie den Kosten durch die Reallokation des privaten Gutes zusammen $(y-\tilde{y})$. Schließlich ist der Beitrag, der pro Besuch des Klubs gezahlt werden muß, gleich den marginalen Überfüllungskosten $(-(sc_1)MRS_{cy})$, die ein Besuch den anderen Mitgliedern aufbürdet (9). Die marginalen Überfüllungskosten sind im Optimum gleich der marginalen Wertschätzung, die ein Besucher aus einem Besuch zieht (MRS_{vy}). Diese Bedingung gilt für jedes Mitglied, so daß der negative externe Effekt, der durch Überfüllung entsteht, internalisiert wird.[166]

(7') $(sc_2)MRS_{cy} = MRT_{Xy}$ *Bereitstellungsbedingung*

(8') $\left[\frac{U(\cdot)}{U_y} - \frac{\tilde{U}(\cdot)}{\tilde{U}_y}\right] = -(svc_1)MRS_{cy} + (y-\tilde{y})$ *Mitgliederbedingung*

(9) $MRS_{vy} = -(sc_1)MRS_{cy}$ *Beitragsbedingung*

mit $c_1 = \partial c/(sv) > 0$ *und* $c_2 = \partial c/\partial X < 0$.

BERGLAS und PINES formulieren vor diesem Hintergrund die folgende These: Gibt es eine optimale, homogene Konsumgruppe s^* und kann die ganze Bevölkerung $\hat{s}$ in eine ganzzahlige Menge von x Konsumgruppen aufgeteilt werden, die die Größe s^* haben, dann gibt es ein Preissystem, das die optimale Allokation aufrechterhält.[167] Die Preisfunktion, die sich aus dem Optimierungsproblem ergibt, ist abhängig von der Größe des Klubgutes und seiner Nutzungsrate (= Qualität des Klubgutes). Sowohl Konsumenten als auch Produzenten reagieren auf sie als Preisnehmer. „The main idea behind a price-taking equilibrium is that in order to make optimizing choices, consumers and firms observe prices and choose quantities. Taking prices as fixed, the consumer chooses the type of club [...] to join, and the firm chooses the type of club [...] to provide."[168] Hieraus kann also geschlossen werden, daß - solange Ausschluß und Teilbarkeit[169]

165 Die Kosten der Erweiterung der Kapazität (Überlastkosten) sind in der Budgetrestriktion modelliert.

166 Vgl. Cornes, R.; Sandler, R. (1986) S. 178. Anzumerken bleibt noch, daß für eine fixe Nutzungsrate die Beitragsbedingung entfällt (Fall G), da in diesem Fall die Nutzungsrate keine Variable ist und nicht mehr in die Nutzenfunktion der Mitglieder eingeht. Die Nutzungsrechte sind in diesem Fall bereits durch die Mitgliedschaft erworben worden. Vgl. ebenda S. 179.

167 Vgl. Berglas, E.; Pines, D. (1981) S. 148, Proposition 1.

168 Scotchmer, S. (1994) S. 98 (Hervorhebung im Original).

169 Die Bedingung der Teilbarkeit ist hier von dem Kriterium der Ausschließbarkeit zu unterscheiden. Erstere garantiert - im Gegensatz zum Modell mit fixen Nutzungsraten -, daß

erfüllt werden können - Güter, die Überfüllungserscheinungen unterliegen, durch den Markt optimal bereitgestellt werden können.[170] In dieser Situation müssen aber Preise pro Nutzung des Klubs gezahlt werden. Die Finanzierung eines Klubs auf der Basis von Mitgliedsbeiträgen ist nicht optimal.[171] Organisieren sich also Individuen auf der Basis von Klubs und finanzieren sie sich *nicht* durch pareto-optimale Preise, sondern durch Mitgliedsbeiträge, so müssen sie andere Vorteile genießen, die den Effizienzverlust aufwiegen.[172]

(3) Schließlich kann gezeigt werden, daß auch Klubs mit **heterogenen Mitgliedern** zu einer pareto-optimalen Allokation führen können. Hier wird lediglich eine **gesamtwirtschaftliche Betrachtung** dargestellt (**Fall L**), wobei Nicht-Mitglieder und Mitglieder des Klubs betrachtet werden. Letztere sind Individuen, deren heterogene Präferenzen durch wohldefinierte Nutzenfunktionen repräsentiert werden und welche die Nutzungsrate des Kollektivgutes variieren können.[173] Auch hier ergeben sich im Optimum die modifizierte SAMUELSONsche Bereitstellungsbedingung (7''), die Mitgliederbedingung (8'') und die Beitragsbedingung (9'). Die Interpretation der Bereitstellungsbedingung und der Mitgliederbedingung ist im wesentlichen identisch mit dem Fall homogener Mitglieder. Werden die Gebühren pro Nutzung des Klubgutes den Grenzüberfüllungskosten auf der rechten Seite in (9') gleichgesetzt, so wird die Überfüllungsexternalität internalisiert. Obwohl alle Mitglieder die gleiche Gebühr pro Nutzung zahlen, werden die *gesamten* Gebührenzahlungen pro Konsument mit der Nutzungsrate zwischen den verschiedenen Nutzern variieren, da die Optimalitätsbedingung bei *unterschiedlichen* Nutzungsraten für die jeweiligen Mitglieder erfüllt wird.[174] Hier liegt der entscheidende Unterschied zum Modell mit homogenen Mitgliedern. In homogenen Klubs zahlen alle Mitglieder die gleichen Gesamtgebühren aufgrund identischer Präferenzen, während bei heterogenen Klubs die Gesamtgebühren bei identischer Gebühr pro Nutzung mit den Präferenzen variieren.[175]

---

das Klubgut auch in geringerem Umfang als seiner vollständigen Kapazität genutzt werden kann.

170 Vgl. Berglas, E.; Pines, D. (1981) S. 149. Ähnlich Boadway, R. (1980) S. 132ff. bzw. 135ff. SCOTCHMER merkt allerdings kritisch an, daß „the „quality“ of a membership [...] cannot really be „chosen“ by the profit-maximizing entrepreneur the way one might choose the color of an automobile, since each member [...] must agree to join.“ Scotchmer, S. (1994) S. 106.

171 Vgl. Boadway, R. (1980) S. 137.

172 Vgl. Berglas, E. (1976) S. 119.

173 Vgl. Sandler, T.; Tschirhart, J.T. (1980) S. 1487.

174 Vgl. ebenda S. 1489 sowie Cornes, R.; Sandler, T. (1986) S. 181.

175 Vgl. Cornes, R.; Sandler, T. (1986) S. 182, Sandler, T.; Tschirhart, J.T. (1980) S. 1483.

$$(7'') \quad c_2 \int_1^s MRS_{cy}(i)di = MRT_{Xy} \qquad \textit{Bereitstellungsbedingung}$$

$$(8'') \quad \left[\frac{U(\cdot,s)}{\partial U(\cdot,s) / \partial y(s)} - \frac{\tilde{U}(\cdot,s)}{\partial \tilde{U}(\cdot,s) / \partial y(s)} \right] = -v(s) \int_1^s c_1 MRS_{cy}(i)di + [y(s) - \tilde{y}(s)] \qquad \textit{Mitgliederbedingung}$$

$$(9') \quad MRS_{vy}^{j} = -c_1 \int_1^s MRS_{cy}(i)di \qquad j \in [1,s] \qquad \textit{Beitragsbedingung}$$

Die Beitragsbedingung ist entscheidend für die Frage, ob gemischte Klubs eine pareto-optimale Allokation hervorbringen.[176] Die oft verwendete Randbedingung, daß alle Mitglieder die gesamten Klubkosten zu gleichen Teilen tragen müssen,[177] resultiert nämlich in einem geringeren als dem pareto-optimalen Wohlfahrtsniveau. Wird diese Restriktion aber nicht verwendet, kann gezeigt werden, daß gemischte Klubs optimal[178] sind, wenn die Nutzungsraten der Mitglieder überwacht und individuelle Kostenbeiträge zugeteilt werden können. In diesem Fall wird das Präferenzaufdeckungsproblem durch die marktähnliche Angebotsform des Klubgutes gelöst.[179] Damit ist aber die Optimalität der gemischten Klubs eng mit der Frage der Überwachungskosten verbunden. Sind diese prohibitiv hoch, so müssen eventuell zweitbeste Lösungen implementiert werden.[180]

BERGLAS und PINES haben gezeigt, daß homogene Klubs mit fixen oder variablen Nutzungsraten unter marktwirtschaftlichen Bedingungen operieren

---

176 BERGLAS und PINES sind z.B. der Ansicht, daß heterogene Klubs nur dann vorteilhaft sind, wenn starke Skaleneffekte auftreten, so daß eine größere Mitgliederschaft erwünscht ist als durch homogene Mitglieder erreicht werden könnte. Als weitere Gründe für die Gründung heterogener Klubs führen sie die Herstellung sog. Multiproducts (Güter, deren Herstellung die Kenntnisse heterogener Individuen erfordern) und die sonstige Notwendigkeit unterschiedlicher Kenntnisse und Fähigkeiten der Mitglieder an. Vgl. Berglas, E. und Pines, D. (1978) S. 27.

177 Zu dieser Bedingung vgl. Diamond, P.A. (1973) S. 532. Diese Bedingung wird auch bei Oakland, W.H. (1987) S. 503ff. verwendet, so daß auch OAKLAND den Schluß zieht, daß heterogene Klubs nicht pareto-optimal sind.

178 Weder die Ein-Klub-Betrachtung noch die gesamtwirtschaftliche Betrachtung eines einzelnen Klubs garantieren jedoch in allen Fällen Pareto-Optimalität. Im ersten Fall kann diese scheitern, wenn die Zahl der Mitglieder im Verhältnis zur Bevölkerung relativ groß ist, im zweiten Fall, wenn mehr als ein Klub wünschenswert ist. Vgl. Sandler, T.; Tschirhart, J.T. (1980) S. 1493.

179 Vgl. Cornes, R.; Sandler, T. (1986) S. 181.

180 Vgl. Sandler, T.; Tschirhart, J.T. (1980) S. 1492. OAKLAND weist darauf hin, daß eine effiziente Allokation nicht realisiert werden kann, wenn die Präferenzen nicht überwacht werden können, da hier das Trittbrettfahrerproblem wieder auftritt. Vgl. Oakland, W.H. (1974) S. 930.

können. Es entsteht dann - unter neoklassischen Idealbedingungen - eine Anzahl identischer, gewinnmaximierender Firmen, die für jede Nutzung ihres Angebotes eine nutzungsabhängige Gebühr verlangen. Bei *Infrastrukturgütern* kann zwar von einem gemeinsamen Konsum der Komponente 'Quantität' ausgegangen werden, die Qualitätskomponente unterliegt aber in vielen Fällen der Überfüllung. Die hiermit verbundenen positive Überfüllungskosten rechtfertigen allokationstheoretisch den Ausschluß von Konsumenten. Ist dieser auch technisch möglich, so ist es effizient, die Nutzung durch Preisausschluß zu begrenzen und ein Klubgut marktlich bereitzustellen. Das Argument des Marktversagens als Begründung der Bereitstellung von Infrastrukturgütern durch den Staat hat also im Idealfall bei Klubgütern keine Berechtigung.

Dennoch muß diese Aussage dann relativiert werden, wenn sich besondere *angebotstheoretische Probleme* ergeben, die einen staatlichen Eingriff rechtfertigen könnten.

- Ist nur eine kleine Zahl von Klubs im Verhältnis zur Zahl der Bevölkerung optimal, so kann es zu einer **monopolistischen** oder oligopolistischen **Angebotsstruktur** kommen. CORNES und SANDLER weisen allerdings darauf hin, daß dies allokations- und wettbewerbstheoretisch nur dann kritisch zu bewerten sei, falls *keine* nahen Substitute zu dem angebotenen Klubgut existierten.[181] Zudem werde es im Fall von Klubgütern dann nicht zu einer Realisierung von Monopolrenten kommen, wenn diese durch Mitgliedereigentum vermieden werden.[182]
- Bei Infrastrukturgütern wie z.B. einer Autobahn, einer Eisenbahntrasse oder einem Kanalisationssystem spielt weiterhin das Problem der versunkenen Kosten sowie der Skalenerträge eine entscheidende Rolle für die Frage einer effizienten Allokation. Das oben skizzierte Ergebnis gilt nur für den Fall konstanter Skalenerträge, während bei **zunehmenden Skalenerträgen** und ausschließlicher Gebührenfinanzierung Defizite auftreten würden.[183] In einem solchen Fall sind die Mitglieder nicht mehr in der Lage, die Überfül-

---

181 Vgl. Cornes, R.; Sandler, T. (1986) S. 191.

182 Auch hier können Ineffizienzen in Form von Monopolrenten durch die Transaktionskostenersparnis aufgrund von monopolistischer Organisation gerechtfertigt werden.

183 Vgl. Berglas, E.; Pines, D. (1981) S. 142. Aus den Optimalbedingungen kann durch Umformung abgeleitet werden, daß die Summe der Gebühren, die für die Nutzung einer Einheit des Klubgutes gezahlt werden, die Grenzkosten der Bereitstellung decken [vgl. Sandler, T.; Tschirhart, J.T. (1980) S. 1496]. Der Selbstfinanzierungseffekt versagt jedoch, wenn die Durchschnittskosten die Grenzkosten übersteigen, d.h. wenn zunehmende Skalenerträge auftreten [vgl. auch Boadway, R. (1980) S. 134, Oakland, W.H. (1987) S. 502]. So betont BOADWAY, daß die These von BERGLAS - eine marktliche Bereitstellung von Klubgütern sei bei einer großen Anzahl von homogenen Klubs immer, d.h. auch bei zunehmenden Skalenerträgen effizient [vgl. Berglas, E. (1976) S. 118] - nicht korrekt ist. Vgl. Boadway, R. (1980) S. 132 und S. 134, FN 4.

lungsexternalitäten durch Gebühren zu internalisieren und die Bereitstellung des Klubgutes zu finanzieren. Dieser Sachverhalt läßt die Parallelität zum Fall des natürlichen Monopols erkennen. Eine second-best-Lösung ließe sich hier aber bspw. mit Hilfe eines zweigeteilten Tarifs implementieren, bei dem durch einen festen Mitgliedsbeitrag, der das sonst entstehende Defizit finanziert, und nutzungsabhängige Gebühren die Kosten gedeckt werden.[184] Dies wäre z.B. bei Versorgungsunternehmen denkbar. Hier würden Mitglieder das Klubgut 'Versorgungsunternehmen' freiwillig aufgrund ihrer Interessenlage, d.h. des Vorteils fallender durchschnittlicher Bereitstellungskosten, teilen. Die Grundgebühren würden als Klubeintrittsgebühren fungieren, dürften aber nicht so hoch sein, daß potentielle Mitglieder des freiwilligen Zusammenschlusses abgeschreckt würden.[185]

Die Analyse der komplexeren Güterwelt hat detaillierteren Aufschluß darüber ergeben, wann der Markt einer übergeordneten, staatlichen Unterstützung bedarf. So ist bei reinen Kollektivgütern, die allerdings im Rahmen der Infrastrukturgüter kaum existieren, und bei Quasikollektivgütern eine staatliche Bereitstellung erforderlich, falls eine private Bereitstellung über tie-ins versagt. Dann ist kein Konsumentenausschluß möglich, so daß das Trittbrettfahrerproblem wirksam wird und ein privates Angebot nicht zustande kommt. Ist ein Konsumentenausschluß technisch möglich, wirtschaftlich vertretbar und mit einer normativ zu bestimmenden, tolerablen Menge von externen Effekten verbunden, so eröffnen sich marktmäßige Bereitstellungsformen. Bei Rivalität im Konsum ergibt sich für Klubgüter eine effiziente Bereitstellung über den Markt. Liegt hingegen Nichtrivalität vor, so ist die Grenzkostenregel zu modifizieren, da langfristig Fixkosten in die Analyse einbezogen werden müssen. In der langfristigen Betrachtung, die die Bereitstellung einbezieht, ist von positiven Grenzkosten auszugehen, so daß ein Konsumentenausschluß unter Effizienzgesichtspunkten gerechtfertigt werden kann. Die Ausgangshypothese, daß es sich bei Infrastrukturgütern um Kollektivgüter handele, ist also nur selten gültig. Zudem ist in den Fällen, in denen Ausschließbarkeit gegeben ist, zu prüfen, ob ein natürliches Monopol vorliegt. Diese wäre dann gegeben, wenn hohe versunkene Kosten sowie eine subadditive Kostenfunktion angenommen werden können. Da diese Konstellation bei Infrastrukturgütern vermutet werden kann, soll im folgenden die Theorie der natürlichen Monopole dargestellt und kritisch beleuchtet werden.

---

184 Vgl. Sandler, T.; Tschirhart, J.T. (1980) S. 1496f.

185 Vgl. ebenda S. 1504.

3. Die Theorie natürlicher Monopole

3.1 Die Konzeption des natürlichen Monopols

3.1.1 Definition

In diesem Abschnitt wird diskutiert, ob Infrastrukturgüter in die Marktversagenskategorie der natürlichen Monopole einzuordnen sind und inwieweit der Staat deshalb in den marktwirtschaftlichen Prozeß eingreifen sollte. Hier reichen die Alternativen von der Bereitstellung des Angebots durch öffentliche Betriebe über die Überwachung der Preispolitik von Monopolanbietern bis hin zur rein marktlichen Bereitstellung bei Unternehmen, die in wettbewerblichen Märkten agieren. Für den Bereich der Infrastrukturgüter ist die Theorie der natürlichen Monopole von besonderer Bedeutung, da sowohl in der Versorgungs- und Entsorgungswirtschaft (Wasser, Abwasser, Elektrizität, Gas) und im Verkehrssektor (Luft- und Schienenverkehr) als auch im - hier nicht behandelten - Kommunikations- und Mediensektor (Telefon, Kabelfernsehen) hohe versunkene Kosten sowie zunehmende Skalenerträge vermutet werden können. Die allokationstheoretische Relevanz der Theorie natürlicher Monopole ist damit für alle leitungs-, netz- und fahrwegsgebundenen Infrastrukturgüter zu untersuchen.

Voraussetzung für die Existenz eines natürlichen Monopols ist das Vorliegen einer subadditiven Kostenfunktion im gesamten Bereich der kaufkräftigen Nachfrage.[186] Eine Kostenfunktion ist streng subadditiv, wenn bei beliebigem κ gilt:

$$C(y) < C(y^1) + C(y^2) + \ldots + C(y^\kappa). \quad (10)$$

Dabei sind C die Kosten der Produktion des Outputs y bei gegebenen Faktorpreisen, welcher sich aus der Summe aller y^κ zusammensetzt. Als *technische Voraussetzungen* einer subadditiven Kostenfunktion sind i.d.R. Langlebigkeit der Güter, welche eine Aufteilung der Kosten auf mehrere Generationen zur Folge hat, hohe Kapitalintensität, niedrige Produktivität sowie Unteilbarkeit der Investitionsobjekte zu nennen.[187] Zunehmende Skalenerträge (Economies of Scale) sind die mit diesen technischen Voraussetzungen im Einproduktfall einhergehenden *ökonomischen Eigenschaften* einer streng subadditiven Kostenfunktion. Diese treten für eine Kostenfunktion $C(y)$ dann auf, wenn $C(\lambda y) < \lambda C(y)$ bei $\lambda > 1$ und $y \geq 0$. Für $y > 0$ folgt unmittelbar, daß $C(\lambda y)/\lambda y < C(y)/y$, so daß die zugehörige Stückkostenkurve mit zunehmendem Output einen fallenden Verlauf hat (Abb. 3.3a).

---

186 Vgl. zu den folgenden Ausführungen bspw. Windisch, R. (1987) S. 41ff., Sharkey, W.W. (1982) S. 54ff. Der zunächst verwendete einfache Modellrahmen der Eingutproduktion ist statisch, neoklassisch und langfristig (d.h. es liegen nur variable Kosten vor). Von dynamischen Aspekten (Innovation, technischer Fortschritt) wird zunächst abstrahiert.

187 Vgl. Klatt, S. (1990) S. 209.

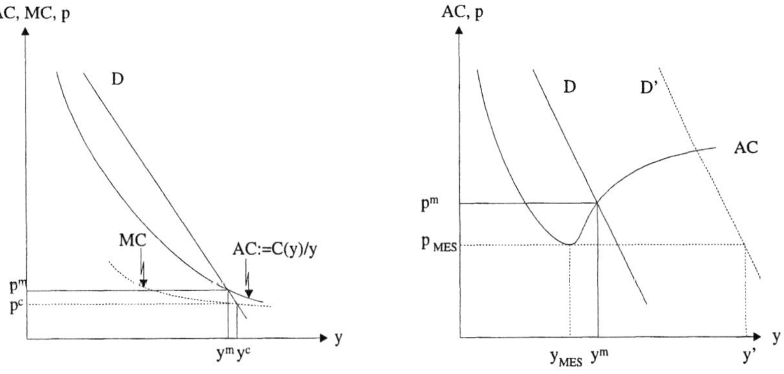

Abb. 3.3a *Abb. 3.3b*

Abb. 3.3: Stückkostenverläufe im natürlichen Monopol.
Quelle: Windisch, R. (1987) S. 44.

Durchgängig zunehmende Skalenerträge sind aber nur eine hinreichende, hingegen keine notwendige Bedingung für globale Subadditivität der Kostenfunktion und damit für das Vorliegen eines natürlichen Monopols (Abb. 3.3b).[188] In dem hier dargestellten Fall bezeichnet y_{MES} die kostenminimale Betriebsgröße, die durch das Minimum der Stückkosten gekennzeichnet ist. Ist letzteres im Verhältnis zur Marktnachfrage relativ groß, so liegt ein lokales natürliches Monopol vor. Dieses kann im Fall von Nachfrageverschiebungen (*D'*) aufgehoben werden, wenn die Absatzlage die Existenz zweier Unternehmen am Markt zuläßt, und diese beide zum Preis des früheren Monopolisten ihre Kosten decken können. Hier wird bereits deutlich, daß die Existenz eines natürlichen Monopols durch eine *bestimmte* Konstellation zwischen Kosten- und Nachfragefunktion gekennzeichnet ist.[189]

Nimmt man nun aber die Existenz einer subadditiven Kostenfunktion an, so bedeutet dies, daß es kostengünstiger ist, wenn nur eine Firma das betreffende Gut bei einer gegebenen Nachfragekonstellation produziert. Diese kann dann nämlich Größenvorteile realisieren.[190] So wird in Abbildung 3.3a deutlich, daß die Menge y^m von einem Unternehmen immer zu geringeren Kosten $C(y^m)$ produziert werden kann als die beiden Mengen y^A und y^B mit $y^A + y^B = y^m$, die von zwei unterschiedlichen Produzenten *A* und *B* bei identischer Technologie hergestellt werden $(C(y^A) + C(y^B) > C(y^m))$. Diese kostenseitige Überlegenheit einer Produktion von y durch nur ein Unternehmen hat nun unter-

188 Vgl. Baumol, W.J. (1977) S. 809f.
189 Vgl. Kruse, J. (1986) S. 221.
190 Vgl. Demsetz, H. (1968) S. 56.

schiedliche normative Implikationen bzgl. des wirtschaftspolitischen Handlungsbedarfs.

3.1.2 Wirtschaftspolitische Konsequenzen

Wirtschaftspolitischer Handlungsbedarf wird damit begründet, daß

(a) der Alleinproduzent seine **monopolistische Marktposition** ausnutzen und Preis und Output gewinnmaximierend festsetzen werde.[191] Der Monopolist müsse daher staatlicherseits reguliert werden, um seine Marktmacht und damit die vorhandenen monopolistischen Preissetzungsspielräume zu beschränken. Der Staat in Form öffentlicher Unternehmen[192] oder als Verantwortlicher regulativer Maßnahmen[193] trete hier als „Sachwalter des öffentlichen Interesses an effizienten Preisen" auf,[194] um Marktversagen auszugleichen. Neben der mit der monopolistischen Preissetzung verbundenen allokativen Ineffizienz implizieren überhöhte Preise auch unerwünschte Verteilungswirkungen, die historisch betrachtet häufig das ausschlaggebende Argument für die Regulierung natürlicher Monopole lieferten.[195]

(b) Eine zweite Argumentationslinie bezieht sich auf die Problematik der **Grenzkostenpreisbildung**. Wird der Markt, den ein natürliches Monopol bedient, zu Grenzkostenpreisen (p^c) geräumt, so entstehen Verluste, da die Grenzkosten (und damit auch der Preis) immer unter den Stückkosten (p^m) liegen.[196] Die wirtschaftspolitische Lösung liege in diesem Fall in einer staatlichen Defizitübernahme, so daß ein öffentliches Unternehmen zu Grenzkostenpreisen produzieren kann. Soll die Kosteneffizienz der Produk-

---

[191] Vgl. Demsetz, H. (1968) S. 56. DEMSETZ weist aber an dieser Stelle auch darauf hin, daß hier keine logische Verknüpfung zwischen der Beobachtung von Skaleneffekten in der Produktion und der Verhaltensannahme monopolistischer Preissetzung im Markt bestehe. Vgl. hierzu auch III.3.2.2.1.

[192] Bei öffentlichen Betrieben nimmt der Staat die Regulierungsfunktion in Form der Eigentümerrolle wahr. Öffentliche Betriebe können dabei entweder als Teile öffentlicher Haushalte geführt werden (kommunale Betriebe) oder unterliegen dem bestimmenden Einfluß des Staates (Verkehrs- und Versorgungsbetriebe). Im Einfluß des Staates liegen in diesen Fällen die Unternehmenspolitik selbst, die Regulierung des Preisniveaus und - über die allgemeine Gesetzgebungsfunktion des Staates - die Konkurrenzbedingungen der anderen Unternehmen. Vgl. Kruse, J. (1986) S. 227.

[193] Hier ist beispielhaft das amerikanische Regulierungssystem anzuführen, in dem die Monopolunternehmen der Verkehrs-, Telekommunikations- und Versorgungsbranche in privatem Eigentum sind, aber bzgl. des Marktzuganges und der Preise, die einen Gewinnaufschlag beinhalten, staatlicherseits kontrolliert werden. Vgl. Kruse, J. (1986) S. 227.

[194] Windisch, R. (1987) S. 102. Beide Formen staatlicher Einflußnahme werden im folgenden vereinfachend als Regulierung bezeichnet.

[195] Vgl. Kruse, J. (1986) S. 230.

[196] Vgl. Frey, R.L. (1972) S. 76 und Abbildung 3.3a. Dies gilt nur, falls keine Preisdiskriminierung erfolgt.

tion durch Subventionszahlungen nicht gefährdet werden bzw. sind Effizienzverluste, welche auf einer verzerrenden Steuerfinanzierung der Defizite beruhen, unerwünscht, so könnte eine kostendeckende Produktion über Durchschnittskostenpreise erwirkt werden. Bei dieser Produktion im RAMSEY-BOITEUX-Punkt (y^m, p^m) handelt es sich aber - im Gegensatz zu einer Grenzkostentarifierung - nur um eine 'zweitbeste' Allokation.[197] [198]

(c) Weiterhin wird Regulierungsbedarf damit begründet, daß ein sog. **ruinöser Wettbewerb** (Verdrängungswettbewerb) und die damit verbundene Ressourcenvergeudung vermieden werden sollen. So war das Argument ruinöser Konkurrenz wirtschaftspolitisch in Bezug auf die Konkurrenzsituation verschiedener paralleler Verkehrslinien relevant.[199] Das Problem ruinöser Konkurrenz hängt eng mit dem Auftreten von *versunkenen Kosten* (sunk costs) zusammen, die den Marktein- und -austritt von Anbietern erschweren. Unter versunkenen Kosten werden die Kosten verstanden, die ein Unternehmen nur dadurch vermeiden kann, daß es in einen bestimmten Markt erst gar nicht eintritt.[200] Hierzu zählen z.B. spezielle Anlagen, die zu keinem anderen als dem bestimmten Zweck zu verwenden sind und daher bei einem Marktaustritt keinen Liquidationswert besitzen. Diese Opportunitätskosten des Eintritts in einen speziellen Markt stellen für ein Unternehmen eine Markteintritts- und -austrittsbarriere dar, da die einmal investierten Finanzmittel zum großen Teil unwiederbringlich verloren sind.[201]

Im folgenden ist zunächst die Bedeutung von Marktein- und -austrittsbarrieren für den Konkurrenzprozeß zu verdeutlichen, bevor anschließend das Phänomen ruinöser Konkurrenz beschrieben wird. So ist zwischen sog. 'unschuldigen' und strategischen Markteintrittsbarrieren zu unterscheiden. Eine 'unschuldige' Markteintrittsbarriere entsteht bereits dann, wenn Kosten auf

---

197 Vgl. Windisch, R. (1987) S. 46. Die Frage, ob das Gut, das bei einer Abgabe zum Grenzkostenpreis *nicht kostendeckend* produziert werden kann, *überhaupt* hergestellt werden sollte, ist zu bejahen, wenn die Konsumentenrente die (hier vernachlässigten) fixen Kosten der Produktion übersteigt.

198 Von einer ausführlichen Darstellung der Mehrgüterproduktion im natürlichen Monopol soll hier abgesehen werden, obwohl die Mehrgüterproduktion den praxisrelevanteren Fall darstellt. Aufgrund der komplexen mathematischen Bedingungen ist aber eine praktische Überprüfung des Vorliegens von Subadditivität im Mehrproduktfall mittels eines eindeutigen Tests nicht gegeben. Vgl. Windisch, R. (1987) S. 55.

199 Vgl. Klatt, S. (1990) S. 211, Hamm, W. (1992) S. 194f.

200 Vgl. Baumol, W.J.; Willig, R.D. (1981) S. 406. Die Höhe der versunkenen Kosten bestimmt sich nach Opportunitätskostengesichtspunkten, wobei deren Einschätzung sowie die möglichen anderen Verwendungsmöglichkeiten nicht objektiv bestimmbar sind, sondern subjektiver Einschätzung unterliegen [vgl. Fehl, U. (1985) S. 45]. Von versunkenen Kosten sind fixe Kosten zu unterscheiden, die unabhängig davon sind, ob eine Unternehmung in einen *bestimmten* Markt eintritt. Vgl. Windisch, R. (1987) S. 59.

201 Vgl. Baumol, W.J.; Willig, R.D. (1981) S. 418.

seiten der eingesessenen Unternehmung nur aufgrund erwarteter Spezialisierungsvorteile versenkt worden sind und daraus eine Abschreckungswirkung gegenüber potentiellen Konkurrenten resultiert.[202] Will nämlich ein potentieller, nicht-innovativer Konkurrent E in den von dem natürlichen Monopolisten I beherrschten Markt eindringen, so wird er mit der eingesessenen Unternehmung durch Preissenkungen um den Absatz konkurrieren. Für die eingesessene Unternehmung ergibt sich aufgrund von versunkenen Kosten ein Preisbildungsspielraum zwischen einer Preisobergrenze und dem minimalen kostendeckenden Preis.[203] Die Preisobergrenze $\overline{p}_I$ bestimmt sich derart, daß es keinem potentiellen Eindringling mit einem Preis $\tilde{p}_E$, der höchstens der Preisobergrenze der eingesessenen Unternehmung entspricht ($\tilde{p}_E \leq \overline{p}_I$), ermöglicht wird, zusätzlich zu seinen variablen Kosten die Amortisationsrate des eingesetzten Kapitals und einen positiven Gewinn zu erwirtschaften. Damit sehen sich potentielle Konkurrenten einer 'unschuldigen' Markteintrittsbarriere aufgrund von versunkenen Kosten gegenüber.[204] Die Markteintrittsbarriere begründet sich im wesentlichen durch den Vorteil der eingesessenen Unternehmung, früher auf dem Markt gewesen zu sein als der potentielle Konkurrent und der daraus folgenden Tatsache, daß der Markteindringling Kosten in seine Preiskalkulation einbeziehen muß, die die eingesessene Unternehmung bereits versenkt hat (sog. first-move advantage).[205] Unschuldige Markteintrittsbarrieren, die einen potentiellen Konkurrenten vom Markteintritt abschrecken können, entstünden zudem, falls der Markteintritt des Konkurrenten Überkapazitäten zur Folge hätte. In diesem Fall müßte der Eindringling mit starkem Preisverfall im Markt rechnen, so daß er aufgrund der antizipierten Verluste gar nicht erst den Versuch eines Markteintrittes unternehmen wird.[206] Dies ist gerade im Fall von Infrastrukturgütern wegen der relativ hohen mindestoptimalen Betriebsgröße wahrscheinlich.

Derartige 'unschuldige' Markteintrittsbarrieren können aber auch durch strategische Markteintrittsbarrieren erhöht werden, die der etablierte Monopolist bewußt erzeugt. Hierunter versteht man die Versenkung von Kosten in Form von übermäßigen Werbungskosten,[207] überhöhter Kapazitätsvorhal-

---

202 Die Unterscheidung zwischen 'unschuldigen' und strategischen Eintrittsbarrieren geht auf Salop, C.S. (1979) S. 335 zurück.

203 Vgl. Windisch, R. (1987) S. 62.

204 Potentielle Konkurrenten haben daher nur eine eingeschränkte Disziplinierungswirkung im Hinblick auf eine kosteneffiziente Produktion des Monopolisten.

205 Vgl. Stigler, G.J. (1968) S. 67, Salop, C.S. (1979) S. 335.

206 Vgl. Kruse, J. (1986) S. 225.

207 Die Versenkung von Kosten in z.B. aufwendige Werbung für Markenartikel kann aber auch als eine Investition in die Reputation eines Unternehmens verstanden werden. Das Unternehmen signalisiert damit dem Käufer eine Selbstbindung zur Lieferung aus-

tung, Patentrennen u.ä. mit dem Zweck, glaubwürdige Bindungen zu signalisieren und potentielle Konkurrenten von einem Markteintritt abzuschrekken.[208] Zusammenfassend ist festzustellen, daß versunkene Kosten als Markteintrittsbarrieren den Marktzutritt eines potentiellen Konkurrenten verhindern können. Gleichzeitig bestehen jedoch Marktaustrittsbarrieren in Höhe der für irreversible Investitionen aufgewendeten versunkenen Kosten. Die Bedeutung derartiger Marktaustrittsbarrieren wird in Zusammenhang mit dem Phänomen des ruinösen Wettbewerbs verdeutlicht.

Hat sich der Markteindringling nämlich trotz 'unschuldiger' und/oder strategischer Markteintrittsbarrieren nicht davon abhalten lassen, in den Markt einzutreten, so kommt es nach traditioneller Argumentation zu sog. 'ruinöser Konkurrenz'. Diese kann nach GUTENBERG als eine 'Kampfsituation' (cutthroat-competition oder ruinöse Konkurrenz) beschrieben werden, in der „die Unternehmen mit allen zur Verfügung stehenden Mitteln [versuchen], die Konkurrenten aus dem Markt zu verdrängen, und zwar unter vorübergehender Aufgabe des Gewinnmaximierungsprinzips."[209] Dies erfolge - z.B. im Eisenbahnverkehr - durch wechselseitige Preissenkungen bis auf die Höhe der variablen Kosten.[210] Im Ergebnis komme es zu einem Substanzverzehr der beteiligten Unternehmen, wenn die Preissenkungen aufgrund der bestehenden *Marktaustrittsbarrieren* in Form von versunkenen Kosten über einen bestimmten Zeitraum durchgehalten werden. Letztlich verlasse aber eine Unternehmung den Markt. Der volkswirtschaftliche Negativtatbestand - in Abgrenzung zur normalen Selektionswirkung des Wettbewerbs - ist jedoch nur schwer präzise zu umreißen.[211] Einerseits sei eine im Konkurrenzprozeß erfolgte Duplizierung der Netze als volkswirtschaftliche Ressourcenvergeudung anzusehen. Andererseits könne es - nach erfolgter Verdrängung - zu monopolistischer Marktmacht des Anbieters mit der Folge einer Verschlechterung der Faktornutzung sowie der Marktversorgung kommen. Damit sei dann der Verbraucher das eigentliche Opfer der ruinösen Konkurrenz. Aus diesen Wirkungsmustern wird die Legitimität staatlicher Regulierung abgeleitet. Letztere sei für den Schutz des natürlichen Monopols in dem Fall verantwortlich, in dem ein Markteindringling ruinöse Konkurrenz heraufbeschwöre, und dadurch verschwenderische Doppelinvestitionen getätigt wür-

---

schließlich guter Produktqualität [vgl. Windisch, R. (1996b) S. 5]. Dementsprechend merkt WINDISCH an, daß es unter Unsicherheit und unvollständiger Information sehr schwierig ist auch nur ex-post 'unschuldige' von strategischer Kostenversenkung zu trennen. Vgl. Windisch, R. (1987) S. 65.

208 Vgl. Salop, C.S. (1979) S. 335ff.

209 Gutenberg, E. (1956) Grundlagen der Betriebswirtschaftslehre. Zweiter Band: Der Absatz, 2. Aufl., Berlin-Göttingen-Heidelberg, S. 232, zitiert nach Willeke, R. (1977) S. 158.

210 Vgl. Boyer, K.D. (1987) S. 247.

211 Vgl. Willeke, R. (1977) S. 161.

den.[212] Drohe hingegen kein Eindringen eines Neulings, so müsse das Monopol einer Preisregulierung unterworfen werden, um die Entstehung von Monopolrenten zu verhindern.

(d) Eine weitere Begründung für staatliche Regulierung besteht im sog. **'Rosinenpicken'**. Diese Argumentation setzt allerdings zumindest eine Differenzierung des Angebots in unterschiedliche Teilmärkte voraus bzw. bezieht sich auf den Mehrproduktfall. Hier - so die These - müsse verhindert werden, daß einzelne Anbieter bestimmte, sehr lukrative Teilmärkte kostengünstiger versorgten als der natürliche Monopolist, der den *gesamten* Markt kostenminimal bedienen müsse. Letzterer übernehme im Zuge seiner umfassenden Versorgungspflicht als alleiniger Anbieter faktisch auch defizitträchtige Gemeinwohlverpflichtungen, die seinen Handlungsspielraum einschränkten. Aus diesem Grunde seien lukrative Teilmärkte staatlicherseits zu regulieren und vor potentiellen Eindringlingen zu schützen.[213] Ein Beispiel für einen solchen lukrativen Teilmarkt, der durch 'rosinenpickende' Konkurrenz gefährdet werden könnte, ist z.B. - im Gegensatz zum defizitträchtigen Nahverkehr - der Schienenfernverkehr der Deutschen Bahn AG. Vielfach werden in diesem Zusammenhang auch *verteilungs-* und *gesellschaftspolitische* Argumente vorgebracht. Daseinsvorsorge, das Ziel eines flächendeckenden Angebots in Verbindung mit der Tarifeinheit im Raum, der Mittelstandsschutz sowie Verkehrssicherheit und Umweltschutz sind außerökonomische Argumente, die eine staatliche Bereitstellung bestimmter Infrastrukurgüter bzw. ihre Regulierung rechtfertigen sollen.[214]

Die vorangehende Analyse hat aufgezeigt, daß verschiedene Argumentationslinien herangezogen werden, um regulierende Eingriffe des Staates im Fall des natürlichen Monopols zu begründen. In Abhängigkeit von den vorgestellten Erklärungansätzen sind folgende - vereinfachend als Regulierung bezeichnete - wirtschaftspolitische Alternativen zu nennen:

- Defizitabdeckung,
- Preisregulierung des natürlichen Monopole,
- Schutz des natürlichen Monopols vor Markeindringlingen sowie
- Staatliche Bereitstellung der Leistung.

Für die Eisenbahn bestand in der Bundesrepublik bis zu deren Privatisierung ein staatliches Monopol, welches als Alleinanbieter auch nach der Umwandlung in eine Aktiengesellschaft fortbesteht. Auch die Versorgung mit Wasser sowie die Abwasserentsorgung ist staatlich organisiert, während bspw. im Bereich von

---

212 Vgl. hierzu allgemein auch Kruse, J. (1986) S. 228.

213 Vgl. Windisch, R. (1987) S. 82.

214 Vgl. zur Diskussion einiger dieser Argumente Hamm, W. (1992) S. 235ff. sowie zur Rolle des Staates III.4.2 dieser Arbeit.

Gas und Elektrizität geschützte, z.T. private Gebietsmonopole existieren. Die o.g. Argumente, welche herangezogen werden, um eine staatliche Regulierung dieser durch natürliche Monopole geprägten Infrastrukturmärkte zu rechtfertigen, sind im folgenden einer kritischen Überprüfung zu unterziehen. Hierzu ist zunächst aufzuzeigen, daß sowohl eine staatliche Bereitstellung als auch eine staatliche Regulierung natürlicher Monopole mit erheblichen Ineffizienzen einhergehen kann.

3.2 Relativierung der Theorie des natürlichen Monopols

3.2.1 Ineffizienzen einer staatlichen Regulierung

Erwägt man, die oben vorgestellten wirtschaftspolitischen Instrumente einzusetzen, um natürliche Monopole zu schützen bzw. zu kontrollieren, so ist zu berücksichtigen, daß eine Regulierung mit Kosten verbunden ist. „Sie kann nicht den gleichen Grad an Effizienz herstellen wie der Markt unter Wettbewerbsbedingungen.“[215] So formuliert KAHN sehr pointiert: „Regulation itself tends inherently to be protective of monopoly, passive, negative, and unimaginative. [...] Regulation is ill-equipped to treat the more important aspects of performance - efficiency, service innovation, risk taking, and probing the elasticity of demand. Herein lies the great attraction of competition: it supplies the direct spur and the market test of performance.“[216] Vor dem Hintergrund dieser These sollen im folgenden Abschnitt zunächst theoretische Ansätze umrissen werden, welche die vermutete Ineffizienz öffentlicher Regulierung erklären. Anschließend sind kurz konkrete Formen ineffizienten Verhaltens vorzustellen.

Als Erklärungsansätze für ineffizientes Verhalten aufgrund öffentlicher Regulierung sollen der Property-Rights-Ansatz sowie die ökonomische Theorie der Bürokratie herangezogen werden. Die Theorie der **Property Rights** bietet einen Ansatzpunkt zur Diskussion der Frage, ob Private Leistungen effizienter anbieten, da sie unmittelbar auf die Rolle des Eigentums und dessen Wirkung auf die unternehmerische Effizienz eingeht.[217] Diesem Ansatz zufolge bildet der Markt für Eigenkapital einen Kontrollmechanismus in Bezug auf die Effizienz

---

215 Blankart, C.E.; Knieps, G. (1992) S. 76.

216 Kahn, A.E. (1993) S. 325/IIf.

217 Vgl. ähnlich Cantner, U.; Hanusch, H.; Westermann, G. (1995) S. 257. SCHNEIDER und BARTEL unterscheiden neben den genannten Ansätzen die positive Theorie der Wirtschaftspolitik, die LEIBENSTEINsche X-Ineffizienztheorie sowie die Theorie des Gewerkschaftseinflusses auf die Unternehmenseffizienz, um die geringere Effizienz staatlicher gegenüber privater Unternehmenstätigkeit zu erklären [vgl. Schneider, F.; Bartel, R. (1989) S. 39]. Hier soll jedoch nur auf zwei der Ansätze eingegangen werden, da der Property-Rights-Ansatz speziell auf die Rolle des Eigentums abstellt und die ökonomische Theorie der Bürokratie darüber hinaus einen Erklärungsansatz für die Verhaltensweisen bürokratischer Manager liefert.

der privatwirtschaftlichen Produktion.[218] Ausgangspunkt der Überlegung ist das in größeren Unternehmen zwischen Eigentümer und Management auftretende Principal-Agent-Problem. Während die persönlichen Ziele von Eigentümern in der Dividendenmaximierung bestehen, haben Manager ein Interesse daran, bei gegebener Entlohnung ihre Arbeitsintensität zu minimieren.[219] Diese institutionell bedingt unterschiedlichen Verhaltensweisen führen zu Ineffizienzen im Management und in der Produktion und werfen Kontrollprobleme der Eigentümer gegenüber dem Management auf.[220]

In der Privatwirtschaft tritt das oben skizzierte Principal-Agent-Problem nun in geringerem Maße auf als im staatlichen Sektor, da hier verschiedene Kontrollmechanismen existieren, die ein zielkonformeres Verhalten des Managements herbeiführen.[221] Ein kleiner Mitgesellschafter eines privaten Unternehmens kann nämlich bei mangelnden Kontroll- und Lenkungsmöglichkeiten im Unternehmen bzw. unzureichendem betriebswirtschaftlichen Erfolg (Gewinn) seine Anteile in produktivere Verwendungsmöglichkeiten lenken.[222] Als Kontrollmoment für die Effizienz der Produktion wirkt hier also das Interesse des Gesellschafters an der Gewinnerzielung und der Markt für Eigenkapital. Ein großer Anteilseigner wird hingegen versuchen, sein Informationsdefizit zum Management zu reduzieren, da ihm ein größerer Teil der Vorteile seiner Kontrollbemühungen persönlich zufällt. Der gleiche Mechanismus wird auch dazu führen, daß private Unternehmen Anreize haben, Produkt- und Prozeßinnovationen durchzuführen, um hierüber das Gewinnmaximierungskalkül der Eigentümer zu befriedigen.

Die oben beschriebene Kontrollfunktion des Marktes für Eigenkapital entfällt nun bei öffentlichen Unternehmen. Im Fall regulierter natürlicher Monopole befinden sich vielmehr der Staat bzw. die Politiker in der Rolle des Principals.[223] Politiker haben nach der Theorie der Property Rights jedoch kaum An-

---

218 Vgl. zu diesem Ansatz z.B. Schneider, F.; Bartel, R. (1989) S. 47f.

219 Derartige Spielräume im Verhalten der Manager bestehen, da hidden action- und hidden information-Probleme auftreten. Danach kann der Principal weder alle Handlungen des Managers beobachten noch stehen ihm alle Informationen zur Verfügung, die der Agent gesammelt hat. Vgl. Arrow, K.J. (1985) S. 38ff.

220 Vgl. Jensen, M.; Meckling, W. (1976/1986) S. 212.

221 Hier sind interne Kontrollmechanismen (z.B. Anreizmechanismen) von externen Mechanismen zu unterscheiden. Zu letzteren zählen u.a. die Kontrolle durch den Manager- und den Gütermarkt sowie durch den Kapitalmarkt aber auch die Disziplinierung durch drohende feindliche Unternehmensübernahmen. Einschränkend ist allerdings zu bemerken, daß das Principal-Agent-Problem auch durch diese Mechanismen nicht vollständig zu beseitigen ist. Zu Kontrollmechanismen vgl. z.B. Fama, E. (1980/1986) S. 198ff., zu feindlichen Übernahmen Manne, H. (1965) S. 110ff. und zur Kontrolle durch den Kapitalmarkt Stiglitz, J.E. (1985) S. 140ff.

222 Vgl. Stiglitz, J.E. (1985) S. 141.

223 Vgl. Sherman, R. (1989) S. 71.

reize, eine dem Markt vergleichbar effiziente Kontrollfunktion wahrzunehmen. „A governmental organization may be created to oversee the monopoly provider of service, but that regulator is not apt to be as motivated as a potential competitor, nor as relentless as hordes of potential competitors would be."[224] Damit hat die unterschiedliche Eigentumssituation von öffentlichen im Gegensatz zu privaten Unternehmen und die daraus folgenden unzureichenden Kontrollmechanismen des Managements öffentlicher Unternehmen zur Folge, daß letztere nicht derart konsequent effizient produzieren wie private Unternehmen.

Die Frage, warum und in welcher Form sich die Interessen von Managern gegenüber denen von Eigentümern unterscheiden, beantwortet die ökonomische **Theorie der Bürokratie**. NISKANEN geht davon aus, daß eine Zieldivergenz zwischen Eigentümern und Managern in bürokratischen Organisationen besteht. Letztere streben nach der Maximierung der Komponenten Pay (Gehalt), Power (Macht) und Prestige (Geltung).[225] Diese Zielsetzungen ergeben sich im wesentlichen aus der Behinderung der Effizienzzielsetzung aufgrund von bürokratischen Starrheiten sowie einer nicht anreizkonformen, erfolgsunabhängigen Entlohnung. Die Verwirklichung von Gehalt, Macht und Geltung läßt sich daher nicht durch die Orientierung am Effizienzziel erreichen, sondern vielmehr durch die Maximierung der Größe der Abteilung eines (bürokratischen) Managers sowie der Höhe seines Budgets.[226] Diese Zielsetzung widerspricht jedoch einem effizienten Mitteleinsatz, so daß die öffentliche Wirtschaft durch einen überhöhten Personalbestand und ebensolchen Kapitaleinsatz gekennzeichnet ist.[227] Darüber hinaus wird neben einer ineffizienten Ablauforganisation auch die Anpassung an veränderte Markt- und Bedarfsstrukturen sowie die hierfür erforderliche Anpassung der Organisationsstruktur des Unternehmens erschwert. Hieraus folgt, daß den Bürokratien auch eine Organisationsineffizienz diagnostiziert werden kann.[228]

Ineffizienzen, die aufgrund der Regulierung natürlicher Monopole entstehen, schlagen sich sowohl in verminderter Qualität der Leistungen als auch im Innovationsverhalten und in der Kostendisziplin des Unternehmens nieder.

- Die traditionelle Form der Regulierung von monopolistischer Marktmacht ist die „rate-of-return"- Regulierung, nach der Gewinne des regulierten Unternehmens nur in einem bestimmten Verhältnis zum eingesetzten Kapital zugelassen werden. Liegt die zugestandene Verzinsung des Kapitals über der marktüblichen, so besteht jedoch ein Anreiz, die Kapitalverwendung über das

224 Sherman, R. (1989) S. 63.
225 Vgl. hierzu Niskanen (1971) S. 38 und im Überblick Schneider, F.; Bartel, R. (1989) S. 50ff.
226 Vgl. Niskanen, W.A. (1971) S. 38f. und Niskanen, W.A. (1975) S. 618ff.
227 Vgl. Schneider, F.; Bartel, R. (1989) S. 51.
228 Vgl. ebenda S. 52.

effiziente Maß hinaus auszudehnen.[229] Auch wenn die Regulierung der Preise auf den ausgewiesenen betrieblichen Gesamtkosten basiert („mark-up" - Regulierung), ist davon auszugehen, daß die **Kostendisziplin** reduziert ist und Insiderrenten erzielt werden.[230] Demgegenüber vermeidet die in den 80er Jahren entwickelte Price-Cap-Regulierung derartige Probleme mangelnder Kosteneffizienz. Dem regulierten Unternehmen ist es danach gestattet, Preisänderungen so durchzuführen, daß der durchschnittliche Preis der regulierten Produkte nicht schneller ansteigt als RPI - X.[231] Dabei bezeichnet RPI einen Konsumentenpreisindex und X die Produktivität des betrachteten Sektors. Da jegliche Veränderung des Faktoreinsatzes und damit der Kostensituation auf die Gewinnsituation des Unternehmens einwirkt und damit Risiko und Chance einer Erhöhung des Gewinns auf Seiten des Unternehmens anfallen, ist die Price-Cap-Regulierung mit positiven Ergebnissen bzgl. der unternehmerischen Kosteneffizienz verbunden.[232]

- In direktem Zusammenhang mit Preisregulierungen ist jedoch auch die **Qualität** der Leistungen zu beachten, denn „[p]rice really has no meaning except in terms of an assumed quality of service"[233] So lassen sich im Fall der Price-Cap-Regulierung ineffiziente Qualitätsreduktionen nicht ausschließen, wenn Preisregulierungen nicht an bestimmte Produktqualitäten gebunden sind.[234] Aber auch in konventionell regulierten Industrien ist das Bestreben stark reduziert, Produkte qualitativ an die Präferenzen der Kunden anzupassen, da Marktsanktionen im Hinblick auf eine inadäquate Produktpolitik wegen des eingeschränkten unternehmerischen Risikos kaum wirksam sind. Den Regulierungsbehörden stehen zudem aufgrund des hidden-information-Problems nur eingeschränkte Kontrollmöglichkeiten zur Verfügung.[235]
- Darüber hinaus bringt die Regulierung natürlicher Monopole in einer **dynamischen Perspektive**, welche einen Wettbewerb als Entdeckungsverfahren i.S. HAYEKs unterstellt, Effizienzverluste mit sich. So beschreibt KAHN die Funktion der Regulierungsbehörden in Bezug auf die Kontrolle des wettbewerblichen Prozesses als unzureichend: „this is particularly the case when it comes to innovations, to the dynamic improvement of service - in a system in which the private companies do the managing and the government the super-

---

229 Vgl. Averch, H.; Johnson, L.L. (1962) S. 1053, Knieps, G. (1995) S. 5f. Vgl. kritisch hierzu jedoch unter Berücksichtigung der amerikanischen Regulierungspraxis Foster, D.C. (1992) S. 193.

230 Vgl. Kruse, J. (1986) S. 227. Unter Insiderrenten versteht man dabei besondere Vorteile für die Beteiligten (Manager, Beschäftigte), die aufgrund der Monopolstellung entstehen.

231 Vgl. hierzu Brennan, T.J. (1989) S. 133f., Foster, C.D. (1992) S. 205ff.

232 Vgl. Foster, C.D. (1992) S. 212.

233 Kahn, A.E. (1993) S. 21/I.

234 Vgl. Brennan, T.J. (1989) S. 141.

235 Vgl. Sherman, R. (1989) S. 63. Vgl. kritisch hierzu Kahn, A.E. (1993) S. 24/If.

vision, there is no choice but to leave the initiative with the company itself. The only role the regulatory commmission can typically play is a negative one - formulating minimum standards and using periodic inspections to see that they are met."[236] In dem Fall jedoch, in dem staatlicherseits Markteintrittsbarrieren[237] geschaffen werden, um einen Markteintritt *innovativer* Unternehmen zu Lasten des regulierten natürlichen Monopols zu verhindern, sind die Anreize der eingesessenen Unternehmung vermindert, innovativ tätig zu werden. Daher hat Regulierung auch Effizienzverluste im Sinne einer Verlangsamung des technischen Fortschrittes und einer Reduzierung der Produktentwicklung zur Folge.[238]

In den Verkehrsmärkten hat sich in der Vergangenheit besonders deutlich gezeigt, daß staatliche Intervention Anpassungsprobleme weder lösen noch mildern konnte, sondern vielmehr die Anpassungslasten aufgrund von Fehlsteuerungen vergrößert hat.[239] Deutlich wird dies z.B. an den Subventionszahlungen an die Bahn und Steuervergünstigungen für die Binnenschiffahrt, welche Produktionsfaktoren in unrentablen Verwendungen gebunden haben. Der Konkurrenzschutz der Eisenbahn hat in diesem Zusammenhang die notwendige Marktanpassung verzögert.[240]

Unter der Annahme, daß sich Wirtschaftssubjekte in dem vorgefundenen institutionellen Rahmen rational verhalten, ist die obige Kritik an der mangelnden Flexibilität staatlicher Unternehmen im allgemeinen und in Infrastrukturmärkten im besonderen sowie an ihren ineffizienten Angebots- und Produktionsentscheidungen auf die bestehenden institutionellen Rahmenbedingungen zurückzuführen.[241] Es stellt sich also die Frage, ob es Organisationsformen gibt, die ein natürliches Monopol derart disziplinieren, daß es sich unter Effizienzaspekten wie unter Konkurrenzbedingungen verhält, und so eine staatliche Re gulierung überflüssig machen. Gäbe es eine solche Organisationsform, so wäre

---

236 Kahn, A.E. (1993) S. 22/I und zum Wettbewerb als Entdeckungsverfahren Hayek, F.A. (1969).

237 *Institutionelle* Marktzugangsbarrieren werden vielfach mit dem Argument bestehender Preisregulierung gerechtfertigt. Das in diesem Zusammenhang verwendete Argument besagt, daß nicht auf der einen Seite eine gewinnlose Produktion des natürlichen Monopolisten durch Preisregulierung durchgesetzt, auf der anderen Seite aber das Verlustrisiko durch Markteintritte von innovativen Unternehmen auf der Seite des natürlichen Monopolisten belassen werden könne [vgl. Kruse, J. (1986) S. 231]. Daher müsse das Verlustrisiko durch die Schaffung institutioneller Marktzutrittsbarrieren reduziert werden.

238 Vgl. Windisch, R. (1987) S. 102. Zu einer empirischen Untersuchung dieser Frage am Beispiel der Stromversorgung vgl. Cantner, U.; Hanusch, H.; Westermann, G. (1995) S. 271f. Diese weisen für den betrachteten Bereiche eine tendenziell sinkende durchschnittliche technologische Effizienz nach.

239 Vgl. Willeke, R. (1977) S. 156.

240 Vgl. Hamm, W. (1992) S. 232.

241 Vgl. Müller, J. (1987) S. 309f.

ein unreguliertes natürliches Monopol einer regulierten bzw. einer öffentlichen Unternehmung unter Effizienzgesichtspunkten überlegen. In diesem Zusammenhang ist das Konzept des Wettbewerbs um den Markt bzw. der Contestable Markets vorzustellen.

3.2.2 Bestreitbare Märkte (Contestable Markets)

3.2.2.1 Der Wettbewerb um den Markt

Die grundlegende Kritik an der traditionellen Theorie des natürlichen Monopols geht auf DEMSETZ zurück. Dieser formuliert die These, daß es keine logisch zwingende Verbindung zwischen dem Vorhandensein von zunehmenden Skalenerträgen in der Produktion und einer monopolistischen Preissetzung im Markt gebe.[242] Zwar werde nur ein Anbieter aufgrund ständig sinkender Durchschnittskosten den Markt versorgen, so daß kein *Wettbewerb im Markt* („competition in the field") existiere.[243] Regulierung sei aber unnötig und vor allem auch nicht ökonomisch stringent erklärbar, wenn *Wettbewerb um den Markt* („competition for the field") zustande käme. Treten dabei Anbieter und Nachfrager in einem ex-ante-Wettbewerb der Anbieter um die Marktversorgung direkt in Kontakt, so werde *der* Anbieter als alleiniger Marktversorger ausgewählt, der die Marktversorgung zum geringsten Preis garantiere.[244] Unter der Voraussetzung, daß eine ausreichende Zahl an Bewerbern an diesem Auktionsprozeß vorhanden ist und daß keinerlei Absprachen zwischen den potentiellen Anbietern erfolgen, werde der ausgehandelte Preis nahe an den Produktionsstückkosten liegen.[245]

---

242 Vgl. für die folgenden Ausführungen Demsetz, H. (1968), insbesondere S. 56f. und S. 61.

243 Der Begriff der „competition in the field" im Gegensatz zur „competition for the field" wird von DEMSETZ EDWIN CHADWICK zugeschrieben [Edwin Chadwick, Results of different Principles of Legislation and Administration in Europe; of Competition for the Field, as compared with the Competition within the Field of Service, in: Journal of the Royal Statistical Society, 22(1958) S. 381]. Vgl. Demsetz, H. (1968) S. 57 und FN 7.

244 WILLIAMSON unterscheidet weiterhin die Möglichkeit, daß die Auswahl nach dem Kriterium der Zahlung des höchsten Pauschalbetrages durch den Franchisenehmer erfolgt. In diesem Fall würde aber die Entstehung von Monopolgewinnen nicht vermieden werden können. WILLIAMSON präferiert aus diesem Grund das Kriterium des geringsten Stückpreises [vgl. Williamson, O.E. (1976) S. 76]. TELSER kritisiert an diesem Ansatz, daß keine effiziente Preisbildung nach der Grenzkostenregel gewährleistet wird und in DEMSETZ Ansatz die Frage nach der Effizienz nicht gestellt werde. Nicht die Frage, ob ein monopolistischer Gewinn erzielt werde, sei zentral, sondern das Problem der Effizienz [vgl. Telser, L.G. (1969) S. 938f.]. Vgl. Kap. III 3.1.2 zum Problem der Grenzkostenpreisbildung.

245 DEMSETZ trifft weiterhin die Annahme, daß a) die Inputs, die zur Produktion benötigt werden, dem größten Teil der potentiellen Anbieter zu Marktpreisen zur Verfügung stehen und b) die Kosten der vorherigen Absprache unter den Anbietern prohibitiv hoch sind. Vgl. Demsetz, H. (1968) S. 58.

Vor dem Hintergrund dieser Argumentation vertritt DEMSETZ die These, daß die ökonomische Theorie keine Rechtfertigung für eine Regulierung natürlicher Monopole bieten könne, da keine stringente Beziehung zwischen der beobachteten Konzentration im Markt und Monopolpreisen bestehe. Vielmehr sei zwischen den Bedingungen eines ex-ante Wettbewerbes um den Markt und den Bestimmungsgründen der Zahl der Anbieter im Markt ex-post zu unterscheiden. DEMSETZ vernachlässigt in seinem Ansatz explizit jedoch 'irrelevante Komplikationen', so den für Infrastrukturgüter relevanten Fall langlebiger Investitionsgüter sowie das Problem der Unsicherheit oder des irrationalen Verhaltens. Derartige Erweiterungen der Analyse sind im folgenden Abschnitt zu berücksichtigen. Die hier zu skizzierende Theorie der *Contestable Markets* entwickelt die DEMSETZsche Idee des Wettbewerbs um den Markt weiter, indem sie diese mit der grundlegenden Einsicht des Wirkungsmechanismus von Konkurrenz durch potentielle Markteindringlinge verbindet.

3.2.2.2 Die Theorie der Contestable Markets

Die Theorie der *Contestable Markets* erarbeitet die Voraussetzungen, unter denen ein Wettbewerb um den Markt einen monopolistischen oder oligopolistischen Anbieter derart diszipliniert, daß dieser weder ineffizient produziert noch Monopolrenten realisiert. Die Rahmenbedingungen für einen solchen vollständig wettbewerbsfähigen (perfectly contestable) Markt werden durch die idealisierten Marktbedingungen[246] gebildet. Zu diesen zählen die Annahmen, daß

(a) der für alle potentiellen Anbieter freie Zugang zu derselben kosteneffizienten Technologie besteht, welche auch von der eingesessenen Unternehmung verwendet wird;

(b) *versunkene Kosten zu vernachlässigen sind*, so daß Marktneulinge zu denselben Bedingungen ihr Angebot formulieren können wie der eingesessene Monopolist;

(c) die BERTRAND-Vermutung Gültigkeit hat, welche unterstellt, daß der eingesessene Monopolist seine Preise bei einem Markteintritt eines Konkurrenten nicht verändert (Ausschluß strategischer Handlungsweisen);

(d) Konsumenten mit einer nur geringen Verzögerung auf minimale Preisänderungen reagieren, ansonsten aber keine Präferenzen für die verschiedenen Produkte zeigen.

Unter diesen Bedingungen (**Modell I**) ist das natürliche Monopol zu einer effizienten Produktion gezwungen, welche ineffiziente Technologien und überdurchschnittliche Gewinne ausschließt, und muß Quersubventionierungen un-

---

246 Vgl. Dixit, A. (1982) S. 15.

terlassen.[247] Es können sich nämlich nicht nur aufgrund *nicht vorhandener* versunkener Kosten und damit *fehlender* Marktein- und austrittsbarrieren konkurrierende Unternehmen auf dem Markt etablieren. Bei dem unterstellten zeitlichen Reaktionsschema auf Seiten des eingesessenen Monopolisten und der Konsumenten ist es zudem für einen Markteindringling möglich, kurzfristig bestehende Preise zu unterbieten und gewinnbringend zu produzieren. Bei drohenden Verlusten kann der Markteindringling den Markt umgehend und kostenlos wieder verlassen, da er annahmegemäß keine Kosten versenkt hat. Die idealisierten Marktbedingungen ermöglichen also kurzfristig profitable Preisunterbietungsstrategien von Marktneulingen (sog. *Hit-and-Run*-Strategien).[248]

Entscheidend für die weitere Analyse sind nun die aus dieser Konstellation abzuleitenden *Konsequenzen* in bezug auf die Preisdisziplinierung des Monopolisten durch potentielle Konkurrenten. So muß eine im Markt befindliche Unternehmung *I* im Gleichgewicht[249] *verlustfrei produzieren*, so daß keinerlei Anlaß für *I* besteht, den Markt zu verlassen. Eine derartige Industriekonfiguration, bei der *I* die gesamte Marktnachfrage befriedigen kann, heißt zulässig (feasible).[250] Zusätzlich darf *kein potentieller Konkurrent E eine Gewinnchance entdecken* können, da die zuerst genannte Bedingung lediglich notwendig, nicht aber hinreichend für die Existenz eines Marktgleichgewichtes ist. Existieren also für *E* keine profitablen Preisunterbietungsmöglichkeiten bei gegebenen Preisen des Monopolisten *I*, so heißt eine Industriekonfiguration tragfähig (sustainable). Eine solche zulässige und tragfähige Industriekonfiguration beinhaltet die Eigenschaften,[251] daß

(a) *I* im totalen Kostenminimum der Industrie für den gesamten Output produzieren muß, und
(b) bei Bestehen einer subadditiven Kostenfunktion der natürliche Monopolist *I* seinen Preis gleich den Durchschnittskosten setzen muß.

---

247 Vgl. Bailey, E.E.; Baumol, W.J. (1984) S. 115f., Baumol, W.J.; Panzar, J.C.; Willig, R. (1988) S. 314. Quersubventionierungen werden von gewinnbringenden an verlustbringende Unternehmenszweige innerhalb eines natürlichen Monopols vorgenommen. Im Rahmen der Existenz eines Contestable Market können jedoch solche überdurchschnittlich gewinnbringenden Unternehmenszweige nicht bestehen bleiben.

248 Vgl. Baumol, W.J. (1982) S. 4, Fehl, U. (1985) S. 30.

249 BAUMOL, PANZAR und WILLIG weisen darauf hin, daß es sich bei der Theorie der wettbewerbsfähigen Märkte um eine statische Gleichgewichtsanalyse handelt und jegliche Anpassungsreaktionen vernachlässigt werden. Vgl. Baumol, W.J.; Panzar, J.C.; Willig, R.D. (1983) S. 495.

250 Vgl. Baumol, W.J.; Panzar, J.C.; Willig, R.D. (1988) S. 24, Fehl, U. (1985) S. 30.

251 Vgl. Baumol, W.J.; Panzar, J.C.; Willig, R.D. (1988) S. 26 und 28. Könnte nämlich bei einer anderen Industriestruktur der gleiche Output billiger produziert werden, könnte mindestens ein Unternehmen *E* einen profitablen Markteintritt realisieren.

Ansonsten ergäben sich profitable Eintrittschancen für einen Markteindringling *E*.[252] Die oben skizzierte Industriekonfiguration ist damit *marktzutrittsresistent*. Diese einfache, statische Analyse eines Einproduktmarktes[253] zeigt also, daß bei Fehlen von Markteintrittsbarrieren ein natürliches Monopol derart diszipliniert wird, daß es aufgrund von potentieller Konkurrenz - i.S. vollkommener Wettbewerbsfähigkeit eines Marktes - kosteneffizient produziert. Die Disziplinierungswirkung geht von der Tatsache aus, daß bei Abweichen von der kosteneffizienten Produktion ein Konkurrent gewinnbringend in den Markt eintreten könnte, so daß das natürliche Monopol existenzbedroht wäre. In diesem Fall ist aber der *Nachweis* eines natürlichen Monopols gar nicht notwendig, da die 'unsichtbare Hand des Marktes' über die Existenz und den Umfang eines natürlichen Monopols entscheidet.[254]

Der wohl gewichtigste Einwand[255] gegen den o.g. Ansatz der *Contestable Markets* besteht in der fehlenden Berücksichtigung von Markteintrittsbarrieren. Gerade bei Infrastrukturgütern existieren Marktzutrittsbeschränkungen in Form von hohen versunkenen Kosten, da bestimmte, mehrperiodig zu nutzende Anlagen für die geplante Verwendung spezifisch sind und in einer anderen Verwendung keinen signifikanten Wert aufweisen.[256] Derartige Markteintrittsbarrieren verursachen ein ordnungspolitisches Problem, da sie die Wettbewerbsfähigkeit von Märkten reduzieren und die Sanktionswirkungen marktlicher Prozesse verringern.[257] Die neoklassische Theorie auf der einen Seite und die an infrastrukturellen Problemen ausgerichtete Regulierungsliteratur auf der anderen

---

252 Formell muß für die (Preis-)Beständigkeit eines natürlichen Monopols ein preisbeständiger Preisvektor existieren, so daß unter den idealisierten Marktbedingungen und der BERTRAND-Hypothese jedes Markteintrittsprogramm verlustbringend ist, die eingesessene Unternehmung aber keinen Verlust erwirtschaftet. Vgl. Windisch, R. (1987) S. 68.

253 Auf eine Darstellung der Ergebnisse des Mehrproduktmarktes wird hier verzichtet, da sie im wesentlichen zu den gleichen Ergebnissen führt. Vgl. hierzu Baumol, W.J.; Panzar, J.C.; Willig, R.D. (1982) Kap. 11, Fehl, U. (1985) S. 35.

254 Vgl. Windisch, R. (1987) S. 78

255 Ein weiterer Fall in dem die 'unsichtbare Hand' versagt, liegt bei intertemporaler Preisunbeständigkeit vor (steigende Skalenerträge in Verbindung mit wachsender Nachfrage über die Zeit) [vgl. Windisch, R. (1987) S. 74f.]. Zudem ergibt sich für einen Markteindringling bei steigenden Durchschnittskosten eine profitable Marktzutrittsmöglichkeit, so daß auch hier das oben abgeleitete Ergebnis keine Gültigkeit hat [vgl. Fehl, U. (1985) S. 35f.]. Über die dargestellten Ansatzpunkte hinaus besteht eine umfangreiche Kritik an der Theorie der contestable markets. Diese bezieht sich auf die Annahme identischer Kostenfunktionen und Technik, auf die Vernachlässigung dynamischer Aspekte, technischen Fortschrittes, subjektiver Erwartungen etc. Vgl. hierzu Shephard, W.G. (1984) S. 572ff.

256 Vgl. Kruse, J. (1986) S. 224.

257 Dies wäre in dem (unrealistischen) Fall nicht so, in dem die im Markt eingesessene Unternehmung erst dann reagiert, wenn der Eindringling seine Investitionen voll amortisiert hat. In diesem Fall wäre eine vollkommene Angreifbarkeit des Marktes auch bei Existenz versunkener Kosten gegeben. Vgl. Baumol, W.J.; Panzar, J.C.; Willig, R.D. (1988) S. 301, Proposition 10H3.

Seite halten unterschiedliche Lösungen für diesen Fall bereit. Beide sind im folgenden darzustellen.

Die **neoklassische Analyse** erweitert das Modell um Gegenmaßnahmen der eingesessenen Unternehmung **(Modell II)**[258] und unterstellt weiterhin, daß

(a) die eingesessene Unternehmung erhebliche versunkene Kosten hat, so daß ihr ein weiter Preissetzungsspielraum verbleibt;
(b) ein Auktionsmarkt vorliegt und die Preise daher genügend stark sinken, um die zusätzliche Angebotsmenge des Markteindringlings aufzunehmen;
(c) ein COURNOTscher Unternehmer existiert, der bei einem Markteintritt eines Konkurrenten die kostendeckende Absatzmenge verteidigt, indem er den Marktpreis sinken läßt.

Bei einem solchen Verhalten verbleibt einem Markteindringling *E* aber nur die Residualnachfrage, die sich aus der Differenz zwischen der Marktnachfrage und der von der eingesessenen Unternehmung *I* verteidigten Angebotsmenge ergibt. Folglich existiert für den Eindringling *E* kein profitables Markteintrittsprogramm.[259]

Kann der eingesessene Monopolist *I* seinen Absatzmarkt allerdings *nicht* verteidigen, so kann der Produktionsprozeß wohlfahrtserhöhend umorganisiert werden. Beide Unternehmen werden dann Gütermengen zu einem einheitlichen Preis anbieten, der niedriger als der zuvor monopolistische Preis ist.[260] Unterstellt man also eine Anpassungsreaktion des Monopolisten in Form einer Preissenkung auf einen drohenden Markteintritt eines Konkurrenten, so sollte ein Markteintritt eines Eindringlings nicht deshalb regulativ verhindert werden, weil die eingessene Unternehmung Subadditivität und Nicht-Tragfähigkeit i.S.d. Preisunbeständigkeit signalisiert. Ein Markteintritt von *E* verdeutlicht vielmehr, daß nicht im gesamten Bereich der Absatzfunktion Subadditivität der Kostenfunktion vorgelegen haben kann (Abbildung 3.3b)[261] und *I* folglich auch nicht durchgehend die Eigenschaften eines natürlichen Monopols aufwies.

Kann ein COURNOT-Unternehmer einen potentiellen Eindringling vom Eintritt in den Markt abhalten, so hat dies jedoch nicht notwendig die gleichen Konsequenzen in Bezug auf eine effiziente Produktion wie im Fall der Bertrand-Hpyothese. So ist bspw. eine Konstellation denkbar, in der ein Monopo-

---

258 Vgl. Windisch, R. (1987) S. 75ff. und Dixit, A. (1982) S. 16.

259 Vgl. Windisch, R. (1987) S. 75. Ein solches natürliches Monopol wird auch mengenbeständig genannt, und zwar genau dann, wenn unter der Cournot-Hypothese jedes Markteintrittsprogramm verlustbringend ist.

260 Vgl. Brock, W.A.; Scheinkman, J.A. (1983) Theorem 4, S. 238. Hier ist allerdings unterstellt, daß die Kostenfunktion nicht im gesamten Absatzbereich subadditiv ist. Weiterhin gilt die Aussage für eine Eingutproduktion, wobei sie sich allerdings auch beschränkt auf eine Mehrgüterproduktion übertragen läßt. Vgl. ebenda S. 239f.

261 Vgl. Windisch, R. (1987) S. 77.

list das Gewinnmaximum im COURNOTschen Punkt realisiert und gleichzeitig einen Markteindringling von einem profitablen Eintritt abhalten kann.[262] KNIEPS und VOGELSANG zeigen weiter, daß dasselbe Produktionsprogramm des eingesessenen Monopolisten unter der BERTRAND-Hypothese aber durch *E* gefährdet wäre, d.h. daß *I* den Eindringling *E nicht wirksam von einem Markteintritt abhalten könnte.* Daher ist die Bedingung des Modells II (Mengenbeständigkeit) schwächer in Bezug auf eine effiziente Produktion des Monopolisten als die Bedingung des Modells I (Preisbeständigkeit).[263]

3.2.2.3 Infrastrukturmärkte als Contestable Markets?

Die Literatur, die sich mit der Regulierung von Infastrukturmärkten befaßt, nimmt die Theorie der Contestable Markets auf und überprüft ihre Anwendungsmöglichkeiten im Infrastruktursektor. Ausgangspunkt der Betrachtung ist das als Modell I spezifizierte Konzept der Contestable Markets, nach dem der natürliche Monopolist durch potentielle Konkurrenz zu einer effizienten Produktion im Markt veranlaßt wird. Entscheidende Voraussetzung dieses Modells ist, daß durchgängige economies of scale und gleichzeitig *keine versunkenen Kosten* vorliegen. KNIEPS diagnostiziert eine derartige Situation z.B. im Eisenbahn*verkehr.*[264] Da hier Kostenirreversibilitäten keine wesentliche Rolle spielten, seien potentielle Wettbewerber in der Lage, die Bahnbetriebsgesellschaften zu einer Verbesserung ihres Leistungsspektrums sowie zu einer nicht-monopolistischen Preissetzung zu veranlassen. Derartige bestreitbare Märkte liegen nicht nur im Eisenbahnverkehr, sondern auch im Luftverkehr oder in der Binnenschiffahrt vor.

Märkte sind hingegen nicht bestreitbar, wenn versunkene Kosten auftreten, wie dies bei Wegeinfrastrukturgütern, d.h. bei Schienenwegen, Straßen, Kanälen oder den Ortsnetzen von Gas, Wasser, Abwasser, etc. der Fall ist.[265] Hier ist eine Regulierung des Monopolisten weiterhin notwendig, da sich Spielräume für strategisches Verhalten sowie die Ausübung von Marktmacht ergeben. Die entscheidende wirtschaftspolitische Schlußfolgerung beschreibt der Ansatz einer **disaggregierten Regulierungspolitik.**[266] Danach sind Instrumente zur Diszplinierung von Marktmacht nicht auf die natürlichen Monopole *als ganzes* anzuwenden, sondern nur auf die Teilbereiche, in denen aufgrund von versun-

---

262 Vgl. Knieps, G.; Vogelsang, I. (1982) S. 236f.

263 Preisbeständigkeit ist nur eine hinreichende Bedingung für Mengenbeständigkeit, so daß ein preisunbeständiges natürliches Monopol durchaus auch mengenbeständig sein kann. Vgl. Brock, W.A.; Scheinkman, J.A. (1983) S. 247.

264 Vgl. Knieps, G. (1992) S. 286. Hier werden also explizit die *materiellen* Infrastrukturgüter *nicht* betrachtet.

265 Vgl. Blankart, C.B.; Knieps, G. (1992) S. 77, Boyer, K.D. (1987) S. 248.

266 Vgl. Knieps, G. (1995) S. 5.

kenen Kosten Marktmacht tatsächlich besteht. Dies würde für die Eisenbahn eine *konsequente organisatorische Trennung von Netz und Betrieb*[267] und eine Marktöffnung des Eisenbahnverkehrs nach sich ziehen.[268] Für einen wirksamen Wettbewerb im Bereich des Betriebs ist allerdings ein nicht diskriminierender Netzzugang zu sichern.[269]

Die Tatsache, daß auch unter Berücksichtigung von versunkenen Kosten ein eingesessener Monopolist in der Lage sein kann, einen Eindringling erfolgreich vom Markteintritt abzuhalten (Modell II), ist hier zu vernachlässigen. So konnte gezeigt werden, daß das mit der Annahme eines Cournot-Unternehmers vorhandene Konzept der Mengenbeständigkeit schwächer ist als das der Preisbeständigkeit. Daher ist nicht auszuschließen, daß der Cournot-Unternehmer einen monopolistischen Preis fordern könnte, obwohl er potentielle Konkurrenten wirksam abwehren kann. Die normative Implikation des Modells I, nach der ein natürlicher Monopolist durch potentielle Konkurrenz zu einer effizienten Produktion i. S. einer Preisbeständigkeit gezwungen wird und daher *nicht zu regulieren* ist, trifft hier folglich nicht zu.

Dennoch erhält die COURNOT-Hypothese in dem Fall normative Relevanz, in dem der eingesessene Monopolist den Markt *nicht* verteidigen kann. Konkurrenten können nämlich nur dann in den Markt eintreten, wenn der Fall b in Abbildung 3.3 eintritt, d.h. wenn die Kostenfunktion nicht im ganzen Bereich der Nachfragefunktion subadditiv ist. Steigende Durchschnittskosten treten bei Infrastrukturgütern dann auf, wenn Überfüllungserscheinungen derart gewichtig werden, daß die durch einen zusätzlichen Nutzer ansteigenden Grenzkosten auch die Durchschnittskosten wieder ansteigen lassen.[270] BLANKART und KNIEPS ziehen deshalb die wirtschaftspolitische Schlußfolgerung, daß bei Vorliegen von versunkenen Kosten und gleichzeitig ausgeschöpften Bündelungsvorteilen (economies of scale) aktiver Wettbewerb stattfinden sollte. Da ein größerer Leistungsumfang keine Kostenersparnis mehr mit sich bringe, „müssen dann parallel mehrere Netze betrieben werden. Aktiver Wettbewerb zwischen

---

267 Diese Forderung ist im Eisenbahn-Neuordnungsgesetz vom 27.12.1993 für den Schienengebundenen Personennahverkehr umgesetzt worden, welches eine diskrimierungsfreie Öffnung des Fahrwegs für Dritte vorschreibt.

268 MÜLLER gibt allerdings zu bedenken, daß eine derartige Trennung mit erheblichen Transaktionskosten und Anreizproblemen verbunden sei kann. Vgl. Müller, J. (1987) S. 345f.

269 Vgl. Knieps, G. (1995) S. 8f.

270 Dieser Fall liegt dann vor, wenn die aufgrund von Überfüllung ansteigenden Grenzkosten die Durchschnittskosten in ihrem Minimum von unten schneiden. Faktisch handelt es sich hier zwar um Externalitäten. Diese lassen sich aber - bei bestehendem Nutzungsausschluß - bspw. durch auf eine höhere Nutzungsdichte zurückzuführende ansteigende Unterhaltungsaufwendungen approximieren. Letztere führen zu der oben beschriebenen Entwicklung, da sie in die Kostenrechnung einzubeziehen sind.

mehreren Unternehmen ist dann möglich, gleichgültig, ob irreversible Kosten vorliegen oder nicht."[271]

Über die bisher angestellte statische Betrachtung hinaus sind jedoch auch dynamische Komponenten zu berücksichtigen. So können technologische und organisatorische Innovationen dazu führen, daß die in irreversiblen Kosten begründete Monopolmacht (z.B. durch Angebotssubstitution) eliminiert wird.[272] So ist bspw. der Bau einer Magnetschwebebahn parallel zu einer Eisenbahnlinie sicher nicht als volkswirtschaftlich verschwenderische Doppelinvestition zu begreifen, sondern als Element des wettbewerblichen Prozesses. Dabei gehört immer eine gewisse Parallelität von Aktivitäten der Informationsbeschaffung, -verarbeitung und -erzeugung und der Einsatz versunkener Kosten zur temporären Absicherung von wettbewerblichen Vorsprungspositionen.[273] Dabei sind jedoch Fehlinvestitionen unvermeidlich und insoweit kein Grund für Staatseingriffe.

Als Ergebnis der Anwendung der Theorie der Contestable Markets auf Infrastrukturmärkte ist festzuhalten, daß unter Effizienzgesichtspunkten natürliche Monopole ohne irreversible Investitionen (z.B. der Eisenbahnverkehr) dem aktiven Wettbewerb zu unterwerfen sind. Da Infrastrukturnetze aufgrund hoher versunkener Kosten einer Regulierung zu unterziehen sind, ist der Bau und der Betrieb des Netzes organisatorisch von der zu erbringenden Verkehrsleistung zu trennen. Werden Infrastrukturgüter allerdings im Überlastbereich betrieben, sind steigende Durchschnittskosten zu vermuten, welche einen aktiven Wettbewerb, d.h. einen konkurrierenden Aufbau von Netzen zulassen.

Der Rückgriff auf III.3.1 und die Ausführungen von KAHN lassen die ökonomische Tragweite der Regulierung in Bezug auf das Bereitstellungsproblem erkennen. „Here the primary *guarantor of acceptable performance* is conceived to be [...] direct governmental prescription of major aspects of their structure and economic performance. There are four principal components of this *regula-*

[271] Blankart, C.B.; Knieps, G. (1992) S. 76.

[272] Vgl. ebenda S. 77, FN 2. An dieser Stelle ist jedoch darauf hinzuweisen, daß die obige Aussage nur im Fall *innovativer* Konzepte gültig ist. Eine Disziplinierung natürlicher Monopole durch einen intermodalen Wettbewerb, d.h. durch einen Wettbewerb zwischen *verschiedenen* Infrastrukturgütern, ist jedoch nicht möglich. Zwar erweist sich der intermodale Wettbewerb im Fall des *Betriebs* von Infrastrukturgütern als wichtiges Disziplinierungsinstrument [vgl. Horn, M.; Knieps, G.; Müller, J. (1988) S. 194f.]. Aufgrund nur sehr geringer Kreuzpreiselastizitäten zwischen verschiedenen *Verkehrsinfrastrukturgütern* könnte Substitutionskonkurrenz hier aber nur in geringem Maße erfolgreich sein [vgl. Ewers, H.-J.; Rodi, H. (1995) S. 38, Wink, R. (1995) S. 129]. Schließlich ist anzunehmen, daß aufgrund der mit Infrastrukturgütern einhergehenden hohen Irreversibilitäten auch im intermodalen Wettbewerb ruinöse Konkurrenz entstehen kann.

[273] POSNER führt hierzu aus:„... the high degree of uncertainty that characterizes inventive activity implies the importance of pursuing a number of diverse approaches towards the desired break through, since anyone is quite likely to fail." Posner, R.A. (1969) S. 578.

tion that in combination distinguish the public utility from other sectors of the economy: the control of entry, price fixing, prescription of quality and condition of service, and the imposition of an obligation to serve all applicants under reasonable conditions."[274] Ist also - wie hier ausgeführt - Regulierung mit einer Verantwortung für die Bereitstellung von Leistungen nach Quantität und Qualität gleichzusetzen, dann bedeutet dies für das Infrastrukturproblem, daß die Notwendigkeit einer Regulierung von natürlichen Monopolen durch den Staat auf eine staatliche Bereitstellungsverantwortung für Infrastrukturgüter i.S. natürlicher Monopole schließen läßt.

4. Anwendung der allokationstheoretischen Ergebnisse auf verschiedene Infrastrukturbereiche

4.1 Zuordnung wohlfahrtstheoretischer Merkmale zu verschiedenen Infrastrukturbereichen

Die vorangegangenen Auführungen haben analysiert, inwieweit Kompetenzen im Rahmen der *Bereitstellung* von Infrastrukturgütern prinzipiell Privaten übertragen werden können (Problemkreis 3a). Hierzu war zu klären, welches die relevanten wohlfahrtstheoretischen Eigenschaften von Infrastrukturgütern sind, die darüber entscheiden, ob private Investoren oder der Staat für ihre Bereitstellung sorgen sollten. Unter den verschiedenen Marktversagenskategorien wurden Externalitäten und meritorische Güter als relevante Begründungskategorien für eine staatliche Bereitstellung von Infrastrukturgütern ausgeklammert. Im folgenden sollen daher die in dieser Arbeit zu betrachtenden Infrastrukturgüter vor dem Hintergrund der Theorie der Kollektivgüter sowie des Ansatzes natürlicher Monopole so kategorisiert werden, daß Aussagen bzgl. des Bereitstellungsproblems getroffen werden können. Eine differenzierte Betrachtung der Theorie kollektiver Güter hat das Ergebnis erbracht, daß Klubgüter sowie ausschließbare Güter bei Vorliegen von Nicht-Rivalität im Konsum privat bereitgestellt werden können. Natürliche Monopole sind immer dann einer Regulierung zu unterwerfen, wenn versunkene Kosten in Verbindung mit zunehmenden Skalenerträgen auftreten.

Die im Rahmen der Arbeit relevanten Infrastrukturgüter werden in Abbildung 3.4 zunächst nach den in der Kollektivguttheorie verwendeten Merkmalen Ausschluß und Rivalität im Konsum sowie der dort verwendeten Heuristik eingeordnet. Die Betrachtung soll zeigen, *welche Infrastrukturgüter in jedem Fall* aufgrund ihrer spezifischen Gutseigenschaften und bei ausschließlicher Berücksichtigung der Kriterien Ausschluß und Rivialität *durch den Staat bereitgestellt* werden sollten. Die Problematik versunkener Kosten sowie einer

[274] Kahn, A.E. (1993) S. 3/I (Hervorhebungen hinzugefügt).

subadditiven Kostenfunktion wird im ersten Schritt zunächst vernachlässigt und erst als zusätzliche Annahme in einem späteren Analyseabschnitt des Kapitels wieder aufgenommen. Lediglich im Fall ausschließbarer Infrastrukturgüter und damit nur für einen Teil der in Abbildung 3.4 vorgestellten Gütergruppen wird nämlich das Problem natürlicher Monopole relevant.

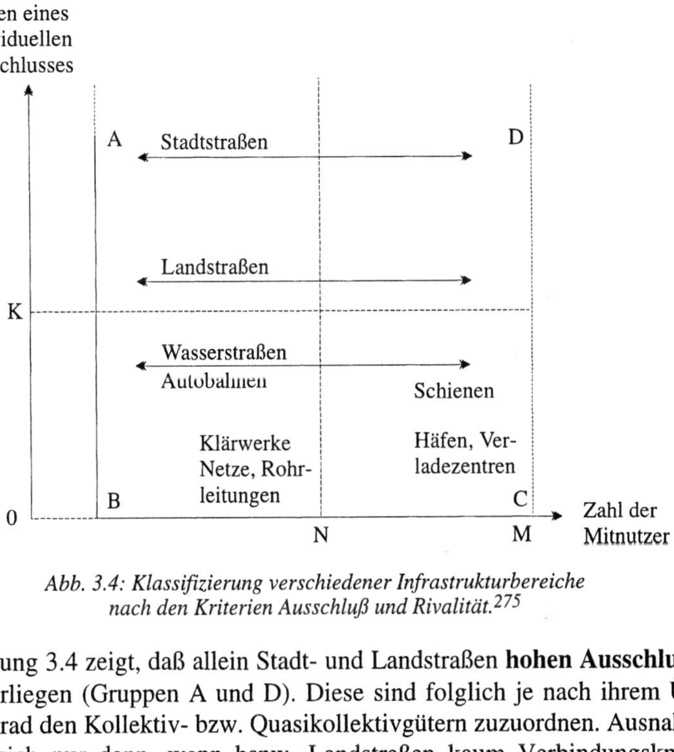

Abb. 3.4: Klassifizierung verschiedener Infrastrukturbereiche nach den Kriterien Ausschluß und Rivalität.[275]

Abbildung 3.4 zeigt, daß allein Stadt- und Landstraßen **hohen Ausschlußkosten** unterliegen (Gruppen A und D). Diese sind folglich je nach ihrem Überfüllungsgrad den Kollektiv- bzw. Quasikollektivgütern zuzuordnen. Ausnahmen ergeben sich nur dann, wenn bspw. Landstraßen kaum Verbindungsknotenpunkte und Substitutionsstrecken aufweisen. In diesem Fall wäre ein Nutzungsausschluß mit geringen Externalitäten durch Ausweichreaktionen sowie geringen Ausschlußkosten verbunden. Auch für Brücken oder gesamte Innenstadtbereiche ist ein Ausschluß über ein örtlich und zeitlich spezifiziertes Entgelt denkbar. Diese Güter sind dann in die Gruppen B oder C einzuordnen. Abgesehen von derartigen Ausnahmen ist es allerdings kaum möglich, einzelne Nutzer selektiv gegenüber anderen bspw. vom Zugang zu bestimmten Wegen eines

275 Ähnliche Zusammenfassungen finden sich bei Weltbank (1994) S. 31, McKay, C. (1989) S. 26, Frey, R.L. (1972) S. 74, Stohler, J. (1965) S. 288, die allerdings zum Teil andere Klassifikationen vornehmen.

Stadtstraßennetzes auszuschließen, da die Kontrolle des Zugangs mit prohibitiv hohen Kosten verbunden wäre. Kollektivgüter und Quasikollektivgüter sind daher i.d.R.[276] staatlicherseits bereitzustellen. Eine staatliche Bereitstellung wird allerdings auch nicht zu *effizienten* Ergebnissen führen, wenn sich aufgrund zu kostspieliger Ausschlußtechniken bei Überfüllungserscheinungen ineffiziente Rationierungsmechanismen (Warteschlangen, Selbstausschluß) ergeben. Solche folgen nämlich nicht dem Prinzip der marginalen Zahlungsbereitschaft, welches Ressourcen in ihre wertvollste Verwendung lenkt.[277]

Für alle anderen Infrastrukturgüter ist ein **Ausschluß** jedoch **wirtschaftlich** vertretbar. Der Zugang zu Häfen, Wasserstraßen und Schienenwegen ist einfach zu kontrollieren und auch bei Netzen und Rohrleitungssystemen sind Nutzer aufgrund der notwendigen Anschlüsse an das System mit nur geringen Kosten zu identifizieren. Bei Fernstraßen ist ein Konsumentenausschluß aufgrund elektronischer Datenerfassungssysteme technisch möglich.[278] Derartige innovative Ausschlußverfahren ermöglichen die Institutionalisierung eines funktionsfähigen Marktes.

Um Infrastrukturgüter weiter klassizifieren zu können, ist das Phänomen der **Überfüllung** zu berücksichtigen. So ist die Nutzung von Schienensystemen (Eisenbahn) generell durch (zunehmende) *Rivalität* (die Nutzung von Gleisen kann nur in bestimmten Abständen geschehen) gekennzeichnet. Dies gilt auch für Häfen und Verladezentren.[279] Wird allerdings eine gegebene Kapazitätsgrenze nicht überschritten, so ist die Leistungsabgabe eines solchen Infrastrukturgutes nicht durch gegenseitige Beeinträchtigungen der Nutzer gekennzeichnet (Gütergruppe C). Darüber hinaus führt sie jedoch zu einem Totalausschluß weiterer Nachfrager. Rohrleitungssysteme, Netze oder Klärwerke unterliegen hingegen - innerhalb einer gegebenen, starren Kapazitätsgrenze - *keinem Überfüllungsphänomen* (Gütergruppe B). Bei einer dritten Gruppe von Infrastrukturgütern *variieren Überfüllungsphänomene* je nach betrachtetem Zeitpunkt *kontinuierlich* (Gütergruppe B+C). So kann man vor allem bei Autobahnen je nach Tageszeit Phasen des unbeeinträchtigen Konsums von Phasen der Überfüllung, die in den vollkommenen Zusammenbruch des Verkehrs münden, unterscheiden. Entsprechende ökonomische Überlegungen hängen daher vom be-

---

[276] Ausnahmen ergeben sich bei altruistischer Motivation einzelner Wirtschaftssubjekte oder bei der Verwendung von tie-ins.

[277] Zu den Nachteilen des Warteschlangenprinzips vgl. Kandler, J. (1991) S. 93.

[278] Vgl. zu Ausschlußverfahren V.2.2.

[279] Dabei ist die Kapazitätsgrenze nicht als starr zu begreifen. Denkbar ist eine Pufferzone, in der z.B. in Häfen weitere Schiffe durch Liegeplätze im Päckchen aufgenommen werden oder die Zugfolge auf einen minimalen Abstand verringert wird.

trachteten Zeitpunkt ab. Zum Problem der Überfüllung ist schließlich anzumerken, daß die Beschränkung der Nutzung auf den Rahmen der Kapazitätsgrenze bei der Gruppe B im wesentlichen durch den Preisausschluß herbeigeführt wird. Der derzeit fehlende, prinzipiell aber mögliche Preisausschluß bei Infrastrukturgütern, die der Gruppe B+C zuzuordnen sind, führt erst zur Übernutzung (Autobahnen). Dabei ist hier allerdings eine graduell zunehmende Beeinträchtigung im Konsum zu verzeichnen, die bei der Gruppe B nicht vorliegt.

Die Infrastrukturgüter, die nach den Kriterien Ausschluß und Rivalität im Konsum und unter *Vernachlässigung* von versunkenen Kosten und economies of scale den Gruppen B und C zuzuordnen sind, können nach den Ausführungen in III.2.2.2 (Ausschließbare Güter bei Vorliegen von Nichtrivalität) und III.2.2.3.4 (Klubgüter) prinzipiell durch Private bereitgestellt werden. Unter Berücksichtigung von versunkenen Kosten und zunehmenden Skalenerträgen ist jedoch zu überprüfen, inwieweit diese Güter als natürliche Monopole zu klassifizieren sind. Um Aussagen über die Bereitstellung der Gütergruppen, von deren Nutzung Konsumenten ausgeschlossen werden können, zu erleichtern, sind diese Infrastrukturgruppen in Tabelle 3.3 überblicksartig zusammengestellt und nach ihrer Ausdehnung (netz- bzw. punktförmigen Infrastrukturgüter) klassifiziert worden.

Infrastrukturgruppen	Eigenschaften
B I. Rohrleitungssysteme, Netze	netzförmiges Infrastrukturgut, nicht-rivalisierend nutzbar bis zur Kapazitätsgrenze
B II. Klärwerke	punktförmiges Infrastrukturgut, nicht-rivalisierend nutzbar bis zur Kapazitätsgrenze
C I. Schiene	netzförmiges Infrastrukturgut, Rivalität im Konsum, bis zur Kapazitätsgrenze unproblematisch
C II. Häfen, Verladezentren	punktförmiges Infrastrukturgut, sonst wie C I.
B+C. Autobahnen, Wasserstraßen (Kanalsysteme)	netzförmiges Infrastrukturgut, kontinuierlich zunehmende Überfüllungserscheinungen

Tab. 3.3: Gruppen ausschließbarer Infrastrukturgüter.

Netzförmige Infrastrukturgüter (Gruppen B I, C I, B+C) sind i.d.R. als natürliche Monopole einzuordnen. So weisen Autobahnen, Rohrleitungssysteme, Netze und Schienensysteme hohe versunkene Kosten auf. Zudem ist ihre Nutzung innerhalb bestimmter Kapazitätsrestriktionen ohne Grenzkosten (Rohrleitungssysteme, Netze) oder nur mit geringen Grenzkosten (Schienensysteme) verbunden,[280] was auf zunehmende Skalenerträge hinweist. Diese Konstellation erfordert nach den Ausführungen in III.3.2.2 eine Bereitstellung durch den Staat. Dies gilt jedoch nur für das Infrastrukturgut als solches, während der Betrieb nach dem Ansatz der disaggregierten Regulierungspolitik Privaten übergeben werden kann.

Unberücksichtigt blieben bisher die Gruppen B II (Klärwerke) und C II (Häfen, Verladezentren). In beiden Gruppen sind irreversible Investitionen vorhanden und die Grenzkosten der Nutzung gering bzw. gleich Null. Erst die im Einzelfall genaue Kenntnis der jeweiligen Kostenfunktion zeigt jedoch, ob Subadditivität und damit ein natürliches Monopol vorliegt oder nicht. Liegt *kein* natürliches Monopol vor, so können die Infrastrukturgüter der *Gruppe C II* in Form eines *privaten Klubs* bereitgestellt werden. Die Inanspruchnahme der Klubleistungen ist durch Nutzungsgebühren zu entgelten, deren absolute Höhe in Abhängigkeit von der Nutzungsrate variiert (heterogene Klubs). Für die Güter der *Gruppe B II* kann im Fall *nicht* zunehmender Skalenerträge jedoch *keine eindeutige Empfehlung* bzgl. einer institutionellen Bereitstellungsform gegeben werden. Wie in III.2.2.2 ausgeführt, sind sowohl eine staatliche, entgeltlose Bereitstellung als auch eine monopolistische Angebotsform nicht pareto-effizient. Hier ist eine Einzelfallbetrachtung unter Berücksichtigung der anfallenden Kosten und der entstehenden Ineffizienzen vorzunehmen.

Die obige Darstellung hat gezeigt, daß aus allokationstheoretischen Gründen bei nicht-ausschließbaren Infrastrukturgütern - wie Stadt- und Landstraßen - eine Bereitstellung durch den Staat erfolgen muß. Bei allen anderen, ausschließbaren Gütern ist hingegen zunächst von Bedeutung, ob eine subadditive Kostenfunktion vorliegt. Diese kann bei netzförmigen Infrastrukturgütern wie Autobahnen, Wasserstraßen (Kanalsysteme), Rohrleitungssystemen, Leitungsnetzen sowie Schienensystemen vermutet werden. In diesem Fall besteht eine staatliche Bereitstellungsverantwortung. In dem Fall, in dem keine Subadditivität nachzuweisen ist, ist eine marktliche Bereitstellung im Sinne von Klubgütern denkbar. Bei nicht-rivalen, ausschließbaren Kollektivgütern muß eine Einzelfallbetrachtung erfolgen.

---

280 Im Fall von z.B. Autobahnen sind die Grenznutzungskosten darüber hinaus direkt von der Zahl der Nutzer und der damit verbundenen gegenseitigen Beeinträchtigung abhängig.

4.2 Die Rolle des Staates

Die bisherige Analyse war ausschließlich dem Allokationsziel der Staatstätigkeit verpflichtet und hat auf dieser Basis Aussagen über das Ausmaß staatlicher Bereitstellungsverantwortung für Infrastrukturgüter getroffen. Im folgenden sind weitere Argumente zu skizzieren, die Anlaß geben, die Rolle des Staates bei der Bereitstellung von Infrastruktur zu bestätigen und gegebenenfalls auszuweiten. Dabei sind einerseits grundlegende *Distributionsargumente* rahmengebender Staatstätigkeit,[281] so z.B. Aspekte der Einheitlichkeit der Lebensverhältnisse, der planenden Gestaltung des Raumes sowie der Daseinsvorsorge von Bedeutung. Andererseits soll auf die *Rationalität staatlich festgesetzter Verfahren* hingewiesen werden, welche Transaktionskosten sparen und Planungssicherheit schaffen. Die sich aus diesen Argumenten ergebenden Politikempfehlungen können allerdings in ihren Ergebnissen durchaus gegensätzlich sein und so Zielkonflikte bspw. zwischen dem Allokations- und dem Distributionsziel widerspiegeln.

Ein grundlegendes, im Grundgesetz der Bundesrepublik verankertes Element staatlicher Aufgaben wird durch die Leitvorstellung der Wahrung der **Einheitlichkeit der Lebensverhältnisse** umschrieben (Art. 72 II Nr. 3, Art. 106 III Nr. 2 GG).[282] Dieses Verfassungsgebot konkretisiert sich u.a. *inhaltlich* in Vorstellungen, die an das Konzept der Daseinsvorsorge anknüpfen, und *formal* durch die wirtschaftsverfassungsrechtlichen Vorschriften zur Gestaltung des Raumes.[283] Ausgangspunkt derartiger Überlegungen ist die Tatsache, daß Infrastrukturgüter als Voraussetzung für Arbeitsteilung und die Sicherung menschlicher Existenz als solcher zu begreifen sind und ihnen daher eine zentrale Stellung im Wirtschaftskreislauf zukommt.[284] Hieraus wird die Wünschbarkeit eines gleichartigen, permanenten Angebots zu gleichen Konditionen abgeleitet,

---

281 Auf die Analyse prozeßpolitischer Argumente wird aufgrund ihrer ordnungspolitischen Problematik im folgenden verzichtet. Diese beziehen sich zudem vielfach auf den Betrieb von Infrastrukturgütern. So sind verteilungspolitische Argumente zu nennen, nach denen z.B. 'unverzichtbare Grundbedürfnisse' zu einheitlichen Tarifen angeboten werden sollen. Die Tarifeinheit ist dabei ein preispolitisches Instrument, mit dessen Hilfe bspw. öffentliche Unternehmen Güter und Dienste zu 'sozial vertretbaren Preisen' anbieten und gleichzeitig möglichst identische ökonomische Bedingungen in verschiedenen Regionen garantieren sollen [vgl. Wulf-Mathies, M. (1984) S. 79]. Zudem werden Argumente der Mittelstandspolitik oder der Verkehrssicherheit vorgebracht, um staatliche Regulierung zu rechtfertigen [vgl. kritisch Hamm, W. (1992) S. 235ff.]. Gemeinsam ist diesen gesellschaftpolitischen Argumenten, daß ihre Effizienzwirkungen meist schwer abzuschätzen und eher langfristiger Natur sind, während die gesellschaftspolitischen Zielverletzungen meist sofort spürbar werden [vgl. Kruse, J. (1986) S. 233] und Anlaß für Lobbytätigkeiten sind.

282 Für eine Präzisierung dieses Gebotes ist auf Abschnitt IV.2.2 zu verweisen.

283 Vgl. hierzu in historischer Perspektive II.1.1.2. und II.1.1.3.

284 Für eine Auflistung dieser Eigenschaften vgl. Friedrich, P. (1984) S. 108f.

welches durch den Staat zu erbringen sei (Konzept der **Daseinsvorsorge**). Historischer Beleg für diese Konzeption ist z.B. die Kommunalisierungswelle des späten 19. Jahrhunderts, welche in ein öffentliches Monopol in der Versorgungs- und Nahverkehrswirtschaft mündete. Verstaatlichungen wurden hier mit dem Ziel der Gleichmäßigkeit und Sicherheit der Versorgung und der Egalisierung interregionaler Wohlstandsunterschiede begründet.[285]

Rechtfertigt das Konzept der Daseinsvorsorge *inhaltlich* eine staatliche Bereitstellung von Infrastrukturgütern, so hat die **Raumordnung**[286] als Teil der Wirtschaftsplanung[287] eine planende und koordinierende Funktion.[288] Eine derartige Koordination wird für notwendig befunden, da eine sich selbst überlassene und unabgestimmte wirtschaftliche Entwicklung im Raum zu 'untragbaren' Unterschieden der räumlichen Lebensverhältnisse führen würde. Die Raumordnung als Aufgabe der Wirtschaftsverwaltung hat daher die Entwicklung der räumlichen Struktur der Bundesrepublik zum Ziel, bei der insbesondere infrastrukturelle Erfordernisse zu berücksichtigen sind. Dieses Erfordernis raumwirtschaftlicher Koordination und Planung impliziert gleichzeitig eine staatliche Bereitstellungsverantwortung für Infrastrukturgüter, wenn Raumordnung einen positiven Inhalt haben soll.

Im Zusammenhang mit dem Grundsatz der Einheitlichkeit der Lebenverhältnisse wird vielfach auch auf eine Wünschbarkeit *ökologisch* einheitlicher Lebensbedingungen hingewiesen. Vor diesem Hintergrund kommt dem Staat die Aufgabe zu, die natürlichen Ressourcen und die **Umwelt** zu schützen.[289] Für eine Diskussion der sich in diesem Zusammenhang ergebenden Problematik der Internalisierung externer Effekte ist auf den Teil III.1.2 zu verweisen. In Bezug auf die *Bereitstellung* von Infrastrukturgütern ist jedoch anzumerken, daß die Entsorgungseinrichtungen, die den Schutz der Umwelt zur Aufgabe haben (Klärwerke, Kanalisationen, Anlagen zur Sondermüllbehandlung) in die Bereitstellungs*verantwortung* des Staates gehören.

Während diese Argumente für eine staatliche Bereitstellung von Infrastrukturgütern auf die Wünschbarkeit eines - normativ zu bestimmenden - gleichartigen Infrastrukturangebotes im Raum abstellen, konzentrieren sich die folgenden Ausführungen auf die Bedeutung *staatlich abgesicherter Verfahren.* Ausgangspunkt ist die Überlegung, daß die Verantwortung des Staates für das In-

---

285 Vgl. Thiemeyer, T. (1984) S. 22, Borchardt, K. (1971) S. 28.

286 Zur Raumordnungspolitik mit Bezug auf die neuen Bundesländer vgl. IV.2.2.2.

287 Hier wird vereinfachend nur die Gesamtplanung berücksichtigt, die von der Fachplanung zu unterscheiden ist. Zudem ist die Gesamtplanung an dieser Stelle auf die Bundesplanung beschränkt worden; vernachlässigt wurden die Landes- sowie die Gemeindeebene.

288 Vgl. hierzu Hünnekens, G. (1995) S. 20f. Formal wird diese Funktion im Wirtschaftsverwaltungsrecht erfaßt.

289 Vgl. zu dieser Einordnung z.B. Streit, M.E. (1991) S. 127.

frastrukturangebot auf seine Transaktionskosten sparende Funktion zurückgeht. Der Bereitstellungsprozeß ist durch das Zusammenwirken zahlreicher Wirtschaftssubjekte auf der Angebots- und Nachfrageseite charakterisiert,[290] so daß eine freiwillige Koordination aufgrund zu hoher **Transaktionskosten** und hieraus resultierender mangelnder Transparenz des Austauschprozesses voraussichtlich unterbleiben würde. Wird aus diesem Grund die Bereitstellungskompetenz auf den Staat verlagert, so ist dennoch zu hinterfragen, mit welchen Vorteilen eine derartige Übertragung verbunden ist. Offenbar kann nicht unterstellt werden, daß der Staat - bei Unkenntnis der Bürgerpräferenzen - in jedem Fall eine in Art und Umfang dem Ergebnis des Marktprozesses überlegene Angebotslösung entwickeln wird.

Der Vorteil staatlicher Bereitstellung liegt vielmehr in der Anwendung festgelegter Verfahren, welche Aushandlungs-, Einigungs- und Kontrollkosten senken. So ist der Straßenbau bspw. dadurch gekennzeichnet, daß er in erheblichem Umfang Flächen beansprucht, in eine räumliche Umgebung einzufügen ist und daher eine Abstimmung mit den Nutzungsansprüchen anderer (Abstimmung nachbarlicher Interessen, Umweltschutz) erfordert.[291] Das Planfeststellungsverfahren berücksichtigt diese unterschiedlichen Ansprüche und bemüht sich um einen Ausgleich. Die abschließende Verwaltungsentscheidung - der Planfeststellungsbeschluß - sichert dem Projekt die tragfähige rechtliche Basis *(Genehmigungswirkung)*. Der festgelegte Verfahrensablauf senkt folglich die Kosten der Einigung zwischen den Beteiligten. Gleichzeitig hat der abschließende Verwaltungsakt u.a. eine *Gestaltungswirkung*, d.h. er konkretisiert die öffentlich-rechtlichen Beziehungen zwischen dem Träger des Projektes und den durch den Plan Betroffenen.[292] In Verbindung mit der Unanfechtbarkeit des Planfeststellungsbeschlusses beinhaltet dieser Verwaltungsakt ein *Schutzpotential* für die Beteiligten, welches eine **(Planungs-)Sicherheit** vor weiteren Veränderungen der Umweltbedingungen verkörpert.[293] Die Einführung von Verfahren spart also Transaktionskosten, indem sie die Einigungs- und Verhandlungskosten senkt und die Übertragung von Handlungsrechten zweifelsfrei regelt.[294] So läßt sich hier von einer **Rationalität von Verfahren** als Ersatz für die Rationalität von Ergebnissen sprechen. Dementsprechend zeigen Erfahrungen in Kalifornien, daß *bei einer rein privatwirtschaftlichen Koordination* die Kosten, die in die Abwägung von Umweltbelangen sowie die Abstimmung der Trassenführung versenkt werden, so hoch sind, daß sie von privaten Unter-

---

290 Vgl. Windisch, R. (1987) S. 105.

291 Vgl. hierzu Steiner, U. (1992a) S. 645 und zu den mit dem Straßenbau verbundenen Verfahren IV.2.2.4 dieser Arbeit.

292 Vgl. Steiner, U. (1992a) S. 651.

293 Vgl. Engel, C. (1992) S. 37f. und S. 180, welcher sich hier allerdings auf Unternehmen erteilte Genehmigungen bezieht.

294 Vgl. Streit, M.E. (1991) S. 114.

nehmen kaum zu tragen sind. Zudem bedroht die Unsicherheit über die endgültige Gestalt sowie den Realisierungszeitpunkt des Investitionsobjektes die Existenz des Projektes.[295] Die prinzipielle Wünschbarkeit einer staatlichen Bereitstellungsverantwortung wird hier evident.

Die vorgetragenen Überlegungen zeigen auf, daß über die bisher diskutierten allokationstheoretischen Argumente hinaus Begründungen existieren, die eine staatliche Bereitstellung von Infrastrukturgütern rechtfertigen. Danach sind zumindest Klärwerke zusätzlich staatlicher Bereitstellungsverantwortung zu unterstellen, die Güter der Gruppe C II hingegen sind nach diesen Kriterien hier nicht einzuordnen. Die Ausgangsfrage des Teils III der Arbeit „Inwieweit können Kompetenzen im Rahmen der Bereitstellung von Infrastrukturgütern Privaten übertragen werden?" ist also weitgehend abschlägig zu beantworten. Ist aber der Staat für die Bereitstellung von Infrastrukturgütern *verantwortlich, so kann er Private nur für eine Produktion und/oder Finanzierung der Objekte sowie für deren Betriebsführung einschalten.* Dies hat zur Konsequenz, daß zwischen dem Staat und privaten Unternehmen langfristige Verträge zu schließen sind, da der Staat für die Existenz und die Festlegung der Qualität von Infrastrukturleistungen verantwortlich ist. Daher ist er zur Regulierung - i.S. einer Überwachung - privater Unternehmen verpflichtet. Staatliche Regulierung ist jedoch - wie in III.3.2.1 ausgeführt - mit erheblichen Ineffizienzen und Anreizproblemen verbunden. Letztere sind der Anlaß, derartige langfristige Vertragsbeziehungen im folgenden erneut zu betrachten.

4.3 Institutionenökonomische Überlegungen

4.3.1 Das Problem relationaler Kontrakte

Wünscht der Staat für die Erstellung und Finanzierung von Infrastrukturinvestitionen Privatunternehmen einzusetzen, so entsteht zwischen den Beteiligten eine vertraglich geregelte Leistungsbeziehung. Dabei ist zwischen (a) der *Institutionalisierung* dieser Leistungsbeziehung und (b) der Phase der vertraglichen *Leistungsbeziehung als solcher* zu unterscheiden.

(a) Nach DEMSETZ[296] wird durch einen Wettbewerb um den Markt, in dem ein (staatlicher) Auktionator den Zuschlag an den kostengünstigsten Anbieter vergibt, Marktmacht des Alleinanbieters in Verbindung mit monopolistischer Preissetzung verhindert. Eine hohe Zahl von Bietern im ex-ante Wettbewerb *um den* Markt schafft folglich Bedingungen, die den Monopolisten ex-post *im* Markt zu einem nicht-monopolistischen Angebot veranlassen und so disziplinieren.

---

[295] Vgl. hierzu im Detail III.4.3.3.
[296] Vgl. hierzu III.3.2.2.1.

(b) Vertreter des institutionenökonomischen Ansatzes verweisen jedoch auf das der Vertragsbeziehung im Markt zugrundeliegende Principal-Agent-Problem und legen daher den Schwerpunkt ihrer Betrachtung auf die Phase der Kontrakt*erfüllung*. So kritisiert WILLIAMSON, daß der anfängliche Angebotseffekt bei DEMSETZ zu stark betont und die Anpassung des bestehenden Kontraktes über die Zeit vernachlässigt werde.[297] Die Überwachung der Kontrakte sei aber der Regulierung natürlicher Monopole ähnlich, so daß sich kein Vorteil des ex-ante-Wettbewerbs gegenüber der Regulierung ergebe und das Auktionsverfahren letztlich in ein 'control by contracts' münde.[298] Im folgenden wird zunächst die im Rahmen der Bereitstellung von Infrastrukturgütern bestehende Principal-Agent-Beziehung skizziert, bevor Anreizprobleme im Rahmen der Kontrakterfüllung behandelt werden.

Die Bereitstellung von Infrastrukturgütern ist durch ein *zweifaches Principal-Agent-Problem* gekennzeichnet. Einerseits ist der Staat Agent für eine große Zahl von Bürgern, welche ihm die zentrale Informationsbeschaffung, die repräsentative Entscheidungsfindung, die anfänglichen sowie die Nachverhandlungen von Kontrakten übertragen. Dementsprechend hat der Agent diese Individuen gegenüber dem Unternehmen zu vertreten, das mit der Erstellung und Finanzierung des Infrastrukturgutes beauftragt wird.[299] Hiermit entsteht andererseits ein weiteres Principal-Agent-Problem, in dem der Staat als *Principal* eine spezifische vertragliche Bindung mit dem Unternehmer und Kontrakterfüller in dessen Eigenschaft als Agent eingeht. Die letztgenannte Beziehung bildet den Schwerpunkt der folgenden Betrachtung.

Das Principal-Agent-Problem zwischen Staat und Unternehmen verbindet sich mit einem *relationalen Vertrag*. Dieser bezeichnet eine längerfristige Geschäftsbeziehung, innerhalb derer zukünftige Leistungsversprechen abgegeben und Investitionen getätigt werden, deren Wert wesentlich von der Art und Weise abhängig ist, mit der beide Seiten den Vertrag erfüllen.[300] Derartige lang-

297 Vgl. Williamson, O.E. (1976) S. 78. Ähnlich auch Goldberg, V.P. (1976) S. 427 und zum Principal-Agent-Problem die Darstellung in III.3.2.1.

298 Vgl. Schmalensee, R. (1979) S. 69. GOLDBERG merkt an, daß das Problem der Überwachung sich sowohl bei privat geschlossenen Kontrakten als auch bei der Regulierung stelle. Es handele sich daher nicht um ein Problem des Regulierungsaktes, sondern das Überwachungsproblem sei mit der *Art der Leistung* als solcher verknüpft. Vgl. Goldberg, V.P. (1976) S. 441.

299 GOLDBERG bezeichnet diese Kontrakte als „administered contracts". Goldberg, V.P. (1976) S. 427.

300 Alchian, A.A.; Woodward, S. (1988) S. 66. Der polare Gegensatz zum Fall relationaler Verträge ist der klassische Vertrag, welcher durch eine abgeschlossene Transaktion gekennzeichnet ist, bei der die persönliche Beziehung zwischen den Beteiligten irrelevant ist. Vgl. Richter, R.; Bindseil, U. (1995) S. 137.

fristige Kontrakte[301] sind typischerweise unvollständig spezifiziert, da prohibitiv hohe Verhandlungskosten (ex-ante Transaktionskosten) den Versuch verhindern, alle zukünftigen Eventualitäten berücksichtigen zu wollen.[302] Unsicherheiten bzgl. zukünftiger Ereignisse sowie Veränderungen der Rahmendaten, welche die Entwicklung am Markt und die technische Weiterentwicklung während der Vertragslaufzeit betreffen, sind folglich für relationale Kontrakte charakteristisch.[303] Daher entstehen ex-post Transaktionskosten, „[which] are those incurred in subsequently administering, informing, monitoring, and enforcing the contractually promised performance.“[304]

Derartige unvollständig spezifizierte Verträge eröffnen jedoch *Spielräume für opportunistisches Verhalten*[305] der Beteiligten. Vor allem wenn Kosten in irreversible Investitionen versenkt worden sind und dadurch Marktaustrittsbarrieren bestehen - wie dies bei Infrastrukturgütern der Fall ist - ergeben sich erhebliche Gestaltungsspielräume bei der Erfüllung der anfänglich mehr oder weniger genau spezifizierten Leistung.[306] Wird z.B. der Zuschlag an den Unternehmer nur über das Kriterium des geringsten Preises vergeben, so bleibt für diesen die Möglichkeit, die *Qualitätskomponente* der angebotenen Leistung zu variieren,

---

301 Eine Minderung des unternehmerischen Risikos im Sinne einer Sicherung der Aneignungsfähigkeit von Erträgen bei langfristigen Kontrakten und das Problem der Bewertung der Anlagegüter sowie der Übertragung des Humankapitals bei der Kontrakterneuerung rechtfertigen eine Konzentration auf langfristige Verträge und die Vernachlässigung *wiederkehrender kurzfristiger Verträge*. Vgl. zu kurzfristigen Kontrakten Posner, R.A. (1972) S. 115f., Williamson, O.E. (1976) S. 83ff.

302 Im Gegensatz zu langfristigen, vollständig spezifizierten Kontrakten sind bei langfristigen unvollständigen Kontrakten keine Regelungen über die Bedingungen im Einzelfall festgelegt, nach denen ein Anbieter auf zukünftige, nicht-antizipierbare Ereignisse reagieren wird. Einmalig geschlossene, *vollständig spezifizierte Kontrakte* werden hier nicht untersucht, da diese in ihrer Ausarbeitung, Verhandlung und Durchsetzung mit prohibitiv hohen Transaktionskosten belegt sind. Vgl. Williamson, O.E. (1976) S. 79, Williamson, O.E. (1975) S. 23, Hart, O. (1995) S. 680.

303 Vgl. Coase, R.H. (1937) S. 391.

304 Alchian, A.A.; Woodward, S. (1988) S. 66f.

305 WINDISCH umschreibt opportunistisches Verhalten „als eigennützig gepaart mit einem „Schuß“ Arglist.“ Windisch, R. (1996a) S. 1163.

306 Bei Infrastrukturgütern entsteht kein klassisches 'hold-up'-Problem, da die Leistungsbeziehung nicht zwischen den Beteiligten (Staat und Unternehmen) besteht, sondern zwischen dem Produzent des Infrastrukturgutes und den Abnehmern. Ein typisches 'hold-up'-Problem ergibt sich hingegen, wenn z.B. das Unternehmen *A* versucht, sich die Quasi-Rente des *B* anzueignen, die dieser aufgrund versunkener Kosten erwirtschaftet. Dies setzt aber voraus, daß zwischen *A* und *B* eine Leistungsaustausch gegen Entgelt stattfindet. Zu hold-up Problemen vgl. Klein, B.; Crawford, R.; Alchian, A. (1978/1986) S. 231f.
Selbst wenn eine Leistungsbeziehung zwischen dem Staat und dem Unternehmen existiert, wie z.B. beim Leasing-Vertrag, ist ein hold-up dennoch unwahrscheinlich, da sich hier *der Staat* die Rente des Unternehmens aneignen müßte. Vielmehr ist hier die - für Principal-Agent-Probleme typische - Figur des moral hazard relevant. Vgl. zur Unterscheidung zwischen hold-up-Problemen und moral-hazard Alchian, A.A.; Woodward, S. (1988) S. 68f.

um sich über die Reduktion der Qualität doch noch Monopolrenten zu sichern.[307] Weiterhin ist es unzureichend, Preise anfänglich festzusetzen, da sich *Preise und Kosten auseinanderentwickeln* können. Ursächlich hierfür ist die mit der Dauer relationaler Verträge verbundene Unsicherheit bzgl. der Entwicklung der künftigen Umweltsituation (*Komplexität*), welche sich in nicht vorhersehbaren technischen Entwicklungen oder schwer prognostizierbaren Nachfragegrößen niederschlägt.[308] Werden aufgrund nicht antizipierbarer Veränderungen der Rahmendaten Nachverhandlungen notwendig, so besteht die Gefahr *opportunistisch überhöhter Kostenangaben* durch das Unternehmen.[309] So steigt mit zunehmender Komplexität der Überwachungs- und Koordinationsaufwand in der Kontraktperiode, was sich in zunehmenden ex-post-Transaktionskosten widerspiegelt.

Besonders das Wissen um eine *relativ sichere Position* könnte das beteiligte Unternehmen zu opportunistischem Verhalten im Sinne der Ausnutzung seiner Monopolmacht veranlassen. So werden Kommunen im Konfliktfall wegen der Aussicht auf Verzögerungen in der Kontrakterfüllung und Kosten von Rechtsstreitigkeiten eine reduzierte Bereitschaft zeigen, den Vertragspartner zu ersetzen.[310] Ein Austausch könnte nämlich auch als ein öffentliches Irrtumseingeständnis auf politischer Ebene interpretiert werden, so daß Nachverhandlungen mit entsprechenden Verhandlungsspielräumen auch im Fall einer (nicht allzu) schlechten Performance dem Ersatz des Unternehmers vorgezogen werden.

Die vorangegangene Analyse bietet also Anlaß für die Vermutung, daß relationale Kontrakte Spielräume für opportunistisches Verhalten eröffnen, auch wenn sie durch einen wettbewerblichen Auktionsprozeß angebahnt werden. Gegen diese eher pessimistische Einschätzung ist jedoch einzuwenden, daß opportunistisches Verhalten im Fall von Infrastrukturgütern bedingt durch deren *Objektgestaltung* nur von geringerer Bedeutung sein dürfte. Opportunismus hängt nämlich - neben der Höhe der Überwachungskosten - von dem *Grad der Plastizität einer Investition* ab. Dabei meint Plastizität, „that there is a wide range of discretionary, legitimate decisions within which the user may choose."[311] Diskretionäre Spielräume treten jedoch im allgemeinen bei der *Erstellung* von Verkehrsinfrastrukturgütern sowie Ver- und Entsorgungseinrich-

---

307 Vgl. Goldberg, V.P. (1977) S. 251. GOLDBERG verdeutlicht, daß die Überwachung der zu leistenden Qualität nur bei Vorhandensein operationaler Meßkriterien adäquat möglich ist. Darüber hinaus verursacht jede Qualitätsüberwachung Kosten, so daß Grenzen der Überwachung gezogen werden müssen. Vgl. Goldberg, V.P. (1976) S. 442.

308 Vgl. Williamson, O.E. (1976) S. 82.

309 Für diesen Fall müssen Kontrakte so ausgestaltet sein, daß sie eine Regelung für die Anpassung an die Kosten vorsehen und gleichzeitig eine Aufblähung der Kosten vermeiden.

310 Vgl. Williamson, O.E. (1976) S. 81f.

311 Alchian, A.A.; Woodward, S. (1988) S. 69. Das Problem der Plastizität ist faktisch mit der für Principal-Agent-Probleme kennzeichnenden Idee der hidden-action identisch.

tungen nur in geringem Maße auf, da die zu verwendende Technik relativ gut zu spezifizieren und die geschlossenen Qualitätsvereinbarungen (Sicherheitsanforderungen, Bequemlichkeit) nur in geringem Maße intransparent sind.[312] Zu berücksichtigen ist allerdings, daß aufgrund der *Vertragsgestaltung* und des Umfangs der auf Private übertragenen Aufgabenteile bestimmte relationale Verträge eine höhere Plastizität aufweisen können als andere. So kann bspw. bei der Erstellung einer Autobahn entweder ausschließlich der Bau an ein Privatunternehmen übergeben werden oder aber auch die Planung und Finanzierung. In letzterem Fall ergeben sich dann relativ mehr diskretionäre Entscheidungsspielräume als in ersterem.

Demgegenüber können Vertragspartner aber auch selbst ein starkes Interesse haben, sich *nicht* opportunistisch zu verhalten. So verlieren Unternehmen durch opportunistisches Verhalten ihren *guten Ruf* und damit die Möglichkeit, weitere Aufträge zu erhalten.[313] Kooperatives Verhalten ist jedoch von Seiten des Unternehmens *glaubhaft* zu signalisieren (credible commitment), damit es Basis für ein vertrauensvolles Vertragsverhältnis sein kann.[314] Hierzu werden Pfänder (hostages) eingesetzt, die bei opportunistischem Verhalten des Unternehmens dieses mit einem Verlust belegen, welcher die potentiellen Gewinne aus opportunistischem Verhalten übersteigt. KLEIN und LEFFLER schlagen hierzu Investitionen in „nonsalvageable productive assets“ vor.[315] Derartige versunkene Kosten liegen bei Investitionen in Infrastrukturvermögen vor. Unternehmer könnten also ein *credible commitment* eingehen, indem sie sich vertraglich an Veräußerungsverluste binden. Diese würden dann entstehen, wenn im Fall von opportunistischem Verhalten des Unternehmens das Vertragsverhältnis vorzeitig beendet und das Infrastrukturgut mit Preisabschlägen an den Staat zurück übertragen würde.[316]

Kommt kein credible commitment zustande und ist ein eher konfliktbeladenes Verhältnis zwischen den Partnern vorherrschend, so kann opportunistisches Verhalten nur mit *Strafandrohungen* (credible threats) wirksam bekämpft

---

312 Vgl. Fielding, G.J., Klein, D.B. (1993) S. 119, Alchian, A.A.; Woodward, S. (1988) S. 69: „Interestingly, physical resources requiring large sunk costs, and consequently that are vulnerable to holdup, can be implastic and immune to moral hazard.“

313 Zur Bedeutung des Rufs vgl. Klein, B.; Leffler, K.B. (1981) S. 626f. Das Bestreben, sich nicht opportunistisch zu verhalten, wird dabei positiv von der Absicht des Unternehmens abhängen, auch in Zukunft Auktionsverfahren zu gewinnen [vgl. Zupan, M.A. (1989a) S. 421]. Zudem können Vertragsmöglichkeiten mit derzeitigen oder zukünftigen anderen städtischen Partnern verloren gehen (cross-city reputational concerns), da sich der Zuschlag für einen kommunalen Auftrag in der Praxis stark nach dem Ruf des Unternehmers richtet.

314 Vgl. zur Unterscheidung von credible threats Williamson, O.E. (1985) S. 167.

315 Vgl. Klein, B.; Leffler, K.B. (1981) S. 628f. und Williamson, O.E. (1985) S. 181 zur Einordnung in das Problem der hostages.

316 Vgl. hierzu auch die Ausführungen zum Betreibermodell in V.4.3.

werden. Zum einen können *Strafklauseln*, die in den Vertrag eingebettet worden sind, als Negativanreiz dienen. Hängt der Wert des Endproduktes stark vom beiderseitigen Einsatz ab, so erhielten im Endergebnis beide Parteien ein geringwertigeres Produkt.[317] Zum anderen kann vom *Potential des Staates zu vertikaler Integration* eine Disziplinierungswirkung ausgehen.[318] Werden bei einem Projekt in hohem Maße Kosten versenkt und sind die mit der Monopolstellung verbundenen Renten aneignungsfähig, so wird aus Sicht der beteiligten Gebietskörperschaft die selbst durchgeführte vertikale Integration gegenüber einem unvollständigen, langfristigen Kontrakt attraktiver. Das Wissen des beteiligten Unternehmens um das Potential zu vertikaler Intergration seitens der Gebietskörperschaft wird opportunistisches Verhalten einschränken.

Desweiteren steht dem potentiellen monopolistischen Verhalten auf Seiten des Unternehmers auch die Möglichkeit von *monopsonistischem Verhalten* der Kommune gegenüber.[319] So ist der im Auktionsverfahren ausgewählte Unternehmer an die Gebietskörperschaft gebunden, sobald er in diesem Gebiet Kosten versenkt hat und diese spezifischen Investitionen nur für die Kommune als Käufer einen Wert haben. Aus diesem Grund besteht nicht nur eine potentielle Monopolmacht auf Seiten des Betreibers, sondern ebenso ein Potential monopsonistischer Vergeltungsmaßnahmen auf Seiten der Kommune. Letztere könnte z.B. eine Anpassung der Preise im Zuge allgemeiner Preissteigerungen verhindern oder eine Unterbewertung des Anlagevermögens zum Zeitpunkt der Kontrakterneuerung vornehmen.[320]

Die bisherige Diskussion hat Instrumente vorgestellt, die opportunistisches Verhalten auf Seiten des Unternehmers beschränken können, falls dieser sich nicht selbst glaubhaft eines solchen Verhaltens enthält. Sie konnte jedoch keinen Aufschluß darüber liefern, ob opportunistisches Verhalten in Vertragsbe-

---

317 Vgl. Zupan, M.A. (1989a) S. 423.

318 Vgl. zur vertikalen Integration Klein, B.; Crawford, C.; Alchian, A.A. (1978/1986) S. 231. Analysiert man die Vorteilhaftigkeit vertikaler Integration versus marktlicher Organisationsformen unter Transaktionskostengesichtspunkten, so ist festzuhalten, daß mit erhöhter Wahrscheinlichkeit opportunistischen Verhaltens, verstärkter Gefahr des ungewollten Informationsabflusses und Problemen bzgl. der Kontraktüberwachung vertikale Integration eine dem unvollständig spezifizierten Kontrakt vorzuziehende Organisationsform ist. Vgl. z.B. Goldberg, V.P. (1977) S. 260.

319 Vgl. hierzu Zupan, M.A. (1989a) S. 423.

320 Hier muß einschränkend bemerkt werden, daß der Betreiber dieses Verhalten der Kommune durch Einbeziehung der Öffentlichkeit (z.B. Presse) mit entsprechenden Auswirkungen auf die Wiederwahlchancen der betroffenen Politiker unterbinden bzw. einschränken kann. Im allgemeinen werden aber die beiderseitigen Erfahrungen in längerfristigen Vertragsbeziehungen zu kooperativem Verhalten beitragen. Auf Dauer kann nämlich jede Partei mit zukünftiger Vergeltung drohen, falls derzeit kein kooperatives Verhalten zustandekommt. Vgl. Scherer, F.M., Industrial Market Structure and Economic Performance, 2. Aufl. (1980) S. 163, zitiert nach Zupan, M.A. (1989a) S. 423.

ziehungen zwischen Gebietskörperschaften und privaten Unternehmen tatsächlich relevant ist und einer Vertragspartnerschaft im Bereich der Infrastruktur entgegensteht. Im folgenden sollen daher die Ergebnisse empirischer Studien herangezogen werden, um die Relevanz opportunistischen Verhaltens aufzuzeigen.

4.3.2 Empirische Überprüfung

Auf Basis zweier empirischer Studien aus den frühen 80er Jahren kann **ZUPAN opportunistisches Verhalten** bei Gewinnern verschiedener Auktionsverfahren im Bereich des Kabelfernsehens[321] **nicht signifikant nachweisen.**[322] Zupan untersucht zunächst, ob die im Auktionsverfahren (ex-ante) angekündigte Markterschließungsrate - d.h. das Verhältnis von Abonnenten der Basisdienste zu der Anzahl der Haushalte, an deren Haus eine Verkabelung vorbeiführt - die ex-post realisierte Rate übersteigt. Die Ergebnisse deuten darauf hin, daß die beteiligten Unternehmen die Markterschließungsrate und damit auch die geäußerten Gewinnerwartungen *im Auktionsverfahren* absichtlich (opportunistisch) überschätzten.[323] So mache der Gewinner der Ausschreibung *nach dem Vertragsabschluß* (glaubhaft) geltend, daß eine Fehleinschätzung der Markterschließungsrate vorliege und daher nur ein geringerer als der erwartete Gewinn realisiert werden könne. Aus diesem Grund wurden Preiserhöhungen sowie eine Reduktion der Sonderleistungen gefordert. Das Ergebnis ist allerdings nicht statistisch signifikant.[324]

---

321 Obwohl Kabelfernsehen nicht zu den in dieser Arbeit zu betrachtenden Infrastrukturgütern zählt, findet die o.g. Studie Eingang in die Arbeit, da es sich hier ebenfalls um ein netzförmiges Angebot mit dem Charakter eines natürlichen Monopols handelt. Entsprechende Studien zur Verkehrsinfrastruktur sind zudem nicht bekannt.

322 ZUPAN verwendet hier Daten aus einer Telefonumfrage aus dem Jahr 1984, die auf einer Stichprobenbefragung von 250 Kabelfernsehsystemen beruht. Hiervon wurden 66 verwertbare Antwortbögen ausgewertet. Desweiteren werden in einer zweiten Untersuchung erwartete Raten von 68 Systemen, die in Auktionsverfahren zwischen 1979 und 1982 errichtet wurden, mit den 1986 realisierten Raten verglichen. Vgl. Zupan, M.A. (1989a) S. 427f. und zu den Ergebnissen S. 424ff.

323 Alternative Strategien, die sich in einer Überschätzung der Markterschließungsrate äußern, sind die opportunistische Kostenüberschätzung sowie die opportunistische Ausübung von Monopolmacht. Während erstere die gleiche Verhaltensweise wie bei opportunistischer Marktüberschätzung aufweist, wird bei einer opportunistischen Ausübung von Monopolmacht lediglich eine unbegründete Preiserhöhung unterstellt.

324 Dies gilt um so mehr, wenn die Kabelfernsehsysteme nach Größenordnungen getrennt werden. In diesem Fall können Überschätzungen nur bei großen Systemen nachgewiesen werden. Begründbar ist diese Beobachtung durch die These, daß opportunistisches Verhalten eine Funktion der Systemgröße sei. Hier gestalte sich die Kontraktüberwachung schwieriger, und es treten höhere versunkene Kosten auf, so daß opportunistisches Verhalten lohnender erscheine. Vgl. Zupan, M.A. (1989a) S. 429.

ZUPAN untersucht weiterhin, auf welche **Ursachen** mögliche Abweichungen zwischen realisierten und erwarteten Markterschließungsraten zurückzuführen sind. Die empirischen Ergebnisse zeigen, daß Fehleinschätzungen der Unternehmen auf **unvorhersehbare Änderungen der ökonomisch relevanten Rahmendaten** zurückzuführen sind. Relevant sind besonders Irrtümer in der Beurteilung der Wettbewerbsintensität, welche durch andere Anbieter im Markt erzeugt wird.[325] Opportunistisches Verhalten wird hingegen **wirksam durch Disziplinierungsinstrumente** der Gebietskörperschaften (mögliches monopsonistisches Verhalten, potentielle vertikale Integration) kontrolliert. Auch die *Besorgnis um den eigenen Ruf* verhindert die Ausübung monopolistischer Marktmacht. Zudem kann nicht nachgewiesen werden, daß opportunistisches Verhalten mit der Möglichkeit steigt, hohe Gewinne zu realisieren. So hat weder eine geringe Anzahl von Substitutionsmöglichkeiten zur angebotenen Dienstleistung noch der Umfang der irreversiblen Investitionen durch die Gebietskörperschaft einen signifikanten Einfluß auf eine opportunistische Überschätzung der Markterschließungsrate des Anbieters.

Zu ähnlichen Ergebnissen kommt auch **PRAGER**, die das Verhalten von Franchisenehmern in 398 Kommunen der USA, die mit Kabelfernsehanschlüssen ausgestattet sind, untersuchte.[326] Betrachtet wurden verschiedene Aspekte des Betreiberverhaltens (Konstruktionszeit, Niveau und Qualität der Leistung, Preise), um sie mit den Versprechungen der Bieter zum Zeitpunkt des Vertragsabschlusses zu vergleichen. Die These, daß ein **wettbewerbliches Auktionsverfahren** das Ausmaß opportunistischen Verhaltens erhöht, konnte PRAGER nicht verwerfen. Gegenüber nicht-wettbewerblich ausgetragenen Verfahren[327] hat jenes jedoch einen signifikant verstärkenden Einfluß auf Verspä-

325 Vgl. Zupan, M.A. (1989a) S. 435ff. Auktionsverfahren liefern jedoch keine optimalen Ergebnisse bzgl. der Effizienz. Es werden nämlich sowohl Betreibergewinne realisiert als auch Zugeständnisse an die Kommunen im Bereich der Dienstleistungen gemacht, die einen positiven Einfluß auf die Kostenhöhe haben, aber nur geringen ökonomischen Nutzen erbringen. Vgl. Zupan, M.A. (1989a) S. 440, Zupan, M.A. (1989b) S. 305.

326 Basis für die Auswertung der 221 verwertbaren Antworten waren die Ergebnisse einer Befragung von lokalen Staatsbediensteten. Kritisch ist in dieser Untersuchung allerdings die Art der Datenerhebung. PRAGER weist selbst darauf hin, daß die Daten absichtlich oder unabsichtlich verfälscht sein könnten, da hier Wahrnehmungen über Verhalten und nicht Verhalten selbst ausgewertet werden. Die durchgeführten Tests gaben jedoch keinen Anlaß zu der Vermutung, daß die Ergebnisse durch einen Bias beeinflußt sein könnten. Vgl. Prager, R.A. (1990) S. 214.

327 Kritisch ist hier anzumerken, daß PRAGER nicht definiert, was genau unter einem wettbewerblichen gegenüber einem nicht-wettbewerblichen Franchise-Verfahren zu verstehen ist. Denkbar wäre, daß im Sinne von ZUPAN unter ersterem eine große Zahl von Wettbewerbern zu verstehen ist, die unter Konkurrenzbedingungen Angebote abgeben müssen. In diesem Fall wäre eine Abweichung der Versprechungen des Franchisenehmers zum Zeitpunkt des Vertragsabschlusses gegenüber der realisierten Rate nicht notwendig als op-

tungen in der Bauphase, Vernachlässigung freiwilliger Qualitätsverbesserungen, Streitigkeiten während des Vertrages sowie fehlende Flexibilität des Franchisenehmers, auf die Wünsche der Kommune einzugehen.[328] Ob **Verspätungen** und **unflexibles Verhalten des Betreibers** jedoch tatsächlich auf opportunistischem Verhalten beruhen oder nur durch Änderungen der Rahmendaten verursacht werden, wird bei PRAGER nicht untersucht. PRAGER zeigt weiterhin, daß eine **Preisregulierung** des Kontraktnehmers die **Zahl der Auseinandersetzungen** zwischen der Kommune und dem Unternehmen erhöht. Weiterhin kann ein negativer Einfluß der Preisregulierung auf die **Qualität** der Leistung und die Bereitschaft der Unternehmen, auf die Bedürfnisse der Kommune einzugehen, nachgewiesen werden. Es ergibt sich jedoch eine (schwache) Unterstützung der These, daß die **Besorgnis um den eigenen Ruf** des Unternehmens das opportunistische Verhalten eines Betreibers einschränkt. Dies gilt um so mehr bei Unternehmen, die in zahlreichen Märkten agieren, gegenüber Vertragspartnern, die nur in wenigen Märkten tätig sind.[329]

Zusammenfassend kann festgehalten werden, daß den vorgestellten Untersuchungen zufolge opportunistisches Verhalten der Unternehmen - abweichend von den vertraglich festgelegten Vereinbarungen - nicht vollkommen auszuschließen ist. ZUPAN kann jedoch einzelne opportunistische *Motive* nicht nachweisen, sondern macht vor allem starke Konkurrenz als Ursache für Verhaltensdifferenzen aus. Der Wunsch der Betreiber, weitere Märkte zu erschließen und sich zu diesem Zweck einen guten Ruf zu erhalten, wirkt aber opportunistischem Verhalten entgegen. Dies gilt auch für Disziplinierungsinstrumente, die von den Gebietskörperschaften eingesetzt werden.

Kann man opportunistisches Verhalten also nicht sicher ausschließen, so stellt sich die Frage, ob und wie Kontrakte spezifisch formuliert werden können, um dieses Problem möglichst zu vermeiden. Dabei müßte der relationale Vertrag zwischen dem Staat und dem Unternehmer (erste Vertragsebene) so gestaltet werden, daß im Markt zwischen dem Unternehmer und den Nachfragern der Infrastrukturleistungen (zweite Vertragsebene) sowohl opportunistischem als auch monopolistischem Verhalten des Unternehmers entgegengewirkt

---

portunistisch zu interpretieren, sondern könnte auch Ausdruck verschärfter Konkurrenz sein.

328 Vgl. Prager, R.A. (1990) S. 220. Vernachlässigung freiwilliger Qualitätsverbesserungen sowie Streitigkeiten in der Bauphase werden aber von PRAGER selbst nicht als direkter Ausdruck opportunistischen Verhaltens gewertet [vgl. ebenda S. 214]. Generell haben Nachfrage- und Kostenfaktoren kaum einen Einfluß auf den Grad des opportunistischen Verhaltens der Unternehmen. Vgl. ebenda S. 222.

329 Die Beschränkung opportunistischen Verhaltens hängt weiterhin vom Informationsgrad der Behörden ab.

wird.[330] Im folgenden soll unter Berücksichtigung von Auktionsverfahren sowie der Erfahrungen mit sog. Franchise-Verfahren in Kalifornien ein solches Modell vorgestellt werden.

4.3.3 Ein Modell für ein Franchise-Verfahren[331]

Das zu skizzierende Modell ist unter Berücksichtigung der Erfahrungen mit Highway-Franchise-Verfahren in Kalifornien entworfen worden. Es verbindet einerseits *Anreizmechanismen*, die ex-post opportunistisches Verhalten zu vermeiden suchen, mit Strategien, die - wie kalifornischer Erfahrungen zeigen - *untragbare unternehmerische Risiken* im Rahmen der Umweltprüfung *reduzieren*.[332] Gleichzeitig ist mit dem Entwurf eines Franchise-Verfahrens die implizite Zielsetzung verbunden, *Privatunternehmen* die Aufgabenkompetenzen zuzuweisen, die sie annahmegemäß *effizienter* und *innovativer* erfüllen können

---

330 Vgl. hierzu die Spezifizierung des Principal-Agent-Problems in III.4.3.1 sowie Goldberg, V.P. (1976) S. 429.

331 Unter einem Franchise-Verfahren ist im folgenden ein komplexes, mehrstufiges Verfahren für die Vergabe von Infrastrukturprojekten an Private durch den Staat zu verstehen. Dieses schließt ein traditionelles Auktionsverfahren i.S. des DEMSETZschen Wettbewerbs um den Markt ein.

332 In Kalifornien gibt es derzeit vier privat finanzierte Projekte, die sich aber im Eigentum des Staates befinden. Die Projekte werden an den jeweiligen Betreiber, meist ein privates Konsortium für einen Zeitraum von bis zu 35 Jahren verleast. Das Konsortium ist autorisiert, Maut festzusetzen und zu erheben, so daß es einen 'reasonable return on investment' erhalt. Alle darüber hinaus erwirtschafteten Erträge müssen zur Reduzierung der Verschuldung des Projektes verwendet oder direkt in einen privaten Highway-Fund eingezahlt werden.
Die Vergabe der Projekte erfolgte unter der Bedingung, daß die Projekte vorhandene, 'freie' Infrastrukturgüter ergänzen müßten, um einen monopolistischen Markteinfluß zu verhindern [vgl. hierzu Cohen, Y. (1991) S. 299ff.]. In einem ersten Schritt wurde im November 1989 ein 'Request for Qualification' herausgegeben, auf das sich über 400 Unternehmen meldeten. Hieraus wählte das Verkehrsministerium (CALTRANS) vorab zehn - nach seiner Meinung - geeignete Konsortien aus. [Diese Vorauswahl kann mit dem Bestreben, Verhandlungskosten zu reduzieren, gerechtfertigt werden. Zudem wurde die Auswahl auf Konsortien beschränkt, die die finanziellen und organisatorischen Voraussetzungen für die Projekte mitbrachten [vgl. Goldberg, V.P. (1977) S. 253]].
Die Konsortien erarbeiteten bis zum 1. August 1990 Konzepte für die jeweils von ihnen im Auktionsprozeß vorzuschlagenden Projekte zur Privatisierung. Diese ausgewählten Investitionsobjekte waren jedoch zuvor alle bereits Bestandteil des Standard-Verkehrsverbesserungplans des Staates Kalifornien. Nach von CALTRANS veröffentlichten Kriterien wurden die vier besten Projekte ausgewählt. Mit den beteiligten Konsortien wurde für das jeweilige Projekt ein exklusiver Konzessionsvertrag geschlossen, so daß bei der Bestimmung der Vertragsbedingungen keine direkte Konkurrenz institutionalisiert wurde. Während die Verträge bereits im Dezember 1990 (ca. ein Jahr nach Beginn der Verhandlungen) geschlossen wurden, gerieten die Projekte durch die sich anschließende Umweltprüfung ins Stocken. Bis Juni 1992 hatte erst ein Projekt diesen Prüfungsprozeß durchschritten. Vgl. Fielding, G.J.; Klein, D.B. (1993) S. 116.

als der Staat. FIELDING und KLEIN[333] unterteilen den Franchise-Prozeß in fünf Stufen, welche die Phase der Identifikation und des Vordesigns des Projektes, die Auswahl des Projektkorridors, den Prozeß des Clearings, das Auktionsverfahren sowie die Erstellung des Projektes umfassen.[334] Die letztgenannte wird hier nicht vertieft behandelt.

(1) Zunächst wird die Aufgabe, Gewinnmöglichkeiten am Markt zu identifizieren und damit rentable Projekte auszumachen (**Projektidentifikation**), im Sinne des Wettbewerbs als Entdeckungsverfahren nach HAYEK privaten Unternehmen zugeordnet.[335] Mit dieser Zuweisung - entgegen der bspw. in der Bundesrepublik üblichen Praxis - ist die Vorstellung verbunden, daß private Unternehmen besser als der Staat fähig sind, gewinnbringende Projekte zu 'entdecken'. Schließlich sei es für staatliche Instanzen nur schwer möglich, „to simulate the genuine entrepreneurial spirit".[336] Daher sollte in einem ersten Schritt ein Wettbewerb zur Identifikation attraktiver Projekte ausgeschrieben werden, welcher gleichzeitig einen Vorentwurf des Objektes (**Vordesign**) beinhaltet.

(2) Eine staatliche Instanz würde dann die besten Projekte bestimmen (**Auswahl des Projektkorridors**) und eine Entlohnung derjenigen Unternehmen vornehmen, die diese Projekte identifiziert haben. Soll jedoch ein wirksamer *ex-ante Wettbewerb um den Markt* für die *Erstellung* des Infrastrukturgutes als solchem entstehen, so darf nicht zwangsläufig das Unternehmen, welches das Projekt 'entdeckt' hat auch den Zuschlag für dessen Erstellung erhalten. Dann wäre die Projektentwicklungsfirma nämlich nicht mehr einem Wettbewerb um das beste Angebot für den Bau des Objektes ausgesetzt. Daher sind die Projektidentifikation und Vordesign auf der einen Seite und die Produktion des Investitionsobjektes auf der anderen Seite zu entkoppeln, so daß der endgültige Zuschlag für die Erstellung des Objektes auch an ein *anderes* Firmenkonsortium gehen kann als an das Unternehmen, welches das Projekt 'entdeckt' hat. Damit stellt sich jedoch das Problem, „that the reward for project identification has to be something *other than* the franchise to operate

---

[333] FIELDING und KLEIN gehen in ihrer Analyse von den oben dargestellten Untersuchungen von ZUPAN (1989a) und PRAGER (1990) aus. Sie messen daher im Gegensatz zu WILLIAMSON opportunistischem Verhalten in der Praxis nur eine geringe Bedeutung bei. Auch das Problem ungenügend spezifizierter Qualitätsdimensionen sei für Autobahnen - aus den in III.4.3.1 erwähnten Gründen - kaum relevant. Für die Analyse werden desweiteren langfristige Kontrakte (35 Jahre) vorgeschlagen, um das Problem der Kontrakterneuerung zu umgehen. FIELDING und KLEIN grenzen durch diese anfänglichen Annahmen entscheidende Hindernisse und zentrale Kritikpunkte an Franchise-Verfahren aus. Vgl. Fielding, G.J.; Klein, D.B. (1993) S. 114 und 121ff.

[334] Die in den ersten beiden Schritten erfolgende Identifizierung möglicher Projekte sowie das 'Vordesign' stehen im Gegensatz zu der üblichen Vorgehensweise in Kalifornien.

[335] Vgl. Fielding, G.J.; Klein, D.B. (1993) S. 121.

[336] Ebenda.

the facility."[337] So könnte dem Entwicklungskonsortium bspw. ein Bonus von 10% des besten Angebotes im abschließenden Auktionsverfahren zugesichert werden. Ist dieser übertragbar, würde das Entwicklungskonsortium auch bei Nicht-Teilnahme am Auktionsprozeß entlohnt.

(3) Die in den engeren Auswahlprozeß aufgenommenen Projekte werden anschließend von der koordinierenden *staatlichen Stelle* dem **Clearing** unterzogen. Als Clearing wird das Verfahren bezeichnet, in dem die Prüfung der Umweltbelastungen sowie die Trassenfestlegung mit den dazugehörigen Grundstücksverhandlungen erfolgt. Die kalifornische Vergabepraxis sieht demgegenüber vor, daß jedes private Konsortium, das einen Zuschlag für die Finanzierung und Erstellung eines Projektes erhält, *selbst* den Clearing-Prozeß durchzuführen hat.[338] Mit diesem Verfahren ist jedoch ein hohes unternehmerisches Risiko verbunden, da bis zur vollständigen umweltrechtlichen Genehmigung Unsicherheit über Existenz, Größe und endgültiges Aussehen des Projektes sowie seinen Realisierungszeitpunkt besteht. Da die für den Clearingprozeß getätigten Aufwendungen zudem *versunkene* Kosten sind, stellen sie eines der größten Hindernisse bei der Finanzierung eines privaten Infrastrukturprojektes dar.[339] Die Verlagerung dieser Aufgaben an den Staat reduziert also für den Franchisenehmer Risiko und Kosten, da dieser im anschließenden Auktionsverfahren ein in seinen Rahmenbedingungen[340] klar definiertes Projekt 'ersteigert' und so die Eingriffsmöglichkeiten politischer Parteien sowie Lobbytätigkeiten von Interessengruppen zeitlich vorverlagert werden. Zudem kann man unterstellen, daß eine staatliche Instanz das Clearing zu geringeren (Transaktions-)Kosten durchzusetzen vermag als ein privates Unternehmen. Neben den in III.4.2 angestellten Überlegungen spricht hierfür die Vermutung, daß ersterer ein größerer Einfluß sowie eine stärkere Autorität zugesprochen wird als privaten Unternehmen.[341]

(4) Nachdem das Clearing abgeschlossen ist, wird das Projekt zum eigentlichen **Auktionsverfahren** zugelassen. Letzteres stellt konkurrierende Angebote für ein spezielles Projekt gegenüber, so daß ein direkter Wettbewerb um den

---

337 Fielding, G.J.; Klein, D.B. (1993) S. 121 (Hervorhebung im Original).

338 Vgl. Cohen, Y. (1991) S. 302, Fielding, G.J.; Klein, D.B. (1993) S. 116.

339 Hier ist auf die Bedeutung von Verwaltungsverfahren zur Reduktion von Transaktionskosten zu verweisen. Vgl. hierzu III.4.2.

340 Diese Rahmenbedingungen schließen auch festgelegte Qualitätsstandards ein, welche den Spielraum für opportunistisches Verhalten reduzieren.

341 „It has been suggested that Loudoun County (Virginia) asked for more design changes from the private Dulles project than it would have from a public project because the private project enjoyed less power and was perceived to have more resources." Fielding, G.J.; Klein, D.B. (1993) S. 121, die sich beziehen auf Gomez-Ibanez, J.A.; Meyer, J.R. (1991) Private Toll Roads in the United States: The Early Experience of Virginia and California. Taubman Center, John F. Kennedy School of Government, Harvard University.

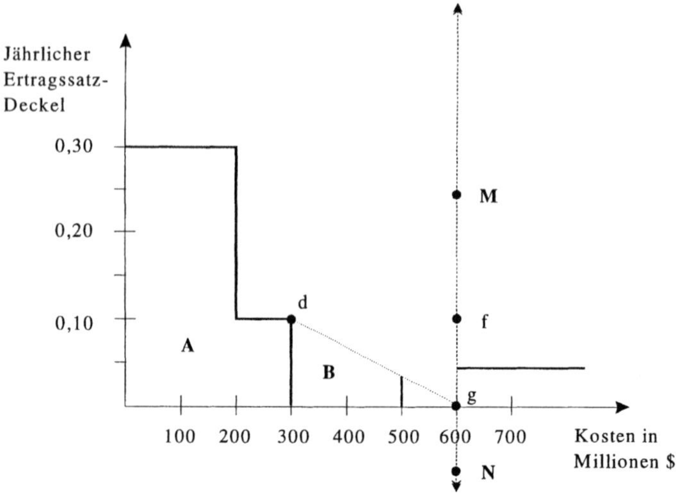

Abb. 3.5: Marginal Return Cap Schedule.
Quelle: Fielding, G.J.; Klein, D.B. (1993) S. 124.

Zuschlag entsteht. FIELDING und KLEIN bestimmen den besten Anbieter nach dem sog. Ertragssatz- oder Rendite-Deckel-Verfahren (marginal return cap schedule). Abbildung 3.5 verdeutlicht den zugrundeliegenden Mechanimus für ein gegebenes Projekt und skizziert den jährlichen Ertragssatzdeckel in Abhängigkeit von den Kosten des Projektes. Unterstellt wird, daß die staatliche Koordinierungsinstanz die Kosten des Projekts auf $500 Mio. schätzt und daher einen Ertragssatzdeckel für $300 Mio. unterschreitende sowie für $600 Mio. überschreitende Kosten vorgibt (durchgezogene Linien in Abb. 3.5).[342] Die relativ hohe Rendite (rate-of-return) im Bereich der anfänglich entstehenden Kosten (30%) kann als Anreiz verstanden werden, Firmen zu einer relativ risikoreichen Infrastrukturinvestition zu veranlassen.[343]
Neben dem bestimmten Ertragssatzdeckel verbleibt ein unbestimmter Teil (Kostenintervall zwischen $300 und $600 Mio.), der durch die Gebote der beteiligten Unternehmen auszufüllen ist. Deren Angebot wird in Form eines Wertes für die Strecke z abgegeben, wobei z den (positiven oder negativen) vertikalen Abstand von Punkt g mißt (z.B. $z = \overline{gf}$). Das niedrigste Angebot für

342 Vernachlässigt man Betriebskosten, so sind die Kosten identisch mit dem für das Projekt eingesetzten Kapital.

343 FIELDING und KLEIN verweisen auf eine Studie von Price Waterhouse (1990), nach der ein Ertragssatzdeckel zwischen 17% und 23% notwendig sei, um Unternehmen zum Bau von Mautautobahnen in Kalifornien zu veranlassen. Vgl. Price Waterhouse, Required Return on Investment and Mechanisms for Return Administration in the California AB 680 Projects, Sacramento, 1990, zitiert nach Fielding, G.J.; Klein, D.B. (1993) S. 125, FN 7.

z erhält den Zuschlag. In Abbildung 3.5 wurde als Beispiel ein Wert von $z = 0$ gewählt, so daß der relevante Punkt der Punkt *g* selbst ist. In diesem Beispiel ergibt sich ausgehend vom Punkt *d* durch das Gebot $z = 0$ eine Verbindungslinie zu *g*, die den von dem Unternehmen geforderten Ertragssatzdeckel in dem Kostenintervall $300 bis $600 Mio. widerspiegelt. In dem hier gezeigten Beispiel bestimmt sich der jährliche Ertragsdeckel (cap return) - bei geschätzten Kosten des Projektes von $500 Mio. - durch die Summe der Flächen *A* und *B*.[344]

Für eine Beurteilung der Anreizwirkungen des Modells ist zunächst von Bedeutung, daß das durch Gebote der Unternehmen zu bestimmende Intervall die durch die staatliche Koordinationsstelle geschätzten Gesamtkosten umschließt. Innerhalb dieses Intervalls hat der Franchisenehmer nämlich einen Anreiz, die geschätzten Gesamtkosten opportunistisch zu erhöhen, wenn sein Ertragssatz in Abhängigkeit von der Höhe der Kosten bestimmt wird (konventionelle rate-of-return Regulierung).[345] Opportunistische Kostenerhöhungen werden jedoch durch das Modell vermieden. So ist im entscheidenden Kostenintervall ein sinkender Ertragssatz und damit ein abnehmender Grenzertrag eines zusätzlich verausgabten Dollars unterstellt. Der Ertragssatzdeckel des marginalen Dollars (des 500-millionsten) beträgt im Beispiel nur 3,3% und ist damit signifikant niedriger als in alternativen Anlageformen (Opportunitätskostenprinzip). Mit steigenden Kosten wird dieser Negativanreiz des Ertragssatzdeckels zunehmen, da die Rendite der marginalen Kapitaleinheit zwar im flexiblen Intervall noch positiv ist, aber ständig sinkt. Folglich werden *Probleme überhöhter Kapitalbindung* und damit *ineffizienter Produktionsverfahren, die im Rahmen der konventionellen Regulierung auftreten, vermieden.* Gleichzeitig werden durch den Auktionsprozeß dezentrale Informationen in den Ertragssatzdeckel eingearbeitet, so daß Gewinne auf die minimal notwendige Höhe beschränkt werden.[346]

Kritisch ist jedoch anzumerken, daß bei dem vorgestellten Verfahren Preissetzungsspielräume verbleiben. Diese erlauben zwar, Preise in Reaktion auf die über den Tag schwankende Nachfrage anzupassen und eine bessere kurzfristige Allokation zu erreichen.[347] Können aber Überschußgewinne über den Ertragsdeckel hinaus erwirtschaftet und diese mit dem Franchisegeber geteilt werden,

344 Denkbar wäre auch ein Gebot in Höhe des Punktes *f*. Dann ergäbe sich aber ein *B* übersteigender jährlicher Ertrag, so daß es sich hierbei nicht um das beste Gebot handeln kann.

345 Dabei sind die Kosten als Umfang des eingesetzten Kapitals zu interpretieren.

346 Vorteilhaft ist hier weiterhin, daß ein geringer Kontrollaufwand besteht, da der Ertragssatzdeckel in Abhängigkeit von der Höhe der Kosten formuliert worden ist.

347 Dies ist unter einem langfristigen Fixpreiskontrakt nicht denkbar. Vgl. Goldberg, P. (1976) S. 437.

so besteht ein Anreiz, monopolistische Preissetzungsspielräume auszunutzen.[348] Eine monopolistische Preissetzung mag zwar in Phasen, in denen Überfüllungsphänomene auftreten, unter wohlfahrtsökonomischen Gesichtspunkten zu rechtfertigen sein (Internalisierung von Überfüllungsexternalitäten),[349] nicht jedoch bei Normalauslastung. Um dieses Problem zu vermeiden, sind überschüssige Gewinne vollständig - wie in Kalifornien - in einen staatlichen 'Highway-Fund' einzuzahlen, bzw. die Verschuldung des Projektes zurückzuführen.[350] Anreize zu guter Performance würden dann über die Vergabe von staatlich gezahlten Boni für die Erfüllung bestimmter Kriterien (Erhöhung der Rush-hour-Kapazität und der durchschnittlichen Auslastung, Verringerung der Unfallzahlen)[351] gegeben.

Das vorgestellte Modell des Franchise Bidding verteilt die Kompetenzen auf Private und den Staat in Abhängigkeit von ihren *komparativen Vorteilen.* So werden im Rahmen eines derartigen staatlichen Auktionsverfahrens, das die Identifizierung der Projekte marktlichen Mechanismen überläßt, die Projektplanung, -finanzierung und -realisierung privaten Anbietern übergeben. Den staatlichen Instanzen sind hingegen nur die Aufgaben zuzuordnen, die Private aufgrund zu hoher Transaktionskosten oder zu hohen Risikos nicht erfüllen können. Gleichzeitig versucht das Modell, einen anreizkonformen Kontrakt vorzustellen, der eine opportunistische Ausweitung der Kosten vermeidet. Monopolistische Preissetzungsspielräume können jedoch nicht ausgeschlossen werden.

5. Zwischenergebnis und Ausblick

Die zentrale Frage dieses Kapitels, ob die Bereitstellung von Infrastrukturgütern auf private Unternehmen übertragen werden kann (Problemkreis 3a), muß weitgehend verneint werden. Diese abschlägige Antwort ist zum einen allokationstheoretisch zu begründen. Versunkene Kosten oder fehlende Ausschlußmöglichkeiten sind zentrale Gründe dafür, daß Private Infrastrukturgüter nicht bereitstellen können. Darüber hinaus sind jedoch grundlegende rahmen-

348 Eine vollständige Abführung der Überschußgewinne über den Ertragsdeckel hinaus könnte zu einer Vernachlässigung der Wartung und allgemeinen Betriebsführung führen. Vgl. Fielding, G.J.; Klein, D.B. (1993) S. 126.

349 Vgl. Small, K.A. (1992) S. 108. FIELDING und KLEIN schlagen alternativ den Verkauf eines 'toll-cutter'-Passes zu einem z.B. 20fachen Standardpreis mit der Gültigkeit von drei Monaten vor. Mit diesem könnten dann 20 Fahrten zu Zeiten geringer Auslastung und darüber hinaus preisreduzierte Fahrten vorgenommen werden, so daß Konsumenten, die das Infrastrukturgut häufig nutzen, einen Vorteil genießen würden. Vgl. Fielding, G.J.; Klein D.B. (1993) S. 127 und allgemein Oi, W.Y. (1971) S. 81f.

350 Vgl. Cohen, Y. (1991) S. 299.

351 Vgl. Fielding, G.J.; Klein, D.B. (1993) S. 126.

gebende Distributionsziele (Einheitlichkeit der Lebensverhältnisse) oder Aufgaben des Umweltschutzes zu nennen, welche eine staatliche Bereitstellung von Infrastrukturgütern rechtfertigen. Schließlich erhöht die Einführung staatlich durchgesetzter Verfahren im Bereitstellungsprozeß die Planungssicherheit privater Unternehmen und senkt Transaktionskosten. So ist im folgenden noch zu untersuchen, welche konkrete Ausgestaltung ein privates Engagement im Rahmen der *Erstellung und Finanzierung* annehmen kann (Problemkreis 3b).

Verbleibt die Bereitstellungsverantwortung beim Staat, so sind relationale Kontrakte zwischen der beteiligten Gebietskörperschaft und dem Privatunternehmen zu schließen. Derartige relationale Kontrakte eröffnen Spielräume für opportunistisches Verhalten auf Seiten des Privatunternehmens. Obwohl dieses Problem empirischen Untersuchungen zufolge nicht schwerwiegend ist, sind Kontrakte zu formulieren, welche Anreize für den Franchisenehmer beinhalten, sich nicht opportunistisch zu verhalten. Ein solches Verfahren ist das Modell des *Franchise Bidding*, welches opportunistische Kostenausweitungen zu vermeiden sucht. Möglichkeiten monopolistischer Preissetzung durch den Anbieter sind jedoch auch hier nicht vollständig auszuschließen. Zusammenfassend ist das Problem opportunistischen Verhaltens aber nicht als so dominant einzustufen, daß es einer Beteiligung Privater an der Erstellung und Finanzierung von Infrastrukturgütern entgegenstehen würde.

In Deutschland findet das skizzierte Idealmodell des Franchise Bidding allerdings keine Anwendung. So verbleibt hier bspw. die Projektidentifikation generell beim Staat. Auch eine Entlohnung nach dem Ertragssatzdeckelverfahren findet nicht statt. Die *konkrete Ausgestaltung* eines privaten Engagements im Rahmen der *Erstellung und Finanzierung* von Infrastrukturgütern (Problemkreis 3b) soll daher anhand der in Deutschland derzeit in der Diskussion befindlichen Modelle analysiert werden. Zu unterscheiden sind im weiteren das Leasingmodell, das Fondsmodell, das Konzessionsmodell, die Projektfinanzierung, das Mischmodell, das Betreibermodell und das Kooperationsmodell. Bei der Erstellung und Finanzierung von Infrastrukturgütern sind in Abhängigkeit von diesen Modellen Private in *ganz unterschiedlichem Maße* beteiligt. Daher ist zu vermuten, daß ihnen - in Abhängigkeit von ihren jeweiligen Gestaltungsformen - auch eine unterschiedliche Leistungsfähigkeit zuzuordnen ist. Bevor die genannten Modelle im Teil V der Arbeit in ihrer konkreten Ausgestaltung vorgestellt (Problemkreis 3b) und die Ausgangsfrage „Was kann privates Infrastrukturengagement vor dem Hintergrund der Situation in den neuen Bundesländern leisten?" diskutiert wird, ist im Teil IV zunächst der hierzu benötigte Bewertungshintergrund zu skizzieren (Problemkreis 4). Letzterer stellt den Rahmen dar, welcher eine Beurteilung der Leistungsfähigkeit der Modelle privaten Engagements erlaubt.

Als entscheidendes Ergebnis dieses Kapitels ist bei der Bewertung der einzelnen Formen privaten Infrastrukturengagements in Teil V der Arbeit stets auch zu beachten, inwieweit letztere aufgrund ihrer *institutionellen Ausgestaltung* effizienzmindernde Spielräume für opportunistisches Verhalten eröffnen. Eine derartige Beurteilung stützt sich zentral auf die Frage, inwieweit die Vertragsgestaltung diskretionäre Entscheidungsspielräume eröffnet (Plastizität) und eine flexible Anpassung der unternehmerischen Entscheidungen an unsichere zukünftige Umweltsituationen notwendig macht (Komplexität).

IV. Wirkungsanalyse und Zielformulierung

1. Gesamtwirtschaftliche Wirkungen von Infrastrukturinvestitionen und Infrastrukturbestand

1.1 Isolierte Wirkungen von Infrastrukturinvestitionen und Infrastrukturbestand

1.1.1 Leistungserstellung und Leistungsabgabe von Infrastrukturgütern

Der Versuch, dogmengeschichtliche Vordiskurse zum Begriff der Infrastruktur namhaft zu machen[1] hat aufgezeigt, daß die *Auswirkungen* der Verkehrsinfrastruktur auf die *räumliche Struktur* und das *regionale Wachstum* einer Volkswirtschaft einen zentralen historischen Diskussionskreis bildeten. Auch die Forderung, die Infrastruktur in den neuen Bundesländern auszubauen, um die für den nur verzögert einsetzenden Aufschwung verantwortlichen Investitionshemmnisse zu beseitigen, setzt eine Kausalität zwischen Infrastrukturgütern und Wachstum voraus. So bezeichnet bspw. das BUNDESMINISTERIUM DER FINANZEN Infrastruktur als „unabdingbare Voraussetzung für private Investitionen, wirtschaftliches Wachstum und Wohlstand einer Volkswirtschaft", deren Bedeutung durch „ihren mangelhaften Zustand in den neuen Bundesländern offenbar [wird], der sich als eines der wichtigsten *Investitionshemmnisse* erwiesen hat. Investitionen in die öffentliche Infrastruktur steigern die Attraktivität eines Wirtschaftstandortes sowohl nachfrage- als auch angebotsseitig. Sie sind eine wichtige Voraussetzung für private Investitionen, die für eine kräftige und anhaltende Aufwärtsentwicklung gerade in den neuen Bundesländern notwendig sind."[2] Für den hier unterstellten Zusammenhang gilt allerdings, daß „speculation on the impact of infrastructure have been more prevalent than solid scientific analysis".[3] Dennoch ist diese Wirkungskette für die Arbeit von spezifischer Bedeutung, da sie ein wirtschaftstheoretisches Fundament bildet, um die Leistungsfähigkeit privaten Infrastrukturengagements zu bewerten.

Der folgende Abschnitt der Arbeit ist daher der Aufgabe gewidmet, nicht nur die Wachstumswirkungen der Infrastruktur, sondern auch darüber hinaus existierende Effekte des Instruments 'Infrastruktur' auf verschiedene volkswirtschaftliche Zielgrößen zu beleuchten. Da jedoch kein Modell existiert, das die verschiedenen bestehenden Wirkungsketten umfaßt, sind - unter Inkaufnahme der hiermit verbundenen methodischen Schwierigkeiten - unterschiedliche Ansätze zu verfolgen. So sind erstens einzelne Effekte infrastruktureller Maßnah-

---

1 Vgl. hierzu II.1.1.

2 Bundesministerium für Finanzen (1991) S. 14 (Hervorhebung im Original). Vgl. ähnlich Wissenschaftlicher Beirat (1987) S. 133, Gatzweiler, H.-P.; Irmen, E.; Janich, H. (1991a) S. 599.

3 Bruinsma, F.; Nijkamp, P.; Rietveld, R. (1990) S. 209.

men zu analysieren, die zweitens ökonometrischen Schätzungen unterzogen werden können. Drittens läßt sich eine Infrastrukturvariable in (regionale) Wachstumsmodelle integrieren. Derartige Wachstumsmodelle setzen jedoch die Gültigkeit isolierter Wirkungsketten (z.B. Produktivitätseffekte) bereits voraus, so daß im folgenden zunächst einzelne Effekte und deren empirische Fundierung untersucht werden sollen.

<table>
<tr><td rowspan="2">Phase
Art des Effektes</td><td rowspan="2">Leistungserstellung</td><td colspan="2">Leistungsabgabe</td></tr>
<tr><td>kurz-, mittel- und längerfristig</td><td>sehr langfristig</td></tr>
<tr><td rowspan="3">monetär (Geldströme)</td><td colspan="2">Einkommenseffekte, Ausgabeneffekte, Einkommensverteilungseffekte</td><td rowspan="3"></td></tr>
<tr><td colspan="2">Finanzwirtschaftliche Effekte</td></tr>
<tr><td colspan="2">Preiseffekte</td></tr>
<tr><td rowspan="4">real (Güter- und Faktorströme)</td><td colspan="2">Allokationseffekte (Beschäftigungs-, Bodennutzungs- und Kapitalallokationseffekte)</td><td>Siedlungsstruktureffekte</td></tr>
<tr><td rowspan="3"></td><td>Produktivitäts-, Kapazitäts- und Rationalisierungseffekte</td><td rowspan="3">Integrations-, Entleerungs- und Differenzierungs- bzw. Nivellierungseffekte</td></tr>
<tr><td>Standorteffekte</td></tr>
<tr><td>Versorgungs- und Wohnorteffekte</td></tr>
<tr><td>psychologisch (Nutzenebene)</td><td></td><td>Anreizeffekt</td><td></td></tr>
</table>

Abb. 4.1: Systematisierung der Infrastruktureffekte.
Quelle: modifiziert nach Frey, R.L. (1979) S. 57.

Die Wirkungen von Infrastrukturgütern sind grundsätzlich danach zu klassifieren, ob sie in der Phase der Leistungserstellung oder in der Phase der Leistungsabgabe entstehen.[4] Zur *Phase der Erstellung* einer Infrastrukturleistung

4 Vgl. Busch, B.; Klös, H.-P. (1995) S. 7, Zimmermann, H. (1978) S. 97. Eine ähnliche Unterscheidung findet sich auch bei SIEBERT, der allerdings zusätzlich die Anpassung der Wirtschaftssubjekte an die Leistungabgabe (Reaktionsphase) als dritte Phase berücksichtigt [vgl. Siebert, H. (1970) S. 34]. FREY unterscheidet neben den oben genannten Phasen

zählen sowohl der einmalige Bau des Infrastrukturgutes (Investitionsphase) als auch die laufenden Aktivitäten, die die Funktionsfähigkeit des Infrastrukturgutes garantieren (z.B. Betrieb einer Autobahnmeisterei).[5] Die Effekte der *Leistungsabgabephase*, die aufgrund der Nutzung des Infrastrukturgutes durch Haushalte und Unternehmen entstehen, sind die Wirkungen, „die man mit dem Infrastrukturangebot zu erzielen hofft - oder auch ungewollt herbeiführt."[6] Hier sind vor allem Wachstumswirkungen im weiteren Sinne von Bedeutung. Im folgenden sind die in Abbildung 4.1 systematisierten Effekte im einzelnen theoretisch und empirisch zu beleuchten. Dabei ist weiterhin zu unterscheiden, ob die Effekte monetärer oder realwirtschaftlicher Natur sind und in welchem Zeithorizont sie anfallen. Im Rahmen der Zielsetzung der Arbeit ist aber vor allem auf die Zusammenhänge abzustellen, welche im *engeren Sinne* für *Wachstumsprozesse* von Bedeutung sind. Daher sollen Versorgungs- und Wohnorteffekte, die primär von haushaltsorientierter Infrastruktur ausgehen und die Lebensbedingungen der Bevölkerung beschreiben, vernachlässigt werden.[7]

1.1.2 Die Wirkungen in der Leistungserstellungsphase

Der Bau und Unterhalt von Infrastrukturgütern nimmt Ressourcen in Anspruch und ist daher mit Allokationseffekten verbunden. Hier sind zum einen **Beschäftigungseffekte** zu nennen, welche sämtliche Einflüsse der Leistungserstellung auf die Höhe und Zusammensetzung der Beschäftigung umfassen.[8] Zudem ergeben sich vor allem bei Infrastruktur*netzen* durch die flächenintensive Beanspruchung des Faktors Boden **Bodennutzungseffekte**[9] und aufgrund

---

die Planungsphase, in der es vor allem zu psychologischen Effekten kommt. Diese Kategorien sollen hier vernachlässigt werden. Vgl. Frey, R.L. (1979) S. 57.

5 Vgl. Zimmermann, H. (1978) S. 97. Leistungsabgabe und Leistungserstellung sind *zeitlich* nicht trennscharf voneinander abzugrenzen. So können Wartung und Ausbau einer Autobahn (Leistungserstellung) zeitgleich mit ihrer Nutzung (Leistungsabgabe) erfolgen. Dementsprechend ist die 'Phase' der Leistungserstellung rein logisch als Bündel von realen und monetären Maßnahmen zu fassen, um eine langfristig intakte Infrastrukturleistung zu ermöglichen.

6 Pfähler, W.; Hofmann, U.; Lehmann-Grube, U. (1995) S. 78.

7 In diesem Zusammenhang ist allerdings zu bedenken, daß diese Effekte auch als sog. weiche Standortfaktoren für die Standortwahl von Unternehmen von Bedeutung sind, indem sie die Attraktivität einer Region als Wohn-, Freizeit- und Arbeitsort erhöht. Vgl. zum Versorgungseffekt Jochimsen, R. u.a. (1972) S. 78 und zum Wohnorteffekt sowie zu Wanderungen Heckhausen, S. (1976) S. 1f., Haag, F.; Wyss, M.; Orban, B. (1978) S. 99, S. 141 sowie Frey, R.L. (1979) S. 50, S. 70, und in Bezug auf die neuen Bundesländer Bundesministerium für Raumordnung, Bauwesen und Städtebau (1994a) S. 78.

8 Vgl. Wissenschaftlicher Beirat (1987) S. 133, Jochimsen, R. u.a. (1972) S. 78.

9 Vgl. Siebert, H. (1972) S. 186. In diesem Zusammenhang spielt vor allem die Veränderung der Intensität der Bodennutzung (Bodennutzungsintensitätseffekt) und des Verhält-

der hohen Kapitalintensität von Infrastrukturgütern starke **Kapitalallokationseffekte**. Die Entlohnung dieser Ressourcen ist gleichzeitig mit Faktoreinkommen verbunden, so daß weiterhin direkte **Ausgabeneffekte** und über Muliplikatorwirkungen **indirekte Einkommenseffekte** entstehen.[10]

Allokationseffekte gehen zudem direkt mit **Preiseffekten** einher. Beide Effekte sind von der Faktorintensität der zu erstellenden Infrastrukturleistung, der relativen Knappheit der Produktionsfaktoren, der Substitutierbarkeit der Faktoren[11] sowie von deren Mobilität abhängig. So ist bei flächenintensiven Infrastrukturinvestionsobjekten mit starken Preissteigerungen des vollkommen immobilen Faktors Boden zu rechnen. Dies ist zugleich mit **Einkommensverteilungswirkungen** zugunsten der Eigentümer des Produktionsfaktors Boden verbunden, die nicht nur während der Leistungserstellung, sondern auch in der Leistungsabgabephase durch z.B. bessere Erschließung anfallen.[12] Der skizzierte Zusammenhang zwischen Allokations-, Preis- und Einkommensverteilungseffekten ist auch für den Faktor Kapital gültig und fällt umso stärker aus, je kapitalintensiver das Projekt und je knapper der Faktor Kapital ist.[13]

Darüber hinaus ist der **finanzwirtschaftliche Effekt** von Bedeutung, welchen FREY mit den „infrastrukturbedingten Auswirkungen auf die öffentlichen Haushalte“[14] gleichsetzt. Diese umfassen sowohl die Investitionsausgaben, falls das Projekt öffentlich finanziert wurde,[15] als auch die Rückflüsse aus Steuermitteln, die aus einer erhöhten Wirtschaftstätigkeit in der Leistungsabgabephase resultieren. Zudem ist die Summe aller Folgeausgaben zu berücksichtigen, die notwendig sind, um die Infrastrukturleistung über die Lebensdauer des Objektes aufrechtzuerhalten. Diese betragen i.d.R. ein Vielfaches der ursprünglichen In-

---

nisses der Nutzungsarten des Bodens (landwirtschaftlich, gewerblich, Wohnflächen, etc.) zueinander (Bodennutzungsstruktureffekt) eine Rolle. Vgl. Jochimsen, R. u.a. (1972) S. 76.

10 Vgl. Busch, B.; Klös, H.-P. (1995) S. 8, Frey, R.L. (1979) S. 58. JOCHIMSEN unterscheidet neben diesem Niveaueffekt auch noch Struktureffekte, die die Einkommensentstehung, -verteilung, -umverteilung und -verwendung betreffen [vgl. Jochimsen, R. u.a. (1972) S. 77f.]. Aufgrund der noch zu erläuternden geringen nachhaltigen Bedeutung des Einkommenseffektes soll auf eine nähere Betrachtung der Struktureffekte hier jedoch verzichtet werden.

11 Vgl. Siebert, H. (1970) S. 37.

12 Vgl. Frey, R.L. (1979) S. 67.

13 Vgl. ebenda S. 66. Dabei wird hier vor allem auf Sachkapital abgestellt. Die Leistungsabgabephase ist hingegen weniger kapitalintensiv, so daß die Primärverteilungseffekte abgeschwächt werden.

14 Ebenda S. 62.

15 Weiterhin ergeben sich in Abhängigkeit von der Finanzierungsart des Infrastrukturprojektes Allokations- und Einkommensverteilungseffekte.

vestitionssumme.[16] Der finanzwirtschaftliche Effekt hängt ursächlich mit der Finanzierungsart des Infrastrukturprojektes zusammen. So werden die Haushaltsmittel der betroffenen Gebietskörperschaft kurzfristig umso weniger in Anspruch genommen, je größer der Anteil der externen Finanzierung (Verschuldung, Finanzierung durch private Investoren oder andere Gebietskörperschaften) ist.[17] Bei gegebenen knappen Haushaltsmitteln können sich daher aufgrund externer Finanzierungsoptionen Spielräume für eine Durchführung weiterer Investitionsprojekte ergeben.

Empirische Analysen stützen die These, daß die mit der Erstellung von Infrastrukturgütern verbundenen wesentlichen Allokationseffekte (Beschäftigungseffekte) und die aus diesen resultierenden monetären Wirkungen als „keynesianische Strohfeuer“[18] zu interpretieren sind. So können zwar die kurzfristigen Beschäftigungseffekte, die auf Ausgaben- und Multiplikatoreffekten eines einmaligen Investitionsstoßes beruhen, relativ groß sein, langfristig werden jedoch nur Struktureffekte die Beschäftigung beeinflussen.[19] Hierzu zählen im Rahmen der Leistungserstellung längerfristige Beschäftigungseffekte, die durch Wartung und Management von Infrastrukturgütern entstehen.

BRUINSMA, NIJKAMP und RIETVELD zeigen dies aufgrund einer Gegenüberstellung der Investitionssummen für Infrastrukturgüter mit Beschäftigtenzahlen für die Niederlande (1985). Sie kommen zu dem Ergebnis, daß der direkte Beschäftigungseffekt, der ausschließlich auf Ausgabeneffekte zurückzuführen ist, zwischen 5,5 und 9,0 Beschäftigte pro Jahr (manyear) und Million Investitionssumme [in NFL] beträgt. Der indirekte Beschäftigungseffekt, der Multiplikatoreffekten zugeschrieben wird, umfaßt zwischen 3,5 und 5,4 Beschäftigte pro Jahr (manyear).[20] Es werden jedoch nur Wirkungen innerhalb des betrachteten

---

16 Vgl. Lang, E. (1978) S. 526.

17 Diese kurzfristig orientierte Betrachtungsweise ist jedoch durch die mit einer Schuldenfinanzierung verbundenen langfristigen Wirkungen, z.B. ein crowding out, zu relativieren. Dieser durch die Leistungserstellung verursachte langfristige privatwirtschaftliche Wachstumsverlust müßte durch eine im Rahmen der Leistungsabgabe induzierte Wachstumssteigerung überkompensiert werden, wenn von Infrastrukturinvestitionen ein insgesamt positiver Wachstumseffekt ausgehen soll [vgl. Siebert, H. (1977) S. 135]. Desweiteren sind die durch eine Verschuldung öffentlicher Haushalte hervorgerufenen Einschränkungen zukünftiger Haushaltsspielräume zu berücksichtigen. Vgl. hierzu im Detail II.4.2.3.

18 Pfähler, W.; Hofmann, U.; Lehmann,-Grube, U. (1995) S. 78.

19 Vgl. Bruinsma, F.; Nijkamp, P.; Rietveld, P. (1990) S. 224, Kuik, F.C.; Nijkamp, P. (1987) S. 155f. KUIK und NIJKAMP betonen allerdings, daß diese nur schwer zu bestimmen sind.

20 Vgl. Bruinsma, F.; Nijkamp, P.; Rietveld, P. (1990) S. 220ff. Die indirekten Beschäftigungswirkungen sind aufgrund von Beschäftigungsmultiplikatoren ermittelt worden, die auf Schätzungen mit Hilfe von Rohdaten der Inputstruktur des Bausektors beruhen.

Zeitraumes von einem Jahr (1985) erfaßt, so daß die obigen Aussagen lediglich für die kurze Frist gültig sind. Betrachtet man ein Modell, das über einen Zeitraum von fünf Jahren eine jährliche Investitionssteigerung von NFL 500 Mio. in die Kommunikationsinfrastruktur unterstellt, so sind die resultierenden Beschäftigungseffekte in der Summe kaum von Null verschieden. Es ist jedoch festzustellen, daß sich die Beschäftigtenstruktur verschiebt und gleichzeitig die aggregierte Produktion um 0,5% pro Jahr wächst.[21] Da Beschäftigungseffekte folglich nur kurzfristig wirksam sind, sollen - mit Ausnahme des finanzwirtschaftlichen Effektes - die Wirkungen der Leistungserstellungsphase in der folgenden Betrachtung vernachlässigt werden.[22]

1.1.3 Die Wirkungen in der Leistungsabgabephase

1.1.3.1 Produktivitäts- und Kapazitätseffekte

Die Wirkungen der Leistungsabgabe unternehmensorientierter Infrastruktur[23] sind als Produktivitäts-, Kapazitäts- und Rationalisierungseffekte sowie als Standort- und Anreizeffekte zu klassifizieren. Besondere Bedeutung haben Produktivitätseffekte im Zusammenhang mit der 'Public Capital Hypothesis' erlangt, nach der die Leistungsabgabe des Infrastrukturkapitalstocks die Produktivität des privaten Kapitalstocks erhöht und hierdurch die Investitionstätigkeit anregt.[24] Investitionen in die Infrastruktur einer Wirtschaft oder Region

---

21 Die Darstellung der Struktureffekte erfolgt im Rahmen der Diskussion der Effekte der Leistungsabgabephase. Die hier zugrundeliegende Studie ist Schrijvers, F.J.; Van Westrenen, D.M. (1987) De betekenis von de telecommunicatie-infrastructuur voor de ontwikkeling von de Nederlandse economie. O.S.A.-Voorstudie V21. The Hague. BRUINSMA, NIJKAMP und RIETVELD weisen allerdings darauf hin, daß die Ergebnisse des Modells stark von den getroffenen Annahmen bzgl. den Veränderungen der Konsumstruktur, der Arbeitsproduktivität, der Input-Output-Koeffizienten und des Exportwachstums abhängen.

22 BRUINSMA, NIJKAMP und RIETVELD weisen darauf hin, daß die Verwendung eines statischen und kurzfristigen Modells dann kritisch ist, wenn langfristige Wirkungszusammenhänge abgeleitet werden sollen. So kommen MILLS und CARLINO (1989) unter Verwendung eines solchen Modell zu dem - zu obiger Aussage konträren - Ergebnis, daß die langfristigen Beschäftigungseffekte von Infrastrukturinvestitionen relativ groß sind. Vgl. Mills, E.S.; Carlino, G. (1989) S. 203.

23 Hierzu zählen die wirtschaftsnahen Standortfaktoren (Verkehrseinrichtungen, Kommunikationseinrichtungen sowie umweltrelevante, technische Ver- und Entsorgungseinrichtungen (Energie, Wasser, Abwasser, Abfall)). Vgl. Gatzweiler, H.-P.; Irmen, E.; Janich, H. (1991a) S. 600.

24 Vgl. Conrad, K.; Seitz, H. (1992) S. 309.

können daher zu einer Steigerung des gesamtwirtschaftlichen Outputs und damit zum Wirtschaftswachstum beitragen.[25]

Diesen Wachstumseffekten der Infrastruktur gehen Kapazitätseffekte voran.[26] Unter dem **Kapazitätseffekt** einer Infrastrukturinvestition wird die Ausweitung der Produktionskapazität in dem Sektor verstanden, in dem die Investition vorgenommen wurde.[27] Dies bedeutet übertragen auf die Infrastruktur, daß hier der *Bestand* an Infrastrukturgütern erhöht wird. Offensichtlich spielt dieser Effekt vor allem dann eine Rolle, wenn zuvor ein Engpaß in diesem Infrastrukturbereich bestanden hat und daher Überfüllungserscheinungen oder Netzzusammenbrüche aufgetreten sind.

Der Kapazitätseffekt ist logisch dem **Produktivitätseffekt**, der, ausgehend von der Existenz der Infrastruktur Produktivitätssteigerungen in *anderen* Sektoren der Wirtschaft beschreibt, vorgelagert.[28] Unternehmensorientierte Infrastrukturgüter haben einen *direkten Produktivitätseffekt* zur Folge, wenn sie als Zwischenprodukte (unpaid factor)[29] Eingang in die Produktionsfunktion des Unternehmens finden. *Indirekte Produktivitätseffekte* ('creation of atmosphere' nach MEADE) sind darauf zurückzuführen, daß Infrastrukturkapital als komplementärer Faktor zu privatem Kapital anzusehen ist und Infastrukturleistungen daher die Grenzproduktivität des privaten Kapitals steigern.[30] So wird z.B. ein qualitativ hochwertiges Verkehrsnetz zu einer Reduktion der Transportkosten, -zeiten und evtl. -wege führen, so daß Unternehmen durchschnittlich weniger Kapital und Arbeitskräfte binden müssen, um Produkte zu Abnehmern zu liefern oder Inputs für die Produktion zu erhalten.

---

25 Vgl. Pfähler, W.; Hofmann, U., Lehmann-Grube, U. (1995) S. 96.

26 Vgl. Wissenschaftlicher Beirat (1987) S. 133. In diesem Zusammenhang werden auch Rationalisierungswirkungen genannt. Der Rationalisierungseffekt beschreibt die „Freisetzung von Produktivkräften auf Grund der durch eine Investition ermöglichten Produktion der gleichen Menge von Gütern und Leistungen mit geringerem Einsatz an Produktivkräften.“ [Meinhold, H. (1955) S. 337]. Dieser Effekt ist eng mit dem oben beschriebenen direkten Produktivitätseffekt verbunden. Gleichzeitig sind hiermit durch die Veränderung der Faktoreinsatzmengen und Umlenkung von Faktoren in andere Verwendungen Allokationseffekte verbunden. Dieser Effekt wird im folgenden in die Betrachtung des Produktivitätseffektes integriert. Vgl. hierzu auch Wille, E. (1993) S. 23.

27 Vgl. Wille, E. (1993) S. 23, Becker, C.; Reuter, H. (1975) S. 4, Frey, R.L. (1972) S. 49.

28 Vgl. Frey, R.L. (1972) S. 50.

29 Dieser Begriff und die Unterscheidung zum 'atmosphere'-Modell geht auf Meade, J.E. (1952) S. 56ff. und S. 61 zurück.

30 Vgl. Conrad, K.; Seitz, H. (1992) S. 309, Frey, R.L. (1979) S. 44. BIEHL weist darauf hin, daß neben der Infrastruktur auch die geographische Lage, der Agglomerationsgrad sowie die Sektorstruktur die potentiellen Werte von Produktivität, Einkommen und Beschäftigung beeinflussen. Vgl. Biehl, D. (1991) S. 9.

Produktivitätseffekte lassen sich **empirisch** durch produktivitäts- oder kostentheoretische Schätzansätze überprüfen.[31] Unter der (wenig realistischen) Annahme, daß Faktoren immobil sind, lassen sich die Grenzproduktivitäten der Infrastruktur (F_V) und des Kapitals (F_K) mit Hilfe einer log-linearen Regressionsgleichung, welche eine Produktionsfunktion vom COBB-DOUGLAS-Typ unterstellt, bestimmen:

(11) $$\ln Y = \alpha_0 + \alpha_k \ln K + \alpha_L \ln L + \alpha_V \ln V.$$

Dabei bezeichnet Y die gesamtwirtschaftliche Produktion, L und K die privat eingesetzten Faktoren Arbeit und Kapital und V die Infrastruktur. Die Produktionselastizitäten der eingesetzten Faktoren werden durch α_K, α_L und α_V dargestellt, wobei sich die gesuchte Grenzproduktivität der Infrastruktur F_V wegen $\alpha_V = F_V V / Y$ durch $F_V = \alpha_V Y / V$ ausdrücken läßt. Dabei mißt α_V den direkten Produktivitätseffekt der Infrastruktur, während ein positiver indirekter Produktivitätseffekt durch $F_{KV} > 0$ angezeigt wird.[32]

Im Rahmen des zu diesem produktionstheoretischen Ansatz dualen *kostentheoretischen Ansatzes* wird - mit w als Lohnsatz und r als Kapitalmarktzins - die Kostenfunktion

(12) $$C = C(w, r, Y, V)$$

geschätzt, in die die Infrastruktur als *kostenloser* Produktionsfaktor Eingang findet.[33] Der Produktivitätseffekt wird direkt durch den Kostensenkungseffekt der Infrastruktur ($-C_V$) ausgedrückt, da unter vollständiger Konkurrenz im Gleichgewicht

(13) $$-C_V = C_Y F_V \quad \Leftrightarrow \quad -C_V = F_V \quad (wegen \quad C_Y = p_Y \equiv 1)$$[34]

gilt. Weiterhin ist mit Hilfe der Infrastrukturelastizität der privaten Faktornachfrage (14) einfach zu schätzen, ob es sich bei Infrastrukturkapital und privaten Faktoren um Komplemente oder Substitute handelt.[35] Ist bspw. die Infrastrukturelastizität der Nachfrage nach privatem Realkapital (14) positiv, so ist privates Kapital ein Komplement zur Infrastruktur:

(14) $$\eta_{K,V} = \frac{\partial \ln K}{\partial \ln V}.$$

---

31 Vgl. Pfähler, W.; Hofmann, U.; Lehmann-Grube, U. (1995) S. 120ff. für eine theoretische Darstellung der möglichen Schätzansätze.

32 Vgl. ebenda S. 130. PFÄHLER u.a. halten diese Unterscheidung allerdings für irreführend, da die Höhe des direkten Produktivitätseffekts ausschließlich durch F_V bestimmt werde.

33 Vgl. hierzu Seitz, H. (1994) S. 289f., Seitz, H. (1995) S. 220f.

34 Hier ist p_Y der Preis von Y.

35 Vgl. hierzu Nadiri, M.I., Mamuneas, R.P. (1994) S. 32.

Auf der Basis eines *produktionstheoretischen Schätzansatzes* testet ASCHAUER die These, daß die Abnahme der investiven Staatsausgaben entscheidend für die generelle Abnahme der Wachstumsrate der Produktivität in den USA seit Anfang der 70er Jahre war.[36] Für den Zeitraum zwischen 1949 und 1985 kommt er zu dem **Ergebnis**, daß die Durchschnittsproduktivität des privaten Kapitals um 0,39% steigt, wenn sich das Verhältnis des öffentlichen zum privaten Kapitalstock um 1% erhöht (direkter Produktivitätseffekt).[37] Er zeigt weiterhin auf, daß der Anteil der Bauten am öffentlichen Kapitalstock - im Gegensatz zu den Ausrüstungsinvestitionen - den entscheidenden produktivitätserhöhenden Effekt auf das private Kapital ausübt und ermittelt eine Produktionselastizität α_V von 0,37.[38] Im Bereich der Infrastruktur*bauten* weist die sog. 'core infrastructure' eine partielle Produktionselastizität von 0,24 auf. Die hierzu zählenden Infrastrukturbereiche wie Autobahnen, ÖPNV, Flughäfen, Strom- und Gasnetze, Wasser- und Abwassernetze sind damit - im Gegensatz zu Verwaltungsgebäuden, Krankenhäusern, Polizei, Feuerwehr, Gerichten, Parkhäusern etc. - entscheidend für Produktivitätssteigerungen.[39]

PFÄHLER u.a. weisen jedoch darauf hin, daß die - aus ASCHAUERs Testergebnissen zu ermittelnde - Grenzproduktivität des öffentlichen Kapitalstocks das Zwei- bis Fünffache der Grenzproduktivität des privaten Kapitalstocks betrage. Vor diesem Hintergrund seien die geschätzten Ergebnisse wenig plausibel.[40] Andere produktionstheoretische Untersuchungen kommen jedoch ebenfalls zu *positiven* Zusammenhängen für den direkten Produktivitätseffekt. Die hier geschätzten Produktionselastizitäten der Infrastruktur (α_V) belaufen sich aber lediglich auf Größenordnungen zwischen 0,08 bis 0,26.[41]

Kostentheoretische Untersuchungen kommen übereinstimmend zu dem Ergebnis, daß eine Ausweitung des Infrastrukturkapitalstockes zu einer Reduktion der privaten Produktionskosten führt, d.h. es liegen negative Kostenelastizitäten

---

36 Vgl. Aschauer, D.A. (1989) S. 179.

37 Vgl. hierzu ebenda S. 181ff.

38 Bei Ausrüstungen wurde eine Elastizität von nur 0,02 in Bezug auf die Kapitalproduktivität des privaten Sektors geschätzt. Dieser Wert ist allerdings statistisch nicht signifikant. Vgl. ebenda S. 192f.

39 ASCHAUER betrachtet diese recht unterschiedlichen Infrastrukturbereiche gebündelt, um der Vermutung Ausdruck zu verleihen, daß nur ein gemeinsames, umfassendes Infrastrukturangebot zu Synergieeffekten zwischen verschiedenen Bereichen und damit zu einer Produktivitätssteigerung führt.

40 Vgl. Pfähler, W.; Hofmann, U.; Lehmann-Grube, U. (1995) S. 131, Gramlich, E.M. (1994) S. 1187.

41 Vgl. für einen Überblick Munnell, A.H. (1993) S. 33, Tab. 3, Pfähler, W.; Hofmann, U.; Lehmann-Grube, U. (1995) S. 129, Tab. 1. Eine Ausnahme bilden die Ergebnisse von Munnell, A.H. (1990) S. 17, Tab. 17 und S. 19.

vor. So ermitteln LICHT und SEITZ für die elf westdeutschen Bundesländer im Zeitraum von 1971 bis 1988 eine durchschnittliche Kostenelastizität von -0,22.[42] Wegen (13) können diese Kostensenkungseffekte der Infrastruktur in positive Produktivitätseffekte transformiert werden, so daß die Ergebnisse der kostentheoretischen Ansätze in die gleiche Richtung weisen wie die der produktionstheoretischen Ansätze.[43]

Schätzungen der *Infrastrukturelastizität der Nachfrage nach privatem Realkapital* ($\eta_{K,V}$) zeigen weiterhin, daß Infrastruktur- und privates Kapital in komplementärer Beziehung zueinander stehen[44] und hier eine limitationale Produktionsfunktion zu unterstellen ist. Dies läßt die wirtschaftspolitische Schlußfolgerung zu, daß Engpässe in der Infrastrukturausstattung zu Wachstumsschranken führen. Investitionen, die derartige Defizite beheben und zu einem bestimmten Mindestangebot beitragen, können einen positiven Effekt auf private Investitionen haben (crowding-in).[45] Diese werden zunächst zu relativ starken Produktivitätserhöhungen führen (Abb. 4.2). Ist jedoch ein bestimmter Infrastrukturbestand erreicht, lassen sich auch durch weitere Infrastrukturinvestitionen keine Produktivitätssteigerungen mehr erzielen.[46] So ist Infrastruktur einerseits als *Potentialfaktor* wirtschaftlicher Entwicklung zu betrachten; andererseits aber *nur ein notwendiger und kein hinreichender* Faktor für Wachstum und Entwicklung. Behindern bspw. Defizite an Motivation und unternehmerischen Fähigkeiten einen wirtschaftlichen Aufschwung,[47] so können nur andere wirtschaftspolitische Instrumente produktivitätserhöhend wirken. Da für die neuen Bundesländern in II.2 ein umfassender Infrastrukturmangel nachgewiesen werden konnte, sind allerdings Produktivitätssteigerungen durch den Ausbau der Infrastruktur zu unterstellen.

Die vorgestellten empirischen Schätzungen und die ihnen zugrundeliegenden Annahmen sind einer vielfältigen **Kritik** unterworfen. So werden bspw. bei der

---

42 Vgl. Licht, G.; Seitz, H. (1993) S. 12, Tab. 5 und ähnlich Conrad, K.; Seitz, H. (1992) S. 320, Tab. 2, Seitz, H. (1994) S. 296f., Nadiri, M.I.; Mamuneas, R.P. (1994) S. 31f.

43 Vgl. Licht, G.; Seitz, H. (1993) S. 13f. und Tab. 6.

44 Vgl. Lynde, C.; Richmond, J. (1992) S. 42f., Seitz (1994) S. 297, anders aber Shah (1992) S. 32f. für Mexiko und Nadiri, M.I.; Mamuneas, R.P. (1994) S. 33 in Bezug auf die Forschungs- und Entwicklungsinfrastruktur.

45 Bach, S.; Gornig, M.; Stille, F.; Voigt, U. (1994) S. 113f., Pfähler, W.; Hofmann, U.; Lehmann-Grube, U. (1995) S. 82.

46 Die in Abbildung 4.2 eingefügte Schwelle läßt sich allerdings nicht exakt bestimmen und wird in Abhängigkeit von der Zusammensetzung der unternehmensorientierten Infrastruktur schwanken. So ist diese Grenze eher als theoretisches Konstrukt zu verstehen als als konkret meßbare Größe.

47 Vgl. Wissenschaftlicher Beirat (1987) S. 134, Bruinsma, F.; Nijkamp, P.; Rietveld, P. (1990) S. 210.

Modellierung des Infrastrukturkapitalstocks *Unteilbarkeiten* vernachlässigt. Darüber hinaus ist das *Kausalitätsproblem* ungelöst. Hier ist zu fragen, ob hohe Infrastrukturausgaben eine hohe Produktivität zur Folge haben oder sich nicht vielmehr eine Volkswirtschaft mit hoher Produktivität umfangreiche Infrastrukturausgaben leisten kann.[48] Schließlich werden *Lags* im Rahmen der Schätzung von Produktivitätseffekten ebenso vernachlässigt wie *Auslastungsprobleme* und *Finanzierungsfragen* der Infrastruktur.[49] Kritisch ist wei-

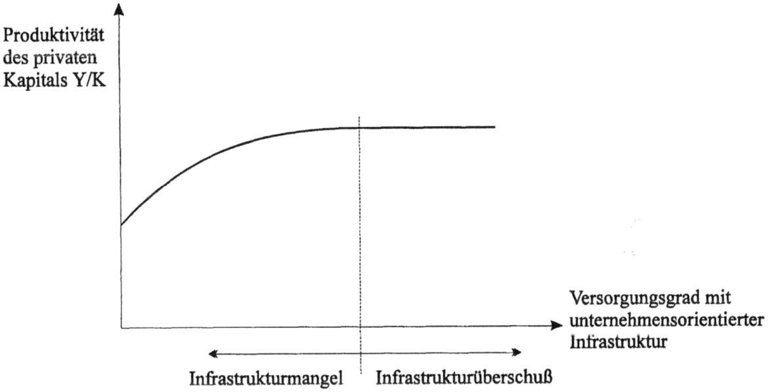

Abb. 4.2: Zusammenhang zwischen unternehmensorientierter Infrastruktur und Produktivität des privaten Kapitals. Quelle: Frey, R.L. (1969) S. 112.

terhin anzumerken, daß die vorgestellten Schätzansätze eine *statische, rückwärtsgerichtete Betrachtungsweise* aufweisen. „Simply saying that some capital has been productive in the past, [...] does not mean that future investment will also be productive. It could be very beneficial to build up a network of highways and not very beneficial to expand this network."[50] Sollen die rückwärtsgerichtete Perspektive aufgegeben und zudem die bisher vernachlässigten Probleme der Kapazitätsauslastung, der Finanzierung der Infrastruktur etc. in die Betrachtung aufgenommen werden, so sind gesamtwirtschaftliche (dynami-

---

48 Vgl. Scheele, U. (1993) S. 35, Bach, S.; Gornig, M.; Stille, F.; Voigt, U. (1994) S. 112f., Ford, R.; Poret, P. (1991) S. 64f.

49 So unterstellen kostentheoretische Untersuchungen bspw., daß Infrastrukturleistungen Unternehmen kostenlos zur Verfügung stehen und nehmen damit eine allokationsneutrale Besteuerung an [vgl. Seitz, H. (1994) S. 289]. Berücksichtigt man allerdings sog. crowding-out-Effekte, ergibt sich ein verlangsamter Anstieg der Produktivitätsgewinne bei privaten Unternehmen. Vgl. Aschauer, D.A. (1991) S. 44f.

50 Gramlich, E.M. (1994) S. 1187. Vgl. ähnlich Aschauer, D.A. (1991) S. 45, der auf die dynamische Komponente der Infrastruktur i.S. des technischen Fortschritts hinweist.

sche) Wachstumsmodelle zu formulieren. Bevor in IV.1.2 derartige Ansätze vorgestellt werden, sollen im folgenden Standorteffekte analysiert werden.

1.1.3.2 Standorteffekte

Da Infrastrukturinvestitionen in der politischen Diskussion starke standortbildende Wirkungen zugeschrieben werden, sollen diese vermuteten Zusammenhänge im folgenden näher betrachtet und empirisch überprüft werden. Dabei beschreibt der **Standorteffekt** die Auswirkungen der Infrastrukturausstattung einer Region auf die Standortwahl von Unternehmen. Da Infrastrukturgüter selbst immobil an einen bestimmten Ort im Raum gebunden sind, können sie gleichzeitig für Unternehmen, die sich ansiedeln wollen bzw. angesiedelt haben, potentiell standortbildend sein.[51] Sie beeinflussen so die Anreize auf Seiten eines Unternehmens, sich niederzulassen, abzuwandern oder zu bleiben (**Anreizeffekt**)[52] und wirken auf die Attraktivität einer Region als potentiellem Standort im Vergleich zu anderen Regionen ein.

Zentral für die Frage der Standortwahl von Betrieben ist die *Bewertung* der Leistungsabgabe der Infrastrukturgüter durch das jeweilige Unternehmen.[53] Diese wird in Abhängigkeit von der Art des Unternehmens, der mit ihm verbundenen Branche und seiner spezifischen Anforderungen an das Infrastrukturangebot unterschiedlich ausfallen (Abb. 4.3).[54] Damit fließt ein subjektives und nur schwer zu quantifizierendes Moment in die Frage ein, welchen Einfluß Infrastrukturinvestitionen auf die regionale Entwicklung und wirtschaftspolitische Zielgrößen (Betriebsstruktur, Arbeitsplatzangebot etc.) nehmen können.

Da die theoretische Perspektive keine eindeutige Anwort darüber zuläßt, ob Infrastrukturinvestitionen die Standortwahl von Unternehmen positiv beeinflussen, ist im folgenden auf empirische Untersuchungen zurückzugreifen. HANSER hat in einem empirischen Beitrag zur Erfolgskontrolle der schweizerischen Berggebietsförderung zunächst auf die **Motive** von Unternehmen für Betriebsverlagerungen abgestellt. Danach sind Standortverlagerungen und Grün-

---

51 Vgl. Gatzweiler, H.-P.; Irmen, E.; Janich, H. (1991a) S. 599. Die wirtschaftstheoretische Analyse des Standorteffektes ist eng mit regionalwirtschaftlichen d.h. also wirtschaftspolitischen Fragen verbunden. In diesem Zusammenhang wird die Bedeutung der Infrastruktur für die Ansiedlung von Unternehmen in *bestimmten Regionen* sowie für das *regionale Wachstum* ins Zentrum der Betrachtung gerückt. Vgl. hierzu IV.1.2.3 und IV.2.2.3.

52 Vgl. Buhr, W. (1975) S. 33, Jochimsen, R. (1972) S. 79.

53 Vgl. Vickerman, R.W. (1991) S. 5, Zimmermann, H. (1978) S. 98.

54 Vgl. Jochimsen, R. (1972) S. 79.

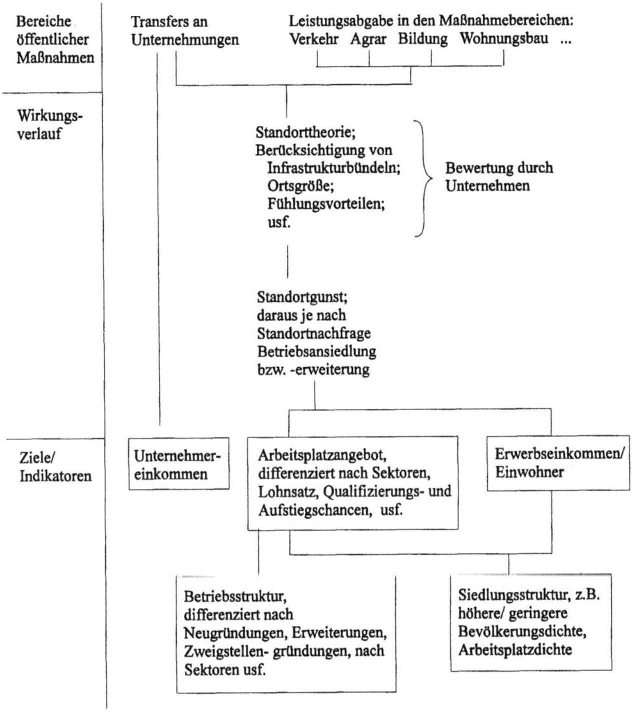

Abb. 4.3: Wirkungsverlauf 'Leistungsabgabe/Transfers und Arbeitsplatzangebot/Einkommen'. Quelle: Zimmermann, H. (1978) S. 97.

dungen von Tochtergesellschaften vielfach entweder durch Erweiterungsvorhaben motiviert (Expansionswanderungen) oder durch Markterschließungsvorhaben begründet.[55] Zweigbetriebsgründungen sind darüber hinaus zu ca. zwei Drittel auf ein zu hohes Lohnniveau am ursprünglichen Standort zurückzuführen (Verdrängungswanderungen). Dementsprechend ist die Motivation, den Betriebsstandort zu verändern, vor allem durch sog. Push-Faktoren bestimmt[56] und ist nicht von verbesserten Standortbedingungen neuer Regionen abhängig.[57]

---

55 Vgl. Hanser, C. (1985) S. 131ff.

56 Nur bei internationalen Produktionsstandortverlagerungen sind Pull-Faktoren, d.h. konkret die Erschließung neuer Absatzmärkte, von Bedeutung.

57 Hinzu kommt, daß die meisten Unternehmen ihre Standortwahl kaum nach objektiven Kriterien treffen. Ca. 40% der Neuansiedlungen führen keine eigentliche Standortevaluation durch, weitere 40% prüfen nur eine besonders wichtige Standorteigenschaft [vgl. Hanser, C. (1985) S. 135ff.]. Besonders bei kleinen Neugründungen (Produktion mit we-

Bei einem Vergleich verschiedener empirischer Analysen zu **Standortanforderungsprofilen** kommt HANSER zu dem Ergebnis, daß Infrastrukturfaktoren eher von nachrangiger Bedeutung für die betriebliche Standortwahl sind.[58] Eine vorrangige Rolle spielen Grundstücks- und Arbeitsmarktfaktoren sowie Lagefaktoren, während die Nähe zu einem Autobahnanschluß als einzige Infrastrukturkomponente einen vorderen Rang einnimmt. Einige Studien zeigen auch die Bedeutung von finanzieller Förderung der öffentlichen Hand für die Standortwahl auf.[59] Auch nach einer Untersuchung von FREY kann am ehesten der Verkehrsbereich als standortbildend angesehen werden. Hier spielt vor allem die Verkehrsqualität eine Rolle, so z.B. die Faktoren Schnelligkeit, weitverzweigte Verbindungen, Anbindungen an öffentliche Verkehrsmittel, gut ausgebaute Straßen sowie Zuverlässigkeit des Angebots.[60]

Teilt man den Standortsuchprozeß in eine nationale, eine regionale und eine kommunale Entscheidungsebene ein, erhält man eine differenziertere Analyse über die Bedeutung der jeweiligen Standortfaktoren. Während auf **nationaler Ebene** ausschließlich politisch-institutionelle und allgemein marktbezogene Faktoren die Standortentscheidung beeinflussen (günstige Steuerlage, liberale Wirtschaftpolitik, zentrale Lage in Europa, Zugehörigkeit zum EFTA-Raum, stabile politische Situation etc.),[61] sind auf **regionaler Ebene** die Förderleistungen der öffentlichen Hand, die Arbeitsmarktlage sowie preiswerte Grundstücke von besonderer Bedeutung.[62] Bis auf den Faktor 'Günstige Verkehrslage bzw. Nähe zu Autobahnanschluß' sind Infrastrukturgüter auf der regionalen Entscheidungsebene von untergeordneter Bedeutung. Infrastrukturgüter haben als Standortfaktoren auf regionaler Ebene nur dann Relevanz, wenn sie „als nicht ubiquitärer, limitationaler oder jedenfalls nicht alternativ substituierbarer

---

niger als 10 Beschäftigten) werden Standortprüfungen nur unvollständig durchgeführt, so daß hier ein Einfluß der Regionalpolitik auf die Standortwahl kaum vorhanden sein kann. Lediglich bei größeren Unternehmen sowie bei Zweig- und Tochterbetrieben werden Standortentscheidungen einem komplexeren Prüfverfahren unterworfen und auch regionalpolitische Fördermaßnahmen in das Kalkül einbezogen. Nur diese Betriebsgruppen können Zielgruppe regionalpolitischer Förderinstrumente sein. Vgl. ähnlich Freund, U.; Zabel, G. (1978) S. 119.

58 Vgl. Hanser, C. (1985) S. 155f. und die dort angegebenen empirischen Analysen, ähnlich Frey, R.L. (1979) S. 79 und die dort auf S. 80 angegebenen Studien.

59 Vgl. Hanser, C. (1985) S. 154.

60 Vgl. Frey, R.L. (1979) S. 81.

61 Vgl. Hanser, C. (1985) S. 157. Diese Ergebnisse beziehen sich auf die Testregionen der Berggebietsförderung in der Schweiz. Sie sind allerdings Teil einer nur recht geringen Stichprobe, so daß hier nicht von statistisch abgesicherten Ergebnissen, sondern lediglich von Tendenzaussagen gesprochen werden kann.

62 Vgl. ebenda S. 160.

und/oder nicht vom betreffenden Standortsucher selbst bereitstellbarer Produktionsinput anzusehen sind."[63]

Auf **kommunaler Ebene** spielt vor allem die Existenz erschlossenen Industrielandes eine große Rolle, aber auch eine günstige Verkehrslage wird als wichtig erachtet.[64] Sowohl auf kommunaler als auch auf regionaler Ebene gilt allerdings, daß Infrastrukturgüter nur selten eine „standortbestimmende Wirkung"[65] haben. Nur in dem Fall, in dem Infrastrukturgüter nicht-ubiquitären Charakter haben, werden diese als Standortfaktor hoch eingeschätzt. Als nicht-ubiquitär bewerten HANSMEYER, FUERST und ZIMMERMANN z.B. besondere Infrastrukturelemente wie Werkhallen, Grundstückserschließungen oder die Berücksichtigung von Unternehmen in der kommunalen Flächennutzungsplanung.[66] HANSER weist in diesem Zusammenhang auf die besondere Bedeutung von spezifischen Ver- und Entsorgungsleistungen (Lieferungen außergewöhnlicher Mengen an Trink- oder Brauchwasser, Gleisanschluß, Anschluß an Gasleitungsnetze, Sondermüllentsorgung, bestimmte Komponenten der Abwasserreinigung) sowie Nutzungsmöglichkeiten natürlicher Ressourcen (Grundwasserentnahmen für den Betrieb von Wärmepumpen) hin.[67] Die Anreize, die von dieser nicht-ubiquitären Ausstattung auf Unternehmen bzgl. einer Ansiedlung ausgehen, sind jedoch meist räumlich stark konzentriert.[68]

Abschließend ist festzuhalten, daß Infrastrukturmaßnahmen - außer in den oben angeführten speziellen Fällen - keinen *entscheidenden* Standortfaktor für Unternehmen darstellen. Dennoch ist auf den Charakter der Basisfunktion der Infrastruktur nach JOCHIMSEN zu verweisen,[69] nach der Infrastrukturgüter „weitgehend als generelle Standortfaktoren zu kennzeichnen sind, die einen beliebigen Ort erst als potentiellen Standort erscheinen lassen; zu einem Kriterium der Auswahl zwischen verschiedenen potentiellen Standorten werden

---

63 Buttler, F.; Gerlach, K.; Liepmann, P. (1977) S. 157.

64 Vgl. Hanser, C. (1985) S. 167.

65 Ebenda S. 169.

66 Vgl. Hansmeyer, K.H.; Fuerst, D.; Zimmermann, K. (1976) S. 147.

67 Vgl. Hanser, C. (1985) S. 170, FN 1 und 2.

68 Als eine weitere Untersuchung zur Standortwahl ist abschließend die Expertenbefragung von GATZWEILER, IRMEN und JANICH zu nennen, die allerdings nicht auf statistisch abgesicherten Ergebnissen beruht. Während die oben betrachteten Untersuchungen ein weites Spektrum von Merkmalen bzgl. ihrer Bedeutung für die Standortwahl von Betrieben präsentierten, ist in der Expertenbefragung nur die relative Bedeutung der verschiedenen Infrastruktursektoren ermittelt worden. Im Bereich der materiellen Infrastruktur wird den Verkehrseinrichtungen vor den Kommunikationseinrichtungen, der Entsorgung, der Energieversorgung und der Wasserversorgung die größte Bedeutung als Standortfaktor beigemessen. Vgl. Gatzweiler, H.-P.; Irmen, E.; Janich, H. (1991b) S. 86.

69 Vgl. Jochimsen, R. (1966) S. 101.

diese Infrastrukturbereiche allerdings nur selten."[70] Diese These impliziert, daß nur die Existenz eines Bündels[71] von Infrastrukturgütern einen Ort zu einem *potentiellen* Standort werden läßt. Über seine Qualität als *tatsächlicher* Standort entscheiden dann andere Faktoren. Daher wirkt sich das „Fehlen einzelner unternehmensorientierter Infrastruktureinrichtungen und -leistungen [...] auf die wirtschaftliche Entwicklung negativ, das Vorhandensein dagegen nicht positiv aus."[72] Für die neuen Bundesländer kann hieraus die Vermutung abgeleitet werden, daß fehlende Infrastrukturinvestitionen die Ansiedlung von Unternehmen hemmen und das wirtschaftliche Wachstum durch volkswirtschaftliche Friktionsverluste verzögern werden. Auf der anderen Seite können Infrastrukturinvestitionen i.S. einer Basisinfrastruktur nur potentielle Standorte schaffen. Lediglich nicht-ubiquitäre Infrastrukturgüter können spezielle Standortfaktoren begründen.

1.1.3.3 Langfristige Effekte

Im folgenden sind die langfristigen Effekte der Leistungsabgabe zu beleuchten. Die skizzierten Standorteffekte verändern langfristig die Struktur von Bevölkerung und Wirtschaft im Raum (**Siedlungsstruktureffekte**) (Abb. 4.3).[73] Siedlungsstruktureffekte sind damit *als Ergebnis raumwirksamer Maßnahmen* anzusehen, welche dadurch gekennzeichnet sind, daß sie Grund und Boden in Anspruch nehmen oder die räumliche Entwicklung eines Gebietes beeinflussen (§ 3 I ROG). Infrastrukturinvestitionen sind aber nicht nur aufgrund der skizzierten Siedlungsstruktureffekte *mittelbar* raumwirksam, sondern sind auch unmittelbar raumbedeutsam, indem sie *direkt* Grund und Boden in Anspruch nehmen (Bodennutzungseffekte).[74]

Vor allem im Rahmen regionalpolitischer Schlußfolgerungen ist entscheidend, daß die Effekte raumwirksamer Maßnahmen nur *bestimmte* Gebiete betreffen, andere Gebiete aber nicht oder auf andere Weise berührt werden. Können Verbesserungen der Infrastrukturausstattung nämlich einen regionalen Standortfaktor schaffen, so werden Faktorwanderungen mit entsprechenden Auswirkungen auf den regionalen Wachstumsprozeß die Folge sein. Derartige Zusammenhänge können durch die im folgenden zu diskutierenden Integra-

---

70 Hansmeyer, K.H.; Fuerst, D.; Zimmermann, K. (1976) S. 139.

71 Vgl. Zimmermann, H. (1978) S. 98.

72 Frey, R.L. (1979) S. 106.

73 Vgl. ebenda S. 68.

74 Die Begriffe 'raumbedeutsam' und 'raumwirksam' werden im folgenden synonym verwendet. Vgl. Becker, C.; Reuter, H. (1975) S. 24.

tions-, Entleerungs-, Differenzierungs- und Nivellierungseffekte beschrieben werden.

Bei JOCHIMSEN wird die 'vollständige Integration' neben dem Wachstumsziel als wesentliche Funktion der Infrastruktur genannt.[75] Unter neoklassischen Idealbedingungen bewegen sich Produktionsfaktoren grundsätzlich in ihre ertragreichste Verwendung, so daß ein Faktorpreisausgleich zustande kommt. Herrschen - realistischerweise - keine Idealbedingungen, so kann jedoch z.B. die Verkehrsinfrastruktur die (interregionale) Mobilität der Produktionsfaktoren fördern und zu einem Ausgleich der Faktorentgelte beitragen[76] (**Integrationseffekt**). Dieser mobilitätsfördernde Effekt der Verkehrsinfrastruktur kann aber durchaus auch zu negativen Entwicklungstendenzen in anderen Regionen führen, aus denen meist jüngere und/oder hochqualifizierte Arbeitsnehmer abwandern. Diese sog. strukturschwachen Gebiete müssen dann eine Verschlechterung ihrer Alters- und Qualifikationsstruktur hinnehmen. Langfristig führen derartige **Entleerungseffekte** (passive Sanierung) zu einer *weiteren* Benachteiligung der durch die Infrastruktur angebundenen, strukturschwachen Regionen.[77]

Setzt man voraus, daß Infrastruktur zu einer erhöhten Produktivität und damit zu Wachstum in den betroffenen Regionen führt, so können Infrastrukturinvestitionen, die nach dem Bedarfskonzept in wohlhabenderen Regionen durchgeführt werden, zu einer Verstärkung regionaler Einkommens- und Wohlstandsunterschiede führen (**Differenzierungseffekt**).[78] Werden diese aber vor allem im Bereich der wirtschaftsnahen Infrastruktur zur Förderung strukturschwacher Regionen eingesetzt, kann bei einer erfolgreichen regionalpolitischen Förderung eine Verringerung räumlicher Disparitäten erwartet werden. In diesem Fall tritt ein **Nivellierungseffekt** auf. In diesem Zusammenhang ist Infrastruktur als Instrument verschiedener Programme zur Herstellung gleichwertiger Lebensverhältnisse auf nationalstaatlicher Ebene (Art. 72 III GG) zu nennen (z.B. Gemeinschaftsaufgabe Verbesserung der regionalen Wirtschaftsstruktur, EG-Strukturfonds).[79]

---

75 Vgl. Jochimsen, R. (1966) S. 100.

76 Vgl. Pfähler, W.; Hofmann, U.; Lehmann-Grube, U. (1995) S. 80.

77 Vgl. Pätzold, J. (1991) S. 240 und 283, der aber eine mobilitätsfördernde Arbeitsmarktpolitik betrachtet.

78 Vgl. Frey, R.L. (1979) S. 53.

79 In der Leistungsabgabephase treten neben den bereits genannten Effekten Einkommens-, Allokations-, Preis- sowie finanzwirtschaftliche Effekte auf. Diese sind jedoch nicht mehr - wie in der Leistungserstellungsphase - als Multiplikatoreffekte einer Investitionsausgabe einzuordnen, sondern können auf Produktivitäts- und Wachstumseffekte infolge der Leistungsabgabe spezifischer Infrastrukturgüter zurückgeführt werden (sog. Spin-Off-Effekte) [vgl. Bruinsma, F.; Nijkamp, P.; Rietveld, P. (1990) S. 215]. Finanzwirt-

Die skizzierten Wirkungsketten zeigen den engen Zusammenhang zwischen raumbedeutsamen Maßnahmen, regionalwirtschaftlicher Entwicklung und Veränderungen der Siedlungsstruktur auf und weisen so auf die Bedeutung von Infrastrukturinvestitionen für die Regionalpolitik hin. Wird der Infrastruktur eine solche Entwicklungsfunktion zugeschrieben,[80] so kommt Infrastruktur*politik* die Aufgabe zu, das Entwicklungspotential einer Region zu vergrößern und - im Idealfall - zu einem selbsttragenden Wachstumsprozeß beizutragen. Für den Einsatz von Infrastruktur als sog. Potentialfaktor wirtschaftlichen Wachstums ist jedoch von entscheidender Bedeutung, daß Infrastruktur lediglich eine notwendige, aber keine hinreichende Bedingung für wirtschaftliche Entwicklung ist. Im wesentlichen hängt deren Erfolgsbeitrag[81] von

(a) seiner *Einmaligkeit* ab, d.h. bei einem bereits existenten hohen Kapitalstock werden weitere Investitionen keine wachstumsfördernden Effekte mehr auslösen. Desweiteren muß

(b) ein *komplettes Angebot* an Infrastrukturgütern zur Verfügung stehen, damit Synergieeffekte zwischen den verschiedenen Infrastrukturleistungen auftreten können. Der Wachstumseffekt ist außerdem bedingt durch

(c) die *Rahmenbedingungen* (ausreichende Bevölkerungsdichte, Zentralität, Arbeitskraft- und Flächenreserven)[82] sowie

(d) die *allgemeine wirtschaftliche Entwicklung*. Hier ist die Schwelle, ab der Wachstum einsetzt, in einer depressiven Phase höher anzusetzen als in einer Phase wirtschaftlichen Aufschwungs. Wesentlich für einen infrastrukturinduzierten Wachstumsschub ist außerdem, daß

(e) die *wettbewerbliche Position* der betrachteten Region gestärkt wird.

Für die neuen Bundesländer bedeutet dies, daß das *gesamte Spektrum* an Infrastrukturgütern auf ein angemessenes Niveau gebracht und erweitert werden muß, damit Synergieeffekte realisiert werden können. Zwar wird ein derartiger Ausbau der Infrastruktur nicht zwangsläufig wirtschaftliches Wachstum nach sich ziehen. Aufgrund des niedrigen Niveaus der bestehenden infrastrukturellen Ausstattung ist aber damit zu rechnen, daß Erweiterungen und Neubau potentiell standortbildend sind. „Altogether, network infrastructure is indispensable

---

schaftliche Effekte ergeben sich insbesondere aus im Wachstumsprozeß entstandenen Einkommen, die mit Steuern belegt sind, sowie aus einer Veränderung der Steuerkraft der durch den Wachstumsprozeß begünstigten Gemeinden. Vgl. Ostrowski, R. (1993) S. 62.

80 Vgl. Gatzweiler, H.-P.; Irmen, E.; Janich, H. (1991b) S. 48. Hiervon ist die Versorgungsfunktion sowie die Schutzfunktion der Infrastruktur zu unterscheiden. Letztere stellt besonders auf den Schutz der Umwelt unter ökonomischen Aspekten ab (natürliche Ressourcen als Vorleistung).

81 Vgl. für die folgenden Bedingungen Scheele, U. (1993) S. 36f. und Bruinsma, F.; Nijkamp, P.; Rietveld, P. (1990) S. 210.

82 Vgl. Wissenschaftlicher Beirat (1987) S. 134.

for regional development but the extent to which it will have a decisive influence on regional growth is not unambiguous. But in any case, it is evident that regions or countries with a poor infrastructure network ('missing links') run the risk of staying behind in the national and international economic restructuring.“[83]

1.2 Modelltheoretische Erklärungsansätze zu den Wachstumswirkungen von Infastrukturgütern

1.2.1 Erklärungsansätze der Neuen Wachstumstheorie

Im vorangehenden Abschnitt wurden selektiv die von einer vergrößerten Infrastrukturausstattung ausgehenden verbesserten Angebotsbedingungen untersucht. Diese Wirkungsketten haben teilweise gleichgerichtete, teilweise aber auch entgegengerichtete Auswirkungen auf wirtschaftspolitische Zielgrößen wie Einkommen oder Beschäftigung. Nur gesamtwirtschaftliche Modelle können diese unterschiedlichen Kausalitäten der Partialanalysen erfassen und deren Auswirkungen auf den gesamtwirtschaftlichen Wachstumspfad modellieren. Im folgenden sind daher drei gesamtwirtschaftliche Modelle vorzustellen, in denen Infrastrukturleistung als Input und damit als Teil der gesamtwirtschaftlichen Produktionsfunktion betrachtet wird.[84]

Die gewählte Vorgehensweise ist jedoch theoretisch und methodisch nicht vollkommen befriedigend, da kein konsistentes Modell existiert, das alle wesentlichen Aspekte der Wachstumswirkungen von Infrastrukturgütern erklären könnte. So ist bspw. kein integrativer Ansatz vorhanden, der regionale Wachstumswirkungen in Abhängigkeit von der Siedlungsstruktur und der Bevölkerungsdichte mit regionalen Wanderungen des Faktors Kapital verbindet. Je umfassender zudem die vorzustellenden Modelle sind (d.h. je mehr Annahmen sie einbinden), um so weniger entsprechen sie den Erkenntnissen der Neuen Wachstumstheorie. Dennoch stellen auch die älteren Ansätze wichtige Erkenntnisse für den räumlichen Entwicklungsprozeß dar, die die derzeitigen wirtschaftspolitischen Empfehlungen für die neuen Bundesländer entscheidend mitbestimmen und auf die daher nicht verzichtet werden soll.[85] Die anschließende Betrachtung kann aufgrund der aufgezeigten methodischen Probleme nur Schlaglichter auf das Wachstumsproblem werfen, beleuchtet aber unterschiedliche, wesentliche Ansätze des regionalwirtschaftlichen Entwicklungsprozesses.

---

83 Bruinsma, F.; Nijkamp, P.; Rietveld, P. (1990) S. 211.

84 Damit wird ein Perspektivwandel vorgenommen, da im ersten Teil der Arbeit Infrastrukturgüter primär einer nachfrageseitigen Betrachtung unterlagen.

85 Vgl. hierzu IV.2.2.

Im folgenden ist Wachstum vereinfachend durch die Wachstumsrate des Bruttoinlandsproduktes zu messen.[86]

Die ältere, neoklassische Wachstumstheorie beschreibt wirtschaftliches Wachstum in Form eines exogenen Trends.[87] Fortgesetzte Infrastrukturinvestitionen führen hier lediglich in der Anpassungsphase zu einem Wachstumseffekt, während sie langfristig nur das *Niveau* des Wachstumstrends beeinflussen. Demgegenüber berücksichtigen bestimmte Ansätze der Neuen Wachstumstheorie positive externe Effekte, die auf technischen Fortschritt zurückzuführen sind. Derartige Spillover-Wirkungen ermöglichen, daß in *anderen* Unternehmen und Sektoren einer Wirtschaft ein höherer Output erwirtschaftet werden kann. Sie verleihen dem Wachstumsprozeß daher eine neue qualitative Dimension und vermögen ihn *endogen* zu erklären. Überträgt man diesen Ansatz auf Infrastrukturgüter, so läßt sich ein Zusammenhang zwischen staatlicher Infrastrukturpolitik und dem Wachstumsprozeß einer Region herstellen.[88]

Der Ansatz unterstellt zunächst, daß die Pro-Kopf-Produktion eines Unternehmens (y) von der Pro-Kopf-Kapitalausstattung (k) desselben sowie - aufgrund von Spillover-Effekten[89] - vom gesamten Kapitalstock K_{ges} einer Volks-

---

86 Vgl. Mankiw, N.G. (1996) S. 97. Kritisch ist allerdings anzumerken, daß die Modellierung wirtschaftlichen Wachstums als Wachstumsrate des Bruttoinlandsproduktes zu kurz greift, da hier „in extremer Weise [...] die Komplexität des Entwicklungsphänomens" reduziert wird [Streit, M.E. (1991) S. 99]. So vernachlässigt eine derartige Betrachtungsweise vor allem die Zunahme der Formenvielfalt in der Zeit (Strukturwandel) und kann so bspw. Veränderungen im Güterangebot nicht erfassen. Zudem werden in einen umfassenderen Entwicklungsbegriff einzubeziehende Aspekte der Verteilung nicht berücksichtigt. Schließlich ist auf die Konzeption einer nachhaltigen Entwicklung (sustained growth) hinzuweisen, nach der auf die Erneuerungsfähigkeit der Natur, die Absorptionsfähigkeit der Umwelt für Schadstoffe und die Beschränktheit der natürlichen Ressourcen im allgemeinen Rücksicht zu nehmen sei und externe Effekte des Wachstums möglichst gering zu halten seien [vgl. hierzu z.B. Hanusch, H. (1995) S. 13]. Der verkürzten Betrachtungsweise ist hier jedoch zunächst zu folgen, um grundlegende Zusammenhänge transparent zu gestalten. Darüber hinausgehende Aspekte wirtschaftlicher Entwicklung wie Umweltziele und Verteilungszielsetzungen werden im Rahmen der Konstruktion des Zielsystems berücksichtigt.

87 Dies gilt für Wachstumsmodelle vom SOLOW-Typ. Vgl. zu diesen Modellen bspw. Mankiw, N.G. (1996) Kap. 4, zu einer Kritik Hanusch, H. (1995) S. 16ff., sowie zu deren begrenzter Anwendbarkeit auf das Infrastrukturproblem Biehl, D. (1986) S. 53.

88 Vgl. zu diesem Ansatz Pfähler, W.; Hofmann, U.; Lehmann-Grube, U. (1995) S. 97f. Das hier verwendete Modell geht auf Romer, P.M. (1989) S. 89ff., insbesondere S. 92ff. zurück.

89 Spillover-Effekte lassen sich hier als pekuniäre Externalitäten in Form von direkten oder indirekten Produktivitätseffekten interpretieren. Damit *setzt* der Ansatz aber bereits *voraus*, daß die Leistungsabgabe der Infrastruktur einen positiven Einfluß auf die Produktivität privater Unternehmen hat.

wirtschaft abhängt. Die Pro-Kopf-Produktion eines Unternehmens kann dann als

(15) $y = k^{\beta} K_{ges}^{\gamma}$ *mit* $\beta + \gamma = 1$

angeschrieben werden. Ist k für alle Unternehmen H gleich groß, so gilt $K_{ges} = Hk$ und (15) läßt sich umformen zu

(16) $y = kH^{\gamma}$.

Während sich gesamtwirtschaftlich konstante Grenzerträge des Kapitals ergeben, sind für den einzelnen Unternehmer abnehmende Grenzerträge relevant, da dieser die externen Effekte zusätzlichen Kapitals K_{ges} nicht berücksichtigt. Das Angebot an privatem Kapital wird durch einen repräsentativen Haushalt bereitgestellt, der die Nutzenfunktion $U(c) = \ln c$ besitzt - mit c als Pro-Kopf-Konsum - und den optimalen Konsumpfad $r = \rho - \dot{c} / c$ realisiert. Dabei ist die Nutzenfunktion bei gegebener Zeitpräferenzrate ρ und dem Zinssatz r unter der Nebenbedingung maximiert worden, daß sich $\dot{k}$ aus der Differenz der Pro-Kopf-Produktion und des Pro-Kopf-Konsums ermitteln läßt. Im Gleichgewicht wachsen sowohl Konsum als auch Sozialprodukt mit identischen Wachstumsraten g, so daß $\dot{c} / c = \dot{y} / y = g$ gilt. Zudem ist im Gleichgewicht der Zinssatz gleich dem privaten Grenzprodukt des Kapitals und daher $r = \beta H^{\gamma}$. Daraus folgt für die Wachstumsrate des Sozialproduktes im Gleichgewicht

(17) $\dot{c} / c = \dot{y} / y = g = \beta H^{\gamma} - \rho$.

Ist hingegen der Zinssatz gleich dem sozialen Grenzprodukt des Kapitals ($r = H^{\gamma}$), so daß der externe Effekt internalisiert wird, so ergibt sich

(18) $\dot{c} / c = \dot{y} / y = g = H^{\gamma} - \rho$.

Da $\beta < 1$, ist das private Grenzprodukt des Kapitals kleiner als das soziale Grenzprodukt und daher die Wachstumsrate des Sozialprodukts im sozialen Optimum größer als im privaten Optimum. In diesem Modell werden daher die Externalitäten des öffentlichen Kapitalstocks nicht internalisiert, so daß das Infrastrukturkapital in nur einem gesamtwirtschaftlich suboptimalen Umfang bereitgestellt wird.

Der hier diskutierte Ansatz impliziert allerdings, daß Infrastrukturkapital auch *ohne* eine staatliche Bereitstellungsverantwortung vorhanden ist. In diesem Fall würde es jedoch - in wachstumspolitischer Perspektive - in zu geringem Umfang bereitgestellt, woraus die Forderung korrigierender staatlicher Infrastrukturpolitik abgeleitet werden kann. Über diese wachstumstheoretische Begründung für eine staatliche Infrastrukturpolitik hinaus erklärt das Modell den Zusammenhang zwischen der Leistungsabgabe von Infrastrukturgütern und

Wirtschaftswachstum über *Produktivitätswirkungen*, welche hier in Form von Spillover-Effekten modelliert werden.

Über das skizzierte, *einfache* Modell hinausgehende Ansätze modellieren Überfüllungsphänomene sowie Schwellenexternalitäten (threshold externalities) der Leistungsabgabe von Infrastrukturkapital und leiten Bedingungen für die Existenz von Gleichgewichtslösungen ab.[90] Unter der Annahme, daß staatliche Infrastrukturinvestitionen vollkommen durch eine Besteuerung des Einkommens mit dem Steuersatz τ finanziert werden und kein staatlicher Konsum vorliegt, zeigen FUTAGAMI und MINO, daß sich multiple gleichgewichtige Wachstumsraten in Abhängigkeit von der Wahl des Steuersatzes τ ergeben.[91] Da die Wirkungsrichtung einer Erhöhung des Steuersatzes von dem jeweiligen Wachstumspfad abhängig ist, sind derartige Modelle für Politikempfehlungen jedoch nur wenig geeignet. Zudem ist kritisch anzumerken, daß die hier vorgestellten Ein-Sektor-Modelle keine Aussagen zu regionalem Wachstum oder zu Faktorwanderungen treffen können. Letztere bestimmen jedoch die Entwicklungsprozesse entscheidend mit. Im folgenden sollen daher Modelle zum Infrastrukturwettbewerb vorgestellt werden, die die relative Attraktivität eines Standortes u.a. auf dessen Infrastrukturausstattung zurückführen.

1.2.2 Infrastrukturwettbewerb

Modelle des Infrastrukturwettbewerbs wurden ausgehend von Überlegungen zum Steuerwettbewerb von Regionen entwickelt. Sie basieren auf der grundlegenden Annahme, daß die Leistungsabgabe von Infrastrukturgütern regionale Produktivitätseffekte generieren und Anreizeffekte auf mobile Produktionsfaktoren ausüben kann. Infrastrukturpolitik könne daher mobile Faktoren attrahieren und so die Wachstumschancen der betrachteten Region erhöhen (Standorteffekt).[92] Standortwettbewerb kann folglich mittels Infrastrukturpolitik ausgetragen werden (Infrastrukturwettbewerb).

Das Modell des Infrastrukturwettbewerbs von PFÄHLER und LORZ unterstellt ein vollkommen preisunelastisches Kapital- und Arbeitsangebot in den betrachteten R Regionen sowie vollkommene Mobilität des Faktors Kapital und Immobilität des Faktors Arbeit. Daher kommt es im Ausgangsgleichgewicht zu

---

90 Vgl. für einen integrativen Ansatz z.B. Futagami, K.; Mino, K. (1995) S. 123ff. Threshold externalities beschreiben den Umstand, daß Infrastrukturgüter erst in einem Mindestumfang sowie einer bestimmten Bündelung vorhanden sein müssen, um signifikante Wirkungen auf die Produktivität des privaten Sektors auszulösen. Vgl. ebenda S. 124.

91 Vgl. Futagami, K.; Mino, K. (1995) S. 139.

92 Vgl. zu einer Kritik dieses Zusammenhanges unter Berücksichtigung der in IV.1.1.3.2 dargestellten Aussagen zum Standorteffekt das Ende dieses Unterabschnitts.

einem interregionalen Ausgleich der Verzinsung des Faktors Kapital. Weiterhin werden identische Regionen mit ebensolchen Infrastrukturausgaben unterstellt, so daß bei linear-homogenen Produktionsfunktionen die Kapitalintensität in den Ländern übereinstimmt und im Ausgangsgleichgewicht keine Kapitalwanderungen stattfinden.[93]

Wird als infrastrukturpolitische Maßnahme nun die **Bereitstellung von Infrastrukturgütern** unterstellt, so erweitert dies die Produktionsmöglichkeiten in der betrachteten Region. In der Region gelte für die Produktion

(19) $$Y(K_i, L_i, V_i) = a(V_i) \cdot F(K_i, L_i),$$

mit V als Infrastruktur-Inputfaktor, der annahmegemäß die Produktivität der privaten Faktoren erhöht ($\alpha_V > 0$). Die Beziehung (19) unterstellt Hicks-neutrale Faktor-vermehrende öffentliche Inputs[94] sowie Linear-Homogenität in den Faktoren Arbeit (L_i) und Kapital (K_i).[95] Unter der Annahme, daß die Infrastrukturinvestitionen durch eine Steuer t auf das investierte Kapital (z.B. Gewerbekapitalsteuer, betriebliche Vermögensteuer) finanziert werden, ergibt sich für das interregionale Kapitalmarktgleichgewicht:

(20) $$a(V_1) \cdot F_k(K_1, L_1) - t_1 = a(V_2) \cdot F_k(K_2, L_2) - t_2 = \ldots =$$
$$a(V_N) \cdot F_k(K_N, L_N) - t_N.$$

Es kann nun gezeigt werden, daß eine produktivitätssteigernde Infrastrukturpolitik ($a_V > 0$) mobiles Kapital anzieht, falls eine *allokationsneutrale lump-sum Besteuerung* unterstellt wird und die Kapitalbesitzer die Steuerbelastung und

---

93 Vgl. hierzu das Modell von Pfähler, W.; Lorz, J.O. (1994/5) S. 126ff., das im Anhang IV dieser Arbeit eingehend vorgestellt wird. Ein weiterer Ansatz zum Infrastrukturwettbewerb stammt von Conrad, K.; Seitz, H. (1994) bzw. Seitz, H. (1995). Dieser Ansatz basiert auf einem Gewinnmaximierungsansatz der Oligopoltheorie.

94 Dies unterstellt, daß konstante Skalenerträge in den privaten Inputs und zunehmende Skalenerträge in allen Faktoren vorliegen. Da bei konstanten Skalenerträgen die Produktivitätsgewinne durch das verbesserte Infrastrukturangebot den Produktionsfaktoren in Form einer höheren Entlohnung zukommen, werden auf diesem Wege Faktoren in die Region einer verbesserten Infrastrukturausstattung gezogen. Vgl. Pfähler, W.; Hofmann, U., Lehmann-Grube, U. (1995) S. 86.

95 Modelliert man den produktivitätssteigernden Effekt des 'factor-augmenting public input' durch einen faktorspezifischen Index der Inputeffizienz a, so läßt sich allgemein schreiben: $f_i\,(L_i, K_i, V) = h_i\,[a^L(V) \cdot L_i,\; a^K(V) \cdot K_i]$. Wird Linearhomogenität in den Argumenten von h_i unterstellt, so ist die Funktion auch in L_i und K_i linear-homogen. Ist zudem der Effizienzindex a für alle Faktoren identisch, so liegt eine Analogie zum Hicks-neutralen technischen Fortschritt vor. Hier ist im Gegensatz zum Konzept des exogenen technischen Fortschritts unterstellt, daß - in Anlehnung an die neue Wachstumstheorie - eine verbesserte Infrastrukturausstattung Effizienz generieren kann. Vgl. Pfähler, W.; Hofmann, U., Lehmann-Grube, U. (1995) S. 86.

die Infrastrukturausstattung der einzelnen Regionen als exogen gegeben ansehen. Dieser infrastrukturinduzierte Kapitalwanderungseffekt läßt sich erfassen als[96]

$$(21) \qquad \frac{dk_i}{dV_i} = \frac{1-R}{R} \cdot \frac{a_V(V_i)}{a(V_i)} \cdot \frac{f'(k_i)}{f''(k_i)} > 0 \qquad \textit{für} \quad a_V > 0.$$

Dabei ist der in (21) beschriebene Effekt um so größer, je mehr Regionen *R* am Standortwettbewerb teilnehmen, je höher die Grenzproduktivität *f'* des privaten Kapitals ist und je stärker eine Erhöhung der Infrastrukturausstattung produktivitätssteigernd wirkt.

Da die Infrastrukturmaßnahmen von Region *i* Kapital anziehen und dieses gleichzeitig aus anderen Regionen abwandert, werden letztere ihrerseits versuchen, mit Hilfe von Infrastrukturinvestitionen zusätzliches Kapital zu attrahieren. Hieraus folgt ein interregionaler Infrastrukturwettbewerb. Berücksichtigt man weiterhin, daß zusätzliche Investitionen durch eine allokationsverzerrende Kapitalbesteuerung finanziert werden, so resultiert zudem ein Steuerwettbewerb. Es kommt nämlich zu einem steuerinduzierten Kapitalwanderungseffekt

$$(22) \qquad \frac{dk_i}{dt_i} = \frac{R-1}{R} \cdot \frac{1}{a(V_i) \cdot f''(k_i)} < 0.$$

Nach (22) hat eine Erhöhung der Kapitalsteuer bei gegebener Infrastrukturausstattung einen Kapitalabfluß zur Folge, wenn Kapital nach dem Quellenlandprinzip[97] besteuert wird. Im Rahmen des interregionalen Steuerwettbewerbs versuchen Regionen daher, durch eine Senkung der Kapitalsteuer mehr Kapital zu attrahieren.

Die Infrastrukturpolitik einer Region muß daher berücksichtigen, daß *Kapitalwanderungen* vom *Infrastrukturangebot* sowohl der betrachteten Region als auch aller anderen Regionen abhängig sind und zudem durch die *Steuersätze* der Region *i* sowie aller anderen Regionen beeinflußt werden.[98] Region *i* wird vor diesem Hintergrund ihr Infrastrukturangebot und dessen Finanzierung so gestalten, daß es die beste Antwort auf die Infrastrukturpolitik anderer Regionen darstellt. Dies sei dann der Fall, wenn die Wertschöpfung eines repräsentativen Haushalts der Region *i*

$$(23) \qquad y_i^P = w_i + k_0 \cdot (r - t_i)$$

---

[96] Vgl. Pfähler, W.; Lorz, J.O. (1994/5) S. 154 (Anhang I). Dabei bezeichnen die klein geschriebenen Symbole pro-Kopf-Größen und *f'* bzw. *f''* die entsprechenden Ableitungen.

[97] Nach dem Quellenlandprinzip werden Einkommen und allgemeine Vermögen dort besteuert, wo sie entstanden sind. Demgegenüber sieht das Wohnsitzlandprinzip eine Besteuerung nach dem Wohnsitz der zu besteuernden Person vor.

[98] SEITZ ermittelt identische Ergebnisse. Vgl. Seitz, H. (1995) S. 216.

unter der Nebenbedingung eines ausgeglichenen staatlichen Budgets $(t_i \cdot K_i = V_i)$ maximiert wird.[99] Die optimale Infrastrukturpolitik wird dann durch die folgende Bedingung bestimmt:

$$(24) \qquad a_V \cdot f(k) = \frac{1-\eta_{k,V}}{1+\eta_{k,t}} \qquad \mathit{mit}\ \eta_{k,t} < 0 \quad \mathit{und}\ \eta_{k,V} > 0,$$

die den Grenzertrag einer Erhöhung der Infrastrukturausstattung mit den Grenzkosten gleichsetzt. Da die *Steuerelastizität des Kapitals* $\eta_{k,t}$ negativ ist, werden die Grenzkosten der Bereitstellung von Infrastrukturgütern um so höher sein, je stärker die Kapitalzuflüsse durch eine Erhöhung der Kapitalsteuer gedämpft werden. Dies ist darauf zurückzuführen, daß in diesem Fall die Besteuerungsbasis, die die Finanzierung des Investitionsobjektes erbringen muß, geringer ist. Demgegenüber ist die *Infrastrukturelastizität des Kapitals* $\eta_{k,V}$ positiv. Je mehr Kapital bei gegebenem Steuersatz aufgrund einer Ausweitung des Infrastrukturangebots zuwandert, um so größer ist auch die Steuerbasis. Daher wirkt dieser Mechanismus dämpfend auf die Grenzkosten der Infrastrukturbereitstellung.[100]

Als alternatives Modell ist dic **Bereitstcllung von Infrastrukturlcistungcn** (G_i) zu untersuchen, die den **Charakter privater Produktionsfaktoren** haben (so z.B. Wasser- oder Abwasseranschlüsse). Diese unterliegen dem Ausschlußprinzip und werden gegen einen positiven Preis abgegeben. Die Infrastrukturleistung wird in diesem Fall in der Menge nachgefragt, bei der sich Grenzertrag und Preis des Gutes ausgleichen $(F_G(K_i, L_i, G_i) = p_i^g)$. Da im Kapitalmarktgleichgewicht der Grenzertrag des Faktors Kapital in den unterschiedlichen Regionen identisch ist, folgt für die Preisreagibilität des mobilen Kapitals

$$(25) \qquad -\frac{dk_i}{dp_i^g} = \frac{1-R}{R} \cdot \frac{f_{kg}}{f_{kk} f_{gg} - f_{kg}^2} > 0 \quad \mathit{für}\ f_{kg} > 0.$$

---

[99] Hier sei unterstellt, daß der Haushalt ein unelastisches Arbeitsangebot habe (Vollbeschäftigung), nach seinem Grenzprodukt entlohnt werde (w_i) und ein Kapitalvermögen k_0 (Anfangsausstattung) besitze.

[100] SINN zeigt die allokationstheoretische Parallelität zwischen dem Modell des Infrastrukturwettbewerbs und der Klubgütertheorie auf, indem er Überfüllungsexternalitäten modelliert. Nimmt man an, daß privates Kapital mit einer Quellensteuer belegt wird und gleichzeitig die Nutzung des Infrastrukturgutes durch private Kapitaleinheiten mit Überfüllungskosten einhergeht (Fall unreiner Kollektivgüter), so kann man zeigen, daß der optimale Steuersatz gerade der marginalen Ballungsexternalität entsprechen muß. Dieses Resultat - bei Vernachlässigung zunehmender Skalenerträge - entspricht dem im Fall von Klubgütern abgeleiteten Ergebnis. Vgl. Sinn, H.-W. (1996) S. 12.

Daher wird eine Senkung des Preises der Infrastrukturleistung zu Kapitalzuflüssen führen und den gleichgewichtigen Kapitalbestand erhöhen, falls die Faktoren komplementär sind ($f_{kg} > 0$). Da der für die Infrastrukturleistung zu entrichtende Preis zur Finanzierung des Investitionsobjektes herangezogen werden kann, sind auf einen Steuerwettbewerb zurückzuführende Kapitalwanderungen hier nicht relevant.

Die vorgestellten Überlegungen zum Infrastrukturwettbewerb haben für die sich anschließende Analyse einige entscheidende Ergebnisse geliefert. So konnte erstens gezeigt werden, daß mit einer einseitig in Region *i* getätigten Infrastrukturpolitik, die entweder das unentgeltliche Infrastrukturangebot erhöht oder Preise für Infrastrukturleistungen senkt, *mobiles Kapital angelockt* werden kann. Dies gilt jedoch nur, falls Infrastrukturkapital tatsächlich auf privates Kapital produktivitätssteigernd wirkt ($a_v > 0$, $f_{kg} > 0$). Hierzu ist auf die Ergebnisse der empirischen Untersuchungen in IV.1.1.3.1 zu verweisen. Zweitens ist jedoch bei einer Bereitstellung von Infrastrukturgütern mit unentgeltlicher Leistungsabgabe zu berücksichtigen, daß die Finanzierung von Infrastrukturgütern durch eine *allokationsverzerrende Kapitalsteuer dämpfend auf den Kapitalzufluß* wirkt. Drittens impliziert der positive Zusammenhang zwischen der Kapitalmobilität und der Höhe des Preises der Infrastrukturleistung, daß eine einseitige Preiserhöhung einer Region zu Kapitalabflüssen zu Gunsten anderer Regionen führen wird. Dieser Fall ist bspw. dann relevant, wenn für einzelne Infrastrukturkomponenten, die zuvor unentgeltlich abgegeben wurden, ein Preisausschluß herbeigeführt wird.

Kritisch ist allerdings anzumerken, daß die voranstehende Analyse einen mechanischen Zusammenhang zwischen Infrastrukturinvestitionen und der Zuwanderung mobilen Kapitals suggeriert. Wie die empirischen Analysen in IV.1.1.3.2 zeigen, ist Infrastruktur jedoch nur dann als Standortfaktor von entscheidender Bedeutung, wenn sie nicht ubiquitär ist. Dieser Zusammenhang stellt zwar keinen *grundsätzlichen* Einwand gegen den oben hergeleiteten infrastrukturinduzierten Kapitalwanderungseffekt dar; seine Höhe ist jedoch entscheidend von der *Art und Qualität* der durchgeführten Infrastrukturinvestitionen sowie dem Ausstattungszustand der Region abhängig.

Zudem werden die Ergebnisse in ihrer Allgemeingültigkeit darin eingeschränkt, daß die Untersuchung identische Regionen unterstellt. Die Resultate hängen so von der Annahme ab, daß der Kapitalbestand symmetrisch verteilt ist und Unterschiede in den Präferenzen, der Faktorausstattung und den verwendeten Technologien nicht existieren. Auch Verschiedenheiten in der Raumstruktur[101] der Regionen werden vernachlässigt. Regionalpolitische Untersuchungen gehen demgegenüber von der These aus, daß regionales Wachstum gerade von der Sektorstruktur und dem Agglomerationsgrad der betreffenden Region positiv beeinflußt wird. Der folgende Abschnitt widmet sich einem derartigen Modell.

1.2.3 Regionalwissenschaftliche Wachstumsmodelle

Ausgangspunkt der Betrachtung ist die in II.1.1.3 skizzierte Siedlungsstrukturtheorie von CHRISTALLER, welche die hierarchische Ordnung von Siedlungen und Wirtschaftstätigkeit im Raum zu erklären versucht. Dieser Ansatz wurde von VON BÖVENTER mit grundlegenden Einsichten der regionalen Wachstumstheorie verbunden, um eine operationalisierte und damit empirisch testbare regionale Wachstumstheorie zu entwickeln.[102] So lassen sich Agglomerations- und Dezentralisierungsprozesse, die mit einem räumlich differenzierten Wirtschaftswachstum einhergehen, auf verschiedenen räumlichen Aggregationsebenen erklären. VON BÖVENTER unterstellt für Industriegesellschaften einen räumlichen Wachstumsprozeß im Zeitablauf, der durch die Phasen (a) des kumulativen Wachstums in einem oder wenigen Zentren, (b) der 'konzentrierten Dezentralisierung' und (c) der 'dezentralisierten Konzentration' geprägt ist.

(a) Dieser Prozeß des kumulativen Wachstums hat zur Voraussetzung, daß in einem Zentrum ein bestimmtes Mindestmaß an Integration zwischen den Wirtschaftssubjekten erreicht ist (intra-urbane Agglomerationseffekte) und diese Verflechtung mit verbesserten Verkehrsverbindungen *zwischen* den verschiedenen Agglomerationen einhergeht (inter-urbane Agglomerationseffekte). Existiert gleichzeitig eine bestimmte Mindestzahl ökonomischer Akteure und ein Mindestniveau ökonomischer Aktivitäten in einem Zentrum, so kann ein kumulativer Wachstumsprozeß in Gang kommen.

(b) Mit steigender Bevölkerungszahl und wachsenden Einkommen *innerhalb* des Zentrums sowie verbesserten Verkehrsverbindungen werden auch die ökonomischen Distanzen *zwischen* verschiedenen Zentren zurückgehen. Daher erreichen auch kleinere Zentren den unteren Grenzwert von Agglomerationsvorteilen, der für Wachstum notwendig ist. Die Industrialisierung weitet

---

101 Die Begriffe Raumstruktur und Siedlungsstruktur werden im folgenden identisch zu verwendet.

102 Vgl. Böventer, E.v. (1975) S. 246ff. und zusammenfassend Schätzl, L. (1992) S. 187ff. Die theoretischen Ursprünge dieses Ansatzes sind auf polarisationstheoretische Arbeiten von PERROUX, MYRDAL und HIRSCHMAN zurückzuführen. Vgl. hierzu im Überblick Biehl, D. (1986) S. 55ff. Für eine überblicksartige Darstellung der Theorie zentraler Orte und der Wachstumspoltheorie siehe auch Mulligan, G.F. (1984) S. 9ff. und Fürst, D.; Klemmer, P.; Zimmermann, K. (1976) S. 71ff.

sich so auf eine zunehmende Zahl von Regionen aus. Zu berücksichtigen sind hier zudem Hinterlandeffekte, die die Einwanderung von mobilen Produktionsfaktoren in das Zentrum sowie die Versorgung des Hinterlands mit Gütern und Dienstleistungen beschreiben und den Wachstumsprozeß der kleineren Zentren durch intra-urbane Agglomerationseffekte verstärken.

(c) Auf einem höheren Niveau wirtschaftlichen Wachstums treten in den größten Zentren jedoch sog. bottlenecks auf. Steigende Entfernungen innerhalb der Städte, ein hohes Lohnniveau sowie steigende Bodenpreise machen die Region weniger attraktiv. Zudem wird der Faktor Boden knapp, so daß ein interregionaler Dispersionsprozeß begünstigt wird. Dieser geht mit einer flächenmäßigen Ausdehnung der Agglomerationen und einem Abbau intraregionaler Disparitäten einher, indem sich bspw. große Zentren in Subzentren auffächern oder kleine, neue Zentren in ihrem Umland bilden.

Das von VON BÖVENTER konzipierte regionale Wachstumsmodell versucht, diese unterschiedlichen Wachstumsphasen zu erfassen und die grundlegenden Wirkungszusammenhänge so zu formulieren, daß das Modell eine empirische Überprüfung des wirtschaftlichen Wachstumsprozesses in seinen verschiedenen Stufen erlaubt. Hierzu ist die Wachstumsrate des regionalen Einkommens (y_ι) in Abhängigkeit von den Agglomerationsfaktoren (A_ι), den Standorteigenschaften (Locational Qualities) (Q_ι) sowie der Sektoralstruktur (S_ι) zu formulieren:[103]

$$(26) \qquad y_\iota = y_\iota(A_\iota, S_\iota, Q_\iota, n_\iota, y_g, y_\iota^c).$$

Zudem ist die Wachstumsrate des regionalen Sozialprodukts von der Wachstumsrate der Arbeitsbevölkerung n_ι, der Wachstumsrate der Gesamtwirtschaft y_g und der zentralen Subregion y_ι^c der betrachteten Region ι abhängig.[104] Die Wachstumsrate der Investitionen einer Region wird hier nicht getrennt ausgewiesen, sondern als bereits in den anderen Argumenten von (26) integriert angesehen.[105]

---

103 Die sog. Locational Qualities erfassen im wesentlichen Infrastruktureinflüsse, die über die in den Agglomerationsfaktoren und der Entwicklungsachsenvariable (s.u.) festgehaltenen Wirkungen hinausgehen. Die Sektoralstruktur wird sowohl durch die Wachstumseffekte der unterschiedlichen Industrien als auch durch die Beschäftigungsanteile in und Beschäftigungsverschiebungen zwischen verschiedenen Industriezweigen erfaßt. Vgl. Böventer, E.v. (1975) S. 258f.

104 Die beiden letztgenannten Wachstumsraten sind für die Region ι exogen.

105 VON BÖVENTER vernachlässigte die Wachstumsrate der Investitionen zudem, weil - für sein empirisch zu testendes Modell - Daten über Kapitalwanderungen nicht vorlagen. Diese Ausgrenzung muß aber gerade für den Fall der neuen Bundesländer als kritische Verkürzung der Argumentation betrachtet werden.

Die Raumstruktur einer Region und hier insbesondere die Agglomerationsfaktoren sind als entscheidende Voraussetzung und gleichzeitig als Resultat wirtschaftlichen Wachstums anzusehen.[106] Die Agglomerationsfaktoren spiegeln Größe und Distanz innerhalb bzw. zwischen Zentren wider und sind wichtiger Bestimmungsgrund für Angebot und Nachfrage sowie die Intensität von Faktorwanderungen. Die *innerhalb* einer Stadt bestehenden positiven und negativen Wachstumseffekte werden durch den **intraurbanen Agglomerationsfaktor** (A_ϕ^I) einer Stadt ϕ beschrieben:[107]

$$(27) \qquad A_\phi^I = N_\phi^{\alpha_1 - 1}.$$

Als Approximation für die Zentralität einer Stadt sowie die Größe, Qualität und Struktur ihrer Güter- und Faktormärkte, welche die Wachstumswirkungen beeinflussen, wird die Einwohnerzahl N_ϕ gewählt. Der Exponent α_1 bezeichnet die Auswirkungen von Bevölkerungsveränderungen auf die Agglomerationsvorteile einer Stadt und erlaubt es, mit ansteigender Einwohnerzahl überproportional ($\alpha > 1$), proportional ($\alpha = 1$) etc. wachsende Agglomerationsvorteile zu modellieren.[108]

Der **intraregionale Agglomerationsfaktor** (A_ν^{II}) einer Region ν umfaßt die Wachstumswirkungen, die sich aus dem Verhältnis der Zentren ϕ mit anderen in der Region befindlichen Städten φ ergeben. Dabei ist sowohl die Größe der Städte von Bedeutung, die u.a. von dem Anteil $c_{\phi\nu}$ der Stadtbevölkerung N_ϕ an der Regionenbevölkerung M_ν gekennzeichnet wird, als auch die Entfernung $d_{\phi\nu\varphi\nu}$ zwischen den Städten ϕ und φ in der Region ν. Letztere ist insbesondere von den Verkehrsverbindungen und der Kommunikationsinfrastruktur einer Region abhängig, deren Qualität sich durch den Exponenten γ ausdrücken läßt:

$$(28) \qquad A_\nu^{II} = \sum_{\phi_\nu} c_{\phi_\nu} N_{\phi_\nu}^{\alpha_2 - 1} \sum_{\varphi_\nu} N_{\varphi_\nu}^{\alpha_3} d_{\phi_{\nu\varphi\nu}}^{-\gamma_1}.$$

Entsprechend kennzeichnet der **interregionale Agglomerationsfaktor** (A_ν^{III}) einer Region ν die Wachstumswirkungen, die sich aus Beziehungen der Zentren ϕ der Region ν mit Städten *außerhalb* der Region (z.B. Zentren φ in der Region ζ) ergeben. Die Bestimmungsgründe dieser Agglomerationswirkungen sind mit denen in (28) identisch:

---

106 Vgl. Schätzl, L. (1992) S. 189.

107 Vgl. zur Ausformulierung der Gleichungen Koll, R. (1976) S. 89ff.

108 Aus der gewogenen Summe aller intraurbanen Agglomerationsfaktoren der in der Region ν liegenden Städte ϕ läßt sich zudem der **intraurbane Agglomerationsfaktor** (A_ν^I) einer Region ermitteln.

$$(29) \qquad A_{\nu}^{III} = \sum_{\phi_\nu} c_{\phi_\nu} N_{\phi_\nu}^{\alpha_4 - 1} \sum_{\varphi\zeta} N_{\varphi\zeta}^{\alpha_5} d_{\phi_\nu \varphi\zeta}^{-\gamma_2}.$$

Bestehen besonders gute oder schlechte Verkehrsverbindungen innerhalb einer Region, so werden diese - über A_{ν}^{II} hinausgehend - durch die **Entwicklungsachsenvariable** erfaßt. Als Entwicklungsachse ist dabei eine Verdichtung der Bevölkerung, der Siedlung sowie der Wirtschaftsaktivität entlang einer Linieninfrastruktur zu begreifen. Dabei ist die durch E_{ν} beschriebene Wachstumswirkung um so größer, je größer die Bevölkerungszahl (M_{ι}, M_{ζ}) der durch die Entwicklungsachse in Region ν verbundenen Regionen ι und ζ ist und um so geringer die Entfernung $(d_{\iota\nu}, d_{\zeta\nu})$ von der Region ν zu ι und ζ ist. Bezeichnen die Gewichte b_{φ} die verschiedenen Verkehrsträger, die die Regionen verbinden, so gilt

$$(30) \qquad E_{\nu} = \frac{1}{M_{\nu}^{\delta}} \sum_{\varphi} b_{\varphi} \sum_{\iota} M_{\iota} \sum_{\zeta} M_{\zeta} d_{\iota\nu}^{-\gamma_3} d_{\zeta\nu}^{-\gamma_4}.$$

Zudem wird eine **Entwicklungspolvariable** formuliert, die die Wachstumswirkungen erfaßt, welche vom größten Zentrum (in Abhängigkeit von der Bevölkerungszahl) einer Region auf den Gesamtraum ausgehen. Demgegenüber hält die **Hinterlandvariable** den wachstumsfördernden Einfluß fest, welcher vom Umland einer Stadt auf dieses Zentrum ausgeht. Dieser ist umso größer, je größer die Hinterlandbevölkerung der Stadt im Verhältnis zur Stadtgröße ist und je weiter folglich konkurrierende Zentren auseinanderliegen.

Zusammenfassend ist festzuhalten, daß die vorgestellten modelltheoretischen Zusammenhänge einen Erklärungsansatz für das Wachstum bestimmter Regionen auf der Basis der Größe und Verflechtung von Agglomerationen sowie deren Infrastrukturausstattung bieten. Dabei ist das regionale Wachstum zusätzlich von der - für die Regionen exogenen - Wachstumsrate der Volkswirtschaft abhängig. Ausgehend von der bestehenden Raumstruktur sind die vorgestellten Größen jedoch als Bausteine eines *empirischen* Modells zu verstehen, deren konkreter Einfluß auf die regionale Wachstumsrate erst zu ermitteln ist.[109] Damit können keine allgemeingültigen Aussagen über den Einfluß *einzelner* Agglomerationsfaktoren auf das Wirtschaftswachstum formuliert werden. Vielmehr ist das Modell für alle Phasen des wirtschaftlichen Wachstums, die auf der Basis historischer Zusammenhänge entwickelt wurden, offen. Die Größe der Schätzparameter zeigt die Gültigkeit der postulierten Zusammenhänge an und läßt Schlußfolgerungen auf die zutreffende Phase wirtschaftlicher Ent-

---

[109] Empirische Überprüfungen zeigen jedoch die Bedeutung der skizzierten Zusammenhänge auf. Vgl. Koll, R. (1976) S. 96ff.

wicklung zu.[110] Jedoch ist kritisch anzumerken, daß der Ansatz „[is] more concerned with the study of the reinforcement or reduction of growth disparities between regions than with the origin of these disparities."[111] So erklärt das Modell bspw. nicht, welche Faktoren - im Sinne einer Initialzündung („initial driving force"[112]) - dazu beitragen, einen kumulativen Wachstumsprozeß *auszulösen*. Trotz der vorgebrachten Einwände erhellt das Modell grundlegende Bestimmungsgründe von wirtschaftlichem Wachstum und räumlichen Differenzierungsprozessen. Da zudem das Konzept zentraler Orte die derzeitige regionalpolitische Diskussion um die Beschleunigung wirtschaftlichen Wachstums in den neuen Ländern mitbestimmt, sollen die Ergebnisse in die sich anschließende Analyse einbezogen werden.

Die im vorangegangenen Teil der Arbeit dargestellten Zusammenhänge sowohl in Bezug auf die einzelnen Wirkungen in der Leistungserstellungs- und der Leistungsabgabephase als auch im Hinblick auf die wachstumstheoretischen Erklärungsansätze sollen nunmehr zur Bewertung der Leistungsfähigkeit der in Teil V darzustellenden Modelle privaten Infrastrukturengagements herangezogen werden. Sie bilden den Hintergrund für die im sich anschließenden Zielsystem zu skizzierenden Wirkungszusammenhänge und sind insbesondere für die raumordnungs- und regionalpolitische Betrachtung von Bedeutung.

2. Zielformulierung

2.1 Wirtschaftspolitische Ziele

Im folgenden ist ein Zielsystem zu entwickeln, das es erlaubt, die Leistungsfähigkeit privaten Infrastrukturengagements zu bewerten (Problemkreis 4). Die Konstruktion eines derartigen Systems impliziert, daß die (derzeitige) ökonomische Realität in den neuen Ländern von einem - noch zu präzisierenden - gewünschten Zustand abweicht und daher ein Korrekturbedarf besteht.[113] Dies wurde bereits bei der in II.2 erfolgten Charakterisierung der wirtschaftlichen und infrastrukturellen Situation in den neuen Ländern deutlich, welche quantitative bzw. qualitative Defizite sowie regionale Disparitäten herausstellte. Zu klären bleibt jedoch die normativ geprägte Frage, wie der 'gewünschte Zustand' zu kennzeichnen ist. Letzterer ist durch *wirtschaftspolitische Ziele* abzubilden,

---

110 In diesem Zusammenhang ist allerdings zu berücksichtigen, daß die aufgrund historischer Erfahrungen gewonnenen Einsichten bzgl. der Phasen wirtschaftlicher Entwicklung nicht als Gesetzmäßigkeit zu interpretieren sind. Sie entstammen vielmehr einer rückwärtsgerichteten Betrachtungsweise und haben daher keinen Prognosecharakter.

111 Biehl, D. (1986) S. 55.

112 Ebenda.

113 Vgl. Streit, M.E. (1991) S. 189.

welche durch geeignete wirtschaftspolitische Maßnahmen verwirklicht werden sollen.

Die Theorie der Wirtschaftspolitik stützt sich bei dem Entwurf von Zielsystemen in der Regel auf bestimmte *gesellschaftliche Grundwerte*, so z.B. Freiheit, Gerechtigkeit, Sicherheit und Fortschritt.[114] Verpflichtet sich Wirtschaftspolitik diesen Grundwerten, so hat sie Ziele zu verfolgen, die in Bezug auf die genannten Grundwerte Mittelcharakter haben.[115] Derartige, i.d.R. konsensfähige *wirtschaftspolitische Ziele* sind ein hoher Beschäftigungsgrad, Preisniveaustabilität, außenwirtschaftliches Gleichgewicht, Wirtschaftswachstum sowie eine gerechte Einkommens- und Vermögensverteilung.

Nimmt man nun eine auf die neuen Bundesländer bezogene regionale Perspektive ein und berücksichtigt die erheblichen Disparitäten in den Lebensbedingungen, so erscheint es angemessen, die genannten wirtschaftspolitischen Ziele auch auf den Transformationsprozeß zu beziehen. Im Ergebnis finden die Ziele des *Wirtschaftswachstums* in Verbindung mit einem hohen Beschäftigungsgrad sowie das *Verteilungsziel* ihren Ausdruck im allgemeinen Verfassungsgebot der *Einheitlichkeit der Lebensverhältnisse* (IV.2.2). Aus diesem Oberziel lassen sich weitere Zwischen- und Unterziele ableiten, die unter Verwendung von Ziel-Mittel-Beziehungen in einem Zielsystem[116] zusammengestellt werden (Abb. 4.4). Als normative Leitlinie des für die Arbeit relevanten Zielsystems sind grundlegende Rechtssätze heranzuziehen - so z.B. die des Grundgesetzes bzw. des Einheitsvertrages - in denen Normen bzgl. der ökonomischen Lebensbedingungen in der Bundesrepublik formuliert wurden. Die in diesem Zusammenhang relevanten Rechtssätze berühren die Politikbereiche der Raumordnung sowie der Regionalpolitik und werden daher unter Verwendung des Raumordnungsgesetzes (ROG) und des Gesetzes zur Förderung der regionalen Wirtschaftsstruktur expliziert. Dabei kann jedoch an dieser Stelle kein Anspruch auf Vollständigkeit erhoben werden. Vielmehr sind *die* Normen zu skizzieren, die sich mit *Infrastrukturgütern* als rahmengebendem Element ökonomischer Lebensbedingungen befassen. Daher ist das zu skizzierende Zielsystem im angegebenen Sinn selektiv.

Neben inhaltlichen Zielen, die Wachstum und Verteilung im weiteren Sinne umfassen, sind zusätzliche, eher rahmengebende Zielvorstellungen zu entwikkeln, in deren Licht sich die Leistungsfähigkeit privaten Infrastrukturengagements bewerten läßt. Bei der Umsetzung dieser Leitlinien, die den Schwerpunkt auf die Wachstums*bedingungen* legen, ist davon auszugehen, daß sie dem Wachstumsziel und damit auch dem Ziel der Einheitlichkeit der Lebensver-

---

114 Vgl. Frey, R.L. (1979) S. 24f., Streit, M.E. (1991) S. 206ff., Ahrns, H.-J.; Feser, H.-D. (1990) S. 3.

115 Vgl. Streit, M.E. (1991) S. 236.

116 Zu Zielbeziehungen vgl. z.B. Pütz, T. (1979) S. 87ff.

hältnisse förderlich und daher zu letzterem komplementär sind. Hier ist zum einen das Ziel der *Entlastung der öffentlichen Haushalte* zu nennen, welches, wie in Teil II gezeigt, impliziert, daß eine übermäßige Staatsverschuldung den wirtschaftlichen Entwicklungsprozeß behindert (IV.2.3).[117] Zum anderen werden *ordnungspolitische Ziele* berücksichtigt (IV.2.4). Bei diesen steht die Frage im Vordergrund, ob die gewählten wirtschaftspolitischen Maßnahmen der Wirtschaftsordnung insgesamt gemäß sind (Ordnungskonformität).[118] Da die letztgenannten Ziele jedoch nicht direkt dem Ziel der Einheitlichkeit der Lebensverhältnisse untergeordnet werden können, sondern einen übergreifenden Charakter haben, werden sie nicht unmittelbar in das Zielsystem 'Einheitlichkeit der Lebensverhältnisse' integriert (Abb. 4.4). Um die zu entwickelnden Leitvorstellungen operational zu gestalten, werden in den sich anschließenden Kapiteln aus den wirtschaftspolitischen Zielen zugleich Kriterien abgeleitet, anhand derer im Teil V die Vorteilhaftigkeit privaten Infrastrukturengagements überprüft werden kann.

2.2 Das Ziel der Einheitlichkeit der Lebensverhältnisse

2.2.1 Allgemeine Zielformulierung

Im folgenden ist auf Basis grundlegender Rechtssätze zu skizzieren, was unter dem Ziel der Einheitlichkeit der Lebensverhältnisse zu verstehen ist und welche Zwischen- und Unterziele diesem Oberziel untergeordnet werden können. Das im *ersten Schritt* der Analyse zu skizzierende Zielsystem (IV.2.2.1) umfaßt die Politikbereiche der Regionalpolitik sowie der Raumordnung und basiert auf den dort gültigen Rechtsnormen. Es operiert dabei mit unbestimmten Rechtsbegriffen, die es zu konkretisieren gilt (IV.2.2.2.1 bzw. IV.2.2.3.1). Im *zweiten Schritt* ist die Frage zu stellen, wie Infrastrukturinvestitionen konkret eingesetzt werden müssen, um den entwickelten Zielvorstellungen zu genügen. In der Bundesrepublik bilden zum einen das raumordnungspolitische Zentren-Achsen-Konzept (IV.2.2.2.2) und zum anderen das regionalpolitische Konzept der Gemeinschaftsaufgabe Regionale Wirtschaftsförderung (GRW) (IV.2.2.3.2) die Verbindungslinie zwischen dem Einsatz des Instrumentes Infrastruktur und dem zu skizzierenden Zielsystem. Diese Konzeptionen legen modellhafte Wirkungsketten zwischen dem Instrumenteneinsatz und der Zielerreichung

---

117 Der Begriff Entwicklung ist im folgenden synonym zum Begriff des wirtschaftlichen Wachstums zu verwenden. Dabei hat der Entwicklungsbegriff zusätzlich die Konnotation einer langfristigen Verbesserung der Arbeits- und Lebensbedingungen der Bevölkerung. Vgl. Seers, D. (1974) S. 40ff.

118 Vgl. Ahrns, H.-J.; Feser, H.-D. (1990) S. 33. Davon ist die oben relevante generelle Zielkonformität zu unterscheiden, d.h. die Frage, ob die wirtschaftspolitischen Maßnahmen geeignet sind, die angestrebten Ziele zu erfüllen.

zugrunde, die es im *dritten Schritt*[119] auf ihre Wirksamkeit zu überprüfen gilt. Diese Überprüfung erfolgt mit Hilfe der in IV.1 wirtschaftstheoretisch für die Leistungsabgabe von Infrastrukturgütern erarbeiteten Wirkungszusammenhänge. Kann die Gültigkeit der in den Konzeptionen unterstellten Wirkungsketten nicht bestätigt werden, so ist *viertens* das jeweilige Konzept derart zu modifizieren, daß neue Vorschläge für einen zieladäquaten Instrumenteneinsatz entwickelt werden. Von einem so gearteten Instrumenteneinsatz kann dann vermutet werden, daß er einen effektiveren Beitrag zur Zielerreichung leistet als das Ausgangskonzept. Es werden also Aussagen darüber getroffen, wie Infrastrukturinvestitionen eingesetzt werden sollten, um die skizzierten Ziele anzustreben. Aufgrund dieser Aussagen ist im Teil V der Arbeit zu analysieren, ob privates Engagement besser zu einem derartigen Instrumenteneinsatz und letztlich cet. par. auch zur Zielerreichung beitragen kann als staatliches. Abschließend werden daher im *fünften Schritt* aus den modifizierten Konzepten Kriterien gewonnen, welche dieser Überprüfung dienen können.

Ausgangspunkt für die Ableitung von Zielen im Rahmen des Transformationsprozesses in den neuen Bundesländern ist das im Grundgesetz festgeschriebene Gebot der Wahrung einheitlicher Lebensverhältnisse[120] im Gebiet der Bundesrepublik Deutschland (Art. 72 II Nr. 3; Art. 106 III Nr. 2 GG). Dieses allgemeine Verfassungsgebot ist auf die neuen Länder und deren Wirtschaft zu beziehen. Gleichzeitig soll der unbestimmte Rechtsbegriff der 'Einheitlichkeit der Lebensverhältnisse' konkretisiert werden,[121] der im Rahmen dieser Ar-

---

119 Die Schritte drei bis fünf sind aufgrund ihres geringeren Umfanges jeweils in den Abschnitten IV.2.2.2.3 bzw. IV.2.2.3.3 zusammengefaßt.

120 Die Definition des Begriffs Gleichwertigkeit der Lebensverhältnisse erscheint unter den besonderen Umständen nach der deutschen Vereinigung extrem schwierig. Deutlich wird lediglich vor dem Hintergrund des Entwicklungsrückstandes in den neuen Ländern, daß die angesprochene Gleichwertigkeit der Lebensumstände kaum in absehbarer Zeit realisiert werden kann. Der sächsische Ministerpräsident hat bspw. eine differenzierte Verwendung des Begriffs vorgeschlagen, nach der Gleichwertigkeit „angesichts der mit 20 bis 30 Jahren zu bezeichnenden Entwicklungsabstände zwischen den beiden Teilen Deutschlands und der sich hieraus ergebenden Folgerungen über die wahrscheinlichen zeitlichen Dimensionen des Abbaus der Unterschiede nicht als ein fixes Ergebnis zu begreifen [ist], sondern als ein sich stufenartig verwirklichender, langfristiger Prozeß." Biedenkopf, K., Rede des sächsischen Ministerpräsidenten Prof. Dr. Kurt Biedenkopf am 18. März 1992 in Berlin vor dem 'Forum für Deutschland'; Pressemitteilungen der sächsischen Staatsregierung, Dresden, vom 19.3.1992 zitiert nach Krautzberger (1992) S. 914.

121 Vgl. Neumark, F. (1978) S. 166. An dieser Stelle ist darauf hinzuweisen, daß der Begriff der 'Einheitlichkeit der Lebensverhältnisse' nicht im Sinne einer möglichst großen Vereinheitlichung zu verstehen, d.h. als absolute Gleichheit der Lebensbedingungen zu interpretieren ist [vgl. Neumark, F. (1978) S. 169, Zimmermann, H. (1987) S. 40f.]. Ein derartiger Vereinheitlichungsauftrag könne auch nicht aus der Verfassung abgeleitet werden [vgl. Henke, K.-D.; Schuppert, G.F. (1990) S. 45]. Durch die Wiedervereinigung hat der Begriff der Einheitlichkeit der Lebensverhältnisse jedoch eine entscheidende interpretative Neubewertung erfahren. „Noch irritierender für das föderale Gleichgewicht der Nachkriegsjahrzehnte sind die zu erwartenden Folgen der deutschen Einigung. Sie ver-

beit im Hinblick auf eine Angleichung der *ökonomischen* Lebensbedingungen interpretiert wird.[122] PILZ und ORTWEIN führen in diesem Zusammenhang aus: „Die postulierte Wirtschaftseinheit kann im Sinne von Art. 72 GG nur bedeuten, durch *Förderpräferenzen* zugunsten der strukturell benachteiligten ostdeutschen Länder auf die Herstellung gleicher Bedingungen für die wirtschaftliche Betätigung im ganzen Bundesgebiet hinzuwirken."[123] Der Art. 28 I Einigungsvertrag geht allerdings über die bloße Forderung, gleiche Ausgangsbedingungen für Wirtschaftsaktivitäten in den neuen und den alten Ländern herzustellen, hinaus und bestimmt zum Bereich der Wirtschaftsförderung:

> „Mit Wirksamwerden des Beitritts wird das in Artikel 3 genannte Gebiet in die im Bundesgebiet bestehenden Regelungen des Bundes zur Wirtschaftsförderung unter Berücksichtigung der Zuständigkeiten der Europäischen Gemeinschaften einbezogen. Während einer Übergangszeit werden dabei die besonderen Bedürfnisse der Strukturanpassung berücksichtigt. Damit wird ein wichtiger Beitrag zu einer möglichst raschen Entwicklung einer ausgewogenen Wirtschaftsstruktur unter besonderer Berücksichtigung des Mittelstandes geleistet."

Der Einigungsvertrag fordert also sowohl eine *schnelle* Anpassung als auch eine *ausgewogene* regionale Wirtschaftsstruktur,[124] um das oben identifizierte Oberziel der Einheitlichkeit der Lebensverhältnisse anzustreben. Diese Forderungen werden in das im ersten Schritt der Analyse zu konzipierende Zielsystem als Zwischenziele eingeordnet (Abb. 4.4). In Artikel 28 II Einigungsvertrag werden zur „Beschleunigung des wirtschaftlichen Wachstums und des Strukturwandels", d.h. zur Umsetzung der genannten Zwischenziele, u.a. Maßnahmen zur regionalen Wirtschaftsförderung sowie Maßnahmen zur Verbesserung der wirtschaftlichen Rahmenbedingungen,[125] schwerpunktmäßig der Infrastruktur, benannt. Diese Formulierung impliziert zwei Unterziele: zum einen

---

schärfen den ursprünglichen Widerspruch zwischen der faktischen Ungleichheit der Länder und dem Anspruch auf einheitliche Lebensverhältnisse in einem Maße, das unter den gegenwärtigen verfassungsstrukturellen Bedingungen nicht mehr durch die Mechanismen der Politikverflechtung kompensiert werden kann." [Scharpf, F.W. (1990) S. 580]. Ließen sich jedoch die oben skizzierten ungleichgewichtigen Bedingungen in den Lebensverhältnissen durch (finanz)ausgleichende Maßnahmen nicht abschwächen, so käme es zu einer „Zwei- oder Dreiklassengesellschaft der Länder" [Henke, K. D.; Schuppert, G.F. (1990) S. 49], die allerdings verfassungsrechtlich nicht zulässig ist. Vgl. BVerfGE 1, 117, 134.

122 Vgl. Milbradt, G.H. (1991) S. 61.

123 Pilz, F.; Ortwein, H. (1992) S. 44 (Hervorhebung im Original). Vgl. auch Maunz, T; Dürig, G.; Herzog, R. (1984) Art. 72, RdNr. 23.

124 Die regionale Wirtschaftsstruktur bezeichnet die Verteilung der Produktion im geographischen Raum einer Volkswirtschaft. Vgl. Meißner, W.; Fassing, W. (1989) S. 13.

125 Konkret ist im Einigungsvertrag von einer Verbesserung der wirtschaftlichen Rahmenbedingungen *in den Gemeinden* die Rede. Hier soll allerdings das Unterziel allgemeiner gefaßt werden, da - wie im folgenden Abschnitt deutlich werden wird - auch die Raumordnung, die sich in Bezug auf die neuen Länder mit großräumiger Infrastruktur (Zentren-Achsen-Konzept) befaßt, dem Oberziel der Einheitlichkeit der Lebensverhältnisse folgt. Diesem Oberziel wird im Raumordnungsgesetz u.a. eine ausgewogene wirtschaftliche Struktur als Zwischenziel nachgeordnet, wobei die Erschließung und Bedienung mit Infrastrukturleistungen mit letzterer in Einklang gebracht werden soll. Vgl. §2 I Nr. 2 ROG.

das *Unterziel der regionalen Wirtschaftsförderung*, zum anderen das *Unterziel der Verbesserung der wirtschaftlichen Rahmenbedingungen*, die beide direkt dem Zwischenziel einer ausgewogenen regionalen Wirtschaftsstruktur nachgeordnet sind (Abb. 4.4). Die isolierten Unterziele können den umfassenderen Politikbereichen der Regionalpolitik und der Raumordnung zugeordnet werden und sind im folgenden im Rahmen dieser Politiken zu erörtern.

Regionalpolitik in einem engeren Sinne stellt dabei auf die Verbesserung bzw. Sicherung von Standortqualitäten für den Industrie- und Dienstleistungssektor zur regionalen Wirtschaftsförderung ab und ist auf ausgewählte Teilmengen des Raumes (vor allem Agrarräume, strukturschwache Gebiete[126]) bezogen.[127] So sollen qualitativ hochwertige Arbeitsplätze bei flexibler Wirtschaftsstruktur geschaffen und die Einkommenssituation der Regionalbevölkerung verbessert werden, um negative Wanderungssalden zu vermeiden.[128] Die *Raumordnung* hingegen „umfaßt die Ordnung, das Niveau, die Struktur und die Verteilung, d.h. die Entwicklung der Beanspruchung des Raumes.“[129] Unter Raumordnungszielen kann die Verbesserung von Erreichbarkeiten sowie die Herstellung von leistungsfähigen Verbindungen zwischen zentralen Orten subsumiert werden.[130] Dabei steht die Nutzung des Bodens und der natürlichen Umwelt im Vordergrund. Bestimmend für die Differenzierung zwischen Raumordnung und Regionalpolitik ist vor allem der Raum, auf den sich der Einsatz der Politikinstrumente richtet. Während in der Raumordnung im wesentlichen von den geographischen Gegebenheiten ausgegangen wird (sog. Nodalregionen), legt die Regionalpolitik sog. homogene Regionen zugrunde, die nach sozio-ökonomischen Kriterien eingeteilt werden.[131] Die Unterscheidung dieser beiden Politikbereiche ist jedoch nicht als ausschließliche Trennung zu verstehen. Vielmehr sind Regionalpolitik und Raumordnung aufeinander abzustimmen (§2 I Satz 1 Gesetz über die GRW).

---

126 Eine Region ist als strukturstark zu bezeichnen, wenn sie eine ausreichende Anzahl an Arbeitsplätzen für die erwerbsfähige und -willige Bevölkerung bietet und diese Arbeitsplätze eine hinreichende Qualität haben, d.h. sicher und mit einer hohen Entlohnung verbunden sind [vgl. Eckey, H.-F. (1991) S. 64]. Umgekehrt gilt eine Region als strukturschwach.

127 Vgl. Biehl, D. (1993) S. 13. BIEHL unterscheidet davon die Regionalpolitik im weiteren Sinne, die sich allgemein auf die Beeinflussung von Raumpunkten richtet, nicht aber bestimmte benachteiligte Regionen differenziert. Vgl. zum Begriff der Regionalpolitik im engeren Sinne auch Fürst, D.; Klemmer, P.; Zimmermann, K. (1976) S. 3. Die Begriffe Regionalpolitik, regionale Wirtschaftspolitik und regionale Strukturpolitik werden im folgenden synonym verwendet.

128 Vgl. Wissenschaftlicher Beirat (1987) S. 135, ähnlich auch Becker, C.; Reuter, W.H. (1975) S. 20.

129 Jochimsen, R. (1972) S. 21.

130 Vgl. Wissenschaftlicher Beirat (1987) S. 134.

131 Vgl. Frey, R.L. (1979) S. 21. Hiervon ist weiterhin die funktionale Region zu unterscheiden, welche durch Verflechtungsbeziehungen bspw. zwischen einem Zentrum und der Peripherie gekennzeichnet ist. Vgl. Schätzl, L. (1992) S. 95.

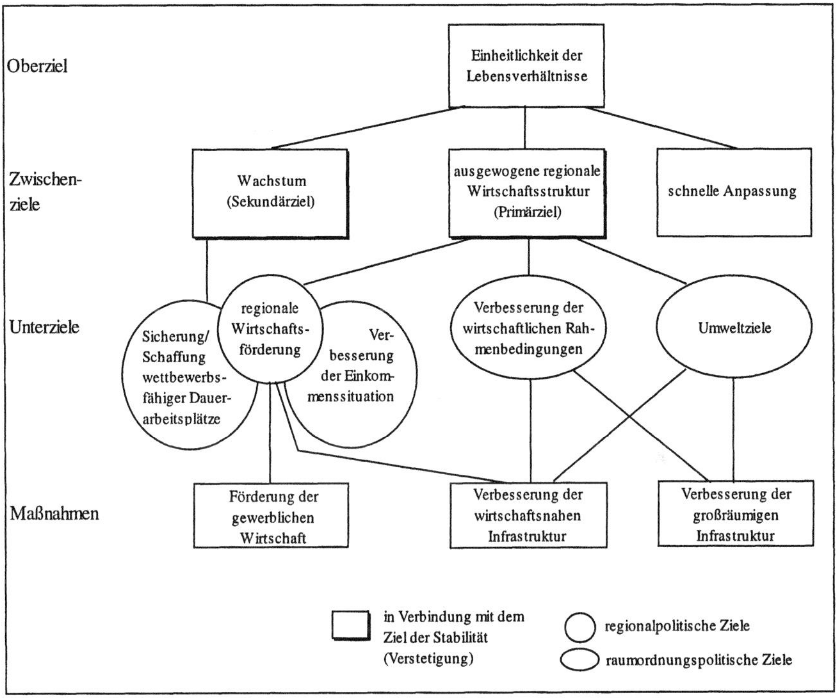

Abb. 4.4: Zielsystem bzgl. der Einheitlichkeit der Lebensverhältnisse.

Im Rahmen dieser Arbeit werden zur Verwirklichung der regional- und raumordnungspolitischen Unterziele Maßnahmen aus dem Bereich der Infrastruktur betrachtet. Nach der oben vorgenommenen Differenzierung von Regionalpolitik und Raumordnungspolitik werden der Regionalpolitik die eher kleinräumigen infrastrukturellen Maßnahmen zugeordnet, während im Rahmen der Raumordnung die Ordnung des Raumes 'neue Bundesländer' durch eher großräumige infrastrukturelle Maßnahmen (Verkehrs- und Versorgungsachsen) im Vordergrund steht und kleinräumige Maßnahmen nur in den sog. Entwicklungspolen eine Rolle spielen. Sowohl die regionalpolitischen als auch die raumordnungspolitischen Unterziele sowie die zugehörigen Maßnahmen werden in den folgenden beiden Abschnitten im **ersten Schritt** der Analyse präzisiert. Das Zwischenziel einer *schnellen Anpassung* der Lebensbedingungen wird in II.2.1.4 gesondert behandelt, da es nicht direkt aus dem Oberziel der Einheitlichkeit der Lebensverhältnisse abgeleitet werden kann.

2.2.2 Der Beitrag der Raumordnung

2.2.2.1 Raumordnungsziele

Die allgemeinen Rahmenvorschriften[132] zur Raumordnung werden in der Bundesrepublik durch das Raumordnungsgesetz bestimmt. In diesem wird das oben identifizierte Oberziel der Einheitlichkeit der Lebensverhältnisse explizit aufgenommen und als Leitvorstellung der Raumordnung behandelt. So sind nach §1 I Nr. 4 ROG die Träger der Raumordnungspolitik konkret aufgefordert, *in allen Teilräumen* der Bundesrepublik - und damit auch in den neuen Bundesländern - „gleichwertige Lebensbedingungen" zu schaffen. Darüber hinaus ist die Forderung der Stärkung der Leistungskraft *der neuen Bundesländer* explizit verankert, mit dem Ziel, eine in allen Teilen zur alten Bundesrepublik „gleichwertige" Wirtschafts- und Sozialstruktur zu schaffen (§2 I Nr. 4 ROG). Letztere ist als Zwischenziel in Abbildung 4.4 aufgenommen worden.

Konkret strebt das Gesetz eine allgemeine Verbesserung der Verkehrserschließung sowie der Ver- und Entsorgungsinfrastruktur an, um den oben genannten Grundsatz der Gleichwertigkeit für die Gebiete, in denen die Lebensbedingungen[133] in ihrer Gesamtheit im Verhältnis zum Bundesdurchschnitt zurückgeblieben sind, umzusetzen. (§2 I Nr. 3 ROG). In Abbildung 4.4 werden diese Maßnahmen als 'Verbesserung der großräumigen Infrastruktur' (Verkehrs- und Versorgungsachsen) und 'Verbesserung der wirtschaftsnahen Infrastruktur' in den Zentren ausgewiesen und dem Unterziel einer Verbesserung der wirtschaftlichen Rahmenbedingungen nachgeordnet. Darüber hinaus sollen durch Strukturverbesserungen „ungesunde" Lebensbedingungen in den Verdichtungsräumen verbessert werden und Freiräume für Naherholung und ökologischen Ausgleich gesichert werden (§2 I Nr. 5 ROG). Zur Umsetzung der

---

132 Dem Bund steht nach Art. 75 Nr. 4 GG unter der Voraussetzung der Gültigkeit der konkurrierenden Gesetzgebung nach Art. 72 GG das Recht auf den Erlaß von Rahmenvorschriften u.a. zur Raumordnung zu. Die Länder sind aber durch die Verabschiedung der Landesplanungsgesetze im allgemeinen die Hauptträger der Landesplanung. Nach Aussage des Bundesverfassungsgerichtes kann „Raumordnung [...] nicht an den Grenzen der Länder haltmachen. Erkennt man Raumordnung als eine notwendige Aufgabe des modernen Staates an, dann ist der größte zu ordnende Raum das gesamte Staatsgebiet. Im Bundesstaat muß es also auch eine Raumplanung für den Gesamtstaat geben. Die Zuständigkeit zu ihrer gesetzlichen Regelung kommt nach der Natur der Sache dem Bund als eine ausschließliche Vollkompetenz zu." [BVerfGE (3, 407, 425)]. Die Verantwortung für eine Neuordnung der Raumordnung nach der deutschen Vereinigung liegt also klar beim Bund, wobei der Bund allerdings die Landesplanungskompetenzen der Länder berücksichtigen muß (Gegenstromprinzip) [vgl. hierzu auch Krautzberger, M. (1992) S. 912]. Im Zuge der Schaffung eines integrierten Wirtschaftsraumes im Rahmen der EU kommt der Raumordnung aber auch eine immer stärker werdende europäische Dimension zu. Vgl. z.B. Bundesministerium für Raumordnung, Bauwesen und Städtebau (1994b) S. 2f.

133 Das Raumordnungsgesetz spezifiziert die 'Lebensbedingungen' an dieser Stelle als Erwerbsmöglichkeiten, Wohnverhältnisse, Umweltbedingungen sowie Verkehrs-, Versorgungs- und Entsorgungseinrichtungen.

hier angesprochenen Umweltziele[134] (Unterziel in Abb. 4.4) werden u.a. ebenfalls die Verbesserung der Verkehrsverhältnisse und der Ausbau der Ver- und Entsorgungsinfrastruktur als Maßnahmen angeführt. Damit findet die im Einigungsvertrag identifizierte Beziehung zwischen Ober-, Zwischen- und Unterzielen auch im Raumordnungsgesetz ihren Niederschlag.

2.2.2.2 Das Zentren-Achsen-Konzept

Im **zweiten Schritt** der Untersuchung stellt sich jedoch die Frage, wie der *konkrete* Einsatz der Verkehrs- sowie der Ver- und Entsorgungsinfrastruktur aussehen muß, um die o.g. Ziele zu erreichen. Dabei ist zu berücksichtigen, daß die Umsetzung der präzisierten Zwischen- und Unterziele eine zweiseitige Orientierung in Bezug auf die Bedeutung des Begriffs der Gleichwertigkeit aufweist. Einerseits kann das Ziel einer Angleichung im Hinblick auf das West-Ost-Gefälle in den Lebensbedingungen der Bevölkerung interpretiert werden. Andererseits sollten aber auch regionale Disparitäten in den Lebensbedingungen *innerhalb* der ehemaligen DDR (Süd-Nord-Gefälle) reduziert werden.[135] In diesem Zusammenhang nennt das Raumordnungsgesetz den Grundsatz eines ausgewogenen Verhältnisses von Verdichtungsräumen und ländlichen Räumen sowie die Förderung der Verflechtung dieser Teilräume (§2 I Nr. 1 ROG). Weiterhin sollen zentrale Orte in einer für die Bevölkerung zumutbaren Entfernung gefördert werden (§2 I Nr. 3 ROG). Obwohl diese Grundsätze weiterhin mit unbestimmten Rechtsbegriffen (ausgewogen, zumutbar) operieren,[136] waren sie für das - im Zuge des Aufbaus in den neuen Ländern zentrale - sog. Zentren-Achsen-Konzept grundlegend. Dieses Konzept umfaßt zum einen die

---

[134] Eine Präzisierung des Grundsatzes des Umwelt- und Naturschutzes findet sich in §2 I Nr. 8 ROG: „Für den Schutz, die Pflege und Entwicklung von Natur und Landschaft, insbesondere des Naturhaushalts, des Klimas, der Tier- und Pflanzenwelt sowie des Waldes, für den Schutz des Bodens und des Wassers, für die Reinhaltung der Luft sowie für die Sicherung der Wasserversorgung, für die Vermeidung und Entsorgung von Abwasser und Abfällen und für den Schutz der Allgemeinheit vor Lärm ist zu sorgen. [...] Für die sparsame und schonende Inanspruchnahme der Naturgüter, insbesondere von Wasser, Grund und Boden, ist zu sorgen." Vgl. hierzu auch IV.2.2.5.

[135] Vgl. ähnlich Bundesministerium für Raumordnung, Bauwesen und Städtebau (1992) A1.

[136] JOCHIMSEN u.a. weisen darauf hin, daß das „Raumordnungsgesetz [...] als Grundlagengesetz für die Raumordnungspolitik allerdings nur relativ situationsungebunden sein [kann] [...]. Daher sind manche der verschwommenen 'Ziele' und 'Grundsätze' des Raumordnungsgesetzes, die mit Begriffen wie 'gesund' [...] oder 'ausgewogen' umschrieben werden, erst mit einem genaueren gesellschafts-, wirtschafts-, siedlungs- und raumpolitischen Bezugssystem konkretisierbar und operationalisierbar." [Jochimsen, R. u.a. (1972) S. 21]. Konkretisierungen der allgemeinen raumordnungspolitischen Zielsetzungen finden sich dementsprechend im „Raumordnerischen Konzept für den Aufbau in den neuen Ländern" sowie im „Raumordnungspolitischen Orientierungsrahmen" des Bundesministeriums für Raumordnung, Bauwesen und Städtebau.

Identifikation zentraler Orte, zum anderen die Verbindung dieser zentralen Orte durch Verkehrs- und Versorgungsachsen.

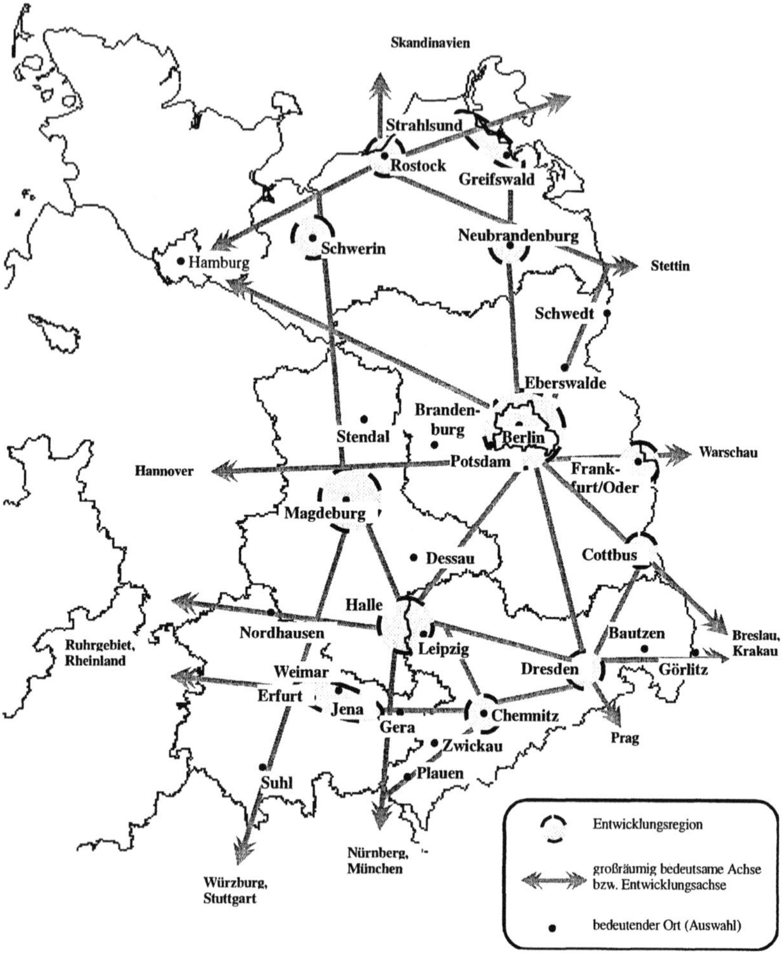

Abb. 4.5: Entwicklungsschwerpunkte der Raumordnung für den Aufbau in den neuen Ländern ('Zentren-Achsen-Konzept'). Quelle: Bundesministerium für Raumordnung, Bauwesen und Städtebau (1992) B2.

Die im Zentren-Achsen-Konzept verarbeitete Konzeption zentraler Orte hat für die Raumordnung in den neuen Ländern eine herausragende Bedeutung.[137]

[137] Vgl. Malchus, V. Frhr. v. (1992) S. 228.

Basierend auf regionalwissenschaftlichen Wachstumsmodellen, wie sie z.B. von VON BÖVENTER formuliert wurden, unterstellt dieser Ansatz, daß die intraregionale Arbeitsteilung bestimmten Regelmäßigkeiten folgt. Diese lassen sich zur Förderung des Wachstums innerhalb von Regionen nutzen.[138] So spezialisieren sich Städte zugunsten ihres Umlandes, wodurch eine funktionale Verflechtung zwischen dem Zentrum bzw. den Zentren und den Umlandgemeinden (sog. funktionale Regionen) entsteht. Dabei siedeln sich - unter Nutzung von Fernverkehrsverbindungen - in den zentralen Orten Dienstleistungsunternehmen und Industrie an, da im Zentrum Agglomerationsvorteile realisiert werden, die für Unternehmen kostensenkend wirken und die Standortattraktivität erhöhen.[139] Die Zentren bzw. die in diesen angesiedelten Unternehmen und Einrichtungen übernehmen dann die durch die Hinterlandvariable gemessene Versorgungs- und Arbeitsplatzfunktion für das Umland.[140] Dem Umland hingegen ist primär die Wohnortfunktion zuzuordnen.

Entscheidend für Raumordnung und Regionalpolitik ist nun, daß zwischen der Zentrumsgröße und dem Entwicklungsstand der zu diesem Zentrum gehörenden Region ein „funktionaler Zusammenhang [besteht], der im Sinne eines *Impuls- oder Verstärkereffekts* bezüglich der regionalen Entwicklungschancen gedeutet und wachstumspolitisch genutzt werden kann."[141] Danach kann in einem Zentrum (Wachstumspol) ein kumulativer Wachstumprozeß ausgelöst werden, wenn Wachstumskräfte durch die im Zentrum bestehenden Agglomerationsvorteile (Informations- und Ressourcendichte, hohe Qualität der Ressourcen etc.) verstärkt werden.[142] Derartige Agglomerationsfaktoren und Entwicklungspoleffekte sind - wie in IV.1.2.3 gezeigt - wesentlich von der Einwohnerzahl des Zentrums abhängig. Verstärkereffekte von Regionszentren können empirisch bei Ortsgrößen zwischen 20.000 und 240.000 Einwohnern ausgemacht werden.[143] Gleichzeitig sind aber auch andere Entwicklungsmo-

---

138 Vgl. Fürst, D.; Klemmer, P.; Zimmermann, K. (1976) S. 77, Klemmer, P. (1992) S. 199.

139 Vgl. Eckey, H.-F. (1991) S. 109. Eine nähere Erläuterung der konkret auftretenden Fühlungsvorteile (Skalenerträge, Lokalisierungseffekte, Urbanisierungsvorteile) findet sich bei Eckey, H.-F.; Klemmer, P. et al. (1985) S. 51ff.

140 Vgl. Klemmer, P. (1992) S. 200.

141 Ebenda S. 201 (Hervorhebung im Original). Vgl. hierzu auch Klemmer, P. (1986) S. 736, Eckerle, K.; Roesler, K.; Wolff, H. (1986) S. 742.

142 Dies entspricht der Phase des kumulativen Wachstums im Wachstumsmodell von VON BÖVENTER.

143 KLEMMER weist darauf hin, daß der oben beschriebene Verstärkereffekt erst ab einer bestimmten Mindesteinwohnerzahl auftritt, mit wachsender Zentrumsgröße zunimmt und ab einer bestimmten Obergrenze stagniert bzw. abnimmt [vgl. Klemmer, P. (1992) S. 201]. ECKEY und KLEMMER haben - für die alte Bundesrepublik - nachgewiesen, daß die optimale Größe eines Zentrums in Bezug auf seine Effekte als Wachstumsmotor für den Industriebereich bei 206.000 Einwohnern bei einem Konfidenzintervall zwischen 176.000 und 241.000 Einwohnern liegt. Die minimale Größe eines Zentrums liegt bei durchschnittlich 35.000 Einwohnern, bei einer Schwankungsbreite zwischen 20.000 und 61.000 Einwoh-

mente wie Einwohnerdichte, Lage, Infrastrukturerschließung, Image etc. für die Stärke des Wachstumseffektes von Bedeutung. Vor dem Hintergrund dieser kausalen Zusammenhänge kann man annehmen, daß eine Konzentration ökonomischer Aktivitäten im Regionszentrum den Entwicklungsprozeß der zu diesem Zentrum gehörenden funktionalen Region beschleunigen wird.[144] Zu diesen ökonomischen Aktivitäten gehören auch Infrastrukturinvestitionen, die in den neuen Bundesländer folglich auf die Zentren funktionaler Regionen konzentriert werden sollten, um kumulative Wachstumsprozesse in Gang zu setzen und die Entwicklung der Region positiv zu beeinflussen.[145]

Während in den alten Bundesländern das Konzept zentraler Orte auf verschiedenen Größenstufen der Zentren angewendet werden kann (d.h. nicht nur auf die Regionszentren), ist dies zur Zeit in den neuen Ländern nicht möglich. Die hierzu notwendigen Einrichtungen, die eine Zentralörtlichkeit ausmachen, können häufig aus finanziellen Gründen (noch) nicht aufgebaut werden.[146] Das BUNDESMINISTERIUM FÜR RAUMORDNUNG, BAUWESEN UND STÄDTEBAU weist daher **Entwicklungsschwerpunkte** aus, in denen Investitionen in die Umweltqualität und die Infrastruktur (z.B. innerregionaler Verkehrsausbau, Errichtung von Güterverkehrszentren, Erweiterung des ÖPNV)[147] zur Verbesserung der Standortgunst beitragen sollen. Diese Zentren könnten dann durch Entwicklungspoleffekte den Wachstumsprozeß des ländlichen Umlandes selbst betreiben.[148] Anzumerken ist allerdings, daß bei einer *engen* Auslegung des obigen Konzeptes und unter der Maßgabe eines möglichst *effizienten* Einsatzes der knappen Finanzmittel für den Infrastrukturausbau lediglich eine geringe Anzahl von Zentren förderungswürdig wäre (Berlin, Leipzig, Dresden, Erfurt, Magdeburg, Rostock, Chemnitz).[149] Die darüber hinausgehende Berücksichtigung der in Abbildung 4.5 ausgewiesenen Entwicklungsschwerpunkte ist im „Interesse einer räumlich ausgewogenen Siedlungsentwicklung“ notwendig, auch wenn „diese über ein geringeres Entwicklungspotential verfügen soll-

nern in Abhängigkeit von der betrachteten Branche. Vgl. Eckey, H.-F.; Klemmer, P. et al. (1985) S. 289.

144 KLEMMER weist darauf hin, daß diese Kausalität jedoch nur auf Regionszentren angewendet werden sollte, da sich die Verstärkereffekte der Nebenzentren nur wesentlich schlechter abschätzen lassen. Vgl. Klemmer, P. (1992) S. 201, FN 5.

145 So bedingt - in Übereinstimmung mit den Ergebnissen in II.3.3.2 - die Unkenntnis der Ergebnisse des Strukturwandels und der sich entwickelnden Aufschwungregionen die Notwendigkeit, Schwerpunkte im Infrastrukturausbau in den Regionen zu setzen, in den nach *theoretischen* Erkenntnissen der größte Wachstumsbeitrag vermutet werden kann. Vgl. Bach, S.; Gornig, M.; Stille, F.; Voigt, U. (1994) S. 199.

146 Vgl. Bundesministerium für Raumordnung, Bauwesen und Städtebau (1992) A2.

147 Vgl. ebenda C 3.

148 Vgl. ebenda B1.

149 Vgl. Bach, S.; Gornig, M.; Stille, F.; Voigt, U. (1994) S. 199.

ten."[150] Sie stellt gleichzeitig einen Schritt dar, das bestehende Süd-Nord-Gefälle nicht weiter zu verfestigen.

Abb. 4.6: Entwicklungsfähige Städtenetze (Weiterentwicklung des Zentren-Achsen-Konzeptes). Quelle: Bundesministerium für Raumordnung, Bauwesen und Städtebau (1993) S. 6.

Neben den potentiellen Entwicklungszentren sind aber auch die **Verbindungsachsen** zwischen diesen Zentren von entscheidender Bedeutung, um einen Leistungsaustausch zwischen den Polen zu ermöglichen und bei gegebe-

150 Bundesministerium für Raumordnung, Bauwesen und Städtebau (1992) B2 (ohne Hervorhebung).

ner Spezialisierung der jeweiligen Region Wachstumswirkungen zu verstärken (Entwicklungsachseneffekte).[151] Dabei werden sowohl Entwicklungsachsen *innerhalb* der neuen Bundesländer ausgebaut als auch Verkehrsachsen und Linieninfrastrukturen (Hochspannungsleitungen, Gashochdruckleitungen etc.) *zwischen* den alten und den neuen Ländern erstellt. Besonders durch die Globalisierung der Zuliefer- und Absatzmärkte und die verstärkte Internationalisierung der Produktion kommt der guten Fernerreichbarkeit von Regionen auch im europäischen Raum eine besondere Bedeutung zu.[152] Die herzustellenden Entwicklungsachsen sollen daher nicht nur als „strategischer Ansatz zur Überwindung der ehemaligen innerdeutschen Grenze"[153] dienen, sondern im Ergebnis Europole, Oberzentren und Verdichtungsgebiete verbinden.[154] Infrastrukturinvestitionen werden dabei dort vorgenommen (Hauptverbindungsstrecken zwischen west- und ostdeutschen Industriegebieten, Ballungsräume), wo sie den vermutlich höchsten Wachstumsbeitrag in den Zentren leisten können und die höchsten Netzeffekte (d.h. Verbesserung der Erreichbarkeitsverhältnisse gewichtet mit der Einwohnerzahl) erzielen.[155] Eine Verbesserung der Erreichbarkeit kann dann vor dem Hintergrund der durch die Wiedervereinigung veränderten Lage der ostdeutschen Zentren zu positiven Standorteffekten führen.

Der RAUMORDNUNGSPOLITISCHE ORIENTIERUNGSRAHMEN identifiziert auf der Grundlage des oben geschilderten Zentren-Achsen-Konzeptes sechs Städtenetze, die als 'entwicklungsfähig' bezeichnet werden und sowohl die neuen als auch die alten Länder umfassen (Abb. 4.6):[156]

---

151 Vgl. Bundesministerium für Raumordnung, Bauwesen und Städtebau (1993) S. 4.

152 Vgl. Jochimsen, R. (1993) S. 67.

153 Krautzberger, M. (1992) S. 914.

154 Vgl. Malchus, V. Frhr. v. (1992) S. 229.

155 Vgl. Schrumpf, H. (1992) S. 137, Klemmer, P. (1991) S. 619f. In diesem Zusammenhang ist darauf hinzuweisen, daß es als die wesentliche Aufgabe von Fernstraßen angesehen wird, Verdichtungsräume zu verbinden. Vgl. Becker, C.; Reuter, H. (1975) S. 8.

156 Vgl. Bundesministerium für Raumordnung, Bauwesen und Städtebau (1993) S. 6. Das Raumordnerische Konzept für den Aufbau in den neuen Ländern ging noch von 12 Entwicklungsregionen aus: Berlin/Potsdam, Leipzig/Halle, Erfurt/Jena, Dresden, Chemnitz, Magdeburg, Rostock, Schwerin, Neubrandenburg, Greifswald/Stralsund, Frankfurt/Oder und Cottbus [vgl. Bundesministerium für Raumordnung, Bauwesen und Städtebau (1992) B2]. Die Ausweisung der Städtenetze wird jedoch nur als Weiterentwicklung der genannten Entwicklungsregionen betrachtet [vgl. Bundesministerium für Raumordnung, Bauwesen und Städtebau (1993) S. 6]. Neubrandenburg und Cottbus werden nicht mehr genannt. SCHRUMPF kommt zu einer den Städtenetzen ähnlichen Ausweisung von ostdeutschen Entwicklungszentren. Er legt dabei eine Mindestgröße von 100.000 Einwohnern und eine Einwohnerdichte von über 150 Einwohnern je Quadratkilometer zugrunde. Nach diesem Kriterium werden allerdings Wismar, Stralsund, Greifswald, Frankfurt/Oder, Brandenburg, Plauen, Weimar und Eisenach nicht aufgenommen [vgl. Schrumpf, H. (1992) S. 139]. Interessant ist die Ausgrenzung der brandenburgischen Zentren vor allem vor dem Hintergrund, daß hier durch die infrastrukturelle Anbindung Entleerungseffekte befürchtet werden müssen (s.u.). SCHRUMPF kommt dementsprechend auch zu dem Ergebnis, daß in Brandenburg siedlungsstrukturelle Defizite vorliegen.

- Hansa-Städtenetz (Bremen, Hamburg, Kiel, Lübeck, Schwerin, Wismar, Rostock, Stralsund, Greifswald und weiter in Richtung Stettin),
- Städtenetz Hannover, Braunschweig, Magdeburg, Brandenburg, Potsdam, Berlin, Frankfurt/Oder,
- Städtenetz Brandenburg/Großraum Berlin (sog. 'Dritter Ring'),
- Städtenetz Halle/Leipzig/Dessau,
- Städtenetz Dresden/Oberes Elbtal, Chemnitz, Zwickau und weiter in Richtung Plauen und Hof bzw. in Richtung,
- Thüringisches Städtenetz (Gera, Jena, Weimar, Erfurt, Eisenach mit Anschluß an Bad Hersfeld, Fulda, Kassel).

Um den Ausbau dieser Städtenetze realisieren zu können, wird die Forderung erhoben, daß die „höherwertige Infrastruktur sowie städtebauliche Erschließungs- und Entwicklungsmaßnahmen vorrangig zu bündeln und auch durch zügige Planungsvorbereitungen zeitlich vorzuziehen“[157] seien.

2.2.2.3 *Zur Bewertung des Zentren-Achsen-Konzeptes*

Der Ausgangspunkt der Untersuchung bezog sich auf die Frage, wie der Einsatz von Verkehrs- sowie Ver- und Entsorgungsinfrastruktur in den neuen Ländern aussehen muß, um einen wirkungsvollen Beitrag zum Oberziel der Gleichwertigkeit der Lebensverhältnisse (sowie zu den genannten Zwischenzielen) zu leisten. Im **dritten Schritt** der Analyse ist nun auf Basis der in IV.1 vorgestellten wirtschaftstheoretischen Zusammenhänge zu fragen, ob dem als Bindeglied vorgestellten Zentren-Achsen-Konzept eine derartige Wirksamkeit im Hinblick auf einen Abbau regionaler Disparitäten zugesprochen werden kann.

Da Infrastrukturinvestitionen - wie in Abschnitt IV.1.2 gezeigt - u.a. Siedlungsstruktureffekte auslösen und sich damit direkt in Veränderungen der Ordnung des Raumes niederschlagen,[158] kann Investitionen in die Verkehrs-, Versorgungs- und Entsorgungsinfrastruktur ein wirksamer Beitrag zur Veränderung der Siedlungsstruktur und damit zur Veränderung eines raumordnungspolitischen Zieles unterstellt werden. Die Frage aber, ob *konzentrierte* Infrastruk-

---

157 Bundesministerium für Raumordnung, Bauwesen und Städtebau (1993) S. 6.

158 In diesem Fall spricht man von raumwirksamen Maßnahmen [vgl. Jochimsen, R. (1972) S. 16]. BECKER und REUTER führen aus, daß „unter die raumbedeutsamen Mittel [...] die Ausgaben zur Verbesserung der Infrastruktur und der regionalen Wirtschaftsstruktur [fallen]; die Ausgaben gelten vor allem dann als besonders raumwirksam, wenn sie zur Förderung regionalpolitischer Problemräume eingesetzt werden.“ [Becker, C.; Reuter, H. (1975) S. 24]. Die Verkehrsinfrastruktur leistet z.B. in Bezug auf raumordnungspolitische Ziele einen wirkungsvollen Beitrag, wenn die Erreichbarkeiten im Personen- und Güterverkehr in einer bestimmten Region im Vergleich zu konkurrierenden Teilräumen wesentlich schlechter sind. Vgl. Wissenschaftlicher Beirat (1987) S. 135.

turinvestitionen in den Städtenetzen zu einer Angleichung der Lebensverhältnisse führen, kann nicht eindeutig beantwortet werden. Entscheidend für deren Bewertung ist allerdings, ob eine Angleichung *an die Lebensverhältnisse in den alten Ländern* oder darüber hinaus eine Angleichung der Lebensbedingungen *innerhalb* der ehemaligen DDR - d.h. ein Abbau des bestehenden Süd-Nord-Gefälles - angestrebt wird. Auch wenn diese beiden Aspekte keinen diametralen Gegensatz beinhalten, so spielen sie doch im Hinblick auf die zeitliche Realisierung der Gleichwertigkeit der Lebensverhältnisse eine Rolle. Betrachtet man die Angleichung auf Ost-West-Ebene, so führt eine *Bündelung der Infrastrukturinvestitionen innerhalb der identifizierten Städtenetze* zu einem Nivellierungseffekt bzgl. der Versorgung und der Standortverbindungen gegenüber vergleichbaren Regionen in den alten Ländern. Durch die Verbindung der Entwicklungszentren mit Verkehrs- und Versorgungsachsen wird darüber hinaus die Integration innerhalb der neuen und mit den alten Ländern gefördert. Gleichzeitig ist eine solche Angleichung jedoch mit der Benachteiligung von Regionen *innerhalb* der neuen Länder verbunden:

(a) So wird eine derartige Politik mit Differenzierungseffekten *innerhalb* der neuen Länder einhergehen und regionale Disparitäten eher erhöhen. Selbst wenn die Wirtschaftskraft der Regionszentren gestärkt werden kann, werden die Verstärkereffekte zentraler Orte auf ihr Umland erst mit zeitlicher Verzögerung, d.h. in einer späteren Phase des Entwicklungsprozesses, wirksam werden.[159]

(b) Zu berücksichtigen ist auch, daß einige Regionen mit spezifischen Standortnachteilen zu kämpfen haben (z.B. Randlage, Umweltlasten)[160] und durch die Konzentration von Investitionen auf zentrale Orte in *anderen* Regionen weiter benachteiligt werden. Diese Gebiete bedürften eigentlich einer *spezifischen* Förderung, um der ursächlichen Entwicklungsschwäche begegnen zu können. In Abbildung 4.6 wird deutlich, daß z.B. das Gebiet zwischen dem Hansa-Städtenetz und dem Städtenetz Hannover, Braunschweig, Magdeburg etc. oder das südliche Brandenburg an der Grenze zu Polen derart benachteiligte Regionen darstellen könnten.

(c) Weiterhin kann ein Ausbau der Infrastruktur nicht in allen Regionen zeitgleich erfolgen, so daß einige Entwicklungszentren vor anderen notwendige Infrastrukturinvestitionen erhalten. Daher ist zu fragen, wie in den Nicht-Entwicklungsregionen Chancen bewahrt werden können, damit dort nicht langfristig eine Benachteiligung in den Lebensbedingungen entsteht.[161] Vor allem für die nördlichen Gebiete der neuen Länder, in denen eine nur sehr geringe Bevölkerungsdichte vorherrscht und die langfristig mit Beschäftigungsproblemen und infrastrukturellen Defiziten konfrontiert werden könn-

---

159 Vgl. zu den Phasen des Entwicklungsprozesses IV.1.2.3.

160 Vgl. Ragnitz, J. (1991) S. 412.

161 Vgl. Gatzweiler, H.-P. (1992) S. 138.

ten,[162] sind deshalb regionalpolitische Lösungskonzeptionen zu entwickeln (IV.2.2.3).

(d) Schließlich können durch das Zentren-Achsen-Konzept nicht nur positive Siedlungsstruktureffekte auslöst werden. Bei einem Ausbau der A 20 von Lübeck zur polnischen Grenze (Hansa-Städtenetz) sind z.B. Entleerungseffekte des nördlichen Mecklenburg-Vorpommerns zu befürchten, da diese Gebiete kein ökonomisches Gegengewicht zu der Agglomeration Hamburg-Lübeck bieten können.[163] Dann wären Abwanderungen (passive Sanierung), Fernpendeln sowie ein geballter, PKW-orientierter Tourismusverkehr die Folge und Ungleichgewichte in den Lebensverhältnissen würden verstärkt. Auch hier müssen unter Modifizierung des Achsenkonzeptes differenzierte, auf die speziellen Probleme des jeweiligen Raumes angepaßte regionalpolitische Lösungen gefunden werden.

Das vorgestellte Zentren-Achsen-Konzept kann daher nicht den Anspruch erheben, dem für die alten Bundesländer bestimmenden Leitbild der dezentralen Konzentration zu folgen. Dieses versucht gerade, eine *einseitige* Förderung *weniger* Wachstumsregionen zu vermeiden, um eher eine differenzierte Förderung nach räumlichen Schwerpunkten niedrigerer Rangfolge vorzunehmen.[164] Vielmehr impliziert das Zentren-Achsen-Konzept in Anlehnung an die in IV.1.2.3 vorgestellten Überlegungen, daß eine dezentrale Konzentration als *spätere Phase des Entwicklungsprozesses* einer einseitigen Förderung der Pole quasi automatisch nachfolgt. Damit nimmt es jedoch Differenzierungseffekte in den Lebensbedingungen in Kauf. Im **vierten Schritt** der Argumentation ist daher das vorgestellte Zentren-Achsen-Konzept zu modifizieren.

Soll eine „regionale Diskriminierung“[165] vermieden werden, so müssen erstens regionalpolitische Erwägungen Berücksichtigung finden (vgl. hierzu VI.2.2.3). Regionalpolitik bezieht sich dabei gezielt auf sog. strukturschwache Regionen und nimmt in diesen neben Investitionshilfen kleinräumige, wirtschaftsnahe Infrastrukturinvestitionen vor. In Verbindung mit dem regionalpolitischen Ansatz sollte das Konzept zentraler Orte zweitens eine stärkere Abstufung erfahren, so daß auch zentrale Orte *niedrigerer* Stufe, d.h. *über die bisher ausgewiesenen Entwicklungsregionen hinaus*, in das Zentren-Achsen-Konzept einbezogen werden. Damit würde der Versuch unternommen, in zahlreicheren Zentren kumulative Wachstumsprozesse zu begünstigen und Entwicklungspole

---

162 Vgl. Fege, B.; Göbel, M.; Jung, H.-U. (1990) S. 56ff., Gatzweiler, H.-P. (1992) S. 136.

163 Vgl. Lutter, H.; Pütz, T. (1992) S. 215.

164 Damit soll Überlastungserscheinungen in den Wachstumspolen auf Kosten der ländlichen Räume entgegengewirkt werden [vgl. Bundesministerium für Raumordnung, Bauwesen und Städtebau (1993) S. 4]. Das Leitbild der dezentralen Konzentration folgt dem Anspruch, „leistungsfähige Zentren im weiteren Umkreis der großen Verdichtungsräume und auch in ländlich geprägten Räumen“ auszubauen. Bundesministerium für Raumordnung, Bauwesen und Städtebau (1994a) S. 5.

165 Fürst, D.; Klemmer, P.; Zimmermann, K. (1976) S. 88.

zu schaffen, die über Verstärkereffekte ihr Umland in den Wachstumsprozeß einbeziehen. Ein derartiges Konzept zieht jedoch gleichzeitig einen größeren Ausbaubedarf an großräumig bedeutsamer Infrastruktur (Verkehrs- und Versorgungsachsen) und an kleinräumiger Infrastruktur in den ausgewiesenen Zentren nach sich. Dieser ist jedoch - wie oben erläutert - aufgrund knapper Haushaltsspielräume nur schwerlich zu realisieren.

Ein Ansatz, das Spannungsverhältnis zwischen der Stärkung der regionalen Entwicklungspole und der Finanzknappheit der öffentlichen Haushalte zu entschärfen, könnte in einer Berücksichtigung privaten Infrastrukturengagements bestehen. Ausgehend von der Finanzknappheit ist ein regional differenzierter Infrastrukturausbau, der den sich herausbildenden regionalen Ungleichgewichten frühzeitig Rechnung trägt, nur dann denkbar, wenn staatliche Finanzierungen ausschließlich dort eingesetzt würden, wo sie nicht privat erfolgen könnten. Geht man davon aus, daß sich z.B. im Bereich verkehrlich stark genutzter Achsen private Kapitalgeber bei einem positiven Kapitalwert der Investition ausreichende Erträge aneignen können, so würde hier prinzipiell kein Bedarf für eine staatliche Finanzierung bestehen. Dieses Konzept setzt allerdings voraus, daß private Finanzierungs- und Organisationsformen die öffentlichen Haushalte tatsächlich *entlasten* und dadurch Spielräume für *zusätzliche* Infrastrukturinvestitionen in zentralen Orten geringerer Priorität schaffen. Dieses Problem ist in Kapitel IV.2.3 der Arbeit eingehender zu behandeln.

Die Analyse hat gezeigt, daß Infrastrukturinvestitionen im Rahmen der Raumordnung im Hinblick auf ihre allokative Wirkungen eingesetzt werden und daher effizienzorientiert sind. Das Hauptziel einer derartigen Infrastrukturpolitik ist auf die Förderung des wirtschaftlichen Wachstumsprozesses gerichtet, welcher gleichwertige Lebensverhältnisse im Vergleich zu den alten Ländern herstellen soll. Der Abbau interregionaler Einkommensdisparitäten innerhalb der neuen Länder ist in diesem Zusammenhang eher als Nebenziel einzustufen, welches durch ein abgestuftes System zentraler Orte erfaßt wird. Im folgenden ist nun zu überprüfen, ob ein Privatengagement zur Umsetzung der ausgewiesenen Ziele einen wirksameren Beitrag als eine ausschließlich staatliche Infrastrukturbereitstellung leisten kann. Hierzu werden im **fünften Schritt** der Analyse Kriterien für die Überprüfung der Leistungsfähigkeit entwickelt. Die dargestellten Konzepte, die in den folgenden Kriterien zusammengefaßt werden, zielen auf einen *möglichst schnellen* Einsatz von Infrastrukturinvestitionen nach räumlichen Schwerpunkten. Letzteres bedeutet, daß - unter dem Primat einer *ausgewogenen Siedlungsstruktur* - Investitionen dort *gebündelt* werden, wo ihr *größter Wachstumsbeitrag* sowie der *höchste Netzeffekt* vermutet wird. Da nach den Erkenntnissen regionaler Wachstumsmodelle Netzeffekte sowie die Bündelung von Infrastrukturinvestitionen Wachstumseffekten vorausgehen, sollen diese Kriterien zusammenfassend betrachtet werden. Die Leistungsfähigkeit privaten Infrastrukturengagements ist also anhand der Kriterien 'Geschwindigkeit', 'Wachstumsbeitrag durch Bündelung von Infrastrukturinvestitionen und Netzeffekten', 'Ausgewogenheit der Siedlungsstruktur' sowie 'Realisierung zusätzlicher Investitionen' zu überprüfen.

2.2.3 Der Beitrag der Regionalpolitik

2.2.3.1 Regionalpolitische Ziele

Wie bereits aus der Kritik am Zentren-Achsen-Konzept ersichtlich wurde, leitet sich die Bedeutung der Regionalpolitik aus der drohenden Benachteiligung bestimmter Regionen ab. Sie hat im Gegensatz zur Raumordnung, die die Ordnung des *gesamten* Raumes zur Aufgabe hat, die Förderung *bestimmter strukturschwacher* Regionen zum Ziel. Darüber hinaus hat die Regionalpolitik in der Bundesrepublik - neben den hier nicht zu betrachtenden Instrumenten zur Förderung der gewerblichen Wirtschaft - die Verbesserung ausschließlich der *wirtschaftsnahen* Infrastruktur zur Aufgabe und ist dadurch im Rahmen dieser Arbeit von der Raumordnung abzugrenzen. Die Analyse schließt sich den in IV.2.2.1 ausgewiesenen fünf Schritten der Untersuchung an.

Regionalpolitik folgt ebenfalls dem Ziel der Einheitlichkeit der Lebensverhältnisse. So sind unter expliziter Angabe dieses Oberzieles im Grundgesetz die Gemeinschaftsaufgaben von Bund und Ländern formuliert worden (Art. 91a I Nr.2 GG), insbesondere die Gemeinschaftsaufgabe Verbesserung der regionalen Wirtschaftsstruktur (GRW).[166] Förderungswürdige Gebiete werden nach §1 II des Gesetzes über die GRW durch eine unterdurchschnittliche Wirtschaftskraft bzw. als negativ vom Strukturwandel betroffen charakterisiert. Folglich impliziert dieser Ansatz das Zwischenziel einer ausgewogenen regionalen Wirtschaftsstruktur (Abb. 4.4). Die Gemeinschaftsaufgabe findet im Einigungsvertrag ihre Entsprechung, welcher in Art. 28 I bestimmt, daß die neuen Länder mit Wirksamwerden des Beitritts in die Wirtschaftsförderung des Bundes integriert werden.

Im 23. Rahmenplan der Gemeinschaftsaufgabe Verbesserung der regionalen Wirtschaftsstruktur werden als die „zentralen Anliegen" der regionalen Strukturpolitik das Ausgleichs-, das Wachstums- und das Stabilisierungsziel genannt.[167] Im Rahmen der *ausgleichspolitischen Zielsetzung* sollen interregionale Disparitäten bzgl. der Möglichkeiten zur Einkommenserzielung und des Arbeitsplatzangebotes abgebaut werden, so daß ausgleichsorientierte Regionalpo-

---

166 Die nähere Bestimmung der Gemeinschaftsaufgabe Verbesserung der regionalen Wirtschaftsstruktur und die Formulierung ihrer Grundsätze erfolgt nach Art. 91a II GG durch Bundesgesetz, hier durch das Gesetz über die Gemeinschaftsaufgabe „Verbesserung der regionalen Wirtschaftsstruktur" vom 6. Oktober 1969.

167 Vgl. Planungsausschuß für regionale Wirtschaftsstruktur (1994) S. 7. Das *Stabilisierungsziel* wird vor allem im Hinblick auf eine Verstetigung regionaler Wachstumsprozesse interpretiert und ist daher hier nicht getrennt zu betrachten.

litik *direkt* dem Ziel der Einheitlichkeit der Lebensverhältnisse verpflichtet ist.[168] Dieser primären ausgleichspolitischen Zielsetzung wird die *sekundäre wachstumspolitische Zielsetzung* beigeordnet, die auf eine Mobilisierung von Wachstumsreserven in den wirtschaftlich benachteiligten Regionen und die Schaffung wettbewerbsfähiger Dauerarbeitsplätze abstellt.[169] Obwohl die Regionalpolitik als Teil der gesamten Wirtschaftspolitik allen drei Zielen verpflichtet ist, steht damit faktisch das Ausgleichsziel im Vordergrund.[170] So begreift auch der 23. Rahmenplan das Wachstumsziel nur als sekundär, führt jedoch aus, daß „die Regionalpolitik aber auch die global ausgerichtete Wachstums- und Beschäftigungspolitik ergänzen und ihre Wirksamkeit verstärken [kann]. Sie kann insbesondere dazu beitragen, in den strukturschwachen Regionen das gesamtwirtschaftliche Wachstum zu stärken.“[171] In Abbildung 4.4 werden dementsprechend sowohl das Wachstumsziel als auch das Ausgleichsziel (ausgewogene regionale Wirtschaftsstruktur) als Zwischenziele gefaßt, jedoch aufgrund ihrer unterschiedlichen faktischen Rolle mit dem Zusatz Primär- bzw. Sekundärziel versehen.

Mittel zur Umsetzung dieser beiden Zwischenziele und damit gleichzeitig Unterziel ist die *regionale Wirtschaftsförderung*, welche - aus Art. 28 II Einigungsvertrag abgeleitet - die beiden Zielkomponenten ‘Sicherung und Schaffung von wettbewerbsfähigen Dauerarbeitsplätzen’ sowie ‘Verbesserung der regionalen Einkommenssituation’ umfaßt (Abb. 4.4). Nach Art. 28 II Einigungsvertrag ist darüber hinaus ebenfalls die Verbesserung der wirtschaftlichen Rahmenbedingungen in den Gemeinden und Gemeindeverbänden als Unterziel relevant. Aus dem ersten Unterziel wird im Gesetz über die Gemeinschaftsaufgabe (§1 I Nr.1) die Förderung der gewerblichen Wirtschaft als Maßnahme abgeleitet, während das zweite Unterziel - allerdings ebenfalls unter dem Primat der Förderung der gewerblichen Wirtschaft - durch die Erschließung von Industriegelände, Ausbau von Verkehrsverbindungen, Energie- und Wasserversorgungsanlagen, Abwasser- und Abfallbeseitigungsanlagen etc. angestrebt werden soll.

Zwischen dem Wachstums- und dem Verteilungsziel besteht allerdings ein *Zielkonflikt*. Während der Infrastrukturpolitik im Rahmen der Raumordnung

---

168 Vgl. Planungsausschuß für regionale Wirtschaftsstruktur (1994) S. 7 und 9. An dieser Stelle (S. 7) wird direkt auf Art. 72 II des Grundgesetzes verwiesen, aber auch auf §2 I ROG, was erneut die enge Verbindung zwischen Regional- und Raumordnungspolitik aufzeigt.

169 Ähnlich faßt auch ECKEY die regionalpolitische Zielsetzung, nach der die Zahl der qualitativ hochwertigen Arbeitsplätze bei flexibler Wirtschaftsstruktur in der betrachteten Region gesichert bzw. geschaffen werden soll, vor allem auch, um negative Wanderungssalden zu verhindern. Vgl. Eckey, H.-F. (1991) S. 64, Ewringmann, D.; Freund, U.; Hansmeyer, K.-H.; Kortenkamp, L.; Vorholz, F. (1986) S. 43f.

170 Vgl. Ragnitz, J. (1991) S. 411, FN 4.

171 Planungsausschuß für regionale Wirtschaftsstruktur (1994) S. 7.

eine vorwiegend effizienz- und wachstumsorientierte Rolle zukommt, ist die Regionalpolitik primär verteilungsorientiert.[172] „Da das Hauptziel der Infrastrukturpolitik ein Effizienz- und dasjenige der Regionalpolitik ein Verteilungsziel ist, muß grundsätzlich mit einem *gewissen Konflikt zwischen der Infrastruktur- und der Regionalpolitik* gerechnet werden. Dies gilt, obwohl wegen der Standortgebundenheit der Infrastruktur „Infrastrukturpolitik [...] nolens volens Regionalpolitik" ist."[173] Der hier beschriebene Zielkonflikt drückt sich vor allem in der Frage aus, wie knappe Mittel zu verwenden sind und ist in dieser Hinsicht für die neuen Länder relevant.[174] So ist zu fragen, ob das Effizienzziel im Rahmen der Raumordnung aufgeweicht werden soll, um bspw. in benachteiligten Regionen zu investieren und hier eine vergleichsweise geringere gesamtwirtschaftliche Rendite in Kauf zu nehmen. Umgekehrt müßte im Rahmen der Regionalpolitik das interregionale Verteilungsziel eingeschränkt werden, wenn hierdurch knappe Ressourcen besser in Bezug auf das Wachstumsziel eingesetzt werden könnten.[175] Für die neuen Länder ist in diesem Zielkonflikt *dem Wachstumsziel primäre Bedeutung* zuzumessen, da sich nur im Fall eines wirtschaftlichen Aufschwungs zusätzliche Verteilungsspielräume bilden. So ist die Verteilungszielsetzung *innerhalb* der neuen Länder nur insoweit zu berücksichtigen, wie die *schärfsten* Disparitäten i.S. der im Teil II gekennzeichneten infrastrukturellen Defizite abzufedern sind.[176] Im Hinblick auf die Infrastrukturhilfe bedeutet dies, daß nur in den am stärksten zurückgebliebenen Regionen Schwerpunktorte gefördert werden sollten. Inwieweit dieser Zielsetzung in den neuen Ländern Rechnung getragen wird, ist im folgenden **zweiten Schritt** der Analyse zu untersuchen, welcher das Konzept der GRW in seiner Ausgestaltung für die neuen Bundesländer skizziert.

---

172 Zwar beinhaltet das Verteilungsziel aus Sicht der einzelnen Regionen gleichzeitig auch ein Wachstumsziel. Da sich regionalpolitische Zielsetzungen jedoch nicht so sehr an den regioneninternen Entwicklungsmöglichkeiten ausrichten, sondern die Perspektive wesentlich auf den Entwicklungsstand anderer Regionen lenken, ist das Verteilungsziel als vorrangig einzustufen. Vgl. Frey, R.L. (1979) S. 33f.

173 Frey, R.L. (1979) S. 34f. Dieser zitiert Schröder, D. (1968) S. 17.

174 FREY weist weiterhin auf einen Interessenkonflikt zwischen der zu fördernden strukturschwachen und den reicheren fördernden Regionen hin. Dieser könne nur langfristig, d.h. im Zuge des gesamtwirtschaftlichen Wachstumsprozesses beseitigt werden. Vgl. Frey, R.L. (1979) S. 37f.

175 Dieser Zielkonflikt könnte unter Berücksichtigung der Überlegungen von TINBERGEN entschärft werden, wenn die Zahl der Instrumente mindestens auf die Zahl der Zielgrößen zu erhöht würde [vgl. Tinbergen, J. (1968) S. 101]. Infrastrukturinvestitionen sind im folgenden jedoch nicht als wirtschaftspolitisches Instrument im Sinne einer *Steuerung* von Zielgrößen zu begreifen. Vielmehr soll lediglich untersucht werden, inwieweit die Beteiligung Privater einen *Beitrag* zu diesen Zielen leisten kann.

176 Dies widerspricht allerdings den skizzierten Zielen der GRW.

2.2.3.2 *Die Maßnahmen der Gemeinschaftsaufgabe*

Nach Art. 28 I des Einigungsvertrages wurden die neuen Länder mit Wirksamwerden des Beitritts für eine Übergangszeit von sechs Jahren in die Wirtschaftsförderung des Bundes integriert, um eine möglichst rasche Entwicklung einer ausgewogenen Wirtschaftsstruktur zu erreichen.[177] Konkret bedeutet dies eine bloße Übertragung der Instrumente der GRW auf die gesamte ehemalige DDR.[178] Die sachlichen Schwerpunkte im Bereich der Entwicklung der wirtschaftsnahen Infrastruktur liegen dementsprechend auf der Ebene der Gemeinde und Gemeindeverbände mit der Absicht, die für potentielle Ansiedlungen von Unternehmen relevanten Rahmenbedingungen zu schaffen. Die Förderschwerpunkte sind für die neuen Länder in den folgenden Bereichen zu finden:[179]

- Erschließung von neuem Gelände und Revitalisierung von Industriebrachen, wobei der physischen Verbesserung der umgebenden Gebiete ebenfalls Bedeutung zukommt;
- örtliche Verkehrsanbindungen, insbesondere Zugang zu Gewerbezonen;
- Energie- und Wasserversorgung sowie Müll- und Abwasserbeseitigung/Klärung für die gewerbliche Wirtschaft;
- Geländeerschließung für den Fremdenverkehr sowie öffentliche Einrichtungen des Fremdenverkehrs.

Schwerpunktmäßig wird also die Wiedernutzbarmachung von brachliegenden Industrieflächen aber auch die Neuansiedlung von Gewerbe[180] gefördert. Dabei ist das gesamte Gebiet der neuen Länder in die Förderung einbezogen worden. Die GRW-Mittel von 7,1 Mrd. DM für das Jahr 1994, die jeweils zur Hälfte von

---

177 Vgl. Planungsausschuß für regionale Wirtschaftsstruktur (1994) S. 5. Nach Anlage I Kap. V, Sachgebiet A, Abschnitt III des Einigungsvertrages war zunächst ein Zeitraum von 5 Jahren vorgesehen, der durch den Planungsausschuß für regionale Wirtschaftsstruktur um ein Jahr bis zum 31.12.1996 verlängert wurde.

178 Vgl. Sitte, R. (1994) S. 245. In den alten Ländern ist die Gemeinschaftsaufgabe 'Verbesserung der regionalen Wirtschaftsstruktur' eingesetzt worden, um die durch den Strukturwandel benachteiligten Regionen wirtschaftspolitisch zu unterstützen. Dabei werden zum einen Investitionszuschüsse an private Unternehmen vergeben (kapitalorientierte Regionalpolitik). Zum anderen werden Zuschüsse (bis zu 90%) zu wirtschaftsnahen Infrastrukturinvestitionen der Gemeinden gezahlt (infrastrukturorientierte Regionalpolitik). Vgl. Planungsausschuß für regionale Wirtschaftsstruktur (1992) S. 6 und im einzelnen S. 22f. und 28.

179 Vgl. Sitte, R. (1994) S. 248, Kommission der Europäischen Gemeinschaften (1991) S. 19. Hier werden weiterhin die für diese Arbeit nicht relevanten Bereiche Unternehmens-, Technologie- und Gründerzentren sowie Bildungsmaßnahmen, Einstellungs- und Existenzgründungsmaßnahmen genannt.

180 Die Neu-Erschließung von Gewerbeflächen wird in Mecklenburg-Vorpommern nur dann gefördert, wenn sich diese Flächen in Schwerpunktorten oder in besonders strukturschwachen Gebieten befinden. Vgl. Planungsausschuß für regionale Wirtschaftsstruktur (1994) S. 71.

Bund bzw. Ländern aufgebracht wurden, sind in Anlehnung an die Einwohnerzahlen[181] auf die einzelnen ostdeutschen Bundesländer aufgeteilt worden.[182] Die Analyse der Jahre 1991-93 zeigt allerdings, daß in den neuen Ländern nur 14,5% der in diesem Zeitraum verausgabten Investitionsmittel von 106,67 Mrd. DM auf wirtschaftsnahe Infrastrukturinvestitionen verwendet wurden.[183]

Eine derartige regionale Wirtschaftsförderung ist jedoch einer vielfältigen Kritik unterworfen. Um diese zu verdeutlichen, ist zunächst die Ausgestaltung der Gemeinschaftsaufgabe in den neuen Länder mit der in den alten Ländern zu konfrontieren. In der ehemaligen Bundesrepublik liegt dem GRW-Konzept der Versuch zugrunde, Realkapital mit Hilfe von Investitionszuschüssen an Unternehmen und für Infrastrukturobjekte der Gemeinden in *die* Regionen zu attrahieren, in denen ein ungenutztes Arbeitskräftepotential vermutet werden kann.[184] Den theoretischen Rahmen bildet das sog. *Export-Basis-Konzept*, nach dem nur ein überregionaler Absatz der in den geförderten Unternehmen hergestellten Produkte zusätzliches Einkommen in die geförderte Arbeitsmarktregion

---

181 Vgl. Planungsausschuß für regionale Wirtschaftsstruktur (1994) S. 10, Eckey, H.-F. (1991) S. 146 Tab. 8. Die Verteilung der GRW-Mittel erfolgt in den alten Ländern auf einzelne Fördergebiete, die auf der Basis von regionalen Arbeitsmärkten ermittelt werden. Für diese wird ein Gesamtindikator aus den verschiedenen Einzelindikatoren für die Arbeitslosenquote (45%), Lohn- und Gehaltssumme je Arbeitnehmer (22,5%), Bruttowertschöpfung je Einwohner (22,5%), Güte der wirtschaftsnahen Infrastruktur (10%) ermittelt. Die so ermittelten strukturschwachen Regionen werden bis zu einer Förderschwelle von 30% der gesamten Einwohnerzahl der BRD gefördert. Vgl. Eckey, H.-F. (1991) S. 144.

182 Darüber hinaus wurden 1,9 Mrd. DM aus der Ziel-1-Förderung des Europäischen Strukturfonds zur Verfügung gestellt, die der Bund ebenfalls zur Hälfte finanziert, so daß im Rahmen der Gemeinschaftsaufgabe für die neuen Länder insgesamt 9 Mrd. DM zur Verfügung standen.
Sowohl aus dem EFRE als auch aus dem Europäischen Sozialfonds (ESF) und dem EU-Agrarfonds (EAGFL) werden die sog. 'Ziel-1-Gebiete', d.h. die Regionen mit Entwicklungsrückstand gefördert. Die neuen Länder erfüllen für diese Förderung das Aufnahme-Kriterium eines pro-Kopf-BIP von weniger als 75% des EU-Durchschnitts. Diese im Gemeinschaftlichen Förderkonzept der EU (GFK) zusammengefaßten Maßnahmen für die fünf neuen Länder und Ost-Berlin beliefen sich auf eine Summe von 3 Mrd. ECU für die Jahre 1991-1993 [vgl. Planungsausschuß für regionale Wirtschaftsstruktur (1992) S. 18], die im Rahmen der oben erwähnten Gemeinschaftsaufgabe 'Verbesserung der regionalen Wirtschaftsstruktur' eingesetzt und von dieser bis zur Höhe der gesamten Fördersumme des GFK von 7,38 Mrd. ECU kofinanziert wurden [vgl. Kommission der Europäischen Gemeinschaften (1991) S. 31). Im Rahmen dieser Arbeit erfolgt keine gesonderte Betrachtung der GFK-Mittel, da diese im Rahmen der GRW verausgabt werden und insofern in deren Zielkatalog fallen. Dennoch kann nur von einer 'halben' Additionalität der EG-Mittel gesprochen werden, da nur diese zusätzlich im Rahmen der GRW verausgabt werden, während die notwendige Kofinanzierung aus dem normalen Mittelansatz des GRW bestritten wird. Vgl. Biehl, D. (1993) S. 34, Planungsausschuß für regionale Wirtschaftsstruktur (1992) S. 18, Ziffer 10.3.

183 Vgl. Planungsausschuß für regionale Wirtschaftsstruktur (1994) S. 15, Tab. 2.

184 Vgl. Klemmer, P. (1991) S. 616.

lenkt. Darüber hinaus wird das in IV.2.2.2 skizzierte Konzept zentraler Orte verschiedener Stufen für die Identifizierung von regionalen Förderungsschwerpunkten zugrunde gelegt, welches von der in IV.1.2.3 erläuterten wachstumsstimulierenden Funktion der Schwerpunktorte ausgeht.[185] Regionalpolitik kann in der Umsetzung dieser Theorien als eine verteilungsorientierte Allokationspolitik charakterisiert werden, bei der am „Gerechtigkeitsziel gemessen als zu stark empfundene Disparitäten der interregionalen Einkommensverteilung [...] durch allokative Maßnahmen wie Subventionierung von privaten Investitionen in Human- und Sachkapital und Ausbau der Infrastruktur abgebaut werden."[186] Nach diesem Konzept geht die Regionalpolitik in den neuen Ländern aufgrund der schlechten wirtschaftlichen Rahmenbedingungen *nicht* vor. Auf eine Ausweisung von zu fördernden Schwerpunktorten wurde im Rahmenplan verzichtet,[187] vielmehr werden die Fördermittel nach dem 'Gießkannenprinzip' - d.h. in Anlehnung an die Einwohnerzahlen der Bundesländer - vergeben.[188] Im Rahmen der innerhalb der jeweiligen Bundesländer unterschiedlichen Verwendung der Mittel zur Infrastrukturförderung orientieren sich lediglich Brandenburg und Mecklenburg-Vorpommern zum Teil am Schwerpunktorteprinzip.

---

185 Eine verbindliche Richtlinie des Bundes bzgl. einer Förderung des Bundes nach dem Schwerpunktorteprinzip besteht allerdings nicht mehr. Die Länder *können* jedoch nach Schwerpunkten fördern.

186 Biehl, D. (1993) S. 24.

187 Vgl. Planungsausschuß für regionale Wirtschaftsstruktur (1994) S. 9. An dieser Stelle wird jedoch darauf hingewiesen, daß die Länder in ihrer Förderung räumliche Prioritäten setzen. Dies trifft jedoch nicht für alle Länder zu. Darüber hinaus gehen die Länder, die ihre Förderung räumlich differenzieren, nicht in übereinstimmender Art und Weise vor. *Brandenburg* hat z.B. beschlossen, die Förderungsmaßnahmen der wirtschaftsnahen Infrastruktur stärker auf Schwerpunktorte zu konzentrieren, die aufgrund der zentralörtlichen Gliederung des Landes Brandenburg ausgewiesen werden und dem Leitbild der dezentralen Konzentration folgen [vgl. Planungsausschuß für regionale Wirtschaftsstruktur (1994) S. 44]. Im Bereich der wirtschaftsnahen Infrastruktur geht *Mecklenburg-Vorpommern* von über das Bundesland gleichverteilten Entwicklungsrückständen aus, die aufgrund der schlechten Finanzlage der Kommunen eine gleichartige Förderung verlangen [vgl. ebenda, S. 69]. Zusätzlich kann allerdings in Schwerpunktorten (zentrale Orte und Unterzentren) die Grundförderung von 50% durch einen Bonus von 20 Prozentpunkten angehoben werden. [vgl. ebenda, S. 70]. *Sachsen* bestimmt mit Hilfe von Indikatoren, die die Beschäftigung, die Erreichbarkeit, die Infrastruktur und die Umweltbelastung erfassen, die Förderwürdigkeit von Regionen. Hier werden Regionen erster und zweiter Priorität von Regionen ohne Förderpriorität unterschieden. Eine Schwerpunktorteförderung ist allerdings nicht ersichtlich. [vgl. ebenda S. 105f]. Für *Sachsen-Anhalt* und *Thüringen* kann aus dem Rahmenplan weder eine Schwerpunktorteförderung noch eine Abstufung der Förderintensität nach Indikatoren entnommen werden.

188 Vgl. Jochimsen, R. (1993) S. 68.

2.2.3.3 Kritische Würdigung der Maßnahmen der Gemeinschaftsaufgabe

Vor diesem Hintergrund und unter Berücksichtigung der in IV.1 vorgestellten wirtschaftstheoretischen Argumentation ist im **dritten Schritt** der Analyse zu untersuchen, ob die regionale Wirtschaftsförderung in den neuen Ländern einen wirksamen Beitrag zu den analysierten regionalpolitischen Zwischenzielen leisten kann. Die Diskussion bezieht sich zunächst auf das Wachstumsziel. Das skizzierte regionalpolitische Konzept ist als prozeßpolitische Variante[189] der Regionalpolitik zu charakterisieren. Dieser Ansatz setzt bestimmte Wirtschaftsstrukturen als anzustrebendes Leitbild voraus und identifiziert in einer Art Soll-Ist-Vergleich die entwicklungslimitierenden Engpässe.[190] Letztere dienen dann als Ansatzpunkte für den regionalpolitischen Instrumenteneinsatz. Ein derartiges Vorgehen setzt zunächst Kenntnis darüber voraus, welche Determinanten den Entwicklungsprozeß bestimmen. In diesem Zusammenhang ist Infrastruktur in den neuen Ländern als regional bedeutsamer Standortfaktor und Potentialfaktor für die wirtschaftliche Entwicklung der neuen Länder einzustufen, soweit sie keine Ubiquität darstellt. Darüber hinaus kann Infrastruktur produktivitätssteigernde Effekte auslösen und ist so für Wachstum und Entwicklung einer Region bedeutsam.[191]

Die prozeßpolitische Variante der Regionalpolitik impliziert darüber hinaus eine Vorstellung über die optimale Kapitalstruktur einer Region.[192] Gesucht ist also aus theoretischer Sicht ein Verhältnis zwischen privatem Kapital und Infrastrukturkapital, das dem Ziel allokativer Effizienz genügt.[193] Bei einem zu geringen Infrastrukturbestand ist davon auszugehen, daß Haushalte Wohlfahrtseinbußen und Unternehmen Produktivitätseinbußen hinnehmen müssen. Um eine bestimmte Produktivität zu erreichen, müßten Unternehmen dann kompensatorische Investitionen vornehmen. Ein zu hoher Infrastrukturbestand wird

---

189 ECKEY unterscheidet daneben die ordnungspolitische Variante der Regionalpolitik. Diese beinhaltet staatlicherseits lediglich die Vorgabe eines ordnungspolitischen Rahmens sowie eine Ausgabenkonzentration auf die Bereitstellung wirtschaftsnaher Infrastrukturgüter. Vgl. Eckey, H.-F. (1991) S. 117ff. und allgemein Cassel, D. (1988) S. 316ff.

190 Vgl. Eckey, H.-F. (1991) S. 120. Im Bereich der Infrastruktur ist dann von einem Engpaß zu sprechen, wenn aufgrund von knappen Nutzungsmöglichkeiten der Infrastruktur die effiziente Verwendung anderer Produktionsfaktoren derart eingeschränkt wird, daß Opportunitätseinbußen hervorgerufen werden. Vgl. Wissenschaftlicher Beirat (1987) S. 135.

191 Vgl. IV.1.1.3.1. und IV.1.2.1. Hierzu ist erneut anzumerken, daß auch die Entwicklung anderer Faktoren (Wirtschaftsklima, Lage, Arbeitskräftepotential) günstig sein muß, damit positive Effekte auf die regionale Entwicklung entstehen. In diesem Sinne ist nochmals auf den nur notwendigen, nicht aber hinreichenden Charakter der Infrastruktur als entwicklungsbestimmendes Element hinzuweisen. Vgl. auch Biehl, D.; Ungar, P. (1991) S. 248.

192 Vgl. hierzu z.B. FÜRST, KLEMMER und ZIMMERMANN, die Regionalpolitik als den Versuch beschreiben, „zu beobachtende Divergenzen zwischen den angestrebten Soll- und den zu erwartenden Ist-Werten der einzelnen Teilgebiete abzubauen." Fürst, D.; Klemmer, P. und Zimmermann, K. (1976) S. 91 (ohne Hervorhebung).

193 Vgl. Biehl, D.; Ungar, P. (1991) S. 246.

dagegen eher Unternehmensinvestitionen verdrängen (crowding-out). Da sich die Wirtschaft der neuen Länder in einem tiefgreifenden Umstrukturierungsprozeß befindet und generell die Ergebnisse des Strukturwandels nicht zu prognostizieren sind, kann - wie in II.3.3.2 gezeigt - der optimale Infrastrukturbestand lediglich modelltheoretisch, nicht aber unter Berücksichtigung der wirtschaftlichen Entwicklung bestimmter Regionen präzisiert werden.[194] Von einer Verteilung der Infrastrukturförderung in Anlehnung an die Einwohnerzahl kann allerdings angenommen werden, daß diese nur zufällig ein effizientes Verhältnis von privatem Kapitalbestand zu Infrastrukturkapitalbestand verwirklicht.

So nimmt das modifizierte Konzept im **vierten Schritt** eine in der Literatur formulierte Kritik an der Regionalpolitik für Ostdeutschland auf, welche stärkere Konzentration von Fördermitteln auf die Regionszentren nach dem Schwerpunktorteprinzip fordert. Die Unkenntnis über ein optimales Verhältnis zwischen privatem und Infrastrukturkapitalbestand führt also dazu, Infrastrukturinvestitionen zu *konzentrieren*, da hierdurch über den Wirkungszusammenhang zentraler Orte ein größerer Wachstumsbeitrag vermutet wird als durch eine Gleichverteilung der Investitionen. „Wählt man dagegen einen anderen Weg, indem der eine Infrastrukturbereich in dieser Region und der andere in jener Region ausgebaut wird, kann die erhoffte Steigerung der Anziehungskraft Ostdeutschlands ausbleiben.“[195] Die Bündelung von Investitionen bedeutet also eine Orientierung der Förderung am Wachstumsziel. Hiergegen wird eingewendet, daß dieser Ansatz der bisherigen Praxis widerspreche, nach der im Standortwettbewerb zurückgefallene Regionen gefördert werden sollen.[196] Identifiziert man jedoch die neuen Länder als Gesamtheit als förderungswürdige und damit im Standortwettbewerb im Vergleich zu den alten Ländern zurückgefallene Region - wie dies durch die Gemeinschaftsaufgabe geschehen ist - so ist eine Konzentration auf Schwerpunktorte *innerhalb* der Region zu rechtfertigen. Hiermit wird eine Verbesserung der Standortbedingungen für Unternehmen in Entwicklungspolen angestrebt, die über Multiplikatoreffekte eine Angleichung der Lebensverhältnisse *an die alten Länder* bewirken soll.

Dies kann jedoch nur für *die* Infrastrukturgüter gelten, die *keinen* Basischarakter haben und daher *nicht ubiquitär* in dem Sinne sind, daß sie Standorteffekte auslösen. Für die Basisinfrastruktur (z.B. Abwasserentsorgung, Anschluß an das überregionale Verkehrsnetz) sollte eine flächendeckende Bereitstellung in Anlehnung an die Idee der Daseinsvorsorge und im Interesse des Schutzes der Umwelt erfolgen.[197] „Spielräume für eine regionale Konzentration der Inve-

---

[194] Dieses Problem ergibt sich im übrigen im Rahmen einer staatlichen Bereitstellungsverantwortung generell, da staatliche Planungen und Investitionen immer nur Näherungslösungen erbringen können.

[195] Bach, S.; Gornig, M.; Stille, F.; Voigt, U. (1994) S. 201.

[196] Vgl. Schrumpf, H. (1992) S. 136.

[197] Vgl. DIW (27/1994) S. 464.

stitionen in den Ausbau der Infrastruktur ergeben sich in diesen Bereichen nicht."[198] Dies ist damit zu begründen, daß eine regionale Konzentration auch bei diesen Infrastrukturgütern regionale Disparitäten unnötig verschärfen würde und dadurch *späteren* regionalpolitischen Handlungsbedarf stark erhöht. Diese Forderung trägt dem Abbau der gravierenden regionalen Disparitäten sowohl in der Infrastrukturausstattung als auch im Umweltstandard der neuen Länder Rechnung.

So ist festzuhalten, daß in Bezug auf das Wachstumsziel eine stärkere Bündelung kleinräumiger, *höherwertiger* wirtschaftsnaher Infrastrukturinvestitionen erforderlich ist, um einen möglichst hohen Wachstumseffekt zu erreichen. Gleichzeitig ist die *Basisinfrastruktur* flächendeckend anzubieten, um die Grundvoraussetzungen eines Leistungsaustausches innerhalb und zwischen Regionen zu ermöglichen. Dieser Ansatz versucht *präventiv* das Entstehen extremer Disparitäten zu vermeiden und ist in diesem Sinne der Ausgleichszielsetzung verpflichtet. Der Mitteleinsatz der GRW weist zu der letztgenannten Konzeption keine Diskrepanz auf.

Weitergehende Überlegungen im Rahmen der Ausgleichszielsetzung führen zu der Schlußfolgerung, daß kurzfristig „die generelle Kennzeichnung des gesamten ostdeutschen Raums als Fördergebiet akzeptabel erscheinen [mag], längerfristig wird sie aber von einer stärker regionalisierten Betrachtung abzulösen sein. So wird sich auch in Ostdeutschland ein spezifisches regionales Disparitätenmuster herausbilden, über das gegenwärtig jedoch nur spekuliert werden kann."[199] Der radikale Strukturwandel in den neuen Ländern führt nämlich auch dazu, daß einige Regionen schneller und stärker vom wirtschaftlichen Aufschwung erfaßt werden als andere.[200] Regionalpolitik erscheint vor dem Hintergrund des Ost-West-Gefälles zwar eher „subsidiär, [ist] aber keineswegs vernachlässigbar".[201] So weist der SACHVERSTÄNDIGENRAT darauf hin, daß Förderung *innerhalb* der neuen Länder auf solche Regionen zu differenzieren sei, *deren Standortnachteile nur mit großer Verzögerung* ausgeglichen werden könnten.[202] Sonst würden bestimmte Regionen verstärkt von überdurchschnittlicher Arbeitslosigkeit und passiver Sanierung betroffen sein, so daß bereits bestehende regionale Disparitäten und Anpassungprobleme verschärft würden. Verbindet man diese These mit den zuvor vorgetragenen Überlegungen zur gleichverteilten Versorgung mit Basisinfrastrukturgütern, so ist der Abbau *starker* regionaler Disparitäten in der Infrastrukturausstattung - im Gegensatz zu einer raschen Angleichung bereits *besser* versorgter Regionen an das *westdeutsche* Niveau - *zugunsten der benachteiligten Regionen* vorrangig zu betrei-

[198] Bach, S.; Gornig, M.; Stille, F.; Voigt, U. (1994) S. 207.
[199] Klemmer, P. (1990) S. 560.
[200] Vgl. Ziegler, A. (1992) S. 732.
[201] Eckey, H.-F. (1991) S. 46
[202] Vgl. Sachverständigenrat (1993) S. 205.

ben.[203] Die Notwendigkeit einer Infrastrukturförderung in *extrem* strukturschwachen Räumen aufgrund ihrer Komplementarität zu privaten Investitionen beinhaltet jedoch keine Benachteiligung der strukturstärkeren Räume, da diese nämlich bereits über die notwendige (Basis-)Infrastrukturausstattung verfügen.[204] Diesem Ansatz widerspricht aber gerade eine Verteilung der GRW-Mittel auf die Bundesländer in Anlehnung an die Einwohnerzahl.

Über das bestehende Instrumentarium hinaus wird in der Literatur eine verstärkte Dezentralisierung der Regionalpolitik gefordert (Regionalisierung der Regionalpolitik).[205] Hierfür spricht vor allem der Umstand, daß auf Gemeindeebene genauere Kenntnisse der örtlichen Gegebenheiten (dezentrale Information) bestehen und diese bei einer Verlagerung der Planungsentscheidung auf eine dezentrale Ebene besser umzusetzen sind. Dies ist bei den vielfältigen Entwicklungsdefiziten und dem - wie in II.3 gezeigt - nur schwer zentral zu ermittelnden Bedarf von großer Bedeutung. Der Ausbau wirtschaftsnaher Infrastruktur, der durch die Regionalpolitik verwirklicht werden soll, kann dann ent-

---

203 Vgl. DIW (27/1994) S. 464. Diese Aussage gilt nicht für über die Basisinfrastruktur hinausgehende Infrastrukturgüter (z.B. Einrichtungen des kombinierten Ladungsverkehrs, Anlagen zur Sondermüllbehandlung), welche regional gebündelt angeboten werden sollten. Aufgrund der Spezialisierung dieser Infrastrukturgüter wäre dann mit einer Erhöhung der Attraktivität der betroffenen Standorte zu rechnen, so daß diese zu „Kristallisationspunkten der wirtschaftlichen Revitalisierung in Ostdeutschland" werden. Ebenda S. 464.

204 Vgl. Heine, M.; Herr, H. (1994) S. 497. Kritisch ist derzeit aber noch die Ausweisung der sog. strukturschwachen Regionen. So können zwar Aussagen über die regionalen Disparitäten getroffen werden, die in der ehemaligen DDR geherrscht haben [vgl. z.B. Klemmer, P.; Schrumpf, H. (1990) S. 118ff.]. Diese sind aber Ausgangspunkt der regionalen Entwicklung und können daher aufgrund des Strukturwandels für eine Förderung nicht maßgeblich sein. Die Indikatoren, die zur Beurteilung der Strukturschwäche bzw. -stärke von Regionen verwendet werden und für die Regionalförderung bestimmend sind, sind jedoch im wesentlichen vergangenheitsorientiert. Dies ist im Fall eines sich langsam vollziehenden Strukturwandels relativ problemlos, da die Entwicklung von benachteiligten Regionen sich im allgemeinen nur langsam vollzieht [vgl. Ragnitz, J. (1991) S. 413]. Für die neuen Länder ist aber von einem extremen Strukturwandel auszugehen, so daß aus den gegenwärtigen Daten der Beschäftigung und des Einkommens keine Prognosen bzgl. der künftigen wirtschaftlichen Chancen der Regionen gezogen werden können. Das bedeutet, daß sog. strukturschwache Regionen kaum zuverlässig ausgewiesen und auch über die künftigen Wachstumsregionen keine Prognosen abgegeben werden können [vgl. Klemmer, P. (1992) S. 198]. Diese Argumentation und die Tatsache, daß nur ein allgemeiner Entwicklungsrückstand diagnostiziert werden konnte, war in der Vergangenheit die Begründung dafür, die gesamte ehemalige DDR in die Förderung einzubeziehen. Mit zeitlich fortschreitender Präsenz des marktwirtschaftlichen Systems kann aber davon ausgegangen werden, daß sich Arbeitsmarktregionen herauskristallisieren werden, die dann mit Hilfe von Indikatoren isoliert werden können. Diese Regionen könnten dann in die Regionalförderung einbezogen werden. Vgl. zu einer Analyse der Arbeitsmarktregionen in den neuen Ländern Budde, R.; Eckey, H.-F.; Klemmer, P.; Lageman, B.; Schrumpf, H. (1991).

205 Vgl. Ragnitz, J. (1991) S. 415, Jochimsen, R (1993) S. 63, ähnlich Gatzweiler, H.-P. (1992) S. 138, der auf das Ziel einer Stärkung der Eigenverantwortung der Gemeinden bei Anpassungsproblemen verweist.

sprechend besser nach den lokalen Bedürfnissen (z.B. mit Einbindung in regionale Entwicklungspläne) und in Abstimmung mit den investierenden Unternehmen durchgeführt werden.[206] Dabei geht es vor allem um die Bereitstellung von erschlossenen Gewerbeflächen, Ausbau wirtschaftsnaher Verkehrsanbindungen sowie die Verbesserungen der Umweltbedingungen.[207] Eine konsequente Umsetzung dieses Ansatzes würde die Sammlung von Informationen sowie die Konzeption von Infrastrukturgütern nicht nur unteren staatlichen Ebenen, sondern vielmehr Privaten zuweisen. In diesem Zusammenhang ist auf die in III.4.3.3 dikutierten Vorteile der Verlagerung der Identifikationsphase auf Private im Rahmen des Franchise-Verfahren zu verweisen. Da es sich hierbei um ein in Deutschland bislang nicht realisiertes Vorgehen handelt, wird dieser Ansatz im folgenden nicht als Kriterium für die Bewertung der Leistungsfähigkeit privaten Infrastrukturengagements herangezogen.

Zusammenfassend fordert ein modifiziertes regionalpolitisches Konzept unter Berücksichtigung des Spannungsfeldes zwischen knappen Finanzmitteln, umfangreichem Infrastrukturbedarf und dem in IV.2.3.3.1 ausgewiesenen Zielkonflikt eine differenziertere Regionalpolitik für die neuen Länder. Diese bündelt einerseits höherwertige wirtschaftsnahe Infrastruktur in Schwerpunktorten, um eine möglichst rasche Angleichung der Lebensverhältnisse gegenüber den westlichen Bundesländern zu forcieren. Diese Betonung des Wachstumszieles unterstützt zudem die der Raumordnungspolitik zugrundliegende Konzeption. Inwieweit das Prinzip der Schwerpunktorte auf Zentren niedrigerer Stufe ausgeweitet werden kann, hängt dabei entscheidend vom Umfang der zur Verfügung stehenden Fördermittel[208] sowie von eventuellen *zusätzlichen* Finanzierungsspielräumen durch eine Privatfinanzierung ab. Andererseits sollte die Ausgleichszielsetzung im Rahmen der Gemeinschaftsaufgabe darauf beschränkt werden, extreme regionale Disparitäten außerhalb von potentiellen Wachstumsregionen abzumildern. Hieraus leitet sich die Wünschbarkeit einer *speziellen* Förderung von Regionen mit unterdurchschnittlichem Entwicklungsstand in den neuen Ländern ab, welche mit einer Basisinfrastruktur ausgestattet werden

206 Vgl. Sachverständigenrat (1993) S. 207. Hier geht es auch darum, lokale Überkapazitäten zu vermeiden. Vgl. Sitte, R. (1994) S. 248.

207 Ein dezentrales regionalpolitisches Konzept sieht zudem vor, daß durch valide Indikatoren ermittelte strukturschwache Regionen Investitionspauschalen erhalten. Die Aufteilung der Mittel auf konkrete Projekte könnte dabei den Regionen überlassen werden, anstatt Zuweisungen direkt an bestimmte Investitionsobjekte zu binden. Zudem sollte die kapitalorientierte Regionalpolitik zugunsten der infrastrukturorientierten zurückgefahren werden, um die Standortattraktivität der Regionen zu erhöhen. Vgl. für das allgemeine regionalisierte Konzept auch Eckey, H.-F. (1991) S. 125, der es als Mischform des prozeßorientierten und des ordnungspolitischen Konzeptes ausweist. Hinzuweisen ist darüber hinaus auch auf die Notwendigkeit eines angemessenen Eigenbeitrages der Kommunen und der Regionen, um Fehlanreize zu vermeiden.

208 Es ist aber zu fordern, daß die gegenwärtig zur Verfügung stehenden Fördermittel nach diesem Prinzip verteilt werden.

sollten. Eine derartige Politik betont folglich im Gegensatz zur derzeitigen Vorgehensweise die Wachstumszielsetzung im Rahmen der Regionalpolitik.

Aus diesen differenzierten Zielsetzungen werden im **fünften Schritt** der Analyse Kriterien abgeleitet, die in Teil V der Arbeit die Überprüfung der Leistungsfähigkeit privater Finanzierungsformen erlauben.[209] So sollte im Rahmen des Wachstumszieles eine *Mobilisierung von Wachstumsreserven* sowie eine *Schaffung von wettbewerbsfähigen Dauerarbeitsplätzen in Schwerpunktorten* realisiert werden. Im Rahmen der Ausgleichszielsetzung ist eine differenzierte Regionalförderung anzustreben, die den *Abbau regionaler Disparitäten zugunsten stark benachteiligter Regionen* betreibt. Diese Ziele sind vor dem Hintergrund einer Dezentralisierung der Regionalpolitik in den neuen Ländern zu verwirklichen. Die Vorteilhaftigkeit privater Infrastrukturinvestitionen ist also anhand der Kriterien 'Mobilisierung von Wachstumsreserven in Schwerpunktorten', 'Schaffung von wettbewerbsfähigen Dauerarbeitsplätzen in Schwerpunktorten', sowie 'Abbau regionaler Disparitäten zugunsten stark benachteiligter Regionen' zu überprüfen.

2.2.4 Aspekte der Verfahrensbeschleunigung

Die skizzierten raumordnungs- und regionalpolitischen Konzepte sind mit der in Art. 28 I Einigungsvertrag niedergelegten Zielvorstellung einer möglichst *raschen* Entwicklung einer ausgewogenen Wirtschaftsstruktur verbunden. In diesem Zusammenhang ist zunächst die Frage aufzuwerfen, in welcher Hinsicht es volkswirtschaftlich vorteilhaft sein kann, wenn durch den Einsatz privaten Kapitals „Zeit eingekauft“[210] wird. Eine Verfahrensbeschleunigung kann mit dem Charakter von Infrastruktur als *Voraussetzung* für private Investitionen begründet werden. Nur wenn Verkehrserschließung, Ver- und Entsorgungsinfrastruktur etc. vorhanden sind, können die mit Infrastrukturinvestitionen in der Leistungsabgabephase verbundenen Produktivitäts- und Standorteffekte sowie die daraus folgenden Beschäftigungswirkungen realisiert werden.[211] Wären diese Voraussetzungen für den Entwicklungsprozeß *früher* als im Fall einer staatlichen Erstellung vorhanden, so könnte dies - bei Gültigkeit der beschriebenen Wirkungskette - eine *Beschleunigung* des wirtschaftlichen Wachstums in den neuen Ländern bewirken. Damit käme es gleichzeitig früher zu höheren Steuererträgen aus erhöhter Wirtschaftstätigkeit, welche die bisher nur unter-

---

209 Vorteile eines privaten Engagements im Rahmen der Erstellung und Finanzierung von Infrastrukturgütern unterstellt offenbar auch der Planungsausschuß, der ein Interessenbekundungsverfahren im Rahmen der Infrastrukturförderung eingeführt hat. Danach sollte der Träger der Infrastruktureinrichtung vor der Bewilligung der Fördermittel prüfen, inwieweit durch eine Einschaltung Privater Kosten- bzw. Zeitersparnisse realisiert werden können. Vgl. Planungsausschuß für regionale Wirtschaftsstruktur (1994) S. 6.

210 Bundesministerium für Finanzen (1991) S. 17.

211 Vgl. Sachverständigenrat (1991) S. 222, vgl. ähnlich auch Ewers, H.-J. (1991) S. 50f.

entwickelte Einnahmeseite der Länder und Kommunen stärken und Spielräume für weitere Investitionen eröffnen würde. Darüber hinaus ist eine *rasche* Angleichung der Lebensverhältnisse in den neuen Ländern mit politischen Motiven zu begründen.

Es stellt sich nun die Frage, *inwieweit* Private in der Lage sind, den Ausbau der Infrastruktur und die damit verbundenen potentiellen Wachstumseffekte zu beschleunigen. Hierzu sind die einzelnen Komponenten der Leistungserstellungsphase von Infrastrukturgütern zu beleuchten, um abzuschätzen, in welchen Teilschritten der Infrastrukturerstellung Beschleunigungspotentiale vermutet werden können. Beim Bundesfernstraßenbau werden z.B. die politische Entscheidungsfindung[212] in Form eines Bundesgesetzes, die Genehmigungsverfahren[213] (z.B. Raumordnungsverfahren mit Umweltverträglichkeitsprüfung, Festlegung der Linienführung, Planfeststellungsverfahren), die im Planfeststellungsverfahren integrierte Planung i.e.S. (Projektierung) sowie die Stufe der

---

212 Der SACHVERSTÄNDIGENRAT weist darauf hin, daß die politische Entscheidungsfindung sehr zeitintensiv ist. Dies gelte vor allem dann, wenn mehrere Gebietskörperschaften zusammenarbeiten müßten. Vgl. Sachverständigenrat (1991) S. 222.

213 Im Rahmen des Genehmigungsverfahrens für ein überörtliches Infrastrukturprojekt (z.B. eine Bundesfernstraße) ist zunächst nach §6a ROG ein *Raumordnungsverfahren* durchzuführen, das das Projekt mit anderen raumwirksamen Maßnahmen koordinieren und in raumordnerischer Hinsicht bewerten soll (§6a I Nr. 1 und 2 ROG) [vgl. Steiner, U. (1992b) S. 723]. Bestandteil des Raumordnungsverfahrens ist auch eine *Umweltverträglichkeitsprüfung*.
Die Erstellung von Infrastrukturgütern ist darüber hinaus mit einer starken Beanspruchung von Flächen verbunden und erfordert eine Einbindung der Trasse in das räumliche Umfeld sowie eine Abstimmung der Nutzungen bzw. Nutzungsansprüche anderer im Hinblick auf die zu verwendenden Flächen. Aus diesem Grund wird ein sog. *Planfeststellungsverfahren* durchgeführt, das eine Abwägung bzw. einen Ausgleich der oben skizzierten Ansprüche ermöglicht und im abschließenden Planfeststellungsbeschluß das Projekt mit der notwendigen rechtlichen Grundlage ausstattet [vgl. Steiner, U. (1992a) S. 645]. Dieses Verfahren ist für Bundesfern- und Landesstraßen vorgeschrieben, während bei Kreisstraßen etc. in Abhängigkeit vom Bundesland unterschiedliche Regelungen gelten. Das Planfeststellungsverfahren umfaßt die Planaufstellung, die Anhörung sowie den Planfeststellungsbeschluß, wobei die Planaufstellung mit einem „'Planungsermessen' im Sinne einer planerischen Gestaltungsfreiheit" [Steiner, U. (1992a) S. 648 (ohne Hervorhebung)] der Planfeststellungsbehörde (oberste Landesstraßenbaubehörde) verbunden ist.
Die skizzierten Verfahren erwiesen sich in der Vergangenheit allerdings als sehr zeitaufwendig. Der SACHVERSTÄNDIGENRAT weist darauf hin, daß in den alten Bundesländern üblicherweise von der Beantragung der Genehmigung bis zur Fertigstellung größerer Verkehrsprojekte 15 bis 20 Jahre vergehen [vgl. Sachverständigenrat (1991) S. 225]. Aufgrund der Dringlichkeit des Aus- und Neubaubedarfs in den neuen Bundesländern ist zur Verkürzung der Planungszeiten das Verkehrswegeplanungsbeschleunigungsgesetz vom 16. Dezember 1991 (BGBl. 1991 I S. 2174) verabschiedet worden, das alle Verkehrswege des Bundes und Verkehrsflughäfen sowie Verkehrswege des spurgebundenen öffentlichen Personennahverkehrs einbezieht. Vgl. zu einer Diskussion des Gesetzes Ronellenfitsch, M. (1993) S. 11ff.

Finanzierung und der Baudurchführung unterschieden.[214] Die zeitintensiven Genehmigungsverfahren werden aufgrund des Koordinierungszwanges sowie ihrer Natur als Verwaltungsakt beim Staat verbleiben,[215] sind jedoch bereits durch das Verkehrswegeplanungsbeschleunigungsgesetz zumindest temporär (bis 31.12.1999) verkürzt worden. Da sich die Baudurchführung derzeit bereits weitgehend in privater Hand befindet, können Zeiteinsparpotentiale nur bei der Projektplanung sowie der Finanzierung vermutet werden. Diesen sind Verzögerungen gegenüberzustellen, die aufgrund der Ausschreibung des Projektes und der Auswahl privater Unternehmen entstehen können. Diese sind allerdings nur in dem Umfang anzusetzen, in dem sie über den *bisher* benötigten Zeitraum für eine Ausschreibung und Auswahl von Privaten für die reine *Erstellung* von Infrastrukturgütern hinausgehen.

Für den Bereich der Planung und Projektierung kritisiert der SACHVERSTÄNDIGENRAT die Schwerfälligkeit der staatlichen Verwaltungen und äußert sich gleichzeitig - vor allem auch im Hinblick auf die in den neuen Ländern noch nicht voll funktionstüchtige Verwaltung - skeptisch bzgl. einer Verkürzung von Planungszeiten durch eine Reorganisation staatlicher Institutionen.[216] Vor diesem Hintergrund ist als Kriterium zur Überprüfung der Vorteilhaftigkeit privaten Engagements folglich zu erörtern, ob eine *Einbeziehung Privater in die Planung i.e.S. zu Zeitersparnissen* führen könnte. Hierzu sind auch die Zeitersparnisse zu zählen, die Privatunternehmen aufgrund einer bereits bestehenden Dachgesellschaft und geschulten Personals im Bereich der Organisation erzielen können.

Einen weiteren Ansatzpunkt bildet die Phase der Finanzierung. Hierzu führt das BUNDESMINISTERIUM DER FINANZEN aus, daß die „verstärkte private Finanzierung öffentlicher Infrastrukturinvestitionen [...] ein Weg sein [könnte], die Investitionstätigkeit zu beschleunigen, indem zusätzliche Projekte verwirklicht und Realisierungszeiträume verkürzt werden. Dadurch läßt sich *'Zeit einkaufen'* insbesondere für eine *raschere Entwicklung der neuen Bundesländer.*“[217] Dabei liegt die Chance, Realisierungszeiträume durch Privatfinanzierung zu verkürzen, vor allem in der Finanzierung außerhalb der budgetären Prozesse.[218]

---

214 Die in III.4.3.3 ausgewiesenen Phasen der Identifikation und des Vordesigns des Projektes sowie der Bestimmung des Projektkorridors entfallen in diesem Fall, da die Auswahl der Projekte nach bundesdeutschen Verfahrensweisen beim Staat liegt. Die in III.4.3.3 genannte Phase der Erstellung ist hier in Erstellung und Finanzierung aufgeteilt, da die derzeit diskutierten Modelle unterschiedliche Schwerpunkte in Bezug auf diese Phasen setzen.

215 Vgl. hierzu III.4.2 sowie Ewers, H.-J. (1991) S. 54, Pfaffenberger, W. (1991) S. 10.

216 Vgl. Sachverständigenrat (1991) S. 222.

217 Bundesministerium für Finanzen (1991) S. 17 (Hervorhebung im Original).

218 Vgl. Ewers, H.-J. (1991) S. 50, Sachverständigenrat (1991) S. 223. EWERS weist außerdem darauf hin, daß die staatliche Bereitstellung von Kapital dadurch verzögert werden könnte, daß Grenzen der Staatsverschuldung eingehalten werden müssen oder Steuerer-

Gleichzeitig berühren potentielle Beschleunigungseffekte unmittelbar die Frage der Kosteneffizienz, da durch eine schnellere Erstellung des Infrastrukturgutes Kapital gespart werden kann. Konkret ist die Frage zu beantworten, inwieweit die Kapitalbindung dadurch reduziert werden kann, daß das Projekt schneller in die Leistungsabgabephase übergeht und Erträge erwirtschaftet.[219] Als weiteres Kriterium der Leistungsfähigkeit privaten Engagements ist folglich zu überprüfen, inwieweit durch eine Einbeziehung Privater *Zeitersparnisse in der Finanzierungsphase* realisiert werden können, die über kürzere Realisierungszeiträume zu einer geringeren Kapitalbindung führen und gleichzeitig eine Verwirklichung zusätzlicher Projekte erlauben.

2.2.5 Umweltpolitische Ziele und Gestaltungsmöglichkeiten

Die Zentralverwaltungswirtschaft der DDR hat nicht nur ein heruntergewirtschaftetes ökonomisches, sondern auch ein stark geschädigtes ökologisches System hinterlassen. Dies läßt sich vor allem darauf zurückführen, daß Grundbedürfnisse stark subventioniert und so natürliche Ressourcen (u.a. Energie, Wasser) mit entsprechenden Konsequenzen für die Umwelt übernutzt wurden.[220] Das Ausmaß der entstandenen Umweltschäden ist jedoch nur schwer abzuschätzen. Dies gilt vor allem für den Umfang von Altlasten sowie Boden- und Grundwasserbelastungen, welche bisher noch nicht vollständig identifiziert werden konnten.[221]

Der Einigungsvertrag sieht vor diesem Hintergrund vor, „die Einheitlichkeit der ökologischen Lebensverhältnisse auf hohem, mindestens jedoch dem in der Bundesrepublik Deutschland erreichten Niveau zu fördern“ (§34 I Einigungsvertrag).[222] Dieses Unterziel ist direkt dem Zwischenziel einer ausgewogenen

---

höhungen aus ökonomischen oder politischen Erwägungen nicht durchgesetzt werden können. Vgl. Ewers, H.J. (1991) S. 54.

219 Vgl. Gomez-Ibanez, J.A.; Meyer, J.R.; Luberoff, D.E. (1991) S. 266.

220 Vgl. Adler, U. (1990) S. 44.

221 Vgl. hierzu die Ausführungen in II.2.2.4 sowie Koeppel, H.-W.; Nonnen, J.; Hille; Zuppke, U.; Kampe, D. (1991) S. 382.

222 Konkretisierungen dieses Zieles finden sich sowohl im §2 I Nr. 8 ROG als auch in den ‘Eckwerten der ökologischen Sanierung und Entwicklung in den neuen Ländern’, wonach „das heute bestehende Umweltgefälle zwischen beiden Teilen Deutschlands [...] innerhalb der nächsten 10 Jahre ausgeglichen werden [muß], und zwar auf umweltpolitisch anspruchsvollem Niveau.“ (Der) Bundesminister für Umwelt, Naturschutz und Reaktorsicherheit (1991) S. 8.
Kritisch ist an dieser Stelle die implizite Referenzgröße ‘alte Bundesländer’ zu bewerten. Derzeit mag zwar die Umweltbelastung in den alten Ländern geringer sein als in den neuen Ländern, langfristig erscheinen jedoch bei den umfangreichen Umweltproblemen der alten Länder diese als Referenzgröße im Umweltstandard nicht tauglich. Dementsprechend führen SCHMITZ und WIEGANDT aus: „Während das Teilziel ‘Einheitlichkeit’ den Abbau der zum Teil gravierenden Disparitäten im Umweltbereich verlangt, erfordert

Wirtschaftsstruktur und damit dem Oberziel der Einheitlichkeit der Lebensverhältnisse verpflichtet (Abb. 4.4). Als Maßnahmen zur Umsetzung des Umweltziels werden ökologische Sanierungs- und Entwicklungsprogramme sowie Maßnahmen zur Abwehr von Gefahren für die Gesundheit der Bevölkerung (§34 II Einigungsvertrag) genannt. Die skizzierte Beziehung zwischen Ziel und Maßnahmen findet seine Entsprechung im Raumordnungsgesetz, welches u.a. Verbesserungen der Verkehrsverhältnisse sowie der Ver- und Entsorgungsinfrastruktur als Maßnahmen zur Förderung einheitlicher ökologischer Lebensverhältnisse präzisiert.

Im Rahmen dieser Arbeit kommt einer Verbesserung der unzureichenden Umweltqualität in den neuen Ländern durch die o.g. Maßnahmen vor allem als Standortfaktor Bedeutung zu.[223] Sie ist u.a. als wesentliche Voraussetzung für einen wirtschaftlichen Aufschwung in den neuen Ländern anzusehen.[224] So kann eine regionale Industrieansiedlung nur erfolgreich sein, wenn eine ausreichende Umweltqualität besteht. Hieraus leitet sich erstens die Aufgabe ab, die *derzeit schlechte ökologische Situation* zu verbessern. Als Ansatzpunkte ergeben sich zum einen der *Ausbau der Entsorgungs- und Versorgungsinfrastruktur*, um die Umweltsituation z.B. im Bereich der Gewässerbelastung *kurzfristig* zu entspannen. Unter der Annahme, daß die Umwelt als Standortfaktor Bedeutung hat und daß ein Aufschwung in den neuen Ländern möglichst schnell erreicht werden soll, ist auch die Umweltqualität *zügig* zu verbessern. Aus ökologischen Erwägungen ist daher das Ziel einer *schnellen Bereitstellung von Ent- und Versorgungsinfrastrukturgütern* in den neuen Bundesländern zu verfolgen. So ist - über den bisher gezeigten Zusammenhang hinaus - auch aus ökologischer Perspektive das *Kriterium der Zeitersparnis* abzuleiten. Weiterhin ist als Standortfaktor die *Verfügbarkeit unbelasteter Flächen* von Bedeutung. Hieraus folgt als langfristige Aufgabe die Sanierung kontaminierter Flächen

---

das Teilziel 'hohes Niveau' die Verbesserung und den nachhaltigen Schutz der Umwelt in *allen* Regionen des Bundesgebietes." Schmitz, S.; Wiegandt, C.-C. (1992) S. 174.

223 Darüber hinaus ist auf die große Bedeutung der Umweltqualität als Wohnortfaktor zu verweisen. So erhöht eine nur geringe Umweltqualität das individuelle Gesundheitsrisiko und verstößt damit gegen die Forderung der Gleichwertigkeit der Lebensverhältnisse im gesamtdeutschen Vergleich. Vgl. Koeppel, H.-W.; Nonnen, J.; Hille; Zuppke, U.; Kampe, D. (1991) S. 372. Vgl. auch Töpfer, K. (1991) S. 179.

224 So werden beispielsweise vorhandene oder vermutete Altlasten Folgebetriebe oder Neugründer aufgrund der immensen, vielfach nicht kalkulierbaren Sanierungskosten veranlassen, unbelastete Flächen als Standort zu wählen. Diese Substitution ist aber in zweifacher Hinsicht problematisch. Zum einen werden sich bisherige Industriestandorte, die hoch belastet sind, Abwanderungstendenzen gegenübersehen. Zum anderen werden unbelastete Flächen durch Industrieansiedlungen 'verbraucht'. Freiräume sind aber gerade in Ballungsräumen als Ausgleichsflächen, Erholungsräume etc. von großer Bedeutung und daher zu schützen.

sowie anderer Altlasten. Aufgrund hoher Kosten und schwer absehbarer Risiken ist für diese Aufgabe die Verantwortlichkeit staatlicher Stellen vorzuziehen.[225]

Neben der *derzeitigen* schlechten ökologischen Situation ist zweitens im *sich abzeichnenden Entwicklungsprozeß* zu berücksichtigen, daß die Absorptionsfähigkeit der Umwelt für Schadstoffe sowie deren Erneuerungsfähigkeit begrenzt ist (Prinzip der nachhaltigen Entwicklung).[226] So hat die in den neuen Ländern gestiegene Wirtschaftstätigkeit einen steigenden Verbrauch natürlicher Ressourcen, einen Anstieg der Abfall- und Abwasserbelastung sowie ein erhöhtes Verkehrsaufkommen zur Folge.[227] Daher sind bei der ordnungspolitischen Gestaltung des wirtschaftlichen Entwicklungsprozesses in den neuen Ländern Vorsorgemaßnahmen zum Schutz der natürlichen Ressourcen angebracht.[228] Um diese entsprechend gestalten zu können, ist zunächst zu fragen, inwieweit der Ausbau von Infrastruktur und die nachfolgende Leistungsabgabe zu negativen Umwelteinflüssen führt.

In diesem Zusammenhang ist zum einen der Flächenverbrauch durch Ausbau und Erweiterung von Infrastrukturgütern zu berücksichtigen. Während Ausbauprojekte bereits negative Auswirkungen in Bezug auf eine Versiegelung von Oberflächen, die Veränderung von Randbereichen sowie 'Verlärmungsphänomene' haben, sind Erweiterungsprojekte in ihren Wirkungen noch einschneidender. Letztere beeinträchtigen vor allem durch Kontaminationen sowie Zerschneidungen bisher noch intakte Landschaften und Biotope und gefährden diese in ihrer Funktionsfähigkeit.[229] Dies trifft auf die vier im BUNDES-

---

225 Vgl. DIW (10/1991) S. 98. In speziellen Problemräumen (z.B. Leipzig, Halle, Chemnitz, Dresden, Cottbus) sind darüber hinaus Sonderhilfen notwendig, da hier Mehrfachbelastungen vorliegen [vgl. Koeppel, H.-W.; Nonnen, J.; Hille; Zuppke, U.; Kampe, D. (1991) S. 384]. Besonders aufwendig ist vor allem die Sanierung der Braunkohleabbaugebiete, die z.T. als unkontrollierte Deponien verwendet wurden und von denen ein erhebliches Gefährdungspotential ausgeht.

226 Vgl. Hanusch, H. (1995) S. 13, ähnlich Bach, S.; Gornig, M.; Stille, F.; Voigt, U. (1994) S. 148.

227 Da der Umgang mit Energie und Wasser in der DDR sehr verschwenderisch war, wird das in der ehemaligen DDR existierende Niveau der Umweltverschmutzung voraussichtlich nicht wieder erreicht werden. Die im Einigungsvertrag formulierte ökologische Zielsetzung beinhaltet jedoch ein hohes Niveau der Umweltqualität, so daß die durch den wirtschaftlichen Aufschwung eintretende zusätzliche Belastung begrenzt werden sollte. Hier bekommt vor allem die Einschränkung von Emissionen im Zuge des wirtschaftlichen Strukturwandels durch präventiven Umweltschutz (umweltschonende Technologien) Bedeutung, welcher allerdings erst langfristig vor allem im Gewässerschutz und der Luftreinhaltung wirksam werden wird. Vgl. Adler, U. (1990) S. 50.

228 Vgl. Schmitz, S.; Wiegandt, C.-C. (1992) S. 174.

229 Vgl. zu den Umwelteffekten von Bahntrassen und Autobahnen im einzelnen Kieslich, W.; Kleinschmidt, V.; Löbach, W. (1992) S. 17ff., sowie zu den Umweltauswirkungen der geplanten Verkehrsprojekte 'Deutsche Einheit' und deren Konfliktpotential mit schützenswerten Regionen ebenda S. 27ff., ähnlich auch Bundesministerium für Raumordnung, Bauwesen und Städtebau (1994a) S. 52ff. Für eine detailliertere Darstellung der mit dem Flächenverbrauch verbundenen externen Effekte vgl. auch UPI (1993) S. 28f.

VERKEHRSWEGEPLAN 1992 ausgewiesenen Neubauprojekte der Bahn sowie die Vorhaben der 'Ostseeautobahn' A 20 von Lübeck bis zur polnischen Grenze, der A 14 von Magdeburg nach Halle, der 'Südharzautobahn' von Göttingen nach Halle sowie einer Verbindung von Erfurt nach Schweinfurt durch den Thüringer Wald zu.[230] Folglich sollten Freiraumsicherungskonzepte erarbeitet werden, die schutzbedürftige natürliche Ressourcen, Biotope und Arten sichern.[231] Dies ist aufgrund hoher Transaktionskosten des Verhandlungsprozesses zwischen den Betroffenen sowie anzustrebender Planungssicherheit im wesentlichen Aufgabe der großräumigen Planung und damit Teil des staatlichen Raumordnungsverfahrens. Aus diesem Grund wird hieraus kein zusätzliches Kriterium zur Überprüfung der Leistungsfähigkeit privaten Infrastrukturengagements abgeleitet. Es ist aber darauf hinzuweisen, daß obige Überlegungen generell die Gestaltung eines privaten oder staatlichen Infrastrukturengagements begrenzen. Sie tragen zur Gestaltung komplexer Zielbündel auf Seiten den Politik bei, deren Umsetzung für private Wirtschaftssubjekte rahmengebend ist.

Zum anderen werden negative externe Effekte in Form von Umweltschäden durch die Leistungsabgabe von Verkehrsinfrastrukturgütern verursacht. Vor dem Hintergrund eines bereits hohen Verkehrsaufkommens in der Bundesrepublik sind sowohl die durch das wirtschaftliche Wachstum in den neuen Ländern zunehmenden Verkehrsströme[232] als auch das durch den Infrastrukturausbau induzierte Verkehrsaufkommen als Ursachen zusätzlicher Umweltbeeinträchtigungen zu nennen. Da durch den Ausbau von Verkehrsinfrastrukturgütern verbesserte Erreichbarkeiten geschaffen werden und diese zusätzlichen Verkehr

---

230 Flächenverbrauch ergibt sich darüber hinaus auch durch punktförmige Infrastruktureinrichtungen (z.B. Klärwerke, Häfen, Verladezentren). Diese sind aber von geringerer Problematik, da sie nicht die trassenförmige Zerschneidung von Landstrichen zur Folge haben. SCHMITZ und WIEGANDT weisen aber darauf hin, daß in der Zukunft in den neuen Ländern ein steigender Flächenverbrauch zu verzeichnen sein wird, wobei die Gefahr einer Vernachlässigung der ökologischen Auswirkungen bestehe. Vgl. Schmitz, S.; Wiegandt, C.-C. (1992) S. 169.

231 Vgl. Gatzweiler, H.-P. (1992) S. 138, Bundesministerium für Raumordnung, Bauwesen und Städtebau (1994a) S. 62. EWRINGMANN u.a. weisen auf einen möglichen Zielkonflikt zwischen einer regionalpolitischen Förderung und dem (landesplanerischen) Ausweis ökologischer Vorranggebiete hin. Vgl. Ewringmann, D.; Freund, U.; Hansmeyer, K.-H., Kortenkamp, L., Vorholz, F. (1986) S. 206ff.

232 Für die alten Länder ist bzgl. der Entwickung des Personenverkehrs in Abhängigkeit vom Bruttoinlandsprodukts eine Elastizität von knapp über 1 ermittelt worden, für den motorisierten Individualverkehr etwas darüber. Für den gesamten Güterverkehr ist die Elastizität der Güterverkehrsleistung etwas geringer als im Personenverkehr, im Bereich des Straßengüterverkehrs liegt sie jedoch durchgängig zwischen 1 und 2 [vgl. DIW (51/1992) S. 695]. Zur prognostizierten Verkehrsentwicklung für die Bundesrepublik bis zum Jahr 2010 vgl. für den Personenverkehr Mann, H.-U.; Hautzinger, H. u.a. (1991) und für den Güterverkehr Röhling, W.; Kessel, P. u.a. (1991) sowie zu den Bestimmungsgründen eines steigenden Verkehrsaufkommens II.2.1.2.

induzieren, kann von einem *selbstverstärkenden Effekt* des Infrastrukturausbaus in Bezug auf das Verkehrsaufkommen[233] und damit auch auf die Umweltbelastung gesprochen werden. Negative externe Effekte des Verkehrs entstehen vor allem in Form von Luftverschmutzungen, Lärm, Beeinträchtigungen des Grundwassers durch Gefahrgut-Unfälle sowie Streusalz, Arten- und Biotopschwund sowie die Verstärkung des Treibhauseffektes.[234] So schätzt das UMWELTBUNDESAMT unter Berücksichtigung der im Zuge der deutschen Vereinigung neu entstehenden Verkehrsprojekte und des von diesen induzierten Verkehrs, daß sich bis zum Jahr 2010 eine Zunahme der CO_2-Emissionen allein durch den Straßenverkehr um fast 50% ergeben wird.[235] Andere Formen negativer externer Effekte werden in ähnlichem Maße zunehmen.[236]

Maßnahmen, die zu einer Beschränkung der erwarteten Emissionen und anderer Externalitäten führen, bestehen einerseits in einer Steuerung des Neu- und Ausbaus von Infrastrukturgütern im Hinblick auf weniger umweltbelastende Verkehrssysteme (Schienenverkehr, Schiffahrt). So sollte die „Infrastrukturpolitik [...] durch ihre Steuerungsmöglichkeiten dazu beitragen, daß eine ähnlich dominante Stellung des Straßenverkehrs wie in Westdeutschland nicht gleichermaßen in Ostdeutschland aufgebaut wird."[237] Dieser Ansatz würde auch durch Investitionen unterstützt, die eine Verknüpfung der einzelnen Verkehrssysteme erlauben (z.B. kombinierter Ladungsverkehr).

Andererseits sind Maßnahmen zu betrachten, die wirksam zur *Internalisierung* negativer externer Effekte beitragen. Um dem Verkehrswachstum entgegenwirken zu können, wäre ein Bündel ordnungsrechtlicher und preispolitischer

---

233 Vgl. Stevens, B.; Michalski, W. (1993) S. 11.

234 Vgl. zu einer detaillierteren Darstellung der unterschiedlichen Formen externer Effekte UPI (1993) S. 15ff. Unberücksichtigt bleiben an dieser Stelle allerdings externe Kosten durch Unfälle. Vgl. hierzu z.B. Suntum, U.v. (1986) S. 147ff.

235 Vgl. Gorißen, N.; Schmitz, S. (1992) S. 205. Bei dieser Abschätzung wurde ein Neubau von 500 km Autobahnen und 2910 km Bundesstraßen sowie ein Ausbau von 2190 km Autobahnen und 540 km Bundesstraßen unterstellt.
Diese Ergebnisse stehen in krassem Gegensatz zu den politisch gesetzten Minderungszielen von -10% (Beschluß der Umweltministerkonferenz des Bundes und der Länder vom November 1990) bzw. -30% (Empfehlung der Enquete-Kommission „Vorsorge zum Schutz der Erdatmosphäre" des 11. Deutschen Bundestages, 3. Bericht vom Oktober 1990) für CO_2 bis zum Jahr 2005. Bzgl. der Stickoxide und Kohlenwasserstoffe ist durch die Verbreitung des Katalysators zwar von einer Reduzierung der Belastung auszugehen. Die Minderungsziele von -60% bzw. -70% (Umweltministerkonferenz), die zu einer Vermeidung des Sommersmogs notwendig wären, werden jedoch nicht erreicht. Dies gilt auch für die krebserregenden Stoffe Dieselruß und Benzol. Vgl. Gorißen, N.; Schmitz, S. (1992) S. 206.

236 An dieser Stelle soll allerdings nicht die Höhe der externen Kosten abgeschätzt werden, da derartige Rechnungen mit großen methodischen Problemen behaftet sind. Vgl. Willeke, R. (1993) S. 219. Zu einer Abschätzung der Höhe der externen Kosten des Straßenverkehrs vgl. UPI (1993) S. 15ff., Dogs, E.; Platz, H. (1991).

237 Bach, S.; Gornig, M.; Stille, F.; Voigt, U. (1994) S. 150.

Maßnahmen notwendig. Es müßte also eine Gestaltung der Leistungsabgabe von Infrastrukturgütern derart erfolgen, daß durch einen wirksamen Nutzungsausschluß in Verbindung mit preispolitischen Instrumenten Nachfrager an den durch die Nutzung des Infrastrukturgutes verursachten externen Kosten beteiligt werden.[238] So empfiehlt der WISSENSCHAFTLICHE BEIRAT BEIM BUNDESMINISTER FÜR VERKEHR von einer ökologischen Subventionierung der Straße Abstand zu nehmen. „Nur wenn sich die tatsächliche Knappheit der in Anpruch genommenen natürlichen Lebensgrundlagen in den Transportpreisen widerspiegeln, treffen die Privaten die richtigen Entscheidungen über die Wahl des Verkehrsmittels ebenso wie ihres Standortes.“[239] Dies bedeutet, daß über die für die Rentabilität von Projekten erforderliche Gebührenerhebung die Nutzungskosten von Infrastrukturgütern umweltökonomisch begründet zu erhöhen sind. Alternativ könnten Infrastrukturnutzer neben den Nutzungsrechten auch Emissionsrechte erwerben.[240] Eine solche Spezifizierung von Handlungsrechten würde folglich zu einer Internalisierung externer Effekte beitragen.

Im Rahmen der Bewertung der Leistungsfähigkeit privaten Infrastrukturengagements soll im folgenden allerdings *kein* optimales Internalisierungsinstrumentarium entwickelt werden, da dies über den gesteckten Rahmen der Arbeit hinausgeht. An dieser Stelle ist aber zu berücksichtigen, daß die oben skizzierten Zusammenhänge grundlegende infrastrukturpolitische und umweltökonomische Entscheidungen auf politischer Seite voraussetzen, denen ein komplexer Abwägungsprozeß ökonomischer und außerökonomischer Ziele vorausgeht. Diese sind ebenfalls als rahmengebend für ein privates Infrastrukturengagement zu betrachten. Für die folgende Analyse ist lediglich darauf hinzuweisen, daß die Einführung eines Preisausschlusses bei elastischer Nachfrage eine Reduktion von Übernutzungserscheinung im Verkehrssektor unterstützt[241] und damit gleichgerichtet auf eine Internalisierung externer Effekte wirkt. Daher ist die Leistungsfähigkeit privaten Infrastrukturengagements im Verkehr auch im Hinblick auf umweltökonomische Überlegungen anhand des Kriteriums „Einführung des Preisausschlusses“ zu bewerten. Das Problem des Preisausschlusses wird vertieft in IV.2.4.2 behandelt.

2.3 Die Entlastung der öffentlichen Haushalte

2.3.1 Direkte Haushaltsentlastungskriterien

Neben den oben diskutierten Zeitersparnissen werden auch Kostenersparnisse vermutet, wenn Private bei der Erstellung von Infrastrukturgütern einbezogen werden. Könnten derartige Effizienzgewinne realisiert werden, so die Argu-

---

[238] Vgl. Sachverständigenrat (1991) S. 152.
[239] Wissenschaftlicher Beirat (1993) S. 626.
[240] Vgl. Klös, H.-P. (1989a) S. 43.
[241] Vgl. hierzu die Ausführungen zu Überfüllungsphänomenen (III.2.2.3.1).

mentation weiter, hätten diese eine *Entlastung der öffentlichen Haushalte* zur Folge.[242] Eine derartige Überlegung setzt zunächst voraus, daß die öffentlichen Haushalte stark belastet sind und von dieser angespannten Haushaltssituation negative ökonomische Wirkungen ausgehen. So konnte in II.4.2.3 aufgrund theoretischer Argumente gezeigt werden, daß in der Bundesrepublik eine Konsolidierung der öffentlichen Haushalte zu fordern ist, um negative gesamtwirtschaftliche Konsequenzen einer sehr hohen Staatsverschuldung abzuwenden. Ob und inwieweit ein *privates Engagement bei der Erstellung und Finanzierung von Infrastrukturgütern zu einer Konsolidierung der öffentlichen Haushalte beitragen* kann, ist jedoch im folgenden erst zu untersuchen. Dabei sollen Mechanismen skizziert werden, über die eine Entlastung der öffentlichen Haushalte erfolgen könnte.[243]

Erstens könnten die öffentlichen Haushalte *direkt entlastet* werden, wenn durch eine Privatfinanzierung ein geringerer staatlicher Ausgabenumfang und damit eine geringere Steuerbelastung bzw. Nettokreditaufnahme ermöglicht würde. Zweitens wäre eine Entlastung über *Effizienzvorteile* einer privaten Bereitstellung möglich (IV.2.3.2). Wäre dies der Fall, so wäre mit einer privaten Finanzierung von Infrastrukturinvestitionen ein Kostenvorteil verbunden, der eine private Finanzierung gegenüber einer staatlichen rechtfertigen würde. Derartige Kostenvorteile würden sich aber nur dann unmittelbar in einer Ersparnis für die öffentlichen Haushalte niederschlagen, wenn Private Investitionen lediglich vorfinanzieren und der Staat langfristig Miet- oder Leasingraten zahlt. Werden *letztendlich Haushaltsmittel* zu einer Finanzierung der betrachteten Infrastrukturgüter eingesetzt, so ist zu überprüfen, ob die Beanspruchung dieser Mittel in Einklang mit den Haushaltsgrundsätzen steht (IV.2.3.3). Aus den genannten Problembereichen sollen wiederum Kriterien für die Überprüfung der Leistungsfähigkeit eines privaten Infrastrukturengagements abgeleitet werden.

Vor dem Hintergrund der angespannten staatlichen Haushaltssituation könnte die Finanzsituation der Gebietskörperschaften derart restriktiv wirken, daß die öffentliche Hand Infrastrukturinvestitionen unterlassen oder zeitlich verschieben müßte, die im Hinblick auf ihre Wachstumswirkungen im Transformationsprozeß von großer Bedeutung sind.[244] Folglich ist von Bedeutung, ob diese Restriktionen durch ein privates Infrastrukturengagement gemildert werden könnten (direkte Haushaltsentlastung). Dabei ist zum einen denkbar, daß aus einer gegebenen Menge von Investitionsprojekten, die das staatliche Budget voll ausschöpfen, einige privat finanziert werden. In diesem Fall würden sich

---

242 Vgl. Bundesministerium für Finanzen (1991) S. 18. Hier ist der finanzwirtschaftliche Effekt aus Abbildung 4.1 angesprochen.

243 Vgl. hierzu auch Schweisfurth, T. (1991) S. 7.

244 Vgl. Rudolph, K-U. (1994) S. 92f., Pfaffenberger, W. (1991) S. 5 und die Ausführungen in IV.2.2.

Haushaltsspielräume ergeben, da durch die entfallenden, privat finanzierten Projekte nun *neue Staatsaufgaben* in den Haushalt aufgenommen werden könnten. Alternativ könnte - bei gegebenem Umfang der Einnahmen aus Abgaben - die *Nettokreditaufnahme reduziert* werden. Zum anderen ist der Fall zu betrachten, in dem staatlicherseits keine zusätzlichen Infrastrukturprojekte mehr finanziert werden können. Dies wäre zum Beispiel bei Kommunen dann der Fall, wenn spezielle Verschuldungsgrenzen greifen (sog. Kreditdeckelung). In diesem Fall könnte eine Privatinvestition die Realisierung zusätzlicher Projekte ermöglichen, ohne daß der Staat weitere Kredite aufnehmen muß.[245] So käme es zu einer *zusätzlichen* Lenkung von Ressourcen in die Verwendung 'Infrastruktur',[246] indem bei wirksamen Verschuldungsgrenzen das Investitionsvolumen durch private Investitionen aufgestockt wird. Ob es durch ein privates Engagement tatsächlich zu einer direkten Entlastung der öffentlichen Haushalte bzw. zu einer Realisierung zusätzlicher Investitionen kommt, ist in Teil V anhand des Kriteriums 'direkte Entlastung/Realisierung zusätzlicher Investitionen' zu überprüfen.

Wirkungen auf die öffentlichen Haushalte gehen aber nicht nur von der Investitionsausgabe als solcher aus, sondern auch von den zukünftigen Steuereinnahmen, die die Investition nach sich zieht. So wird die These vertreten, daß die Vorteilhaftigkeit bestimmter privater Finanzierungsformen, z.B. eines Leasingvertrages, im wesentlichen an seine steuerliche Gestaltung gebunden ist.[247] Die Einräumung von Steuervorteilen auf Seiten des Leasinggebers führe dann jedoch zu Steuermindereinnahmen auf Seiten des Staates, so daß für letzteren Einsparungen i.S. einer Haushaltsentlastung nicht erkennbar seien oder zumindest reduziert würden. Folgerichtig müßte anhand des Kriteriums 'steuerliche Einbußen des Staates' untersucht werden, ob mit einer Privatfinanzierung auch negative Effekte i.S. einer Aufzehrung evtl. geschaffener Haushaltsspielräume verbunden sind. In diese Rechnung wären allerdings auch *die* potentiellen Steuermehreinnahmen einzubeziehen, die durch eine evtl. frühere Bereitstellung von Infrastruktur durch Private und den hieraus folgenden beschleunigten Wachstumsprozeß entstünden.

Auf eine solche Untersuchung soll aber im folgenden verzichtet werden. Erstens sind mit den einzelnen Modellen ganz unterschiedliche steuerliche Wirkungen verbunden, die einen generellen Vergleich nicht erlauben. So wird im Zusammenhang mit dem Leasingmodell die Bedeutung von Abschreibungen diskutiert, während beim Betreibermodell die Relevanz des Vorsteuerabzugs genannt wird. Zweitens hängt die steuerliche Differentialwirkung eines Modells

---

245 Vgl. Reffken, H. (1990) S. 47. BUDÄUS weist darauf hin, daß die Verschuldungsmöglichkeiten der Gemeinden sehr begrenzt sind und die Kreditaufnahme bei Gemeinden nur als 'Restfinanzierung' zu verstehen sei. Vgl. Budäus, D. (1982) S. 22f.

246 Vgl. Gomez-Ibanez, J.A.; Meyer, J.R.; Luberoff, D.E. (1991) S. 264.

247 Vgl. Scheele, U. (1993) S. 266.

entscheidend von der Referenzposition ab. Dies bedeutet, daß über steuerliche Wirkungen aus dem Blickwinkel der öffentlichen Haushalte nur dann etwas ausgesagt werden kann, wenn die alternativ zum Privatengagement realisierte staatliche Organisations- und Finanzierungsform beleuchtet wird. Ein derartiger Vergleich, der eine Vielzahl von Kombinationsmöglichkeiten zuläßt, übersteigt jedoch den Rahmen dieser Arbeit.

Drittens läßt sich über den steuerlichen Gesamteffekt nur schwer etwas aussagen, weil die steuerlichen Partialeffekte verschiedene staatliche Ebenen berühren. So weist SCHEELE darauf hin, daß für die Kommunen die Steuervorteile der Privaten *dann* von Vorteil sein können, wenn sich die damit verbundenen *Steuermindereinnahmen nicht auf kommunaler, sondern auf höheren staatlichen Ebenen* niederschlagen. Insgesamt handele es sich jedoch um ein „Nullsummenspiel".[248] Anzumerken ist allerdings, daß hiermit Konsequenzen bzgl. der *Verteilung* des Steueraufkommens auf die Gebietskörperschaften verbunden sind. So ist z.B. für die Kommunen der Anreiz, Finanzierungsmodelle anzuwenden, die mit Steuerersparnissen im Rahmen der Einkommensteuer oder Körperschaftsteuer verbunden sind, relativ groß, da sie im Rahmen des Steuerverbundes nur einen relativ geringen Anteil an den mit dieser Konstruktion verbundenen Steuerausfällen zu tragen haben (15%). Kritiker erkennen hierin eine Belastung des Länderfinanzausgleichs, eine Aufweichung des Grundsatzes der Bundestreue sowie eine Gefährdung der Funktionsfähigkeit des föderalen Staates.[249] Ein derartiger Umverteilungseffekt erhält gesamtwirtschaftlich allerdings erst dann Bedeutung, wenn die so wirkenden Finanzierungsmodelle einen bestimmten, abstrakt nur schwer zu ermittelnden Grenzwert überschreiten. Da die im Teil V vorzunehmende Einzelfallbetrachtung hier zu keinen sinnvollen Ergebnissen kommen kann, soll die Diskussion der steuerlichen Wirkungen aus gesamtwirtschaftlicher Perspektive an dieser Stelle nur angedeutet werden. Es werden aber eventuelle betriebswirtschaftliche Steuervorteile im Rahmen der Effizienzanalyse betrachtet. Dabei ist zu überprüfen, ob eine vermutete, auf erhöhter Kosteneffizienz zurückgehende Überlegenheit privater Modelle nicht vielmehr auf einer vorteilhaften steuerlichen Gestaltung beruht.

Der Ausgangspunkt der Betrachtung bezog sich auf die Überlegung, daß mit der hohen Verschuldung der öffentlichen Haushalte *negative gesamtwirtschaftliche Wirkungen* verbunden sind. Als *eine* Maßnahme der als notwendig erachteten Konsolidierung wurde ein privates Infrastrukturengagement in Erwägung gezogen. Würden von diesen Modellen tatsächlich Entlastungswirkungen auf die öffentlichen Haushalte ausgehen, so bliebe zu fragen, ob die durch das privatwirtschaftliche Engagement auftretenden gesamtwirtschaftlichen Wirkungen *andere* sind als im Falle einer Kreditfinanzierung über die öffentlichen Haus-

---

248 Scheele, U. (1993) S. 266, ähnlich Meyer-Pries, D. (1987) S. 147f.

249 Vgl. Heuer, E. (1995) S. 209.

halte. Es wäre also zu untersuchen, ob in dem Fall, in dem die Finanzierung von Infrastrukturinvestitionen *nicht* über die Gebietskörperschaften und damit über Staatsverschuldung erfolgt, die zuvor als negativ ausgewiesenen gesamtwirtschaftlichen Wirkungen ausbleiben. Würden hingegen durch beide Finanzierungsformen identische gesamtwirtschaftliche Wirkungen ausgelöst, so läge der Vorteil eines Privatengagements lediglich in einer Erweiterung von Haushaltsspielräumen. Dies ist anhand des Kriteriums 'identische gesamtwirtschaftliche Wirkungen' zu beleuchten.

2.3.2 Effizienzkriterien

Die ARBEITSGRUPPE PRIVATE FINANZIERUNG ÖFFENTLICHER INFRASTRUKTUR vermutet bei einem privaten Engagement im Infrastrukturbereich Effizienzgewinne in Form von Spezialisierungs- und Rationalisierungsvorteilen sowie aufgrund besonderer Marktübersicht privater Anbieter.[250] Diese Effizienzgewinne könnten dann „zur Entlastung des Haushalts nutzbar gemacht werden."[251] Eine Entlastung ist allerdings nur in dem Fall denkbar, in dem das Infrastrukturgut *letztlich durch Haushaltsmittel finanziert* wird (z.B. beim Leasing), so daß die Effizienzgewinne durch die öffentlichen Haushalte *realisiert* werden. In den Fällen, in denen das Infrastrukturgut nicht wieder auf den Staat übergeht, ist zwar ein privates Infrastrukturengagement aufgrund der höheren Kosteneffizienz volkswirtschaftlich vorteilhaft und hat unter Umständen geringere Gebühren für die Nutzung des Infrastrukturgutes zur Folge, führt aber nicht zur Haushaltsentlastung.

Die Diskussion derartiger Effizienzgewinne zieht im folgenden den Maßstab der Kosteneffizienz heran, welche nach dem ökonomischen Prinzip fordert, eine *gegebene* Aufgabe mit einem möglichst geringen, monetär bewerteten Ressourceneinsatz zu verwirklichen.[252] Zu fragen ist also, ob Private oder der Staat ein gegebenes Infrastrukturprojekt zu geringeren Kosten realisieren können. Dieser Frage liegt aber bereits die Perspektive zugrunde, daß bei öffentlichen Unternehmen und der staatlichen Verwaltung im allgemeinen stärkere Ineffizienzen vermutet werden können als im privatwirtschaftlichen Sektor. Der in III.3.2.1 vorgestellte Property-Rights-Ansatz sowie die Theorie der Bürokratie bilden den theoretischen Hintergrund für eine derartige These. Eine empirische Überprüfung des beschriebenen Phänomens fällt allerdings nicht eindeutig aus. So kommt POMMEREHNE bei einer Würdigung von 106 Studien zur ver-

---

[250] Vgl. Bundesministerium für Finanzen (1991) S. 17, vgl. ähnlich auch DIW (27/1994) S. 460.

[251] Bundesministerium für Finanzen (1991) S. 18.

[252] Vgl. Budäus, D. (1982) S. 87, Schneider, F.; Bartel, R. (1989) S. 23. Hiervon ist die Produktionseffizienz zu unterscheiden, die einem gegebenem Produktionsziel den minimalen *mengenmäßigen* Einsatz der Produktionsfaktoren zuordnet. Zu einer Problematisierung der Meßbarkeit von Effizienz vgl. Budäus, D. (1982) S. 81ff.

gleichenden Effizienz privater und öffentlicher Unternehmen zu dem Ergebnis, daß 43 Untersuchungen keine signifikanten Effizienzunterschiede zwischen öffentlichen und privaten Unternehmen feststellen. In acht der Studien ließen sich hingegen bei öffentlichen Unternehmen sogar Effizienzvorteile gegenüber privaten Anbietern nachweisen. Im Ergebnis kann damit zwar tendenziell eine Überlegenheit des privaten Sektors festgestellt werden, diese ist jedoch nicht immer eindeutig.[253]

Für die in dieser Arbeit zu beantwortende Frage, ob durch ein privates Infrastrukturengagement Effizienzgewinne erwirtschaftet werden können, ist eine derartige globale Gegenüberstellung 'privat' - 'staatlich' jedoch nicht tauglich. So unterliegen der wirtschaftlichen Tätigkeit privater und öffentlicher Träger erstens weder einheitliche Rahmenbedingungen noch vergleichbare Betriebsgrößenstrukturen oder Kostenrechnungssysteme.[254] Zudem ist davon auszugehen, daß öffentliche Unternehmen eine Vielfalt ökonomischer Verhaltensweisen (z.B. Gewinnorientierung versus Gemeinwirtschaftlichkeit) zeigen, so daß eine Gegenüberstellung privater und öffentlicher Unternehmen nur dann sinnvoll erscheint, wenn gemeinsame Verhaltensweisen bestehen.[255] Dementsprechend können Kostenvergleiche nur dann als Maßstab für Effizienz herangezogen werden, wenn gleiches Verhalten sowie gleiche Rahmenbedingungen i.w.S. vorliegen. Rein formale Kostenvergleiche sind hingegen kaum aussagekräftig.[256]

Zweitens liegt die Bereitstellungsverantwortung für Infrastrukturgüter auf Seiten des Staates. Dieser übt hoheitliche Aufgaben aus (Trassenführung im Verkehrsbereich, Anschlußpflicht bei Kanalisationen, Versorgungspflicht in der Wasserversorgung etc.) und ist am Erstellungsprozeß bspw. durch Planungs- und Genehmigungsverfahren beteiligt. Aus diesem Grund kommt es selbst bei einer weitreichenden Übertragung von Kompetenzen zu einer „Ausdünnung privater Eigentums- und Verfügungsrechte".[257] Ein theoretischer Vergleich im Sinne einer polaren Gegenüberstellung eines privaten mit einem staatlichen

---

253 Vgl. Pommerehne, W.W. (1990) S. 33ff.

254 Vgl. Schweisfurth, T. (1991) S. 9, Budäus, D. (1982) S. 87f.

255 Vgl. Pommerehne, W.W. (1990) S. 52f.

256 Zudem ist insbesondere bei den hier betrachteten *kapitalintensiven* Infrastruktur*investitionen* eine Übertragung der skizzierten empirischen Resultate auf die vorliegende Fragestellung kritisch. Speziell bei der Betrachtung von Investitionen kann ein öffentliches Unternehmen dann nicht Referenzpunkt für einen Effizienzvergleich sein, wenn in diesem arbeitsintensive Dienstleistungen (Reinigungsdienste, Müllabfuhr) erstellt werden [vgl. Gomez-Ibanez, J.A.; Meyer, J.R.; Luberoff, D.E. (1991) S. 265]. Eine Ausnahme bilden Vergleiche der Kosten im Bereich der Elektrizitäts-, Gas- und Wasserversorgung, die allerdings kein eindeutiges Ergebnis erzielen [vgl. Donahue, J. (1989) S. 75f.]. Die in der Leistungsabgabephase eines Infrastrukturgutes zu erstellenden Dienstleistungen sollen jedoch im Rahmen der Arbeit nur im Zusammenhang mit der Notwendigkeit der Erwirtschaftung von Erträgen betrachtet werden.

257 Scheele, U. (1993) S. 247, FN 2.

Engagement greift aus diesen Gründen also zu kurz. Vielmehr werden im folgenden - speziell auf die Problematik der Leistungserstellung eines Infrastrukturgutes bezogen - *einzelne Phasen* des infrastrukturellen Bereitstellungsprozesses für einen Effizienzvergleich herausgegriffen. Für diese sind Wirkungszusammenhänge zu skizzieren, aufgrund derer vermutet werden kann, daß bei *gleicher Aufgabenerfüllung* Private gegenüber dem Staat Effizienzvorteile erwirtschaften. Entsprechend der in IV.2.2.4 getroffenen Differenzierung der Phasen der Leistungserstellung von Infrastrukturgütern sind im folgenden die Phasen der Planung und der Finanzierung zu unterscheiden. Zudem wird - entgegen dem herkömmlichen Verfahren bei einer vollkommen staatlichen Bereitstellung - Privaten in einigen Modellen auch die Organisation und Überwachung des Bauprozesses übertragen. Dementsprechend können Effizienzgewinne sich in den Erstellungskosten (Planungs- und Organisationskosten) und den Kapitalkosten der Investition niederschlagen.[258] Beide Kostenarten fallen zunächst während der ertraglosen Zeit bis zur Inbetriebnahme an, so daß es aus Sicht eines privatwirtschaftlich organisierten Unternehmens rational erscheint, sowohl den Erstellungszeitraum als auch die in diesem anfallenden Kosten zu minimieren.

Bei den *Erstellungskosten* können bei Privaten Kosteneinsparungen durch Spezialisierungs- und Rationalisierungsvorteile vermutet werden. So wird ein z.B. auf den Bau von Kläranlagen spezialisiertes Unternehmen mit geschultem Fachpersonal ausgestattet sein, während die einmalig betroffene Gemeinde eher Generalisten beschäftigt.[259] Dies kann Auswirkungen auf Art und Umfang des technischen Know-Hows haben und die technische wie wirtschaftliche Projektabwicklung positiv beeinflussen (Spezialisierungsvorteile). Derartige Spezialisierungsvorteile können mit einem höheren Innovationspotential privater Unternehmen einhergehen, welches auch durch eine wiederholte Konstruktion gleichartiger Anlagen begünstigt wird. Darüber hinaus kann die Erstellung mehrerer gleichartiger Infrastrukturgüter dem Unternehmen economies of scale und scope durch Einsparungen im Bereich der Dachorganisation (Rationalisierungsvorteile) eröffnen. Daher ist zu vermuten, daß private Gesellschaften durch ihr Know-How in Form von Spezialkenntnissen und Organisationsvorteilen Aufgaben effizienter wahrnehmen können als die öffentliche Hand. Dieses Argument ist gerade in den neuen Bundesländern von Bedeutung, da hier das technische Know-How und die Organisationseffizienz von Unternehmen die der öffentlichen Verwaltungen übersteigen wird. Damit käme es zu einer besseren Nutzung der zur Verfügung stehenden Ressourcen.[260]

---

258 Effizienzgewinne beim Bau als solchem sind wiederum zu vernachlässigen, da letzterer auch in dem Fall, in dem die in Teil V vorzustellenden Modelle nicht angewendet werden, durch Private durchgeführt wird.

259 Vgl. Gomez-Ibanez, J.A.; Meyer, J.R.; Luberoff, D.E. (1991) S. 267.

260 Vgl. Aberle, G.; Bergström, S.; Hofmann (1991) S. 43.

Weiterhin sind die *Kapitalkosten*[261] als ein wichtiges Entscheidungskriterium heranzuziehen, um die Vorteilhaftigkeit privater Finanzierungsformen zu beurteilen. Sind aufgrund des Umfanges der Investitionsobjekte im wesentlichen Kreditfinanzierungen relevant, so stellt sich die Frage, ob sich der Staat oder Private zu günstigeren Konditionen am Kapitalmarkt verschulden können. Dabei spielt die Bonität des Schuldners, d.h. die Fähigkeit, in der Zukunft seinen Schuldendienstverpflichtungen nachzukommen, sowie die Laufzeit des eingeräumten Kredites eine Rolle. Generell ist anzunehmen, daß dem Staat eine höhere Bonität beigemessen wird als privaten Kreditnachfragern, so daß jener einem geringeren Kapitalmarktzins unterliegt.[262] So geht EWERS davon aus, daß private Investoren im günstigsten Fall die gleichen Kreditbedingungen erreichen können wie der Staat, wenn letzterer Investitionsrisiken z.B. über Bürgschaften übernimmt.[263]

KAY weist allerdings darauf hin, daß „[the] view that „private sector capital costs more" is naive, because the cost of debt both to governments and to private firms is influenced predominantly by the perceived risk of default rather than by an assessment of the quality of returns from the specific investment."[264] Nach dem MODIGLIANI-MILLER-Theorem sind vielmehr die Kapitalkosten eines Projektes im Kapitalmarktgleichgewicht von dessen Investitions- und Finanzierungs*risiko* abhängig, nicht jedoch von der zugrundeliegenden Kapitalstruktur.[265] So würden alternative Finanzierungsmethoden die Kapitalkosten nur dann verändern, wenn mit diesen auch eine Veränderung der Art oder Zuordnung des Risikos verbunden ist. Auf private Finanzierungsmodelle von Infrastrukturinvestitionen übertragen bedeutet dies, daß die Finanzierungskosten Privater faktisch nur dann *höher* sind als die des Staates, wenn die „allocation of risk associated with public projects or the firm or the incentive of their management" durch eine Beteiligung Privater *nicht* verändert wird.[266] Eine ausschließliche Betrachtung des Fremdkapitalzinses greife daher zu kurz.

Schließlich ist zu berücksichtigen, ob durch eine Verwendung des Konzeptes des Wettbewerbs um den Markt nach DEMSETZ Kostenvorteile entstehen können. Dies würde voraussetzen, daß durch ein wettbewerbliches Ausschrei-

---

261 Die Kapitalkosten sind im folgenden als Opportunitätskosten des eingesetzten Kapitals zu interpretieren und bezeichnen den Kalkulationszinsfuß, bei dem der Barwert aller Auszahlungen an die Kapitalgeber gleich dem Marktwert von Eigen- und Fremdkapital ist. Vgl. Schmidt, R.H.; Terberger, E. (1996) S. 251.

262 Der bundesdeutsche Staat wird in die Triple A Güteklasse eingruppiert und genießt daher eine hohe Bonität. Vgl. Heinemann, F. (1993) S. 101, Tab. 3. Die Verschuldungspolitik hat bisher nicht dazu geführt, daß das Ausfallrisiko öffentlicher Anleihen durch den Kapitalmarkt höher bewertet worden ist. Vgl. Klodt, H.; Stehn, J. et al. (1994) S. 263.

263 Vgl. Ewers, H.-J. (1991) S. 50.

264 Kay, J. (1993) S. 63.

265 Vgl. Schmidt, R.H.; Terberger, E. (1996) S. 251.

266 Vgl. Kay, J. (1993) S. 63.

bungsverfahren ein Leistungswettbewerb zwischen unterschiedlichen Anbietern herbeigeführt werden könnte, welcher die Teilnehmer zu einem - bei *gegebener Qualität* - möglichst kostengünstigen Angebot veranlaßt. Hierzu benötigen die Anbieter Gestaltungsspielräume, welche den Erstellungs- und Finanzierungsprozeß betreffen. Kann zudem auch *Art und Ausführung* des ausgeschriebenen Projektes gestaltet werden, so könnte das Unternehmen den vorgegebenen Projektrahmen modifizieren. In diesem Zusammenhang ist auch von Bedeutung, inwieweit Risiken vom Staat auf den privaten Sektor übertragen werden. So führt RUDOLPH aus, daß Fehlplanungen und Fehlinvestitionen von Infrastrukturobjekten vermieden werden könnten, wenn ein Eigeninteresse der Investoren an wirtschaftlichen Lösungen bestehen würde.[267] „Der Leistungswettbewerb läßt sich ganzheitlicher fassen, da den Preisen auch die Bauherrenrisiken erfolgsorientiert eingebunden sind, und der Investor wird wegen seines eigenen Finanzierungsrisikos besonders streng und konsequent Rentabilitätsprüfungen durchführen, um Fehlinvestitionen und Mehrkosten zu vermeiden."[268]

Daher ist zu vermuten, daß *Größe und Ausstattung des Projektes* auch davon abhängen, in welchem Umfang Verfügungsrechte und damit auch die Haftung für das eingesetzte Kapital auf den Privatunternehmer übertragen werden.[269] Steht dem Unternehmer das über die Aufwendungen hinaus entstehende Residualeinkommen zu, so wird er Anreize besitzen, das Projekt nicht zu groß zu dimensionieren und gleichzeitig - wie im Rahmen der obigen Überlegungen bereits ausgeführt - kosteneffizient zu wirtschaften.[270] Hiermit ist zwar nicht mehr *direkt* die Ausgangsfrage der relativen Kosteneffizienz bei einem *nach Umfang und Qualität gegebenem* Infrastrukturprojekt angesprochen. Es kann aber angenommen werden, daß sich durch ein wettbewerbliches Ausschreibungsverfahren in Verbindung mit einem Risikotransfer an Private Kostenersparnisse im Hinblick auf Projektorganisation und/oder Projektumfang ergeben, die bei einer letztendlichen Finanzierung des Projektes aus Haushaltsmitteln Entlastungswirkungen zur Folge haben könnten. Dieser Zusammenhang soll im folgenden verkürzt als Gesamtabstimmung oder Gesamtkoordination bezeichnet werden.

Die Leistungsfähigkeit privaten Infrastrukturengagements wird in Teil V im Hinblick auf die Realisierung von Effizienzvorteilen anhand der Kriterien 'Spezialisierungsvorteile' und 'Rationalisierungvorteile' überprüft. Weiterhin ist zu

---

267 Vgl. Rudolph, K.-U. (1994) S. 93.

268 Ebenda S. 95.

269 So weist FAMA darauf hin, daß die „risk bearing function is combined with ownership of capital and technology." Fama, E. (1980/1986) S. 197.

270 Diese Überlegungen beziehen sich allerdings nur auf den anfänglichen Angebotseffekt nach DEMSETZ. Opportunistisches Verhalten während der Kontraktperiode wird hiermit zunächst nicht ausgeschlossen und soll im Rahmen der Überprüfung der Leistungsfähigkeit privaten Infrastrukturengagements vor dem Hintergrund der Ausführung in III.4.3 gesondert betrachtet werden.

untersuchen, ob ein privatwirtschaftliches Engagement Auswirkungen auf die Höhe der Kapitalkosten erwarten läßt. Schließlich ist zu berücksichtigen, ob ein Wettbewerb um den Markt in Verbindung mit einer Verlagerung von Risiken auf den Privatsektor Auswirkungen auf die Gesamtabstimmung des Projektes mit sich bringt. Hieraus ergeben sich die Kriterien 'Höhe der Kapitalkosten' und 'Projektorganisation/Projektumfang'.

2.3.3 Haushaltspolitische Kriterien

Gegen die These der Entlastung öffentlicher Haushalte und der Verminderung der Staatsverschuldung wird häufig eingewendet, daß es sich bei einer Privatfinanzierung lediglich um eine Form der Vorfinanzierung handele.[271] Ähnlich wie bei einer staatlichen Kreditaufnahme komme es zunächst zu einer kurzfristigen Haushaltsentlastung (hier in der Investitionsphase), dann aber zu langfristigen Zahlungsverpflichtungen. Gehen nämlich zunächst privat finanzierte Objekte - wie z.B. beim Leasing - nach einer gewissen Nutzungsdauer vollständig an den Staat über und müssen für die Nutzung des Infrastrukturobjektes Miet- oder Leasingsraten gezahlt werden, so werden letztlich Haushaltsmittel der jeweiligen Gebietskörperschaft in Anspruch genommen. Diese Nutzung öffentlicher Mittel muß allerdings mit der Haushaltsordnung in Einklang stehen.[272] Kann eine solche Übereinstimmung nicht nachgewiesen werden, so würde bspw. eine Leasingfinanzierung dann dazu beitragen, die tatsächliche Höhe der Staatsverschuldung zu verschleiern, falls Leasingraten wiederum durch Neuverschuldung finanziert würden. Damit ergibt sich die Notwendigkeit, die Finanzierungsmodelle, die letztlich auf öffentliche Mittel zurückgreifen, anhand der Haushaltsgrundsätze auf ihre Vereinbarkeit mit der Haushaltsordnung zu überprüfen.

Den Haushaltsgrundsätzen wird die Funktion zugeschrieben, „Regeln des Wohlverhaltens für den budgetären Willensbildungs- und Entscheidungsprozeß sowohl der Exekutive als auch der Legislative aufzustellen."[273] Zu unterscheiden sind Grundsätze, die sich zum einen auf Inhalt und Form, zum anderen auf Aufstellung und Ausführung eines Haushaltes beziehen. Dabei ist im Hinblick auf inhaltliche Gesichtspunkte der Grundsatz der Vollständigkeit zu beachten, während unter formalen Gesichtspunkten die Grundsätze der Einheit und Klarheit zu berücksichtigen sind.[274]

---

271 Vgl. Scheele, U. (1993) S. 266.

272 Diese Vorbehalte gelten nicht für Infrastrukturanlagen, die vollständig aus Gebühren der Nutzer oder auf andere haushaltsunabhängige Art und Weise finanziert werden. Vgl. Bundesministerium für Finanzen (1991) S. 20.

273 Senf, P. (1977) S. 391.

274 Vgl. ebenda S. 393. Das Prinzip der Vollständigkeit entstammt dem Art. 110 I S. 1 GG. Die Grundsätze der Genauigkeit und Vorherigkeit, die sich auf die Aufstellungsphase des

Nach dem *Grundsatz der Vollständigkeit* müssen alle Einnahmen und Ausgaben in voneinander getrennten Vorschlägen in den Haushaltsplan aufgenommen werden. Hierzu gehören auch Vermögen und Schulden der Gebietskörperschaften. VON ARNIM dehnt die Gültigkeit des diesen Grundsatz bestimmenden Art. 110 I S.1 GG auch auf juristisch selbständige Finanzierungsgesellschaften in der Hand des Bundes aus, die vom Bund mit der Kreditaufnahme beauftragt worden sind und deren Schuldendienst in der Hand des Bundes liegt.[275] Unter dem Aspekt des Grundsatzes der Vollständigkeit könnte es daher als kritisch angesehen werden, wenn durch eine Beauftragung einer privaten Leasinggesellschaft Kreditfinanzierungen aus dem Haushalt ausgelagert werden.

Nach dem *Grundsatz der Einheit* des Haushaltes müssen alle Einnahmen und Ausgaben einer Gebietskörperschaft in einen einzigen Haushaltsplan aufgenommen werden. Der Einheitsgrundsatz steht im Gegensatz zum Fondsprinzip und verbietet Sonder- und Nebenhaushalte.[276] Der *Grundsatz der Klarheit* sieht vor, daß der Haushaltsplan übersichtlich und seinen Funktionen entsprechend aussagefähig gegliedert zu sein habe. Weiterhin müssen die einzelnen Einnahmen- und Ausgabenvoranschläge nach Herkunft oder Zweckbestimmung eindeutig gekennzeichnet werden.[277] Beide Grundsätze begründen sich in einem möglichst umfassenden und transparenten Überblick über die geplanten Ein- und Ausgaben sowie den damit verbundenen staatlichen Aufgaben. Aus diesem Grund wenden sie sich vor allem gegen die Erstellung von Schattenhaushalten. Für die Infrastrukturfinanzierung stellt sich nun die Frage, ob private Finanzierungsformen mit diesen Grundsätzen in Konflikt geraten, wenn sie letztlich auf Haushaltsmittel zurückgreifen. Dies wäre dann der Fall, wenn die Staatsverschuldung im Haushalt nicht mehr klar ausgewiesen würde und Kosten und Risiken der Finanzierungsform nicht mehr erkennbar wären.[278] Auch eine Bildung von Sondervermögen zur Infrastrukturfinanzierung wäre in diesem Sinne strittig.[279]

Haushaltes beziehen, das Spezialitätsprinzip, das der Ausführungsphase zuzuordnen ist, sowie das Öffentlichkeitsprinzip sollen hier nicht betrachtet werden, da für die hier vorliegende Fragestellung keine Relevanz nachgewiesen werden kann.

275 Vgl. Arnim, H.H.v. (1991) S. 100.

276 Vgl. Senf, P. (1977) S. 398. Der Grundsatz der Einheit des Haushaltsplans geht mit dem Prinzip der fiskalischen Kasseneinheit einher, nach dem alle Einnahmen und Ausgaben in einer Zentralkasse zusammenzufassen sind und stellt damit das Gegenteil des Fondsprinzips dar.

277 Vgl. ebenda S. 402.

278 Vgl. Ewers, H.-J. (1991) S. 53.

279 Anzumerken ist an dieser Stelle allerdings, daß die derzeitige Finanzierung von Infrastrukturinvestitionen über Mittelzuführungen im Rahmen des Fonds Deutsche Einheit ebenfalls gegen die oben angeführten Haushaltsgrundsätze verstößt.

Abschließend ist der *Grundsatz der Wirtschaftlichkeit und Sparsamkeit* zu nennen,[280] bei dem es sich allerdings nicht um einen Haushaltsgrundsatz im engeren Sinne handelt. Dieser Grundsatz bezieht sich vielmehr auf den Haushaltsvollzug. Danach muß *die* Finanzierungsalternative für ein gegebenes Investitionsprojekt ausgewählt werden, die dessen Realisierung zu minimalen Gesamtkosten erlaubt. VON ARNIM mißt diesem Grundsatz in seinem Gutachten „verfassungsrechtliche Qualität" bei.[281] Zur Bewertung einzelner Investitionsobjekte in Verbindung mit deren Organisations- und Finanzierungsform nach dem Grundsatz der Wirtschaftlichkeit und Sparsamkeit sind auch die in IV.2.3.2 dargestellten Effizienzüberlegungen in die Betrachtung einzubeziehen.

Weitet man den Grundsatz der Wirtschaftlichkeit und Sparsamkeit in seiner Tragweite aus und berücksichtigt zudem gesamtwirtschaftliche Kriterien - der Grundsatz der Wirtschaftlichkeit und Sparsamkeit bezieht sich nur auf die Ausführung der *bereits angesetzten* Maßnahme - so kann sich die Bewertung privaten Infrastrukturengagements unter Umständen verschieben. So weist VON ARNIM darauf hin, daß, auch wenn eine Privatfinanzierung nach den o.g. Grundsätzen aus haushaltsrechtlichen Gründen ausgeschlossen werden müßte, sich unter Umständen eine andere Beurteilung bei Berücksichtigung gesamtwirtschaftlicher Kriterien ergeben könnte. Dies wäre dann der Fall, wenn „die Infrastruktur aus anderen Gründen als dem Unterlaufen des politischen Widerstandes gegen zusätzliche Kreditfinanzierung zeitlich schneller zu erstellen"[282] wäre. In diesem Zusammenhang ist die ARBEITSGRUPPE PRIVATE FINANZIERUNG ÖFFENTLICHER INFRASTRUKTUR der Auffassung, daß zeitlich vorgezogene Infrastrukturinvestitionen früher Wirtschaftswachstum und höhere Steuereinnahmen induzieren.[283] „Können den zusätzlichen Projekten solche Effekte zugeordnet werden, sind sie bei der Ermittlung der 'wirtschaftlichsten Alternative', wie sie die Haushaltsordnung zu Recht vorsieht, mit zu berücksichtigen."[284] Der Grundsatz der Wirtschaftlichkeit im Sinne der Haushaltsordnung erfährt folglich eine *erweiterte* Interpretation, in die sowohl gesamtwirtschaftliche Überlegungen als auch die Auswirkungen auf die öffentlichen Haushalte einbezogen werden. In Teil V sind die einzelnen Organisations- und Finanzierungsformen auf der Basis der oben genannten, als Kriterien zu verwendenden Grundsätze der Vollständigkeit, der Einheitlichkeit und Klarheit sowie der Wirtschaftlichkeit und Sparsamkeit auf ihre Vereinbarkeit mit der Haushaltsordnung hin zu beleuchten.

---

280 Da es sich bei den Ansätzen im Haushaltsplan um Höchstbeträge handelt, unterliegt die Verausgabung der Mittel den in § 6 Haushaltsgrundsätzegesetz (HGrG) genannten Grundsätzen der Wirtschaftlichkeit und Sparsamkeit.

281 Arnim, H.H.v. (1991) S. 101.

282 Ebenda.

283 Vgl. zu diesen Zusammenhängen auch IV.2.2.4.

284 Bundesministerium für Finanzen (1991) S. 21.

2.4 Ordnungspolitische Ziele

2.4.1 Das Subsidiaritätsprinzip

Die Diskussion um die Vorteilhaftigkeit privatwirtschaftlicher Beteiligung an der Finanzierung und Erstellung von Infrastrukturgütern wird vielfach durch die ordnungspolitische Grundposition „Mehr Markt und weniger Staat" geprägt.[285] So ist bspw. die ARBEITSGRUPPE PRIVATE FINANZIERUNG ÖFFENTLICHER INFRASTRUKTUR der Ansicht, daß „die Voraussetzungen für ein privatwirtschaftliches Engagement bei der Finanzierung öffentlicher Infrastrukturinvestitionen zu schaffen, [...] die konsequente Fortführung einer Wirtschaftsordnungspolitik dar[stellt], die *mehr Markt und weniger Staat* anstrebt. Die Gestaltung des Wirtschaftsystems in den neuen Ländern schafft jetzt gute Voraussetzungen, hier neue und zukunftsweisende Entscheidungen zu treffen. Diese Bemühungen ergänzen die mittelfristig orientierte Politik der Bundesregierung zur Privatisierung, Deregulierung und Entstaatlichung."[286] Eine derartige Position kann implizieren, daß privatwirtschaftliches Engagement *„einen Wert an sich* aus ordnungspolitischen Gründen" besitzt.[287] Eine solche ordnungspolitische Grundposition würde jedoch als dominantes Entscheidungskriterium wirken, so daß weitere Analysen redundant wären und „private Finanzierung und Organisation der öffentlichen Infrastruktur selbst dann zu befürworten wäre, wenn man unter nicht ordnungspolitischen Bewertungskriterien, insbesondere unter Kosten- und Haushaltswirkungen, diese Form ablehnen müßte."[288] Ein derart formuliertes Primat des Marktes ist daher im folgenden anhand ordnungspolitischer Kriterien zur Überprüfung der Vorteilhaftigkeit privaten Infrastrukturengagements zu hinterfragen.

Ordnungspolitik richtet sich auf die Gestaltung der politischen und der Wirtschaftsverfassung, um verbindliche Verhaltensregeln für private und staatliche Wirtschaftssubjekte zu formulieren.[289] Die Gestaltung der Wirtschaftsverfassung (Wirtschaftsordnungspolitik) umfaßt u.a. die Ausformung der Planungs- und Koordinationsverfassung, der Eigentumsverfassung (Property Rights), die Verfügungsrechte an Ressourcen und Gütern festlegt, der Produktions- und Marktverfassung u.a.m.[290] Im Rahmen der Gestaltung der politischen Verfassung ist u.a. das *Subsidiaritätsprinzip*[291] bei der Übernahme neuer Aufgaben zu

---

285 Budäus, D. (1993) S. 110.

286 Bundesministerium für Finanzen (1991) S. 17 (Hervorhebung im Original).

287 Budäus, D. (1993) S. 111 (Hervorhebung im Original).

288 Ebenda.

289 Vgl. Streit, M.E. (1991) S. 58, Cassel, D. (1988) S. 316. Hierdurch werden Handlungsmöglichkeiten festgelegt und dezentrale Planungsmöglichkeiten verbessert.

290 Vgl. Cassel, D. (1988) S. 316.

291 Der Begriff des Subsidiaritätsprinzips entstammt der katholischen Soziallehre. Es beschrieb dort die Aufteilung der Tätigkeiten zwischen dem einzelnem Individuum und der Gesellschaft. Vgl. Kühnhardt, L. (1991) S. 41. Eine genauere Analyse der Herkunft des Begriffes findet sich z.B. bei Dichmann, W. (1994) S. 196f.

beachten.[292] Dieses soll im folgenden im Zentrum der ordnungspolitischen Betrachtung stehen, da es als staatspolitisches Prinzip die Entsprechung zu dem vorgestellten Schlagwort 'mehr Markt, weniger Staat' darstellt.

Das Subsidiaritätsprinzip regelt das Verhältnis von privaten zu öffentlichen Aufgaben und vermutet die *Aufgabenkompetenz* im Sinne einer *Verantwortung* für die Lösung von Aufgaben grundsätzlich auf dezentraler Ebene. „Nur in dem Maße, wie solche Lösungen nicht realisierbar sind, kommen Regelungen mit tendenziell zentralerem Charakter, also übergeordnete Fremdverantwortung [oder] Unterstützung durch besondere Einrichtungen" zum Tragen.[293] PEFFEKOVEN weist jedoch darauf hin, daß es sich hier um eine Leerformel handele, deren Ausfüllung durch ökonomische Kriterien erfolgen müsse.[294] Letztere müssen Leitlinien dafür bilden, wann dezentrale Lösungen nicht mehr akzeptabel erscheinen bzw. inwieweit zentralere Ebenen eine überlegene Problembewältigung realisieren können. Als eine solche Leitlinie für die Verteilung von Aufgaben an Private (dezentrale Bereitstellung) bzw. die Gebietskörperschaften (zentrale Bereitstellung) kann die Effizienz der Aufgabenerfüllung dienen.[295] Unter der Prämisse, daß der dezentrale Koordinationsmechanismus des Marktes zu einer pareto-effizienten Allokation führt, ergibt sich die Notwendigkeit eines staatlichen Eingriffs in das Marktgeschehen, wenn der Markt in Bezug auf eine effiziente Allokation versagt.[296] Die Analyse im Teil III dieser Arbeit hat jedoch bereits gezeigt, daß der Markt im Fall von Infrastrukturgütern einer subsidiären staatlichen Unterstützung bedarf. So sind in diesem Fall *Aufgabenkompetenzen* i.S. einer Bereitstellungsverantwortung für Infrastrukturgüter dem Staat zuzuordnen.

---

292 Vgl. Eucken, W. (1952/1990) S. 336f. und 348. Weiterhin ist bei den staatsordnungspolitischen Prinzipien die Begrenzung der Macht von Interessengruppen sowie der Vorrang der Ordnungs vor der Ablaufpolitik zu nennen.

293 Picot, A. (1991) S. 104. Dem Subsidiaritätsprinzip ist der Charakter eines Strukturprinzips zuzuweisen, da es zur Beurteilung der Zuordnung von Aufgaben auf verschiedene staatliche Ebenen verwendet wird. Vgl. auch Kühnhardt, L. (1991) S. 45.

294 Vgl. Peffekoven, H. (1988) S. 610, ähnlich Döring, T. (1994) S. 243.

295 Vgl. Zimmermann, H. (1983) S. 11. Tanner, E. (1982) S. 7. In der folgenden Analyse werden nur Allokationsaspekte berücksichtigt. Die - nach MUSGRAVE - weiteren Staatsaufgaben der Distribution und Stabilisierung werden hier nicht berücksichtigt.

296 Vgl. zur Verbindung zwischen Subsidiaritätsprinzip und Marktversagenshypothesen Döring, T. (1994) S. 244f. PICOT unternimmt in diesem Zusammenhang eine institutionenökonomische Analyse unter Verwendung des Property-Rights-Ansatzes und des Transaktionskostenansatzes [vgl. Picot, A. (1991) S. 106ff.]. Dieser Ansatz ist im folgenden zu vernachlässigen, da im Rahmen der Betrachtung von Marktversagenstheorien bereits Aussagen über die Verteilung von Aufgabenkompetenzen getroffen worden sind. Auch läßt sich dieses Konzept im Rahmen der weiteren Auslegung des Subsidiaritätsprinzips kaum operationalisieren [vgl. Budäus, D. (1993) S. 124 und zu einer Übertragung auf Infrastrukturgüter S. 117ff.]. Schließlich ist im Rahmen der institutionenökonomischen Überlegungen (III.4.3) bereits gezeigt worden, daß die im Zusammenhang mit relationalen Kontrakten entstehenden Transaktionskosten nicht so hoch sind, daß sie ein privates Engagement verhindern würden.

Bei einer *weiteren* Auslegung des Subsidiaritätsprinzips bezieht sich dieses „nicht allein auf die Frage, ob bestimmte Aufgaben durch den Staat wahrgenommen werden sollen, sondern auch auf die Art und Weise, in der der Staat die ihm anvertrauten Aufgaben ausführt.“[297] In diesem Zusammenhang ist erneut auf die mögliche Trennung von Bereitstellungverantwortung und Erstellung bzw. Finanzierung von Infrastrukturgütern zu verweisen, die eine konsequente Weiterführung des Subsidiaritätsprinzips beinhaltet. Dabei wird rahmensetzender Anreizpolitik der Vorrang vor direkter staatlicher Intervention gegeben.[298] Maßstab für die Umsetzung dieses Prinzips, d.h. für die Frage, wann der Staat lediglich seine Bereitstellungverantwortung ausüben und die Erstellung und Finanzierung Privaten überlassen sollte, ist auch hier die Effizienz der Aufgabenerfüllung. Die *Ausübung* von Staatsaufgaben durch den Staat selbst läßt sich also nur dann rechtfertigen, wenn eine staatliche Intervention komparative Vorteile aufweist. Für die Beurteilung eines privaten Infrastrukturengagements bedeutet dies, daß letzteres immer dann ordnungspolitisch vorzugswürdig ist, wenn der Staat die Erstellung und Finanzierung *nicht besser* i.S. einer höheren Kosteneffizienz ausführen kann als der Private. Damit sind die aus ordnungspolitischer Perspektive abzuleitenden Kriterien mit den im Rahmen der haushaltspolitischen Diskussion vorgestellten Effizienzkriterien (IV.2.3.2) identisch. Letztere erhalten neben ihrer Bedeutung für die Entlastung öffentlicher Haushalte eine ordnungspolitische Dimension.

Die ordnungspolitische Bedeutung eines privatwirtschaftlichen Engagements ist aber letztlich auch anhand der Frage zu überprüfen, ob es sich um eine dauerhafte Verlagerung von Aufgaben an die Privatwirtschaft handelt.[299] Würde nämlich die Finanzierung von Infrastrukturgütern nur temporär über Private erfolgen und nach dieser Periode wieder auf den Staat übergehen, so könnte hier kein langfristiger ordnungspolitischer Vorteil diagnostiziert werden, da „ein dauerhafter Abbau von Staatstätigkeit explizit nicht gewollt ist.“[300] Daher soll zusätzlich das Kriterium ‘dauerhafte Reduktion der Staatstätigkeit’ in den Kriterienkatalog aufgenommen werden.

2.4.2 Das Äquivalenzprinzip

Die Situation im Bereich der Straßenverkehrsinfrastruktur[301] ist sowohl in Deutschland als auch in zahlreichen anderen Ländern durch eine unentgeltliche Leistungsabgabe bei steigendem Verkehrsaufkommen und zunehmenden Eng-

---

[297] Döring, T. (1994) S. 244.

[298] Vgl. ebenda.

[299] Vgl. Budäus, D. (1993) S. 111.

[300] Ebenda S. 112.

[301] Die Untersuchung erfolgt exemplarisch anhand des Straßenverkehrs, da hier in der Bundesrepublik die Anwendung des Preismechanismus nicht verwirklicht ist. Die grundsätzlichen Überlegungen gelten jedoch auch für andere Infrastrukturbereiche.

pässen gekennzeichnet. Aktuelle Schätzungen der jährlichen Überfüllungskosten im Straßenverkehr reichen von $9 Bio. in den USA und £15 Bio. in Großbritannien bis zu $1,7 Bio. in Korea und NFL 1 Bio. in den Niederlanden.[302] Unabhängig von den Erhebungsmethoden und der empirischen Validität dieser Daten vermögen die Größenordnungen einen Eindruck davon zu vermitteln, daß die derzeitige institutionelle Form der Leistungsabgabe von Verkehrsinfrastrukturgütern mit hohen Ineffizienzen einhergeht. „[Most] experts would agree in any case that it is pointless to combat vehicle congestion simply by providing more or wider roads [...]. It seems clear, therefore, that what is also required is an exploration of ways of making more efficient use of infrastructure."[303] Die Analyse der 'Rationalität' von Überfüllungsphänomenen in III.2.2.3.1 vor dem Hintergrund der Theorie der Allmenderessourcen hat verdeutlicht, daß nur eine eindeutige Zuordnung von Verfügungsrechten derartige Übernutzungsprobleme lösen kann. Dementsprechend weist ABERLE darauf hin, daß über die Effizienz *bestehender* Nutzungen von Verkehrsinfrastruktur derzeit wenig ausgesagt werden kann, da der Preismechanismus ausgeschaltet sei.[304] Hingegen ermöglicht eine „nutzungsabhängige Gebührenerhebung [...] die ursachengerechte Kostenzuteilung und fördert damit den rationellen Umgang mit diesen knappen Gütern".[305]

Diese Überlegungen folgen EUCKEN, der „die Herstellung eines funktionsfähigen Preissystems vollständiger Konkurrenz" als das wirtschaftsverfassungsrechtliche Grundprinzip betrachtet.[306] Folglich besteht eine Begründungsnotwendigkeit für die (teilweise) Ausschaltung des Preismechanismus bei der Leistungsabgabe von Infrastrukturgütern. Nur in dem Fall, in dem „andere Ziele einem solchen Aufbringungsmodus für die öffentlichen Einnahmen entgegenstehen"[307] sollte der Staat von diesem Prinzip abweichen. Die Leitvorstellung, die Nutzung von Infrastrukturgütern durch marktwirtschaftliche Steuerungssignale zu lenken, wird zudem durch die allokationstheoretischen Überlegungen zu ausschließbaren Kollektivgütern unter Berücksichtigung einer Finanzie-

302 Vgl. Stevens, B.; Michalski, W. (1993) S. 10.

303 Ebenda S. 11.

304 Vgl. Aberle, G. (1989) S. 31. ABERLE betont, daß die bisherige ingenieurwissenschaftliche Ermittlung von Engpässen zunächst ohne ökonomischen Aussagegehalt ist und vermutet, daß zahlreiche der derzeit bestehenden Engpässe durch die Ausschaltung des Preismechanismus erst entstanden seien.

305 Bundesministerium für Finanzen (1991) S. 18. Dem Prinzip der Preissteuerung steht das derzeit in der Bundesrepublik geltende Prinzip der Ausweitung des Angebotes von Infrastrukturkapazitäten entgegen, wonach bestehende Engpässe abgebaut und Kapazitätsrestriktion vermieden werden sollen. So schreibt §4 Fernstraßenausbaugesetz vor: „Nach Ablauf von jeweils fünf Jahren prüft der Bundesminister für Verkehr, ob der Bedarfsplan der Verkehrsentwicklung anzupassen ist". Diese Politik wird somit zu einer fortwährenden Ausweitung der Infrastrukturkapazitäten führen.

306 Eucken, W. (1952/1990) S. 254.

307 Zimmermann, H.; Henke, K.-D. (1994) S. 100.

rungsrestriktion (III.2.2.2) sowie zu unreinen Kollektivgütern (III.2.2.3.4) unterstützt.

Wesentliche Voraussetzung für die Anwendung des Äquivalenzprinzips, das eine Übereinstimmung zwischen den von den einzelnen Nutzern des Infrastrukturgutes zu leistenden Entgelten und den von ihnen empfangenen Leistungen herstellen soll, besteht in der Anwendbarkeit des Ausschlußprinzips.[308] Ist dieses gegeben, so folgt hieraus unmittelbar die Frage nach der optimalen Nutzergebühr unter der Nebenbedingung, daß die Kosten der betreffenden Leistung aus dem Gebührenaufkommen gedeckt werden müssen. Dabei ist zu berücksichtigen, daß die Bereitstellung von Infrastruktur als Staatsaufgabe anzusehen ist und Private nur in die Erstellung und Finanzierung von Infrastrukturgütern mittels eines relationalen Kontraktes eingebunden werden. Die eingeschalteten Unternehmen unterliegen daher einer Regulierung bspw. in Form eines Franchising-Verfahrens (III.4.3.3) oder einer Price-Cap-Regulierung (III.3.2.1). Beide bieten jedoch die Möglichkeit, Preise solange flexibel zu setzen, wie die Regulierungsauflagen nicht verletzt werden.

Eine effiziente Preissetzung unter Berücksichtigung von Überfüllungserscheinungen sieht vor, Preise in Höhe der Differenz zwischen den sozialen Grenzkosten und den privaten durchschnittlichen Kosten zu fordern. Dabei ist der Preis gleich den marginalen Überfüllungskosten, die ein zusätzlicher Nutzer den anderen durch seine Teilnahme am Verkehr aufbürdet (congestion cost).[309] Dieses aus der Analyse der Klubgüter bereits bekannte Ergebnis wird in der Verkehrspolitik als congestion pricing oder road pricing bezeichnet. Für den Nutzer bedeutet dies, daß er die sozialen Grenzkosten[310] der Straßennutzung in Rechnung zu stellen hat. Dabei ist der einzelne Nutzer in der Lage, den Umfang seiner Nachfrage entsprechend seinen Präferenzen und seiner Zahlungsbereitschaft zu steuern (*marktwirtschaftliche Äquivalenz*).[311]

Road pricing stellt vor allem auf die Internalisierung von Überfüllungsexternalitäten ab und sieht sowohl eine zeitliche Preisdifferenzierung als auch eine Differenzierung zwischen „teueren [!] und billigen Strassen“[312] in Abhängigkeit von der Benutzungsdichte vor. Eine zeitliche Preisdifferenzierung würde jedoch nur dann eine gleichmäßigere Kapazitätsauslastung im Tagesverlauf

308 Vgl. Haller, H. (1981) S. 13, Hanusch, H. (1981) S. 82 und zu Ausschlußtechniken V.2.2.

309 Vgl. hierzu z.B. Small, K.A. (1992) S. 108, 110, Thomson, J.M. (1978) S. 174f.

310 Diese setzen sich aus den direkten Kosten der Fahrzeugnutzung (z.B. Benzin), die vom Fahrzeughalter getragen werden, und den Überfüllungskosten zusammen. Über diese in den älteren Ansätzen des road-pricing ausschließlich angesetzten Kosten können auch zusätzliche externe Kosten, z.B. zusätzliche Unterhaltungskosten, berücksichtigt werden. Vgl. Newberry, D.M. (1990) S. 23.

311 Vgl. hierzu Haller, H. (1981) S. 21 und zur kostenmäßigen Äquivalenz S. 13 sowie S. 14, Tafel 1, Bohley, P. (1977) S. 120.

312 Thomson, J.M. (1978) S. 173.

bewirken,[313] wenn eine relativ hohe Preiselastizität der Nachfrage nach Verkehrsleistungen vorläge. Empirische Untersuchungen geben allerdings Anlaß zu der Vermutung, daß die Preiselastizität im Straßenverkehr relativ gering ist[314] und daher entsprechend *deutliche* Preisdifferenzierungen notwendig wären. Weitergehende Überlegungen schließen auch eine Anlastung externer Umweltkosten über das road pricing ein. Da hiermit eine unmittelbare Reduktion der Nachfrage nach Verkehrsleistungen verbunden ist, die über das oben ermittelte Gleichgewicht hinausgeht, schmälert dieser Ansatz aus Sicht eines privates Unternehmen jedoch seine Gewinnmöglichkeiten. Eine freiwillige Implementation derartiger Pigou-Steuern ist daher nicht denkbar. Dennoch werden aber auch durch ein road pricing unter ausschließlicher Berücksichtigung von Überfüllungskosten Umweltexternalitäten (beiläufig) internalisiert, da Staus und Überfüllung ebenfalls zu negativen Umweltwirkungen beitragen.[315]

Wie bereits bei der Analyse der Klubgüter deutlich wurde, decken im Fall konstanter Skalenerträge die gesamten Nutzungsgebühren die Bereitstellungskosten.[316] Bei Infrastrukturgütern, die durch *zunehmende Skalenerträge* gekennzeichnet sind (z.B. Autobahnen, Schienennetze), führt ein road pricing jedoch zu Defiziten. Daher können nur second-best-Lösungen eine Gesamtkostendeckung[317] ermöglichen (*kostenmäßige Äquivalenz*).[318] Unterhält ein Unternehmen nur ein einzelnes Projekt, das vollständig durch Gebühren finanziert werden soll,[319] so kann es hierzu entweder Preise in Höhe der Durchschnittsko-

---

313 Vgl. Sachverständigenrat (1991) S. 152.

314 Vgl. z.B. Suntum, U.v. (1989) S. 558, der hier allerdings die Preiselastizität der Nachfrage nach Gesamtfahrleistungen von PKWs in Abhängigkeit von Veränderungen des *Benzinpreises* mißt. Unterstellt man jedoch, daß eine zeitliche Preisdifferenzierung ebenfalls auf der Basis der Fahrleistung erfolgt, so sind die hier gefundenen Ergebnisse durchaus übertragbar. Anders aufgrund theoretischer Überlegungen allerdings Ewers, H.-J.; Rodi, H. (1995) S. 42.

315 Vgl. Scheele, U. (1993) S. 159.

316 Vgl. auch Newberry, D.M. (1988) S. 127.

317 Auch in dem Fall, in dem ausschließbare Güter der Nichtrivalität unterliegen und unter Beachtung der Grenzkostenregel kein Konsument von der Nutzung ausgeschlossen werden dürfte, ist langfristig unter *Beachtung der Bereitstellungskosten* des Infrastrukturgutes ein positiver, kostendeckender Preis zu fordern. Dementsprechend findet auch hier das Prinzip kostenmäßiger Äquivalenz Anwendung.

318 KLÖS begründet die praktische Relevanz der kostenmäßigen Äquivalenz mit dem Wunsch staatlicher Anbieter, die Konsumentenrente gerade *nicht* abzuschöpfen. Dies gelte gerade im Bereich der Infrastrukturgüter, für die eine Zwangsnachfrage bestehe (z.B. bestimmte Bereiche der Ver- und Entsorgungsinfrastruktur). Vgl. Klös, H.-P. (1989a) S. 33, ähnlich Haller, H. (1981) S. 23, der hier allerdings auch noch die Subventionierung derartiger Infrastrukturleistungen einbezieht.

319 Diese Annahmen schließen einerseits eine RAMSEY-Preisbildung aus, welche bei Mehrproduktunternehmungen Preis-Kosten-Margen vorsieht, die invers proportional zur Preiselastizität der Nachfrage bestimmt werden. Würden derartige Preise festgelegt, so könnte mittels Quersubventionierung eine Gesamtkostendeckung erzielt werden [vgl. hierzu z.B. Ewers, H.-J.; Rodi, H. (1995) S. 42f.]. Dieser Fall ist aber hier wenig reali-

sten festsetzen oder sog. gespaltene Tarife heranziehen. Durchschnittskostenpreise wie sie in Abbildung 3.3a verdeutlicht worden sind, haben eine geringere als die optimale, beim Grenzkostenpreis realisierte Angebotsmenge zur Folge und gehen daher mit einem Wohlfahrtsverlust einher. Überfüllungskosten werden zudem in der Preisbildung *nicht* berücksichtigt, so daß ein *einheitlicher* Preis unabhängig von der zu verschiedenen Tageszeiten unterschiedlichen Auslastung nicht dazu beitragen kann, die Nachfrage im Zeitablauf zu glätten.

Gespaltene Tarife setzen sich aus einer einheitlich festgesetzten Zugangsgebühr und einem Grenzkostenpreis für das insgesamt pro Periode nachgefragte Leistungsvolumen zusammen. Dabei hat die Zugangsgebühr mit dem vorteilhaften Charakter einer „nondistorting tax on the users of the service“[320] die Funktion, das Defizit abzudecken. Die Grenzkostengebühr, die bei Autobahnen die durch eine zusätzliche Fahrt entstehenden Abnutzungskosten der Straße darstellt, läßt Konsumenten effiziente Mengen des Infrastrukturgutes nachfragen. Würde der Begriff der Grenzkosten jedoch weiter gefaßt, so müßten auch die durch zusätzliche Nutzer entstehenden Überfüllungskosten in die Gebühr einbezogen werden. Die Einführung eines derartigen Peak-Load-Pricing stellt eine Verbindung zwischen kosten- und marktmäßiger Äquivalenz dar, da in Spitzenzeiten durch eine Grenzkostenorientierung die Konsumentenrente abgeschöpft wird, während in den Perioden, in denen die marginalen Überfüllungskosten gleich Null sind, kostenorientierte Preise verlangt werden.[321]

Die Frage nun, welche Preisbildung ein privates Unternehmen wählen wird, das einer Price-Cap-Regulierung oder einem Franchising-Verfahren unterliegt, ist theoretisch kaum zu entscheiden. So befürchten EWERS und RODI, daß private Betreiber zu einer pauschalen Durchschnittskostenkalkulation übergehen, um kein kompliziertes Kostenrechnungssystem entwickeln zu müssen.[322] Zusammenfassend ist jedoch festzuhalten, daß sowohl eine Durchschnittskostenpreissetzung als auch die mit geringeren allokativen Nachteilen behafteten zweigeteilten Tarife keine pareto-effizienten Angebotsentscheidungen nach sich ziehen. Sollen über die vorgestellten Regulierungsmodalitäten keine weiteren Staatseingriffe in den Erstellungs- und Leistungsabgabeprozeß von Infrastrukturgütern vorgenommen werden, so ist die tatsächliche Preissetzung bspw. im

---

stisch, wenn man annimmt, daß jedes Projekt singulär kostendeckend betrieben werden muß.
Andererseits können bei einem ausschließlich privat zu finanzierenden Projekt Defizite nicht durch eine indirekte Besteuerung finanziert werden, wie sie z.B. im Rahmen eines staatlichen road pricing vorgesehen wird. Vgl. Newberry, D.M (1988) S. 130ff.

320 Rosen, H.S. (1988) S. 325. Dies könnte allerdings die Nutzer vom Konsum des Gutes abhalten, deren Konsumentenrente relativ gering ist. Auch unter Verteilungsaspekten ist eine derartige Kopfsteuer negativ zu bewerten.

321 Vgl. hierzu Aberle, G. (1989) S. 32, Klös, H.-P. (1989a) S. 37.

322 Vgl. Ewers, H.-J.; Rodi, H. (1995) S. 76.

Rahmen der Price-Cap-Regulierung unter Inkaufnahme der hiermit verbundenen Ineffizienzen dem Unternehmen zu überlassen.

Neben den oben genannten Effizienzüberlegungen sind jedoch weitere Implementationsprobleme von Bedeutung.[323] Auf diese ist im folgenden aufgrund ihrer hohen Relevanz nochmals hinzuweisen. So ist einerseits bei guten Substitutionsmöglichkeiten, die sich in einer höheren Preiselastizität der Nachfrage widerspiegeln, mit Ausweicheffekten auf parallele Verbindungen zu rechnen. Diese lösen unter Umständen weitere Externalitäten aus, welche bei der Entscheidung für einen Konsumentenausschluß zu berücksichtigen sind. Zudem ist zu beachten, daß mit einem Konsumentenausschluß auch unerwünschte Verteilungswirkungen einhergehen.[324] Diese werden werden aber besser durch direkte Geldtransfers an einkommensschwache Gruppen abgefedert als durch eine allokationsverzerrende Preissubventionierung.

Unter Beachtung der oben diskutierten Effizienz- und Implementationsprobleme ist es dennoch ordnungspolitisch als vorteilhaft zu bewerten, bei ausschließbaren Gütern einen Preisausschluß herbeizuführen. Dieser kann allerdings keine pareto-effiziente Allokation herbeiführen. Mit Hilfe dies Kriteriums 'Umsetzung des Äquivalenzprinzips' ist in Teil V zu überpüfen, ob die einzelnen Organisations- und Finanzierungsformen eine Anwendung des Preismechanismus vorsehen.

2.5 Der Kriterienkatalog im Überblick

Das Kapitel IV.2 dieser Arbeit hatte zum Ziel, Kriterien zur Überprüfung der Vorteilhaftigkeit privaten Infrastrukturengagements vor dem Hintergrund der in II.2-II.4 dargestellten infrastrukturellen und wirtschaftlichen Situation in den neuen Ländern zu ent- wickeln. Dazu wurden die wirtschaftspolitischen Bereiche der Raumordnung, der Regionalpolitik, der öffentlichen Finanzwirtschaft, der Ordnungspolitik sowie der Umweltpolitik herangezogen. Die untenstehende Tabelle zeigt die den genannten wirtschaftspolitischen Bereichen zuzuordnenden Kriterien unter Berücksichtigung der im vorangehenden Kapitel erläuterten Zielsetzungen. Bei Betrachtung der Kriterien fällt auf, daß gleiche bzw. ähnliche Kriterien aus unterschiedlichen Politikbereichen abgeleitet werden können. So ist das Kriterium 'Zeitersparnis' sowohl im Bereich der Raumordnung als auch im Feld der Umweltpolitik und zusätzlich aus dem Zwischenziel einer schnellen Anpassung (Abb. 4.4) abzuleiten. Im folgenden soll das Kriterium nur im Rahmen der genannten Zwischenzielsetzung behandelt werden, wo es eine Aufteilung in Zeitersparnisse in der Planung und Zeitersparnisse in der Finanzierungsphase erfährt.

---

[323] Vgl. zu den folgenden Argumenten Stevens, B.; Michalski, W. (1993) S. 14.
[324] Vgl. z.B. Thomson, J.M. (1978) S. 180f.

Darüber hinaus lassen sich sowohl aus dem wirtschaftspolitischen Bereich der Raumordnung als auch aus der Regionalpolitik ähnliche Kriterien in Bezug

Wirtschaftpolitischer Bereich	(Unter)Ziel	Kriterium[325]
Raumordnung	Verbesserung der wirtschaftsnahen Infrastruktur	• Geschwindigkeit (Zeitersparnis)
		• Wachstumsbeitrag durch Bündelung von Infrastrukturinvestitionen und Netzeffekten
		• Realisierung zusätzlicher Investitionen
		• Ausgewogenheit der (großräumigen) Siedlungsstruktur
Regionalpolitik	Förderung der gewerblichen Wirtschaft	• Mobilisierung von Wachstumsreserven in Schwerpunktorten
		• Schaffung von wettbewerbsfähigen Dauerarbeitsplätzen
		• Abbau regionaler Disparitäten zugunsten stark benachteiligter Regionen
-	Schnelle Anpassung	• Zeitersparnisse in der Planung
		• Zeitersparnisse in der Finanzierungsphase
Umweltpolitik	Verbesserung der Umweltqualität	• schnelle Bereitstellung von Infrastruktur
		• Einführung des Preisausschlusses
Öffentliche Finanzwirtschaft	Entlastung der öffentlichen Haushalte	• direkte Entlastung/Realisierung zusätzlicher Investitionen
		• identische gesamtwirtschaftliche Wirkungen • Spezialisierungsvorteile • Rationalisierungsvorteile • Höhe der Kapitalkosten • Projektorganisation/Projektumfang
	Vereinbarkeit mit der Haushaltsordnung	• Grundsatz der Vollständigkeit • Grundsatz der Einheit und Klarheit • Grundsatz der Wirtschaftlichkeit und Sparsamkeit
Ordnungspolitik	Anwendung des Subsidiaritätsprinzips	• dauerhafte Verlagerung in den privaten Sektor
	Anwendung des Äquivalenzprinzips	• Umsetzung des Äquivalenzprinzips

Tab. 4.1: Die Kriterien im Überblick.

325 Die in der Tabelle stark umrandeten Kriterien werden als Kriterien 'Zeitersparnis in der Planung' bzw. 'Zeitersparnisse in der Finanzierungsphase', 'Wachstumsbeitrag', 'Umsetzung des Äquivalenzprinzips' sowie 'Realisierung zusätzlicher Investitionen' zusammengefaßt.

auf den Wachstumsbeitrag isolieren (Wachstumsbeitrag bzw. Mobilisierung von Wachstumsreserven in Schwerpunktorten). Es konnte in diesem Zusammenhang gezeigt werden, daß sich als Ergebnis der Modifikation des ursprünglichen raumordnungspolitischen bzw. regionalpolitischen Konzeptes für die neuen Bundesländer die Forderung nach einem abgestuften System zentraler Orte ergab. In diesen zentralen Orten sollen erstens gebündelt wirtschaftsnahe Infrastrukturinvestitionen getätigt werden, um hier Wachstumskräfte zu mobilisieren. Dem gleichen Zweck folgt die Verbindung zentraler Orte durch großräumige Linieninfrastrukturen sowie die Einrichtung überregional bedeutsamer punktförmiger Infrastrukturen in Schwerpunktorten im Rahmen der Raumordnung. Da hier folglich eine ähnliche Zielsetzung angesprochen wird, die sich allerdings zum einen auf kleinräumige (Regionalpolitik) und zum anderen auf großräumige (Raumordnung) Infrastrukturen bezieht, soll das Kriterium 'Wachstumsbeitrag' hier zusammengefaßt werden. Eine Subsumierung unter dieses Kriterium erfährt auch das Kennzeichen 'Schaffung von wettbewerbsfähigen Dauerarbeitsplätzen in Schwerpunktorten', da es als ein Element des Wachstumsbeitrages begriffen werden kann.

K1	Wachstumsbeitrag/Beitrag zu Netzeffekten
K2	Umsetzung des Äquivalenzprinzips
K3	Ausgewogenheit der großräumigen Siedlungsstruktur
K4	Abbau regionaler Disparitäten
K5	Zeitersparnisse in der Planung
K6	Zeitersparnisse in der Finanzierung
K7	Direkte Entlastung /Realisierung zusätzlicher Investitionen
K8	Projektorganisation/Projektumfang
K9	Spezialisierungsvorteile
K10	Rationalisierungsvorteile
K11	Höhe der Kapitalkosten
K12	Grundsatz der Wirtschaftlichkeit und Sparsamkeit
K13	Grundsatz der Vollständigkeit
K14	Grundsatz der Einheit und Klarheit
K15	Identische gesamtwirtschaftliche Wirkungen
K16	Dauerhafte Verlagerung in den privaten Sektor

Tab. 4.2: Isolierte Kriterien.

Auch das Kriterium 'Realisierung zusätzlicher Investitionen' aus dem Politikbereich der Raumordnung bzw. der öffentlichen Finanzwirtschaft sowie die aus umweltpolitischen und ordnungspolitischen Überlegungen abgeleitete Kriterien 'Anwendung des Preisausschlusses' bzw. 'Umsetzung des Äquivalenzprinzips' sind im folgenden jeweils gemeinsam zu betrachten. Dabei ist im Hinblick auf die Einführung eines Preisausschlusses neben den oben skizzierten allokativen Problemen zu beachten, daß hierdurch keine vollständige Internalisierung von Umweltexternalitäten im Verkehr erreicht werden kann. In diesem Zusammenhang kann eine Nutzungsgebühr - im Gegensatz zu einer kostenlosen Abgabe von Verkehrsleistungen - nur grob und beiläufig eine Reduktion von Umweltschäden durch Überfüllung und Staus unterstützen.

Die in Tabelle 4.2 präsentierten Kriterien sollen im folgenden zur Überprüfung der Leistungsfähigkeit privaten Infrastrukturengagements herangezogen werden. Dazu werden im anschließenden Teil der Arbeit die in der Praxis relevanten unterschiedlichen Finanzierungs- und Organisationsmodelle zunächst dargestellt und anschließend anhand der mit den Kürzeln K1-K16 bezeichneten isolierten Kriterien bewertet.

V. Ausgestaltung und Zielbeitrag unterschiedlicher Modelle privaten Infrastrukturengagements

1. Vorbemerkung

Die Zielsetzung der in dieser Arbeit durchzuführenden Untersuchung liegt darin, zu erörtern, welchen Beitrag ein privates Infrastrukturengagement vor dem Hintergrund der Situation in den neuen Ländern leisten kann. Hierzu wurde in Kapitel IV zunächst der Bewertungshintergrund skizziert (Problemkreis 4), vor dem die Leistungsfähigkeit eines privaten Infrastrukturengagements zu beurteilen ist. Dabei wird unter Leistungsfähigkeit die *generelle Zielkonformität* des Instrumentes 'Infrastruktur' verstanden, welche anhand der im vorangehenden Abschnitt vorgestellten Kriterien zu überprüfen ist. Im folgenden werden nun die einzelnen Finanzierungs- und Organisationsformen vorgestellt (Problemkreis 3b) und mit Hilfe der in Kapitel IV abgeleiteten Kriterien im Hinblick auf ihre Leistungsfähigkeit bewertet.

In diesem Zusammenhang ist anzumerken, daß die vorzustellenden Modelle sowohl *bereits realisierte* Formen privaten Infrastrukturengagements (z.B. Betreibermodell, Konzessionsmodell) als auch *rein theoretisch konzipierte* Modelle (z.B. Mischmodell) umfassen. Die einzelnen Organisations- und Finanzierungsformen sind daher in unterschiedlichem Maße ausgereift und beinhalten teilweise bereits Lösungen in Antwort auf die grundsätzlichen, dem Modell inhärenten Probleme (z.B. opportunistisches Verhalten); dies erschwert einen direkten Vergleich. Da zudem in unterschiedlichem Maße praktische Erfahrungen vorliegen, wird im folgenden zunächst auf einer rein theoretischen Ebene argumentiert. Nur in den Fällen, in denen praktische Erfahrungen existieren, werden diese *zusätzlich* zur Bewertung herangezogen.

Im Rahmen der Darstellung der einzelnen, derzeit in der Bundesrepublik in der Diskussion befindlichen Modelle privaten Infrastrukturengagements soll auf eine strenge Zuordnung zu Organisations- bzw. Finanzierungsmodellen,[1] wie sie beispielsweise durch das BUNDESUMWELTMINISTERIUM vorgenommen wird,[2] oder eine Einteilung in formelle bzw. materielle Privatisierungsformen[3] verzichtet werden. Die erste Zuordnung ist m.E. nicht trennscharf zu vollziehen, da

---

1 Unter Finanzierung soll die „Bereitstellung von finanziellen Mitteln jeder Art einerseits zur Durchführung der betrieblichen Leistungserstellung und Leistungsverwertung und andererseits zur Vornahme bestimmter außerordentlicher finanztechnischer Vorgänge [...]" verstanden werden [Wöhe, G.; Bilstein, J. (1988) S. 2f.]. Für DRUKARCZYK dienen Finanzierungsmaßnahmen „der Beschaffung von Geld oder Geldäquivalenten a) durch explizit geschlossene Finanzierungsverträge mit Kapitalgebern unter Beachtung der vertraglichen Bedienungs- und Rückzahlungsmodalitäten sowie der Informations-, Kontroll-, Sicherungs- und Sanktionsrechte der Financiers und b) durch Bindung von Mitteln im Unternehmen [...]." Drukarczyk, J. (1993) S. 18.

2 Vgl. Bundesumweltministerium (1993) S. 8.

3 Vgl. z.B. Rehm (1994).

die Finanzierungsvorschläge (z.B. Leasing) i.d.R. auch Organisationselemente enthalten und in ihrer jeweiligen Weiterentwicklung die Organisationselemente größere Bedeutung erhalten. Die Einteilung der vorzustellenden Modelle in formelle bzw. materielle Privatisierungsmodelle ist ebenfalls wenig aussagekräftig. Sie ist zudem *nicht* durch die jeweilige institutionelle Ausgestaltung bedingt, sondern im wesentlichen von der mit dem Infrastrukturgut verbundenen Form der Leistungsabgabe und von deren Stellung im Spektrum der öffentlich-rechtlichen Aufgaben abhängig.

Die sich anschließende Darstellung der privatwirtschaftlichen Organisations- und Finanzierungsformen (Problemkreis 3b) baut daher auf zwei charakteristischen Grundmodellen auf. So ist zum einen eine Gruppe von Modellen zu isolieren, die auf Leasing-Finanzierungen beruht (V.3). Zum anderen besteht eine weitere Gruppe, welche im weiteren Sinne Modifikationen der Projektfinanzierung darstellt (V.4). Eine vergleichende Bewertung der vorgestellten Organisations- und Finanzierungsformen in Bezug auf die erarbeiteten Kriterien sowie eine Zuordnung derselben zu möglichen Anwendungsbereichen erfolgt in V.5.

In der folgenden Darstellung und Analyse der einzelnen Modelle sollen die in der Literatur erwähnten Finanzierungs- und Organisationsformen der Venture-Capital-Finanzierung, der Objektgesellschaft sowie der Beteiligungsgesellschaft *nicht* betrachtet werden. Unter einer Venture-Capital-Finanzierung versteht man Eigenkapital, das innovativen und wachstumsorientierten, gleichzeitig aber nicht emissionsfähigen Unternehmen durch einen speziellen Fonds zur Verfügung gestellt wird bis das Unternehmen in der Lage ist, Gewinne zu erwirtschaften oder Fremdkapital aufzunehmen.[4] Für Infrastrukturprojekte erscheint diese Finanzierungsform vor allem deswegen nicht geeignet, da diese durch eine sehr lange Lebensdauer gekennzeichnet sind und daher eine Verdoppelung der sonst bei Venture-Capital-Finanzierungen üblichen Kapitalbindungsdauer erforderlich wäre.[5]

Außerdem werden die Objektgesellschaft sowie die Beteiligungsfinanzierung, die speziell zur Erweiterung der Finanzierungsmöglichkeiten von kommunalen Versorgungsbetrieben dienen, in der Betrachtung vernachlässigt. Bei einer Beteiligungsfinanzierung[6] handelt es sich um eine stille Beteiligung an einem bestehenden Versorgungsunternehmen, durch welche die Eigenkapital-

---

4 Vgl. Stedler, H.; Peters, H.H. (1983) S. 988.

5 Vgl. McKay, C. (1989) S. 103. Hierdurch läßt sich auch erklären, daß es in der Bundesrepublik bisher noch keine Finanzierung einer Verkehrinfrastrukturinvestition mit Hilfe von Venture-Capital gegeben hat.

6 Vgl. zur Beteiligungsfinanzierung z.B. Holtmann, A. (1988) S. 259f., Rehm, H. (1994) S. 54ff., Kirchhoff, U.; Müller-Godeffroy, H. (1994) S. 67ff.

ausstattung kleiner, nicht börsennotierter Unternehmen gestärkt werden kann.[7] Da hier eine stille Beteiligung in ein *bestehendes* Versorgungsunternehmen integriert wird, erfolgt keine Veränderung der *institutionellen Struktur* des Angebotes von Infrastrukturgütern. Das Untersuchungsobjekt eines privaten Infrastrukturengagements wird folglich nicht berührt.

Da eine stille Beteiligung nicht für Eigenbetriebe realisierbar ist, bietet sich bei diesen die Durchführung zusätzlicher Investitionen über Objektgesellschaften an. Ein kommunaler Eigenbetrieb und ein Kreditinstitut gründen - meist in der Rechtsform einer GmbH - eine Objektgesellschaft mit dem Ziel, eine Infrastrukturinvestition vorzunehmen.[8] Gewählt wird diese Konstruktion, um eine Finanzierung außerhalb der Bilanz des Versorgungsunternehmens zu ermöglichen und den öffentlichen Haushalt durch eine Kapitalaufstockung nicht zu belasten. Da hier die Kompetenzen für die Planung und Durchführung der Investition bei der Eigengesellschaft verbleiben und gleichzeitig - durch eine kommunale Bürgschaft - die Kommune faktisch Kreditnehmer ist,[9] ist der Zusammenhang zum Untersuchungsobjekt der Arbeit ebenfalls nicht herzustellen. Im folgenden sind zunächst kurz die Rahmenbedingungen zu skizzieren, die für eine private Erstellung und Finanzierung von Infrastrukturgütern relevant sind. Dabei sind die Risikofaktoren eines privaten Engagements sowie die verschiedenen Gebührenerhebungssysteme zu betrachten.

2. Rahmenbedingungen und Referenzpositionen eines privaten Infrastrukturengagements

2.1 Risikofaktoren eines privaten Infrastrukturengagements

2.1.1 Identifizierung der Risikofaktoren

Die im folgenden darzustellenden unterschiedlichen Finanzierungs- und Organisationsformen werden in der Literatur vielfach unter dem Schlagwort ‘Privatisierung von Infrastruktur’ zusammengefaßt. Bei näherer Betrachtung zeigt sich jedoch, daß die einzelnen Modelle in *ganz unterschiedlichem Umfang* Verfügungsrechte an Private übertragen und daher nicht bei allen Modellen in gleichem Maße von einer ‘Privatisierung’ gesprochen werden kann.[10]

---

7 Anwendung findet diese Form der Finanzierung vor allem bei sog. Sprunginvestitionen, die Versorgungsunternehmen nicht mit der bestehenden Eigenkapitalausstattung finanzieren könnten.

8 Die Finanzierung erfolgt durch das beteiligte Kreditinstitut und wird i.d.R. über eine Bürgschaft der Kommune abgesichert. Planung, Auftragsvergabe, Baudurchführung und Nutzung werden dem kommunalen Versorgungsunternehmen zugeordnet.

9 Vgl. Kirchhoff, U.; Müller-Godeffroy, H. (1994) S. 71.

10 So ist bspw. für das Vorliegen einer Privatfinanzierung nicht ausreichend, daß private Gelder in Anspruch genommen werden. Vielmehr muß mit einer reinen Privatfinanzie-

Aus Sicht der Projektinitiatoren ist die Art und Höhe der mit einem Projekt verbundenen *Risiken* für die Projektrealisierung von entscheidender Bedeutung. Von diesen ist abhängig, ob das Projekt technisch und ökonomisch durchführbar ist. Um diese Zusammenhänge realistisch einschätzen zu können, ist beispielsweise zu untersuchen, ob während der Erstellung des Infrastrukturgutes die Kosten kontrolliert werden können, der Betrieb gesichert und der Kapitaldienst des Projektes erbracht werden kann.[11] Zur Beantwortung dieser Fragen ist eine Risikoanalyse des Projektes durchzuführen.[12] In eine Risikoanalyse sind verfahrenstechnische Risiken, Fertigstellungsrisiken, Betriebsrisiken, Marktrisiken, und politische Risiken einzubeziehen.[13]

- Das **verfahrenstechnische Risiko** umfaßt die Anwendbarkeit der für die Durchführung von Großprojekten geeigneten Verfahren und Techniken. Dabei sind neue Techniken aufgrund ihrer geringeren Erprobung generell weniger geeignet und daher risikoreicher, wogegen die bei herkömmlichen technischen Verfahren entstehenden Risiken leichter abzuschätzen sind.
- Das (finanzielle) **Fertigstellungsrisiko** bezieht sich auf die Leistungserstellungsphase des Infrastrukturgutes. Hier sind vor allem Kostenerhöhungen aufgrund technischer Mängel der Geräte, verlängerter Konstruktionszeiten etc. sowie Inflationsrisiken und Zinssatzänderungen relevant. Diese Risikofaktoren erlauben es i.d.R. *nicht*, die Höhe der gesamten Investitionskosten exakt einzuschätzen.
- **Betriebsrisiken** ergeben sich in der Leistungsabgabephase eines Infrastrukturgutes und umfassen die Qualifikation von Management und Personal, die Versorgung mit notwendigen Betriebsstoffen, die Lösung von Transportproblemen sowie allgemein die Kontrolle der Betriebskosten. Weiterhin zählen Streikgefahr, Maschinenausfälle, Verschleiß sowie Instandhaltungsprobleme zu den Betriebsrisiken.
- Auch **Absatz- und Preisrisiken** (Marktrisiko oder kommerzielles Risiko) werden in der Leistungsabgabephase wirksam. Hier ist die Existenz eines

---

rung auch eine Risikoübernahme des Financiers verbunden sein. Vgl. Schmidt, F.O. (1993b) S. 525.

11 Vgl. McKay, C. (1989) S. 68. Die dargestellten Überlegungen beziehen sich auf die Realisierbarkeit von Projekten im Rahmen der Projektfinanzierung. Sie sind aber grundsätzlich auf privatwirtschaftliche unternehmerische Tätigkeiten übertragbar.

12 Dabei sollte als Ergebnis ein Erwartungswert für den Gewinn- bzw. Verlustfall formuliert werden. Vgl. McKay, C. (1989) S. 71.

13 Hier wird der Einteilung von HEINTZELER gefolgt [vgl. Heintzeler, F. (1982) S. 167ff.]. Für eine ähnliche Klassifizierung vgl. z.B. McKay, C. (1989) S. 73ff. MCKAY unterscheidet abweichend neben politischen, Betriebs- und kommerziellen Risiken finanzielle Risiken und Konstruktionsrisiken. Letztere können aber der bei HEINTZELER vorgenommenen Einteilung der Risiken zugeordnet werden, so daß diese im folgenden nicht getrennt zu betrachten sind. Die bei HEINTZELER zusätzliche genannten geologischen Risiken, die vor allem im Rahmen von Projektfinanzierungen zur Ausbeutung von Bodenschätzen relevant sind, sollen hier nicht betrachtet werden. Vgl. Heintzeler, F. (1982) S. 166.

ausreichenden Marktes für die Leistungsabgabe relevant (Absatzrisiko), der bei gegebenen erwarteten Marktpreisen eine angemessene Rentabilität des Projektes ermöglichen muß (Preisrisiko).

- Unter **politischen Risiken**[14] werden zunächst staatliche Eingriffe verstanden, die die Position des Fremdkapitalnehmers oder dessen Rückzahlungsverpflichtungen verschlechtern (z.B. Enteignung). So entstehen politische Risiken, wenn staatliche Eingriffe (z.B. Steuern, Rationierungen der Produktion, Höchst- und Mindestpreise, Änderungen der Produktionsbedingungen etc.) die Erträge des Projektes oder seine ökonomische Umwelt im weiteren Sinne beeinflussen. In Industrieländern sind dabei besonders Steuerrisiken von Bedeutung.[15] Zudem sind hierzu im Bereich der Verkehrsinfrastruktur Maßnahmen zu zählen, die die Entwicklung konkurrierender Strecken fördern, den Verkehrsfluß ändern oder Bestimmungen zu Sicherheitsanforderungen, Wartung, oder Umweltverträglichkeitsanforderungen berühren.[16]

2.1.2 Maßnahmen zur Reduktion von Marktrisiken

2.1.2.1 Abnahmeverträge

Eine Beteiligung Privater an Erstellung, Finanzierung und Betrieb von Infrastrukturgütern setzt voraus, daß es diesen möglich ist, das von ihnen eingesetzte Kapital zu amortisieren sowie einen angemessenen Gewinn zu erzielen. Erhalten Private die hierzu notwendigen Einnahmen durch den Verkauf der Infrastrukturleistung am Markt, so sind sie zentral dem Absatz- und Preisrisiko ausgesetzt. Da Infrastrukturgüter durch eine lange Leistungsabgabephase gekennzeichnet sind, ist die Prognose von Preis- und Absatzentwicklungen am Markt allerdings mit großen Schwierigkeiten behaftet. Fremdkapitalgeber werden daher an Maßnahmen zur Reduktion des Marktrisikos interessiert sein, um den ausstehenden Schuldendienst abzusichern. Aus diesem Grund werden im Rahmen der Finanzierung von Großprojekten häufig Abnahmeverträge geschlossen. Letztere sind auch auf Seiten der Abnehmer von Interesse, da sie die Erstellung der vertraglich festgelegten Leistung garantieren. Dies bedeutet für den Infra-

---

14 Vgl. Sarmet, M. (1981) S. 134. SARMET betrachtet internationale Projektfinanzierungen. Die hier getroffenen Aussagen müssen daher in Bezug auf ihre Anwendbarkeit auf Industrienationen relativiert werden.

15 Vgl. Sarmet, M. (1981) S. 135. SCHMIDT weist in diesem Zusammenhang darauf hin, daß zur Einschränkung politischer Risiken vor allem eine Kontinuität in den politischen und finanztechnischen Rahmenbedingungen der Ökonomie bedeutsam ist, durch die eine Risikoteilung zwischen Staat und Privaten ermöglicht werde. Vgl. Schmidt, F.O. (1994) S. 206.

16 Vgl. McKay, C. (1989) S. 73. Schließlich ist auch das Problem der höheren Gewalt (Force Majeure) relevant, welches Risiken umfaßt, die von den Projektbeteiligten nicht zu beeinflussen sind (Krieg od. Bürgerkrieg, Blockaden). Diese Risiken können allerdings von den Projektinitiatoren i.d.R. durch Versicherungen abgedeckt werden. Vgl. Uekermann, H. (1990) S. 25.

strukturbereich, daß bspw. den Kommunen die Klärung von Abwässern oder die Bereitstellung von Trinkwasser während der Vertragsdauer zugesichert wird, so daß eine Erfüllung der kommunalen Pflichtaufgaben gewährleistet ist. Generell sind zu diesem Zweck Through-Put-Agreements, Take-or-Pay-Kontrakte und Take-and-Pay-Kontrakte zu unterscheiden.[17]

- Bei **Through-Put-Agreements** werden Kapazitäten des Infrastrukturgutes (Leitungen, Netze) für Transportleistungen reserviert, die für den Abnehmer erbracht werden können. Der Abnehmer bezahlt diese Leistungen unabhängig davon, ob sie tatsächlich von ihm genutzt werden.
- **Take-or-Pay-Kontrakte** verpflichten den Abnehmer ebenfalls zu einer Zahlung für die potentielle Abnahme einer bestimmten Infrastrukturleistung. Dabei besteht die Zahlungsverpflichtung auch dann, wenn die Leistung nicht in Anspruch genommen wird bzw. nicht erbracht werden kann. Damit haben diese Kontrakte den Charakter einer 'unconditional guarantee': Sie decken auch über Marktrisiken hinausgehende Risikofaktoren ab, die zu einer Leistungsstörung führen können. Derartige Verträge sind nur dann denkbar, wenn der Abnehmer direkt am Projekt beteiligt ist, Mitspracherechte bzw. ein erhebliches Interesse an der Leistungsabgabe besitzt.[18]
- **Take-and-Pay-Kontrakte** kommen dann zustande, wenn die nicht marktbezogenen Risiken bereits hinreichend abgedeckt sind. In diesem Fall werden Zahlungen nur dann geleistet, wenn die Leistung den vertraglich spezifizierten Anforderungen genügt und durch den Abnehmer auch tatsächlich in Anspruch genommen wird. Hierdurch wird faktisch jedoch nur das Preisrisiko reduziert, während das Absatzrisiko für den Anbieter bestehen bleibt.

Die vorgestellten vertraglichen Vereinbarungen reduzieren das für den Produzenten der Infrastrukturleistung bestehende Marktrisiko. Sie schaffen faktisch Zwischenformen zwischen einer reinen Marktlösung, in welcher das Marktrisiko nicht durch Garantieverträge vermindert wird, sowie einer Leistungsabgabe, welche das Marktrisiko vollkommen eliminiert und das Objekt durch staatliche Zwangsbeiträge finanziert. Die folgende Analyse der Organisations- und Finanzierungsformen wird auch den Grad der Übertragung des Marktrisikos betrachten und analysieren, inwieweit die oben genannten Zwischenformen Anwendung finden.

---

17 Vgl. zu diesen Kontrakten Nevitt, P.K. (1989) S. 278f., Frank, H.; Moser, R. (1987) S. 44f.

18 SCHMIDT weist darauf hin, daß es sich in diesem Fall nicht mehr um eine „Privatfinanzierung in ihrer reinsten Form" handele. Schmidt, F.O. (1993b) S. 528.

2.1.2.2 Value-Capture-Arrangements

Value-Capture-Arrangements (Wertabschöpfungsmethoden) liegt die These zugrunde, daß Infrastrukturinvestitionen bestimmten Gruppen spezielle Nutzen erbringen.[19] Hierzu zählen z.B. Wertsteigerungen von Grundstücken, Standortvorteile durch schnellere Verkehrsanbindungen etc. Durch Veränderungen der wettbewerblichen Rahmenbedingungen und die Begründung neuer Abgaben (Wertzuwachssteuern)[20] können diese Wertsteigerungen bei den unmittelbar Betroffenen monetär abgeschöpft werden, um sie zur Finanzierung der die Wertsteigerungen erst verursachenden Infrastrukturgüter zu nutzen. Im folgenden werden - in Übereinstimmung mit dem Schwerpunkt der Arbeit - nur diejenigen Value-Capture-Arrangements berücksichtigt, bei denen sich neben der Projektträgergesellschaft weitere private Unternehmen *freiwillig* an der Infrastrukturfinanzierung beteiligen.[21]

So werden bei **Joint Ventures mit dem privaten Sektor**[22] z.B. Land- und Luftrechte an Infrastrukturgütern an Private verleast. Dabei könnten Raststätten oder Gewerbeflächen, die an Autobahnen angrenzen, in ein Finanzierungsmodell (z.B. Konzessionsmodell) einbezogen werden.[23] Zu Joint Ventures sind

---

19 Vgl. Bundesministerium für Finanzen (1991) S. 46, McKay, C. (1989) S. 120ff.

20 Bei Wertzuwachssteuern werden die ohne Zutun des Grundstückseigentümers entstandenen positiven Wertzuwächse eines Grundstücks besteuert [vgl. Andreae, C.-A. (1980) S. 601]. Dabei begründet sich bspw. eine Bodenwertzuwachssteuer auf der Vorstellung, daß Wertsteigerungen bei Grundstücken - jedenfalls stärker als bei Bauwerken - auf die „Wertschöpfungen der Allgemeinheit“ [Andreae, C.-A. (1980) S. 603] zurückzuführen sind. So können z.B. **Grundstücksabgaben** bei denjenigen erhoben werden, die von einer verbesserten Anbindung durch das Infrastrukturgut profitieren. Hierzu sind z.B. Anbindungs- bzw. Leistungsgebühren, bei denen für die Anbindung eine einmalige Gebühr zu zahlen ist, zu zählen. Weiterhin sind Vermögens- und Liegenschaftssteuern als Zusatzsteuern sowie gespaltene Grunderwerbsteuereinnahmen auf der Basis steigender Grundstückspreise zu nennen. Vgl. McKay, C. (1989) S. 120ff.
HUBER verdeutlicht, daß „die Abschöpfung planungsbedingter Wertsteigerungen durch die Kommunen [...] einen Eingriff in das durch Art. 14 I 1 GG geschützte Eigentum dar[stellt], wenn sie die Grenze des Zumutbaren überschreitet.“ [Huber, P.M. (1995) S. 110]. Sie bedürfe daher eine spezifischen gesetzlichen Ermächtigung. Zu den derzeit gültigen gesetzlichen Regelungen zu Wertabschöpfungsverfahren vgl. ebenda S. 37ff.

21 Vgl. Bundesministerium für Finanzen (1991) S. 46. Sollen Wertzuwachssteuern nicht einen rein fiskalischen Zweck verfolgen, sondern die Erträge des Projektes erhöhen, so müssen die Einnahmen aus Value-Capture-Arrangements direkt an die beteiligte Projektgesellschaft weitergeleitet werden. MCKAY weist darauf hin, daß eine derartige Zweckbindung jedoch mit Verstößen gegen das Nonaffektationsprinzip verbunden sein kann. Auch dies spricht gegen eine weitere Betrachtung derartiger Steuern. Vgl. McKay, C. (1989) S. 120.

22 Vgl. ebenda S. 123f.

23 An dieser Stelle ist darauf hinzuweisen, daß hier allerdings unterschiedliche Planungszuständigkeiten bestehen. So können Gewerbegebiete nicht in die Planungsverfahren von Bundesverkehrswegen einbezogen werden, sondern Unterliegen der Planungszuständigkeit der Kommunen. Vgl. Bundesministerium für Finanzen (1991) S. 46f.

auch private Spenden zur Kapitalaufstockung und Deckung der Betriebskosten für meist gesellschaftlich erhaltenswerte Projekte (z.B. Cable Cars in San Francisco) zu rechnen. Schließlich können freiwillige Kostenbeteiligungen privater Unternehmen bspw. an Projekten, welche eine Verbesserung der verkehrlichen Anbindung anstreben, genannt werden. Freiwillige Kooperationen Privater mit der Gesellschaft, die ein Infrastrukturgut erstellt, stellen auch die Zahlungen von **Unternehmen** dar, **die sich auf dem Projektgelände gewerblich betätigen wollen.**[24] In diesem Zusammenhang sind z.B. die Nutzung von Verkehrsstationen als Werbeflächen oder die Vergabe von Konzessionen für Geschäfte und Automaten zu nennen. Derartige Einnahmen führen - im Gegensatz zu einer Besteuerung von Wertsteigerungen - jedoch nicht zu Wohlfahrtsverlusten. So stellt die entgeltliche Nutzung von autobahnnahen Gewerbeflächen als Raststätten oder die Vermietung von Verkehrsstationen als Werbeflächen letztlich die Entlohnung des Produktionsfaktors dar, der in die Produktionsfunktion des Unternehmens eingeht, das die Flächen nutzt.

Value-Capture-Arrangements erhalten vor allem dann Bedeutung, wenn die mit privatem Infrastrukturengagement verbundenen Marktrisiken so hoch sind, daß sie durch Private kaum mehr zu tragen sind. Dies ist bspw. der Fall, wenn die Entwicklung des Cash-Flows, welche die Rentabilität des Projektes bestimmt, nur schwer abzuschätzen ist. So können zu bestehenden entgeltfinanzierten Verkehrsinfrastrukturgütern umfangreiche Substitutionsmöglichkeiten (z.B. entgeltfreie Strecken oder andere in Schnelligkeit und Qualität adäquate Verkehrsträger)[25] existieren, die die Ertragsaussichten des Projektes schmälern. Die *Bedeutung* von Value-Capture-Arrangements für die Erstellung von Infrastrukturinvestitionen liegt dabei in der Erschließung *zusätzlicher Ertragsquellen*, die sich positiv auf die Höhe des Cash-Flows auswirken.[26] So ist der Umfang der Nutzungsgebühren, die zusätzlich zu den Einnahmen aus Value-Capture-Arrangements notwendig sind, um den Break-Even-Punkt der Investition zu erreichen, geringer als im Fall ohne Value-Capture-Arrangements. Gleichzeitig reduzieren derartige Arrangements das Marktrisiko für die Projektgesellschaft, da die direkte Abhängigkeit des Ertrags vom Absatz der Infrastrukturleistung geringer wird.[27] Dies bedeutet, daß im Grenzfall auch Projekte mit einer geringeren Auslastung realisiert werden können.

---

24 Vgl. McKay, C. (1989) S. 127f.

25 Vgl. ebenda S. 119.

26 Dies gilt aber nur, wenn die Methode mit akzeptablen Erhebungskosten verbunden ist.

27 Value-Capture-Arrangements können als Teilfinanzierungen auch zu einer Entlastung der öffentlichen Haushalte [Kriterium K7] beitragen. Da hier *neue* Finanzierungsquellen erschlossen und *zusätzliche* Mittel bereitgestellt werden, reduziert der Barwert des durch Value-Capture-Arrangements induzierten Zahlungsstroms die gesamten abgezinsten Investitionskosten. Die Projektgesellschaft muß folglich um diesen Betrag weniger Fremdkapital aufnehmen. Die darüber hinaus gehende Wirkung von Value-Capture-Arrangements auf die öffentlichen Haushalte ist aber von dem jeweiligen Modell abhängig, innerhalb

2.2 Gebührenerhebungssysteme

Verschiedene private Finanzierungsmodelle setzen voraus, daß die Erträge des Projektes über Gebühreneinnahmen erwirtschaftet werden. Im Bereich von Wasserversorgung sowie Abwasser- und Abfallentsorgung ist dies derzeit bereits üblich und durch Meßgeräte bzw. vereinheitlichte Gutscheinsysteme mit nur geringen Erhebungskosten zu realisieren. Im Verkehrssektor der Bundesrepublik ist eine nutzungsabhängige Gebührenerhebung bisher jedoch noch nicht realisiert worden. Während die prinzipielle Wünschbarkeit eines Preisausschlusses in allokationstheoretischer Hinsicht in den vorangehenden Abschnitten thematisiert wurde, sollen nun deren technische Rahmenbedingungen präsentiert werden. Prinzipiell stehen neben der konventionellen Mauterhebung Smart Card Systeme sowie Tag Systeme zur Verfügung.[28]

- Im Fall der konventionellen **manuellen oder halbautomatischem Mauterhebungsverfahren** werden an Mautstationen Benutzungsgebühren in Abhängigkeit von der Fahrzeugart sowie der zurückgelegten Strecke entrichtet. Dieses System ist nur mit einem geringen Kontrollaufwand verbunden sowie ohne gravierende Datenschutzprobleme realisierbar. Nachteilig ist aber vor allem der mit manuellen oder halbautomatischen Mauterhebungsverfahren verbundene hohe Personalaufwand. Zudem sind umfangreiche bauliche Einrichtungen zu erstellen. Weiterhin sind derartige Verfahren - in Abhängigkeit vom Verkehrsaufkommen - mit hohen Stauungsphänomenen verbunden.
- Neben dem oben skizzierten konventionellen Verfahren sind **Smart Card Systeme** entwickelt worden. Bestandteile dieses Systems sind zum einen die Smart Card, auf die sich eine bestimmte Summe Bargeld elektronisch speichern läßt. Zum anderen wird im Fahrzeug eine On-Board-Unit installiert, in welche die Smart Card eingegeben wird. Passiert das Fahrzeug eine Mautstation in Form eines über der Fahrbahn errichteten Gerüstes, so wird von der Smart Card die (in Abhängigkeit von der Art der Fahrzeugs) fällige Gebühr abgebucht.[29] Vorteilhaft an diesem System ist vor allem, daß durch eine elektronische Erfassung die Anonymität des Verkehrswegenutzers gewahrt bleibt und zudem der Verkehrsfluß nur geringfügig behindert wird. Ein derartiges System befindet sich derzeit auf der A 555 zwischen Köln und Bonn in der Erprobung. Realisiert wurde es bisher nur in Form des TELEPASS-Systems der Autostrada in Italien.

---

dessen derartige Finanzierungsinstrumente eingesetzt werden. In den Modellen, in denen der Staat während des Vertragszeitraumes Miet- bzw. Leasingraten an die Gesellschaft zahlt (Leasingmodell, Konzessionsmodell, Mischmodell), vermindert sich der Umfang der Miet- bzw. Leasingraten aufgrund der zusätzlichen Einnahmen aus den Value-Capture-Arrangements. Hierdurch tritt also eine Entlastung der öffentlichen Haushalte ein.

28 Vgl. zu Darstellungen dieser Systeme z.B. Küffner, G. (1995) S. T1, Bundesministerium für Finanzen (1991) S. 24ff., McKay, C. (1989) S. 43.

29 Bei fehlendem Guthaben auf der Smart Card werden Fahrer und Fahrzeug - ähnlich den Geschwindigkeitskontrollen - per Videokamera fotografiert.

- Die dritte derzeit diskutierte Gruppe von Erhebungsverfahren sind sog. **Tag Systeme** oder **Electronic Number Plates**. Hierbei handelt es sich um ein am Fahrzeug befestigtes, elektronisch lesbares Schild, welches von einer straßenseitigen Einrichtung erfaßt wird. Dabei kann es sich entweder um technische Konstruktionen handeln wie im Rahmen der Smart-Card-Systeme beschrieben. Alternativ kann ein elektronisches Gerät an der Fahrzeugunterseite befestigt werden, welches durch Spulen in der Fahrbahndecke gelesen wird. In beiden Fällen werden die notwendigen Daten übertragen, in einem Zentralrechner gespeichert und an eine Verrechnungsstelle übermittelt. Die Gebühren werden dann in regelmäßigen Abständen von dem zum Fahrzeug gehörigen Konto abgebucht.
  Dieses System stößt aber vor allem auf Datenschutzprobleme. So ist die Verschlüsselung von Daten notwendig, damit nur autorisierte Personen zu diesen Zugang haben können. Trotz derartiger Vorkehrungen konnte in Hongkong das erfolgreich erprobte Electronic Number Plates-System nicht realisiert werden, da sich das öffentliche Mißtrauen als zu hoch erwies. Anwendung finden derartige Systeme bereits in Oslo und Trondheim.

Die beiden vorgestellten elektronischen Systeme haben gemeinsam, daß sie Erhebungskosten durch Personaleinsparung verringern sowie Verkehrsbehinderungen vermeiden. Damit werden die mit einem Nutzungsausschluß verbundenen *Externalitäten reduziert.*[30] Sie ermöglichen weiterhin eine exakte Registrierung der Fahrzeuge und sind bei einer Anwendung auf Ein- und Ausfallstraßen auch für die Bewirtschaftung knappen innerstädtischen Verkehrsraumes geeignet. Dies ermöglicht gleichzeitig, den Verkehr *temporär zu regulieren*, indem die Kosten für die Nutzung der Verkehrswege in Abhängigkeit von der Tageszeit und der Nutzungsdichte festgesetzt werden. Nachteile bestehen allerdings in einem erhöhten technischen Kontrollaufwand sowie der Notwendigkeit, Sonderlösungen für ausländische Verkehrswegenutzer zu installieren. Zudem sind vor allem im Fall von Tag Systemen Vorkehrungen zu treffen, die den Mißbrauch von Daten vermeiden.

2.3 Die staatlichen Finanzierungsformen als Referenzposition

Abschließend ist als Referenzposition zur Beurteilung privater Finanzierungsformen die für Infrastrukturinvestitionen i.d.R. übliche staatliche Kreditaufnahme[31] zu beleuchten. Dabei ist zum einen zwischen der Kreditaufnahme

---

30 Vgl. hierzu III.2.2.3.2.

31 JÜRGENLIEMK weist darauf hin, daß z.B. die Gemeinden (der alten Bundesländer) auf eigene vermögenswirksame Einnahmen zur Finanzierung von Entsorgungsinvestitionen zurückgreifen müßten. Da diese aber nur in begrenztem Umfang zur Verfügung ständen, finanzierten die Kommunen ihre Investitionen zunehmend durch Kreditaufnahmen. Vgl. Jürgenliemk, R. (1990) S. 27.

des Bundes für überregionale, in der Baulast des Bundes befindliche Infrastrukturprojekte und der Kreditaufnahme der Kommunen für kommunale Infrastrukturgüter zu unterscheiden.[32]

Die **Kreditfinanzierung des Bundes** erfolgt durch gesetzliche Ermächtigung im Rahmen des Haushaltsgesetzes und orientiert sich nach Art. 109 II GG an den Erfordernissen des gesamtwirtschaftlichen Gleichgewichtes.[33] Zur Kreditfinanzierung zählen sowohl Kredite zur Deckung von Ausgaben als auch Bürgschaften, Garantien oder sonstige Gewährleistungen, die zu Ausgaben in zukünftigen Rechnungsjahren führen können.[34] Die Höhe der Kreditaufnahme ist auf die Summe der im Haushaltsplan veranschlagten Ausgaben für Investitionen zu begrenzen, wobei Ausnahmen nach Art. 115 GG nur im Zuge der Abwehr einer Störung des gesamtwirtschaften Gleichgewichtes zulässig sind.[35] Da Infrastrukturinvestitionen nach der in Teil I der Arbeit vorgenommenen Abgrenzung als Sachinvestitionen zu klassifizieren sind, ist für diese eine Kreditfinanzierung grundsätzlich möglich.

Werden Infrastrukturprojekte auf spätere Haushaltsjahre verschoben, so kann dies folglich nicht auf die begrenzende Wirkung der staatlichen Kreditfinanzierung zurückgeführt werden. Vielmehr ist von Bedeutung, unter welchen Umständen Investitionen in den Haushalt einbezogen werden. Hier ist auf die materiellen Vorgaben für die öffentliche Haushaltswirtschaft zu verweisen. Danach werden - unter Beachtung des Grundsatzes der Wirtschaftlichkeit - nur die Ausgaben in den Haushaltsplan aufgenommen, welche zur Erfüllung von Aufgaben notwendig sind (Grundsatz der Notwendigkeit).[36] Die Bestimmung der Notwendigkeit einer Investition ist aber letztlich mit einer politischen Entscheidung verbunden, so daß an dieser Stelle der Einfluß des politischen Willensbildungsprozesses auf die Entscheidung zur Durchführung staatlicher Investitionsprojekte analysiert werden müßte. Dies geht jedoch über den gesetzten Rahmen der Arbeit hinaus, so daß lediglich festzuhalten ist, daß der Finanzierung von Investitionen des Bundes durch Kredite keine wirksamen Verschuldungsgrenzen entgegenstehen.

---

32 Auf die Darstellung der Technik der Kreditaufnahme der Länder soll an dieser Stelle verzichtet werden, da nur ein geringer Teil der für diese Arbeit relevanten Infrastrukturgüter aus Landesmitteln finanziert wird. Zudem unterscheidet sich die Kreditaufnahme der Länder nicht wesentlich von der des Bundes. Vgl. Dreißig, W. (1981) S. 60f.

33 Vgl. Klemm, P. (1993) S. 266f.

34 Vgl. Dreißig, W. (1981) S. 58.

35 Es ist allerdings schwierig zu beurteilen, wann konkret die Kreditaufnahme den Erfordernissen des Art. 109 II GG, insbesondere bei Überschreitung der Grenze des Art. 115 I Satz 2 GG, nicht entspricht. Das Bundesverfassungsgericht führt hierzu aus, daß die Kreditobergrenze nur bei ernsthafter und nachhaltiger Störung des gesamtwirtschaftlichen Gleichgewichts oder in dem Fall, in dem eine solche Störung unmittelbar drohe, überschritten werden dürfe. BVerfGE 79, 311, 338ff.

36 Vgl. Klemm, P. (1993) S. 263.

Die **Kreditaufnahme der Kommunen** ist in den Gemeinde- oder Kommunalordnungen geregelt. So bestimmt z.B. der § 63 I der Kommunalordnung des Landes Thüringen (ThürKO), daß Kredite - falls eine andere Art der Ausgabenfinanzierung wirtschaftlich unzweckmäßig wäre - nur für Investitionen, Investitionsmaßnahmen oder zur Umschuldung aufgenommen werden dürfen. Im kommunalen Haushaltsrecht sind demnach keine Kredite für konsumtive Zwekke vorgesehen.[37] Die für Investitionen vorgesehene Kreditaufnahme ist als Gesamtbetrag genehmigungspflichtig. Diese Genehmigung kann versagt werden, wenn die dauerhafte Leistungsfähigkeit der Kommune durch die Kreditaufnahme beeinträchtigt wird (§63 II Satz 3 ThürKO).[38] Die Leistungsfähigkeit ist dann *gegeben*, wenn der *Haushaltsausgleich gewährleistet* ist. Dies ist grundsätzlich dann der Fall, wenn die Pflichtzuführung des Verwaltungshaushaltes zum Vermögenshaushalt erreicht wird (§22 I Satz 1 ThürGemHV).[39]

Die Pflichtzuführung bezeichnet den Überschuß der laufenden Einnahmen über die Ausgaben im Verwaltungshaushalt. Durch die Pflichtzuführung müssen im Vermögenshaushalt mindestens die Kreditbeschaffungskosten und die ordentliche Kredittilgung abgedeckt werden können, sofern diese nicht durch andere Einnahmen im Vermögenshaushalt aufgebracht werden. Die Pflichtzuführung muß in diesem Fall mindestens die Höhe der aus speziellen Entgelten gedeckten Abschreibungen erreichen.[40] Maß für die finanzielle Leistungsfähigkeit der Kommune ist danach die sog. Nettoinvestitionsrate, die die nach Abzug der Tilgung zur freien Disposition stehenden Zuführungen zum Vermögenshaushalt umfaßt. Letztere kann die Kommune nach eigener Prioritätenfestlegung für Investitionen einsetzen (sog. freie Spitze). Die Kreditaufsichtsbehörde geht im Zuge der Genehmigung von Krediten davon aus, daß die Investitionen, deren Kosten durch kommunale Gebührenerhebung voll gedeckt werden (rentierliche Investitionen), die dauernde Leistungsfähigkeit der Kommune nicht einschränken. Anhand der hier vorgestellten Referenzposition des kommunalen Kredites ist in den folgenden Abschnitten zu beurteilen, ob private Finanzierungsformen eine echte Erweiterung von Haushaltsspielräumen mit sich bringen.

---

37 Vgl. Steenbock, R. (1993) S. 324. Die Kreditaufnahme erscheint in der Rangfolge der kommunalen Einnahmequellen nach Sonstigen Einnahmen, Entgelten für Leistungen und kommunalen Steuern an letzter Stelle. Vgl. Gern, A. (1994) S. 361f.

38 Vgl. Steenbock, R. (1993) S. 324. Auch Rechtsgeschäfte, die in ihrer wirtschaftlichen Wirkung der Kreditaufnahme gleichkommen, fallen unter die Genehmigungspflicht (§ 64 I ThürKO).

39 Die Zuordnung von Einnahmen und Ausgaben zum Vermögens- bzw. Verwaltungshaushalt richtet sich nach vermögenswirksamen Gesichtspunkten. Danach enthält der Vermögenshaushalt alle Einnahmen und Ausgaben, die den Bestand des Gemeindevermögens berühren. Residual werden alle die Einnahmen und Ausgaben dem Verwaltungshaushalt zugeordnet, die durch die Gemeindehaushaltsverordnung nicht speziell zur Einstellung in den Vermögenshaushalt vorgesehen sind. Vgl. Gern, A. (1994) S. 368.

40 Vgl. Lütcke, K.-P. (1990) S. 241.

Auf eine Darstellung *staatlicher Organisationsformen* als Referenzposition zu den im folgenden zu diskutierenden Modellen soll an dieser Stelle verzichtet werden. Hierzu müßte in Abhängigkeit von dem betrachteten Infrastrukturgut die mit diesem jeweils verbundene Organisationsform analysiert werden. Dies übersteigt jedoch den gesetzten Rahmen der Arbeit. Zudem wäre eine solches Vorgehen mit methodischen Problemen behaftet, da sich aus einer derartig fallbezogenen Betrachtung keine allgemeinen Aussagen ableiten lassen. Es ist daher auf die in III.3.2.1 entwickelten Effizienzüberlegungen sowie die in III.4.3 vorgestellten institutionenökonomischen Überlegungen als theoretischen Rahmen zu verweisen.

3. Die Leasingfinanzierung und ihre Weiterentwicklung

3.1 Die Leasingfinanzierung

3.1.1 Darstellung

Das folgende Kapitel stellt die Gruppe der Modelle vor, die im Kern auf Leasingfinanzierungen zurückzuführen sind. Dabei ist zunächst das Leasingmodell als solches zu vorzustellen, bevor in V.3.1.2 die Aufnahme von Eigenkapital in die Betrachtung einbezogen wird. An einer Leasingfinanzierung sind neben der Gebietskörperschaft die Leasinggesellschaft, ein Kreditinstitut sowie ein oder mehrere Anlagenhersteller beteiligt (Abb. 5.1). Im Rahmen des Bereitstellungsprozesses führt die betroffene **Gebietskörperschaft** den Grunderwerb der benötigten Grundstücke sowie die notwendigen Planungsverfahren durch.[41] Im Gegenzug erhält die **Leasinggesellschaft** das langfristige Erbbaurecht[42] und ist damit Eigentümerin des zu erstellenden Infrastrukturgutes.[43] Die Leasinggesellschaft finanziert und errichtet das Objekt nach den Anforderungen der Gebietskörperschaft und erbringt gleichzeitig Dienstleistungen z.B. im Zusammenhang mit der Bauplanung und -durchführung. Sie nimmt hierzu das benötigte Fremdkapital in Zusammenarbeit mit einem **Kreditinstitut** auf und schließt Verträge mit den **Herstellern** der Anlagen. Weitere Servicefunktionen der Leasinggesell-

---

41 Vgl. Bundesministerium für Finanzen (1991) S. 29. Hierzu zählen im Fall von Autobahnen z.B. die Planung der Trasse einschließlich aller Nebenanlagen, der Anbindungswege, Entwässerungsanlagen, Lärmschutzmaßnahmen, Ausgleichsmaßnahmen etc.

42 Das Erbbaurecht zählt zu den sog. dinglichen Rechten, die einer Person ein Recht an einer Sache zuordnen [vgl. Bähr, P. (1987) S. 323]. Es räumt nach § 35 der Verordnung über das Erbbaurecht vom 15.1.1919 (RGBl. S. 72) einer Person ein Nutzungsrecht an einem Grundstück ein. Dies bedeutet, daß der Berechtigte für eine bestimmte Zeit die Befugnis erhält, auf bzw. unter der Oberfläche des Grundstücks ein Bauwerk zu haben [vgl. ebenda S. 335]. Für das Erbbaurecht ist vom Erbbauberechtigten ein Erbbauzins zu entrichten. Nach Erlöschen des Erbbaurechts fällt das Bauwerk gegen Entschädigung - falls nicht vertraglich ausgeschlossen - an den Grundstückseigentümer.

43 Vgl. Gabele, E.; Kroll, M. (1991) S. 241.

schaft können bspw. in der Wartung und Instandhaltung des Objektes während der Grundmietzeit bestehen.[44]

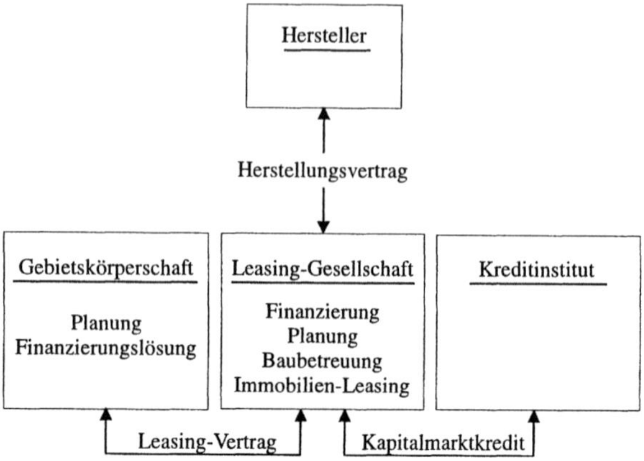

Abb. 5.1: Die Leasingfinanzierung.
Quelle: Kirchhoff, U.; Müller-Godeffroy, H. (1994) S. 48.

Die Konditionen für die Finanzierung und Erstellung des Objektes werden in einem mit der Gebietskörperschaft abzuschließenden Leasingvertrag festgehalten. Dabei handelt es sich bei den im Rahmen der Finanzierung von Infrastrukturinvestitionen relevanten Verträgen um **Finanzierungsleasingkontrakte**.[45] Diese zeichnen sich erstens dadurch aus, daß während der *unkündbaren* Grundmietzeit dem Leasingnehmer das Leasingobjekt gegen Zahlung von vertraglich festgelegten Leasingraten zur Nutzung überlassen wird. Zweitens ist charakteristisch, daß durch die während der Grundmietzeit gezahlten Leasigraten die gesamten Anschaffungs- bzw. Herstellungskosten des Leasinggegenstandes einschließlich aller Nebenkosten (Finanzierungs- und Verwaltungskosten, Gewinnaufschlag) gedeckt werden (sog. Vollamortisationsverträge[46]).

---

44 Vgl. Bach, S. (1994) S. 234. Diese Aufgaben kann die betroffene Gebietskörperschaft jedoch auch selbst übernehmen.

45 Systematisiert man Leasingverträge nach dem Kriterium des Verpflichtungscharakters der geschlossenen Verträge, so ist vom Finanzierungsleasing das Operate-Leasing zu unterscheiden [vgl. hierzu Wöhe, G.; Bilstein, H. (1988) S. 192f.]. Andere mögliche Systematisierungen können nach der Beziehung zwischen den Beteiligten (direktes vs. indirektes Leasing) oder nach der Art des Leasinggegenstandes (Konsumgüter-, Investitionsgüter- oder Immobilienleasing) vorgenommen werden. Vgl. ebenda S. 191 und zu Finanzierungsleasing-Verträgen z.B. Drukarczyk, J. (1993) S. 462ff., Flume, W. (1991) S. 265ff., Wöhe, G.; Bilstein, H. (1988) S. 194ff., Budäus, D. (1982) S. 182ff.

46 Von Vollamortisationsverträgen sind Teilamortisationsverträge zu unterscheiden, bei denen die während der Grundmietzeit zu zahlenden Leasingraten die Anschaffungskosten nicht amortisieren.

Über die reine Leasingrate hinaus fallen Mietnebenkosten z.B. in Form von durch die Leasinggesellschaft zu zahlenden Steuern, Erbbauzinsen, Beurkundungskosten etc. an, die derzeit ca. 9-10% der Investitionskosten betragen.[47] Die so berechneten Raten bleiben über die Grundmietzeit des Objektes konstant. Drittens besteht keine *verbindliche* Regelung über den Eigentumsübergang des Leasingobjektes zum Ende der Vertragsperiode.[48] Die Verwendung des Leasingobjektes nach Abschluß der Grundmietzeit hat - wie unten zu zeigen sein wird - entscheidenden Einfluß darauf, ob der Leasinggegenstand dem Leasingnehmer oder dem Leasinggeber steuerlich zugerechnet wird und damit aktivierungsfähig ist.

Herauszustellen ist weiterhin der Charakter des Finanzierungsleasings als **Finanzierungsform.**[49] Diese Klassifikation ist im wesentlichen dadurch begründet, daß der Leasingnehmer (d.h. hier der Staat) die Risiken übernimmt, denen er auch als Käufer des Objektes unterworfen gewesen wäre. So trägt er erstens z.B. Gefahren der Überalterung oder des Wegfalls der Verwendungsmöglichkeit sowie des Untergangs des Objektes. Zweitens besteht während der Grundmietzeit keine Möglichkeit der Kündigung des Vertrages.[50] Es stellt sich für den Investor daher die Frage, unter welchen Umständen die Leasingfinanzierung gegenüber anderen Finanzierungsformen als vorteilhaft anzusehen ist. In diesem Zusammenhang ist allerdings anzumerken, daß die faktische Anwendung des Leasingmodells im Rahmen der Erstellung und Finanzierung von Infrastrukturgütern über die reine Finanzierungsfunktion hinausgeht. In der Regel wird vielmehr ein *umfassendes Leistungspaket* auf den Leasinggeber übertragen, das weitreichende Komponenten der Planung und Erstellung erfaßt. Eine derartige Konzeption wird im folgenden verwendet.

Im Rahmen der Infrastrukturfinanzierung ist das **Immobilienleasing** als besondere Form des Finanzierungsleasings relevant. Das Leasingobjekt besteht beim Immobilienleasing in unbebauten Grundstücken, Gebäuden, Betriebsanlagen etc.,[51] so daß hier ein langlebiges Vermögensgut, welches über einen Vorrat an Nutzungseinheiten verfügt,[52] dem Leasingnehmer entgeltlich überlassen wird. Im Fall des Immobilienleasings beträgt die Kontraktdauer bei Voll- und Teilamortisationsverträgen maximal 22,5 Jahre, bei Vollamortisationsverträgen mindestens jedoch 10 Jahre. Am Ende der Grundmietzeit kann der Leasingnehmer

---

47 Vgl. Gabele, E.; Kroll, M. (1991) S. 245, Bundesministerium für Finanzen (1991) S. 10.

48 Grundsätzlich existieren Verträge mit Kaufoption, Verlängerungsoption oder Verträge ohne Option. Dabei hat der Leasingnehmer im Fall der Kaufoption das Recht, das Objekt nach Ablauf der Grundmietzeit zu erwerben, während bei Verlängerungsoptionen der Leasingkontrakt fortbestehen kann.

49 Demgegenüber ist das Operating Leasing als Investitionsform zu charakterisieren.

50 Vgl. Wöhe, G.; Bilstein, H. (1988) S. 194, Rehm, H. (1989) S. 53.

51 Vgl. Gabele, E.; Kroll, M. (1991) S. 241ff. Abzugrenzen hiervon ist das sog. Mobilien-Leasing, bei dem bewegliche Investitionsgüter verleast werden.

52 Vgl. Krahnen, J.P. (1991) S. 159.

das Objekt zum steuerlichen Restbuchwert der Immobilie erwerben oder eine Verlängerungsoption zu mindestens 75% der marktüblichen Miete wahrnehmen.[53] Die oben genannnten Grenzwerte ergeben sich aus den Vorschriften bzgl. der steuerlichen Zurechnung des Objektes. Danach kann das Leasingobjekt nur dann dem Leasinggeber zugerechnet werden, wenn die Grundmietzeit zwischen 40% und 90% der betriebsgewöhnlichen Nutzungsdauer des Gebäudes (nach § 7 IV EStG 25 Jahre) beträgt und die o.g. Regeln bei Wahrnehmung der Optionen gelten.[54] In diesem Fall sind bürgerlich-rechtliches und wirtschaftliches Eigentum identisch, so daß das Objekt dem Leasinggeber zugerechnet werden kann.

Die Zurechnung des Objektes beim Leasinggeber ermöglicht es ihm, die Immobilie zu aktivieren und steuerliche Absetzungen für Abnutzung geltend zu machen. So sind die von der Gebietskörperschaft zu zahlenden Leasingraten geringer als in dem Fall, in dem die Leasinggesellschaft die Immobilie nicht aktivieren kann. Fallen nämlich entgegen dem obigen Fall das bürgerlichrechtliche und das wirtschaftliche Eigentum auseinander, so ist das wirtschaftliche Eigentum für die steuerliche Zurechnung entscheidend. Ein solches Auseinanderfallen ist z.B. dann gegeben, wenn es sich bei dem Leasinggegenstand um ein speziell auf den Leasingnehmer zugeschnittenes Objekt handelt, das nach Ablauf der Grundmietzeit keiner anderen wirtschaftlich sinnvollen, marktmäßigen Verwendung unterliegen kann. In diesem Fall liegt aufgrund der geschilderten Objektgestaltung ein sog. **Spezialleasing** vor.[55]

Neben der Objektgestaltung können aber auch vertragliche Vereinbarungen zum Spezialleasing führen. Ist das abschließende Kaufangebot bereits unwiderruflich im Leasingvertrag festgeschrieben, so hat der Kontrakt den Charakter eines Kaufvertrages mit gestundeten Raten. In beiden Fällen wird das wirtschaftliche Eigentum dem Leasingnehmer, d.h. der Gebietskörperschaft zugerechnet. So ist das „Thema Spezialleasing [...] ein besonderer Unsicherheitsfaktor, der gerade im öffentlichen Bereich Leasinginvestitionen immer wieder scheitern oder aufgrund der langwierigen steuerrechtlichen Diskussion zu sehr verzögern läßt."[56] Vermeiden ließe sich das Problem des Spezialleasings nach Auffassung der obersten Länderfinanzbehörden nur dann, wenn zum Zeitpunkt des Kontraktschlusses ein Markt für das betroffene Infrastrukturgut in dem Sinn vorliegt, daß

---

53 Vgl. Rehm, H. (1994) S. 25, Bundesministerium für Finanzen (1991) S. 30. Im Falle der Wahrnehmung des Ankaufsrechtes fallen Erbbaurechtsnehmer und Erbbaurechtsgeber bei der betroffenen Gebietskörperschaft zusammen, so daß für die Leasinggesellschaft ihre Rechte aus dem Erbbaurechtsvertrag erlöschen. Vgl. Schmidt, F.O. (1994) S. 156.

54 Vgl. hierzu im Überblick Drukarczyk, J. (1993) S. 467, Tab. 14.1. Die oben dargestellten Regelungen bzgl. der steuerlichen Zuordnung gelten allerdings nur für Vollamortisationsverträge. Für Teilamortisationsverträge ist der § 39 II AO wirksam, nach dem für die steuerliche Zuordnung das wirtschaftliche Eigentum maßgeblich ist. Vgl. hierzu Gabele, E.; Kroll, M. (1991) S. 243.

55 Vgl. Rehm, H. (1994) S. 41 und zum Spezialleasing Schmidt, F.O. (1994) S. 158ff.

56 Rehm, H. (1994) S. 42.

es durch Private grundsätzlich betrieben werden kann.[57] Hierzu müßte jedoch ein Gebührenerhebungssystem bestehen bzw. eingeführt werden. Weiterhin dürfte der Staat nach Ablauf der Grundmietzeit nicht verpflichtet sein, das Infrastrukturgut in sein Eigentum zu überführen. Dies ist jedoch nach der derzeitigen Rechtslage beispielsweise im Bereich der Fernstraßen der Fall.[58]

3.1.2 Die Aufnahme von Eigenkapital (Geschlossene Immobilienfonds)

Der geschlossene Immobilienfonds[59] gilt als spezielle Art des Finanzierungsleasings und stellt ein Sondervermögen aus Immobilien dar.[60] Mit dem Fondsmodell wird das Ziel verfolgt, Anreize für die Beteiligung privater Kapitalgeber an kommunalen Investitionen zu setzen.[61] Während nämlich bei der reinen Leasingfinanzierung ausschließlich Fremdkapital eingesetzt wird, finanziert sich der geschlossene Immobilienfonds aus Fremd- und Eigenkapital.[62] Dabei wird der Eigenkapitalanteil, der ca. 40-50% des Gesamtkapitals[63] ausmacht, durch den Verkauf von Anteilszertifikaten aufgebracht. Für die Anteilseigner ergeben sich die für die Rentabilität der Anlage entscheidenden Steuervorteile jedoch nur in dem Fall, in dem ihnen im Umfang ihrer Beteiligung das wirtschaftliche Eigentum zugerechnet wird.[64] Hier sind wiederum die oben skizzierten Überlegungen zum Spezialleasing gültig.

Geschlossene Immobilienfonds werden überwiegend in der Rechtsform der Kommanditgesellschaft geführt, die Einkünfte aus Vermietung und Verpachtung erzielt (Abb. 5.2).[65] Komplementär ist eine natürliche oder juristische Person, z.B. eine GmbH, während die beschränkt haftenden (Unter-)Kommanditisten durch die Anteilseigner gebildet werden. Die Anteile der Kommanditisten werden i.d.R. von einem Treuhandkommanditisten (z.B. einer Bank) treuhände-

---

57 Vgl. Bundesministerium für Finanzen (1991) S. 36.

58 Vgl. ebenda S. 37. Beide Änderungsvorschläge bedürfen einer Modifikation des Bundesfernstraßengesetzes. Für weitere, allerdings kaum realisierbare, Umgestaltungsvorschläge vgl. ebenda S. 37f.

59 Für diese ist charakteristisch, daß sie durch eine Kommune zur Finanzierung eines bestimmten kommunalen Investitionsobjektes initiiert worden sind [vgl. Friedrich, P.; Reich, J. (1987) S. 13]. Da sich die Gesamtsumme der Anteilsscheine nach der Höhe des für das Projekt benötigten Eigenkapitals richtet, werden Anteile nur in einem bestimmten Umfang abgegeben. Anschließend wird der Fonds geschlossen. Vgl. Rehm, H. (1994) S. 30, Budäus, D. (1982) S. 194.

60 Vgl. ebenda S. 184, Budäus, D. (1987) S. 28.

61 Vgl. ebenda S. 26.

62 Vgl. Kirchhoff, U.; Müller-Godeffroy, H. (1994) S. 54.

63 Vgl. Budäus, D. (1982) S. 201. KIRCHHOFF und MÜLLER-GODEFFROY sprechen von einem Eigenkapitalanteil von 40-60%, während REHM den Anteil auf 30-50% veranschlagt. Vgl. Kirchhoff, U.; Müller-Godeffroy, H. (1994) S. 54, Rehm, H. (1994) S. 32.

64 Vgl. ebenda S. 31.

65 Zu weiteren Rechtsformen vgl. Budäus, D. (1982) S. 195ff. und speziell zur Kommanditgesellschaft S. 198ff., Rehm, H. (1994) S. 31.

risch verwaltet. Die darüber hinaus gehende Konstruktion des Fondsmodells, welche die Beziehung zwischen dem Fonds als Eigentümer des Projektes und der Gebietskörperschaft als Nutzerin umfaßt, entspricht der Leasingfinanzierung.[66] In die von der Gebietskörperschaft zu leistenden Mietzahlungen fließen neben den oben erörterten Komponenten und dem Fremdkapitaldienst die Kosten der Eigenkapitalbedienung ein.[67] Generell ist kommunalen Immobilienfonds wegen ihrer relativ kurzen Laufzeiten der Charakter einer kurz- bis mittelfristigen Zwischenfinanzierung zuzuordnen.[68]

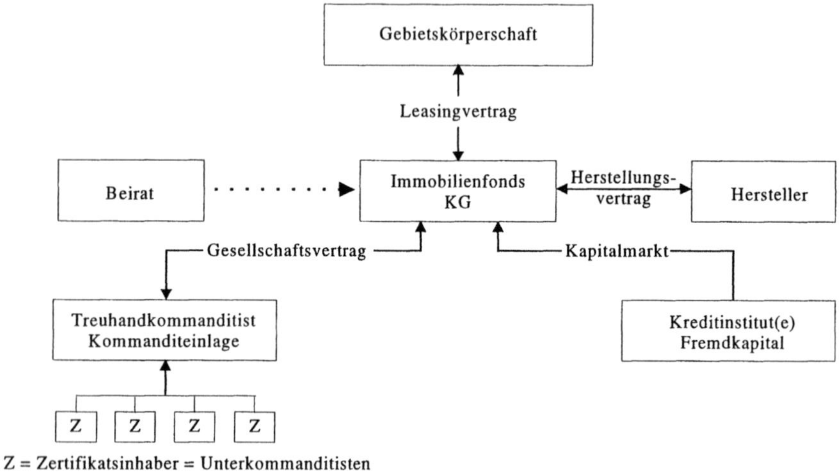

Abb. 5.2: Das Fondsmodell.
Quelle: Rehm, H. (1994) S. 31.

In der Anwendung befinden sich meist geschlossene kommunale Immobilienfonds ('Kommunalfonds'). Der Einfluß der Kommune in einem solchen Projekt kann dadurch garantiert werden, daß die Gebietskörperschaft als Komplementärin fungiert. Alternativ kann ein Rahmenvertrag zwischen der Kommanditgesellschaft und der Kommune geschlossen werden. Dieser legt Mitspracherechte bei der Baudurchführung, der Leistungsabgrenzung etc. fest.[69] Im folgenden sollen Fonds- und Leasingfinanzierung gemeinsam behandelt werden, da beide Modelle die gleiche Vertragskonstruktion zwischen der betroffenen Gebietskörperschaft und den Privatunternehmen zugrundelegen und ihnen daher ähnliche Wirkungen zugeschrieben werden. In den Fällen, in denen Wirkungsverläu-

---

66 Vgl. Kirchhoff, U. (1993) S. 10.
67 Vgl. Rehm, H. (1994) S. 32.
68 Vgl. Budäus, D. (1982) S. 195.
69 Vgl. Budäus, D. (1987) S. 28, Kirchhoff, U.; Müller-Godeffroy, H. (1994) S. 54.

fe entscheidend von der Eigen- bzw. Fremdkapitalverwendung abhängig sind, werden gesonderte Betrachtungen angestellt.

3.1.3 Bewertung

Die Leasingfinanzierung hat bisher vor allem im kommunalen Bereich Anwendung gefunden und hier insbesondere bei kommunalen Bauten wie Schulen, Kindergärten, Rathäusern, Krankenhäusern, Parkhäusern, Tiefgaragen, Freizeit- und Kongreßzentren.[70] Diese Immobilien können prinzipiell auch von privaten Unternehmen genutzt werden, so daß das Problem des Spezialleasings hier entfällt. Ist allerdings keine andere Verwendungsmöglichkeit als die von der öffentlichen Hand vorgesehene denkbar (z.B. bei Pflichtaufgaben im Bereich der Abfallentsorgung, Abwasserbeseitigung), liegt nach derzeitiger Rechtslage Spezialleasing vor. Dies schließt eine sinnvolle Anwendung des Fonds- bzw. Leasingmodells aus.[71]

Im folgenden soll trotz dieser Anwendungsprobleme das Fonds- bzw. Leasingmodell nach den oben entwickelten Kriterien bewertet werden. Für eine solche Bewertung spricht zum einen der Umstand, daß in dem Fall, in dem ein *Markt* für das Infrastrukturgut *institutionalisiert* wird, ein Spezialleasing vermieden werden kann.[72] So könnte z.B. bei Autobahnen ein Gebührenerhebungssystem eingerichtet werden, das es auch anderen Betreibern als der öffentlichen Hand ermöglicht, das Objekt langfristig profitabel zu betreiben. Zum anderen existieren Alternativmodelle, die versuchen, das Problem des Spezialleasings zu vermeiden. Hierzu zählt z.B. das Modell der HAUPTVERBANDES DER DEUTSCHEN BAUINDUSTRIE.[73] Danach wird dem Leasinggeber bei Abschluß des Vertrages für eine bestimmte Zeit eine Konzession erteilt. In dieser Zeit könnte die betroffene Gebietskörperschaft ein Gesetzgebungsverfahren initiieren, das einen privaten Betrieb über Gebühren ermöglicht, oder nach Ablauf der Kon-

---

70 Vgl. hierzu auch Budäus, D. (1982) S. 213.

71 Um diese Hemmnisse, die einer Mobilisierung von privatem Kapital für Ent- und Versorgungsprojekte in den neuen Ländern entgegenstehen, abzubauen, ist in einer Sitzung der Einkommensteuerreferenten des Bundes und der Länder vom 04.11.1993 festgelegt worden, kommunales Leasing nicht mehr pauschal als Spezialleasing anzusehen. Die entsprechenden Verträge sollen vielmehr einer Einzelfallprüfung unterzogen werden [Bundesministerium für Umwelt, Naturschutz und Reaktorsicherheit (1994) S. 16f. und Bundesministerium für Umwelt, Naturschutz und Reaktorsicherheit (1993b) S. 6f]. Da eine generelle Regelung aber bisher fehlt, sollen diese Anwendungsbeispiele hier ausgeklammert werden.

72 Vgl. Bundesministerium für Finanzen (1991) S. 36. Würde allerdings *zu Beginn* der Vertragslaufzeit ein Markt für das Infrastrukturgut institutionalisiert, indem Nutzungsgebühren erhoben werden, so würde die ursprüngliche Finanzierungsform des Leasings letztlich modifiziert. Sie wäre dann im Zusammenhang mit einer Projektfinanzierung zu betrachten.

73 Vgl. Hauptverband der Deutschen Bauindustrie (1991) S. 2ff.

zession das Objekt selbst betreiben.[74] Diese prinzipielle Unsicherheit bzgl. der Endschaftsregelung vermeidet das Vorliegen von Spezialleasing. „Da entsprechende eigenwirtschaftliche Interessen mit den darin enthaltenen Chancen und Risiken vorliegen, kommt eine abweichende Zurechnung des sog. wirtschaftlichen Eigentums im Sinne des §39 Abs. 2 AO nicht in Betracht.“[75] Eine reine Anwendung von Fonds- bzw. Leasingkonstruktionen ist schließlich z.B. für Teile von Hafenanlagen oder Güterverladezentren bzw. Tunnel oder Brücken denkbar, die auch von Privaten sinnvoll betrieben werden können.

Die sich anschließende Bewertung bezieht sich in Übereinstimmung mit den obigen Ausführungen auf Anwendungsbereiche im Verkehr. Hierbei sind vor allem punktförmige Infrastrukturgüter wie z.B. Brücken, Tunnel, Hafenanlagen oder Güterverkehrszentren, aber auch Netze wie Autobahnen oder Schienen relevant. Die Beurteilung geht davon aus, daß keine Gebühren erhoben werden, wohl aber eine offene Endschaftsregelung besteht. In jedem Fall muß das Leasingobjekt einer *anderen marktmäßigen* Verwendung zugeführt werden können. Aufgrund dieser prinzipiellen Unsicherheit werden Fonds- bzw. Leasingmodelle eher bei *rentablen*, d.h. kostendeckenden Objekten Anwendung finden.[76] Die Rentabilität eines Projektes hängt erstens von einer hinreichend hohen und gut prognostizierbaren Auslastung ab. Zweitens dürfen für den Fall, in dem im Zuge einer späteren marktmäßigen Verwendung des Objektes Gebühren erhoben werden, keine oder nur geringe Substitutionsmöglichkeiten zu dem betrachteten Infrastrukturgut bestehen. Drittens muß das Leasingobjekt für eine marktmäßige Verwendung klar abgrenzbar sein und eine Gebührenerhebung zu vertretbaren Kosten zulassen. Damit ist also auch Ausschließbarkeit eine Anwendungsvoraussetzung des Leasing-Modells.

---

74 Vgl. Rehm, H. (1994) S. 91f.

75 Hauptverband der Deutschen Bauindustrie (1991) S. 4.

76 Es ist allerdings anzumerken, daß das Objekt erst *nach* Ende der Grundmietzeit (d.h. in t_1) kostendeckend zu betreiben sein muß. Die Frage, ob hieraus auf eine *notwendigerweise* ebenso hohe Auslastung in der Grundmietzeit geschlossen werden kann, bestimmt sich danach, ob der Kapitaldienst in der Grundmietzeit t_0 vollständig erbracht wurde. Da dies annahmegemäß der Fall ist (Vollamortisationsverträge), sind die für einen kostendeckenden Betrieb zu erwirtschaftenden monatlichen Entgelte in t_1 geringer als in t_0. So hätte in t_0 *nicht* bereits ein kostendeckender Betrieb vorgelegen haben müssen. Dies ist darin begründet, daß sich bei gegebenem Entgelt pro Nutzung die notwendige Auslastung des Projektes an dem monatlich zu erwirtschaftendem Entgelt in t_1 orientiert. Werden sowohl die Auslastung als auch das Entgelt pro Nutzung über die Gesamtlaufzeit des Projektes als gegeben angenommen, so würde sich in t_0 kein kostendeckender Betrieb ergeben, da die für Kostendeckung monatlich zu erwirtschaftenden Entgelte in t_0 jene in t_1 übersteigen. Das faktische Risiko einer über die Zeit *sinkenden* Auslastung macht jedoch ein Investitionskalkül, welches sich an der in t_1 notwendigen Auslastung orientiert und daher auch Infrastrukturobjekte über die oben identifizierten rentablen Projekte hinaus realisiert, unwahrscheinlich. Daher ist anzunehmen, daß Leasingfinanzierungen nur auf zum Investitionszeitpunkt rentabel zu betreibende Infrastrukturobjekte angewendet werden.

[K1][77] Aussagen über die **Wachstumswirkungen** eines Leasing-finanzierten Infrastrukturprojektes erfordern eine Analyse der Zusammenhänge zwischen den Anwendungsvoraussetzungen des Leasing-Modells und den skizzierten Wachstumswirkungen von Infrastrukturgütern. So kann das Leasing-Modell unter Berücksichtigung der oben skizzierten Prämissen nur in den Raumpunkten bzw. Achsen angewendet werden, in denen eine *minimale Nutzungsdichte* vorliegt und das Infrastrukturgut eine *entscheidende Verbindungsfunktion* erfüllt (**Netzeffekt**). Diese Anwendungsvoraussetzungen werden i.d.R. in höherwertigen Zentren und entlang stark frequentierter Achsen gegeben sein. Führt die Leistungsabgabe dort zu Produktivitäts- und Standorteffekten, welche durch Agglomerations- und Entwicklungsachseneffekte verstärkt werden, so gehen von Leasing-finanzierten Infrastrukturgütern positive Wachstumswirkungen aus.

Dieser Zusammenhang wird darüber hinaus in dem Fall unterstützt, in dem Fonds-Modelle Anwendung finden. So vermutet REICH, daß ein vermehrter Einsatz des Fondskonzeptes die öffentliche Investitionsstruktur in Richtung rentierlicher Investitionen verschiebe.[78] Der Immobilienfonds sei nämlich geeignet, die Realisierung öffentlicher Investitionen zu fördern, die der öffentliche Investor nicht oder nicht allein übernehmen wolle oder könne. Übernähmen private Eigenkapitalgeber jedoch Investitionsrisiken, so müsse auch eine angemessene Rendite gesichert werden. Hierzu sei eine hohe Auslastung des Projektes - unter Umständen in Verbindung mit einer Gebührenerhebung - in den skizzierten Zentren und Achsen Voraussetzung.

[K2] Schließlich werden die skizzierten Wirkungen gegenüber gebührenfinanzierten Projekten (z.B. Projektfinanzierungen) insofern stärker sein, als mit einer Fonds- bzw. Leasingfinanzierung keine **Anwendung des Äquivalenzprinzips** verbunden ist. Begreift man eine Gebührenerhebung als eine Besteuerung mobilen Kapitals, so geht hiervon ein negativer Kapitalwanderungseffekt aus.[79] Dieser unterbleibt jedoch im Fall einer Leasingfinanzierung, so daß hieraus keine unmittelbaren *negativen* Wachstumswirkungen folgen.

[K3, K4] Für die Bewertung der Leasingfinanzierung sind jedoch die *differentiellen* Wachstumswirkungen, i.S. eines *von einem staatlichen Infrastrukturengagement verschiedenen* Effekts, entscheidend. Nur diese sind speziell der Leasingfinanzierung zuzuschreiben, so daß die Leistungsfähigkeit einer Leasingfinanzierung im Gegensatz zu konventionellen Finanzierungsformen nur auf derartigen differentiellen Wachstumswirkungen beruhen kann. So können leasingfinanzierte Infrastrukturgüter erstens aufgrund ihrer speziellen Anwendungsvoraussetzungen *nicht* zu einer **Ausgewogenheit der Siedlungsstruktur**

---

77 Vgl. zu den Kriterien und deren Bezeichnungen im Überblick Tabelle 4.2.
78 Vgl. Reich, J. (1987) S. 186f.
79 Vgl. hierzu die Ausführungen zum Infrastrukturwettbewerb in IV.1.2.2.

beitragen.[80] Gehen nämlich von einer Konzentration der Infrastrukturinvestitionen in Schwerpunktorten und Achsen positive Wachstumswirkungen aus, so werden diese *räumliche Differenzierungseffekte* innerhalb der neuen Länder nach sich ziehen. So ist auch ein **Abbau regionaler Disparitäten zugunsten benachteiligter Regionen** im Rahmen einer Fonds- bzw. Leasingfinanzierung *nicht* zu erwarten.[81] Demgegenüber ließen sich staatlich finanzierte Objekte an beliebigen Raumpunkten errichten und könnten daher zu einer ausgewogenen Siedlungsstruktur beitragen.

[**K5**] Differentielle Wachstumswirkungen gegenüber einer rein staatlichen Bereitstellung können sich im Rahmen einer Leasingfinanzierung zweitens durch Zeitersparnisse ergeben, welche *beschleunigte* Wachstumseffekte nach sich ziehen. Dabei könnten einerseits **Zeitersparnisse in der Planung** realisiert werden. Eine Leasingfinanzierung macht jedoch eine Grundbucheintragung der öffentlichen Hand zur Übertragung der Erbbaurechte an Private notwendig.[82] Hieraus ergeben sich erhebliche Verzögerungen bei einer Anwendung des Leasingmodells auf *Linieninfrastrukturen*. So muß zunächst das Planfeststellungsverfahren für das *gesamte* Projekt abgeschlossen sein, bevor dieses ausgeschrieben werden kann.[83] Aufgrund der Vielzahl der an einem Planfeststel-

---

80 Dies kann auch dann nicht erreicht werden, wenn eine Leasingfinanzierung zu einer Haushaltsentlastung beitragen würde. Soll das Objekt nämlich zukünftig einen kostendekkenden Betrieb ermöglichen, so legt dies eine Investition in höherwertigen Zentren nahe.

81 Im folgenden soll davon abgesehen werden, die Zahlung von Zuschüssen zu betrachten, welche das privat aufzubringende Finanzierungsvolumen reduzieren könnten [vgl. hierzu z.B. Rehm, H. (1994) S. 43]. Die hier relevante Fragestellung bezieht sich gerade auf die Frage, welche Wirkungen *ausschließlich* privat finanzierte Objekte entfalten können. Zudem ist die Kritik, daß durch eine ungleiche Behandlung privater bzw. öffentlicher Träger von Infrastrukturprojekten im Rahmen der Förderpraxis Private einen komparativen Nachteil erleiden würden, nicht mehr zutreffend. So haben Bund und neue Länder inzwischen sichergestellt, daß Fördermittel auch an Privatunternehmen weitergeleitet werden können. Vgl. Bundesministerium für Umwelt, Naturschutz und Reaktorsicherheit (1994) S. 15 und zur zuvor üblichen Praxis Budäus, D. (1982) S. 207.

82 Vgl. Bundesministerium für Finanzen (1991) S. 39. Die zur Beschleunigung von Investitionsprojekten in den neuen Ländern eingeführten Planungsverkürzungen durch das Verkehrswegeplanungsbeschleunigungsgesetz sehen allerdings gerade vor, daß durch vorzeitige Besitzeinweisungen derartig zeitintensive Prozesse abgekürzt und damit Realisierungszeiträume insgesamt verkürzt werden können. Diese Verfahrensbeschleunigung kann aufgrund der notwendigen Grundbucheintragung bei Anwendung von Fonds- oder Leasingmodellen im Infrastrukturbereich nicht verwirklicht werden. Hiermit ist allerdings kein genereller Nachteil i.S. einer inhärenten Verzögerungswirkung des Fonds- bzw. Leasingmodells verbunden. Vielmehr können lediglich durch das Fonds- bzw. Leasingmodell die in den neuen Ländern angestrebten *Beschleunigungs*wirkungen nicht realisiert werden. Da das Verkehrswegeplanungsbeschleunigungsgesetz jedoch nur befristet bis zum 31.12.1999 gültig ist und die auf den Bereitstellungsprozeß ausgehenden Wirkungen rein institutionell bedingt und nicht Modell inhärent sind, soll eine Bewertung der Folgen dieses Gesetzes für eine Beschleunigung des Erstellungsprozesses im folgenden nur am Rande vorgenommen werden.

83 Vgl. Bundesministerium für Finanzen (1991) S. 39, Ewers, H.-J.; Rodi, H. (1995) S. 47.

lungsverfahren für Linieninfrastrukturen beteiligten Parteien ist dieser Prozeß sehr langwierig. Eine Vergabe des Projektes in mehreren Teilabschnitten ist im Rahmen einer Leasingfinanzierung nicht möglich, da - um ein Spezialleasing zu vermeiden - das Projekt für eine spätere eigenwirtschaftliche Verwendung nur geschlossen überantwortet werden kann. Diese Einschränkung ist allerdings im Fall von *punktförmigen Infrastrukturobjekten* nicht gravierend, da hier die räumliche Ausdehnung geringer und Planfeststellungsverfahren weniger zeitintensiv sind. Eine Realisierung von Zeitvorteilen in der Planung hängt daher stark von der Art des zu erstellenden Infrastrukturgutes ab.[84] Den skizzierten Verzögerungswirkungen sind aber Zeitersparnisse gegenüberzustellen, die aus der Beauftragung eines Generalunternehmers resultieren. Dieser kann die jeweiligen Erstellungsphasen flexibel aufeinander abstimmen und einzelne Bauabschnitte unter Umständen parallel durchführen. Zudem ist er auf einen Fertigstellungstermin vertraglich verpflichtet. Demgegenüber sieht das staatliche Verfahren eine Ausschreibung nach einzelnen Gewerken vor, welche *sukzessive* erfolgen muß und daher sehr zeitintensiv ist.

[K6] **Zeitersparnisse in der Finanzierungsphase** treten dadurch auf, daß ein Bewerber im Rahmen des Ausschreibungsverfahrens nur dann den Zuschlag erhält, wenn er einen Nachweis über die Finanzierung des gesamten Projektes vorlegen kann. Der langwierige Bewilligungsprozeß der öffentlichen Hand wird dadurch abgekürzt. Zusätzlich hat der Leasinggeber den Anreiz, die Leistungserstellungsphase zu verkürzen, da die Zahlung der Leasingraten durch den Leasingnehmer erst mit der Fertigstellung des Projektes beginnt.[85] Zusammenfassend ist festzuhalten, daß bei der Erstellung von Linieninfrastrukturen die in der Finanzierungsphase zu realisierenden Zeitersparnisse die Verzögerungen der Planungsphase sicher nicht überkompensieren können. Demgegenüber könnten sich bei punktförmigen Infrastrukturgütern aufgrund der relativ kürzeren Planfeststellungsverfahren beide Effekte ausgleichen. In der Regel wird jedoch durch eine Leasingfinanzierung mit einer *beschleunigten* Erstellung von Infrastrukturgütern und damit mit früher zu realisierenden Wachstumswirkungen zu rechnen.

[K7] Zur Beantwortung der Frage, ob durch eine Einbeziehung von Fonds- bzw. Leasingfinanzierungen eine **direkte Entlastung** der öffentlichen Haushalte bzw. eine **Realisierung zusätzlicher Investitionen** möglich ist, ist zunächst zwischen Investitionen zu unterscheiden, die vom Bund getätigt werden und solchen, die in der Verantwortung der Kommunen liegen. Bei *kommunalen Investitionen* ist auf die Ausführungen in V.2.3 zu verweisen, nach denen kom-

---

84 REHM ist der Meinung, daß durch Leasing Investitionen vorgezogen werden können. Vgl. Rehm, H. (1994) S. 43.

85 In diesem Zusammenhang ist von Bedeutung, daß die Verantwortung für die vollständige Fertigstellung des Objektes auf Seiten des Leasinggebers liegt und diesem daher das Fertigstellungsrisiko zuzuordnen ist. Vgl. Rehm, H. (1994) S. 28f.

munale Kredite nur dann genehmigt werden, wenn die Leistungsfähigkeit der Kommune nicht beeinträchtigt wird. Es stellt sich daher die Frage, ob bei einem *ausgeschöpften* kommunalen Kreditspielraum durch eine Leasingfinanzierung ein zusätzliches Projekt verwirklicht werden könnte. Für eine derartige Bewertung ist es im speziellen Fall der Leasingfinanzierung *unerheblich*, ob es sich bei dem Infrastrukturgut um ein rentierliches Objekt handelt, welches seinen Kapitaldienst durch Gebühreneinnahmen selbst erwirtschaftet.[86] So werden die Leasingraten in der Grundmietzeit aus dem kommunalen Haushalt erbracht und hier dem Verwaltungshaushalt zugerechnet. Dementsprechend schränken Leasingraten die freie Spitze in gleichem Maße ein wie Kreditverpflichtungen[87] mit der Folge, daß Finanzierungsleasing-Verträge den Kommunen keinen zusätzlichen Verschuldungsspielraum eröffnen.[88] So wird in dem Fall, in dem der Kreditrahmen der Kommune erreicht ist und keine weiteren Kredite genehmigt werden, auch eine Leasingfinanzierung nicht zu einer Realisierung weiterer Projekte führen können. Hierzu trägt schließlich der Umstand bei, daß die Fonds- bzw. Leasingfinanzierung auf kommunaler Ebene der Einzelgenehmigungspflicht unterliegt, da sie in ihrer wirtschaftlichen Auswirkung einer Kreditverpflichtung gleichkommt. Eine Genehmigung wird jedoch auch hier nur in dem Fall erteilt, in dem die wirtschaftliche Leistungsfähigkeit der Kommune durch die laufenden Verpflichtungen aus dem Leasinggeschäft nicht eingeschränkt wird.

Allerdings ergibt sich durch den Ersatz von Kredit- durch Leasingfinanzierungen ein Haushalts*struktur*vorteil. Die Gebietskörperschaft wird aber nur

---

86 Die Tatsache, daß das Objekt aufgrund der offenen Endschaftsregelung für den Fall einer marktmäßigen Weiterverwendung *potentiell* rentierlich sein muß, ist nicht direkt für die Haushaltsentlastungswirkungen im Rahmen der *Leasingfinanzierung* relevant. Vielmehr eröffnen sich hierdurch Spielräume für den Einsatz *anderer* Finanzierungsformen. Könnte das Infrastrukturgut auch bereits *während* der Grundmietzeit kostendeckend betrieben werden, indem bspw. ein Gebührenerhebungssystem eingeführt würde, so hätte die Kommune das Objekt auch selbst finanzieren, erstellen und betreiben können [vgl. hierzu Rehm, H. (1994) S. 38]. Dies gilt auch für den Fall, in dem der Kreditrahmen der Kommune ausgeschöpft ist. Ein kostendeckendes Projekt wird nämlich über Entgelte immer seinen Kapitaldienst selbst erwirtschaften können, so daß hier keine Beeinträchtigung der Leistungsfähigkeit der Kommune vorliegt (sog. rentierliche Kredite). Alternativ wäre es aufgrund der Anwendungsvoraussetzungen einer Leasingfinanzierung möglich, ein privatwirtschaftliches, entgeltfinanziertes Modell (z.B. eine Projektfinanzierung) einzuführen. Dieses würde jedoch ebenfalls den kommunalen Haushalt nicht entlasten, da ein zusätzliches Projekt auch bei ausgeschöpftem Kreditrahmen zu verwirklichen gewesen wäre. Vgl. zu diesen Ausführungen auch die Bewertungen im Rahmen der Projektfinanzierung.

87 Vgl. Rehm, H. (1994) S. 38, Meyer-Pries, D. (1987) S. 146.

88 Vgl. Hock, G.; Krähmer, R. (1989) S. 451, Budäus, D. (1982) S. 192. In Sachsen-Anhalt sind allerdings mit einem Erlaß des Innenministeriums (7.12.1992) „Finanzierungen außerhalb des Haushalts“ als unbedenklich eingestuft worden, unterliegen allerdings weiterhin einem Genehmigungsvorbehalt für den Einzelfall. Vgl. Rehm, H. (1994) S. 48.

dann von einer weiteren Kreditaufnahme entbunden, wenn die zu zahlenden Leasingraten aus *vorhandenen* Haushaltsmitteln getragen werden. Ist in Höhe der Leasingraten eine Neuverschuldung notwendig, so hat Leasing lediglich zur Konsequenz, daß die Neuverschuldung über die Laufzeit des Leasingkontraktes gestreckt wird.[89] Diese Überlegung ist vor allem für den *Bundeshaushalt* von Bedeutung. Zwar existiert auf Bundesebene - wie in V.2.3 gezeigt - keine wirksame Verschuldungsgrenze, so daß die Kreditaufnahme für Investitionen nicht begrenzt ist. Unterstellt man jedoch einen gegebenen Kreditrahmen des Haushaltes, welcher einen letztlich politisch festgelegten Umfang nicht überschreiten soll und der nach fixierten Prioritäten ausgewählte Infrastrukturprojekte beinhaltet, so läßt sich die Zahl der realisierbaren Projekte durch eine Leasingfinanzierung zunächst ausweiten. Dies ist dann der Fall, wenn eine Kreditfinanzierung eines Infrastrukturobjektes durch eine Leasingfinanzierung substitutiert wird und so zunächst eine zusätzliche Investition ermöglicht wird.[90] Eine derartige Substitution eröffnet aber *nur kurzfristig* Kreditspielräume. Denn auch durch eine Leasingfinanzierung werden langfristige (evtl. durch Kredite zu finanzierende) Zahlungsverpflichtungen begründet, so daß der Haushaltsstrukturvorteil nur formaler Natur ist und *faktisch* keine zusätzlichen Haushaltsspielräume realisiert werden können.

[**K8**] Eine Erweiterung staatlicher Finanzierungsspielräume ergibt sich aber in dem Fall, in dem Effizienzvorteile durch eine Leasingfinanzierung entstehen, welche den Barwert der Leasingraten unter den Barwert der aus der Kreditverpflichtung resultierenden Zahlungen sinken lassen.[91] Dabei ist von Bedeutung, inwieweit ein ex-ante Wettbewerb um den Markt Kostenersparnisse in Bezug auf **Projektorganisation** und/oder **Projektumfang** zuläßt. So wird eine wettbewerbliche Ausschreibung des durch Leasing zu finanzierenden Projektes den Bieter veranlassen, sein kostengünstigstes Angebot abzugeben.[92] Für eine Einschätzung der durch Leasingfinanzierungen zu erzielenden Kostenersparnisse ist aber entscheidend, *welche Risiken* auf Private verlagert werden. Während im Rahmen des Leasingmodells das Fertigstellungsrisiko auf den Leasinggeber übertragen wird, verbleibt das Marktrisiko beim Leasingnehmer (Staat).[93] Der

---

89 Vgl. Schmidt, F.O. (1994) S. 156.

90 Die Vermutung der ARBEITSGRUPPE BEIM BUNDESMINISTERIUM FÜR FINANZEN, daß eine Finanzierung von Investitionen über Private die Möglichkeiten einer Nettokreditaufnahme nach Art. 115 GG verringert, ist nur dann korrekt, wenn diese Investitionen im Fall einer staatlichen Finanzierung nicht über Kredite ermöglicht wurden [vgl. Bundesministerium für Finanzen (1991) S. 33]. Andernfalls würden sowohl die Investitionen als auch die Kreditaufnahme in gleichem Umfang zurückgehen.

91 Vgl. Rehm, H. (1994) S. 38.

92 Vgl. Bach, S.; Gornig, M.; Stille, F.; Voigt, U. (1994) S. 101, Übersicht 5/1.

93 Das Marktrisiko wird faktisch eliminiert, wenn die Gebietskörperschaft die Leistung des Objektes unentgeltlich abgibt und über Zwangsbeiträge finanziert. Das Betriebsrisiko verbleibt bei dem Partner, der den laufenden Betrieb bzw. den Unterhalt des Objektes übernimmt.

Leasinggeber besitzt daher einen Anreiz, sein *Angebot* so zu gestalten, daß die ausgeschriebenen Aufgaben der Detailplanung, des Baus und der Finanzierung bei gegebenem Informationsstand bestmöglich, d.h. kostenminimierend, aufeinander abgestimmt sind. Er minimiert damit sein Fertigstellungrisiko und trägt zu einer kostensparenden Anpassung des *Fertigstellungsprozesses* bei.[94]

Da das Marktrisiko jedoch auf Seiten der Gebietskörperschaft verbleibt und die Leasinggesellschaft das Objekt nach den Anforderungen der Gebietskörperschaft finanziert und errichtet, übernimmt die Leasinggesellschaft keine Verpflichtungen, die auf eine Absicherung der Rentabilität des Infrastrukturgutes abzielen.[95] Dies steht einerseits der Anpassung des Projektes im Hinblick auf eine *rentable Projektgröße* entgegen, so daß das wettbewerbliche Ausschreibungsverfahren in dieser Hinsicht keine kostenmindernde Wirkung entfaltet. Andererseits ist zu berücksichtigen, daß für den Leasingnehmer eine prinzipielle Unsicherheit bzgl. der weiteren Verwendung des Objektes besteht und er daher ein „eigenes Objektinteresse"[96] besitzt. Aufgrund dieses Restwertrisikos wird der Unternehmer folglich einerseits bestrebt sein, die Baukosten gering zu halten. Darüber hinaus existieren aber nur geringe Spielräume in der Detailplanung, da diese Vorgaben der Gebietskörperschaft folgt. Daher wird andererseits die Anforderung der Drittverwendungsfähigkeit das unternehmerische Kalkül des Leasinggebers in der Hinsicht beeinflussen, daß er Angebote nur für zukünftig rentabel zu betreibende Infrastrukturobjekte unterbreitet und auf 'Luxusausstattungen' verzichtet. Hieraus erwächst ein Kostenvorteil bei der Erstellung von Objekten durch Leasinggesellschaften.

[K9] Die im Ausschreibungsverfahren demonstrierten Kostenvorteile des Leasinggebers beruhen einerseits auf **Spezialisierungsvorteilen** in Form von größerer Marktkenntnis und Erfahrung des Leasingunternehmens.[97] So können in die vom Leasingunternehmen durchzuführende Detailplanung des Objektes das im Vergleich zu Gebietskörperschaften größere Know-How, die umfangreichere Erfahrung sowie die spezielle Marktübersicht des Unternehmens einfließen. Zudem kann der Zuschnitt des Projektes auf die örtlichen Gegebenheiten unter Verwendung des besonderen Leistungsprofils des Unternehmens zu erheblichen Kostenvorteilen führen.

[K10] Rationalisierungsvorteile ergeben sich in Abhängigkeit von der Häufigkeit der Planung und Realisation gleichartiger Investitionsobjekte. Deren Auftreten kann bei einer Fonds- bzw. Leasingfinanzierung angenommen wer-

---

94 Vgl. Rehm, H. (1994) S. 28f. Das Unternehmen hat ein Interesse, den Erstellungsprozeß zu minimieren, da das Objekt nur ohne zusätzliche Kosten vermietet werden kann, wenn die Bauzeit eingehalten und der vereinbarte Leistungsumfang erbracht wird.

95 Vgl. ebenda S. 29.

96 Ebenda S. 45.

97 Vgl. Budäus, D. (1982) S. 189, Kirchhoff, U.; Müller-Godeffroy, H. (1994) S. 49, Rehm, H. (1989) S. 54, Schweisfurth, T. (1991) S. 23.

den, da das Leasingunternehmen als Spezialunternehmen nicht nur ein Projekt betreut. In vereinheitlichter Bauausführung und Planung können hier Rationalisierungsvorteile umgesetzt werden.[98] BUDÄUS bemerkt hierzu einschränkend, daß derartige Vorteile in Abhängigkeit von der Größenordnung der Gebietskörperschaft und der Häufigkeit, mit der ähnlich geartete Projekte auf der Ebene der Gebietskörperschaft realisiert werden, auch von dieser wahrgenommen werden könnten.[99] Dies ist aber dann nicht zutreffend, wenn es sich bei den zu erstellenden Infrastrukturgütern bspw. um besondere Verkehrsbauwerke (z.B. Tunnel) handelt, die in spezieller Form typischerweise nur einmal innerhalb eines langen Zeitraumes erstellt werden. Zudem ist vor dem Hintergrund der Ausführungen zum Property-Rights-Ansatz zu konstatieren, daß das private, gewinnorientierte Leasingunternehmen im Gegensatz zur öffentlichen Verwaltung bestrebt sein wird, nach wirtschaftlichen Kriterien zu handeln und durch planerische Optimierung kostenminimierend zu agieren.[100]

Zu diesem Kriterium ist festzuhalten, daß der ex-ante Wettbewerb um Detailplanung, Bau und Finanzierung in Verbindung mit der Übertragung des Fertigstellungsrisikos Kostenersparnisse im Fertigstellungsprozeß zur Folge haben wird, nicht jedoch im Hinblick auf die Projektgröße. Das für den Leasinggeber bestehende Drittverwendungsrisiko wird jedoch zu einer Projektselektion hinsichtlich rentabler Projekte beitragen. Diese Aussagen beziehen sich jedoch auf das im Rahmen des Ausschreibungswettbewerbs abgegebene *Angebot*. Zu untersuchen verbleibt aber, inwieweit der Leasinggeber nach Vertragsabschluß (d.h. ex-post) Anreize besitzt, das abgegebene Angebot zu realisieren. Dabei spielt eine Rolle, ob der Privatunternehmer aufgrund der spezifischen Vertragskonstruktion Anlaß zu opportunistischem Verhalten hat. Anzunehmen ist, daß opportunistisches Verhalten in der Kontraktperiode dadurch eingedämmt wird, daß ein Restverwertungsrisiko beim Leasinggeber verbleibt. Dies wird dazu führen, daß die Leasinggesellschaft ein Interesse an einer bestmöglichen Gestaltung des Projektes sowie an einer angemessenen Wartung und Instandhaltung besitzt.[101] Auch die zur Vermeidung von Spezialleasing bestehende offene Endschaftsregelung trägt zu diesem Eigeninteresse des Unternehmens an einem nicht opportunistischen Verhalten bei. Die hier vorliegende faktische Bindung des Unternehmers an evtl. entstehende Veräußerungsverluste kann daher als Pfand interpretiert werden, welches gegenüber der Gebietskörperschaft signali-

---

98 BUDÄUS weist allerdings darauf hin, daß sich nur dann gleichzeitig Rationalisierungsmöglichkeiten in der öffentlichen Verwaltung ergeben, wenn indirekte Verwaltungskosten dem einzelnen Investitionsobjekt zugerechnet und diese Kosten abgebaut werden können. Vgl. Budäus, D. (1982) S. 189.

99 Vgl. ebenda.

100 Vgl. Rehm, H. (1994) S. 27.

101 Darüber hinaus müssen allerdings für den Fall, in dem die Fondsgesellschaft bzw. das Leasingunternehmen Wartungs- und Serviceleistungen übernimmt, diese Kosten in einem Kostenvergleich berücksichtigt werden.

siert, daß sich das Unternehmen opportunistischen Verhaltens enthält. Zusammenfassend ist festzuhalten, daß eine Leasingfinanzierung neben den Effizienzvorteilen durch eine Anpassung des Leistungspakets mit Hilfe von Spezialisierungs- und Rationalisierungsvorteilen in der Kontraktphase kaum mit opportunistischem Verhalten des Kontraktpartners einhergeht.

[**K11**] Den skizzierten Effizienzvorteilen einer Leasingfinanzierung stehen allerdings im Vergleich zur staatlichen Finanzierung erhöhte **Kapitalkosten** gegenüber. Dies ist darin begründet, daß aufgrund des Grundsatzes I zum Kreditwesengesetz (KWG) die kreditgebende Bank für die Fremdkapitalvergabe an eine Gebietskörperschaft keine Mindestreserve halten muß.[102] Dies ist auf die höhere Bonität der Gebietskörperschaft und deren verbesserte Risikotragfähigkeit zurückzuführen. Im Fall einer Fondsfinanzierung können jedoch ähnlich günstige Kapitalkosten wie die der Gebietskörperschaft erreicht werden, da das Eigenkapital zu einem relativ geringen Satz verzinst werden kann.[103] So beträgt die Differenz zwischen der Eigen- und der Fremdkapitalverzinsung i.d.R. zwischen 2 und 5 Prozentpunkten. Für den Anleger ist diese Anlageform jedoch nur dann vorteilhaft, wenn durch Verlustzuweisungen (Ankaufverluste, degressive und erhöhte AfA) die Einkommensteuerschuld während der Anlageperiode reduziert wird. Hierzu ist es jedoch erforderlich, daß die Anleger als Erwerber von Anteilszertifikaten steuerrechtlich als Eigentümer des Infrastrukturgutes betrachtet werden. Dies ist nur dann möglich, wenn kein Spezialleasing vorliegt.[104] In diesem Zusammenhang ergibt sich allerdings ein Zielkonflikt, da das Interesse des Anlegers an einer hohen Rendite dem Interesse der Gebietskörperschaft an geringen Finanzierungskosten entgegensteht. Mit steigendem Anteil des Fremdkapitals am Gesamtkapital steigt nämlich der steuerliche Vorteil für den Investor; gleichzeitig erhöhen sich aber auch die Finanzierungskosten für die Kommune.[105] Aus Sicht der Gebietskörperschaft muß - bei Betrachtung der reinen Kapitalkosten - die Zinsersparnis aufgrund einer geringeren Verzinsung des Eigenkapitals die bei einer Fondsfinanzierung auftretenden zusätzlichen Verwaltungskosten überkompensieren, damit sich die Fondsfinanzierung als günstiger erweist als eine konventionelle Kreditfinanzierung. Konkrete Berechnungen gehen von einer so ermittelten Kostenersparnis der Fondsfinanzierung von 0,5 - 0,75% aus.[106]

---

102 Vgl. Rehm, H. (1989) S. 54, Budäus, D. (1982) S. 187.

103 Vgl. hierzu z.B. Schweisfurth, T. (1991) S. 24, Kirchhoff, U.; Müller-Godeffroy, H. (1994) S. 56, Rehm, H. (1989) S. 60f.

104 Vgl. Schweisfurth, T. (1991) S. 26.

105 Vgl. Budäus, D. (1982) S. 202.

106 Vgl. ebenda S. 204. Bei derartigen Berechungen ist allerdings zu berücksichtigen, daß Zins- und Tilgungszahlungen bei Fondsfinanzierung und Kreditfinanzierung zu unterschiedlichen Zeitpunkten anfallen. Um eine angemessene Vergleichbarkeit zu gewährleisten, ist - wie im Zuge der Überprüfung des Kriteriums des Grundsatzes der Wirtschaftlichkeit und Sparsamkeit zu erläutern sein wird - die Kapitalwertmethode heranzuziehen.

[K12] Die Erstellung eines Infrastrukturgutes mittels einer Fonds- bzw. Leasingfinanzierung ist also nur in dem Fall günstiger als eine herkömmliche Kreditfinanzierung, in dem Spezialisierungs- und Rationalisierungsvorteile sowie Ersparnisse durch die Gesamtabstimmung der Projektorganisation und des Projektumfangs die höheren Finanzierungskosten überkompensieren.[107] Während sich eine Fondsfinanzierung im Vergleich zu einer konventionellen Kreditfinanzierung i.d.R. als kostensparend erweist,[108] können bei Leasingfinanzierungen keine generellen, sondern nur bei einer fallweisen Überprüfung Aussagen über deren Vorteilhaftigkeit getroffen werden. Ein solcher Vergleich folgt dem **Grundsatz der Wirtschaftlichkeit und Sparsamkeit**, nach dem die Finanzierungsalternative auszuwählen ist, welche die Realisierung eines gegebenen Investitionsprojektes zu minimalen Gesamtkosten erlaubt. Um diese Alternative bestimmen zu können, muß jedoch die *Vergleichbarkeit* der unterschiedlichen Berechnungsmethoden gewährleistet sein. Dabei ist zu berücksichtigen, daß die Kosten der Fonds- bzw. Leasingfinanzierung im Vergleich zur Kreditfinanzierung zu verschiedenen Zeitpunkten und in unterschiedlicher Höhe anfallen. Vergleichbar sind die Gesamtkosten *alternativer* Finanzierungsmethoden nur dann, wenn die verschiedenen Zahlungsströme mittels der Kapitalwertmethode abgezinst werden.[109] Hierzu ist zum einen die gesamte Laufzeit (d.h. nicht nur die Grundmietzeit) des Projektes zu berücksichtigen. Zum anderen sind in beiden Fällen alle relevanten Kostenarten *vollständig* zu erfassen. Besonders die durch das kameralistische Rechnungswesen nur unzureichend ermittelbaren indirekten Projektkosten (Verwaltungskosten im Bereich der Planung und Kontrolle) müssen bei der Berechnung der Kosten der Kreditfinanzierung auf Seiten der Gebietskörperschaft einbezogen werden.[110]

Die Interpretation der durch dieses Verfahren gewonnenen Ergebnisse ist jedoch nicht eindeutig. So ist nach Auffassung des BUNDESMINISTERIUMS DER FINANZEN ein privatwirtschaftliches Engagement mit dem Grundsatz der Wirtschaftlichkeit und Sparsamkeit vereinbar, wenn die Effizienzgewinne die zusätzlichen Kosten einer Fonds- bzw. Leasingfinanzierung (Gewinnmargen, Verwaltungskosten) übersteigen.[111] BUDÄUS wendet hingegen ein, daß der Umstand, daß Private im Bereich der Planung und Erstellung günstiger seien als die Gebietskörperschaften, letztere aber Vorteile im Bereich der Finanzierungskosten haben, *nicht* dazu verwendet werden dürfe, beide Vorteile gegeneinander aufzurechnen.[112] Vielmehr müsse unter Beachtung des Grundsatzes der Wirt-

---

107 Vgl. Rehm, H. (1994) S. 33.

108 Vgl. Meyer-Pries, D. (1987) S. 155.

109 Vgl. Schweisfurth, T. (1991) S. 25, Rehm, H. (1989) S. 60. SCHWEISFURTH verweist darauf, daß die Ergebnisse der Kapitalwertmethode kritisch von der Höhe des gewählten Kalkulationszinssatzes abhängig sind. Vgl. ähnlich Budäus, D. (1982) S. 205.

110 Vgl. Rehm, H. (1994) S. 34, Budäus, D. (1982) S. 188.

111 Vgl. Bundesministerium für Finanzen (1991) S. 31.

112 Vgl. Budäus, D. (1982) S. 190f.

schaftlichkeit und Sparsamkeit eine *Trennung* der Aufgabenbereiche vorgenommen werden. Dabei sei die Planung und Erstellung an Private zu vergeben, während die Finanzierung durch eine staatliche Kreditaufnahme erfolgen soll. Gegen diese Auffassung ist allerdings einzuwenden, daß der Leasinggeber gerade im Rahmen einer umfassenden Ausschreibung den Anreiz besitzt, Detailplanung, Bau und Finanzierung bestmöglich aufeinander abzustimmen und dadurch sein Fertigstellungrisiko zu minimieren. Diese kostensparende Abstimmung des Fertigstellungsprozesses wird aber gerade verhindert, wenn das Leasingunternehmen lediglich die Funktion des Bauträgers übernimmt. Die Leasinggesellschaft ist in diesem Fall nämlich nicht mehr durch den Einsatz eigenen Kapitals an dem Erfolg der Projektes unternehmerisch beteiligt. Zudem entfällt auch die offene Endschaftsregelung und damit der Anreiz für den Leasinggeber, in der Kontraktperiode eine bestmögliche Wartung des Objektes zu gewährleisten. Damit hat eine Trennung der oben genannten Aufgabenbereiche gleichzeitig negative Rückwirkungen auf die Effizienz der Aufgabenerfüllung und die hieraus resultierenden Kostenersparnisse.

[**K13, K14**] Die Bewertung von Fonds- bzw. Leasingfinanzierungen vor dem Hintergrund geltender Haushaltsgrundsätze verdeutlicht, daß diese Finanzierungsformen mit dem Haushaltsrecht kaum zu vereinbaren sind. Bei Fonds- und Leasingfinanzierungen wird das Investitionsobjekt nicht zum Vermögenshaushalt zugeordnet, da eine eindeutige Regelung zum Übergang des Infrastrukturgutes an die Gebietskörperschaft aus Gründen des Spezialleasings fehlt. Vielmehr werden die Leasingraten als Ausgaben aus dem Verwaltungshaushalt verbucht. Auch wird keine Kreditaufnahme ausgewiesen,[113] obwohl sich aus Fonds- bzw. Leasingfinanzierungen langfristige Zahlungsverpflichtungen für die öffentlichen Haushalte ergeben. Der **Grundsatz der Vollständigkeit** des Haushaltes wird daher durch die Fonds- bzw. Leasingfinanzierung verletzt, weil nicht mehr alle Vermögensobjekte und Schulden aufgenommen werden. Auch der **Grundsatz der Einheit und Klarheit** ist negativ betroffen, da Fonds- bzw. Leasingmodelle die Bildung von Schattenhaushalten begünstigen[114] und der Haushaltsplan in seinen Funktionen daher nicht mehr aussagefähig ist. Entsprechend ist EWERS der Auffassung, daß die Fonds- bzw. Leasingfinanzierung dem Grundsatz der Klarheit widerspreche, weil die Staatsverschuldung nicht transparent ausgewiesen werde. Auch seien sowohl die realen Kosten der Infrastrukturerstellung aufgrund von Steuerstundungen im Fondsmodell als auch die mittelfristige Ausgabenbelastung nicht mehr direkt aus dem Haushalt zu entnehmen.[115]

---

[113] Vgl. Meyer-Pries, D. (1987) S. 145.
[114] Vgl. ebenda S. 145.
[115] Vgl. Ewers, H.-J. (1991) S. 53.

[**K15**] Zur Betrachtung der **gesamtwirtschaftlichen Wirkungen** einer Fonds- bzw. Leasingfinanzierung im Vergleich zu einer Kreditfinanzierung sei zunächst ein gegebener Umfang öffentlicher Verschuldung unterstellt. Dann führt ein ausschließlich durch Fremdkapital finanziertes Leasing eines zusätzlichen Projektes - ebenso wie bei einer staatlichen Finanzierung - cet. par. zu einer Ausweitung der Kreditnachfrage und zieht einen zinssteigernden Effekt nach sich.[116] Dieser wirkt über Zweitrundeneffekte dämpfend auf die Investitionstätigkeit. Kommt jedoch eine Fondsfinanzierung zur Anwendung, so wird die Fremdkapitalfinanzierung teilweise durch eine Eigenkapitalfinanzierung ersetzt. Hieraus ergeben sich zinsdämpfende Wirkungen, da die Wirtschaftssubjekte - bei gegebener Transaktionskassennachfrage und gegebener Geldmenge - in geringerem Umfang liquide Mittel zu Spekulationszwecken halten. Diese zinssenkenden Wirkungen sind den zinssteigernden Wirkungen entgegengerichtet, so daß die Gesamtwirkung unbestimmt bleibt.[117] Je größer allerdings der Anteil der Eigenkapitaleinlagen in den Fonds ist, *der von den Wirtschaftssubjekten durch eine Fremdkapitalaufnahme* finanziert wird, desto stärker werden zinssteigernde Effekte wirksam.

Einschränkend ist zu bemerken, daß es sich um theoretische Wirkungsketten handelt, die empirisch in ihren einzelnen Zusammenhängen kaum fundiert werden können.[118] Generell ist aber anzunehmen, daß in dem Fall, in dem eine staatliche Kreditnachfrage zinssteigernd wirkt, auch eine Leasingfinanzierung mit derartigen Wirkungen verbunden sein wird. Lediglich im Fall einer Fondsfinanzierung werden Zinssteigerungen gedämpft. Ähnlich ist in Bezug auf Steuererhöhungen zu argumentieren. Da die Fonds- bzw. Leasingraten aus dem öffentlichen Haushalt aufzubringen sind, müssen sie letztlich durch Steuern bzw. eine staatliche Kreditaufnahme finanziert werden. Werden Steuern zur Zahlung von Leasingraten erhöht, so gehen von diesen die gleichen makroökonomischen Wirkungen aus, wie von einer Steuererhöhung im Rahmen der Tilgung von Krediten.

[**K16**] Ob durch eine Anwendung des Fonds- bzw. Leasingmodells eine **dauerhafte Verlagerung** von Aufgabenkompetenzen **in den privaten Sektor** erreicht wird, kann theoretisch *nicht* beantwortet werden. Zwar besteht zwischen der Gebietskörperschaft und dem Leasingunternehmen eine laufende Leistungsbeziehung, in der die öffentliche Hand durch die Zahlung von Leasingraten zur

116 Vgl. Meyer-Pries, D. (1987) S. 153. An dieser Stelle ist allerdings einzuwenden, daß derartige Zinssteigerungen nicht als Crowding-Out im Sinne einer Verdrängung privater Investitionen durch staatliche zu interpretieren sind. Vielmehr wird der Kapitalmarkt durch Private beansprucht. Diese These ist allerdings insofern einzuschränken, als die Bereitstellungsverantwortung für das Projekt auf Seiten des Staates liegt und daher keine *unabhängige* privatwirtschaftliche Tätigkeit vorliegt.

117 Vgl. Meyer-Pries, D. (1987) S. 153.

118 Vgl. Reich, J. (1987) S. 164.

Amortisation des eingesetzten Kapitals beiträgt. Steuerrechtlich liegt aber kein Mietkauf[119] vor, bei dem die geleisteten Zahlungen bereits zu einem graduellen Eigentumsübergang beitragen. Die zur Vermeidung von Spezialleasing notwendige offene Endschaftsregelung eröffnet vielmehr sowohl die Möglichkeit einer privatwirtschaftlichen Verwendung des Objektes als auch einer Übernahme durch den Staat. Es ist allerdings zu vermuten, daß die öffentliche Hand das Objekt langfristig in ihr Eigentum überführen wird. Faktisch sind Aussagen über eine Verlagerung von Aufgabenkompetenzen an den privaten Sektor aber erst am Ende der Grundmietzeit und daher nicht allgemeingültig möglich.

Zusammenfassend ist festzuhalten, daß die Fonds- bzw. Leasingfinanzierung im Bereich der wirtschaftsnahen Infrastruktur nur geringe Anwendungsmöglichkeiten aufweist. So hat das Problem des Spezialleasings zur Folge, daß nur *die* Infrastrukturgüter durch das Fonds- bzw. Leasingmodell finanziert und erstellt werden können, die nach Ablauf des Leasingvertrages marktmäßig verwendbar sind. Dies trifft im wesentlichen für Verkehrsinfrastrukturgüter zu. Unter diesen sind aber die netzförmigen Infrastrukturgüter nicht für eine Leasingfinanzierung geeignet, da zunächst das gesamte Planfeststellungsverfahren abzuschließen ist, bevor eine Ausschreibung erfolgen kann. Damit entstehen jedoch erhebliche Verzögerungen in der Planungsphase des Projektes. Im Rahmen der verbleibenden Anwendungsmöglichkeiten ergeben sich relativ hohe Effizienzvorteile sowie Kostenersparnisse durch eine verbesserte Projektorganisation des Objektes im Wettbewerb. Direkte Haushaltsentlastungswirkungen bestehen allerdings nicht.

3.2 Das Konzessionsmodell

3.2.1 Darstellung

Das Konzessionsmodell ist als Alternative zur Leasingfinanzierung konzipiert worden[120] und bemüht sich, in seiner Ausgestaltung die Schwächen des Leasingmodells zu vermeiden. Dessen Defizite bestehen erstens im Problem des Spezialleasings, welches die Anwendungsmöglichkeiten der Leasingfinanzierung stark einschränkt. Zweitens sind die oben skizzierten Verzögerungen im Erstellungsprozeß des Infrastrukturgutes, welche durch die Vergabe der Erbbaurechte vor Baubeginn entstehen, nachteilig für eine breite Anwendung des Leasingmodells. Das Konzessionsmodell umgeht diese Problematik, indem es auf Steuervorteile für die Gesellschaft bzw. die Anleger verzichtet und zudem

---

119 Der Mietkauf unterscheidet sich vom Leasing dadurch, daß bei ersterem der Eigentumsübergang an den Leasingnehmer von vornherein verbindlich vorgesehen ist. Vgl. Kirchhoff, U.; Müller-Godeffroy, H. (1994) S. 47.

120 Vgl. Kirchhoff, U.; Müller-Godeffroy, H. (1994) S. 94.

keine Eigentumsbegründung an dem Infrastrukturobjekt auf Seiten der Projektgesellschaft vorsieht.

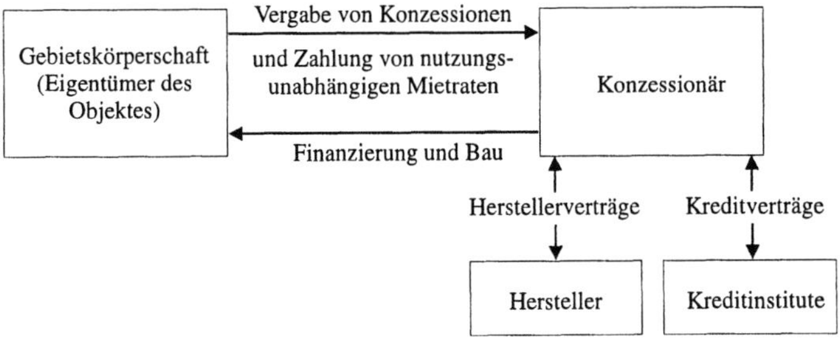

Abb. 5.3: Das Konzessionsmodell.
Quelle: modifiziert nach Schmidt, F.O. (1994) S. 239.

Die Erstellung eines Infrastrukturgutes im Rahmen des Konzessionsmodells sieht zunächst eine Planung des Objektes durch die Gebietskörperschaft vor, in die private Planungsbüros einbezogen werden können.[121] Die betroffene Gebietskörperschaft ist mittels vorzeitiger Besitzeinweisung, d.h. also ohne eine Eintragung in das Grundbuch, Eigentümerin der benötigten Grundstücke und vergibt eine Konzession für die Finanzierung und den Bau des Objektes durch eine Ausschreibung im Rahmen des Planfeststellungsverfahrens (Abb. 5.3). Die Konzession wird dem Konzessionär[122] mittels einer Beleihung des privaten Unternehmens durch die Gebietskörperschaft übertragen.[123] Als sog. beliehene Unternehmer werden dabei (natürliche oder juristische) Personen des Privatrechts bezeichnet, die hoheitliche Funktionen im eigenen Namen, aber im Auftrag des Staates ausüben, ohne Teil der Staatsorganisation zu sein.[124] Mit der

121 Vgl. zu Darstellungen des Modells Bundesministerium für Finanzen (1991) S. 41, Rehm, H. (1994) S. 93, Kirchhoff, U.; Müller-Godeffroy, H. (1994) S. 94f., Schmidt, F.O. (1993a) S. 415, Helaba (1993) S. 41ff.

122 Im folgenden werden die Begriffe Konzessionär, Konzessionsnehmer sowie Projektgesellschaft deckungsgleich verwendet.

123 Die ARBEITSGRUPPE BEIM BUNDESMINISTERIUM FÜR FINANZEN nennt das Instrument der Beleihung explizit nur für das Mischmodell. Die Autoren fügen aber an, daß es sich beim Konzessionsmodell lediglich um eine Abwandlung des Mischmodells (vgl. V.4.2) handele, so daß davon ausgegangen werden kann, daß auch hier eine Beleihung erfolgt. Vgl. Bundesministerium für Finanzen (1991) S. 42.

124 Vgl. Creifelds, C. (1994) S. 165. BADURA spricht davon, daß Privaten die Befugnis übertragen werde, gegenüber Dritten öffentlich-rechtlich handeln zu dürfen [vgl. Badura, P. (1995) S. 253]. Diese Definition erhellt gleichzeitig den angesprochenen Aufgabenbereich, wenn man als öffentliches Recht den Rechtsbereich versteht, welcher die „dem Bürger übergeordneten *hoheitlichen* Rechtsgemeinschaften (Staat, Gemeinden, Kirchen usw.) als solche, das Verhältnis dieser Rechtsgemeinschaften *zueinander* sowie das Verhältnis der Gemeinschafen zu *ihren Gliedern*“ umfaßt. Kallwass, W. (1992) S. 19 (Hervorhebung im Original).

Beleihung wird der Zweck verfolgt, die öffentliche Verwaltung zu dezentralisieren sowie privates Know-How zu nutzen, ohne aber eine vollständige Privatisierung anzustreben.[125] Dementsprechend ist die Beleihung juristisch von der freien Initiative Privater abzugrenzen, bei der Private aus *eigener* Initiative Handlungen vornehmen, die gleichzeitig auch ein öffentliches Interesse erfüllen können.[126]

Der Konzessionsnehmer übernimmt sowohl die Finanzierung als auch den Bau des Objektes. Nach dessen Fertigstellung geht das Infrastrukturgut unmittelbar in das Eigentum der Gebietskörperschaft über.[127] Der Projektgesellschaft verbleibt die Konzession, die sie gegen Entgelt erworben hat, als Aktivum in ihrer Bilanz. Die Gebietskörperschaft zahlt als Gegenleistung für Finanzierung und Errichtung des Objektes ab dessen Fertigstellung während eines bestimmten Zeitraumes (z.B. 15 Jahre) festgelegte Mietraten an den Konzessionsnehmer, die zur Amortisation des Objektes dienen sollen.[128] Die durch die Gebietskörperschaft zu zahlenden Mietraten sind dabei von der *tatsächlichen* Nutzung des Infrastrukturgutes *unabhängig*. Sie richten sich vielmehr nach den Kosten, die durch Bau und Finanzierung entstehen. Folglich ist im Rahmen des Konzessionsmodells keine Erhebung von Nutzungsgebühren vorgesehen. Das Infrastrukturgut kann - alternativ zu einem Betrieb durch die Gebietskörperschaft - auch durch Private betrieben werden.

Die Finanzierung im Konzessionsmodell erfolgt überwiegend durch Fremdkapital.[129] Unter Nutzung (kommunaler) Bürgschaften können für die aufzubringenden Kredite günstige Konditionen erreicht werden.[130] Die grundsätzliche Konstruktion des Konzessionsmodells kann sich aber auch an einer Fonds-Finanzierung orientieren und Eigenkapital privater oder institutioneller Investoren zur Finanzierung heranziehen. In diesem Fall zeichnet sich das Konzessionsmodell jedoch durch einen im Vergleich zur Fonds-Finanzierung höheren Fremdfinanzierungsanteil aus.

Das bei einer Leasingfinanzierung auftretende Problem des Spezialleasings wird durch die Konzeption des Konzessionsmodells vermieden, indem sowohl das Eigentum der Grundstücke als auch der Oberbauten letztlich bei der Gebietskörperschaft verbleiben. Da im Konzessionsmodell der Eigentumsübergang des Objektes an die öffentliche Hand von vornherein verbindlich vorgesehen ist, handelt es sich hier um einen *Mietkauf* und nicht um eine Leasingkonstruk-

---

125 Vgl. Stober, R. (1993) S. 230, Maurer, H. (1992) S. 539.
126 Vgl. ebenda S. 542.
127 Vgl. Helaba (1993) S. 44.
128 Formal gewährt die Projektgesellschaft als Inhaberin der Konzession der Gebietskörperschaft hier ein Nutzungsrecht gegen ein fixes Entgelt. Vgl. Helaba (1993) S. 44.
129 Vgl. Kirchhoff, U.; Müller-Godeffroy, H. (1994) S. 94, Bundesministerium für Finanzen (1991) S. 41.
130 Vgl. Helaba (1993) S. 45.

tion. Im Fall des Konzessionsmodells liegen damit sowohl das bürgerlichrechtliche als auch das wirtschaftliche Eigentum an dem Infrastrukturgut in der Hand der Gebietskörperschaft, so daß es dieser auch steuerrechtlich zugeordnet wird.[131] Folglich entstehen für die Investoren (Projektgesellschaft und Eigenkapitalgeber) keine oder nur geringe steuerliche Vorteile.

	Maßnahme	Baukosten [Mio. DM]
A 7,	4. Elbtunnelröhre, Hamburg	474,0
A 8,	Perl/Borg-Merzig/Wellingen (1. FB)	130,1
A 44,	Rheinquerung Ilverich	592,0
A 60,	Bitburg - Willich	476,8
A 81,	Engelberg-Tunnel	637,0
A 93,	Hof-Mitterteich	519,3
B 2n,	Ortsumgehung Farchant	178,9
B 31,	Ortsumgehung Freiburg Ost	211,1
B 62,	Ortsumgehung Biedenkopf	93,0
B 254,	Ortsumgehung Schwalmtal - Brauerschwend	23,5
B 437,	Weserquerung	542,3
B 457,	Ortsumgehung Hungen	20,0
	Insgesamt	3 899,0

Tab. 5.1: Privatfinanzierte Projekte (Konzessionsmodell).
Quelle: Bundesministerium für Verkehr (1993) S. 7, Übersicht 2.

In der Bundesrepublik werden derzeit zwölf Pilotprojekte im Bereich der Bundesstraßen und Bundesautobahnen mit Hilfe des Konzessionsmodells privat finanziert und erstellt (Tab. 5.1).[132] Diese sehen vor, daß die Kosten für die Baudurchführung (Baukosten i.e.S., Vorfinanzierungszinsen und Kreditzinsen) zunächst durch die privaten Konzessionsnehmer zu tragen sind, während die Grunderwerbskosten aus dem Bundeshaushalt aufgebracht werden. Die Refinanzierung durch Mietzahlungen erfolgt nach der Fertigstellung des jeweiligen Objektes in 15 gleichen Jahresraten ebenfalls aus dem Bundeshaushalt.

3.2.2 Bewertung

Zentrales Anliegen des Konzessionsmodells, das ursprünglich für die Erweiterung des Verkehrsnetzes entwickelt wurde, ist die Realisierung eines *beschleunigten* Ausbaus des Schienen- und Straßennetzes vor dem Hintergrund des Erweiterungs- und Nachholbedarfs in den neuen Ländern. Dabei können

131 Vgl. Helaba (1993) S. 46, Rehm, H. (1994) S. 93.
132 Vgl. Bundesministerium für Verkehr (1993) S. 7.

Private in den Bereitstellungsprozeß von Infrastrukturgütern einbezogen werden, auch wenn Nutzer nicht von der Leistung des Gutes ausgeschlossen werden und daher keine Gebührenfinanzierung zu realisieren ist. Dies gilt auch für Infrastrukturgüter im Bereich der kommunalen Entsorgungswirtschaft, denen nur mittelbar ein Gebührenaufkommen zur Verfügung steht, so z.B. Müllverbrennungsanlagen, Kompostierungsanlagen etc. Für die Beurteilung des Konzessionsmodells ist entscheidend, daß im Gegensatz zum Leasingmodell *keine offene Endschaftsregelung* bestehen muß. Das Infrastrukturgut muß daher *nicht* einer rentablen, marktmäßigen Verwendung zugeführt werden können, sondern steht ausschließlich im Eigentum der öffentlichen Hand. Auf steuerliche Vorteile für den Konzessionsnehmer wird folglich verzichtet.

[**K1-K4**] Die regional- und raumordnungspolitischen Wirkungen sind daher von denen des Leasingmodells verschieden. Generell kann ein durch das Konzessionsmodell finanziertes Infrastrukturgut an einem beliebigen Punkt im Raum errichtet werden, sofern die durch die öffentliche Hand durchzuführende Nutzen-Kosten-Analyse zu einem positiven Ergebnis gelangt. Von einem derartigen Projekt gehen folglich *keine spezifischen* **Wachstumswirkungen** und **Netzeffekte** im Sinne einer regionalen Konzentration in Schwerpunkten oder Entwicklungsachsen aus. Dies bedeutet, daß aufgrund wirtschaftspolitischer Entscheidungen eine Bündelung großräumiger Infrastrukturgüter in den ausgewiesenen Orten und Achsen des Zentren-Achsen-Konzeptes erfolgen *kann*, eine Anwendung des Konzessionsmodells diese aber nicht bedingt. Über den Einsatz von Infrastrukturinvestitionen in sog. strukturschwachen Gebieten als logische Folge des Konzessionsmodells kann ebenso wenig ausgesagt werden. Da durch das Konzessionsmodell finanzierte Objekte an beliebigen Raumpunkten erstellt werden können, *kann* durch sie prinzipiell ein Beitrag zur **Ausgewogenheit der Siedlungsstruktur** und zu einem **Abbau regionaler Disparitäten zugunsten benachteiligter Regionen** geleistet werden. Spezifische, von einer Gebührenerhebung ausgehende regionalpolitische Wirkungen bestehen nicht, da das Konzessionsmodell keine Anwendung des **Äquivalenzprinzips** vorsieht.

[**K5**] Positive *differentielle* Wachstumseffekte des Konzessionsmodells gegenüber einer rein staatlichen Bereitstellung können aber dadurch auftreten, daß das betreffende Infrastrukturgut *früher* realisiert wird. Dabei ist auf die im Rahmen des Leasingmodells skizzierten und auch hier relevanten Zeitvorteile im Rahmen der Organisation des Bauprozesses zu verweisen. Demgegenüber wird die Planung des Objektes bei Konzessionsmodellen allerdings durch die Gebietskörperschaft durchgeführt,[133] wodurch sich dem Staat weitgehende Ein-

---

[133] Es können allerdings Zeitvorteile in der Planung entstehen, indem private Planungsgesellschaften die Planung z.B. für den Fernstraßenbereich vornehmen. Dies geschieht bspw. durch die DEGES (Deutsche Einheit Fernstraßenplanungs- und Baugesellschaft mbH) [vgl. (Der) Bundesminister für Verkehr (1991)]. Diese Beschleunigungswirkungen sind jedoch nicht originär dem Konzessionsmodell zuzuordnen.

flußmöglichkeiten auf die Objektgestaltung eröffnen.[134] Für die öffentliche Hand bestehen jedoch keine spezifischen Anreize, den Planungsprozeß zu beschleunigen. Verglichen mit dem Leasingmodell in seiner Anwendung auf Linieninfrastrukturen können allerdings *relative* **Zeitvorteile in der Planung** festgestellt werden.[135] Während nämlich beim Leasingmodell die Vergabe des *gesamten* Objektes erforderlich ist, um eine eigenwirtschaftliche Verwendbarkeit des Infrastrukturgutes zu ermöglichen, können im Fall des Konzessionsmodell Ausschreibung, Konzessionsvergabe und Baubeginn im Zuge des fortschreitenden Planfeststellungsverfahrens auch abschnittsweise erfolgen.[136] Damit ist das Modell auch für Linieninfrastrukturen (Straßen und Schienenwege) geeignet, für die die Leasingfinanzierung nicht tauglich ist.

[K6] Zeitersparnisse in der Finanzierungsphase werden beim Konzessionsmodell in ähnlicher Weise wie beim Leasingmodell durch die Finanzierung außerhalb des budgetären Prozesses wirksam. Da das Projekt durch den Konzessionsnehmer finanziert wird, besteht für diesen zudem ein Anreiz, die ertraglose Phase *vor* der Fertigstellung des Projektes abzukürzen. Ob durch die hier skizzierten Zeitvorteile Wachstumseffekte *vorgezogen* werden können, hängt jedoch wesentlich davon ab, wie - d.h. in welcher räumlichen Anordnung - Infrastrukturinvestitionen vorgenommen werden. Folgt die Investitionsentscheidung dem für die neuen Länder skizzierten Zielsystem[137] und nimmt großräumige Investitionen in den ausgewiesenen Städtenetzen vor und kleinräumige Investitionen in Schwerpunktorten, so *können* unter den oben ausgewiesenen Voraussetzungen durch eine zügigere Erstellung der Objekte Wachstumswirkungen früher entstehen.

[K7] In seiner Wirkung auf die öffentlichen Haushalte ist das Konzessionsmodell mit der Leasingfinanzierung identisch. Ebenso wie beim Leasingmodell wird durch den Einsatz des Konzessionsmodells die Investitionssumme durch den Konzessionsnehmer vorfinanziert, so daß kurzfristig keine Kreditaufnahme im Vermögenshaushalt erscheint. Langfristig muß die Gebietskörperschaft jedoch Mietraten aus dem Verwaltungshaushalt tragen, die - da es sich um nicht-

---

134 Vgl. Bach, S. (1994) S. 215.

135 Diese werden auch durch das für den Ausbau der Infrastruktur in den neuen Ländern konzipierte Verkehrswegeplanungsbeschleunigungsgesetz ermöglicht. Danach wird die öffentliche Hand durch eine vorzeitige Besitzeinweisung (ohne Eintragung im Grundbuch) Eigentümerin der für die Errichtung des Verkehrsinfrastrukturgutes benötigten Grundstücke. Die hierdurch entstehenden Beschleunigungswirkungen können folglich im Konzessionsmodell *voll genutzt* werden, da im Gegensatz zum Leasingmodell keine Übertragung von Erbbaurechten notwendig ist. Steuerlich liegt damit ein Ratenkauf vor, da sich die zu errichtenden Verkehrswege im Eigentum des Bundes befinden.

136 Vgl. Rehm, H. (1994) S. 92.

137 Hier ist aber zum einen darauf hinzuweisen, daß dieser Zusammenhang nur gültig ist, wenn Produktivitäts- und Standorteffekte hervorgerufen werden. Hierzu müssen Infrastrukturgüter im Bündel vorhanden sein und spezielle Standortqualitäten schaffen.

rentierliche Investitionen handelt - die freie Spitze einschränken.[138] Eine **direkte Entlastung der öffentlichen Haushalt** oder eine **Realisierung zusätzlicher Investitionen** kann durch das Konzessionsmodell also nicht verwirklicht werden.

[**K8**] *Effizienzvorteile* können aber Entlastungswirkungen für die öffentlichen Haushalte nach sich ziehen, wenn Kostenersparnisse den Barwert der zu leistenden Mietraten geringer werden lassen als den bei einer konventionellen Finanzierung anfallenden Barwert der Zins- und Tilgungszahlungen. In diesem Zusammenhang ist zu untersuchen, inwieweit ein ex-ante-Wettbewerb um den Markt zu einem effizienten Angebot beiträgt. Hier ist in Bezug auf Kostenersparnisse im Fertigstellungsprozeß auf die Ausführungen zum Leasingmodell zu verweisen. Kostenersparnisse in Bezug auf die **Projektorganisation** werden jedoch um so geringer sein, je weniger Spielräume das Unternehmen im Rahmen der Detailplanung besitzt. Sieht die Konzeption des Konzessionsmodells bspw. - wie vielfach beschrieben - vor, daß die Planung des Objektes vollständig bei der öffentlichen Hand verbleibt und lediglich die Finanzierung und Baudurchführung durch den privaten Konzessionsnehmer erfolgt, so wird privatwirtschaftliches Know-How im Bereich der Planung nicht in das Angebot einfließen. Da der Wettbewerb um den Markt sich dann - im Gegensatz zum Leasingmodell - auf eine *enger* umrissene Aufgabe bezieht und eine ineinandergreifende Planung der einzelnen Erstellungsphasen unterbleibt, würde nur für das eingeschränktere Aufgabenspektrum im Konkurrenzprozeß ein kosteneffizientes Ergebnis erzielt.

Auch hat der Konzessionär keinerlei Veranlassung, auf eine rentable **Projektgröße** hinzuwirken bzw. diese als ein Auswahlkriterium für seine Beteiligung an dem Projekt heranzuziehen. Das Marktrisiko wird nämlich auf Seiten des Konzessionärs nicht wirksam, da nach Fertigstellung des Objektes zwischen der Gebietskörperschaft und dem Konzessionsnehmer ein nutzungsunabhängiger Abnahmevertrag in Kraft tritt.[139] Die Gebietskörperschaft kann das an sie übertragene Marktrisiko jedoch durch eine unentgeltliche Leistungsabgabe faktisch eliminieren. Nachteilig könnte sich sogar auswirken, daß die Phasen der Planung, der Erstellung und des Betriebes auf unterschiedliche Zuständigkeiten verteilt sind. So besteht prinzipiell auf Seiten der planenden Institution kein Anreiz, die Konzeption des Projektes bereits so auszurichten, daß ein (potentiell) kostendeckender *Betrieb* des Infrastrukturgutes gewährleistet werden kann. Daher institutionalisiert das wettbewerbliche Ausschreibungsverfahren im Rahmen

---

[138] Vgl. Helaba (1993) S. 47. Folglich fallen auch Konzessionsmodelle unter die kommunalaufsichtsrechtliche Genehmigungspflicht.

[139] Die These, daß es sich bei einem Konzessionsmodell im Kern um eine private Projektfinanzierung handele [vgl. Helaba (1993) S. 44], ist daher nicht korrekt. Für eine Projektfinanzierung ist gerade die Übertragung des sehr hohen Marktrisikos auf die Projektgesellschaft charakteristisch. Vgl. hierzu auch V.4.1.

des Kooperationsmodells zwar einen Konkurrenzprozeß für die Erstellung und Finanzierung des Objektes. Dem Leasing vergleichbare Kostenersparnisse in der Projektorganisation unterbleiben jedoch dann, wenn dem Konzessionär keine Kompetenzen in der Detailplanung übergeben werden. Zudem wirkt die fehlende Übertragung von Marktrisiken auf den Konzessionär einer rentablen Projektgröße entgegen.

[**K9**, **K10**] In dem durch den Konzessionär abgegebenen Angebot spiegeln sich die auf Seiten des Privatunternehmens vorhandenen Spezialisierungs- und Rationalisierungsvorteile wider. **Spezialisierungsvorteile** können ähnlich wie im Fall des Leasings aufgrund größerer Marktkenntnis und Erfahrung des Konzessionsnehmers vermutet werden. Sie lassen sich bspw. bei Verkehrsbauten trotz staatlicher Planung der Trasse bspw. durch weiterentwickelte Techniken im Brückenbau oder durch Ausstattungsverbesserung im Bereich der Verkehrsleitsysteme realisieren, falls dem Privatunternehmen Gestaltungsspielräume in der Detailplanung eingeräumt werden. Sie werden aber in keinem Fall so hoch sein wie bei einer integrierten Planung des Objektes.[140] **Rationalisierungsvorteile** ergeben sich als Funktion der Häufigkeit, mit der gleichartige Investitionsobjekte realisiert werden, und in Abhängigkeit von Einsparungen im Bereich der Dachorganisation für mehrere ähnliche Projekte. Derartige Vorteile können ähnlich wie bei einer Fonds- bzw. Leasingfinanzierung angenommen werden, da der Konzessionsnehmer als Spezialunternehmen eine Vielzahl von Projekten realisiert. Zudem kann der Konzessionär auch in der Kontraktphase durch vereinheitlichte Bauausführung und zentrale Abwicklung der Verwaltung sowie gleichzeitige Nutzung mobiler Ressourcen Rationalisierungsvorteile umsetzen.

Während der Kontraktperiode besteht aber die Gefahr, daß sich der Konzessionsnehmer im Rahmen der relationalen Vertragsbeziehung opportunistisch verhält und dadurch die skizzierten Effizienzgewinne (über)kompensiert werden. Die im Konzessionsmodell vorgesehene Vertragsperiode ist jedoch relativ kurz und der Kontrakt auf die vergleichsweise eng umrissenen Aufgaben der Erstellung und Finanzierung des Objektes beschränkt. Da sich nur geringe Spielräume im Rahmen der Erfüllung der vertraglich vereinbarten Leistung ergeben und auch die Qualitätskomponente verhältnismäßig gut zu präzisieren und leicht kontrollierbar ist, weist die Vertragsbeziehung eine nur geringe Plastizität auf. Unsicherheiten bzgl. langfristiger Veränderungen der Rahmendaten sowie einer sich verändernden Marktsituation (Komplexität) bestehen ebenfalls nur in relativ geringem Maße, da die Vertragsdauer beschränkt und das Marktrisiko ausgeschaltet ist. Folglich ist das Problem opportunistischen Verhaltens im

140 Vgl. hierzu die Ausführungen bzgl. der Ausstattung des privaten Projektvorschlages für den Ausbau der A 2 Berlin-Helmstedt im Rahmen des Mischmodells (V.4.2).

Rahmen des Konzessionsmodells als von eher untergeordneter Bedeutung einzustufen.

[**K11**] Die durch die Modellkonstruktion bedingte Reduktion des Marktrisikos hat Auswirkungen auf die **Höhe der Kapitalkosten.** Da der Kapitaldienst faktisch durch feste Zahlungen der Gebietskörperschaft unabhängig von der tatsächlichen Nutzung des Objekts geleistet wird, sieht sich das Kreditinstitut tatsächlich nur einem staatlichen Kreditrisiko gegenüber. Die öffentliche Hand tritt allerdings nicht selbst als Kreditnehmer auf, so daß die Finanzierungskonditionen nicht ebenso günstig wie für diese sein können.[141]

[**K12-K14**] Soll eine Aussage zur Vorteilhaftigkeit des Konzessionsmodells unter Berücksichtigung der Gesamtkosten getroffen werden, so müssen die im Zeitablauf in unterschiedlicher Höhe anfallenden Zahlungsströme, die zum einen auf Seiten des Privatunternehmens und zum anderen bei einer Erstellung durch die öffentliche Hand anfallen, durch die Kapitalwertmethode vergleichbar gemacht werden. Nur in dem Fall, in dem die herausgearbeiteten, relativ geringen Effizienzgewinne die leicht erhöhten Kapitalkosten überkompensieren, ist die Einschaltung eines Konzessionsnehmers vor dem Hintergrund des **Grundsatzes der Wirtschaftlichkeit und Sparsamkeit** angemessen. In diesem Zusammenhang ist zu berücksichtigen, daß im Konzessionsmodell - *im Gegensatz zum Leasingmodell* - keine steuerlichen Vorteile realisiert werden können und daher die Mietraten cet. par. höher sein werden als die Leasingraten.[142] Dieser generelle steuerliche Nachteil des Konzessionsmodells gegenüber einer Leasingkonstruktion muß entweder über hohe Effizienzgewinne oder durch die Einbringung von Eigenkapital überkompensiert werden, um ein ebenso günstiges Angebot wie im Fall des Leasings zu realisieren. So könnten bspw. potentielle Anlagenhersteller in die Finanzierung des Objektes einbezogen werden und an den unternehmerischen Gewinnen partizipieren. Sie hätten dann einen Anreiz, Kapital zu günstigen Konditionen zur Verfügung zu stellen.[143] Berücksichtigt man diesen zusätzlichen Aspekt, so wird deutlich, daß unter Kostengesichtspunkten das Konzessionsmodell dem Leasingmodell tendenziell unterlegen ist. Daher ist eine sorgfältige *Einzelfallberechnung* anzustellen, um die nach dem Grundsatz der Wirtschaftlichkeit und Sparsamkeit günstigste Lösung zu ermitteln. Zur Beurteilung der Verträglichkeit des Konzessionsmodells mit den **Grundsätzen der Vollständigkeit sowie der Einheit und Klarheit** ist auf die Bewertung im Rahmen des Leasingmodells zu verweisen.

---

141 Vgl. Rehm, H. (1994) S. 90. Aufgrund der beim Leasingmodell bestehenden offenen Endschaftsregelung ist das Risiko dort höher einzustufen als im Konzessionsmodell, so daß ersteres mit höheren Kapitalkosten verbunden ist.

142 Niedrigere Leasingraten sind zunächst für die Kommune von Vorteil, bei gesamtwirtschaftlicher Betrachtung muß jedoch berücksichtigt werden, daß Steuereinbußen auf anderen staatlichen Ebenen entstehen.

143 Vgl. Helaba (1993) S. 45.

[K15, K16] Auch für die Bewertung des Kriteriums der **identischen gesamtwirtschaftlichen Wirkungen** ist auf die Ausführungen zum Leasingmodell zurückzugreifen, da die Leasingfinanzierung und das Konzessionsmodell auf einer sich entsprechenden finanzierungstechnischen Grundstruktur basieren. Unter ordnungspolitischen Aspekten ist schließlich anzumerken, daß durch eine Anwendung des Konzessionsmodells im Rahmen der Finanzierung und Erstellung von Infrastrukturinvestitionen Aufgabenkompetenzen **nicht dauerhaft in den privaten Sektor verlagert** werden. So sieht die Konstruktion des Konzessionsmodells vor, daß das zivilrechtliche Eigentum an den zu erstellenden Infrastrukturgütern bei der öffentlichen Hand verbleibt. Da steuerrechtlich ein Ratenkauf vorliegt, ist eine graduelle Übergabe des Objektes an die Gebietskörperschaft beabsichtigt. Das Konzessionsmodell besitzt daher den Charakter einer Zwischenfinanzierung.

Zusammenfassend ist festzuhalten, daß das Konzessionsmodell die öffentlichen Haushalte nicht zu entlasten vermag und mit den Haushaltsgrundsätzen nicht vereinbar ist. Je selektiver Kompetenzen in den privaten Sektor verlagert werden, um so geringer sind - auch im Vergleich zum Leasingmodell - Effizienzgewinne durch eine Gesamtabstimmung des Objektes im Wettbewerb einzustufen. Kostenvorteile können in diesem Zusammenhang durch den Konzessionär in Form von Spezialisierungs- und Rationalisierungsvorteilen verwirklicht werden. Demgegenüber ist opportunistisches Verhalten im Rahmen des Konzessionsmodell voraussichtlich von nur geringer Bedeutung. Schließlich ergeben sich im Erstellungsprozeß Zeitvorteile, die - im Gegensatz zu Leasingfinanzierungen - eine beschleunigte Bereitstellung von Infrastrukturgütern ermöglichen.

4. Die Projektfinanzierung und ihre Weiterentwicklungen

4.1 Die Projektfinanzierung

4.1.1 Darstellung

Das Instrument der Projektfinanzierung[144] wurde speziell zur Bewältigung der Finanzierungsprobleme bei Großprojekten entwickelt. Vor allem Großanlagen und Erdölförderungsprojekte in Entwicklungsländern waren die ersten Anwendungsbeispiele für Projektfinanzierungen. Diese Projekte zeichneten sich zum einen durch einen sehr hohen Kapitalbedarf, zum anderen durch hohe Risiken aufgrund einer nur unzureichenden Prognostizierbarkeit zentraler Erfolgsfaktoren (Qualität der zu fördernden Rohstoffe, Verkehrsaufkommen) aus.[145] Damit hatten diese Großprojekte Dimensionen angenommen, die selbst für gro-

---

144 Vgl. zu dieser Finanzierungsform z.B. Schmidt, F.O. (1993b) S. 524ff., Schneider, W. (1986) S. 570, Kirchhoff, U.; Land, G. (1993) S. 248.

145 Vgl. Uekermann, H. (1990) S. 15.

ße Unternehmen nicht mehr tragbar waren.[146] Um eine Realisierung von Großprojekten trotzdem zu ermöglichen, wurde mit der Projektfinanzierung eine Finanzierungsform geschaffen, die die genannten Problemkreise bewältigen kann. Anwendung hat die Projektfinanzierung bereits bei Infrastrukturprojekten wie dem Kanaltunnel, verschiedenen Gebührenstraßen in den USA und Frankreich, der Port Authority of New York und New Jersey (Brücken, Tunnel, Häfen, Flughäfen und Teminals) oder dem Wyoming Powder River Basin Kohletransport-Projekt (Eisenbahn) gefunden.[147]

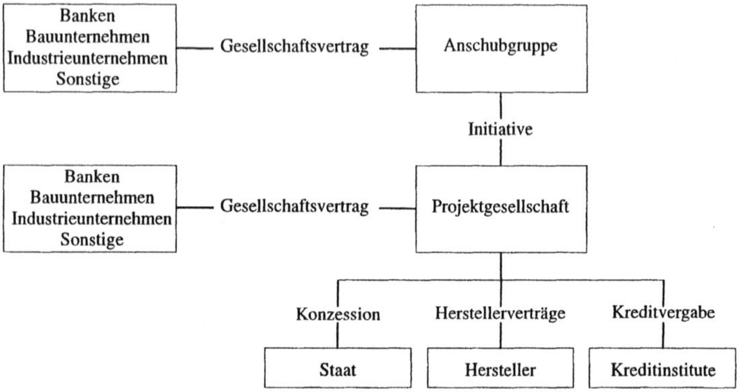

Abb. 5.4: Die Projektfinanzierung.
Quelle: Rehm, H. (1994) S. 86.

Unter einer Projektfinanzierung versteht man die „Finanzierung einer sich selbst tragenden Wirtschaftseinheit (Projekt), bei der sich die Financiers in ihrer Kreditentscheidung primär auf den prognostizierten Cash-flow und die Aktiva des Projektes als Sicherheit für die Rückzahlung des Fremdkapitals verlassen."[148] Beteiligt sind an einer Projektfinanzierung i.d.R. Unternehmen als Initiatoren, Eigenkapitalgeber als Projektträger (Sponsoren), Kreditgeber, Anlagenbauer, Betreiber, Abnehmer der Projektleistungen sowie staatliche Institutionen.[149] Zunächst schließen sich die Initiatoren zu einer **Anschubgruppe** zusammen, welche Projektträger für die zu gründende Projektgesellschaft gewinnen soll. Die Projektträger (Sponsoren), die zu diesem Zweck ein Joint Venture bilden, stellen der **Projektgesellschaft** das erforderlich Eigenkapital zur Verfü-

[146] Vgl. Heintzeler, F. (1983) S. 600.
[147] Vgl. Schneider, W. (1986) S. 570ff.
[148] Heintzeler, F. (1983) S. 600 und Anhang B zu dem US-amerikanischen Financial Accounting Standard Nr. 47 vom März 1981, zitiert nach Nevitt, P.K. (1989) S. 378.
[149] Vgl. zu den Beteiligten z.B. Uekermann, H. (1990) S. 17, Rehm, H. (1994) S. 85, Kirchhoff, U.; Land, G. (1993) S. 248, Backhaus, K.; Uekermann, H. (1990) S. 107.

gung und übernehmen gleichzeitig die Rolle der Entscheidungsinstanzen in der Projektgesellschaft. Die Projektgesellschaft, die die Aktiva des Projektes innehat, beschafft die Konzessionen und Kredite und vergibt Aufträge an **Bauunternehmen.**[150] Sie nimmt sich aus ökonomischer Perspektive der Planung, Organisation und Durchführung des Projektes an, während die technische Betreuung den beteiligten Ingenieur- und Consulting-Unternehmen übertragen wird. Die Gesellschaft tritt als Vollhafter gegenüber den **Kreditinstituten** auf und besichert die Kredite lediglich durch die Aktiva des Projektes und die komplexen vertraglichen Vereinbarungen zwischen den Projektträgern und den anderen Beteiligten.[151] Vor diesem Hintergrund sind die drei charakteristischen Merkmale der Projektfinanzierung - Cash-Flow-Related Lending (1), Risk Sharing (2) und Off Balance Sheet Financing (3) - zu präzisieren.[152]

(1) Aus der Definition der Projektfinanzierung geht bereits hervor, daß die Financiers ihre Kreditentscheidung auf den erwarteten Cash-Flow[153] (Nettoeinzahlungen) des Projektes stützen, da das Projekt als solches keine wirtschaftliche Vergangenheit besitzt nach der die Kreditwürdigkeit beurteilt werden könnte.[154] Damit ist für die Realisierbarkeit des Projektes entscheidend, daß Nettoeinzahlungen erwirtschaftet werden können, die neben den Betriebskosten die Eigenkapitalverzinsung und den Schuldendienst des Projektes decken. Der Cash-Flow muß folglich - neben einem akzeptablen Risikoprofil des Investitionsobjektes - sowohl die Wirtschaftlichkeit (i.S. einer marktüblichen Rendite) als auch die Schuldendienstfähigkeit des Projektes gewährleisten.[155] Diese Konzeption wird als **Cash-Flow-Related-Lending** bezeichnet.

Um Aussagen über die Wirtschaftlichkeit und Schuldendienstfähigkeit des Projektes treffen zu können, wird das Projekt einer sog. *Feasibility-Study* unterzogen, welche die technische und ökonomische Durchführbarkeit des Projektes abschätzt.[156] Hierzu wird im ersten Schritt von den Projektträgern eine Ertrags- und Kostenschätzung vorgelegt, welche im zweiten Schritt aus Sicht der Banken überprüft wird (Bankenmodell). Im dritten Schritt werden dann unter-

---

150 Vgl. Heintzeler, F. (1982) S. 171.

151 Vgl. ebenda. Im Gegensatz dazu ist bei der traditionellen Kreditfinanzierung die Bonität des Schuldners entscheidend für die Kreditvergabe und nicht die Beleihungsfähigkeit des Investititionsvorhabens. Vgl. Abolins, K.I. (1984) S. 253, Abb. 1.

152 Vgl. Kamann, M.; Wiegel, K.D. (1983) S. 226.

153 Der Cash-Flow bezeichnet die im Laufe eines Geschäftsjahres zugeflossenen Nettoeinzahlungen, d.h. die Summe der Einzahlungen abzüglich der Summe der Auszahlungen, die aus Produktions- und Absatztätigkeiten des betrachteten Unternehmens resultieren. Nicht einbezogen werden Zahlungen zwischen dem Unternehmen und Eigen- bzw. Fremdkapitalgebern - ausgenommen der Zinszahlungen - sowie Investitionen. Vgl. Drukarczyk, J. (1991) S. 63.

154 Vgl. Heintzeler, F. (1983) S. 600.

155 Vgl. Rehm, H. (1994) S. 86f.

156 Vgl. ebenda S. 88.

schiedliche Szenarien bzgl. der Ertragskraft und der Schuldendienstfähigkeit des Projektes untersucht. Hier wird z.B. simuliert, inwieweit Schwankungen des Nutzungsaufkommens oder der erwarteten Tarife zu einer Überschreitung des Kreditrahmens führen bzw. welche Investitionsmehrkosten oder anhaltende Veränderungen der Kapitalmarktsituation das Projekt maximal verkraften kann.[157] Simulationen der Szenarien ergeben Cash-Flow-Kurven in Abhängigkeit von der Zeit in optimistischer, wahrscheinlicher und pessimistischer Variante, wobei üblicherweise die pessimistische Einschätzung als Beurteilungsmaßstab dient.[158] Letztere wird der Berechnung der Cash Flow Coverage Rate (CFCR) zugrundegelegt, welche den Cash Flow[159] ausschließlich der Annuitäten des Projektes, auf die Annuität in jeder Periode des Projektkredites bezieht. Es muß also gelten:

$$(31) \qquad CFCR_t = \frac{Cash\,Flow(t)}{Annuit\ddot{a}t(t)} \geq 1$$

für alle $t \in \{1, 2, ..., n\}$ mit n = Laufzeit des Projektkredits.

Dieser Quotient muß üblicherweise eine Überdeckung in der Höhe von 1,5 bis 2 aufweisen, damit das Projekt als wirtschaftlich und schuldendienstfähig gilt.[160]

(2) Schließlich muß das Projekt ein akzeptables Risikoprofil aufweisen, um realisierbar zu sein. Bei der Erstellung eines Finanzierungskonzeptes für das Projekt werden die einzelnen, in V.2.1.1 skizzierten Risiken erfaßt, gewertet und so abgesichert bzw. auf die einzelnen Projektbeteiligten aufgeteilt, daß ein für die Fremdkapitalgeber annehmbares Risikoprofil entsteht (**Risk Sharing**).[161] Dabei sollte die Übernahme der Risiken in Inhalt und Umfang in einem angemessenen Verhältnis zu der Fähigkeit der Projektbeteiligten stehen, diese Risiken zu tragen. Dies ist vor allem für die Fremdkapitalgeber von Bedeutung, da sie nicht an der positiven Entwicklung des Projektertrages teilhaben. Ihnen steht lediglich die Rückzahlung und Verzinsung des eingesetzten Kapitals zu, so daß eine reine Besicherung des Projektes durch den Cash-Flow für sie kaum akzeptabel sein wird.[162] Die Forderung der Fremdkapitalgeber nach weiteren Arten der Besicherung ist auch darin begründet, daß das mit dem Projekt verbundene Marktrisiko von der tatsächlichen, nur schwer zu prognostizierenden Nutzungshäufigkeit des Projektes abhängig ist. So ist es z.B. bei Verkehrsinfrastrukturinvestitionen schwierig, eine - für die Realisierbarkeit einer Projektfinanzierung essentielle - abgesicherte Berechnung der Rentabilität des

[157] Vgl. Relles, M. (1990) S. 25ff., Nevitt, P.K. (1989) S. 10ff. und 44.
[158] Vgl. z.B. Frank, H.; Moser, R. (1987) S. 36f., Nevitt, P.K. (1989) S. 13.
[159] Dabei bezieht sich der Cash Flow hier ausschließlich auf den normalen Betriebs- bzw. Umsatzprozeß (Operating Cash Flow).
[160] Vgl. Frank, H.; Moser, R. (1987) S. 36.
[161] Vgl. Heintzeler, F. (1982) S. 169.
[162] Vgl. Uekermann, H. (1990) S. 19.

Projektes vorzunehmen. Ein Weg, diese hohen Risiken abzumildern, besteht (a) darin, durch Haftung auf die Sponsoren zurückzugreifen[163] sowie (b) in der Verwendung von Eigenkapital und (c) in der Risikominderung durch vertragliche Vereinbarungen.

(a) Wesentliches Element der Risikobegrenzung ist die Möglichkeit eines Rückgriffs auf die Projektsponsoren durch Haftung. In diesem Zusammenhang sind - neben Finanzierungen ohne Rückgriffsmöglichkeit (Non Recourse Financing)[164] - Finanzierungen mit eingeschränkter Rückgriffsmöglichkeit (Limited Recourse Financing) und Finanzierungen mit voller Rückgriffsmöglichkeit (Full Recourse Financing) zu unterscheiden.[165] Für Projektfinanzierungen typisch sind ausschließlich Limited Recourse Loans, die den Sponsoren eine beschränkte Haftung i.d.R. bis zum Fertigstellungszeitpunkt zuordnen[166] und damit die Risiken der beteiligten Banken reduzieren. So können die Kreditgeber im Fall des Eintritts wirtschaftlicher Risiken über das Projekt hinaus auf die Sponsoren zurückgreifen. Es werden folglich die mit dem Projekt verbundenen Risiken entsprechend der Risikotragfähigkeit der unterschiedlichen Beteiligten und ihrem Beteiligungsanteil so verteilt, daß insgesamt ein kreditwürdiges Projekt entsteht.[167]

(b) Von Bedeutung für die Kreditvergabeentscheidung ist aus Sicht des Fremdkapitalgebers vor allem der Eigenkapitalanteil, den die Projektträger als Sponsoren in die Gesellschaft einbringen. Die Höhe der Eigenkapitalquote wird dabei als Indiktor für das Engagement der Sponsoren gewertet und erfüllt eine Auffang- und Ausgleichsfunktion bis zur Inbetriebnahme des Projektes.[168] Bei Projektfinanzierungen werden Eigenkapitalquoten zwischen 15% und 35%[169] angestrebt, wobei bei Projekten mit reduzierten Marktrisiken geringere Anforderungen an die Eigenkapitalquote gestellt werden. Aus

---

163 Eine vollständige Ausklammerung der Sponsoren aus der Haftung für Projektrisiken würde zudem den Kreditgebern faktisch eine Unternehmerfunktion zuordnen. Vgl. Kamann, M.; Wiegel, K.D. (1983) S. 226.

164 Beim Non Recourse Financing ist ein Haftungsrückgriff auf die Sponsoren nicht vorgesehen. Obwohl das Non Recourse Financing als ursprüngliche Form der Projektfinanzierung einzuordnen ist, stellt diese auch im Bereich der 'traditionellen' Projektfinanzierungen eher die Ausnahme dar. Vgl. Relles, M. (1990) S. 104.

165 Beim Full Recourse Financing, welches die Fremdkapitalaufnahme an die volle Haftung der Sponsoren bindet, wäre von den charakteristischen Merkmalen der Projektfinanzierung nur noch die im folgenden zu erläuternde Off-Balance-Sheet-Finanzierung relevant. Full Recourse Financing ist allerdings für die Projektfinanzierung eher untypisch und soll daher hier vernachlässigt werden. Vgl. zu überblicksartigen Darstellungen z.B. Schneider, W. (1986) S. 570, Rehm, H. (1994) S. 87, Kamann, M.; Wiegel, K.D. (1983) S. 226, McKay, C. (1989) S. 80f.

166 Vgl. Heintzeler, F. (1983) S. 602.

167 Vgl. McKay, C. (1989) S. 84.

168 Vgl. Kamann, M.; Wiegel, K.D. (1983) S. 228, Heintzeler, F. (1982) S. 171.

169 Vgl. Kamann, M.; Wiegel, K.D. (1983 S. 229. HEINTZELER nennt Quoten zwischen 20% und 40%. Vgl. Heintzeler, F. (1982) S. 171.

der Sicht der Sponsoren erweist sich eine hohe Eigenkapitalquote jedoch als nachteilig, da durch die vorteilhafte steuerliche Behandlung des Fremdkapitals die Bereitstellung von Eigenkapital und die Ausschüttung von Dividenden steuerlich diskriminiert wird.[170] Aus diesem Grund werden Sponsoren bestrebt sein, die Haftungsfunktion des Eigenkapitals durch Eigenkapital-Substitute (Garantien, Bürgschaften, Abnahmeverträge) zu ersetzen. „Generell läßt sich sagen, daß der Grad des Rückgriffs umgekehrt proportional ist zur EK-Quote; eine 100%ige Fremdfinanzierung ist für eine Full- oder Limited-Recourse-Finanzierung eher zu erreichen als für eine Non-Recourse-Finanzierung."[171]

(c) Risiken können aber auch durch vertragliche Vereinbarungen reduziert werden. So werden Fertigstellungsrisiken durch Fertigstellungsgarantien der Sponsoren (completion test) abgesichert und verfahrenstechnische und Betriebsrisiken durch Herstellergarantien gemildert. Diese vertraglichen Vereinbarungen sind vor allem für den Projektfinancier von Bedeutung, da dieser im Fall eines Haftungsrückgriffs wiederum durch Fertigstellungs- bzw. Herstellergarantien abgesichert ist.[172]

(3) Das dritte Charakteristikum der Projektfinanzierung ist das sog. **Off Balance Sheet Financing**. Hierunter ist die Besicherung der Kredite mit den Vermögenswerten des Projektes zu verstehen, wodurch eine *Belastung der Bilanzstrukturen der Sponsoren* durch die Fremdkapitalaufnahme vermieden wird.[173] Aus Sicht des Sponsors ist eine Projektfinanzierung also *bilanzneutral*. Rechtliche Voraussetzung für das Ziel des Projektträgers, Fremdkapital nicht in seiner Bilanz ausweisen zu müssen, ist die oben skizzierte Gründung einer Projektträgergesellschaft und die hierzu notwendige Rechtsfähigkeit des Projektes. Off Balance Sheet Financing ist vor allem deswegen von Bedeutung, weil hierdurch Projekte realisierbar werden, die bei einer Ausweisung des Fremdkapitals in der Bilanz eines Unternehmens zu negativen Auswirkungen auf die Kapitalstrukturkennzahlen und damit zu einer weniger positiven Bonitätsbeurteilung des Sponsors geführt hätten.[174] Die Off Balance Sheet Finanzierung ermöglicht außerdem die Realisierung von Projekten, die die Möglichkeiten einzelner Unternehmen aufgrund der hohen projektinhärenten Risiken übersteigen. Daher kommt es im Ergebnis faktisch zu einer Ausweitung der Gesamtkapazität für Fremdfinanzierungen.[175]

---

170 Vgl. hierzu Schneider, W. (1986) S. 571.

171 Schneider, W. (1986) S. 571. Anzumerken ist, daß im Rahmen der Infrastrukturfinanzierung staatliche Finanzierungshilfen und öffentliche Zuschüsse eine wertvolle Verbesserung der Eigenkapitalposition des Projektes darstellen. Vgl. Kirchhoff, U.; Müller-Godeffroy, H. (1994) S. 46.

172 Vgl. Rieger, H. (1990) S. 67.

173 Vgl. Frank, H.; Moser, R. (1987) S. 38f.

174 Vgl. Uekermann, H. (1990) S. 20.

175 Vgl. Backhaus, K.; Uekermann, H. (1990) S. 107, Schmitt, W. (1989) S. 46f.

4.1.2 Bewertung

Bevor die Projektfinanzierung - in der Form des Limited Recourse Financing - als Finanzierungs- und Organisationsmodell bewertet wird, ist zunächst zu spezifizieren, welche Infrastrukturgüter im Rahmen einer Projektfinanzierung erstellt werden können. Objekte mit einem nur *sehr geringen oder fehlendem* Marktrisiko sind hier nicht relevant, da diese *definitionsgemäß* keine Projektfinanzierung erfordern. Hierzu zählen z.B. Projekte mit Anschluß- und Benutzungszwang im Bereich der Ver- und Entsorgung, die im Rahmen des Betreibermodells (V.4.3) analysiert werden. So wird im folgenden die Existenz von Abnahmeverträgen mit der öffentlichen Hand sowie die Übergabe des Projektes am Ende der Vertragslaufzeit durch ein Andienungsrecht vernachlässigt.

Projektfinanzierungen sind - wie oben ausgeführt - hingegen geeignet, höhere Marktrisiken abzudecken. Sie „zielen dabei auf die Verlagerung einer öffentlichen Aufgabe in den privaten Sektor in dem Sinn, daß der Private nicht nur die Aufgabe finanziert, erstellt und betreibt, sondern auch die Risiken einer marktwirtschaftlichen Leistungsdarbietung übernimmt, diese also **nicht** über einen bonitätsmäßig einwandfreien Generalmieter abgefangen werden.“[176] Gleichzeitig dürfen die mit dem Projekt verbundenen Risiken aber nicht *so hoch* sein, daß Private diese nicht mehr tragen können. Bestehende Risiken müßten sonst durch spezifische Instrumente (z.B. Value-Capture-Arrangements)[177] soweit reduziert werden, daß sie ein rein privatwirtschaftliches Engagement zuließen.

Im Bereich der Infrastruktur sind vor allem Verkehrsprojekte Anwendungsbeispiele für Projektfinanzierungen, da diese durch (sehr) hohe Marktrisiken gekennzeichnet sind. *Erfolgreiche* Projektfinanzierungen im Verkehrssektor müssen den Fremd- und Eigenkapitalgebern aber eine angemessene Verzinsung der von ihnen eingesetzten Finanzierungsmittel aus den Erträgen des Projektes sichern können. Dabei hängt die Rentabilität des Verkehrsprojektes direkt von dessen tatsächlicher Nutzungsdichte ab. Auch für die Projektfinanzierung bestehen daher die bereits im Rahmen des Leasingmodells skizzierten **Anwendungsvoraussetzungen**:

- Das zu erstellende Infrastrukturgut muß einer hohen Auslastung unterliegen. Dies ist z.B. bei Autobahnen dann der Fall, wenn das projektierte Objekt den Nutzern erhebliche Zeitersparnisse zwischen wichtigen Wirtschaftszentren ermöglicht.[178]

---

176 Rehm, H. (1994) S. 17 (Hervorhebung im Original).

177 Vgl. zu derartigen Mitteln V.2.1.2.2 sowie z.B. McKay, C. (1989) S. 119f.

178 Vgl. Schneider, W. (1986) S. 572, McKay, C. (1989) S. 103. SCHNEIDER betrachtet allerdings keine reine Projektfinanzierung, sondern analysiert den Erfolg der französischen Objekte, die nur eine höchstmögliche Finanzierung durch Nutzungsgebühren erwirtschaften müssen und darüber hinaus durch eine staatliche Defizitübernahme gedeckt werden.

- Zu dem geplanten Projekt dürfen keine guten Substitutionsmöglichkeiten existieren, so daß das Objekt zu einer Bündelung des Verkehrs führt. Nur so ist die zukünftige Auslastung des Infrastrukturgutes hinreichend gut zu prognostizieren.[179]
- Schließlich muß das Objekt wirtschaftlich selbständig sein, um Einnahmen und Ausgaben *unabhängig* von anderen Infrastrukturgütern erheben zu können. So ist Ausschließbarkeit eine weitere Voraussetzung für die Realisierbarkeit einer Projektfinanzierung. Gleichzeitig müssen die rechtlichen und technischen Voraussetzungen für eine Gebührenerhebung geschaffen werden.[180] Im Verkehrssektor werden diese Projekte als Infrastrukturgüter mit mittlerem Marktrisiko klassifiziert.[181]

[**K1**] Unter Berücksichtigung der in IV.1 gewonnenen Ergebnisse zu den *Wachstumswirkungen von Infrastrukturgütern* sowie den Wirkungsmechanismen im Rahmen des Infrastrukturwettbewerbs ist im folgenden zu untersuchen, welcher Zusammenhang zwischen den Anwendungsvoraussetzungen einer Projektfinanzierung und deren regionalpolitischen Wirkungen hergestellt werden kann. Eine minimale Nutzungsdichte sowie eine entscheidende Verbindungsfunktion (**Netzeffekt**) als Voraussetzung für ein Projekt mittleren Marktrisikos werden i.d.R. in höherwertigen Zentren und entlang stark frequentierter Achsen gegeben sein. So wird bspw. der Ausbau von Engpaßstellen im Verkehrsnetz Erreichbarkeiten verbessern und gleichzeitig eine hohe Auslastung des Objektes nach sich ziehen. Da Projektfinanzierungen auf einen rentablen Betrieb angewiesen sind, können sie nur in *den* Raumpunkten und Achsen der in IV.2.2.2.2 ausgewiesenen Städtenetze realisiert werden, die eine relativ gute Prognose der notwendigen Auslastung erlauben. Führt die Leistungsabgabe dort zu Produktivitäts- und Standorteffekten im Sinne des Infrastrukturwettbewerbs und werden diese durch die in den Zentren bestehenden Agglomerations- und Entwicklungsachseneffekte verstärkt, so gehen von Projektfinanzierungen starke **Wachstumswirkungen** aus.

[**K2**] Für eine Bewertung der speziellen Leistungsfähigkeit von Projektfinanzierungen im Gegensatz zu einer rein staatlichen Bereitstellung sind deren *differentielle Wachstumswirkungen* zu betrachten. In diesem Zusammenhang ist erstens anzumerken, daß eine Anwendung der Projektfinanzierung auf großräumige Verkehrsinfrastrukturinvestitionen allein in den neuen Bundesländern oder nur auf bestimmte Trassen zu regional unerwünschten Wirkungen führen kann.[182] Diese These stützt sich auf die Überlegung, daß die Zahlung von Ent-

---

179 Vgl. Scheele, U. (1993) S. 256.

180 Vgl. Schmidt, F.O. (1993b) S. 527.

181 Vgl. McKay, C. (1989) S. 106. McKAY weist allerdings darauf hin, daß für diese Art von Projektfinanzierungen zusätzliche Sicherheiten gebildet werden müssen, so z.B. in Form von Eigenkapitaleinlagen.

182 Vgl. Pfaffenberger, W. (1991) S. 8, Scheele, U. (1993) S. 256f.

gelten für die Nutzung eines Infrastrukturgutes (**Anwendung des Äquivalenzprinzips**) die Transportkosten erhöht. Wie in IV.1.2.2 gezeigt, hat jedoch eine regional einseitige Preiserhöhung von Infrastrukturleistungen aufgrund der bestehenden Preisreagibilität des mobilen Kapitals Kapitalabflüsse zur Folge. Diese können den wirtschaftlichen Wachstumsprozeß zugunsten anderer Regionen, in denen eine Nutzung von Infrastrukturgütern nicht monetär zu entgelten ist, behindern (Infrastrukturwettbewerb). Diese differentiellen Wachstumseinschränkungen, die auf die Einführung einer entgeltfinanzierten Leistungsabgabe zurückzuführen sind, treten aber nur bei den Infrastrukturgütern auf, deren Leistungsabgabe zuvor im Rahmen einer *staatlichen Bereitstellung* ohne direktes Entgelt erfolgt ist (z.B. Autobahnen).

Können hingegen durch eine Projektfinanzierung die im folgenden zu skizzierenden Effizienzvorteile realisiert werden, so reduzieren diese zweitens im Rahmen einer auch *vor* Einführung der Projektfinanzierung *entgeltlichen* Leistungsabgabe die zu zahlenden Nutzungsentgelte. Bei elastischer Nachfrage würde dann die Nutzung des Infrastrukturgutes ausgeweitet. Gleichzeitig würde aufgrund der skizzierten Preisreagibilität privates Kapital angezogen, wenn die Leistungsabgabe von Infrastrukturgütern auf privates Kapital produktivitätssteigernd wirkt und/oder die zu erstellenden Infrastrukturgüter spezielle Standortvorteile begründen. Unter diesen Voraussetzungen kann eine Projektfinanzierung cet. par. *verstärkte* Wachstumswirkungen zur Folge haben. Über die Größenordnungen derartiger Effekte sind jedoch keine Aussagen möglich. Die skizzierten differentiellen Wachstumswirkungen verstärken bzw. verringern den durch die Bereitstellung des Infrastrukturgutes ausgelösten ursprünglichen Wachstumseffekt, so daß die Gesamtwirkung nur im Einzelfall bestimmt werden kann.

[**K3**, **K4**] Im Rahmen der differentiellen Wachstumswirkungen ist drittens zu berücksichtigen, daß die mit einer Projektfinanzierung verbundene Konzentration von Infrastrukturinvestitionen in Städtenetzen keinen Beitrag zu einer **Ausgewogenheit der (großräumigen) Siedlungsstruktur** leisten kann. Vielmehr sind innerhalb des Gebietes der neuen Länder eher *Differenzierungseffekte* zu vermuten. Unter der Annahme, daß die bisher skizzierten Wachstumswirkungen insgesamt positiv sind, werden diese zwar tendenziell eine Angleichung der Lebensverhältnisse an die alten Länder zur Folge haben. Gleichzeitig kann aber hiermit kein **Abbau regionaler Disparitäten zugunsten benachteiligter Regionen** innerhalb der neuen Länder einhergehen, da eine Anwendung der Projektfinanzierung in strukturschwachen Gebieten nicht möglich ist.

[**K5**] Viertens können sich gegenüber einer rein staatlichen Bereitstellung positive differentielle Wachstumswirkungen ergeben, wenn Infrastrukturgüter durch eine Projektfinanzierung *früher* bereitgestellt werden. Generell ist die Planung eines Großprojektes als sehr aufwendig zu charakterisieren und dessen

Realisierung mit der Ausarbeitung und dem Abschluß einer Vielzahl von Verträgen verbunden. REHM ist dennoch der Auffassung, daß es im Rahmen von Projektfinanzierungen durch die Planung und Vergabe eines Gesamtpaketes zu Zeitvorteilen komme.[183] Diese können durch eine Verzahnung der einzelnen Planungsphasen sowie durch eine bessere Koordination im Vergleich zu einer Planung in staatlichen Verwaltungen zustande kommen. Darüber hinaus haben die Projektträger einen Anreiz, die Planungsphase zu minimieren, da diese ertraglos ist und Verzögerungen die Kapitalbindungskosten erhöhen. Die Projektträger werden daher die Consulting- und Ingenieurfirmen zu einer zügigen Erstellung der technischen Pläne veranlassen. Folglich sind im Rahmen der Projektfinanzierung **Zeitersparnisse in der Planung** anzunehmen.[184]

[**K6**] Die Finanzplanung einer Projektfinanzierung ist einerseits sehr zeit-, personal- und kostenintensiv.[185] So ist durch die beteiligte Bank zunächst eine Sensitivitätsanalyse durchzuführen, bevor ein 'maßgeschneidertes' Finanzierungskonzept entworfen werden kann. Dieses wird mehrfach modifiziert und präzisiert bis letztendlich ein Kreditvertrag abgeschlossen werden kann.[186] Zudem ist die Vorplanung einer Projektfinanzierung spezifisch auf das jeweilige Projekt zugeschnitten und stellt dementsprechend keine standardisierte Dienstleistung dar. Da andererseits eine Projektfinanzierung auf der Bereitstellung *privaten* Eigen- und Fremdkapitals basiert, dessen Einsatz nicht von bürokratischen Institutionen bewilligt werden muß, entfallen Verzögerungen durch eine zuschußorientierte Streckung öffentlicher Baumaßnahmen sowie parlamentarische und kommunalaufsichtsrechtliche Bewilligungsprozesse. Vielmehr werden die Projektträger einen Anreiz haben, die Beschaffung des notwendigen Kapitals zu forcieren, da eine Verlängerung der ertraglosen Vorbereitungsphase des Projektes kostensteigernd wirkt. Diese gegenläufigen Effekte werden einander mindestens kompensieren, so daß im Rahmen einer Projektfinanzierung **Zeitersparnisse in der Finanzierungsphase** realisiert werden können. Die skizzierten, *generellen* Wachstumswirkungen von Infrastrukturgütern können daher durch die aufgezeigten Zeitvorteile früher entstehen als eine konventionelle staatliche Finanzierung dies ermöglichen würde.

[**K7**] Zur Beurteilung der Frage, ob durch eine Projektfinanzierung eine **direkte Entlastung** des öffentlichen Haushaltes bzw. eine **Realisierung zusätzli-**

---

183 Vgl. Rehm, H. (1994) S. 89.

184 Ist im Rahmen der Projektfinanzierung eine Linieninfrastruktur zu erstellen und zu finanzieren, so ist weiterhin das Problem der Eigentumsverhältnisse von Bedeutung. Sollen Erbbaurechte an die Projektgesellschaft vergeben werden, so kann das für die neuen Länder konzipierte Verkehrswegeplanungsbeschleunigungsgesetz nicht zur Anwendung kommen. Beschleunigungswirkungen können allerdings realisiert werden, wenn - wie im Fall des Konzessionsmodells - auf die Übertragung von Erbbaurechten verzichtet und lediglich eine Konzession zur Erstellung des Objektes vergeben wird.

185 Vgl. Grosse, P.B. (1990) S. 51.

186 Vgl. hierzu ebenda S. 49.

cher Investitionen ermöglicht wird, ist zwischen (Verkehrs-)Projekten der Kommunen und des Bundes zu unterscheiden. Auf kommunaler Ebene erfordert eine Genehmigung von Krediten durch die Kommunalaufsicht, daß die Leistungsfähigkeit der Kommune nicht beeinträchtigt wird. Da eine Projektfinanzierung ausschließlich rentable, d.h. also mindestens kostendeckende Infrastrukturgüter voraussetzt, würde ein derartiges Projekt die Leistungsfähigkeit der Kommune *auch bei einer haushaltsinternen Finanzierung nicht beeinträchtigen.* Ein kostendeckendes Investitionsobjekt könnte nämlich auch im kommunalen Haushalt über Gebühreneinnahmen seinen Kapitaldienst selbst erwirtschaften und würde die freie Spitze nicht einschränken. Eine Projektfinanzierung ermöglicht folglich auch bei *ausgeschöpften Kreditrahmen* der Kommune keine zusätzlichen Investitionen, da diese auch *innerhalb* des Haushalts hätten realisiert werden können. Eine derartige Perspektive setzt allerdings voraus, daß die Kommunalaufsicht zwischen rentierlichen und nicht-rentierlichen Krediten unterscheidet und rentierliche Kredite, so z.B. für kommunale gebührenfinanzierte Straßenbauprojekte (z.B. Brücken, Tunnel), grundsätzlich genehmigt.[187]

Auf der Ebene des Bundes besteht - wie in V.2.3 gezeigt - keine wirksame Verschuldungsgrenze, so daß eine Kreditaufnahme für Investitionen theoretisch nicht begrenzt ist. Jedes privat finanzierte und erstellte Projekt könnte daher auch durch den Bundeshaushalt getragen werden. Unterstellt man jedoch einen gegebenen Haushalt, der einen letztlich politisch festgelegten Umfang nicht überschreiten soll und in den nach festgelegten Prioritäten Infrastrukturprojekte aufgenommen worden sind, so bedeutet die Finanzierung und Erstellung von Infrastrukturgütern durch eine Projektfinanzierung eine Erweiterung der Zahl der zu realisierenden Projekte. Anstelle des privatfinanzierten Projektes könnte der Bund zusätzliche Projekte z.B. niedrigerer Priorität erstellen oder Instandhaltungen vornehmen.[188] Schließlich werden - anders als beim Leasing- oder Fondsmodell - Infrastrukturgüter im Rahmen einer Projektfinanzierung durch *Gebühren* finanziert, so daß Finanzierungslasten nicht auf zukünftige Haushalte verschoben werden.[189]

[**K12-K14**] Da die Projektfinanzierung vorsieht, daß sich das eingesetzte Kapital ausschließlich durch Nutzungsentgelte amortisiert und keine Haushaltsmittel eingesetzt werden, können durch eine Projektfinanzierung hervorgerufene Effizienzgewinne nicht haushaltsentlastend wirken. Daher sind auch die **Grundsätze der Vollständigkeit sowie der Einheit und Klarheit** für die Beurteilung der Projektfinanzierung nicht relevant. Der **Grundsatz der Wirtschaftlichkeit und Sparsamkeit** ist dann *nicht* von Bedeutung, wenn im Rahmen der Projektfinanzierung ein Objekt erstellt wird, das in dieser Art und Wei-

187 Vgl. hierzu auch die Ausführungen im Rahmen des Betreibermodells (V.4.3).
188 Vgl. Relles, M. (1990) S. 103, McKay, C. (1989) S. 138.
189 Vgl. zu dieser Kritik z.B. Bach, S. (1994) S. 237.

se durch die öffentliche Hand *nicht* vorgenommen worden wäre (z.B. Kanaltunnel). Sollen durch die Projektfinanzierung aber bspw. Autobahnen errichtet werden, so ist nach dem Grundsatz der Wirtschaftlichkeit und Sparsamkeit diese Finanzierungsform nur dann heranzuziehen, wenn das Projekt zu geringeren Gesamtkosten als bei einer rein staatlichen Bereitstellung realisiert werden kann.

[**K8**] Kostenersparnisse können sich dann ergeben, wenn durch eine Projektfinanzierung Effizienzgewinne entstehen. Bei deren Einschätzung ist zu berücksichtigen, daß durch Projektfinanzierungen sowohl das Fertigstellungsrisiko als auch das Betriebs- und Marktrisiko in den privaten Sektor verlagert wird. Dies wird die Projektgesellschaft veranlassen, in einem Ausschreibungsverfahren ihr Angebot *ausschließlich* nach Effizienzgesichtspunkten auszurichten und sowohl die einzelnen Komponenten ihres Angebotes als auch die **Projektorganisation** als solche bestmöglich aufeinander abzustimmen. Vor allem die fundamentale Bedeutung des Marktrisikos wird den Projektträgern Anlaß sein, den **Projektumfang** vorsichtig zu dimensionieren. Da die Fremdkapitalvergabe durch die Banken vom Verhältnis der Nettoeinzahlungen zum Kapitaldienst abhängig ist (Cash Flow Coverage Rate) und dieser Quotient direkt das Marktrisiko widerspiegelt, hängt von der *CFCR* folglich ab, ob das Projekt in der vorgesehenen Art und Dimensionierung *überhaupt* kreditwürdig und damit realisierbar ist. Dementsprechend kann ein enger Zusammenhang zwischen Marktrisiko und **Projektgröße** festgestellt werden.

[**K9**] Die skizzierten Kostenersparnisse bei Projektorganisation und -umfang sind Ausdruck der hohen **Spezialisierungsvorteile** auf Seiten der Projektgesellschaft. So sind an einer Projektfinanzierung spezialisierte Anlagenlieferanten, Ingenieur- und Consultingunternehmen beteiligt, die mit der technischen Planung und Umsetzung des Projektes betraut sind. Die Projektträger selbst werden ebenfalls in der betroffenen Branche einschlägige unternehmerische Erfahrungen vorweisen können. Schließlich werden auch auf Seiten der Banken Projektfinanzierungsspezialisten eingesetzt, die ein auf das Projekt zugeschnittenes finanzwirtschaftliches Dienstleistungskonzept entwickeln.[190] An einer Projektfinanzierung sind daher Unternehmen beteiligt, die in ihren Aufgabenbereichen hohe komparative Vorteile besitzen, und daher für das Projekt umfangreiche Spezialisierungsvorteile realisieren können.

[K10] Rationalisierungsvorteile in Form von Verbundvorteilen lassen sich im Rahmen einer Projektfinanzierung aber nur in geringem Maße realisieren. So treten Kostenersparnisse durch eine mehrmalige Konstruktion gleichartiger Anlagen hier *nicht* auf, da Projektfinanzierungen sich durch ihren Zuschnitt auf ein bestimmtes Infrastrukturobjekt auszeichnen. Zudem stellt die Projektgesellschaft eine eigenständige, für ein spezielles Projekt gegründete Gesellschaft dar.

---

[190] Vgl. Grosse, P.B. (1990) S. 51.

Dadurch kommt eine gemeinsame Organisation in der *Kontraktphase*, z.B. in einer Dachverwaltung für mehrere Anlagen, nicht zur Anwendung. Projektträger A könnte der Projektgesellschaft Personal oder mobile Anlagen zwar für eine bestimmte Zeit gegen Entgelt zur Verfügung stellen. Da die Projektgesellschaft jedoch aus unterschiedlichen Gesellschaftern zusammengesetzt ist, wird Projektträger A dies nur dann anbieten, wenn bei seinen anderen unternehmerischen Tätigkeiten hierdurch keine Engpässe entstehen.[191] Daher ist bei Projektfinanzierungen von nur geringen Rationalisierungsvorteilen auszugehen.

Zu untersuchen ist darüber hinaus, ob die skizzierten Effizienzvorteile eines privatwirtschaftlichen Engagements durch opportunistisches Verhalten der Projektgesellschaft zunichte gemacht werden können. In diesem Zusammenhang sei zunächst unterstellt, daß das betrachtete Projekt in der Bereitstellungsverantwortung des Staates liege (z.B. Erstellung von Verkehrsinfrastrukturgütern), aber dennoch keine Pflichtaufgabe bestehe.[192] In diesem Fall wird die öffentliche Hand vertragliche Vereinbarungen z.B. über das Aufgabenspektrum der Trägergesellschaft, die Höhe der Tarife sowie mögliche Endschaftsregelungen schließen. Dies kann beispielsweise in Form eines Dienstleistungsvertrages und eines Projektvertrages sowie einer Erfüllungsgarantie geschehen.[193] Derartige Kontrakte müssen von der öffentlichen Hand überwacht werden können, wenn sie die Projektgesellschaft wirksam binden sollen. Aufgrund des umfassenden Aufgabenpaketes, welches der Projektgesellschaft zugeordnet ist, ergeben sich allerdings zahlreiche diskretionäre Spielräume in der Aufgabenerfüllung und somit eine hohe Plastizität der Investition. Zudem wird es mit zunehmender Länge des Prognosezeitraumes schwieriger, Schätzungen der Auslastung des Objektes und damit des Cash-Flows verläßlich vorzunehmen. So sind nach Auffassung von McKAY die Grenzen der Projektfinanzierung durch den Stand der Prognosetechnik determiniert, wobei Rückzahlungszeiträume von 20-25 Jahren in der Praxis noch realisierbar seien.[194] Da Projektfinanzierungen neben Plastizität also auch durch eine hohe Komplexität gekennzeichnet sind, eröffnet deren vertragliche Konstruktion insgesamt beträchtliche Spielräume für opportunistisches Verhalten.

---

191 Eine bspw. geringere Personalvorhaltung für den Urlaubs- bzw. Krankheitsfall, welcher durch gemeinsamen Personaleinsatz bei Projektträger A und der Projektgesellschaft überbrückt werden kann, ist daher nicht denkbar.

192 Sonst würde es sich aufgrund des mit diesem einhergehenden Anschluß- und Benutzungszwanges und der hieraus resultierenden veränderten Risikostruktur um ein Betreibermodell handeln.
Die Zuordnung der Bereitstellungsverantwortung zum Staat ist aufgrund der in Teil III angestellten Überlegungen an dieser Stelle anzunehmen.

193 Vgl. Relles, M. (1990) S. 110. RELLES hat hier die Existenz einer Muttergesellschaft einbezogen, die der eigentlichen Projektträgergesellschaft Eigenkapital zur Verfügung stellt. Daher fallen die oben erwähnten Verträge auf unterschiedlichen Ebenen an.

194 Vgl. McKay, C. (1989) S. 136.

Will die öffentliche Hand glaubhaft signalisieren, daß sie keine Auffangfunktion übernimmt oder kein direktes Interesse an der Aufgaben*erfüllung* hat, so wird sie mit der Projektgesellschaft lediglich Verträge bspw. über raumordnerische Fragen schließen. So ist z.B. im Fall des Kanaltunnels eine vertragliche Vereinbarung über die Nutzung des Objektes nach Ablauf der geplanten Verwendung durch die Projektgesellschaft unterblieben. Damit demonstrierten die beteiligten Länder, daß sie das Projekt nicht durch staatliche Garantien decken und im Fall fehlender wirtschaftlicher Tragfähigkeit übernehmen würden. Die Projektgesellschaft ist daher auf eine rentable Betriebsführung angewiesen und wird sich opportunistischen Verhaltens enthalten. Sie ist faktisch durch die mit dem Infrastrukturgut verbundenen hohen versunkenen Kosten und der fehlenden Auffangfunktion des Staates an potentielle Verluste gebunden. Derartige Bindungen können die Funktion eines Pfandes übernehmen.[195] Fraglich ist jedoch, ob eine solche Ankündigung bspw. im Bereich der Fernstraßen aufgrund der dort bestehenden Zuständigkeit des Bundes glaubwürdig ist und opportunistisches Verhalten wirksam begrenzen kann. Über die relative Bedeutung opportunistischen Verhaltens kann folglich nur im Einzelfall befunden werden.

[**K11**] Projektfinanzierungen sind generell mit hohen Risiken verbunden, die im Zuge des Risk Sharing auf die unterschiedlichen Beteiligten aufgeteilt werden. Die Risikoübernahme durch die *Fremdkapitalgeber* veranlaßt die beteiligten Banken, mit einer Risikoprämie versehene Fremdkapitalzinsen zu berechnen. Stellt man gleichzeitig die sehr günstigen Refinanzierungskosten der öffentlichen Hand in Rechnung, so ist mit der Projektfinanzierung ein Kostennachteil aufgrund der **Höhe der Kapitalkosten** verbunden. Die *Eigenkapitalgeber* erwarten eine Entschädigung für die übernommenen Risiken durch gewinnabhängige Ausschüttungen durch den Investor. Gleichzeitig unterliegen sie aber auch der unternehmerische Chance, höhere als bei Projektbeginn veranschlagte Gewinne erzielen zu können.[196] Daher werden auch bei einer Projektfinanzierung die Gesamtkapitalkosten um so geringer sein, je höher der Eigenkapitalanteil ist. Zusammenfassend werden die mit einer Projektfinanzierung einhergehenden Effizienzvorteile sowie die Optimierungseffekte, die durch eine Vergabe des Gesamtprojektes und eine integrierte Planung der einzelnen Erstellungsphasen entstehen, die erhöhten Fremdfinanzierungskosten überkompensieren.

[**K15**] Für eine Beurteilung der mit einer Projektfinanzierung verbundenen **gesamtwirtschaftlichen Wirkungen** ist auf die Ausführungen zum Leasingmodell zu verweisen. Beeinträchtigung des zukünftigen Wachstumspfades der Volkswirtschaft aufgrund von Steuererhöhung zur Tilgung staatlicher Kredite treten bei einer Projektfinanzierung allerdings nicht auf, da der Kapitaldienst

---

[195] Vgl. hierzu die Ausführungen in III.4.3.1.
[196] Vgl. Rehm, H. (1994) S. 89.

aus Entgelten finanziert wird. Demgegenüber sind aber Kapitalwanderungseffekte zu berücksichtigen, die durch einen entgeltfinanzierten Betrieb eines Infrastrukturobjektes - im Vergleich zu einer kostenlosen Leistungsabgabe - entstehen.[197] Daher wird auch eine private Projektfinanzierung wirtschaftliches Wachstum - hier allerdings auf regionaler Ebene - cet. par. schmälern.

[**K16**] Die Frage, ob durch eine Projektfinanzierung eine ordnungspolitisch vorteilhafte, **dauerhafte Verlagerung** der Aufgabenerfüllung **in den privaten Sektor** erfolgt, kann nur anhand des Einzelfalls beurteilt werden. Liegt die Aufgabenverantwortung auf Seiten der öffentlichen Hand, wie z.B. bei der Erstellung von Autobahnen, so könnte eine unbefristete Konzession für einen privaten Betrieb zugunsten der Projektgesellschaft erteilt werden. Ein ausschließliches, dauerhaftes Privatengagement ist in dem Fall festzustellen, in dem ein Projekt - wie z.B. im Fall der Kanaltunnels - durch Private initiiert, erstellt und betrieben wird.

Zusammenfassend ist festzuhalten, daß projektfinanzierte Infrastrukturgüter aufgrund ihrer Anwendungsvoraussetzungen sowie Verfahrensbeschleunigungen zu hohen Wachstumseffekten führen. Diese werden allerdings gedämpft, wenn - im Verhältnis zur entgeltlosen staatlichen Bereitstellung - eine Gebührenerhebung negative Kapitalwanderungseffekte nach sich zieht. Auf kommunaler Ebene können Projektfinanzierungen keine zusätzlichen Investitionen bewirken. Im Rahmen des Bundeshaushaltes sind hingegen bei einem gegebenen Umfang des Haushaltes durch eine Ausgliederung von projektfinanzierten Objekten zusätzliche Projekte zu realisieren. Dabei wird keine verdeckte Staatsverschuldung generiert, da Projektfinanzierungen sich durch Entgelte refinanzieren. Schließlich wird die umfangreiche Übertragung von Kompetenzen auf Private - in Verbindung mit einem hohen Marktrisiko - diese zu einer Gesamtabstimmung des Projektes im Ausschreibungsverfahren veranlassen. Hohe Spezialisierungsvorteile und nur mäßige Rationalisierungsvorteile werden Kostenvorteile erzeugen, denen aber hohe Kapitalkosten und mögliche effizienzmindernde Wirkungen opportunistischen Verhaltens gegenüberstehen.

197 In dem Fall, in dem das Infrastrukturgut auch im Rahmen einer rein staatlichen Bereitstellung nur gegen Entgelt zu nutzen ist, ist der o.g. Effekt nicht relevant. Dies setzt allerdings voraus, daß das Gebührenaufkommen auch im Fall einer staatlichen Finanzierung für den Kapitaldienst des Projektes verwendet wird.

4.2 Das Mischmodell

4.2.1 Darstellung

Die Konzeption des Mischmodells geht auf ein Papier einer privatwirtschaftlichen Arbeitsgruppe zurück, das zum Zweck des sechsspurigen Ausbaus der Autobahn A 2 Berlin-Helmstedt entwickelt worden ist.[198] Das Mischmodell entspricht in seinen organisatorischen Grundzügen dem Konzessionsmodell, ist aber in seiner ökonomischen Ausgestaltung eng mit der Projektfinanzierung verwandt. Wie im Konzessionsmodell erhält eine private Projektgesellschaft für einen befristeten Zeitraum die Konzession, ein Infrastrukturgut zu finanzieren und zu errichten.[199] Die Konzession wird mittels einer Beleihung durch die Gebietskörperschaft auf die Projektgesellschaft (Konzessionär) übertragen.[200] Im Mischmodell wird auch der Betrieb durch den Konzessionär übernommen, welcher nutzungs*abhängige* Zahlungen zur Amortisation des eingesetzten Kapitals erhält. Diese Mietraten werden aus allgemeinen Haushaltsmitteln erbracht und in ihrer Gesamtsumme durch automatische Fahrzeugzählungen bestimmt. Für die Berechnung des zu zahlenden Entgelts pro Fahrzeug ist der Umfang der Investitionskosten auf Seiten der Projektgesellschaft[201] und die Prognose des Fahrzeugaufkommens entscheidend. Nach Ablauf der Konzession fällt das Objekt unentgeltlich an die Gebietskörperschaft zurück,[202] wodurch das zivilrechtliche Eigentum an Grundstück und Objekt bei der Gebietskörperschaft verbleibt.

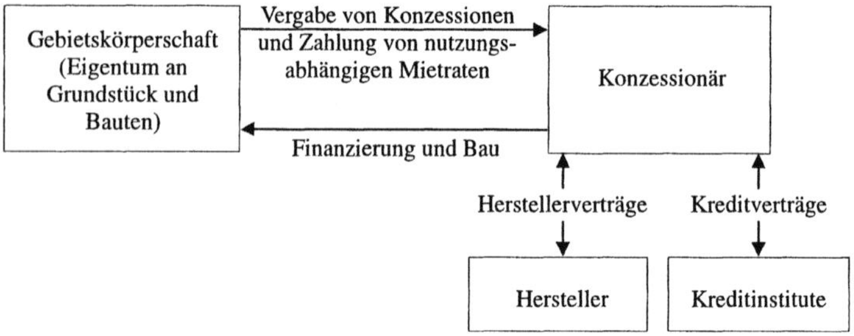

Abb. 5.5: Das Mischmodell.
Quelle: modifiziert nach Schmidt, F.O. (1994) S. 240.

198 Vgl. Robert Bosch GmbH, Deutsche Bank AG et al. (1991).
199 Vgl. zu Darstellungen des Mischmodells z.B. Bundesministerium für Finanzen (1991) S. 42f., Rehm, H. (1994) S. 93f., Schmidt, F.O. (1993a) S. 416.
200 Vgl. Robert Bosch GmbH, Deutsche Bank AG et al. (1991) S. 10.
201 Vgl. Bundesministerium für Finanzen (1991) S. 45.
202 Vgl. ebenda S. 43.

Da in dem oben skizzierten Modell die Amortisation des eingesetzten Kapitals vom Nutzungsaufkommen abhängig ist, ist das Marktrisiko der Projektgesellschaft zuzuordnen. Würde das Infrastrukturgut im Extremfall nämlich gar nicht genutzt, so wäre die Gebietskörperschaft nicht verpflichtet, der Projektgesellschaft ein Entgelt zu zahlen.[203] Diese Zuordnung des Marktrisikos ist in zweifacher Hinsicht bedeutsam. Zum einen handelt es sich unter Beachtung der ökonomischen Zusammenhänge beim Mischmodell um eine Projektfinanzierung mit nutzungsabhängigem Abnahmevertrag. Dementsprechend muß das Mischmodell wie eine rein privatwirtschaftliche Projektfinanzierung den Anforderungen der Wirtschaftlichkeit, der Schuldendienstfähigkeit sowie eines akzeptablen Risikoprofiles gerecht werden.[204]

Zum anderen ist - nach Ansicht der ARBEITSGRUPPE BEIM BUNDESMINISTERIUM FÜR FINANZEN - die Zuordnung des Marktrisikos unter steuerrechtlichen Gesichtspunkten bedeutsam. Nach §39 I AO sind Wirtschaftsgüter zunächst grundsätzlich dem zivilrechtlichen Eigentümer zuzurechnen, es sei denn - nach den in §39 II AO genannten Ausnahmen - wird einem *anderen* als dem zivilrechtlichen Eigentümer das Wirtschaftsgut steuerlich zugerechnet. Dies ist dann der Fall, wenn eine natürliche oder juristische Person ein wirtschaftliches Eigentum an dem betreffenden Wirtschaftsgut hat.[205] Wirtschaftliches Eigentum wird nach §39 I AO dann begründet, wenn „ein anderer als der Eigentümer die tatsächliche Herrschaft über ein Wirtschaftsgut in der Weise aus[übt], daß er den Eigentümer im Regelfall für die gewöhnliche Nutzungsdauer von der Einwirkung auf das Wirtschaftsgut wirtschaftlich ausschließen kann [...].“ Als Kriterium zur Überprüfung eines möglichen wirtschaftlichen Ausschlusses und damit des wirtschaftlichen Eigentums zieht die ARBEITSGRUPPE nun die Zuordnung des Marktrisikos heran.[206] Liege - wie oben für das Mischmodell skizziert - das Marktrisiko bei der Projektgesellschaft, so sei dieser das wirtschaftliche Eigentum an dem zu errichtenden Infrastrukturgut zuzurechnen, wodurch der Gesellschaft Abschreibungsmöglichkeiten zufallen. Dieser Interpretation steht jedoch entgegen, daß die Gebietskörperschaft das Infrastrukturgut am Ende der Konzessionszeit unentgeltlich übernimmt, so daß wie beim Konzessionsmodell ein Ratenkauf vorliegt. Da die Projektgesellschaft in diesem Fall weder ein Wertminderungsrisiko trägt noch an einer möglichen Wertsteigerung partizipieren könnte, kann sie auch nicht als wirtschaftliche Eigentümerin des Objektes angesehen werden. Aus diesem Grund ist im Mischmodell nach §39 I AO das

203 Vgl. Bundesministerium für Finanzen (1991) S. 45.

204 Vgl. Robert Bosch GmbH, Deutsche Bank AG et al. (1991) S. 6.

205 Vgl. Knobbe-Keuk, B. (1991) S. 62. Ein Wirtschaftsgut darf nur dann in die Bilanz aufgenommen werden, wenn es zum Vermögen des Unternehmens gehört. Dies ist dann der Fall, wenn dem Unternehmer das Wirtschaftsgut zuzurechnen ist. Dabei gehen die Zurechnungsregeln aus den Grundsätzen ordnungsgemäßer Buchführung hervor, die mit den Bestimmungen des §39 AO deckungsgleich sind. Vgl. Tipke, K.; Lang, J. (1991) S. 295.

206 Vgl. Bundesministerium für Finanzen (1991) S. 45f. Ebenso Rehm, H. (1994) S. 94.

Objekt dem zivilrechtlichen Eigentümer, d.h. also der Gebietskörperschaft zuzurechnen, so daß die Projektgesellschaft keine Abschreibungen steuerlich geltend machen kann.[207]

4.2.2 Bewertung

Die Bewertung des Mischmodells stützt sich im wesentlichen auf die Ergebnisse der Projektfinanzierung, da die ökonomischen Eigenschaften des Mischmodells denen der Projektfinanzierung ähnlich sind.[208] Lediglich die für das Mischmodell charakteristischen Änderungen in der Modellstruktur sollen anhand der Kriterien K1, K2, K7-K10 und K12-K16 neu bewertet werden. Dabei stehen Anwendungsbereiche im Bereich der Verkehrsinfrastrukturgüter im Vordergrund, da diese durch das für ein Mischmodell charakteristische Marktrisiko aufgrund schwankender Nutzungsaufkommen gekennzeichnet sind. Demgegenüber ist bei Infrastrukturgütern, die im Rahmen der gemeindlichen Pflichtaufgaben genutzt werden (z.B. Müllverbrennungsanlagen, Deponien), die Auslastung gut zu prognostizieren und das Marktrisiko faktisch eliminiert. So wird das Mischmodell in seinen ökonomischen Wirkungen de facto zum Konzessionsmodell. Grenzfälle stellen Ent- und Versorgungseinrichtungen dar, deren Leistung nur gegen Entgelt abgegeben werden, die aber gleichzeitig einer schwankenden Nachfrage unterliegen. Nimmt man an, daß der entgeltliche Leistungsumfang hier ebenfalls gut abzuschätzen ist und daher nur geringe Marktrisiken bestehen, ist in diesem Fall das Betreibermodell relevant.

[K1, K2] Für die Bewertung der raumordnungs- und regionalpolitischen Kriterien ist grundsätzlich auf die Ausführungen zur Projektfinanzierung zu verweisen.[209] Im Unterschied zur Projektfinanzierung werden *nutzungsabhängige* Mietraten jedoch von der öffentlichen Hand gezahlt und keine Entgelte bei den Nutzern direkt erhoben (Take-and-Pay-Kontrakte). Da das **Äquivalenzprinzip** im Mischmodell also nicht angewendet wird,[210] unterbleibt eine regio-

---

207 Vgl. Rehm, H. (1994) S. 94.

208 So legt das Modell der privatwirtschaftlichen Arbeitsgruppe die in V.4.1.1 vorgestellten Charakteristika der Projektfinanzierung zugrunde und sieht *alternativ* eine Gebührenerhebung bei den Nutzern oder eine Sicherung der Erträge durch die Zahlung von pauschalen Nutzungsentgelten durch die öffentliche Hand vor. Erst die ARBEITSGRUPPE BEIM BUNDESMINISTERIUM FÜR FINANZEN benennt die letztgenannte Modellvariante als Mischmodell und führt dieses als eigenständiges Modell in die Diskussion ein.

209 Zu Anwendungsvoraussetzungen des Mischmodells vgl. auch Robert Bosch GmbH, Deutsche Bank AG et al. (1991) S. 8. Diese sind im wesentlichen mit denen der Projektfinanzierung identisch. So weisen die Autoren mit Bezug auf die Autobahn A2 Berlin-Helmstedt auf die „vorrangige Bedeutung dieses Teilstückes für den überregionalen Verkehr" hin.

210 Anzufügen ist allerdings, daß eine derartige nutzungsabhängige Finanzierung lediglich eine Überwachung des Nutzungsumfanges voraussetzt, nicht aber die Möglichkeit eines direkten Konsumentenausschlusses gegeben sein muß.

nal begrenzte Erhöhung der Transportkosten und der hieraus resultierende negative Kapitalwanderungseffekt. Der hiermit im Rahmen der Projektfinanzierung verbundene negative differentielle Wachstumseffekt entfällt also im Fall des Mischmodells, so daß der **Wachstumsbeitrag** des Mischmodells cet. par. höher zu bewerten ist als der einer reinen Projektfinanzierung.[211]

[K7] Überlegungen zur **direkten Entlastung** der öffentlichen Haushalte müssen wiederum zwischen der kommunalen sowie der Bundesebene unterscheiden. Auf beiden staatlichen Ebenen werden durch das Mischmodell - ebenso wie beim Leasingmodell - die Zahlungsverpflichtungen der öffentlichen Haushalte lediglich in die Zukunft verlagert. Im Bundeshaushalt ergibt sich aber aufgrund der Substitution des Kapitaldienstes durch nutzungsabhängige Mietzahlungen ein Haushalts*struktur*vorteil. Gleichzeitig kann bei gegebenem Ausgabenumfang eine Mischmodell-Finanzierung eines Infrastrukturobjektes eine konventionelle Kreditfinanzierung ersetzen, wodurch ein zusätzliches kreditfinanziertes Projekt in den Haushalt aufgenommen werden kann. Ebenso wie bei Leasingfinanzierungen werden durch eine derartige Substitution allerdings *nur vorübergehend* Kreditspielräume eröffnet, da auch im Mischmodell langfristige Zahlungsverpflichtungen begründet werden. Daher ist die These, daß die Realisierung des Projektvorschlages der privaten Arbeitsgruppe für die A2 Haushaltsmittel im Umfang von 4,4 Mrd. DM für andere Investitionsobjekte freisetze, nur kurzfristig richtig.[212]

Auf kommunaler Ebene ist auf die Argumentation im Rahmen der Leasingfinanzierung zu verweisen. So ist es für eine Bewertung der Haushaltswirkungen des Mischmodells zunächst *unerheblich*, ob es sich bei dem Infrastrukturgut um ein rentierliches Objekt handelt, welches seinen Kapitaldienst durch Gebühreneinnahmen selbst erwirtschaften könnte. Da das Mischmodell *keine* Gebührenerhebung vorsieht, kann eine solche auch bei einer Finanzierung aus dem kommunalen Haushalt nicht unterstellt werden. Folglich müssen die Mietraten ausschließlich aus dem kommunalen Haushalt erbracht werden und schränken die freie Spitze in gleichem Maße ein wie Kreditverpflichtungen. So wird in

---

211 Im Rahmen des Mischmodells können die im Verkehrswegeplanungsbeschleunigungsgesetz vorgesehenen Planungsverkürzungen nur dann realisiert werden, wenn das zivilrechtliche Eigentum an dem Infrastrukturgut auf Seiten der Gebietskörperschaft verbleibt und der Projektgesellschaft nur die Aufgabenerfüllung im Wege der Beleihung übertragen wird. Die Projektgesellschaft darf hingegen *nicht* Eigentümerin des Objektes in dem Sinn werden, daß ihr die Erbbaurechte an den betreffenden Grundstücken übertragen werden. In diesem Fall ergibt sich das im Rahmen des Leasingmodells auftretende Problem, daß die Übertragung der Erbbaurechte die durch das Verkehrswegeplanungsbeschleunigungsgesetz auftretenden Zeitgewinne zunichte macht. Vgl. zu diesem Vorschlag Robert Bosch GmbH, Deutsche Bank AG et al. (1991) S. 10.

212 Vgl. Robert Bosch GmbH, Deutsche Bank AG et al. (1991) S. 6 und 20. Die Amortisation des eingesetzten Kapitals soll innerhalb von elf Betriebsjahren ermöglicht werden. Vgl. Robert Bosch GmbH, Deutsche Bank AG et al. (1991) S. 20.

dem Fall, in dem der Kreditrahmen der Kommune ausgeschöpft ist und keine weiteren Kredite genehmigt werden, auch ein Mischmodell nicht zu einer Realisierung weiterer Projekte führen können. Nur unter der - im Mischmodell nicht vorgesehenen - Voraussetzung, daß die Kommune direkte Nutzungsentgelte erhebt und dadurch den Kapitaldienst des Infrastrukturgutes erbringt, könnte das annahmegemäß rentierliche Objekt *in jedem Fall* innerhalb des Haushaltes finanziert werden. Ein derartiges Projekt würde nämlich die Leistungsfähigkeit der Kommune nicht einschränken. Mischmodelle können danach auf kommunaler Ebene in keinem Fall zu einer Realisierung zusätzlicher Investitionsobjekte beitragen.

Sowohl auf kommunaler Ebene als auch auf Bundesebene ist für die beteiligte Gebietskörperschaft allerdings ein bisher nicht bestehender Risikofaktor involviert. So werden die Mietraten von der Gebietskörperschaft an die Projektgesellschaft *in Abhängigkeit vom Verkehrsaufkommen* gezahlt. Für die öffentlichen Haushalte besteht daher das Risiko, daß bei stärker als ursprünglich prognostiziert zunehmendem Verkehrsaufkommen steigende Zahlungsverpflichtungen entstehen. Demgegenüber verbleibt die hiermit verbundene unternehmerische Chance ausschließlich auf Seiten der Projektgesellschaft. REHM ist daher der Auffassung, daß der Vorteil der öffentlichen Hand, bei niedriger Nutzungshäufigkeit geringere Mietraten zahlen zu müssen, diesen Nachteil nicht aufwiege.[213] Eine Lösungsmöglichkeit für diesen Konflikt besteht darin, eine staatliche Zahlungsobergrenze festzulegen, die aber auf der anderen Seite für den Betreiber die Garantie einer Mindestzahlung beinhalten müßte.

[K8] Im Mischmodell verbleibt ebenso wie bei der reinen Projektfinanzierung das Marktrisiko prinzipiell bei der Projektgesellschaft.[214] Durch den nutzungsabhängigen Abnahmevertrag vermindert sich jedoch das Preisrisiko. Die durch den Staat zu entrichtenden Mietzahlungen bieten der Projektgesellschaft weiterhin den Vorteil, daß ein Rückgang der Nutzerzahlen, welcher - bei elastischer Nachfrage - aus einer Gebührenerhebung resultieren würde, ausbleibt. Hierdurch wird auch das Absatzrisiko reduziert. Es ist jedoch anzunehmen, daß diese Verminderung des (hohen) Marktrisikos keine Beeinträchtigung der Gesamtabstimmung bzgl. der **Projektorganisation** und/oder des **Projektumfangs** im Vergleich zu einer reinen Projektfinanzierung zur Folge hat.

[K9, K10] In der Kontraktphase können durch das Mischmodell ebenso Effizienzvorteile (**Spezialisierungs-** und **Rationalisierungsvorteile**) realisiert werden wie im Rahmen der Projektfinanzierung. Diesen sind Effizienzverluste aufgrund opportunistischen Verhaltens gegenüberzustellen, für deren Erläuterung

---

213 Vgl. Rehm, H. (1994) S. 94.
214 Vgl. Robert Bosch GmbH, Deutsche Bank AG et al. (1991) S. 20.

ebenfalls auf die Ausführungen zur Projektfinanzierung zu verweisen ist.[215] In diesem Zusammenhang ist jedoch anzumerken, daß die im Rahmen des vorgestellten Modellentwurfs explizit berücksichtigte Rolle der öffentlichen Hand als Eigentümerin des Objektes und späterem Betreiber den Anreiz auf Seiten des Privatunternehmens aufweicht, effizient zu wirtschaften. So ist die Gesellschaft nicht mehr - wie im Fall der Projektfinanzierung - aufgrund der fehlenden Auffangfunktion des Staates (in Verbindung mit hohen versunkenen Kosten) an zukünftig entstehende Verluste gebunden. „Falls ein Vorhaben nicht allen beschriebenen Anforderungen [der Wirtschaftlichkeit, Schuldendienstfähigkeit sowie eines akzeptablen Risikoprofils] in vollem Umfange aus eigener Kraft gerecht wird, ist eine aussschließlich privatwirtschaftliche Lösung nicht möglich. Das Vorhaben bedarf dann der Unterstützung durch die Öffentliche Hand, insoweit sie ein unmittelbares Interesse an seiner Verwirklichung hat.“[216] Dieses Kalkül weist auf den hohen Regelungs- und Kontrollbedarf durch die betroffene Gebietskörperschaft hin, um opportunistischem Verhalten des privaten Unternehmens vorzubeugen.

[**K12-K14**] Ebenso wie die Leasingfinanzierung steht das Mischmodell mit den Haushaltsgrundsätzen nicht in Einklang. So begründet das Mischmodell langfristige Zahlungsverpflichtungen, die aus dem Verwaltungshaushalt zu erbringen sind. Die entsprechende faktische Kreditverpflichtung sowie das zugehörige Vermögensobjekt werden jedoch nicht im Haushalt ausgewiesen. Dies widerspricht jedoch dem **Grundsatz der Vollständigkeit** des Haushalts. Auch der **Grundsatz der Einheit und Klarheit** ist verletzt, da eine Anwendung des Mischmodells die einzelnen Einnahmen- und Ausgabenvoranschläge nach Herkunft bzw. Zweckbestimmung nicht mehr aussagefähig sein läßt. Vor allem der Umfang der Staatverschuldung kann dem Haushaltsplan nicht mehr klar entnommen werden. Zur Bewertung des **Grundsatzes der Wirtschaftlichkeit und Sparsamkeit** kann auf die Ausführungen zur Projektfinanzierung verwiesen werden.[217]

[**K15**] **Negative gesamtwirtschaftliche Entwicklungen** sind im Mischmodell ebenso wie im Rahmen der Projektfinanzierung zu diagnostizieren. Zudem sind die im Fall des Mischmodells aufzubringenden Mietraten - wie der Kapitaldienst der Staatsschuld - letztlich durch Steuererhöhungen zu finanzieren.[218] Daher werden - im Gegensatz zur Projektfinanzierung - durch eine Anwendung des Mischmodells Beeinträchtigungen des zukünftigen *gesamtwirtschaftlichen*

---

215 Einschränkend ist allerdings zu bemerken, daß die Vertragslaufzeit im Rahmen des vorgestellten Modells auf 11 Jahre begrenzt ist und daher die Komplexität des Vertragswerkes abgemildert wird.

216 Robert Bosch GmbH, Deutsche Bank AG et al. (1991) S. 19.

217 In diesem Zusammenhang sind auch die **Fremdkapitalkosten** zu berücksichtigen, welche analog zur Projektfinanzierung höher als im Fall einer staatlichen Kreditfinanzierung sind.

218 Dies gilt unter der Annahme eines gegebenen Ausgabenumfangs.

Wachstumspfades der Volkswirtschaft aufgrund von Steuererhöhungen auftreten.

[K*16*] Eine **dauerhafte Verlagerung** von Aufgabenkompetenzen **in den privaten Sektor** wird durch das Mischmodell nicht beabsichtigt. Das Modell sieht nämlich vor, daß die Zahlung der nutzungsabhängigen Raten an die Projektgesellschaft zur Amortisation des eingesetzten Kapitals beiträgt. Damit erhält die Leistungsbeziehung zwischen der öffentlichen Hand und der Projektgesellschaft den Charakter eines Mietkaufs, so daß der Übergang des Objektes an die öffentliche Hand von vornherein vorgesehen ist. „Bei dieser Verfahrensweise beauftragt der Staat nur vorübergehend im Wege der Beleihung Private mit der Wahrnehmung einer [...] genau definierten Verkehrsaufgabe.“[219]

Zusammenfassend ist festzuhalten, daß das Mischmodell in seinen wesentlichen Grundzügen der Projektfinanzierung gleicht und daher seine Bewertung diesem in weiten Teilen entspricht. Vorteilhaft ist - im Gegensatz zur Projektfinanzierung - jedoch, daß im Mischmodell das Marktrisiko für den beteiligten Investor gemildert wird. Da das Mischmodell jedoch nutzungsabhängige Zahlungen aus dem Haushalt zur Amortisation des eingesetzten Kapitals vorsieht, können weder auf kommunaler noch auf Bundesebene langfristig die öffentlichen Haushalte entlastet werden. Zudem ist festzuhalten, daß das Mischmodell mit den Haushaltsgrundsätzen der Einheit und Klarheit sowie der Vollständigkeit nicht vereinbar ist, da es letztlich auf Haushaltsmittel zurückgreift.

4.3 Das Betreibermodell

4.3.1 Darstellung

Das Betreibermodell wurde mit der Zielsetzung entwickelt, eine ‘Optimierung’ der Planung, der Finanzierung, des Baus, der Ausrüstung und des Betriebs eines Infrastrukturgutes zu erreichen.[220] Konkrete Anwendung erfährt es seit über 10 Jahren in Niedersachsen im Bereich der Abwasserentsorgung. Die Abgrenzung des Betreibermodells von der Finanzierung und Erstellung eines Infrastrukturgutes im Wege einer Projektfinanzierung ist nicht immer trennscharf zu vollziehen. Sie hängt wesentlich von den involvierten Marktrisiken ab, so daß eine Einzelfallbetrachtung anzustellen ist. Generell sind die im Betreibermodell in seiner bisherigen Konzeption abzudeckenden Marktrisiken *geringer* als die einer klassischen Projektfinanzierung. So wurde das Betreibermodell bisher typischerweise auf kommunale Pflichtaufgaben (Abwasser- und Abfallbeseitigung, Wasserversorgung) angewendet.[221] Dabei ist bspw. die Abwasser-

---

219 Robert Bosch GmbH, Deutsche Bank AG et al. (1991) S. 10.

220 Vgl. Bundesumweltministerium (1993) S. 28f.

221 Vgl. zu einer Darstellung einer derartigen Projektfinanzierung, die faktisch mit einem Betreibermodell identisch ist, Relles, M. (1990) S. 108f.

beseitigung dadurch gekennzeichnet, daß im Rahmen des Anschluß- und Benutzungszwanges eine physische Verbindung (Leitung) zwischen Betreiber und Abnehmern der Leistung besteht. Hierdurch werden de facto nutzungsabhängige Abnahmeverträge geschlossen. Im Fall der Abfallbeseitigung existieren Abnahmeverträge de jure, welche der Betreibergesellschaft das ausschließliche Recht zur Entsorgung eines bestimmten kommunalen Gebietes zusichern. Derartige Verträge sind zudem von einer anderen Qualität als klassische Projektfinanzierungen, da die Kommune *verpflichtet* ist, die Leistung bereitzustellen und daher auch in dem Fall eintritt, in dem *der private Betreiber die Leistung nicht mehr erbringt*. Daher wird zwischen dem Betreiber und der öffentlichen Hand ein Andienungsrecht für die Anlage nach Ende der Vertragszeit vereinbart. Die Existenz eines Anschluß- und Benutzungszwanges im Rahmen der kommunalen Pflichtaufgaben und die damit verbundene gute Prognostizierbarkeit des Abnehmerkreises führt dazu, daß das Absatzrisiko des privaten Betreibers weitgehend reduziert wird.

An der Erstellung eines Infrastrukturgutes im Rahmen des Betreibermodells sind neben der Gebietskörperschaft der private Betreiber sowie ein Kreditinstitut beteiligt. Das Modell sieht vor, daß das Infrastrukturprojekt von privaten Unternehmen geplant, finanziert, errichtet und betrieben wird und diese Elemente als Gesamtleistung ausgeschrieben werden.[222] Ausgangspunkt für die Erstellung eines Infrastrukturgutes in der Organisationsform des Betreibermodells ist eine Bedarfsfeststellung z.B. für eine Kläranlage seitens der Gebietskörperschaft. Wird von der Gebietskörperschaft grundsätzlich eine private Erstellung und Finanzierung erwogen, so sind zunächst umfangreiche **Vorplanungen** notwendig.[223] Dies betrifft zum einen die *technische Vorplanung* durch entsprechende Berater, welche als Referenz zur Beurteilung der Angebote privater Unternehmen dient. Weiterhin erstellen ökonomische Berater eine *Regiekostenrechnung*, die auf der Grundlage der erstellten technischen Konzeption die Kosten des Projektes bei einer Realisierung durch die Gebietskörperschaft zusammenfaßt. Auch diese Planung dient als Maßstab für die Beurteilung privater Anbieter. Schließlich entwerfen juristische Berater die für die Durchführung des Betreibermodells notwendigen *Vertragswerke*. Liegen diese Vorplanungen vor, so wird das Projekt nach der Verdingungsordnung für Leistungen (VOL) ausgeschrieben. Gleichzeitig werden die Wettbewerber aufgefordert, Nebenangebote abzugeben. Mit der **Ausschreibung** wird das Ziel verfolgt, ei-

---

222 Vgl. zu Darstellungen des Betreibermodells Bundesministerium für Finanzen (1991) S. 10, Rehm, H. (1994) S. 56f., Spelthahn, S.; Steger, U. (1992) S. 41ff. und detailliert zum Ausschreibungsverfahren Löhmann, H.-B. (1987) S. 279f.

223 Vgl. Rehm, H. (1994) S. 59, Kirchhoff, U.; Müller-Godeffroy, H. (1994) S. 89f., Abb. 13. Die hier erläuterte Vorgehensweise orientiert sich am Verfahren des Niedersächsischen Betreibermodells, das für Klärwerke entwickelt worden ist. Vgl. auch Löhmann, H.-B. (1987) S. 279 sowie Schrödter, W.; Partetzke, G. (1987) S. 34 zum Verfahren nach der Verdingungsordnung für Leistungen.

nen Wettbewerb um den Markt zu institutionalisieren, durch den das wirtschaftlichste Angebot gefunden werden soll.[224] Die am Ausschreibungsverfahren beteiligten Wettbewerber legen gleichzeitig eigene Planungen für das zu erstellende Objekt vor.

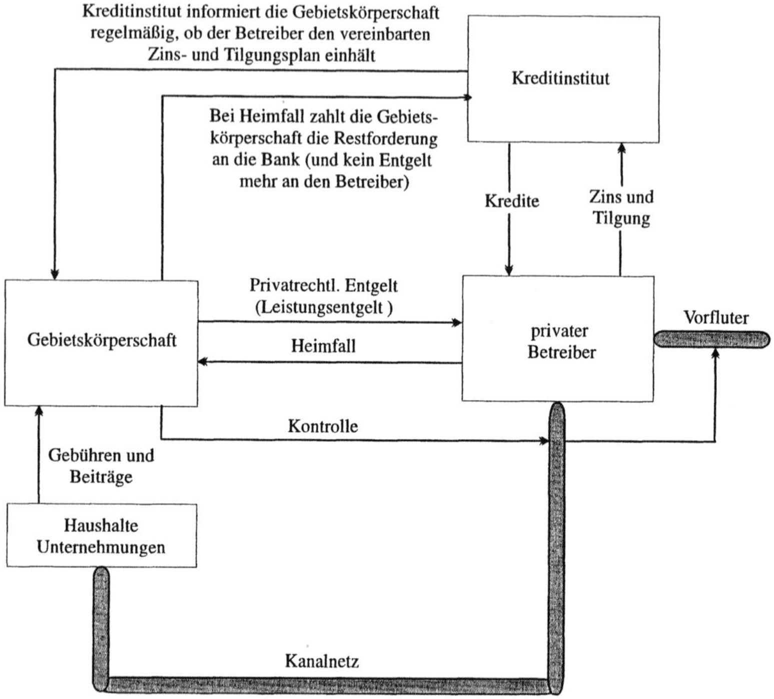

Abb. 5.6: Das Betreibermodell.
Quelle: modifiziert nach Bundesumweltministerium (1993) S. 30.

Der letztlich ausgewählte Betreiber übernimmt sowohl den **Bau** als auch die **Finanzierung** des Infrastrukturobjektes. Im Zuge der Erstellung des Objektes wird der Investor zivilrechtlicher Eigentümer des Infrastrukturgutes, indem ihm die Erbbaurechte an dem von der Gebietskörperschaft zur Verfügung gestellten Grundstück übertragen werden. Die konkrete Finanzierungsform ist im Rahmen des Betreibermodells allerdings nicht spezifiziert. „Anders als bei der [...] Lea-

224 In der Praxis sind bisher Privatisierungen nur dann durchgeführt worden, wenn die Angebote der Privatunternehmen ca. 10-15% unter dem Regiekostenpreis lagen. Vgl. Rehm, H. (1994) S. 59f.

sing-Finanzierung bedingen sich Organisations- und Finanzierungsform nicht gegenseitig [...].“[225] Es kann zum Beispiel eine reine Kreditfinanzierung in Zusammenarbeit mit einem Kreditinstitut erfolgen. Dabei werden Zins und Tilgung direkt vom Betreiber an das Kreditinstitut geleistet. Es ist aber auch eine Kombination des Betreibermodells mit anderen Finanzierungsformen, so z.B. mit einer Factoring-Finanzierung möglich.[226] Eine derartige Kombination der Organisationsform ‘Betreibermodell’ mit einer der oben erwähnten Finanzierungsformen ermöglicht folglich einen nuancierten Zuschnitt der benötigten Modellkonstruktion auf das zu erstellende Infrastrukturgut.[227]

Auch der **Betrieb** wird i.d.R. vom privaten Betreiber übernommen,[228] welcher die vertraglich spezifizierten Infrastrukturleistungen ausschließlich gegen Nutzungsentgelte abgibt. Die Gebühren werden direkt von der Gebietskörperschaft erhoben, so daß keine vertraglichen Beziehungen zwischen dem Betreiber und den Abnehmern der Leistung entstehen. Die Gebietskörperschaft leitet das Gebührenaufkommen nach Abzug der ihr entstehenden Aufwendungen (Verwaltungs- und Kontrollaufwand und im Fall von Kläranlagen Abschreibungen auf das Kanalnetz) in der vereinbarten Höhe an den Betreiber weiter.[229] Dieser erbringt den Kapitaldienst *vollständig* aus den Nutzungsgebühren.[230]

Der zwischen der Gebietskörperschaft und dem Betreiber zu schließende Betreibervertrag bemißt sich in seiner Dauer nach der Lebenszeit der Anlage (ca. 20-30 Jahre).[231] Der Betreibervertrag untergliedert sich in mehrere Einzelver-

---

225 Helaba (1993) S. 34.

226 Factoring ist als reine Finanzierungsform innerhalb der Organisationsmodelle anwendbar, die eine Gebührenerhebung vorsehen (z.B. Betreibermodell, Konzessionsmodell). Die Factoring-Finanzierung sieht vor, daß der Betreiber seine - durch die Gebietskörperschaft erhobene - Gebührenforderungen an das beteiligte Kreditinstitut (Factor) abtreten kann (§398 BGB) [vgl. Wöhe, G.; Bilstein, J. (1988) S. 214f.]. Das Kreditinstitut, das die Forderungen angekauft hat, stellt dem Klienten im Gegenzug Finanzierungsmittel in Höhe des Barwertes des angekauften Gebührenaufkommens zur Verfügung. Diese werden von dem Unternehmen anschließend dazu verwendet, das Investitionsprojekt zu finanzieren. Da in dem hier vorliegenden Fall der Staat als Drittschuldner eine einwandfreie Bonität genießt, wird dem Investor die Finanzierung i.d.R. zu Kommunalkreditkonditionen zur Verfügung gestellt [vgl. Kirchhoff, U.; Müller-Godeffroy, H. (1994) S. 66]. Gleichzeitig entstehen dem Klienten durch das Factoring aber zusätzliche Kosten in Form von Zinsen für die Bevorschussung der Forderungen sowie Verwaltungsentgelten. Der Vorteil einer Factoring-Finanzierung liegt zusammenfassend darin, daß die Höhe der Kapitalkosten reduziert wird, was für das beteiligte Privatunternehmen einen Kostenvorteil mit sich bringt, und gleichzeitig eine ausschließliche Fremdkapitalfinanzierung ermöglicht wird. Vgl. Holtmann, A. (1988) S. 258.

227 Vgl. Helaba (1993) S. 32.

228 In einzelnen Fällen kann der Betrieb der Anlage an ein vom Investor verschiedenes Unternehmen vergeben werden.

229 Vgl. Kirchhoff, U.; Müller-Godeffroy, H. (1994) S. 87.

230 Vgl. Bundesministerium für Finanzen (1991) S. 10.

231 Vgl. Rehm, H. (1994) S. 59.

träge, wobei der Dienstleistungs- oder Betreibervertrag i.e.S., der Schiedsvertrag,[232] der Erbbaurechtsvertrag und ggf. der Personalgestellungsvertrag von besonderer Relevanz sind.[233] Der Dienstleistungs- oder **Betreibervertrag** i.e.S. regelt u.a. die Leistungen des Betreibers, spezifiziert die durchzuführenden Baumaßnahmen, die Kontrollrechte der Gemeinde, die Haftung des Betreibers, die Finanzierung des Objektes sowie die Laufzeit des Vertrages und sieht Regelungen für nachträgliche Änderungen der Vertragsgestaltungen vor. Von besonderer Bedeutung ist die Spezifizierung der Qualität der Leistungen. Dies bedeutet z.B. im Fall von Kläranlagen, daß der Betreiber die Vorschriften zur Reinigung des Abwassers zu beachten hat und deren Einhaltung durch Kontrollen der Kommune (d.h. des Wasserwirtschaftsamtes) überwacht wird.[234] Darüber hinaus wird im Betreibervertrag auch das für die Leistung vom Betreiber einzufordernde Entgelt (z.B. bei Kläranlagen in Abhängigkeit von der Abwassermenge) festgelegt.

Der **Erbbaurechtsvertrag** enthält neben der Übertragung der Erbbaurechte[235] an den Betreiber vor allem Ausführungen zum sog. Heimfall. So geht das Infrastrukturgut z.B. im Fall des Konkurses, bei Nichteinhaltung von Fristen für die Ausführung der Investition, bei Verstößen gegen Regelungen des Betreibervertrages oder bei Nichteinhaltung der Zahlungsverpflichtungen in das Eigentum der Gebietskörperschaft über (sog. Heimfallklausel). In der Regel kann die Gebietskörperschaft das Infrastrukturgut zu einem in der Heimfallklausel geregelten günstigen Preis übernehmen; sie muß dann aber Zins und Tilgung an das eingeschaltete Kreditinstitut entrichten. Generell besteht aus diesem Grund ein großes Interesse der Gebietskörperschaft, einen zuverlässigen Betreiber im Ausschreibungsverfahren zu ermitteln.[236] Dies gilt besonders dann, wenn das Infrastrukturgut - wie z.B. bei der Abwasserbeseitigung - Bestandteil zur Erfüllung der Pflichtaufgaben von Gemeinden ist, so daß bei einem Konkurs des Betreibers die Gebietskörperschaft die Aufgabenerfüllung zunächst selbst übernehmen muß.

---

232 Der **Schiedsvertrag** legt fest, daß bei Streitigkeiten um die Auslegung des Betreibervertrages ein Schiedsgericht herangezogen wird.

233 Vgl. Bundesumweltministerium (1993) S. 31, Tafel 2.5.4-2.

234 Vgl. Kirchhoff, U.; Müller-Godeffroy, H. (1993) S. 87.

235 Bei Kanalnetzen, bei denen die Übertragung eines Erbbaurecht nicht praktikabel erscheint (Vielzahl von Grundstücken, öffentliche Straßen), sollte dem Betreiber das von den privaten Grundeigentümern einzuräumende Leitungsrecht zumindest dinglich gesichert werden, indem eine beschränkt persönliche Dienstbarkeit eingetragen wird. Vgl. Löhmann, H.-B. (1985) S. 15.

236 Vgl. Rehm, H. (1994) S. 62.

4.3.2 Bewertung

Da das Betreibermodell seit Anfang der achtziger Jahre vor allem in Niedersachsen im Bereich der Abwasserentsorgung (Kläranlagen) angewendet worden ist, bestehen bereits umfangreiche Erfahrungen mit dieser Form privaten Infrastrukturengagements. Diese Erkenntnisse haben gleichzeitig in die Modellkonstruktion Eingang gefunden, so daß das Betreibermodell als eines der meist diskutierten und ausgereiftesten Modelle in der deutschen Diskussion gelten kann. Die sich anschließende Bewertung ist dennoch - in Anlehnung an die vorherigen Ausführungen - zunächst auf theoretischer Basis zu führen. Aufgrund der umfangreichen Erfahrungen sollen der Diskussion aber einzelne Belege aus der niedersächsischen Praxis beigefügt werden.

[**K2**] Das Betreibermodell sieht eine Amortisation des eingesetzten Kapitals auf Basis einer Gebührenerhebung (**Äquivalenzprinzip**) vor. Dies setzt voraus, daß Entgelte erhoben und Nutzer zu vertretbaren Kosten von der Leistungsabgabe des Infrastrukturgutes ausgeschlossen werden können. In Übereinstimmung mit den obigen Ausführungen zum Problem des Marktrisikos werden jedoch ausschließlich Infrastrukturgüter betrachtet, für die ein Anschluß- oder Benutzungszwang in Verbindung mit Gebührensystemen besteht, so z.B. Kanal- und Wasserleitungsnetze sowie Klärwerke.[237] Diese Infrastrukturgüter sind dadurch gekennzeichnet, daß sie keinerlei Substitutionsmöglichkeiten aufweisen und ihre Nutzung auch im Rahmen einer rein staatlichen Bereitstellung durch eine Gebührenerhebung gekennzeichnet war.

[**K1**, **K3**] Unter den genannten Anwendungsvoraussetzungen des Betreibermodells lassen sich keine sinnvollen Aussagen zu den Kriterien **Wachstumsbeitrag** sowie **Ausgewogenheit der (großräumigen) Siedlungsstruktur** treffen. Dies ist darin begründet, daß sich die Anwendungsfälle des Betreibermodells im wesentlichen auf *gemeindliche Pflichtaufgaben* konzentrieren und diese als Basisinfrastrukturgüter lediglich die Grundvoraussetzungen wirtschaftlicher Tätigkeit bilden. *Spezifische* Wachstumswirkungen im Sinne von positiven Standorteffekten, die sich in infrastrukturinduzierten Kapitalwanderungseffekten niederschlagen, können durch eine Bereitstellung von Ent- und Versorgungsinfrastrukturgütern i.d.R. jedoch nicht erwartet werden.[238] Dennoch ist die Relevanz dieser Infrastrukturgüter als *notwendige Voraussetzung* wirtschaftlicher Entwicklung nicht zu verkennen. In diesem Zusammenhang ist zum einen von Bedeutung, ob diese notwendigen Rahmenbedingungen *schneller* bereitge-

---

237 Anzumerken ist allerdings, daß im Bereich der Unternehmen gerade in den neuen Ländern eine Unsicherheitskomponente besteht, da hier der Umfang des wirtschaftlichen Aufschwungs sowie die regionalen wirtschaftlichen Entwicklungen nicht gut zu prognostizieren sind.

238 Hierzu könnten lediglich spezielle Infrastrukturgüter (z.B. spezielle Entsorgungsanlagen) beitragen. Auch deren Angebot muß jedoch im Bündel mit anderen Infrastrukturgütern vorhanden sein, um positive Wachstumseffekte zu induzieren.

stellt werden können als durch eine rein staatliche Bereitstellung. Wäre dies der Fall, so wären die Basisinfrastrukturgüter, die erst grundlegende Voraussetzungen für wirtschaftliche Entwicklung sind, früher vorhanden, so daß sich ein - durch andere Faktoren induzierter - Wachstumsprozeß ebenfalls vorgezogen entwickeln könnte. Zum anderen ist im Rahmen der Zielsetzung der Einheitlichkeit der Lebensverhältnisse relevant, ob eine Anwendung des Betreibermodells zu einer Realisierung zusätzlicher Investitionen führt und damit gleichzeitig zu einem Abbau regionaler Disparitäten beiträgt. Die angesprochenen Kriterien sind im folgenden zu betrachten.

[K4] Für eine Bewertung des Kriteriums '**Abbau regionaler Disparitäten**' ist zunächst von Bedeutung, daß nur enger besiedelte Gebiete für eine Anwendung des Betreibermodells in Betracht kommen. So geht im Fall der Abwasserbeseitigung - unter Berücksichtigung des Baus von Leitungsnetzen (Druckleitungen etc.) - eine geringe Siedlungsdichte mit einem hohen Kapitalaufwand und einer nur geringen Betriebsgröße der zugehörigen Kläranlage einher. Die Wahrscheinlichkeit, daß ein solches Projekt zu geringeren als den öffentlichen Gebühren kostendeckend erstellt und betrieben werden kann, sinkt also mit abnehmender Siedlungsdichte. Über den Umfang der mindestnotwendigen Siedlungsdichte kann unter rein theoretischen Gesichtspunkten allerdings nichts ausgesagt werden.[239] In typischen dünn besiedelten, strukturschwachen Regionen werden Betreibermodelle jedoch voraussichtlich nicht zur Anwendung kommen. Ein spezieller Beitrag des Betreibermodells zum Abbau regionaler Disparitäten kann vor diesem Hintergrund nicht abgeleitet werden.

[K6] Die Leistungsfähigkeit des Betreibermodells wird jedoch wesentlich durch *differentielle* Effekte gegenüber einem rein staatlichen Engagement gekennzeichnet, so z.B. durch mögliche Zeitersparnisse, die Infrastruktur als Basisfunktion für den Wachstumsprozeß schneller vorhanden sein lassen. So werden Private **Zeitersparnisse in der Finanzierungsphase** realisieren können, da ein Bewerber im Rahmen der Ausschreibung nur dann den Zuschlag erhält, wenn er einen Nachweis über die Finanzierung des gesamten Projektes vorlegen kann. Hierdurch werden die im budgetären Bewilligungsprozeß der öffentlichen Hand auftretenden Verzögerungen vermieden.[240] Zudem besitzt der Betreiber einen Anreiz, auch die Phase der Leistungserstellung zeitlich zu minimieren, da die öffentliche Hand erst dann mit der Zahlung des Betreiberentgelts beginnt,

---

239 Die Erfahrung zeigt allerdings, daß z.B. in der Gemeinde Wesendorf eine Kläranlage bei einer nur dünnen Besiedlung von 46 Einwohnern pro qkm und einer geringen Klärkapazität (12.500 EGW) mit Hilfe des Betreibermodells rentabel erstellt und betrieben werden konnte. Vgl. Spelthahn, S.; Steger, U. (1992) S. 63, Tab. 3 und S. 64.

240 Vgl. Engstler, H. (1989) S. 142, Löhmann, H.-B. (1987) S. 279. Auf kommunaler Ebene kommt der Genehmigungsprozeß für eine Kreditaufnahme durch die kommunalen Aufsichtsbehörden hinzu. Dieser zeitintensive Prozeß hat Kostenerhöhungen zur Folge. Vgl. Spelthahn, S.; Steger, U. (1992) S. 56.

wenn die Bauleistungen vollständig erbracht worden sind.[241] Die *Erfahrungen* im Rahmen des Betreibermodells zeigen darüber hinaus, daß die für den Bau von Kläranlagen vergebenen staatlichen Zuschüsse aufgrund des hohen Bedarfs an Fördermitteln vielfach über mehrere Jahre abgegeben werden. Dies hat zur Folge, daß die Baumaßnahmen bei einer traditionellen Erstellung im kommunalen Regiebetrieb zeitlich gestreckt werden, um Zuschüsse in möglichst großem Umfang zu erhalten.[242]

[**K5**] Im Gegensatz dazu werden **Zeitersparnisse in der Planung** kaum entstehen. Das Ausschreibungsverfahren nach der Verdingungsordnung für Leistungen (VOL) sieht nämlich zunächst umfangreiche Vorplanungen auf Seiten der Gebietskörperschaft vor (technische Vorplanung, Regiekostenrechnung, Entwurf der Vertragswerke) und erfordert außerdem aufwendige Prüfungsverfahren zur Beurteilung der Nebenangebote privater Bewerber.[243] Vergleicht man dieses Verfahren mit einer rein staatlichen Planung, so ist zunächst festzuhalten, daß die zur Ausschreibung notwendigen Vorplanungen von der Gebietskörperschaft *in jedem Fall* anzufertigen sind. Dabei müssen die Planungen im Rahmen des Betreibermodells allerdings unter Umständen in geringerer Tiefe erstellt werden. Die Ausschreibung als solche sowie die Prüfung von Nebenangeboten ist aber im Betreibermodell *zusätzlich* durchzuführen, so daß insgesamt kaum kürzere Planungszeiten, sondern eher gleichlange oder längere Zeiträume zu unterstellen sind. So hat bspw. die Anwendung des Betreibermodells in der niedersächsischen Gemeinde Wesendorf zu Verzögerungen im Bereich der Planung geführt, da zunächst die verbindlichen Pläne der zu errichtenden Kläranlage durch die Kommune erarbeitet wurden, diese genehmigt werden mußten

---

241 Vgl. Pfüller, H.-J. (1990) S. 69. Die Gebietskörperschaft wird dagegen Projekte in Bauabschnitten realisieren, da in öffentlichen Haushalten große Investitionssummen nicht abrechenbar sind.

242 Vgl. Liersch, K.-M. (1986) S. 776, Engstler, H. (1987a) S. 112.

243 Die Realisierung der von Privaten abgegebenen Nebenangebote wird von einigen Autoren als problematisch angesehen, da die öffentliche Hand hierdurch einen Teil ihrer Planungshoheit verliere und sich in die Abhängigkeit eines privaten Unternehmens begebe. Es seien vor allem dann Probleme zu befürchten, wenn nachträgliche Veränderungen gegen die wirtschaftlichen Interessen des Betreibers ständen [vgl. Spelthahn, S.; Steger, U. (1992) S. 59, Fehr, G. (1990) S. 20]. Führen jedoch nachträgliche Veränderungen zu überproportionalen Kostensteigerungen, so müssen diese in Form von Gebührenanpassungen gedeckt werden. Hierüber hat jedoch die Gebietskörperschaft zu befinden. Die Entscheidung, ob eine überproportionale Gebührensteigerung zu rechtfertigen ist, müßte aber von dieser auch dann getroffen werden, wenn das Infrastrukturgut rein staatlich erstellt und betrieben würde [vgl. Spelthahn, S.; Steger, U. (1992) S. 60, anders Engstler, H. (1987b) S. 50]. Ob mit dem Übergang der Planung eine „Aushöhlung der kommunalen Selbstverwaltung“ [Engstler, H. (1987b) S. 50] verbunden ist, muß weiterhin bezweifelt werden, da die Kommune immer noch über die Durchführung der Investition in der vorliegenden Form entscheidet.

und erst im Anschluß eine Ausschreibung erfolgen konnte.[244] *Insgesamt* wird aber als Vorteil des Betreibermodells in der Literatur ein kürzerer Realisierungszeitraum des Projektes genannt.[245] Folglich ist davon auszugehen, daß die zeitlichen Einsparungen im Rahmen der Bauabwicklung und Finanzierung die unter Umständen entstehenden Verzögerungen in der Planung überkompensieren.

[**K7**] Für die Analyse differentieller Wachstumseffekte ist schließlich zu untersuchen, ob der Einsatz des Betreibermodells zu *zusätzlichen* Infrastrukturinvestitionen beiträgt, die bei einem *ausgeschöpften kommunalen Kreditrahmen* nicht zu realisieren sind. Diese könnten dann auch in kleineren, finanzschwächeren Kommunen einen Beitrag zur Versorgung mit der notwendigen Basisinfrastruktur und damit zum Ziel der Einheitlichkeit der Lebensverhältnisse leisten. Zur Beurteilung der Frage, ob durch das Betreibermodell eine direkte **Entlastung der öffentlichen Haushalte** erreicht bzw. **zusätzliche Investitionen** realisiert werden können, ist auf die Ausführungen zur Projektfinanzierung zu verweisen. So wird auf kommunaler Ebene die freie Spitze generell nicht eingeschränkt, wenn es sich bei dem zu finanzierenden Objekt um eine rentierliche Investition handelt. Die Anwendung des Betreibermodells setzt eine solche Investition gerade voraus, so daß jedes durch das Betreibermodell erstellte Objekt auch bei ausgeschöpftem Kreditrahmen durch die Kommune selbst finanziert und erstellt werden könnte.[246] Dementsprechend hat das Niedersächsische Innenministerium im Jahr 1989 die Kommunalaufsicht angewiesen, zwischen rentierlichen und nicht rentierlichen Krediten zu unterscheiden und rentierliche Kredite auch dann zu genehmigen, wenn der Kreditrahmen der Gemeinde überschritten ist.[247] So führt die Einschaltung des Betreibermodells in diesem Fall *nicht* zu *zusätzlichen* Investitionen.[248]

---

244 Vgl. Spelthahn, S.; Steger, U. (1992) S. 87. In der Gemeinde Wedemark haben nachträgliche Änderungen in der technischen Konzeption zu Verzögerungen in der Ausführung geführt. Vgl. ebenda S. 118.

245 Vgl. Bach, S. (1994) S. 232, Schrödter, W.; Partetzke, G. (1987) S. 39.

246 Hier spricht man auch von sog. rentierlichen Krediten, die den zukünftigen Verschuldungsspielraum der Kommune nicht einschränken. Vgl. Reffken, H. (1990) S. 49, ähnlich Steenbock, R. (1990) S. 94

247 Vgl. Engstler, H. (1989) S. 143f., ähnlich Lütcke, K.-P. (1990) S. 242.
Anzufügen ist allerdings, daß auch das Betreibermodell einer kommunalaufsichtlichen Genehmigungspflicht unterliegt. Letztere ist immer dann notwendig, wenn bei der Einbeziehung privater Unternehmen erstens eine Zahlungsverpflichtung entsteht, die in ihrer wirtschaftlichen Konsequenz für die Kommune einer Kreditverpflichtung entspricht, zweitens die Kommune Sicherheiten zugunsten Dritter übernimmt oder drittens Vermögensgegenstände unter Wert, Grundstücke oder grundstücksgleiche Rechte, Eigenbetriebe oder Beteiligungen veräußert werden. Daher ist jeder Betreibervertrag genehmigungspflichtig. Vgl. Rehm, H. (1994) S. 72f.

248 Vgl. Spelthahn, S.; Steger, U. (1992) S. 57, Reffken, H. (1990) S. 49.

Die *Erfahrungen* mit dem Betreibermodell in Niedersachsen zeigen jedoch, daß diese theoretische, dem Haushaltsrecht folgende Argumentation nicht immer zutrifft. Wird von Seiten der Kommunalaufsicht *nicht* zwischen rentierlichen und nicht-rentierlichen Krediten bei der Genehmigungspraxis unterschieden und bspw. aus Gründen der Höhe der Gesamtverschuldung[249] die Genehmigung eines Projektes nicht erteilt, so *kann* durch ein Betreibermodell ein *zusätzliches* Projekt realisiert werden.[250] Eine Anwendung des Betreibermodells bedeutet aber nicht, daß *innerhalb* des Haushaltes nun ein Spielraum für *weitere* Projekte besteht, da die Haushaltsrestriktion weiterhin existiert. Die niedersächsische Praxis zeigt, daß die Aufsichtsbehörde im Fall des Baus der Kläranlage Wesendorf keine Unterscheidung zwischen rentierlichen und nicht-rentierlichen Krediten vornahm. Daher bedeutete die Privatisierung für die Gemeinde Wesendorf auch eine Vermeidung von Finanzierungsproblemen.[251] Auch im Rahmen des Baus der Kläranlage Wedemark war die Vermeidung einer hohen Kreditaufnahme ein wesentlicher Grund für den Einsatz des Betreibermodells.[252] Zusammenfassend ist festzuhalten, daß in *theoretischer* Betrachtungsweise das Betreibermodell *nicht* zu zusätzlichen Investitionen führt. Auch vor dem Hintergrund der Bewertung des Kriteriums K4 kann das Betreibermodell daher in kleineren, finanzschwächeren Kommunen keinen speziellen Beitrag zur Versorgung mit Basisinfrastruktur und damit zum Abbau regionaler Disparitäten leisten. Besonderheiten in der Praxis können diese theoretischen Argumente hingegen widerlegen.

Die Befürworter des Betreibermodells verweisen auf erhebliche Kosteneinsparungen,[253] die durch ein wettbewerbliches Ausschreibungsverfahren entstehen würden. Als Beleg wird auf die Erfahrungen mit dem Betreibermodell in Niedersachsen verwiesen, welches mit zwischen 13% und 30% geringeren Entgelten im Vergleich zu den Regiekosten einher gehe.[254] Strittig ist jedoch zwischen Befürwortern und Gegnern des Betreibermodells, ob die geringeren Betreiberentgelte ausschließlich auf eine höhere technische und organisatorische Effizienz des privaten Betreibers zurückzuführen oder nicht vielmehr durch 'Rechenfehler' bedingt seien. Daher sind zunächst mögliche Effizienzverbesserungen zu skizzieren, bevor die Kritik an den Berechnungsmethoden dargestellt wird.

---

249 REFFKEN weist allerdings ausdrücklich darauf hin, daß die Höhe des Schuldenstandes kein ausreichendes Kriterium für die Beurteilung der Leistungsfähigkeit einer Kommune ist. Vgl. Reffken, H. (1990) S. 48.

250 Vgl. Rehm, H. (1994) S. 67.

251 Vgl. Spelthahn, S.; Steger, U. (1992) S. 88.

252 Vgl. ebenda S. 91.

253 Vgl. Löhmann, H.-B. (1985) S. 14, Rudolph, K.-U. (1990) S. 167.

254 Vgl. Rudolph, K.-U. (1990) S. 167. Der differentielle Wachstumseffekt einer privat finanzierten Kläranlage gegenüber einer öffentlichen Anlage, welcher auf geringere Gebühren zurückzuführen ist, ist vermutlich eher gering und kann daher vernachlässigt werden.

[K8] Im Rahmen der Ausschreibung des Betreibermodells nach VOL, welche einen Wettbewerb um den Markt institutionalisiert, soll ein *umfassendes* Leistungspaket auf einen der Bewerber übertragen werden. Da der zukünftige Betreiber sowohl für die technische Konzeption als auch für die Erstellung des Objektes verantwortlich zeichnet, liegen sowohl das verfahrenstechnische als auch das Fertigstellungsrisiko beim ihm. Die Bieter werden daher - bei gegebener Aufgabenstellung - den Anreiz besitzen, durch eine bestmögliche **Projektorganisation** Kostenersparnisse zu erzielen, um im Auktionsverfahren so durch einerseits niedrige Gebühren und andererseits ein ausgereiftes technisches Konzept den Zuschlag zu erhalten.

Darüber hinaus sieht das Betreibermodell eine private Betriebsführung vor. Dabei ist das Marktrisiko allerdings durch die konkrete Ausgestaltung des Betreibervertrags begrenzt. So blieben bei den bisher geschlossenen Verträgen die vereinbarten Entgelte über die Vertragsdauer (20-30 Jahre) konstant,[255] wodurch das Preisrisiko vermindert wird. Auch das Absatzrisiko ist bei Infrastrukturgütern mit Anschlußzwang gut kalkulierbar und damit gering. Entsprechend wird im Zusammenhang mit dem niedersächsischen Betreibermodell in der Literatur kritisch angemerkt, daß Marktrisiken nur begrenzt auf den Betreiber verlagert werden.[256] Gerade bei gemeindlichen Pflichtaufgaben könne die Kommune im Fall wirtschaftlicher Schwierigkeiten des Betreibers lediglich entweder das Betreiberentgelt erhöhen oder den Konkurs des Betreibers zulassen. Da die Gemeinde aber für den fortlaufenden Betrieb der Anlagen verantwortlich sei, werde sie das Konkursrisiko durch die im Erbbaurechtsvertrag festgeschriebene Heimfallregelung reduzieren. Faktisch werde durch diese vertragliche Regelung nur ein kleiner Teil des unternehmerischen Risikos Privaten übertragen, so daß es sich - da die Bereitstellungsverantwortung nicht bei Privaten liege - nicht um eine „vollständige Privatisierung" handele.[257]

Diese Argumentation ist jedoch vor allem für das in der *Kontraktphase* drohende opportunistische Verhalten des Anbieters relevant. In dem hier zunächst diskutierten Zusammenhang ist hingegen zu unterstellen, daß die Bewerber im Rahmen des *Ausschreibungsverfahrens* - d.h. im ex-ante Wettbewerb um den Markt - das Marktrisiko *voll* kalkulieren, da sie in direkter Konkurrenz mit anderen Bietern um den Zuschlag stehen und deren Gebot nicht kennen. Daher wird das Privatunternehmen im Rahmen des Wettbewerbs um den Markt den

---

255 Vgl. Löhmann, H.-B. (1985) S. 14, Spelthahn, S.; Steger, U. (1992) S. 57.

256 Vgl. Steenbock, R. (1990) S. 96.

257 Spelthahn, S.; Steger, U. (1992) S. 18 und S. 41, vgl. ähnlich Fehr, G. (1990) S. 24, Steenbock, R. (1990) S. 94. Die Aussage, daß die „die gemeindliche Pflichtaufgabe der Abwasserbeseitigung ganz oder teilweise einer privaten Firma übertragen" werde [Schröder, W.; Partetzke, G. (1987) S. 33], ist daher nach Ansicht von STEENBOCK unrichtig. Es handele sich vielmehr um eine Aufgabenerfüllung durch Dritte, bei der Eigentum und Betriebsführung privatisiert werden. Vgl. Steenbock, R. (1990) S. 93.

Anreiz besitzen, das Infrastrukturobjekt so zu dimensionieren (**Projektgröße**), daß sich das eingesetzte Kapital durch die in der Betriebsphase zu erhebenden Gebühren amortisiert. Hiermit ist der ökonomische Zwang verbunden, Planung, Bau und Betrieb derart zu gestalten, daß sich ein kosteneffizienter Betrieb des Objekts verwirklichen läßt. Während Private diese Phasen als Einheit betrachten, werden in der üblichen staatlichen Bereitstellung Planung, Bau und Betrieb aufgrund unterschiedlicher Zuständigkeiten in den staatlichen Verwaltungen sowie Ausschreibungen nach Gewerken lediglich als drei *in sich* optimierte Gebiete angesehen, bei denen das technische Gesamtoptimum i.d.R. nicht erreicht wird.[258]

Gleichzeitig führt die Übertragung des (beschränkten) Marktrisikos auf den Betreiber tendenziell zu einer Reduktion fehldimensierter Projekte ('Luxuskläranlage'),[259] da der Betreiber während des Ausschreibungsverfahrens die Realisierbarkeit und ökonomische Tragfähigkeit seines Projektvorschlages einkalkulieren muß. Dies ist vor allem für die neuen Bundesländer von Bedeutung, da hier im Bereich der kommunalen Abwasserentsorgung vielfach Fehlplanungen zu beobachten sind. So wurden beispielsweise in Erwartung eines wirtschaftlichen Aufschwungs Kläranlagen zu groß dimensioniert bzw. Kanalnetze in zu weitem Maße ausgebaut.[260] Als Ursache wird in diesem Zusammenhang fehlendes Wissen bei den Kommunalpolitikern und Aufsichtsbehörden angenommen.[261] Eine Einschaltung des Betreibermodells könnte dieser Tendenz entgegenwirken.

[**K9**] Eine Ausschreibung des Projektes im Wettbewerb hat aber nicht nur Auswirkungen auf den *Umfang* des Projektes, sondern vor allem auch auf dessen *technische Konzeption*. Hier werden **Spezialisierungsvorteile** privater Unternehmen wirksam. So können im Zuge der Abgabe von Nebenangeboten von der kommunalen Planung abweichende technische Konzepte präsentiert wer-

---

258 Vgl. Rudolph, H.-K.; Gellert, M. (1988) S. 125, Engstler, H. (1987a) S. 112.

259 Vgl. Rehm, H. (1994) S. 66.

260 Vgl. Runge, M. (1994) S. 443.

261 Hier ist zudem anzumerken, daß nach der gültigen Verordnung die Honorarberechnung für Ingenieurbüros mit der Bausumme steigt, so daß von planerischer Seite keinerlei Anreize zu einer kostengünstigen Dimensionierung eines Projektes bestehen [vgl. Liersch, K.-M. (1986) S. 776, Löhmann, H.-B. (1987) S. 278]. Dieser Zusammenhang wird durch den Einsatz des Betreibermodells durchbrochen. Von Kritikern wird allerdings angemerkt, daß sich ein derartiges Ergebnis auch durch einen Planungswettbewerb zwischen verschiedenen Ingenieurbüros erreichen lasse [vgl. Müller-Wrasmann, K. (1987) S. 13, Fehr, G. (1987) S. 9]. Damit ist allerdings der Nachteil verbunden, daß die von den Gemeinden beauftragten Ingenieurbüros für die Realisierbarkeit ihrer Ideen nicht die Verantwortung und Kosten tragen müssen. Private müssen hingegen verbindliche Angebote abgeben und daher umsichtiger kalkulieren [vgl. Spelthahn, S.; Steger, U. (1992) S. 55]. Dennoch ist der hier vorgetragene Zusammenhang im wesentlichen als institutionelles Problem der öffentlichen Verwaltung zu charakterisieren und nicht als inhärenter Vorteil des Betreibermodells.

den.[262] Durch die Ausschreibung wird also ein Ideenwettbewerb institutionalisiert, welcher eine Revision und technische Verbesserung der kommunalen Entwürfe bewirkt.[263] Da auf diesem Wege das individuelle Know-How des Anbieters in die Planung und Realisierung einfließt, können durch dessen spezielles Leistungsprofil auch Kostenvorteile realisiert werden.[264] So wurden z.B. vom privaten Betreiber in der niedersächsischen Gemeinde Wedemark für die einzelnen Planungssegmente vier unterschiedliche Spezial-Ingenieurbüros eingeschaltet, um neben einer kostengünstigen auch eine technisch ausgereifte Lösung zu entwickeln.[265] Im Ergebnis habe dies zu einem herausragenden Standard bezüglich der Reinigungsleistung der Kläranlage geführt, so daß auch eine ökologisch vorteilhafte Lösung gefunden werden konnte.[266]

[**K10**] Mit der Einschaltung eines privaten Betreibers für Planung, Bau und Betrieb des Objekts sind zudem **Rationalisierungsvorteile** verbunden. So bestehen in der Kontraktphase einerseits Verbundeffekte durch die Erstellung oder den Betrieb ähnlicher Anlagen. Der Betreiber in der Gemeinde Wesendorf konnte bspw. Personalkosten durch den gleichzeitigen Betrieb einer Abfalldeponie und einer Kläranlage einsparen.[267] Der Betrieb weiterer identischer Anlagen ermöglicht außerdem Einsparungen im Bereich der Kosten für mobile Maschinen (z.B. mobile Klärschlammpressen bei Kläranlagen) sowie bei Materialkosten.[268] Rationalisierungspotentiale ergeben sich andererseits durch eine bessere Koordination einzelner Bauabschnitte des Infrastrukturobjektes. In der Gemeinde Wedemark wurden z.B. die Aushubarbeiten für Gas, Wasser und Strom mit der Verlegung der Kanalisation koordiniert. Gleichzeitig wurde ein Leerrohr für Kabel installiert, das anschließend verkauft wurde.[269] Darüber hinaus können Skaleneffekte realisiert werden, indem z.B. der Nutzerkreis einer Anlage über das ursprünglich geplante Maß erweitert wird. Hierzu nimmt bspw. die Kläranlage Wesendorf Abwässer auf, die nicht der Samtgemeinde zuzu-

---

262 Erfahrungen mit dem Betreibermodell in Niedersachsen zeigen, daß dies vielfach der Fall war. Vgl. Spelthahn, S.; Steger, U. (1992) S. 4, Tab. 1.

263 Vgl. Engstler, H. (1987a) S. 112, Löhmann, H.-B. (1987) S. 278.

264 Vgl. Pfüller, H.-J. (1990) S. 69f., Rehm, H. (1994) S. 66. STEENBOCK ist allerdings der Ansicht, daß ein öffentlicher Entscheidungsträger diese Optimierung auch durchführen könnte [vgl. Steenbock, R. (1990) S. 95]. Hier ist aber mit Verweis auf die Ausführungen in III.3.2.1 einzuwenden, daß bei den Betroffenen (Planer, Beamten des Bauamtes, prüfende Behörden) keine Anreize bestehen, z.B. die Abwasserbeseitigung kosteneffizient zu gestalten.

265 Vgl. Spelthahn, S.; Steger, U. (1992) S. 110. Die Autoren weisen außerdem darauf hin, daß der private Betreiber aufgrund seiner Planungserfahrung in anderer Weise verhandeln könne als die Kommune.

266 Vgl. ebenda S. 117. Hier ist der Bezug zu den skizzierten Umweltzielen (IV.2.2.5) herzustellen.

267 Vgl. ebenda S. 87. Dies konnte auch in der Gemeinde Wedemark beobachtet werden. Vgl. ebenda S. 110.

268 Vgl. Fehr, G. (1990) S. 20.

269 Vgl. Spelthahn, S.; Steger, U. (1992) S. 111.

rechnen sind.[270] Die Anwendung von Betreibermodellen läßt daher die Realisierung von hohen Rationalisierungspotentialen vermuten.

Die skizzierten Effizienzvorteile eines privaten Infrastrukturengagements können jedoch durch opportunistisches Verhalten des Betreibers bedroht werden. Zwar besteht ein Eigeninteresse des Betreibers an einer rentablen Betriebsführung, welches das Unternehmen bei der Bauausführung auf gute Qualität achten sowie einen optimalen Unterhaltungszustand der Anlage gewährleisten läßt. Da jedoch *umfassende* Aufgaben auf Private übertragen werden, ist die Leistungsbeziehung gleichzeitig durch eine hohe Plastizität gekennzeichnet. So hat der Betreiber im Rahmen der Aufgabenerfüllung vielfältige Entscheidungsspielräume, die er opportunistisch ausnutzen kann. Darüber hinaus sieht das Betreibermodell lange Vertragszeiträume vor, in denen aufgrund unsicherer zukünftiger Entwicklungen ein beträchtlicher Steuerungsbedarf besteht (hohe Komplexität).[271] Schließlich trägt - wie oben bereits ausgeführt - das Wissen des Betreibers um die Auffangfunktion des Staates positiv zur Gefahr opportunistischen Verhaltens seitens des Unternehmens bei. So handelt es sich bei den relevanten Bereichen typischerweise um kommunale Pflichtaufgaben, bei denen die Kommune das Angebot auch dann sicherstellen muß, wenn der Betreiber seinen Pflichten nicht nachkommt.

Die auf die spezifischen Rahmenbedingungen zurückzuführende Gefahr opportunistischen Verhaltens spiegelt sich in der unter dem Stichwort „Ökonomie versus Ökologie" geführten Diskussion im Rahmen der Anwendung des Betreibermodells bei Kläranlagen wider. So wird die Befürchtung geäußert, daß der Betreiber in erster Linie wirtschaftliche Interessen verfolgen, nicht jedoch im Sinne des Umweltschutzes agieren würde.[272] Private könnten Kosten minimieren, indem sie Abwasserstandards unterschreiten, Sicherheitsspielräume zu gering bemessen oder die verwendete Technik nicht nach den neusten Umweltschutzstandards anpassen. Der hier unterstellte Zielkonflikt zwischen dem Gewinnstreben des Betreibers und den nicht marktwirtschaftlich orientierten Gemeinwohlinteressen der Kommunen kann jedoch durch eine entsprechende Ausgestaltung der *Verfügungsrechte* des privaten Betreibers gemildert werden.[273] So können Kontrollen vertraglich festgelegt und Sanktionen (Kündigung, Kürzung des Entgeltes) angedroht werden.[274] Derartige Strafandrohungen entsprechen dem in III.4.3.1 dargestellten Disziplinierungsinstrument der credi-

---

270 Vgl. ebenda S. 87.

271 Vgl. Bach, S.; Gornig, M.; Stille, F.; Voigt, U. (1994) S. 101, Übersicht 5/1.

272 Vgl. Fehr, G. (1990) S. 20ff.

273 Vgl. Spelthahn, S.; Steger, U. (1992) S. 57f., Pfüller, H.-J. (1990) S. 66. Dies gesteht auch FEHR ein. Vgl. Fehr, G. (1990) S. 22.

274 Vgl. Pfüller, H.-J. (1990) S. 66. Das Eigeninteresse des Betreibers an einem guten Ruf und weiteren Aufträgen in der Branche wird zudem sein opportunistisches Verhalten eingrenzen. Vgl. hierzu auch III.4.3.1.

ble threats. Über diese Problematik hinausgehend kann die Gefahr extremen opportunistischen Verhaltens, welches in betrügerischer Absicht des Betreibers einen Konkurs nach sich zieht, ebenfalls durch vertragliche Vereinbarungen vermindert werden.[275] So läßt sich für den Fall des Konkurses ein Heimfall der Anlage zu einem Preis unterhalb des Zeitwertes vereinbaren. Bei mangelhafter Wartung und entsprechendem Zustand der Anlage kann der Kaufpreis zudem mit Abschlägen versehen werden.[276] Die Einordnung dieser Übereinkunft läßt sich in Abhängigkeit vom informellen Verhältnis der Vertragspartner entweder als Pfand oder als credible threat interpretieren.

Wie die Darstellung der konkreten vertraglichen Gestaltung des Betreibermodells zeigt, sind hier bereits Vereinbarungen eingearbeitet worden, die opportunistischem Verhalten des Betreibers vorbeugen sollen.[277] Daher kann die Kontraktgestaltung im Rahmen des Betreibermodells bereits als Antwort auf dessen inhärente hohe Plastizität und Komplexität interpretiert werden. Unter der Annahme, daß diese Regelungen opportunistisches Verhalten wirksam begrenzen, können dem Betreibermodell folglich hohe Effizienzgewinne zugeschrieben werden. So weisen SPELTHAHN und STEGER auf die besondere Bedeutung der Realisierung von Spezialisierungsvorteilen für die neuen Länder hin. Im Bereich der Wasserwirtschaft befänden sich die Experten in den *zentral organisierten* Nachfolgeunternehmen der ehemaligen DDR-Wasserwirtschaftsbetriebe.[278] Die aus diesem Grund fehlende technische und wirtschaftliche Kompetenz der Kommunen gestalte eine Organisation der Wasserwirtschaft in Form von Regiebetrieben schwierig. Betreibermodelle könnten hingegen Spezialkenntnisse in den Bereich der kommunalen Abwasserbeseitigung einbringen. Demgegenüber ist einzuwenden, daß die Auswahl des privaten Betreibers, die Prüfung der Nebenangebote sowie die Überwachung des Unternehmens im Zuge der Vermeidung opportunistischen Verhaltens ebenfalls Spezialisten er-

---

275 Kritiker befürchten für diesen Fall, daß die Kommune die Leidtragende sei, da ihr in diesem Fall hohe Kosten entstehen würden. Vgl. Bellefontaine, K. (1990) S. 145, Fehr, G. (1990) S. 23, ähnlich Engstler, H. (1987a) S. 113.

276 Vgl. Spelthahn, S.; Steger, U. (1992) S. 60.

277 Um den nur schwer zu antizipierenden Veränderungen der Umweltsituation entgegenzuwirken, werden im Fall von Kläranlagen komplexe Betreiberverträge geschaffen, die zum einen ökologische Richtwerte und Kontrollen beinhalten und zum anderen Anpassungen der Betreiberentgelte zur Begrenzung monopolistischen Verhaltens regeln. Erstere versuchen vor allem, ökologische Standards vor den ökonomischen Interessen des Betreibers zu schützen. Hier werden automatische Meßeinrichtungen eingesetzt, mit denen die Reinigungsleistungen relativ unproblematisch überwacht werden können. Minderleistungen werden durch entsprechende erhöhte Abwasserabgaben monetär geahndet. Vgl. Engstler, H. (1987a) S. 112f., Spelthahn, S.; Steger, U. (1992) S. 84.

278 Vgl. ebenda S. 239f.

fordert.[279] Folglich wird in der Literatur auch die Ansicht vertreten, daß die Anforderungen an die öffentliche Hand sehr hoch sind und der mit der Einführung des Betreibermodells verbundene Verwaltungs- und Überwachungsaufwand gegenüber einer staatlichen Lösung eher steigt.[280] Eine definitive Antwort auf dieses Problem ist auch hier nur durch eine Einzelfallbetrachtung zu erlangen. In jedem Fall ist es jedoch sinnvoll, die Kommunen mit kompetentem Personal auszustatten oder unabhängige private Berater hinzuziehen. Es bedarf also eines 'sachkompetenten Staates', dessen Mitarbeiter die Tätigkeit privater Unternehmen beurteilen können.[281]

[**K11**] In einer Analyse der Leistungsfähigkeit des Betreibermodells ist auch die **Höhe der Kapitalkosten** zu berücksichtigen. Obwohl das Betreibermodell nicht mit einer konkreten Finanzierungsform verbunden ist, wird in der Literatur unterstellt, daß Private höhere Zinsen für die Fremdkapitalaufnahme zahlen müssen als die Gebietskörperschaften.[282] Nur in dem Fall, in dem das Ausfallrisiko des Kredits für das Kreditinstitut z.B. durch eine Bürgschaft der Kreditkörperschaft vollkommen entfällt, entsprechen die Kreditkonditionen denen der Gebietskörperschaft.[283] Handelt es sich bei der Aufgabenübertragung auf Private um eine kommunale Pflichtaufgabe, wird in der Regel eine Bürgschaft gewährt, um eine generelle Sicherstellung der Aufgabenerfüllung zu gewährleisten. Es kann also festgehalten werden, daß in den Fällen, in denen Private einen Teil des Marktrisikos übernehmen müssen, diese gleichzeitig auch erhöhte Kapitalkosten hinzunehmen haben.

[**K12**] Auch im Betreibermodell stellt der **Grundsatz der Wirtschaftlichkeit und Sparsamkeit** den entscheidenden Maßstab für die Entscheidung dar,[284] ob die Aufgabenerfüllung auf ein Privatunternehmen übertragen werden soll. So

---

279 Vielfach wird den Kommunen die nötige Kompetenz abgesprochen, ein Ausschreibungsverfahren vornehmen und die Betreiber angemessen überwachen zu können. Vgl. Spelthahn, S.; Steger, U. (1992) S. 241.

280 Vgl. Fehr, G. (1990) S. 21, Bach, S. (1994) S. 231.

281 Budäus, D.; Grüning, G. (1996) S. 45

282 Vgl. Reffken, H. (1990) S. 47, Bellefontaine, K. (1990) S. 412, Runge, M. (1994) S. 448. Die Kreditaufnahme von Gebietskörperschaften fällt nicht unter die Mindestreservepflicht der Banken, so daß dieser günstigere Kreditkonditionen gewährt werden können. Vgl. (Der) Niedersächsische Minister für Wirtschaft, Technologie und Verkehr (1988) S. 18.

283 Vgl. (Der) Niedersächsische Minister für Wirtschaft, Technologie und Verkehr (1988) S. 18.

284 Vgl. Rehm, H. (1994) S. 72. Dies ist für die thüringische Kommunalwirtschaft beispielsweise in §10 II ThürGemHV geregelt. Die Haushaltsgrundsätze der **Vollständigkeit** sowie der **Einheit und Klarheit [K13, K14]** sind im Fall des Betreibermodells nicht relevant, da für die Finanzierung auf Gebühren und nicht auf Haushaltsmittel zurückgegriffen wird. Die Arbeitsgruppe beim Bundesministerium für Finanzen merkt allerdings an, daß haushaltsrechtliche Bedenken nur solange nicht bestehen, wie die Gebietskörperschaften keine öffentlichen Haushaltsmittel einsetzen oder Garantien bzw. Bürgschaften übernehmen. Vgl. Bundesministerium für Finanzen (1991) S. 28.

erhält der private Betreiber im Rahmen der VOL-Ausschreibung nur dann den Zuschlag, wenn er die ausgeschriebene Leistung günstiger erbringen kann als die Gebietsköperschaft.[285] Als Entscheidungskriterium dient die Höhe des Betreiberentgelts unter Berücksichtigung der vorgelegten technischen Konzeption.[286] Kritiker des Betreibermodells weisen aber darauf hin, daß die im Bereich der Abwasserentsorgung errechneten Kostenvorteile, die gegenüber kommunalen Entgelten bis zu 30% ausmachen, lediglich auf steuerliche Effekte, unterschiedliche Kalkulationsmethoden oder nicht vergleichbare Kalkulationsgrundlagen zurückzuführen seien.[287] Diese Kritikpunkte sind im folgenden zu skizzieren, um die Bedeutung einheitlicher Bedingungen wirtschaftlicher Tätigkeit sowie vergleichbarer Kalkulationen auf staatlicher und privater Seite zu unterstreichen.

(a) Kritiker führen zunächst an, daß sich die höhere Effizienz Privater nur durch die Möglichkeit des Vorsteuerabzuges von Privatunternehmen ergebe, welche der Staat nicht wahrnehmen könne.[288] Die Verpflichtung des Betreibers zur Entrichtung von Umsatzsteuer berechtigt ihn gleichzeitig, zum Zeitpunkt der Investition einen Vorsteuerabzug von 13,04% von der Investitionssumme des Objektes vorzunehmen. Die Umsatzsteuer in Höhe von 15%, die auf die Entgelte abzuführen ist, fällt dann über die Vertragsdauer (30 Jahre) verteilt an. BELLEFONTAINE weist jedoch nach, daß hieraus lediglich ein Liquiditätseffekt resultiert. Der Investor benötige ein um den Vorsteuerabzug reduziertes Kreditvolumen, so daß in Höhe der Zinsen eine echte Kostenersparnis wirksam werde.[289] Dieser Liquiditätseffekt werde aber durch die anfallende

---

285 Vgl. (Der) Niedersächsische Minister für Wirtschaft, Technologie und Verkehr (1988) S. 14, Löhmann, H.-B. (1985) S. 14.

286 Das generelle Argument, daß Private nicht günstiger sein können, weil sie Gewinne erwirtschaften müßten, steht dem obigen Grundsatz nicht entgegen. Auch bei einer Realisierung einer Investitionsmaßnahme im Regiebetrieb werden Bauleistungen ausgeschrieben und an Private vergeben, die Gewinne erwirtschaften [Vgl. Löhmann, H.-B. (1985) S. 16, Engstler, H. (1987a) S. 112]. Der NIEDERSÄCHSISCHE MINISTER weist dementsprechend darauf hin, daß zu den Kosten einer Einrichtung Entschädigungen für Fremdleistungen einschließlich der Gewinne für Fremdleistungen gehören. Damit das Angebot eines Betreibers aber günstiger ist als der öffentlichen Hand, müssen die Gewinne des Betreibers allerdings durch die durch das Privatengagement entstehenden Einsparungen überkompensiert werden [vgl. (Der) Niedersächsische Minister für Wirtschaft, Technologie und Verkehr (1988) S. 14, ähnlich Steenbock, R. (1990) S. 95]. PFÜLLER weist darauf hin, daß Unternehmen Gewinne erwirtschaften müssen, „weil nur so ein effizienter Leistungsaustausch im Rahmen der sozialen Marktwirtschaft möglich ist." Pfüller, H.-J. (1990) S. 65.

287 Vgl. Steenbock, R. (1990) S. 98.

288 Vgl. ebenda S. 98. STEENBOCK bezieht hier jedoch nur die Wasserversorgung ein, für die damals ein Umsatzsteuersatz von 7% galt.

289 Vgl. Bellefontaine, K. (1990) S. 138, Spelthahn, S.; Steger, U. (1992) S. 50, Steenbock, R. (1990) S. 99. Die Berechnung ist hier auf die Abwasserbeseitigung bezogen, wobei der damals gültige Umsatzsteuersatz von 14% zugrundegelegt wurde.

Umsatzsteuerbelastung überkompensiert.[290] Die These von ENGSTLER, daß der Betreiber beim Bau der Anlage durch den Vorsteuerabzug mittelbar subventioniert werde, ist also hier nicht stichhaltig.[291] Vielmehr muß der Betreiber Kostenersparnisse erwirtschaften, die die Umsatzsteuerbelastung überkompensieren, um insgesamt ein im Vergleich zur Regiekostenrechnung geringeres Entgelt anbieten zu können.

(b) Weiterhin wird gegen das Betreibermodell vorgebracht, daß geringere Entgelte Privater auf einer Nichtabschreibung des zuweisungsfinanzierten Vermögens des Objektes beruhen.[292] Die Kommune berechne im Gegensatz zu Privaten auch Abschreibungen auf den zuweisungsfinanzierten Vermögensteil einer Anlage und setze diese als Kosten bei der Errechnung des Entgelts an. Hieraus ergebe sich ein Kostenvorteil für Private, da diese nur die tatsächlich finanzierten Aufwendungen in ihre Kostenrechnung einbezögen.[293] Dieser Vorteil läßt sich allerdings vermeiden, indem die Kommunen einen Betrag für die 'kalkulatorische Rücklagenbildung', der die Abschreibungen auf die Landeszuschüsse umfaßt, zum Betreiberentgelt hinzurechnen. Hierdurch wird eine echte Vergleichsbasis für das von Privaten angebotene Entgelt geschaffen, das derartige Abschreibungen nicht enthält. Die Analyse der Praxis zeigt, daß bspw. bei der Kalkulation in der Gemeinde Wesendorf eine derartige Anpassung nicht vorgenommen worden ist, so daß Abschreibungen in einer Gesamthöhe von 85.750 DM bei einem Investitionsvolumen von 4,4 Mrd. DM vernachlässigt wurden.[294] Die berechnete Kostenersparnis von 13,6% auf das Entgelt muß daher niedriger angesetzt werden.

(c) Ähnliche Probleme ergeben sich, wenn die Kommune Abschreibungen auf der Basis von Wiederbeschaffungspreisen vornimmt, der private Betreiber aber lediglich mit Anschaffungs- bzw. Herstellungswerten operiert.[295] So ist der für die Gemeinde Wedemark berechnete Kostenvorteil von Privaten auf derartige unterschiedliche Berechnungsgrundlagen zurückzuführen. Unter volkswirtschaftlichen Gesichtspunkten müßte die Ersparnis folglich um ca. 10% niedriger veranschlagt werden. Aus Sicht der Gebührenzahler wird allerdings tatsächlich die errechnete Einsparung von 30% des Entgeltes realisiert, da sich die unterschiedlichen Berechnungsmethoden direkt auf die Gebührenhöhe auswirken.

---

290 Vgl. Bellefontaine, K. (1990) S. 140, Spelthahn, S.; Steger, U. (1992) S. 51, Steenbock, R. (1990) S. 99.

291 Vgl. Engstler, H. (1987a) S. 112.

292 Vgl. Steenbock, R. (1987) S. 252. STEENBOCK hat diese Kritik jedoch später zurückgezogen. Vgl. Steenbock, R. (1990) S. 104.

293 Vgl. Rose, K. (1989) S. 199, der sich allerdings auf die Regelung in Niedersachsen bezieht. Das Thüringer Kommunalabgabengesetz (ThürKAG) eröffnet aber in § 12 III Satz 3, 2. Halbsatz den Kommunen auch die Möglichkeit Abschreibungen auf Zuwendungen in die Gebührenkalkulation einzubeziehen.

294 Vgl. Spelthahn, S.; Steger, U. (1992) S. 82.

295 Vgl. ebenda S. 112 und 117.

Zusammenfassend ist jedoch festzuhalten, daß die angesprochenen Problembereiche[296] unter Effizienzgesichtspunkten *keine grundlegenden Einwände* gegen eine Überlegenheit des Betreibermodells darstellen. Es handelt sich allerdings um - berechtigte - Kritikpunkte an den Berechnungsmethoden. Um eine korrekte Entscheidungsgrundlage zu erhalten, muß daher eine Berechnung der Entgelte auf identischen Grundlagen beruhen, damit in der Praxis eine Entscheidung für eine private Beteiligung nicht auf einen Kalkulationsfehler zurückzuführen ist.

[**K15**, **K16**] Zur Frage, ob eine Realisierung von Infrastrukturobjekten mit Hilfe des Betreibermodells zu einer **Vermeidung negativer gesamtwirtschaftlicher Wirkungen** führt, kann auf die Ergebnisse im Rahmen der Projektfinanzierung verwiesen werden. Ob die Kreditaufnahme durch Private allerdings mit einer anderen ordnungspolitischen Bewertung einher geht, muß zumindest dann in Frage gestellt werden, wenn die kreditfinanzierte Aufgabe eine Pflichtaufgabe des Staates darstellt. In diesem Fall handelt es sich nämlich nicht um eine Verlagerung der Aufgabenkompetenz vom staatlichen an den privaten Sektor, sondern vielmehr um eine Einschaltung Privater zur Aufgabenerfüllung. Ordnungspolitisch positiv muß allerdings angemerkt werden, daß Private bei einer Realisierung von Nebenangeboten einen entscheidenden Einfluß auf die Aufgaben*gestaltung* haben. Zudem sind Betreibermodelle in der vorgestellten Form i.d.R. auf die Lebensdauer des Projektes ausgerichtet. Es kann hier folglich von einer **dauerhaften Verlagerung in den privaten Sektor** gesprochen werden, da die Vertragskonzeption - den Konkursfall ausgeklammert - zunächst keinen Übergang des Objektes an die öffentliche Hand vorsieht. Es wird daher die Auffassung vertreten, daß das Betreibermodell „dem Grundsatz der Subsidiarität wirtschaftlichen Handelns der öffentlichen Hand gegenüber privatem Unternehmertum"[297] entspreche.

Zusammenfassend ergibt sich, daß das Betreibermodell im Rahmen eines wettbewerblichen Ausschreibungsverfahren umfangreiche Aufgaben an Private verlagert. Hieraus entsteht für die Bewerber ein Anreiz, eine innovative Lösung zu präsentieren, die einer Gesamtabstimmung in ihren einzelnen Erstellungsphasen unterzogen worden ist. Die mit einem Betreibermodell verbundenen erheblichen Effizienzgewinne unterliegen jedoch aufgrund hoher Plastizität und Komplexität der Gefahr einer opportunistischen Ausbeutung durch den Betreiber. Derartige Nachteile können jedoch durch eine sorgfältige Vertragsgestaltung sowie strenge Kontrollen und vertraglich festgelegte Sanktionen weitgehend gemildert werden. Eine Entlastung der kommunalen Haushalte wird durch ein Betreibermodell jedoch nicht erreicht.

---

296 Auf die Diskussion der Verzinsung des eingesetzten Kapitals beim Verkauf von Anlagen soll an dieser Stelle verzichtet werden. Vgl. hierzu z.B. Steenbock, R. (1987) S. 251, Rose, J. (1989) S. 199f., Steenbock, R. (1990) S. 100ff., Bellefontaine, K. (1990) S. 142ff.

297 Pfüller, H.-J. (1990) S. 64.

4.4 Das Kooperationsmodell

4.4.1 Kooperationen zwischen der öffentlichen Hand und Privaten

Die Tatsache, daß im Rahmen des Betreibermodells ein umfangreiches Aufgabenbündel auf den privaten Betreiber verlagert wird, hat zur Folge, daß bei unvorhersehbaren Problemen ein großer Abstimmungsbedarf zwischen den beteiligten Parteien besteht. Auch kann der Einfluß der Gebietskörperschaft unter Umständen nur unzureichend geltend gemacht werden. Demgegenüber sieht eine Kooperation zwischen der öffentlichen Hand und Privaten vor, daß Aufgaben von beiden Beteiligten *gemeinsam* erfüllt werden. So haben Private einerseits einen direkten Einfluß auf die Art und Weise, wie eine öffentliche Aufgabe erfüllt wird;[298] andererseits kann die öffentliche Hand die Aufgabenerfüllung der Privaten besser kontrollieren. Für eine derartige Kooperation wird von der öffentlichen Hand und den beteiligten Privatunternehmen eine gemeinsame Kapitalgesellschaft (i.d.R. eine GmbH) gegründet. Anwendungsgebiete für derartige sog. Public-Private-Partnerships (PPP)[299] finden sich zum einen im Bereich der Abfallbeseitigung und Entsorgung und zum anderen im Bereich der Stadtentwicklung und Wirtschaftsförderung.

Zu **Stadtentwicklungsmaßnahmen** zählen z.B. die Umwandlung von Industriebrachen (z.B. der Zeche Sachsen in Hamm) sowie anderer nicht genutzter Gelände in Gewerbeflächen und/oder Wohnraum. Derartige Projekte zwischen Privaten und der öffentlichen Hand wurden in der Vergangenheit z.B. durch die Errichtung des Media Parks Köln oder des Gründer- und Innovationszentrums Köln (GIZ) verwirklicht.[300] Die hier genannten Beispiele sind jedoch nicht originär der in der Arbeit zu behandelnden materiellen Infrastruktur zuzurechnen. Es handelt sich vielmehr um einen Mischbereich, der bspw. die Erstellung von Wohnungen, die Restaurierung erhaltenswerter Gebäude sowie die Wirtschaftsförderung zum Ziel hat, gleichzeitig aber auch mit Altlastensanierung, Erschließungsprojekten sowie Straßenbau verbunden ist.[301] Kennzeichnend ist weiter, daß derartige Projekte vom öffentlichen Sektor i.d.R. nicht allein durchgeführt worden wären, sondern ihre Realisierung vielmehr von der (Risiko-)Beteiligung

---

298 Vgl. Krähmer, R. (1992) S. 79.

299 Hier ist von der ursprünglichen Begriffsbestimmung des Public-Private-Partnership auszugehen. Demgegenüber sind weite Begriffsfassungen, welche *jede* Kooperation zwischen Privaten und der öffentlichen Hand als Public-Private-Partnership bezeichnen, im folgenden abzulehnen. Vgl. zu einer solchen Definition z.B. Bös, D.; Schneider, F. (1996) S. 6f.

300 Weitere Beispiele sind die Gesellschaft für Wirtschaftsförderung (GFW) Duisburg, das Ökozentrum Hamm sowie die Schaffung der Sanierungstreuhänder Eigelstein (Köln) und des Entsorgungszweckverband ENSO (Köln) [vgl. Uhlig, K. (1990) S. 107ff., Krähmer, R. (1992) S. 79f.]. BACH nennt weitere Anwendungsbereiche im Bereich von Flughäfen, Sportstätten, Veranstaltungszentren sowie lokalen Rundfunkstationen [vgl. Bach, S. (1994) S. 234]. Ein zukünftiges Projekt könnte der Umbau des Kölner Hauptbahnhofes zu einem Drive-In-Bahnhof sein. Vgl. Uhlig, K. (1990) S. 116.

301 Vgl. Krähmer, R. (1992) S. 80.

Privater abhängig ist.[302] Da schließlich mit dieser Art des Public-Private-Partnership keine bestimmten Organisationsformen verbunden sind, sondern die Kooperation mit unterschiedlichen Rechtsformen und vertraglichen Bindungen einher gehen kann,[303] lassen sich diese kaum verallgemeinernd darstellen und bewerten. Obwohl Public-Private-Partnerships im Bereich der Stadtentwicklung und Wirtschaftsförderung vor allem für die Innenstadtsanierung in den neuen Ländern Bedeutung zukommt, sollen sie hier nicht weiter betrachtet werden. Im folgenden stehen vielmehr Kooperationsmodelle in der **Abfallbeseitigung** und **Entsorgung** im Zentrum der Betrachtung, die eine spezielle Form des Public-Private-Partnership darstellen und zudem einer Modellkonstruktion mit einem einheitlichen Grundmuster unterliegen.

4.4.2 Darstellung des Kooperationsmodells

Die Anwendungsbereiche des Kooperationsmodells im Bereich der Entsorgung sind dadurch gekennzeichnet, daß sie eine spezielle Sicherheits- bzw. Qualitätssensibilität aufweisen und daher staatliche Interessen gewahrt werden sollen.[304] Gleichzeitig sind in der Mehrzahl der Fälle Pflichtaufgaben der Kommunen betroffen, so daß die Gemeinden ein spezielles Interesse an einer korrekten Aufgabenerfüllung haben. Aus diesem Grund gehen die betroffenene Gebietskörperschaft und das Privatunternehmen eine Kooperation ein. Darüber hinaus ist das Kooperationsmodell[305] als Erweiterung des Betreibermodells anzusehen, da es einige grundsätzliche Anwendungsprobleme des Betreibermodells vermeidet. So bedarf z.B. eine Ausschreibung im Rahmen des Betreibermodells einer genauen Spezifizierung der zu erbringenden Leistung nach Art und Umfang. Dies ist aber bspw. dann nicht möglich, wenn im Bereich der Abwasserbeseitigung nicht nur eine Kläranlage erstellt, sondern auch der Bau oder die Sanierung des Kanalnetzes in das Vertragswerk einbezogen werden soll. So kann bei Sanierungen vielfach wegen mangelnder Kenntnis des Netzzustan-

---

302 Vgl. Scheele, U. (1993) S. 228, ähnlich UHLIG, der darauf hinweist, daß die hier genannten Aufgabenbereiche nicht privatisierbar seien, weil „es sich zumeist um Aufgaben handelt, die ohne privates Kapital nicht zum Zuge kommen, also nicht öffentlich entstehen würden und damit auch nicht privatisiert werden könnten." Uhlig, K. (1990) S. 115f.

303 Vgl. Scheele, U. (1993) S. 227. Generell unterscheidet man bei Public-Private-Partnerships Erschließungsträgerschaften, Sanierungsträgerschaften sowie Entwicklungsträgerschaften. Hierbei kann entweder ein Generalunternehmer im Zuge einer Ausschreibung mit der Durchführung des Projektes betraut werden. Nach dem sog. Splittingmodell kann die Gebietskörperschaft aber auch die Anfangsfinanzierung zur Verfügung stellen, um dann dem Unternehmen die vereinbarte Aufgabe zur Ausführung auf eigenes Risiko zu überlassen. Vgl. Rehm, H. (1994) S. 82.

304 Vgl. Klös, H.-P. (1989a) S. 48.

305 Zu Darstellungen des Kooperationsmodells vgl. Bundesumweltministerium (1993) S. 33f., Helaba (1993) S. 58f., Kirchhoff, U.; Müller-Godeffroy, H. (1994) S. 95f., Rehm, H. (1994) S. 76.

des[306] das Aufgabenspektrum vorab nicht festgelegt werden. Bei neu zu erstellenden Kanalnetzen führen zudem Unsicherheiten im Bereich der Planung (Baugrundverhältnisse, kreuzende Leitungen, Ablagerung der Aushubs, Hausanschlüsse) dazu, daß die zu erbringende Leistung nicht präzise oder nur mit großem Aufwand zu spezifizieren ist. Auch aus diesem Grund sieht das Kooperationsmodell eine Beteiligung der betroffenen Gebietskörperschaft vor. So können auch Bedenken aufgrund langfristiger vertraglicher Bindungen, welche nachträgliche Änderungen des Kontraktes erschweren, reduziert werden.

Für die öffentliche Hand sind Privatunternehmen von zentraler Bedeutung, da sie das der Gebietskörperschaft fehlende Know-How in die Kooperation einbringen. Zudem wird vermutet, daß die Beteiligung eines Privatunternehmens als Investor und Betriebsführer die „unternehmerische Dispositionsfreiheit und Flexibilität"[307] erhöht und daß das Unternehmen Managementerfahrung in die Kooperation einbringt. Andererseits ist die Beteiligung der öffentlichen Hand für das Privatunternehmen von Relevanz, da dieses so leichter Genehmigungen erhält und damit seinerseits die mit dem Projekt verbundenen Risiken reduziert.

Im Rahmen des Kooperationsmodells wird eine privatrechtliche Gesellschaft (i.d.R. eine GmbH) gegründet, an der die Gebietskörperschaft mit mindestens

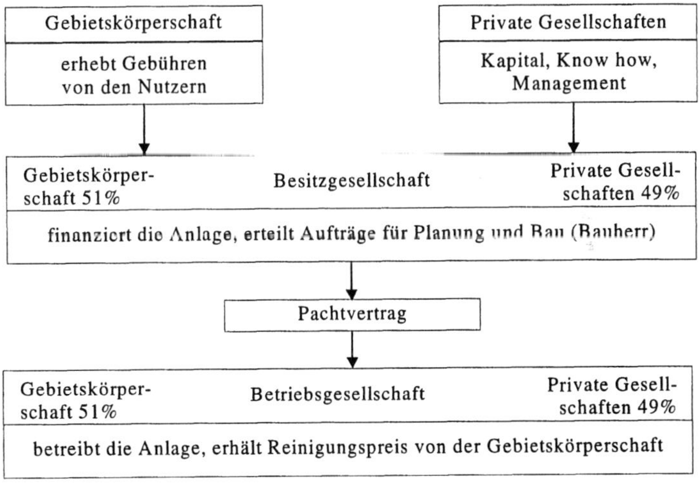

Abb. 5.7: Das Kooperationsmodell.
Quelle: Kirchhoff, U.; Müller-Godeffroy, H. (1994) S. 96.

306 Vgl. zu den widersprüchlichen Angaben über Alter und Erhaltungszustand des Kanalnetzes in den neuen Bundesländern II.2.2.2.

307 Bundesumweltministerium (1993) S. 33.

51% beteiligt ist, während die restlichen Anteile von dem beteiligten Privatunternehmen gehalten werden. Der Kooperationsgesellschaft wird von Seiten der Gebietskörperschaft ein Erbbaurecht an dem Grundstück eingeräumt, auf dem das Infrastrukturgut entstehen soll. Die Gesellschaft übernimmt dann den Bau des Objektes nach Planungen der Gebietskörperschaft oder nimmt alternativ eigene Planungen vor. Die Errichtung der Anlagen wird dabei dem Wettbewerb unterzogen, indem die Bauleistungen ausgeschrieben werden. Die Kooperationsgesellschaft finanziert darüber hinaus das Objekt und ist für den Betrieb verantwortlich,[308] während der Kommune u.a. die Aufgabe zukommt, Nutzungsgebühren zu erheben. Dabei wird die Finanzierung des Infrastrukturgutes häufig mit Leasing-Konstruktionen verbunden.[309] Als Beispiel für eine derartige Konstruktion kann die Entsorgung Dortmund GmbH (EDG) dienen, die durch einen Entsorgungsvertrag mit der Stadt Dortmund die Abfallentsorgung der Stadt einschließlich der Abfallsammlung, der Planung und des Baus von Abfallentsorgungsanlagen sowie der Fortschreibung des Abfallwirtschaftskonzepts zur Aufgabe hat.[310] Die EGD ist als GmbH konzipiert, an der die Stadt Dortmund mit 51% als Mehrheitsgesellschafter beteiligt ist. Weitere Gesellschafter sind die VEW AG, die Stadtwerke Dortmund und die Ruhrkohle Umwelt Technik.

In einer Vielzahl der Fälle wird eine Aufteilung der Kooperationsgesellschaft in eine Betriebs- und eine Besitzgesellschaft vorgenommen, bei welcher das Erbbaurecht zugunsten der Besitzgesellschaft eingeräumt wird. Die Besitzgesellschaft finanziert die Anlage und übernimmt die Bauherrenfunktion, indem sie Aufträge für Planung und Bau vergibt. Außerdem schließt sie einen Pachtvertrag mit der Betriebsgesellschaft, welche die Anlage betreibt und sich aus dem von der Gebietskörperschaft erhobenen Gebührenaufkommen finanziert. Dabei kann die Gebietskörperschaft an beiden Gesellschaften jeweils mehrheitlich beteiligt sein.[311] Denkbar ist aber auch, daß die Betriebsführung an eine private Spezialfirma übergeben wird.[312] Im folgenden sind jedoch spezielle Probleme, welche auf einer Trennung des Kooperationsmodells in eine Besitz- und eine Betriebsgesellschaft beruhen, zu vernachlässigen.

4.4.3 Bewertung

[K1-K4, K15, K16] Das Kooperationsmodell versucht - ausgehend von der Konzeption des Betreibermodells - den *Einfluß der öffentlichen Hand zu stärken*, indem sowohl die betroffene Gebietskörperschaft als auch private Unternehmen als Gesellschafter der Projektgesellschaft auftreten. Diese Vertragskon-

---

308 Vgl. Helaba (1993) S. 32.
309 Vgl. Uhlig, K. (1990) S. 113.
310 Vgl. hierzu Scheele, U. (1993) S. 232f. und dort Abb. VI.6.
311 Vgl. Kirchhoff, U.; Müller-Godeffroy, H. (1994) S. 96, Abb. 14.
312 Vgl. Bundesumweltministerium (1993) S. 34, Klös, H.-P. (1989a) S. 49.

struktion beeinflußt einerseits die Bewertung des Kooperationsmodells im Hinblick auf die zu untersuchenden Zielgrößen. Andererseits ist - ebenso wie im Betreibermodell - dem beteiligten Privatunternehmer ein Interesse an einer *rentablen Betriebsführung* zuzuschreiben. Da Kapitaldienst und Betriebskosten auch hier aus Entgelten zu erwirtschaften sind, setzt die Anwendung des Kooperationsmodells ein Projekt voraus, das kostendeckend operiert und einen angemessenen Gewinn erwarten läßt. Diese Grundstruktur ist mit dem Betreibermodell identisch, so daß im folgenden alle Ergebnisse des Betreibermodells, welche auf der Grundstruktur eines kostendeckenden Betriebes sowie der Anwendung des Äquivalenzprinzips beruhen, Gültigkeit behalten. Dies gilt für die Bewertung der Kriterien **Wachstumsbeitrag, Anwendung des Äquivalenzprinzips, Ausgewogenheit der (großräumigen) Siedlungsstruktur, Abbau regionaler Disparitäten** sowie **Vermeidung negativer gesamtwirtschaftlicher Wirkungen.** Eine echte und **dauerhafte Verlagerung in den privaten Sektor** findet durch das Kooperationsmodell ex definitione nicht statt, da die öffentliche Hand stets Partner bleibt und ein gemischtwirtschaftliches Unternehmen gegründet wird.

[K5] Die weitere Bewertung des Kooperationsmodells ist stark davon abhängig, in welcher Form Kompetenzen zwischen Privaten und der öffentlichen Hand aufgeteilt werden und so durch den Einzelfall bedingt. **Zeitersparnisse in der Planung** werden dann gering sein, wenn die Besitzgesellschaft die Planungen der öffentlichen Hand übernimmt. Werden eigene Konzepte erstellt, so können Verwaltungsengpässe umgangen und unter Umständen erhebliche Zeitgewinne hervorgerufen werden.[313] Zu berücksichtigen ist allerdings, daß Private in eine *Kooperation* eingebunden werden, weil die zu erbringende Leistung im voraus nicht genau zu spezifizieren ist. Nicht eindeutig definierbare technische Randbedingungen können sich daher auch im Rahmen einer Zusammenarbeit als Verzögerungsfaktor herausstellen. *Insgesamt* werden jedoch dem Kooperationsmodell erhebliche Zeitgewinne zugeschrieben.[314]

[K6] Für die Bewertung der Haushaltswirkungen sowie der **Zeitersparnisse in der Finanzierungsphase** ist wesentlich, ob das Kooperationsmodell eine Finanzierung über einen Kommunalkredit vorsieht. Unter der Annahme, daß dies *nicht* der Fall ist, können dem Kooperationsmodell ebenso wie dem Betreibermodell Zeitersparnisse in der Finanzierungsphase zugeschrieben werden, da keine Bindung an das öffentliche Haushaltsrecht und den budgetären Bewilligungsprozeß vorliegt. Obwohl keine Ausschreibung des gesamten Leistungspaketes vorgesehen ist und so das Privatunternehmen nicht bereits für den Auktionsprozeß eine Finanzierungslösung vorlegen muß, ist zu erwarten, daß der private Kooperationspartner die ertraglose Erstellungsphase und damit auch die

---

313 Vgl. Bundesumweltministerium (1993) S. 37.

314 Vgl. Kirchhoff, U.; Müller-Godeffroy, H. (1994) S. 98, Rehm, H. (1994) S. 78.

Finanzierung beschleunigt. Wird jedoch bspw. - wie im Kooperationsmodell Stadtentwässerung der Stadt Schwerte (NRW) - eine Finanzierung über einen Kommunalkredit vorgenommen,[315] so werden zumindest die Zeitvorteile, die in einer Finanzierung außerhalb des budgetären Bewilligungsprozesses liegen, aufgeweicht.

[**K7**] Wie oben gezeigt, ist das Kooperationsmodell ein Organisationsmodell für die Erstellung von Infrastrukturinvestitionen und daher nicht mit einer spezifischen Finanzierungsform verknüpft. Die Frage, ob mit einer Anwendung des Kooperationsmodells eine **direkte Entlastung** öffentlicher Haushalte einher geht, ist folglich nur in Abhängigkeit von der jeweils gewählten Finanzierungsart zu beantworten. Wird das Projekt über einen Kommunalkredit finanziert, so ist unter Haushaltsgesichtspunkten kein Unterschied zu einer Erstellung durch die öffentliche Hand erkennbar. Nimmt die Besitzgesellschaft hingegen Fremdkapital auf und refinanziert sich über Gebühren, so sind die Aussagen zum Betreibermodell gültig. Es wird folglich keine Haushaltsentlastung erreicht.

[**K8**] Zur Bewertung der im Rahmen des Kooperationsmodells bestehenden Effizienzvorteile ist zunächst zu berücksichtigen, daß faktisch Aufgaben bewältigt werden, die die öffentliche Hand allein nicht hätte lösen können. Ein Effizienzvergleich kann also an dieser Stelle streng genommen nicht durchgeführt werden, da die Kosten *unterschiedlicher* Aufgaben verglichen werden. Unternimmt man dennoch den Versuch, etwas über die relative Höhe der Kosten auszusagen, zu denen Private und die öffentliche Hand eine spezifische Leistung erbringen können, so sind verschiedene Tendenzaussagen möglich. Eine Beurteilung der Leistungsfähigkeit des ex-ante Wettbewerbs um den Markt unterstellt die Gründung einer gemeinsamen Gesellschaft „zur Erfüllung einer öffentlichen Aufgabe in Leistungsbereichen, in denen eine exakte Leistungsbeschreibung und damit Ausschreibungen nur schwer zu verwirklichen sind."[316] Die gestellten Aufgaben sollen daher unter Beteiligung beider Partner gemeinsam gelöst werden. Eine solche Zielsetzung ermöglicht es jedoch *nicht*, die gesamte Erstellungs- und Betriebsleistung nach VOL auszuschreiben. Im Gegensatz zum Betreibermodell wird also *kein* Ideenwettbewerb institutionalisiert, in dem die Bewerber durch das Angebot komplexer Leistungsbündel mit spezifischen Spezialisierungsprofilen und umfassender Planung aller Leistungserstellungs- und -abgabephasen um den Zuschlag konkurrieren.[317] Damit entfällt auch die Gesamtkoordination von Planung, Bau und Betrieb in einem auf-

---

315 Vgl. Kirchhoff, U.; Müller-Godeffroy, H. (1994) S. 98. Dies ist nur dann möglich, wenn die Erstellung des Investitionsobjektes über ein Kooperationsmodell nachweislich wirtschaftlicher ist als die Durchführung im Regiebetrieb.

316 Vgl. Busch, B.; Klös, H.-P. (1995) S. 38.

317 Es ist folglich im Rahmen des Kooperationsmodells schwerer, einen Leistungswettbewerb zu institutionalisieren als im Fall des Betreibermodells. Dieser kann sich - wie unten zu erläutern ist - nur auf die Bauausführung beschränken. Vgl. Bach, S. (1994) S. 134.

einander abgestimmten Leistungspaket mit entsprechenden Kostenersparnissen im Bereich von **Projektgröße** und **Projektorganisation**.

Vielmehr muß die öffentliche Hand eine Markterkundung vornehmen, um einen geeigneten Partner auszuwählen. Für den privaten Partner ist aber die Mehrheitsbeteiligung der Gebietskörperschaft nachteilig, so daß er erst nach genauer Prüfung ein Angebot abgeben wird. Dennoch bedeutet die Einschaltung eines privaten Kooperationspartners in Form einer Spezialfirma, daß diese in die Projektplanung, Erstellung und Organisation in aller Regel ein größeres Know-How einbringt als es der öffentlichen Hand zur Verfügung steht.[318] So werden kaufmännische und technische Entscheidungen durch ein branchenerfahrenes Management gefällt.[319] Eine Ausschreibung ist im Kooperationsmodell aber nur für den Bau des Objektes im engeren Sinne (nach VOB) vorgesehen, so daß ein Leistungswettbewerb nur in geringerem Umfange als im Betreibermodell institutionalisiert wird. Daher ist nur in diesem Ausmaß davon auszugehen, daß Spezialisierungsvorteile tatsächlich in Kostenersparnisse umgesetzt werden.

[**K9**] Derartige **Spezialisierungsvorteile** des privaten Kooperationspartners sind in der Vergangenheit vielfach Rechtfertigung für die Anwendung von Kooperationsmodellen gewesen. Zentral ist ein solches Argument vor allem dann, wenn - wie in den neuen Bundesländern vielfach der Fall - die öffentliche Hand mit veränderten technischen und organisatorischen Anforderungen z.B. in der Abfallentsorgung konfrontiert wird, welche sie eigenständig nicht zu lösen in der Lage ist. Hier sind Recyclingverfahren oder thermische Verwertung von Abfall als Verfahren zu nennen, die einer Lösung durch Spezialunternehmen bedürfen.[320]

[**K10**] **Rationalisierungsvorteile** sind vor allem im Bereich der Betriebsgesellschaft zu erwarten, die Betriebsführung, Beratung, Planung, Wartung, etc. übernimmt. Hier können - falls das Unternehmen überregional tätig ist - Dienste zusammengefaßt und beispielsweise im Querverbund mit anderen Infrastruktureinrichtungen (z.B. Energie- und Wasserversorgung) angeboten werden.[321] Durch eine derartige Zusammenfassung von Funktionen kann die Koordination von Prozessen, die Verwendung standardisierter Leistungen sowie die Mehrfachnutzung technischer Anlagen erleichtert werden.[322]

---

318 Vgl. Bundesumweltministerium (1993) S. 37. SCHWEISFURTH ist allerdings der Ansicht, daß ohne Wettbewerbsdruck die betriebswirtschaftlichen Effizienzgewinne eher gering sind. Vgl. Schweisfurth, T. (1991) S. 40.

319 Vgl. o.V. 9/1993, S. 170.

320 Vgl. Scheele, U. (1993) S. 230.

321 Vgl. Bundesumweltministerium (1993) S. 37.

322 Vgl. Gellert, M.; Kolodzey, W. (o.J.) S. 35 und im Detail S. 36.

Diesen Effizienzvorteilen steht jedoch die bei Kooperationsmodellen beträchtliche Gefahr opportunistischen Verhaltens des beteiligten Partners gegenüber. Da die durch beide Partner zu erbringende Aufgabe typischerweise *ex-ante nicht voll spezifiziert* werden kann, ergeben sich im Rahmen der längerfristig prozeßorientierten Zusammenarbeit[323] weite Entscheidungsspielräume. Im Kooperationsmodell ist daher eine hohe Plastizität angelegt. Demgegenüber wird die bei langfristigen Ent- und Versorgungsverträgen bestehende Unsicherheit bzgl. der Aufgabenspezifizierung im Kooperationsmodell reduziert, da die Gebietskörperschaft als Vertragspartner direkt involviert ist.[324] Sie kann damit auf sich verändernde Rahmenbedingungen flexibel reagieren, so daß nachträgliche Vertragsveränderungen leichter möglich sind.[325] Obwohl sich hierdurch die Komplexität der Leistungsbeziehung reduziert, eröffnet das Potential zur Nachverhandlung Spielräume für eine opportunistische Durchsetzung von Interessen und erhöht die Plastizität der Leistungsbeziehung. Vor diesem Hintergrund verschärft sich das durch Informationsasymmetrie gekennzeichnete Principal-Agent-Problem zwischen den Partnern, da der private Partner das zur Aufgabenlösung notwendige Know-How mitbringt und die Gebietskörperschaften nur begrenzte Beurteilungskompetenzen besitzt. BUDÄUS und GRÜNING weisen daher auf die Gefahr der Übervorteilung des öffentlichen Partners hin (moral hazard).[326] Abschließend ist festzuhalten, daß das Risiko opportunistischen Verhaltens durch den privaten Partner im Kooperationsmodell aufgrund der nicht klar definierten Aufgabe und der daher beschränkten Kontrollmöglichkeiten höher einzustufen ist als im Betreibermodell.

Effizienzmindernd im Vergleich zu *einer rein privaten Aufgabenerfüllung*[327] kann jedoch nicht nur opportunistisches Verhalten des Privatunternehmens wirken, sondern auch die Beteiligung des öffentlichen Unternehmens. So werden die von den Absichten des privaten Unternehmens abweichenden, aber dennoch komplementären Ziele der Kommune tendenziell dazu führen, daß die Verfügungsrechte des Privatunternehmens verdünnt werden. Konzentriert sich das Engagement der Gebietskörperschaft stärker auf die Erfüllung des öffentlichen Interesses (z.B. Umsetzung bestimmter Umweltschutzziele) während das Privatunternehmen im wesentlichen an einer Gewinnmaximierung interessiert ist, so ist ein konfliktfreie Kontrolle der Kooperation nur dann möglich, wenn beide Partner die Ziele des anderen anerkennen und diese Ziele miteinander vereinbar

---

323 Vgl. Budäus, D.; Grüning, G. (1996) S. 34.

324 Vgl. Jürgenliemk, R. (1990) S. 29, Bundesumweltministerium (1993) S. 33.

325 Dies ist speziell vor dem Hintergrund der sich kontinuierlich ändernden Rahmenbedingungen in den neuen Ländern und für eine Aufgabenerfüllung in sensiblen Bereichen (z.B. Abfallentsorgung) von Bedeutung.

326 Vgl. Budäus, D.; Grüning, G. (1996) S. 40.

327 An dieser Stelle ist nochmals darauf hinzuweisen, daß der Referenzpunkt einer rein privaten Aufgabenerfüllung faktisch nicht präzise ist, da durch das Kooperationsmodell neue, durch Private *allein* eben *nicht* zu bewältigende Aufgaben gelöst werden.

sind, d.h. nicht vollkommen konfligieren.[328] Darüber hinaus ist auf die grundsätzlich andere Zielsetzung der am Kooperationsmodell beteiligten Bürokraten vor dem Hintergrund der Theorie der Bürokratie zu verweisen.[329] Verfolgen diese die NISKANENschen Ziele des 'Pay', 'Power' und 'Prestige' und hat der Private zudem nur eine Minderheitsbeteiligung an der Gesellschaft, so wird dies einer effizienzorientierten Aufgabenerfüllung eher abträglich sein.[330] Allgemeingültige Aussagen lassen sich an dieser Stelle jedoch kaum treffen, da das Verhalten von Gemeinschaftsunternehmen stark vom Einzelfall abhängig ist. Zudem ist die gemeinsame Performance essentiell an die informelle Beziehung zwischen den Partnern gebunden. Diese Aussage ist auch für eine zusammenfassende Bewertung der Effizienzwirkungen im Kooperationsmodell gültig.

Vor dem Hintergrund der hohen Plastizität der Leistungsbeziehung und der Gefahr opportunistischen Verhaltens bedarf das Kooperationsmodell - ebenso wie das Betreibermodell - einer klaren Definition der Verfügungsrechte beider Seiten. Dies geschieht in Form umfangreicher vertraglicher Regelungen, welche i.d.R. einen Gesellschafts-, Einbringungs-, Konsortial-, Personalüberleitungs- und Betreibervertrag umfassen müssen.[331] Damit bringt das Kooperationsmodell hohe Anforderungen an die rechtliche Ausgestaltung mit sich. So ist SCHWEISFURTH der Auffassung, daß die „rechtlich einwandfreie Überführung kommunaler Einrichtungen in gemischtwirtschaftliche Unternehmen [..] höchst kompliziert und daher für die Kommunen in den neuen Ländern allein aus diesem Grund kaum zu empfehlen [ist]."[332] Andererseits zeigt die Praxis, daß die Verwaltungen nicht in der Lage sind, komplexe technische Aufgaben mit hohen Know-How-Anforderungen zu lösen und daher privater Kooperationspartner bedürfen.[333] Im Einzelfall sind daher Vorteile einerseits, die durch die Kooperation mit Privaten entstehen, gegen hohe Transaktionskosten aufgrund komplexer Vertragsgestaltungen und Überwachungsanstrengungen des privaten Kooperationspartners sowie Effizienzverluste andererseits gegeneinander abzuwägen. In jedem Fall muß *auch die Kommune* Spezialisten oder 'gekauftes' externes Know-How beschäftigen, um gegenüber dem Privaten kontrollierend tätig werden zu können.[334]

[K11] In eine derartige Abwägung sind auch die **Kapitalkosten** in Abhängigkeit von der im Kooperationsmodell nicht festgelegten Finanzierungsform einzubeziehen. Stellt die öffentliche Hand das Fremdkapital z.B. über einen

---

328 Vgl. Bös, D.; Schneider, F. (1996) S. 9, ähnlich Boardman, A.E.; Vining, A.R. (1991) S. 226.

329 Vgl. hierzu III.3.2.1.

330 Vgl. zu dieser These im Zusammenhang von Gemeinschaftsunternehmen auch Bös, D.; Schneider, F. (1996) S. 18.

331 Vgl. hierzu auch Sinz, K. (1996) S. 5.

332 Schweisfurth, T. (1991) S. 39.

333 Vgl. Kirchhoff, U.; Müller-Godeffroy, H. (1994) S. 97.

334 Vgl. Sinz, K. (1996) S. 7.

Kommunalkredit zur Verfügung oder übernimmt eine Bürgschaft, so unterliegt die Kooperationsgesellschaft genauso oder ähnlich günstigen Finanzierungsmöglichkeiten wie der Staat. Wird die Finanzierung allerdings durch den privaten Kooperationspartner vorgenommen, so hat dieser eine Risikoprämie zu zahlen.

[**K12**] Auch im Fall des Kooperationsmodells gilt also, daß die aufgrund von Geschäftsführung und Verwaltung erhöhten Verwaltungskosten sowie die unter Umständen höheren Finanzierungskosten einerseits durch Effizienzgewinne andererseits überkompensiert werden müssen, damit das Kooperationsmodell wirtschaftlich vorteilhafter ist als eine staatliche Lösung. So ist eine Beteiligung Privater grundsätzlich nur dann möglich, wenn die Gemeinde die Vorteilhaftigkeit unter Beachtung des **Grundsatzes der Wirtschaftlichkeit und Sparsamkeit** gegenüber der Kommunalaufsicht durch technische und wirtschaftliche Gutachten nachweisen kann.[335] Dabei ist ähnlich wie beim Betreibermodell darauf zu achten, daß eine Berechnung der Entgelte in beiden Fällen den gleichen Annahmen und Berechnungsmodalitäten folgt.

[**K13, K14**] Entsprechend der obigen Unterscheidung zur Finanzierungsform [K7] sind die **Haushaltsgrundsätze der Vollständigkeit sowie der Einheit und Klarheit** ebenso wie im Fall des Betreibermodells *nicht* relevant, so lange keine Haushaltsmittel in Anspruch genommen werden. Wird das Projekt allerdings über einen Kommunalkredit finanziert, so sind diese Grundsätze zu prüfen. Der *Grundsatz der Vollständigkeit* des Haushaltes wird dann verletzt, wenn zwar die Kreditaufnahme in den Haushalt aufgenommen wird, nicht aber das durch diese finanzierte Vermögensobjekt. Auch der *Grundsatz der Einheit und Klarheit* ist negativ berührt, da der Haushaltsplan durch eine Finanzierung aus dem Haushalt ausgegliederter Projekte in seinen Funktionen nicht mehr aussagefähig ist bzw. die einzelnen Einnahme- und Ausgabenvoranschläge nach Herkunft bzw. Zweckbestimmung nicht transparent sind.

Zusammenfassend ist festzuhalten, daß die Zusammenarbeit zwischen Gebietskörperschaft und Privatunternehmen im Kooperationsmodell zwar eine beiderseitig flexible Reaktion auf veränderte Rahmenbedingungen zuläßt. Sie eröffnet aber auch Spielräume für opportunistisches Verhalten des Betreibers sowie effizienzmindernde Eingriffsmöglichkeiten der Kommune. Das Kooperationsmodell erfordert daher ein ausgefeiltes rechtliches Rahmenwerk. Unter haushaltspolitischen Gesichtspunkten sowie Aspekten der Zeitersparnissen eröffnet das Kooperationsmodell immer dann *keine* Vorteile, wenn Kommunalkredite eingesetzt werden.

---

[335] Vgl. Bundesumweltministerium (1993) S. 38.

5. Zusammenfassende Wertung: Der Beitrag Privater

In der Untersuchung des Kapitels V stand die Frage der Leistungsfähigkeit privaten Infrastrukturengagements im Zentrum der Betrachtung. Dabei sind sechs 'Privatisierungsmodelle' vorgestellt worden, die vor dem Hintergrund des in Teil IV skizzierten Bewertungsrahmens auf ihren Beitrag zu den explizierten Zielsetzungen untersucht wurden. Hier stand allerdings *nicht* die Steuerbarkeit wirtschaftspolitischer Ziele im Sinne TINBERGENs im Vordergrund, sondern vielmehr der Grad der Konformität des Instrumentes Infrastruktur in Bezug auf die wirtschaftspolitischen Ziele.[336] Die Ergebnisse der Analyse werden nun zusammenfassend präsentiert.

Die Analyse hat zunächst gezeigt, daß die einzelnen Finanzierungs- und Organisationsmodelle aufgrund ihrer spezifischen Struktur und der damit verbundenen Fähigkeit, Marktrisiken zu bewältigen, lediglich für *bestimmte* Arten von Infrastrukturgütern geeignet sind.[337] Ursachen für eine derartige selektive Anwendbarkeit sind zudem institutionelle Faktoren (z.B. die Übertragung von Erbbaurechten), welche bspw. eine Anwendung von Leasingmodellen auf Verkehrsinfrastrukturprojekte nicht zulassen. Die Verschiedenartigkeit ihrer Anwendungsfelder erlaubt es *nicht*, die untersuchten Organisations- und Finanzierungsformen *einem direkten Vergleich* zu unterziehen. Dem Aufbau einer Rangfolge von privaten Organisationsformen in Bezug auf ihre Leistungsfähigkeit steht weiterhin entgegen, daß eine Aggregation der aufgrund der verschiedenen Kriterien vorgenommenen Bewertungen nur schwierig zu bewerkstelligen ist. Ein solches Vorgehen würde nämlich eine Gewichtung der *einzelnen* Ergebnisse *innerhalb* des jeweiligen Modells erfordern. Aufgrund der Verschiedenartigkeit der untersuchten Zielgrößen ist es jedoch wenig sinnvoll, einen Durchschnittswert zu bilden. Zudem kann auch bei der Betrachtung eines einzelnen Modells keine definitive Gesamtbewertung abgegeben werden. Ob bspw. ein Kooperationsmodell eine vorteilhafte Privatisierungsform ist, hängt vielmehr von dem konkreten Anwendungsbeispiel, den *Rahmenbedingungen* sowie den mit der Privatisierung verbundenen *Zielsetzungen* ab. Daher ist als erstes wichtiges Ergebnis festzuhalten, daß zur Bewertung der Leistungsfähigkeit der einzelnen Finanzierungs- und Organisationsmodelle generell eine **Einzelfallbetrachtung** angestellt werden muß.

Im folgenden sollen dennoch schlaglichtartig Ergebnisse zusammengefaßt werden, welche grundsätzliche Tendenzaussagen zur Leistungsfähigkeit priva-

---

336 Da hier nur selektiv ein wirtschaftspolitisches Instrument betrachtet wurde, ist nicht auszuschließen, daß *andere* Instrumente, z.B. Steuererleichterungen oder Subventionen einen ebenso wirksamen oder evtl. sogar effektiveren Beitrag zu den genannten wirtschaftspolitischen Zielen leisten können als das Instrument Infrastruktur.

337 Vgl. hierzu die letzte Zeile in Tabelle 5.2.

Kriterien		Leasing-/ Fonds-modell	Kon-zessions-modell	Projekt-finanzie-rung	Misch-modell	Betreiber-modell	Koopera-tions-modell
K1	Wachstumsbeitrag/Beitrag zu Netzeffekten	++	+/–	++	+++	∅	∅
K2	Umsetzung des Äquivalenz-prinzips	–	–	+	–	+	+
K3	Ausgewogenheit der groß-räumigen Siedlungsstruktur	–	+/–	– –	– –	∅	∅
K4	Abbau regionaler Dispari-täten	–	+/–	– –	– –	∅	∅
K5	Zeitersparnisse in der Pla-nung	– –	++	++	++	+	+/–
K6	Zeitersparnisse in der Fi-nanzierung	++	++	+	++	++	++
K7	Direkte Entlastung/ Realisierung zusätzlicher Investitionen	– (Kom.) – (Bund)	– (Kom.) – (Bund)	– (Kom.) + (Bund)	– (Kom.) – (Bund)	–	–
K8	Projektorganisation/ Projektumfang	++	–	++	++	++	–
K9	Spezialisierungsvorteile	+	+	+++	+++	++	+
K10	Rationalisierungsvorteile	+	+	+	+	+	+
K11	Höhe der Kapitalkosten	+	+	+++	++	+	+
K12	Grundsatz der Wirtschaft-lichkeit und Sparsamkeit	+	+	∅ bzw. +	+	+	+
K13	Grundsatz der Vollständig-keit	–	–	∅	–	∅	∅ bzw. –
K14	Grundsatz der Einheit und Klarheit	–	–	∅	–	∅	∅ bzw. –
K15	Identische gesamtwirt-schaftliche Wirkungen	+	+	+	+	+	+
K16	dauerhafte Verlagerung in den privaten Sektor	+/–	–	++	–	+	–
Mögliche Anwendungsgebiete		Punktför-mige Ver-kehrsinfra-strukturg.	beliebig	Verkehrs-infra-struktur	Verkehrs-infra-struktur	Ent-/ Ver-sorgungs-infra-struktur	Ent-/Ver-sorgungs-infra-struktur

Tab. 5.2: Bewertung der Modelle privaten Infrastrukturengagements.
Legende: + erfüllt/vorhanden, ++ hoch, +++ sehr hoch, +/– neutral, – nicht erfüllt/nicht vorhanden, – – gering, ⌀ keine Aussage möglich.

ten Infrastrukturengagements beinhalten. Diese können als fundamentale Wirkungszusammenhänge interpretiert werden, die bei einer Ein- und Durchführung privaten Infrastrukturengagements zu beachten sind. Die anschließende Betrachtung beleuchtet die in Tabelle 5.2 zusammengetragenen Ergebnisse *aus der Perspektive der in Teil IV vorgestellten Zielsetzungen* und verzichtet daher auf einen expliziten Ausweis der Kriterien.

(1) Generell kann über *spezifische* **Wachstumswirkungen** eines privaten Infrastrukturengagements im Gegensatz zu einem staatlichen wenig ausgesagt werden. Insbesondere die Modelle, die keinen besonderen Anwendungsvoraussetzungen (z.B. Konzessionsmodell) bzw. geringen Anwendungsrestriktionen unterliegen (z.B. Betreibermodell, Kooperationsmodell) sind weitgehend für Projekte an *beliebigen Raumpunkten* einsetzbar. Daher ergeben sich weder hinsichtlich der **Wachstumszielsetzung** noch im Hinblick auf die **Ausgleichszielsetzung** auf privatwirtschaftliche Modelle zurückzuführende *spezielle* Zielbeiträge. Zudem ist die Tatsache, daß die o.g. Modelle zwar Gewinnchancen für Private voraussetzen, nicht aber auf einen lukrativen Absatzmarkt im Sinne einer hohen Nutzungsdichte angewiesen sind, für die Regulierungsdiskussion von Bedeutung. So ist die These, daß 'rosinenpickende' private Monopolisten nur *lukrative Teilmärkte* bedienen, für diesen Typ privatwirtschaftlicher Modelle nicht zutreffend.

(2) Sind private Finanzierungs- und Organisationsformen hingegen mit hohen Marktrisiken verbunden (Projektfinanzierung, Mischmodell) oder unterliegen sie einer offenen Endschaftsregelung (Leasing), so können aufgrund ihrer be sonderen Anwendungsvoraussetzungen Aussagen über ihre regional- und raumordnungspolitische Zielkonformität getroffen werden. So sind die genannten Modelle auf Standorte angewiesen, die - wie in den Zentren und Achsen der ausgewiesenen Städtenetze i.d.R. der Fall - einer hohen Auslastung und geringen Substitutionsmöglichkeiten unterliegen. Löst die Leistungsabgabe des erstellten Infrastrukturgutes an diesen Raumpunkten positive Kapitalwanderungseffekte aus, so kann den o.g. Modellen eine Zielkonformität in Bezug auf das Wachstumsziel nachgewiesen werden, soweit das Infrastrukturgut keine Ubiquität darstellt und positive Standorteffekte nach sich zieht. Dann werden die durch Projektfinanzierungen, Mischmodelle oder Leasing-Finanzierungen errichteten Infrastrukturgüter in Richtung auf eine Angleichung der Lebensverhältnisse an die alten Bundesländer wirken.

(3) Wesentlich für die Bewertung eines privaten Infrastrukturengagements sind jedoch die *differentiellen* Wachstumswirkungen, die bei einer rein staatlichen Bereitstellung *in keinem Fall* angefallen wären. Nur diese können dem Privatengagement als solchem zugeschrieben werden und sind nicht auf die Leistungsabgabe der Infrastruktur an sich zurückzuführen. So widersprechen Projektfinanzierungen, Mischmodelle oder Leasing-Finanzierungen der Ausgleichszielsetzung im Rahmen des Zielsystems der Einheitlichkeit der Lebensverhältnisse insoweit, wie sie über Wachstumseffekte in den Zentren die Lebensbedingungen *innerhalb* der neuen Länder eher ungleicher werden lassen. Die durch hohe Marktrisiken gekennzeichneten Modelle tragen nämlich

aufgrund ihrer spezifischen Anwendungsvoraussetzungen in keinem Fall zu einem Abbau regionaler Disparitäten oder einer Ausgewogenheit der großräumigen Siedlungsstruktur bei (*erster differentieller Wachstumseffekt*).

(4) Privates Infrastrukturengagement kann aber auf eine **schnelle Anpassung** einheitlicher Lebensbedingungen hinwirken. So ergeben sich durch ein Privatengagement - mit Ausnahme des Leasingmodells - Zeitersparnisse in der Planung und Finanzierung. Diese entstehen, da Private haushaltsrechtliche Bestimmungen sowie den budgetären Bewilligungsprozeß umgehen können sowie Anreize besitzen, den ertraglosen Zeitraum bis zur Inbetriebnahme des Objektes zu minimieren. Diese Zeitersparnisse sind erstens im Hinblick auf die Wachstumszielsetzung von Bedeutung (*zweiter differentieller Wachstumseffekt*). Werden Infrastrukturgüter nämlich in Wachstumspolen eingesetzt (entweder durch staatliche Planung oder aufgrund des hohen Marktrisikos) und erfüllen sie über die Basisinfrastruktur hinausgehende Funktionen, so können die dort hervorgerufenen Wachstumswirkungen *beschleunigt* werden.

Zweitens sind derartige Zeitersparnisse von Bedeutung, wenn mit Infrastrukturgütern keine spezifischen Anwendungsvoraussetzungen verbunden sind und sie daher keine *speziellen* Wachstumswirkungen auslösen.[338] In diesem Fällen kann ein Privatengagement im Hinblick auf die Ausgleichszielsetzung und das Ziel der Einheitlichkeit der Lebensverhältnisse aber dazu beitragen, daß eine *flächendeckende* Basisinfrastruktur *früher* bereitgestellt wird. Diese kann dann Voraussetzung für einen durch *andere* Faktoren ausgelösten Entwicklungsprozeß sein. Drittens leistet eine beschleunigte Bereitstellung von bestimmten Infrastrukturgütern (z.B. Entsorgungsinfrastruktur) einen Beitrag zu **Umweltzielen**. Diese kann entscheidend darauf hinwirken, daß die Lebensbedingungen der Bevölkerung schneller verbessert werden.

(5) Über eine ordnungspolitisch vorteilhafte Anwendung des Äquivalenzprinzips können nur im Einzelfall Aussagen getroffen werden. So sehen Projektfinanzierungen, Betreibermodelle und Kooperationsmodelle eine Anwendung des **Äquivalenzprinzips** vor. Diese tragen nur dann zu einer effizienteren Nutzung von Ressourcen bzw. zu einer ordnungspolitisch vorteilhaften Offenbarung von Zahlungsbereitschaften bei, wenn zuvor im Rahmen einer rein staatlichen Bereitstellung *kein* Preisausschluß bestand (z.B. Projektfinanzierungen für Autobahnen). Ansonsten ist kein Vorteil eines Privatengagements gegenüber einer rein staatlichen Bereitstellung zu diagnostizieren. Im Fall von Konzessions- bzw. Leasingmodellen ist *generell* kein Preisausschluß vorgesehen, so daß durch diese Formen eine effiziente Nutzung von Verkehrsinfrastrukturgütern nicht realisiert werden kann.

---

338 Die folgenden Ausführungen beziehen sich *nicht* auf die unter (2) dieses Kapitels genannten Modelle.

Eine Anwendung des Äquivalenzprinzips bei zuvor unentgeltlich zu nutzenden Infrastrukturgütern ausschließlich in den neuen Bundesländern oder nur auf bestimmte Trassen kann allerdings zu regional unerwünschten Wirkungen führen. So hat im Infrastrukturwettbewerb eine regional einseitige Preiserhöhung von Infrastrukturleistungen aufgrund der bestehenden Preisreagibilität des mobilen Kapitals Kapitalabflüsse zur Folge und kann den wirtschaftlichen Wachstumsprozeß zugunsten anderer Regionen behindern (*dritter differentieller Wachstumseffekt*). Die skizzierten differentiellen Wachstumseffekte treten in Abhängigkeit vom betrachteten Finanzierungsmodell auf, so daß über deren Gesamtwirkung keine Aussage getroffen werden kann.

(6) Private Finanzierungs- und Organisationsformen können i.d.R. keine **direkte Entlastung der öffentlichen Haushalte** bewirken. Werden Infrastrukturgüter auf privatem Wege vollständig *durch Gebühren finanziert*, so sind sie als rentierlich einzustufen. Sie hätten dann auf *kommunaler* Ebene - bei korrekter Auslegung der Haushaltsbestimmungen durch die genehmigende Behörde - auch *innerhalb* des Haushalts finanziert werden können. Im Rahmen des *Bundeshaushaltes* kann prinzipiell jede Investition durch Verschuldung finanziert werden. Bei *gegebenem* Haushaltsumfang eröffnen aber ausschließlich gebührenfinanzierte Projekte Spielräume für zusätzliche Investitionen bspw. in Schwerpunktorten niedriger Stufe. Greift privates Infrastrukturengagement letztlich auf öffentliche Mittel zurück (Leasing, Konzessionsmodell), so ist es als eine versteckte Form der Staatsverschuldung zu klassifizieren. Diese Modelle haben dann lediglich den Charakter einer privaten Vorfinanzierung. Daher löst ein Privatengagement langfristig weder die Haushaltsprobleme der Kommunen oder des Bundes noch attrahiert es *zusätzliches* Kapital.

An dieser Stelle wird allerdings deutlich, daß sich Theorie und kommunale Praxis auseinander entwickelt haben. Während die herkömmliche Theorie *keine* Entlastungswirkung privatwirtschaftlicher Modelle nachweisen kann, schafft die abweichende Genehmigungspraxis faktische Haushaltsspielräume. Dies ist dann der Fall, wenn sich die kommunalen Aufsichtsbehörden nicht an dem Kriterium der freien Spitze, sondern bspw. an der Gesamtverschuldung orientieren. Hier wird die Notwendigkeit auf Seiten der Praxis evident, theoretischen Erkenntnissen stärker Folge zu leisten.

(7) Insoweit private Organisations- und Finanzierungsmodelle letztlich auf Haushaltsmittel zurückgreifen, stehen sie mit den **Haushaltsgrundsätzen** der Einheit und Klarheit sowie dem Grundsatz der Vollständigkeit in Konflikt. Berücksichtigt man zudem die Eigenschaft verdeckter Staatsverschuldung bestimmter Finanzierungsformen, so wird deutlich, daß die konventionelle Erfassung des Begriffs der Staatsverschuldung im Haushaltsrecht im Hinblick auf die Entwicklung neuer Finanzierungsformen unzureichend ist.

Dementsprechend fordern die Rechnungshöfe, *jede Art der Staatsverschuldung*, d.h. auch die neuen Formen der privaten Vorfinanzierung, *transparent* auszuweisen.[339] Hieraus ist die Forderung an die ökonomische Theoriebildung zu richten, eine neue Definition der Verschuldungsgrenze zu erarbeiten, die auch die private, verdeckte Verschuldung einbezieht.[340]

(8) Private Finanzierungs- und Organisationsmodelle, die sich letztlich aus Haushaltsmitteln refinanzieren (Leasing, Mischmodell, Konzessionsmodell), eröffnen jedoch weitreichende Möglichkeiten einer **indirekten Haushaltsentlastung.** Demgegenüber kommen derartige Kostenersparnisse im Rahmen von entgeltfinanzierten Projekten über geringere Gebühren *direkt* dem Verbraucher zugute. Diese Zusammenhänge sind generell gültig, da nach dem Grundsatz der Wirtschaftlichkeit und Sparsamkeit ein kostengünstigeres Angebot Privater im Vergleich zu einer rein staatlichen Bereitstellung Voraussetzung für die Anwendung privater Finanzierungs- und Organisationsformen ist. Dabei sind Kostenersparnisse durch eine verbesserte Projektkoordination im Wettbewerb, Anpassungen der Projektgröße sowie Spezialisierungs- und Rationalisierungsvorteile einerseits gegen erhöhte Kapitalkosten andererseits abzuwägen. Zudem sind auch Zeitvorteile in diese Kalkulation einzubeziehen, welche durch Abzinsung der relevanten Zahlungsströme in deren Barwert Ausdruck finden. Für einen korrekten Kostenvergleich zwischen staatlichem und privatem Angebot ist schließlich von entscheidender Bedeutung, daß dieser auf *identischen Kalkulationsgrundlagen* und Verfahren beruht.

Wie die Diskussion im Rahmen des Betreibermodells gezeigt hat, hat die Weiterentwicklung der Formen staatlicher Aufgabenerfüllung auch dazu geführt, daß private und öffentlichen Unternehmen in gleichen Aufgabenfeldern unter *verschiedenen Voraussetzungen* agieren. Unterschiede in den Abschreibungsmodalitäten oder der Besteuerung erschweren die Vergleichbarkeit der Kosten, zu denen Private oder der Staat eine gegebene Aufgabe erfüllen. Daher sollten durch gesetzliche Regelungen gleiche Grundlagen für die wirtschaftliche Betätigung des Staates und Privater geschaffen werden.

(9) Bestehende Effizienzvorteile rechtfertigen auch unter **ordnungspolitischen Gesichtspunkten** - d.h. im Sinne des Subsidiaritiätsprinzips - eine Übertragung von Aufgaben auf Private. Letztere besitzen nämlich im Vergleich zu einer staatlichen Aufgabenerfüllung komparative Vorteile in Form von besserer Marktübersicht, spezialisiertem Know-How sowie umfangreicher Managementerfahrung.

---

339 Vgl. Odenwald, R. (1996) S. 2.

340 Vgl. Brede, H. (1996) Diskussion.

(10) Bei einem Kostenvergleich ist zu berücksichtigen, daß die **Kapitalkosten** Privater *grundsätzlich* höher sind als die des Staates. Dies reflektiert die höhere Bonität und die bessere Risikotragfähigkeit des Staates. Hohe Kapitalkosten können jedoch durch Bürgschaften des Staates oder den Einsatz einer Factoring-Finanzierung gemildert werden.

(11) Im Rahmen der meisten privatwirtschaftlichen Modelle wird ein **Wettbewerb um den Markt** in Form einer Ausschreibung des Objektes institutionalisiert. Je mehr Komponenten in einen derartigen ex-ante-Wettbewerb einbezogen werden und je umfangreicher die Übertragung von Risiken auf Private ist, um so eher kommt es zu einer Anpassung der Projektes auf eine rentable Größenordnung sowie zu einer bestmöglichen Abstimmung der verschiedenen Leistungserstellungsphasen aufeinander (Projektkoordination). Im Gegensatz zu einem staatlichen Bereitstellungsverfahren, in dem der Erstellungsprozeß nach Einzelgewerken ausgeschrieben wird, sind durch das oben skizzierte Verfahren signifikante *Kostenvorteile* zu erwarten. Kostenersparnisse werden zudem um so höher sein, je *umfassender* die *Übertragung von* mit den Leistungskomponenten verbundenen *Risiken* auf Private ist. In dieser Hinsicht erzielen vor allem die Projektfinanzierung, das Betreibermodell sowie das Mischmodell gute Ergebnisse, während bspw. im Kooperationsmodell eine derartige Gesamtabstimmung fehlt.

(12) Die in einer derartigen Gesamtkoordination wirksam werdenden Effizienzvorteile sind Ergebnis der von Privatunternehmen realisierten **Spezialisierungs- und Rationalisierungsvorteile**. Während erstere auf einem höheren Know-How des Unternehmens beruhen, sind letztere vor allem davon abhängig, ob das Unternehmen gleichartige Anlagen mehrmals bauen kann oder Verbundvorteile mit anderen Infrastrukturgütern bestehen. Dabei sind derartige Vorteile vor allem von der konkreten Situation und der Art des zu realisierenden Infrastrukturprojektes abhängig.

(13) Da die Bereitstellungsverantwortung für Infrastrukturgüter auf Seiten des Staates verbleibt, bindet der Staat Private lediglich über relationale Kontrakte in die Aufgabenerfüllung ein. Für die beteiligte Gebietskörperschaft stellt sich daher ein zentrales *Überwachungsproblem.* Verhält sich das beteiligte Privatunternehmen in der Kontraktphase opportunistisch, so können die oben skizzierten Effizienzgewinne zunichte gemacht werden. Der Anreiz zu **opportunistischem Verhalten** ist dabei von der institutionellen Ausgestaltung des Modells abhängig und folglich systembedingt. Er ist um so größer, je mehr diskretionäre Entscheidungsspielräume die Vertragsgestaltung eröffnet (Plastizität). Auch trägt die Notwendigkeit, Anpassungsentscheidungen an unsichere, zukünftige Ereignisse vornehmen zu müssen (Komplexität), positiv zum Grad des opportunistischen Verhaltens bei. Aus diesem Grund sind Leistungsbeziehungen, die langfristig konzipiert sind und ein umfassendes

Aufgabenbündel auf Private übertragen - so z.B. das Betreibermodell oder das Kooperationsmodell - stark durch opportunistisches Verhalten des Privatunternehmens bedroht.

(14) Opportunistisches Verhalten ist besonders dann *gravierend*, wenn die beteiligten Partner unterschiedliche Zielsetzungen verfolgen und diese ein gewisses Konfliktpotential aufweisen. So ist bei sensiblen Aufgabenbereichen (z.B. Umweltschutz) und bei Infrastrukturgütern, deren Bereitstellung von staatlicher Seite hauptsächlich mit derartigen Umweltschutzzielen verbunden wird, eine opportunistische Vernachlässigung dieser Ziele zugunsten gewinnmaximierender Interessen des privaten Betreibers besonders schwerwiegend. Daher erfordern Modelle in diesen Anwendungsgebieten eine klare Definition von Verfügungsrechten in Verbindung mit Strafandrohungen (credible threats) und Kontrollen (z.B. Betreibermodell, Kooperationsmodell).

(15) Eine wirksame Begrenzung opportunistischen Verhaltens kann auch durch eine (Selbst-)Bindung des privaten Partners an Veräußerungsverluste (hostages) erreicht werden (z.B. Leasingfinanzierung, Betreibermodell). Darüber hinaus kann die Gebietskörperschaft dem privaten Partner in den Anwendungsgebieten, in denen keine Pflichtaufgaben bestehen, glaubhaft signalisieren, daß der Staat *keine* Auffangfunktion übernimmt und entstehende Verluste *selbst* getragen werden müssen (z.B. Projektfinanzierung).

(16) Vor dem Hintergrund der obigen Ausführungen ist mit einem 'Trade-off' zwischen der Gefahr opportunistischen Verhaltens des Privatunternehmens und der Möglichkeit, Kostenersparnisse durch eine *umfassende* Übertragung von Leistungsbündeln im Wettbewerb ('Gesamtkoordination') zu erzielen, zu rechnen. So erfordert eine bestmögliche Abstimmung der einzelnen Erstellungs- und Finanzierungsphasen sowie eine Koordination der Gesamtplanung, daß Kompetenzen in möglichst *umfassender* Weise auf den privaten Partner übertragen werden. Nur so können die Stärken eines privaten Infrastrukturengagements, welche in einer kostengünstigeren Aufgabenerfüllung bestehen, erschöpfend genutzt werden. Gleichzeitig ist eine derartige Übertragung eines Aufgaben*paketes* aber auch mit zahlreichen diskretionären Entscheidungsspielräumen auf Seiten des Unternehmens verbunden. Daher stellt sich hier in besonderem Maße die Gefahr opportunistischen Verhaltens sowie ein daraus resultierendes Kontrollproblem. Will der Staat die Effizienzvorteile eines Privatengagements umfassend nutzen, so muß er in oben erläuterter Form Verfügungsrechte definieren. Gleichzeitig bedarf es *sachkompetenter staatlicher Bürokratien*, welche qualifizierte Mitarbeiter besitzen, die die Tätigkeit privater Unternehmen beurteilen können.

(17) Negative **gesamtwirtschaftliche Wirkungen**, die durch eine hohe Kreditaufnahme entstehen, können auch durch ein privates Infrastrukturengagement nicht vermieden werden. So belasten private Finanzierungsmodelle den

Kapitalmarkt in gleicher Weise. Im Rahmen gebührenfinanzierter Modelle werden allerdings langfristige Steuererhöhungen, welche zu gesamtwirtschaftlichen Wachstumseinbußen führen können, umgangen. Die Einführung einer im Rahmen staatlicher Bereitstellung nicht bestehenden Entgeltfinanzierung wird aber im Infrastrukturwettbewerb cet. par. zu regionalen Wachstumseinbußen führen. Die entstehenden Wachstumsbeeinträchtigungen werden daher von einer gesamtwirtschaftlichen auf eine regionale Ebene verlagert.

(18) Die Frage, ob durch ein privates Infrastrukturengagement **ordnungspolitische Ziele** verwirklicht und Kompetenzen dauerhaft in den privaten Sektor verlagert werden, ist von der konkreten Finanzierungs- und Organisationsform abhängig. So sind vor allem Leasing-, Misch- und Konzessionsmodelle als rein private *Zwischenfinanzierungen* zu klassifizieren, welche letztlich auf Haushaltsmittel zurückgreifen.

(19) Abschließend ist auf die Rolle des Staates in Bezug auf eine Minderung von Marktrisiken hinzuweisen. So sind aufgrund der hohen Marktrisiken, die z.B. mit einer Projektfinanzierung verbunden sind, deren Anwendungsmöglichkeiten stark beschränkt. Demgegenüber sieht das Mischmodell einen nutzungsabhängigen Abnahmevertrag vor, welcher das Marktrisiko reduziert. Betreibermodelle schalten letzteres schließlich durch den staatlich regulierten Anschluß- und Benutzungszwang fast vollständig aus. Das Ausmaß, in dem der Staat Verfügungsrechte definiert, hat folglich nicht nur entscheidenden Einfluß auf die Höhe der Fremdkapitalkosten und die Refinanzierungsmöglichkeiten, sondern auch auf die Minderung von Marktrisiken und die Realisierbarkeit des Projektes.[341] In diesem Zusammenhang können aber auch privatwirtschaftliche Instrumente, so z.B. Value-Capture-Arrangements, Risiken senken und Erträge erhöhen.

341 Vgl. in Bezug auf die Projektfinanzierung auch McKay, C. (1989) S. 104 und S. 136.

VI. Zusammenfassung und Ausblick

Die vorliegende Arbeit widmete sich der Frage 'Was kann privates Infrastrukturengagement vor dem Hintergrund der Situation in den neuen Bundesländern leisten?'. Zur Beantwortung dieser Ausgangsfrage wurde zunächst der Begriff der Infrastruktur auf materielle Infrastrukturgüter eingeschränkt (Problemkreis 2). Darunter sind die derzeit meist öffentlichen Produktionsvorleistungen zu verstehen, die den Sachkapitalbestand einer Volkswirtschaft durch Investitionen vermehren. Konkret waren im Rahmen der Arbeit die Verkehrs- sowie die Ent- und Versorgungsinfrastruktur zu untersuchen.

Die sich anschließende Frage zum ökonomischen Stellenwert des Ausgangsproblems vor dem Hintergrund der deutschen Wiedervereinigung (Problemkreis 1) konnte positiv beantwortet werden. So wurde gezeigt, daß sowohl die deutsche Teilung als auch die sozialistische Planwirtschaft der DDR zu einer vor allem qualitativen Vernachlässigung des Infrastrukturbestandes geführt haben. Aber auch dessen quantitative Ausstattung war - bspw. in der Abwasserentsorgung - als unzureichend einzustufen, da der Infrastrukturbestand des Deutschen Reiches nur unwesentlich ausgeweitet wurde. Schließlich ging die Investitionslenkung des planwirtschaftlichen Systems und die fehlende Regionalpolitik mit gravierenden regionalen Disparitäten einher. Vor diesem Hintergrund wurde - unter der Verwendung der Ergebnisse einer Studie des IFO-INSTITUTES - ein Infrastrukturinvestitionsbedarf von 757 Mrd. DM sowie ein Baubedarf von 636 Mrd. DM bis zum Jahr 2005 ermittelt. Die konstitutive Unsicherheit über längerfristige Ergebnisse des räumlichen und sektoralen Strukturwandels ließ konkrete Aussagen über eine regionale Verteilung des Investitionsbedarfs, welche sich an den Erfordernissen der sich im Transformationsprozeß herausbildenden Industrien orientiert, jedoch nicht zu.

Dem hohen Investitionsbedarf in den neuen Ländern stehen jedoch restriktive Finanzierungskapazitäten sowohl des Bundes als auch der Gebietskörperschaften in den neuen Ländern gegenüber. Vor dem Hintergrund einer sehr hohen Staatsverschuldung und deren individuellen sowie gesamtwirtschaftlichen Lasten wird eine Konsolidierung der öffentlichen Haushalte gefordert. Aus diesem Spannungsfeld folgt die Frage, ob ein privatwirtschaftliches Infrastrukturengagement sowohl einen Beitrag zur Beseitigung des wachstumsbehindernden Infrastrukturmangels als auch zu einer Entlastung der öffentlichen Haushalte leisten kann.

Die wohlfahrtstheoretische Betrachtung von Infrastrukturgütern mittels verschiedener Marktversagenskategorien kam zu dem Ergebnis, daß die *Bereitstellung* von Infrastrukturgütern i.d.R. *nicht* Privaten übertragen werden kann (Problemkreis 3a). Im Rahmen der Kollektivtguttheorie konnte dabei gezeigt werden, daß Stadt- und Landstraßen hohen Kosten eines individuellen Nutzungsausschlusses unterliegen und daher das Bereitstellungsproblem nicht privatwirtschaftlich gelöst werden kann. Nur bei Häfen oder Verladeeinrichtungen ist eine private Bereitstellung in Form eines Klubgutes denkbar, da hier geringe Ausschlußkosten mit Rivalität im Konsum einher gehen. Alle anderen Infrastrukturgüter sind hingegen durch eine subadditive Kostenfunktion in Verbindung mit hohen versunkenen Kosten gekennzeichnet und daher in die Kategorie natürlicher Monopole einzuordnen. Diese allokationstheoretische Figur macht aber nach dem Ansatz der disaggregierten Regulierungspolitik *lediglich eine staatliche Bereitstellung der durch hohe versunkenen Kosten gekennzeichneten Infrastrukturgüter als solche notwendig*. Der *Betrieb* dieser Einrichtungen ist hingegen durch die Eigenschaften wettbewerbsfähiger Märkte gekennzeichnet, so daß die Bereitstellung des Infrastrukturgutes einerseits und der Betrieb andererseits *institutionell zu trennen* sind.

Über die genannten allokationstheoretischen Begründungen hinaus kommt dem Staat die Rolle zu, durch festgelegte Verfahren Einigungs- und Verhandlungskosten zu senken und die Übertragung von Handlungsrechten zweifelsfrei zu regeln. Gleichzeitig ist ihm die Aufgabe zuzuordnen, *Planungssicherheit* auf Seiten der Beteiligten zu schaffen und grundlegende rahmengebende Distributionsziele (Einheitlichkeit der Lebensverhältnisse) zu verfolgen. Auch und gerade vor diesem Hintergrund ist die Bereitstellung von Infrastrukturgütern als Staatsaufgabe einzuordnen. Dann kann aber nur die *Erstellung und Finanzierung* von Infrastrukturgütern Privaten zugeordnet werden. Die hierzu zu vereinbarenden relationalen Kontrakte zwischen dem Staat und Privaten eröffnen jedoch Spielräume für opportunistisches Verhalten der beteiligten Unternehmen, welches durch eine hohe Plastizität und Komplexität der Vertragsbeziehung begünstigt wird. Empirische Untersuchungen zeigen allerdings, daß opportunistisches Verhalten nicht als derart gravierend anzusehen ist, daß es einer Einbeziehung Privater grundsätzlich entgegen stünde.

Ausgehend von der Überlegung, daß sich ein privates Infrastrukturengagement nur auf die Erstellung und Finanzierung von Infrastrukturgütern beziehen kann, wurde der Bewertungshintergrund zur Beurteilung der Leistungsfähigkeit privater Finanzierungs- und Organisationsformen (Problemkreis 4) entwickelt. Raumordnungs- und regionalpolitische Ziele stellen dabei vor allem auf die Bedeutung der Wachstumszielsetzung ab. Verteilungspolitische Ziele wurden hingegen nur insoweit berücksichtigt, wie sie zu einer Abmilderung der schärfsten Disparitäten beitragen. Das Ziel der Entlastung der öffentlichen Haushalte umfaßt nicht nur eine direkte Entlastung öffentlicher Haushalte, sondern vor allem auch die indirekte Entlastung über eine potentiell kostensparende Tätigkeit privater Unternehmen. Neben umweltpolitischen Vorstellungen wurden schließlich ordnungspolitische Zielsetzungen (Subsidiaritätsprinzip, Äquivalenzprinzip) skizziert.

Die Bewertung der Finanzierungs- und Organisationsmodelle (Problemkreis 3b) umfaßte das Leasingmodell, das Konzessionsmodell, die Projektfinanzierung, das Mischmodell, das Betreibermodell sowie das Kooperationsmodell. Die Betrachtung dieser Modelle ergab, daß die Leistungsfähigkeit privater Finanzierungs- und Organisationsformen vor allem in einer effizienteren Leistungs*erstellung* besteht. Diese Kostenvorteile sind cet. par. um so höher, je umfassender Aufgabenkompetenzen an Private im Rahmen eines wettbewerblichen Ausschreibungsverfahrens vergeben werden. Effizienzgewinnen steht jedoch die Gefahr opportunistischen Verhaltens durch das Privatunternehmen gegenüber, welches mit steigender Plastizität und Komplexität der Leistungsbeziehung wächst. Je mehr Aufgabenkompetenzen auf Private übertragen werden, um so höher sind auch die Anforderungen an die Gebietskörperschaft, die Verfügungsrechte des Unternehmens klar zu definieren. Pfänder sowie glaubhafte Drohungen sind wertvolle Instrumente, um das Privatunternehmen wirksam zu kontrollieren. Die Einschaltung privater Dritter erfordert aber auch einen 'kompetenten Staat', welcher die Handlungen Privater fachkundig beurteilen und kontrollieren kann. Unter ordnungspolitischen Aspekten und unter der Prämisse, daß Staat und Private Aufgaben in Abhängigkeit von ihren komparativen Vorteilen wahrnehmen sollten, sprechen Effizienzvorteile, welche nicht oder nur in geringem Maße durch opportunistisches Verhalten Privater bedroht werden, für eine Einschaltung von privaten Unternehmen bei der Erstellung und Finanzierung von Infrastrukturinvestitionen.

Über die skizzierten indirekten Haushaltsentlastungswirkungen hinaus kann durch eine Privatfinanzierung i.d.R. keine direkte Entlastung des öffentlichen Haushaltes erreicht werden. Die Ausgangsvermutung, daß durch privates Infrastrukturengagement zusätzliches Kapital attrahiert werden und die Konsolidierung der öffentlichen Haushalte unterstützt werden könnte, darf folglich in den meisten Fällen als widerlegt gelten. Greifen einzelne Modelle - wie z.B. das Betreibermodell - nicht auf Haushaltsmittel zurück und refinanzieren sich über Gebühren, so hätte nämlich - bei korrekter Auslegung des Haushaltsrechts - auf Seiten der Kommune auch bei ausgeschöpften Haushaltsspielräumen die Möglichkeit bestanden, das Infrastrukturgut zu finanzieren.

Auch die Befürchtung, Private könnten sich 'rosinenpickend' lukrative Teilmärkte aus der Gesamtversorgung mit Infrastrukturgütern aussuchen, ist weitgehend unbegründet. Lediglich Projektfinanzierungen und Mischmodelle sehen eine Finanzierung über nutzungsabhängige Entgelte vor und sind so auf einen lukrativen Absatzmarkt im Sinne einer hohen Nutzungsdichte angewiesen. Vor dem Hintergrund der regionalpolitischen Wachstumszielsetzung in den neuen Ländern unter der Leitvorstellung einer Angleichung der Lebensverhältnisse an die alten Bundesländer ist die Anwendung derartiger Modelle in Entwicklungsschwerpunkten jedoch unproblematisch. Allen anderen Modellen kann allerdings kein spezifischer Zielbeitrag hinsichtlich der regionalpolitischen Wachstumszielsetzung nachgewiesen werden. Sie sind nämlich an beliebigen Raumpunkten einsetzbar, da sie sich entweder aus den öffentlichen Haushalten refinanzieren oder nur geringen Anwendungsvoraussetzungen unterliegen. Die Tatsache, daß privates Infrastrukturengagement i.d.R. zu einem beschleunigten Ausbau der Infrastruktur beiträgt, rechtfertigt aber auch hier die These, daß durch private Organisations- und Finanzierungsformen Basisinfrastruktur als elementare Wachstumsvoraussetzung früher bereitgestellt und damit Wachstum beschleunigt wird.

Vor dem Hintergrund dieser Tendenzaussagen ist allerdings festzuhalten, daß eine *Einzelfallbetrachtung* für die korrekte Abschätzung der Leistungsfähigkeit privaten Infrastrukturengagements wesentlich ist. So hängen die Wirkungen einzelner Modelle zentral von deren institutioneller Ausgestaltung und ihrem konkreten Anwendungsfeld ab. Da über *die* Leistungsfähigkeit eines Privatengagements also *keine generellen Aussagen* getroffen werden können, sollte vor der Entscheidung für eine Einschaltung privater Dritter Transparenz über die mit einem Privatengagement verbundenen Zielsetzungen bestehen. Über die Vorteilhaftigkeit einer privat-öffentlichen Kooperation ist dann mit Blick auf die angestrebte Zielsetzung zu befinden.

Die Beschäftigung mit dem Erklärungsgegenstand Infrastruktur zeigte schließlich verschiedene *Forschungsdesiderata* auf. Zum einen wurde bei der Diskussion der wachstumstheoretischen Wirkungen von Infrastrukturgütern deutlich, daß die bestehenden theoretischen Erklärungszusammenhänge unzureichend sind. Weitergehende Forschungserkenntnisse sind daher - besonders auch unter Berücksichtigung der bestehenden Förderpraxis im Rahmen der GRW - wünschenswert. Sie spielen eine wichtige Rolle für die Frage, wie Regionalpolitik künftig gestaltet werden könnte. Zum anderen zeigte sich, daß die konventionelle Erfassung der Staatsverschuldung im öffentlichen Haushalt nicht aussagekräftig ist, wenn neue Finanzierungsformen zur Erstellung von Infrastrukturinvestitionen herangezogen werden. Gerade unter der Zielsetzung, in den öffentlichen Haushalten die Staatsverschuldung transparent auszuweisen, ergibt sich die Notwendigkeit, auf theoretischer Ebene eine weitergehende Abgrenzung staatlicher Verschuldung zu erarbeiten.

Anhang I

Im folgenden soll der aggregierte Investitions- und Baubedarf (Tab 2.8 in II.3.2) in den Bereichen Verkehr, Umweltschutz und Wasserversorgung in den neuen Ländern eingehender analysiert werden. Dabei wird im Verkehrsbereich zwischen überregionalen und regionalen Verkehrswegen unterschieden. Der Baubedarf im Bereich **überregionale Verkehrswege** setzt sich aus dem Erhaltungs- und Ersatzbedarf[1] im Bereich der Straße, Schiene, Wasserstraße sowie der Umschlagplätze zusammen.[2] Beim **Erh altungsbedarf** der überregionalen Verkehrswege wurde im Bereich **überregionale Straßen** auf der Basis des zugrundegelegten Gutachtens von SCHMUCK ein Nachholbedarf für die Bundesfernstraßen (Bundesautobahnen und Bundesstraßen) in Höhe von 10 Mrd. DM und für die Landesstraßen in Höhe von 12 Mrd. DM errechnet.[3] Unter Hinzurechnung des künftigen Erhaltungsbedarfs bis zum Jahr 2005 für die Bundesautobahnen von 3 Mrd. DM, für die Bundesstraßen von 7 Mrd. DM und für

---

1 Als *überregionale* Verkehrswege werden alle in der Baulast des Bundes befindlichen Bundesfernstraßen und Wasserstraßen und die in der Baulast des Bundesländer befindlichen Landesstraßen sowie die Schienenstrecken der ehemaligen Deutschen Reichsbahn bezeichnet. Unter einem *Verkehrsweg* ist die bauliche Substanz des Weges selbst zuzüglich diesem unmittelbar zuzurechenende Nebenanlagen zu verstehen. Umschlags- und Fahrgastabfertigungsanlagen werden getrennt erfaßt. Vgl. Gluch, E. (1992b) S. 62. Abzugrenzen ist ferner der Erhaltungs- vom Erweiterungsbedarf. Werden Bauwerke über die gesamte Analyseperiode hinweg als bestehend angenommen, so sind *Erhaltungsinvestitionen* notwendig, die in Form von Modernisierungs- und Instandhaltungsmaßnahmen anfallen können. In diesem Zusammenhang spricht man bei allen Investitionstätigkeiten, die aufgrund früher unterlassener Erhaltungsaufwendungen oder nicht erfolgter Ausbauten notwendig werden, von Anpassungs- bzw. *Nachholinvestitionen.* Der Abriß und Neubau einer Einrichtung oder eines Gebäudes in der betrachteten Periode wird ebenfalls dem Erhaltungsbedarf zugerechnet. Erst bei einer Ausweitung der Bausubstanz über den bisherigen Bestand hinweg, ist von *Erweiterungsinvestitionen* zu sprechen. Bezogen auf die Verkehrswege sind hierunter Qualitäts- und Kapazitätserhöhungen der Verkehrswege zu verstehen [vgl. Gluch, E. (1992b) S. 7, 65 und 66, Schmuck, A. (1990) S. 531, Bartholmai, B.; Enderlein, H.; Niklas, J. (1985) S. 18f.] Der Erhaltungsbedarf wird im Rahmen der vorliegenden Studie unter der Annahme vergleichbarer Kennzahlen aus den alten Bundesländern bestimmt. Im Rahmen einer 'qualifizierten Substanzwertsicherung' werden die Qualitätsstandards und Ausbaurichtlinien für Bundesfernstraßen, Wasserstraßen und Schienenwege zugrundegelegt. Vgl. Gluch, E. (1992b) S. 68f.

2 Für den Ausbau dieser Verkehrswege werden die im Bundesverkehrswegeplan 1985 genannten Ziele der verkehrssicheren Erhaltung der Substanz der Verkehrswege, der zügigen Fertigstellung laufender Projekte, der Erfüllung veränderter qualitativer Ansprüche, der regionalen Erschließung und Anbindung sowie des bedarfsgerechten Ausbaus der Verkehrswege unterstellt. Vgl. Gluch, E. (1992b) S. 63 und (Der) Bundesminister für Verkehr (1985) S. 8.

3 Die Studie des IFO-INSTITUTES arbeitet verschiedene andere Gutachten - u.a. das hier Zitierte - ein. Vgl. Schmuck, A. (1990) S. 534ff.

die Landesstraßen von 8 Mrd. DM ergibt sich ein Gesamterhaltungsbedarf für die überregionalen Fernstraßen von 40 Mrd. DM (Tab. A.1).[4] Bei der Betrachtung der **Schienenwege** der ehemaligen Deutschen Reichsbahn mit einer Gesamtlänge von 14035 km (1989) wurde eine Verkürzung um 3500 km im Bereich der Nebenstrecken unterstellt.[5] Nachholinvestitionen ergaben sich in der verwendeten Studie von HANSLMEIER und WOLF im Umfang von 44 Mrd. DM mit einem Schwerpunkt von zwei Dritteln im Bereich des Kernnetzes. Der unterstellte Erhaltungsbedarf des reduzierten Netzes mit einer Länge von 10500 km bis zum Jahre 2005 führt zu einem Erhaltungsbedarf von insgesamt 59 Mrd. DM (Tab. A.1).[6] Im Bereich der **Wasserstraßen** ergab sich im Rahmen einer groben Schätzung des Bundesverkehrsministeriums ein Nachholbedarf von ca. 7 Mrd. DM, wovon ca. 4 Mrd. DM auf die Elbquerung bei Magdeburg entfallen.[7] Der darüber hinaus gehende Erhaltungsbedarf bis zum Jahr 2005 beträgt ca. 2 Mrd. DM.

Neben dem Erhaltungsbedarf besteht ein umfangreicher **Erweiterungsbedarf** im Bereich des überregionalen Verkehrs. GLUCH greift bei den Bundesfernstraßen und den Schienenwegen im wesentlichen auf die bereits im Bundesverkehrswegeplan ausgewiesenen Projekte zurück. Damit wird implizit unterstellt, daß der Erweiterungsbedarfs, der auf einer Einschätzung der zukünftigen Entwicklung des Güter- und Personenverkehrs beruht, optimal durch die geplanten Projekte abgedeckt wird.[8] Außer dem auf diese Weise ermittelten Erweite-

4 Vgl. Gluch, E. (1992b) S. 70. Die Berechnung wurde in Anlehnung an das Verfahren von NIKLAS, das dieser für die alten Bundesländer entwickelt hat, durchgeführt. Vgl. Niklas, J. (1989) S. 137f.

5 Vgl. Hanslmeier, W.; Wolf, G. Ermittlung des Nachholbedarfs für die Verkehrsinfrastruktur auf dem Gebiet der ehemaligen DDR 'Teil Schiene', Berlin, 1990, zitiert nach Gluch, E. (1992b) S. 70.

6 Vgl. Gluch, E. (1992b) S. 71. Zur Berechnung des Erhaltungsbedarfs für die Schiene wurde Zahlenmaterial bzgl. des Investitionsbedarfs bei der Deutschen Bundesbahn herangezogen [vgl. Niklas, J. (1989) S. 148]. HUBER schätzt einen Nachholbedarf von 48 Mrd. DM für das Schienennetz der Deutschen Reichsbahn bei gleichen Annahmen bzgl. der Reduktion des Netzes. Vgl. Huber, J. (1991b) S. 346, Tabelle 3.

7 Vgl. Huber, J. (1991b) S. 346, Tabelle 3 und Gluch, E. (1992b) S. 72.

8 GLUCH betrachtet den ermittelteten Erweiterungsbedarf, der sich an den bereits geplanten Projekten orientiert, allerdings eher als ausbaufähigen Mindestbedarf [vgl. Gluch, E. (1992b) S. 83f.]. Sowohl bei GLUCH als auch im BUNDESVERKEHRSWEGEPLAN werden die Verkehrsaufkommensprognosen von MANN und HAUTZINGER (Personenverkehr) bzw. KESSEL + PARTNER (Güterverkehr) zugrundegelegt. Unterstellt werden daher eine Zunahme des Personenverkehrsaufkommens von 1988 bis 2010 um 84% und der Personenkilometerleistung um 142% [vgl. Mann, H.-U.; Hautzinger, H (1991) S. 124]. Im Bereich des Güterverkehrs wird nur von einer geringen Aufkommensveränderung ausgegangen.

	Erhaltungs-bedarf		Erweiterungs-bedarf		Baubedarf insgesamt	
Überregionaler Verkehr	**108**		**76**		**184**	
Bundesstraßen	20		26		46	
dar. Autobahnen		7,5		17		24,5
Bundesstraßen		12,5		9		21,5
Landesstraßen	20		23		43	
Schienennetz der ehem. DR	59		26		85	
dar. Kernnetz		41		26		67
Restnetz		18		0		18
Wasserstraßen	9		1		10	
Umschlagplätze gesamt	**6**		**17**		**23**	
Bahnhöfe	3		3		6	
Binnenhäfen	1		2		3	
Flughäfen[9]	2		12		14	
Überregionaler Verkehr gesamt	***114***		***93***		***207***	

Tab. A.1: Baubedarf im Teilbereich überregionaler Verkehr.
- in Mrd. DM, in Preisen von 1990 -
Quelle: Gluch, E. (1992) S. 71, 84, 85.

rungsbedarf für die **Bundesfernstraßen** in Höhe von 17 Mrd. DM für Neubau- und 9 Mrd. DM für Ausbaustrecken ist allerdings der Bedarf für die **Landesstraßen** zu bestimmen. Aufgrund fehlender Ausbaupläne wurde nach westdeutschen Maßstäben ein Bedarf von 23 Mrd. DM abgeschätzt. Als Maßnahmen isoliert GLUCH in diesem Zusammenhang den mehrspurigen Ausbau bestimmter Streckenabschnitte, die Entschärfung von Engpaßstellen und den Ausbau der durch Grenzverkehre belasteten Strecken.[10] Im Bereich der **Schiene**[11] wird neben dem Investitionsvolumen des Bundesverkehrswegeplans von 16 Mrd. DM und dem Restbedarf aus dem Lückenschlußprogramm von 0,7 Mrd. DM eine Summe von 10 Mrd. DM ermittelt - bestehend aus 7,4 bzw. 5,9 Mrd. DM für die Trasse des Transrapid in Abhängigkeit von der Streckenführung und 4 Mrd.

Die Transportleistung wird sich allerdings ungefähr verdoppeln [vgl. Röhling, W.; Kessel, P. (1991) S. 72].

9 Der Bedarf für Flughäfen wird hier der Vollständigkeit halber aufgenommen. Vgl. ebenda S. 83.

10 Vgl. Gluch, E. (1992b) S. 76.

11 Dem Ausbau des Schienennetzes liegt der Gedanke zugrunde, daß der Nutzung der Straßen und der Luftwege in einem dicht besiedelten Industrieland Grenzen gesetzt sind. Der Ausbau eines Hochgeschwindigkeitsnetzes stelle daher eine Alternative zur Entlastung anderer Verkehrsträger dar. Vgl. Gluch, E. (1992b) S. 76.

DM aufgrund des Zusatzbedarfs an Ausbaustrecken.[12] Bei **Umschlagplätzen** existiert bei **Bahnhöfen** ein Erhaltungsbedarf für die z.T. stark überalterte Gebäudesubstanz von ca. 3 Mrd. DM.[13] Zusätzlich ergibt sich ein Erweiterungsbedarf im Güterverkehr durch z.B. den Neu- bzw. Ausbau von Rangierbahnhöfen, Bahnhöfen des kombinierten Ladungsverkehrs, Containerumschlagplätzen und Umschlagplätzen des Huckepackverkehrs in Höhe von 3 Mrd. DM.[14]

Auch für die **regionalen Verkehrswege** ist der Erhaltungs-[15] und der Erweiterungsbedarf getrennt bestimmt worden. Der **Erhaltungsbedarf** bei **Schienenwegen** wird durch das Bundesministerium für Verkehr mit 10,5 Mrd. DM, davon 2,5 Mrd. DM für die Berliner S-Bahn, veranschlagt.[16] Ein darüber hinaus gehender Nachholbedarf, den Länder und Gemeinden selbst zu tragen haben, wird mit 9,5 Mrd. DM beziffert. Der weitergehende Erhaltungsbedarf bis zum Jahr 2005 beträgt ca. 7 Mrd. DM (Tab. A.2).[17] Der gesamte Erhaltungsbedarf für die **kommunalen Straßen** von 107 Mrd. DM läßt sich aufgrund der Zusammenführung der Schätzungen von HAHN und SCHMUCK in einen Nachholbedarf von 94 Mrd. DM und einen laufenden Erhaltungsbedarf bis zum Jahr 2005 von 13 Mrd. DM aufteilen.[18]

---

12 Vgl. Gluch, E. (1992b) S. 77.

13 Auch hier wurden als Maßstab die üblichen Sanierungsmaßnahmen bei der ehemaligen Deutschen Bundesbahn zugrunde gelegt. Vgl. Gluch, E. (1992b) S. 79.

14 Diese umfangreichen Maßnahmen sind vor allem durch eine Veränderung der Transportstruktur weg von den sog. Schüttgütern hin zu Stückgütern und Containern zu erklären [vgl. Gluch, E. (1992b) S. 80]. Ähnliches gilt auch für die Binnenhäfen, bei denen sich der Erweiterungsbedarf auf Lagerhallen und Umschlagshallen konzentriert. Die Quantifizierung des Erweiterungsbedarfs ist mit großen Unsicherheiten behaftet, da die zukünftige Stellung der Ostseehäfen kaum zu prognostizieren ist. Vgl. ebenda S. 81.

15 Auch für den Erhaltungsbedarf im regionalen Verkehr gehen die Autoren davon aus, daß die derzeit existierenden Verkehrswege bestehen bleiben sollen. Darüber hinaus ist aber die 'qualifizierte Substanzwertsicherung' der regionalen Verkehrswege eine Zielgröße. Dies bedeutet, daß die Einrichtung eines neuen Standards der Verkehrswege (Fahrbahnverbreiterungen, Erhöhung der Belastungsfähigkeit, geräuschdämpfende Fahrbahnbeläge) angestrebt wird. Vgl. ebenda S. 88f.

16 Vgl. Gluch, E. (1992b) S. 89. Bei dem dort zitierten HUBER (1991a) sowie HUBER (1991b) findet sich allerdings eine andere Angabe, nämlich 12 Mrd. DM für den ÖPNV und rund 3 Mrd. DM für die Berliner S-Bahnen [vgl. Huber, H. (1991a) S. 12, Huber, J. (1991b) S. 347]. Der sich hier ergebende Unterschied könnte auf das Ausweisen von Mehrwertsteuer im Investitionsbedarf zurückzuführen sein.

17 Vgl. Gluch, E. (1992b) S. 89f. Die Berechnung des Erhaltungsbedarfs orientiert sich wiederum an Verfahren, wie sie in den alten Ländern verwendet werden. Vgl. hierzu z.B. Enderlein, H.; Kuhfeld, H.; Kunert, U. (1988) S. 52ff.

18 Vgl. Schmuck, A. (1990) S. 536, Hahn, W. (1991) S. 8, Gluch, E. (1992b) S. 90. Angaben über die Aufteilung des Erhaltungsbedarfs auf die einzelnen Verkehrsbereiche liegen hier

Für die Ermittlung des **Erweiterungsbedarfs** im Bereich des **regionalen Verkehrs** legen die Autoren Verkehrsprognosen zugrunde, die von einer raschen Angleichung der PKW-Dichte an das westdeutsche Niveau ausgehen.[19] Darüber hinaus wird eine starke Erhöhung der Personenkilometerleistung unterstellt, die überwiegend vom motorisierten Individualverkehr getragen wird.[20] Der Ausbau der **Schienenwege im regionalen Verkehr**, der hauptsächlich in den großen Städten der neuen Bundesländer und zur Anbindung neuer und bestehender Wohnsiedlungen außerhalb der Stadtkerne erfolgen wird, ist bisher noch nicht von integrierten Gesamtkonzepten begleitet.[21] Die in Tabelle A.2 aufgeführten Bedarfe für die U- und S-Bahnen sind daher rein rechnerisch und regional unspezifisch berechnet worden. Für das Straßenbahnnetz wurde nur ein geringer Erweiterungsbedarf unterstellt, da das bestehende Netz bereits 2.200 km umfaßt. Die Schätzung des Erweiterungsbedarfs bei den **kommunalen Straßen** beruht auf einer relativ unsicheren Datenbasis. Auch hier ist das Ziel einer Innenstadt mit hoher Lebensqualität - in Anlehnung an die Erfahrungen der Kommunen in den alten Ländern - unterstellt worden.[22] Zur Realisierung dieser Leitvorstellung wurde ein umfangreicher Bedarf im Bereich der Verkehrsberuhigung der Hauptverkehrsstraßen, bei Gehwegüberfahrungen, optischen Bremsen, der Einrichtung von Tempo-30-Zonen und von Busspuren sowie dem Bau von Fuß- und Fahrradwegen angenommen.[23] Die Bedarfe lassen sich im einzelnen der Tabelle A.2 entnehmen.[24] Ein zusätzlicher Bau von Straßen wurde für die Städte und Gemeinden nur zur Erschließung der neu entstehenden Wohnsiedlungen und Industriegebiete unterstellt. Der *gesamte Baubedarf im Teilbereich des regionalen Verkehrs* wird bei einer angestrebten Verbesserung des Angebots im öffentlichen Nahverkehr und bei einer Steuerung des Individualverkehrs in den Städten auf 196 Mrd. DM geschätzt.[25]

---

nicht vor. Die Angaben bei HAHN müssen differenziert betrachtet werden, da hier eine Ausweisung incl. Mehrwertsteuer erfolgt. Dies ist allerdings im Fall einer staatlichen Finanzierung der Investitionsbedarfe unerheblich, da es sich hier nicht um einen echten Finanzierungsbedarf handelt.

HUBER beziffert einen Nachholbedarf für die kommunalen Straßen in Höhe von 90 Mrd. DM. Vgl. Huber, J. (1991b) S. 347.

19 Vgl. Hahn, W. u.a. (1991) S. A 14.

20 Vgl. Mann, H.-U.; Hautzinger, H. (1991) S. A 27f.

21 Vgl. hierzu Gluch, E. (1992b) S. 93ff.

22 Vgl. ebenda S. 96.

23 Vgl. zur Berechnung der einzelnen Größen ebenda S. 97-99.

24 Angaben bestehen nur in dem in Tabelle A2 ausgewiesenen Umfang, so daß die nicht vorhandenen Zahlen mit - gekennzeichnet wurden.

25 Vgl. ebenda S. 102.

	Erhaltungs-bedarf	Erweiterungs-bedarf	Gesamter Baubedarf
Schienenwege	**27**	**18**	**45**
Stadtschnellbahnen	-	14	-
S-Bahn	-	6	-
U-Bahn	-	8	-
Straßenbahnen	-	4	-
Kommunale Straßen	**107**	**44**	**151**
Verkehrsberuhigung	-	20	-
verkehrsberuhigte Bereiche	-	3	-
einf. Verkehrsberuhigung	-	1,5	-
Tempo-30-Zonen	-	1,5	-
Umbau v.Gemeindestraßen	-	14	-
Förderung des Busverkehrs	-	0,5	-
Förderung des Fußgänger-verkehrs	-	9,5	-
Fußgängerwege	-	4	-
Fußgängerzonen	-	5,5	-
Förderung des Fahrradverkehrs	-	6	-
Fahrradwege	-	4,5	-
Brücken u. Unterführungen	-	1,5	-
Parkplätze	-	2	-
Straßenneubau	-	6	-
Regionale Verkehrswege	***134***	***62***	***196***

Tab. A.2.: Baubedarf im Teilbereich regionaler Verkehr
- in Mrd. DM, in Preisen von 1990 -.
Quelle: Gluch, E. (1992) S. 95, 101, 102.

Der im umfassenden Bereich des **Umweltschutzes** anfallende Baubedarf wird in der Studie des IFO-INSTITUTES ebenfalls über eine Defizitanalyse im Vergleich zur quantitativen und qualitativen Ausstattung mit Umweltschutzverfahren in den alten Ländern ermittelt. Auch die dort gültigen Normen und Standards werden zugrunde gelegt.[26] Dabei werden die Bereiche Luftreinhaltung, Gewässerschutz, Abfallwirtschaft, Altlastenentsorgung und Lärmschutz

26 Vgl. Gluch, E. (1992b) S. 105f. Die Autoren weisen darauf hin, daß aufgrund der umfassenden Modernisierungstendenzen und des wirtschaftlichen Strukturwandels in den neuen Ländern die Bedarfe kaum exakt zu bestimmen sind. Eine präzise Berechnung ist vor allem deshalb schwer, weil umweltpolitische Auflagen „in großem Umfang durch den technischen Fortschritt auf dem Wege des integrierten Umweltschutzes und damit internalisierter Kosten abgewickelt wird." [Gluch, E. (1992b) S. 107]. Aufgrund dieser Problematik werden die Baubedarfe im Umweltschutz auf der Basis des heute bekannten Know-Hows ermittelt.

berücksichtigt. Im Bereich der **Luftreinhaltung** werden ca. 5000 MW Kraftwerkskapazität[27] der Energieversorgungsunternehmen als erhaltungswürdig eingestuft. Diese müssen mit Entschwefelungs-, Entstaubungs- und Entstikkungsanlagen nachgerüstet werden, so daß der Investitionsbedarf bei ca. 3 Mrd. DM mit einem Bauanteil von gut 0,5 Mrd. DM liegt.[28]

Im Bereich des **Abwassernetzes** besteht ein umfangreicher **Nachholbedarf**. Das IFO-INSTITUT geht in seiner Schätzung von einem Sanierungsanteil von nur 35% der bestehenden öffentlichen und privaten Abwasserkanäle aus.[29] Für die Sanierung von ca. 30.000 km Leitungen bis zum Jahr 2005 sind 28 Mrd. DM zu veranschlagen. Zur Erhöhung des Anschlußgrades der Haushalte von 73% auf rund 97% ist es notwendig, ca. 73.000 km Kanalnetz neu zu verlegen. Hiervon befinden sich ca. 42.000 km in der Baulast der Städte und Gemeinden, die darüber hinaus gehende Länge von 31.000 km sind Hausanschlüsse. Insgesamt ergibt sich ein **Erweiterungsbedarf** von ca. 69 Mrd. DM. Im Bereich der **Abwasserbehandlung** können die in Abschnitt II.2.2.2 genannten Klärkapazitäten zugrunde gelegt werden. Zur **Verbesserung der Reinigungsleistung der bestehenden Klärwerke** auf den Standard der dritten Reinigungsstufe bzw. der biologischen Reinigung[30] ist eine Aufrüstung der mechanischen Klärwerke im Umfang von 9 Mrd. DM und eine Aufrüstung der mechanisch-biologischen Klärwerke im Umfang von 9,5 Mrd. DM notwendig. Der geringere Baubedarf kann auf insgesamt ca. 11 Mrd. DM geschätzt werden. Der Baubedarf zur **Erweiterung der Reinigungskapazität** ist zum einen auf die Erhöhung des Anschlußgrades auf 90% zurückzuführen, zum anderen auf eine erweiterte Behandlung der Industrieabwässer. Der Investitionsbedarf wird auf rund 20 Mrd. DM beziffert, der Bauanteil von rund 60% läßt bis zum Jahr 2005 einen Baubedarf von 12 Mrd. DM erwarten.[31]

---

27 Trotz der fehlenden direkten Relevanz für die Arbeit soll die Luftreinhaltung hier im Rahmen der in Teil IV zu skizzierenden Umweltschutzziele berücksichtigt werden.

28 Vgl. Gluch, S. (1992b) S. 113 und 115. Bei GLUCH (1992a) S. 11 wird der Erhaltungsbedarf mit 1 Mrd. DM beziffert. Diese Angabe ist auch in Tabelle A.3 aufgenommen worden.

29 Schätzungen der Bundesumweltministeriums gehen von einem sanierungsbedürftigen Anteil von 60-70% aus. Dabei wird ein Kanalbestand von 36.000 km zugrunde gelegt. Das IFO-INSTITUT berücksichtigt zusätzlich noch 13.000 km Kanalnetz im Besitz der Genossenschaften. Vgl. Gluch, E. (1992b) S. 124ff.

30 Vgl. ebenda S. 130ff. Für eine detaillierte Auflistung der jeweiligen Umrüstungskosten vgl. S. 132.

31 Für den Bereich der *Abwasserbehandlung in der Industrie* wurde zur Sanierung der Reinigungskapazität ein Investitionsbedarf von 18 Mrd. DM und - bei einem Bauanteil von 60% - ein Baubedarf von 11 Mrd. DM errechnet [vgl. ebenda S. 135]. Dieser Sanierungsbedarf soll in die obige Aufstellung nicht einbezogen werden, da dieser direkt bei der Industrie anfällt.

Für die **Abfallbeseitigung** gehen die Autoren zunächst davon aus, daß Umfang und Zusammensetzung des Hausmülls im Prognosezeitraum auf das in den alten Bundesländer erreichte Niveau ansteigen werden.[32] Weiterhin wird ein in etwa gleichbleibendes Industrieabfallaufkommen von 50-65 Mill. t/Jahr unterstellt sowie ein stark steigender Anteil von Bauabfällen von ca. 15 Mill. t/Jahr.[33] Vor dem Hintergrund der in Abschnitt II.2.2.4 dargestellten Situation der Müllentsorgung in der DDR scheint die von den Autoren getroffene Annahme der fast vollständigen Neuerrichtung der Entsorgungsmöglichkeiten plausibel. Die Berechnungen ergeben Investitionsbedarfe zwischen 14,4 und 43,4 Mrd. DM, wobei die Höhe der Kosten positiv vom Grad der Wiederverwertung abhängig ist. Geht man von einer mittleren Anforderung an das Gebot der Wiederverwertung bei Verwendung der Verfahren Sortieren, Kompostieren, Verbrennen, Deponieren aus, so ergibt sich ein Investitionsbedarf von ca. 32 Mrd. DM und ein Baubedarf von ca. 19 Mrd. DM.[34]

Schätzungen des Baubedarfs im Bereich der **Altlasten** können aufgrund der unzureichenden Kenntnis über die Zahl und das Ausmaß der Verdachtsflächen sowie die Gefährlichkeit der abgelagerten Stoffe nur ungenau sein.[35] Die Berechnung des IFO-INSTITUTS bezieht sich auf die in II.2.2.4 dargestellten Schätzungen des BUNDESMINISTERS FÜR UMWELT, NATURSCHUTZ UND REAKTORSICHERHEIT. Der Bedarf bzgl. der Sanierung, Überwachung und Sicherung der kontaminierten Flächen (Altablagerungen einschließlich der Betriebsgelände) liegt insgesamt bei ca. 15 Mrd. DM, wovon 10,8 Mrd. DM auf Betriebsgelände entfallen. Der Baubedarf beläuft sich in diesen beiden Gruppen bei einem Anteil von 44% auf ca. 7 Mrd. DM.[36] In diese Rechnung sind nicht die ca. 18.000 Verdachtsflächen sowie die ehemaligen militärischen Gelände der sowjetischen

---

BERNHARDT, RUDOLPH und SUCH schätzen - ebenso wie das BUNDESMINISTERIUM FÜR RAUMORDNUNG, BAUWESEN UND STÄDTEBAU - einen Investitionsbedarf im Bereich der Abwasserentsorgung von ca. 100 Mrd. DM für die nächsten zehn Jahre. Vgl. Bernhardt, H.; Rudolph, K.-U.; Such, W. (1992) S. 42, Bundesministerium für Raumordnung, Bauwesen und Städtebau (1994a) S. 173.

32 Vgl. Gluch, E. (1992b) S. 140ff.

33 Im Bereich der Sonderabfälle können Schätzungen des Aufkommens nur mit Kenntnis der Produktionsstrukturen vorgenommen werden. Vereinfachend wurde hier von einer Konstanz des Sonderabfallaufkommens ausgegangen.

34 Zur Abschätzung des Investitionsbedarfs wurde die geschätzte Höhe des Müllaufkommens den durchschnittlichen spezifischen Investitionskosten pro Jahr und Tonne Abfall für die verschiedenen Verfahren (Sortieren/Verwerten, Kompostieren, Verbrennen, Deponieren) gegenübergestellt.

35 GLUCH weist darauf hin, daß die ermittelten Bedarfe durchaus die doppelte Höhe annehmen können. Vgl. Gluch, E. (1992b) S. 149.

36 Vgl. ebenda S. 153.

Aufgabenbereiche	Investitions-bedarf	Erhaltungs-bedarf	Erweiterungs-bedarf	gesamter Baubedarf
Luftreinhaltung	**3**	**1**	**-**	**1**
Gewässerschutz gesamt	**142,5**	**39**	**86**	**125**
dar. Kanalisation	97	28	69	97
Klärwerke - mechanische Reinigungsstufe	9	5,4	-	5,7
Klärwerke - biologische Reinigungsstufe	9,5	5,7	-	5,4
Erweiterung der Reinigungskapazität	20	-	12	12
Entsorgung in der Landwirtschaft[37]	4,5	-	2,7	2,7
Regenwasserbehandlung	2,5	-	2,5	2,5
Abfallwirtschaft	**32**	**2**	**17**	**19**
Altlastenentsorgung[38]	**32**	**2**	**13**	**15**
dav. Altablagerungen	4,2	-	2	2
Kontaminierte Betriebsgelände	10,8	-	5	5
Uranbergbau und -aufbereitung (Aue/Crossen)	10	-	4,5	4,5
Kernkraftwerk Greifswald	6	-	2,5	2,5
Braunkohletagebau[39]	1	-	1	1
Lärmschutz[40]	**5**	**1**	**2**	**3**
Gesamtbedarf	***214,5***	***45***	***118***	***163***

Tab. A.3: Investitions- und Baubedarf im Umweltschutz bis zum Jahr 2005
- in Mrd. DM, in Preisen von 1990 -.
Quelle: Gluch, E. (1992) S. 138, 153, 154.

---

37 In der DDR war die Gewässerbelastung durch die landwirtschaftlichen Massentierhaltung sehr hoch. Obwohl diese bereits stark zurückgegangen ist, sind hier Investitionen im Umfang von 4,5 Mrd. DM, davon 2,7 Mrd. DM Baubedarf notwendigen, um die EG-Regelungen zur Güllebehandlung zu erfüllen. Vgl. Gluch, E. (1992b) S. 137.

38 Die Aufspaltung des gesamten Baubedarfs in Erweiterungs- und Erhaltungsbedarf ist bei GLUCH in Tabelle 5.17, S. 154 vorgenommen worden. Eine Erläuterung im Text fehlt jedoch. Daher wurden die Baubedarfe der Unterguppen vollständig dem Erweiterungsbedarf zugeordnet.

39 Gluch weist darauf hin, daß der Rekultivierungsbedarf des Braunkohletagebaus auf ca. 32 Mrd. DM geschätzt wird. In der Studie wurde lediglich ein Erinnerungsposten von 1 Mrd. DM angesetzt.

40 Unter Lärmschutzmaßnahmen wurde hier die Nachrüstung von Straßen, Bahnen und Wohnungen verstanden. Mittel sind z.B. Lärmschutzwälle, -wände und -fenster. Der Bauanteil wurde auf 60% geschätzt. Vgl. Gluch, E. (1992b) S. 153f.

Streitkräfte einbezogen worden.[41] Weitere Angaben zu Investitions- und Baubedarfen finden sich in Tab. A.3.

Auch im Bereich der **Wasserversorgung** ist von stark veralteten Anlagen sowie einem schadhaften Netz bei hohen Wasserverlusten auszugehen. Maßstab für die Abschätzung des Investitionsbedarfs in der Wasserversorgung sind der Versorgungsstandard in den alten Ländern sowie die bundeseinheitlichen Vorschriften zur Trinkwassergüte.[42] Der Investitionsbedarf für Aufbereitungsanlagen und Behälter beträgt insgesamt 7 Mrd. DM. Im Netzbereich müssen 10.000 km saniert und ca. 20.000 km ersetzt werden, so daß hier 19 Mrd. DM Investitionsbedarf anfallen. Eine Aufstockung des Leitungsnetzes zur Erhöhung des Anschlußgrades um fünf Prozentpunkte (10.000 km Leitungen) bedeuten Erweiterungsinvestitionen in Höhe von 6 Mrd. DM.[43] Eine Zusammenstellung der Zahlen für die Wasserversorgung sowie des gesamten Investitions- und Baubedarfs im Bereich der Infrastruktur, aufgeteilt in Erhaltungs- und Erweiterungsbedarf findet sich in Tabelle 2.8 in Teil II.3.2 der Arbeit.

---

41 Vgl. Gluch, E. (1992b) S. 149f. Zur Angabe weiterer Schätzergebnisse unterschiedlicher Studien vgl. ebenda Tabelle 5.14, S. 150.

42 Vgl. ebenda S. 189f.

43 BERNHARDT, RUDOLPH und SUCH nennen einen Investitionsbedarf im Bereich der Wasserversorgung von 41 Mrd. DM für die nächsten 10 Jahre, während der Raumordnungsbericht 1993 für die Sanierung der Wasserversorgungsanlagen 7,7 Mrd. DM, für die Sanierung und Erweiterung der Rohrnetze 12,6 Mrd. DM und für die Sanierung der öffentlichen Wasserversorgungsanlagen sonstiger Betreiber 1,5 Mrd. DM ansetzt (insgesamt 21,8 Mrd. DM). Vgl. Bernhardt, H.; Rudolph, K.-U.; Such, W. (1992) S. 42, Bundesministerium für Raumordnung, Bauwesen und Städtebau (1994a) S. 172.

Anhang II

	1990	1991	1992	1993
Produzierendes Gewerbe	100	100	100	100
Energiewirtschaft	12,4	16,7	15,8	14,9
Bergbau	9,6	8,7	6,4	4,4
Verarbeitendes Gewerbe	60,0	51,2	50,9	48,4
- Grundstoffe und Produktionsgüter	11,5	11,4	12,0	11,3
darunter:				
Mineralölverarbeitung	1,3	2,1	2,2	2,0
Steine und Erden	2,5	2,0	3,2	3,9
Gießereien	1,1	0,8	0,6	0,5
Chemische Industrie	4,0	4,1	3,6	2,7
- Investitionsgüter	32,9	24,0	22,0	21,0
darunter:				
Stahl- u. Leichtmetallbau	2,9	4,2	5,5	5,5
Maschinenbau	15,2	10,2	6,5	5,6
Straßenfahrzeugbau	2,7	1,7	1,9	2,6
Elektrotechnik	8,5	5,3	5,3	5,0
- Verbrauchsgüter	7,2	6,1	6,6	6,5
darunter:				
Sportartikel, Musikinstrumente	0,4	0,2	0,2	0,2
Glas, Holz, Papier, Pappe	2,2	2,2	2,3	2,4
Kunststoffwaren	0,5	0,4	0,7	1,0
Tabak, Bekleidung	2,1	1,2	0,8	0,7
- Nahrung- u. Genußmittel	8,3	9,7	10,3	9,6
- Bauhauptgewerbe	18,0	23,3	26,9	32,4

Tab. A.4: Strukturwandel in der ostdeutschen Industrie.
- Gewichtungsprofil des Produktionsindex, Prozentanteile -
Quelle: Lichtblau, K. (1994) S. 17, nach Daten des Statistischen Bundesamtes.

	Mecklen-burg-Vor-pommern	Berlin-Branden-burg	Sachsen-Anhalt	Sachsen	Thürin-gen	Ost-deutsch-land	West-deutsch-land
Grundstoffgüterindustrie	8,7	26,1	41,5	21,9	15,6	25,4	20,6
darunter:							
Chemieindustrie	1,3	7,9	22,5	4,2	4,7	8,8	9,6
Investitionsgüterindustrie	57,0	50,4	42,3	49,7	50,2	49,1	53,7
darunter:							
Maschinenbau	12,8	10,8	18,1	21,6	16,2	16,0	14,4
Fahrzeugbau	29,7	6,2	3,2	4,6	5,4	6,4	13,6
Elektrotechnik	10,3	22,3	4,6	12,0	13,8	14,3	14,4
Verbrauchsgüterindustrie	34,3	23,5	16,2	28,3	34,2	25,5	25,6
Bergbau und Verarbeitendes Gewerbe insgesamt	100	100	100	100	100	100	100

Tab. A.5: Beschäftigtenstruktur der Ostdeutschen Bundesländer in v.H. 1992.
Quelle: Bach, S.; Gornig, M.; Stille, F.; Voigt, U. (1994) S. 190, Tab. 7/7.

Anhang III

Der folgende Anhang erläutert die in Teil III.2.2.3.4 der Arbeit vorgestellten Modelle zur Klubgütertheorie. Das Grundmodell (Fall E in Tab 3.2) unterstellt einen Klub, dessen Mitglieder homogenen Präferenzen unterliegen und feste Nutzungsraten einhalten.[44] Die Nutzenfunktion eines repräsentativen Mitgliedes lautet:

$$(A1) \qquad U^i = U^i(y^i, X, s).$$

Dabei stellt y^i den Konsum des i-ten Mitglieds an dem privaten Referenzgut y (Numeraire), X das Klubgut[45] und s die Mitgliederzahl dar. Die Annahmen der Nichtsättigung sowie der Konvexität der Indifferenzkurven sind erfüllt. Desweiteren ist der Grenznutzen eines zusätzlichen Mitgliedes aufgrund von Überfüllungserscheinungen negativ, d.h. es gilt $U_s^i = \partial U^i / \partial s < 0$ für alle $s > \bar{s}$. Jedes Mitglied maximiert seinen Nutzen unter der folgenden Nebenbedingung:

$$(A2) \qquad F^i(y^i, X, s) = 0.$$

Hier gilt $\partial F^i / \partial y^i > 0$ und $\partial F^i / \partial X > 0$, d.h. eine Ausweitung des Konsums des jeweiligen Gutes erhöht die Kosten für das Klubmitglied. Umgekehrt reduziert ein zusätzlich aufgenommenes Mitglied die Ausgaben eines jeden vorhandenen Klubmitgliedes, so daß hier $\partial F^i / \partial s < 0$ gilt. Maximiert man den Lagrange-Ansatz

$$(A3) \qquad L = U^i(y^i, X, s) + \lambda F^i(y^i, X, s)$$

mit λ als Lagrange-Multiplikator, indem man nach den Variablen y^i, X, s und λ differenziert und die Ableitungen gleich Null setzt, so ergeben sich im Optimum die Bedingungen (7) und (8):

$$(7) \qquad \sum_{i=1}^{s} MRS^i_{Xy} = MRT_{Xy} \qquad \textit{Samuelsonsche Bereitstellungsbedingung}$$

$$(8) \qquad MRS^i_{sy} = MRT^i_{sy} \qquad \textit{Mitgliederbedingung}$$

$mit\, i = 1, \ldots, s.$

Wird nun die Annahme einer konstanten Nutzungsrate aufgegeben und zusätzlich eine gesamtwirtschaftliche Perspektive unterstellt (Fall H in Tab. 3.2), so ist neben der Mitgliederzahl und der Kapazität des Klubgutes auch die va-

---

44 Die Darstellung folgt Cornes, R.; Sandler, T. (1986) S. 164ff., S. 176ff. und S. 179ff.

45 Da feste Nutzungsraten unterstellt werden, ist die Nutzungsrate x^i des i-ten Mitgliedes mit der gesamten Klubkapazität identisch, so daß $x^i = X$ gilt.

riable Nutzungsrate v zu bestimmen. Der gesamtwirtschaftlichen Perspektive zufolge ist eine Nutzenfunktionen für Mitglieder (U) und eine für Nicht-Mitglieder ($\tilde{U}$) zu formulieren. Erstere kann als

$$(A4) \qquad U[y,v,c(sv,X)]$$

angeschrieben werden, wobei die Indizes vereinfachend aufgrund homogener Präferenzen vernachlässigt werden. Die Funktion $c(sv,X)$ stellt die Überfüllungsfunktion dar. Wird die gesamte Nutzung sv ausgeweitet, so verstärkt dies die Überfüllung, d.h. es gilt $\partial c / \partial(sv) > 0$. Wird hingegen die Kapazität des Klubgutes ausgeweitet, so reduziert sich die Überfüllung ($\partial c / \partial X < 0$). Zusätzlich gilt $\partial U / \partial y > 0$, $\partial U / \partial v > 0$ sowie $\partial U / \partial c < 0$. Die Nutzenfunktion eines Nicht-Mitgliedes lautet

$$(A5) \qquad \tilde{U} = (\tilde{y},0,0),$$

wenn $\tilde{y}$ der Konsum des privaten Numeraires des Nicht-Mitgliedes ist. Die Optimalbedingungen (7'), (8') und (9) ergeben sich, wenn

$$(A6) \qquad sU[y,v,c(sv,X)] + (\hat{s}-s)\tilde{U}(\tilde{y},0,0)$$

unter der Nebenbedingung einer streng konvexen Transformationsfunktion

$$(A7) \qquad F[sy + (\hat{s}-s)\tilde{y}, X] \leq 0$$

maximiert wird. Dabei bezeichnet $\hat{s}$ die Grundgesamtheit aller Individuen.

$$(7') \qquad (sc_2) MRS_{cy} = MRT_{Xy} \qquad \textit{Bereitstellungsbedingung}$$

$$(8') \qquad \left[\frac{U(\cdot)}{U_y} - \frac{\tilde{U}(\cdot)}{\tilde{U}_y}\right] = -(svc_1) MRS_{cy} + (y-\tilde{y}) \qquad \textit{Mitgliederbedingung}$$

$$(9) \qquad MRS_{vy} = -(sc_1) MRS_{cy} \qquad \textit{Beitragsbedingung}$$

mit $c_1 = \partial c / (sv) > 0$ *und* $c_2 = \partial c / \partial X < 0$.

Das letzte Modell untersucht schließlich den Sachverhalt heterogener Klubs mit variablen Nutzungsraten aus einer gesamtwirtschaftlichen Perspektive (Fall L in Tab. 3.2). Der Optimierungsansatz legt einen gewogenen Durchschnitt der Nutzenfunktionen der Mitglieder des Klubs sowie der Nichtmitglieder zugrunde. Weiterhin wird eine indexierte Menge von Mitgliedern der Form $i \in [1,s]$ und eine indexierte Menge von Nicht-Mitgliedern der Form $i \in [s,\hat{s}]$ unterstellt. Dabei wird die Grundgesamtheit nach ihrer Zahlungsbereitschaft für die Nutzung des Klubgutes geordnet. Diese Rangfolge ist unabhängig von der Nutzungsintensität und dem Niveau der Überfüllung. Dieses Vorgehen wird gewählt, um ein eindeutiges Optimierungsergebnis zu erhalten. Analog zum

Vorgehen in Fall D werden die Nutzenfunktion für Mitglieder und Nicht-Mitglieder des Klubs spezifiert:

$$(A8) \qquad U\left[y(i), v(i), c\left(\int_1^s v(i)di, X\right), i\right] \qquad i \in [1,s]$$

$$(A9) \qquad \tilde{U}(\tilde{y}, 0, 0, i) \qquad i \in [s, \hat{s}].$$

Das Integral in ($A8$) bezeichnet dabei die Gesamtnutzung des Klubs. Die Optimalbedingungen werden ermittelt, indem der folgende Lagrange-Ansatz gelöst wird:

$$(A10) \qquad L = \int_1^s w(i)U(\cdot,i)di + \int_s^{\hat{s}} w(i)\tilde{U}(\cdot,i)di + \lambda F\left(\int_1^s y(\cdot)di + \int_s^{\hat{s}} \tilde{y}(\cdot)di, X\right)$$

$$+ \int_1^s \beta(i)(X - v(i)).$$

Dabei stellen die ersten beiden Terme die soziale Wohlfahrtsfunktion dar, welche eine additive Verknüpfung der individuellen Nutzen voraussetzt.[46] Die Gewichte w_i der Wohlfahrtsfunktion können dabei bspw. gleich eins sein. Der dritte Term stellt als erste Restriktion die Kosten F dar, die durch die Nutzung des privaten Gutes y durch Mitglieder und Nicht-Mitglieder sowie durch den Konsum des Klubgutes X entstehen. Der vierte Term ist eine weitere Restriktion in Form einer Ungleichgewichtsbedingung, die fordert, daß die gesamte Nutzung des Klubgutes kleiner oder gleich seiner Kapazität ist. Dabei wird strikte Ungleichheit unterstellt, da im Fall ausgeschöpfter Kapazität das Modell mit dem Spezialfall fixer Nutzungsraten identisch ist. Die Symbole λ und β stellen Lagrange-Multiplikatoren dar. Durch Optimierung ergeben sich die Bedingungen (7''), (8'') und (9'):

$$(7'') \qquad c_2 \int_1^s MRS_{cy}(i)di = MRT_{Xy} \qquad \textit{Bereitstellungsbedingung}$$

$$(8'') \qquad \left[\frac{U(\cdot,s)}{\partial U(\cdot,s)/\partial y(s)} - \frac{\tilde{U}(\cdot,s)}{\partial \tilde{U}(\cdot,s)/\partial y(s)}\right] = -v(s)\int_1^s c_1 MRS_{cy}(i)di + [y(s) - \tilde{y}(s)]$$

Mitgliederbedingung

$$(9') \qquad MRS_{vy}^j = -c_1 \int_1^s MRS_{cy}(i)di \qquad j \in [1,s] \qquad \textit{Beitragsbedingung}$$

---

46 Derartige Funktionstypen gehen auf utilitaristische Theoretiker wie z.B. JEREMY BENTHAM zurück. Vgl. für einen Überblick Rosen, H.S.; Windisch, R. (1992) S. 281ff.

Anhang IV

Das Modell des Infrastrukturwettbewerbs unterstellt zunächst ein vollständig preisunelastisches Kapital- und Arbeitsangebot in den betrachteten R Regionen.[47] Zudem wird der Faktor Kapital (K) als vollkommen mobil, der Faktor Arbeit (L) hingegen als immobil und vollbeschäftigt angenommen. Geht man weiterhin von einer in allen Regionen linear-homogenen Produktionsfunktion aus, so schöpfen die Faktorentlohnungen das Sozialprodukt vollständig aus. In der Region i gelte unter Berücksichtigung von **Infrastrukturgütern** V, welche als **öffentliche Inputs** die Produktivität des privaten Faktorangebotes erhöhen ($a_v > 0$), für die Produktion:

$$(19) \qquad Y(K_i, L_i, V_i) = a(V_i) \cdot F(K_i, L_i).$$

Unter der Annahme einer allokationsneutralen *lump-sum Besteuerung* kann die Gleichgewichtsbedingung für den Kapitalmarkt für das Land 1 und das repräsentative Ausland (-1) in pro-Kopf-Größen wie folgt dargestellt werden:

$$(A11) \qquad a(V_1) \cdot f'(k_1) = a(V_{-1}) f'(k_{-1}).$$

Dabei bezeichnet k_i die Kapitalintensität des jeweiligen Landes. Bei einer Anfangsausstattung mit Kapital von k_1^0 garantiert die Gleichgewichtsbedingung (A12) den interregionalen Ausgleich von Kapitalnachfrage und Kapitalangebot:

$$(A12) \qquad k_1 + (R-1) \cdot k_{-1} = R \cdot k_1^0.$$

Differenziert man die Beziehungen (A11) und (A12) total, so folgt respektive

$$(A13) \qquad a_V(V_1) \cdot f'(k_1) dV_1 + a(V_1) \cdot f''(k_1) \cdot dk_1 - a(V_{-1}) \cdot f''(k_{-1}) \cdot dk_{-1} - a_V(V_{-1}) \cdot f'(k_{-1}) \cdot dV_{-1} = 0,$$

$$(A14) \qquad dk_1 + (R-1) \cdot dk_{-1} = 0.$$

Unter Verwendung der Beziehung $k_1 = k_{-1}$ lassen sich (A13) und (A14) zu Gleichung (21') umformen, welche den infrastrukturinduzierten Kapitalwanderungseffekt für eine marginale Veränderung des Bereitstellungsumfangs des öffentlichen Inputs in Land 1 beschreibt. In allgemeiner Form kann für das Land i die modifizierte Gleichung (21) angeschrieben werden:

---

47 Vgl. für das Grundmodell Pfähler, W.; Lorz, O. (1994/5) S. 120ff. sowie für das Modell des Infrastrukturwettbewerbs ebenda S. 126ff. und dort Anhang I. Während das Modell ursprünglich im internationalen Zusammenhang formuliert wird, wird es bei PFÄHLER, HOFMANN und LEHMANN-GRUBE in einen regionalpolitischen Kontext gestellt. Vgl. Pfähler, W.; Hofmann, U.; Lehmann-Grube, U. (1995) S. 99ff.

(21') $$\frac{dk_1}{dV_1} = \frac{1-R}{R} \cdot \frac{a_V(V_1)}{a(V_1)} \cdot \frac{f'(k_1)}{f''(k_1)}$$

Wird die Annahme einer allokationsneutralen lump-sum Besteuerung aufgehoben und statt dessen eine *Kapitalsubstanzsteuer t* unterstellt, so läßt sich - für das Land 1 und das repräsentative Ausland (-1) - das Kapitalmarktgleichgewicht in pro-Kopf-Größen in Gleichung (20') wie folgt anschreiben:[48]

(20') $$a(V_1)f'(k_1) - t_1 = a(V_{-1})f'(k_{-1}) - t_{-1}.$$

Zudem ist die Gleichung ($A12$) als zweite Gleichgewichtsbedingung weiterhin heranzuziehen. Analog zur obigen Vorgehensweise werden (20') und ($A12$) total differenziert und unter Berücksichtigung von $k_1 = k_{-1}$ zu (22') umgeformt, welche den steuerinduzierten Kapitalwanderungseffekt beschreibt

(22') $$\frac{dk_1}{dt_1} = \frac{R-1}{R} \cdot \frac{1}{a(V_1) \cdot f''(k_i)}.$$

Eine *optimale Infrastrukturpolitik* einer bestimmten Region unter Beachtung sowohl des steuerinduzierten als auch des infrastrukturinduzierten Kapitalwanderungseffekts wird dann erreicht, wenn die Wertschöpfung eines repräsentativen Haushalts der Region i unter der Nebenbedingung eines ausgeglichenen staatlichen Budgets $(t_i \cdot K_i = V_i)$ maximiert wird. Dabei verfügt der Haushalt über ein Kapitalvermögen k_0 als Anfangsausstattung. Zudem wird er nach seinem Grenzprodukt w_i entlohnt und unterliegt dem Kapitalmarktzins r. In diesem Zusammenhang läßt sich

(23) $$y_i^p = w_i + k_0 \cdot (r - t_i)$$

für das Land 1 mit $k_1 = k_1(V_1, V_{-1}, t_1, t_{-1})$ äquivalent anschreiben als:

(23') $$y_1^p = a(V_1) \cdot [f(k_1(\cdot)) - k_1(\cdot) \cdot f'(k_1(\cdot))] + k_0 \cdot [a(V_1) \cdot f'(k_1(\cdot)) - t_1].$$

Unter Berücksichtigung der o.g. Nebenbedingung folgt der Lagrange-Ansatz

($A15$) $$L = a(V_1) \cdot [f(k_1(\cdot)) - k_1(\cdot) \cdot f'(k_1(\cdot))] + k_0 \cdot [a(V_1) \cdot f'(k_1(\cdot)) - t_1] + \lambda(t_1 \cdot k_1(\cdot) - V_1).$$

Hieraus ergeben sich unter Beachtung von $k_0 = k_1$ die Bedingungen erster Ordnung:

($A16$) $$a_V \cdot f(k_1) + \lambda\left(\frac{dk_1}{dV_1} t_1 - 1\right) = 0,$$

48 Vgl. hierzu Pfähler, W.; Lorz, O. (1994/5) Anhang IV.

$$(A17)\qquad -k_0+\lambda\left(k_1+t_1\frac{dk_1}{dt_1}\right)=0 \quad\Leftrightarrow$$

$$\lambda=\frac{1}{1+\eta_{k,t}}.$$

Wird (A17) unter Berücksichtigung der Nebenbedingung eines ausgeglichenen Budgets in (A16) eingesetzt, so folgt hieraus Gleichung (24).

Als alternatives Modell ist die **Bereitstellung von Infrastrukturleistungen** (G_i) zu untersuchen, welche den **Charakter privater Produktionsfaktoren** haben. In diesem Fall wird der Investor Infrastrukturleistungen bis zu dem Umfang nachfragen, in dem sich Grenzertrag und Preis der Infrastrukturleistung p_i^g gleichen. In Pro-Kopf-Größen muß daher für das Land 1 gelten:[49]

$$(A15)\qquad f_g(k_1,g_1)=p_1^g.$$

Zudem sind unter Beachtung des repräsentativen Auslandes (-1) die folgenden Gleichgewichtsbedingungen zu berücksichtigen:

$$(A16)\qquad f_g(k_{-1},g_{-1})=p_{-1}^g,$$

$$(A17)\qquad f_k(k_1,g_1)=f_k(k_{-1},g_{-1}),$$

$$(A18)\qquad k_1+(R-1)\cdot k_{-1}=R\cdot k_1^0.$$

Werden diese Bedingungen total differenziert, so folgt:

$$(A19)\qquad f_{gk}dk_1+f_{gg}dg_1=dp_1^g,$$

$$(A20)\qquad f_{gk}dk_{-1}+f_{gg}dg_{-1}=0,$$

$$(A21)\qquad f_{kk}dk_1+f_{kg}dg_1=f_{kk}dk_{-1}+f_{kg}\cdot dg_{-1},$$

$$(A22)\qquad dk_1+(R-1)\cdot dk_{-1}=0.$$

Nach Umformung ergibt sich für die Reagibilität des privaten Kapitals in Bezug auf eine Preisveränderung der Infrastrukturleistung in Land 1:

$$(25')\qquad \frac{dk_1}{dp_1^g}=\frac{1-R}{R}\cdot\frac{f_{kg}}{f_{kk}f_{gg}-f_{kg}^2}$$

und in allgemeiner Form für das Land i die Beziehung (25).

49 Vgl. hierzu Pfähler, W.; Lorz, O. (1994/5) Anhang III.

Literaturverzeichnis

Aberle, G. (1989), Engpässe und Finanzierung, in: Zeitschrift für Verkehrswissenschaft, 60(1989), S. 28-37.

Aberle, G. (1990), Deutsche Verkehrsunion: Derzeit mehr Probleme als Lösungsmöglichkeiten, in: Wirtschaftsdienst, 7(1990), S. 359-362.

Aberle, G. (1992), Ausbau der Verkehrswege, in: Institut für Kommunalwissenschaften der Konrad Adenauer Stiftung, Empfehlungen zum Aufbau der neuen Länder, Teil I, (1992), S. 1-34.

Aberle, G.; Bergström, S.; Hofmann (1991), Strategien zur Verkehrspolitik in Deutschland und Europa, Gutachten im Auftrag der Dresdner Bank AG, Frankfurt, 1991.

Abolins, K.I. (1984), Projektfinanzierung als Instrument für Joint-Venture-Finanzierungen, in: Sparkasse, 101(1984)7, S. 253-256.

Abouchar, A. (1976), A Note on Dupuits's Bridges and the Theory of Marginal Cost Pricing, in: History of Political Economy, 8(1976)2, S. 274-277.

Adler, U. (1990), Umweltschutz in der DDR: Ökologische Modernisierung und Entsorgung unerläßlich, in: Ifo-Schnelldienst, (1990)16-17, S. 44-50.

Adler, U.; Sprenger, R.-U.; Wackerbauer, J. (1991), Umweltschutz in den neuen Bundesländern - Anpassungserfordernisse, Investitionsbedarf, Förderungsmöglichkeiten, in: Ifo-Schnelldienst, (1991)1, S. 3-16.

Ahrns, H.-J.; Feser, H.-D. (1990), Wirtschaftspolitik, Problemorientierte Einführung, 5. Aufl., München, Wien, 1990.

Alchian, A.A.; Woodward, S. (1988), The Firm Is Dead; Long Live the Firm, A Review of Oliver E. Williamson's „The Economic Institutions of Capitalism“, in: Journal of Economic Literature, 26(1988)March, S. 65-79.

Andel, N. (1968/69), Zur Diskussion über Musgraves Begriff der „merit wants“, in: Finanzarchiv N.F., 28(1968/69)2, S. 209-213.

Andel, N. (1984), Zum Konzept der meritorischen Güter, in: Finanzarchiv N.F., 42(1984), S. 630-648.

Andreae, C.-A. (1980), Grundsteuern, in: Neumark, F., Handbuch der Finanzwissenschaft, 3. Auflage, Band 2, Tübingen 1980, S. 576-606.

Arndt, H.; Swatek, D. (1971), Grundfragen der Infrastrukturplanung für wachsende Wirtschaften, Berlin, 1971.

Arnim, H.H.v. (1991), Möglichkeiten privatwirtschaftlich geplanter, finanzierter bzw. betriebener Infrastrukturvorhaben des Bundes. Rechtsgutachten für das BMF. Zusammenfassung, in: Bundesministerium der Finanzen, Bericht der Arbeitsgruppe „Private Finanzierung öffentlicher Infrastruktur“. Schriftenreihe des Bundesministeriums der Finanzen, Bonn, 1991, S. 98-102.

Arrow, K.J. (1977), The Organization of Economic Activity: Issues Pertinent to the Choice of Market versus Non-Market Allocation, in: Haveman, R.H.; Margolis, J., Public Expenditures and Policy Analysis, 2. Aufl., Chicago, 1977, S. 67-81.

Arrow, K.J. (1985), The Economics of Agency, in: Pratt, J.W.; Zeckhauser, R.J., Pricipals and Agents, Cambridge, 1985, S. 37-51.

Aschauer, D.A. (1989), Is Public Expenditure Productive? in: Journal of Monetary Economics, 23(1989), S. 177-200.

Aschauer, D.A. (1991), Infrastructure: Americas Third Deficit, in: Challenge, (1991)März/April, S. 39-45.

Averch, H.; Johnson, L. (1962), Behaviour of the Firm under Regulatory Constraint, in: The American Economic Review, 52(1962)5, S. 1052-1069.

Bach, S. (1994), Private Bereitstellung von Infrastruktur unter besonderer Berücksichtigung der Verhältnisse in den neuen Bundesländern, in: Deutsches Institut für Wirtschaftsforschung, Vierteljahreshefte zur Wirtschaftsforschung, 1994.

Bach, S.; Gornig, M.; Stille, F.; Voigt, U., (1994), Wechselwirkungen zwischen Infrastrukturausstattung, strukturellem Wandel und Wirtschaftswachstum. Zur Bedeutung wirtschaftsnaher Infrastruktur für die Entwicklung in den neuen Bundesländern, Gutachten im Auftrag des Bundesministeriums für Wirtschaft, Deutsches Institut für Wirtschaftsforschung, Beiträge zur Strukturforschung, Heft 151, 1994.

Backhaus, K.; Uekermann, H. (1990), Projektfinanzierung, Ein Methode zur Finanzierung von Großprojekten, in: WiSt, 19(1990)3, S. 106-112.

Badura, P. (1995), Wirtschaftsverwaltungsrecht, in: Schmidt-Aßmann, E., Besonderes Verwaltungsrecht, 10. neubearb. Aufl., Berlin, New York, (1995).

Bähr, P. (1987), Grundzüge des Bürgerlichen Rechts, 6. Aufl., München, 1987.

Bailey, E.E.; Baumol, W.J. (1984), Deregulation and the Theory of Contestable Markets, in: Yale Journal of Regulation, 1(1984), S. 111-137.

Barro, R.J. (1974), Are Government Bonds Net Wealth? in: Journal of Political Economy, 82(1974), S. 1095-1117.

Barro, R.J. (1979), On the Determination of the Public Debt, in: Journal of Political Economy, 87(1979), S. 940-971.

Bartholmai, B.; Enderlein, H.; Niklas, J. (1985), Vorausschätzung des Ersatzinvestitionsbedarfs für die Bundesverkehrswege, Deutsches Institut für Wirtschaftsforschung, Beiträge zur Strukturforschung, Berlin, 1985.

Bator, F.M. (1958), The Anatomy of Market Failure, in: Quarterly Journal of Economics, 72(1958), S. 351-379.

Baumol, W.J. (1977), On the Proper Cost Tests for Natural Monopoly in a Multiproduct Industry, in: American Economic Review, 67(1977)3, S. 809-822.

Baumol, W.J. (1982), Contestable Markets: An Uprising in the Theory of Industry Structure, in: American Economic Review, 72(1982), S. 1-15.

Baumol, W.J.; Oates, W.E. (1988), The Theory of Environmental Policy, Cambridge, New York u.a.O., 1988.

Baumol, W.J.; Ordover, J.A. (1977), On the Optimality of Public-Goods Pricing with Exclusion Devices, in: Kyklos, 30(1977)1, S. 5-21.

Baumol, W.J.; Panzar, J.C.; Willig, R.D. (1983), Contestable Markets. An Uprising in the Theory of Industry Structure: Reply, in: American Economic Review, 73(1983), S. 491-496.

Baumol, W.J.; Panzar, J.C.; Willig, R.D. (1988), Contestable Markets and the Theory of Industry Structure, Revised Edition, New York, 1988.

Baumol, W.J.; Willig, R.D. (1981), Fixed Costs, Sunk Costs, Entry Barriers and Sustainability for Monopoly, in: The Quarterly Journal of Economics, 96(1981), S. 405-431.

Becker, C.; Reuter, H. (1975), Grundfragen der Bestimmung der Raumwirksamkeit und der Erfassung raumwirksamer Mittel, in: Veröffentlichungen der Akademie für Raumforschung und Landesplanung. Räumliche Wirkungen öffentlicher Ausgaben. Forschungs- und Sitzungsberichte, 1975, S. 1-25.

Behring, K. u.a. (1989), Baubedarf-Perspektiven bis 2000, Ifo-Studien zur Bauwirtschaft 14, München, 1989.

Bellefontaine, K. (1990), Abwasserbeseitigung nach dem Niedersächsischen Betreibermodell, Schriftenreihe der kommunalen Umweltaktion U.A.N. 2, Privatisierung öffentlicher Aufgaben, Hannover, 1990, S. 136-156.

Berglas, E. (1976), On the Theory of Clubs, in: American Economics Review. Papers and Proceedings, 66(1976), S. 116-121.

Berglas, E.; Pines, D. (1981), Clubs, Local Public Goods and Transportation Models, in: Journal of Public Economics, 15(1981), S. 141-162.

Bernhardt, H.; Rudolph, K.-U.; Such, W. (1992), Trinkwasserversorgung und Abwasserentsorgung, in: Institut für Kommunalwissenschaften der Konrad-Adenauer-Stiftung, Empfehlungen zum Aufbau der neuen Bundesländer Teil I, Sankt Augustin, 1992, S. 35-68.

Bethkenhagen, J. (1986), Die Energiepolitik der Sowjetunion und der DDR, in: Aus Politik und Zeitgeschichte, Beilage zur Zeitung 'Das Parlament' vom 9.6.1986, B32/86, S. 49-62.

Biehl, D. (1986) (Hrsg.), The Contribution of Infrastructure to Regional Development, in: Commission of the European Communities, Document, Vol. I, Final Report, Luxemburg, 1986.

Biehl, D. (1991), The Role of Infrastructure in Regional Development, in: Vickerman, R.W., Infrastructure and Regional Development, London, 1991, S. 9-35.

Biehl, D. (1993), Die Rolle des EG-Regionalfonds bei der Regionalpolitik und ihre Finanzierung in den neuen Bundesländern, in: Hansmeyer, K.-H., Finanzierungsprobleme der deutschen Einheit I. Staatsverschuldung, EG-Regionalfonds, Treuhandanstalt. Schriften des Vereins für Socialpolitik Band 229/I, 1993, S. 11-38.

Biehl, D.; Ungar, P. (1991), Kapazitätsausstattung und Kapazitätsengpässe an großräumig bedeutsamer Infrastruktur, Materialien zur Raumentwicklung, Heft 40, Bonn, 1991, S. 237-284.

Binswanger, H.C. (1981), Diskussionsbeitrag: Emissionsrechte als Erweiterung der Eigentumsordnung, in: Wegehenkel, L., Marktwirtschaft und Umwelt, Tübingen, 1981, S. 87-93.

Blankart, C.B.; Knieps, G. (1992), Netzökonomik, in: Jahrbuch für Neue Politische Ökonomie, 1992, S. 73-87.

Blümel, W.; Pethig, R.; von dem Hagen, O. (1986), The Theory of Public Goods: A Survey of Recent Issues, in: Journal of Institutional and Theoretical Economics, 142(1986)2, S. 241-309.

Boadway, R. (1980), A Note on the Market Provision of Club Goods, in: Journal of Public Economics, 13(1980), S. 131-137.

Boardman, A.E.; Vining, A. R. (1991), The Behavior of Mixed Enterprises, in: Research in Law and Economics, (1991)14, S. 223-250.

Boesler, F. (1966), Infrastruktur, in: Akademie für Raumforschung und Landesplanung, Handwörterbuch der Raumforschung und Raumordnung, Hannover, 1966, Sp. 767-777.

Bohley, P. (1977), Gebühren und Beiträge. Ihre wirtschaftspolitischen Funktionen und ihr Platz im System der öffentlichen Einnahmen, Tübingen, 1977.

Bonus, H. (1978), Ordnungspolitische Aspekte öffentlicher Güter, in: Helmstädter, E., Neuere Entwicklungen in den Wirtschaftswissenschaften, Schriften des Vereins für Socialpolitik, Band 98, Berlin, 1978.

Bonus, H. (1981), Emissionsrechte als Mittel der Privatisierung öffentlicher Ressourcen aus der Umwelt, in: Wegehenkel, L., Marktwirtschaft und Umwelt, Tübingen, 1981, S. 54-93.

Borchardt, K. (1971), Die Bedeutung der Infrastruktur für die sozialökonomische Entwicklung, in: Arndt, H.; Swatek, D., Grundfragen der Infrastrukturplanung für wachsende Wirtschaften, Berlin, 1971, S. 11-41.

Bös, D.; Schneider, F. (1996), Private-public partnership: Gemeinschaftsunternehmen zwischen Privaten und der öffentlichen Hand, Arbeitspapier 9602, Sozial- und Wirtschaftswissenschaftliche Fakultät, Johannes Kepler Universität Linz, Linz, 1996.

Böventer, E.v. (1962), Die Struktur der Landschaft. Versuche einer Synthese und Weiterentwicklung der Modelle J.H. von Thünens, W. Christallers und A. Löschs, Schriften des Vereins für Socialpolitik, Optimales Wachstum und optimale Standortverteilung N.F., Band 27, Berlin, 1962.

Böventer, E.v. (1975), Regional Growth Theory, in: Urban Studies, 12(1975)1, S. 1-29.

Bowen, W.G.; Davis, R.G.; Kopf, D.H. (1960), The Public Debt: A Burden on Future Generations? in: American Economic Review, 50(1960)Sept.

Boyer, K.D. (1987), Privatisierung der Eisenbahnen in den USA und Kanada, in: Windisch, R., Privatisierung natürlicher Monopole im Bereich von Bahn, Post und Telekommunikation, Tübingen, 1987, S. 245-308.

Brede, H. (1996), Mündlicher Diskussionsbeitrag zu R. Odenwald „Privatfinanzierung staatlicher Bauaufgaben - Eine Einschätzung aus der Sicht des Bayerischen Obersten Rechnungshofs", Symposium „Public Private Partnership - Neue Formen öffentlicher Aufgabenerfüllung" am 21. und 22. März in Hamburg, Hamburg, 1996.

Brennan, G.; Lomasky, L. (1983), Institutional Aspects of 'Merit Goods' Analysis, in: Finanzarchiv, N.F., 41(1983), S. 183-206.

Brennan, T.J. (1989), Regulating by Capping Prices, in: Journal of Regulatory Economics, 1(1989), S. 133-147.

Brock, W.A.; Scheinkman, J.A. (1983), Free Entry and the Sustainability of Natural Monopoly: Bertrand revisited by Cournot, in: Evans, D.S., Breaking up Bell: Essays on Industrial Organisation and Regulation, Amsterdam, 1983, S. 231-252.

Brubacker, E.R. (1975), Free Rider, Free Revelation, or Golden Rule, in: Journal of Law and Economics, (1975)18, S. 147-161.

Bruinsma, F.; Nijkamp, P.; Rietveld, P. (1990), Employment Impacts of Infrastructure Investments, in: Peschel, K., Infrastructure and the Space-Economy. Essays in Honour of Rolf Funck, Berlin-Heidelberg, 1990.

Buchanan, J.M. (1965), An Economic Theory of Clubs, in: Economica, 32(1965), S. 1-14.

Budäus, D. (1982), Betriebswirtschaftliche Instrumente zur Entlastung kommunaler Haushalte. Analyse der Leistungsfähigkeit ausgewählter Steuerungs- und Finanzierungsinstrumente, Baden-Baden, 1982.

Budäus, D. (1987), Erfahrungen und wirtschaftliche Perspektiven bei der Kommunalfinanzierung mit geschlossenen Immobilienfonds, in: Friedrich, P. Finanzierung kommunaler Investitionen über geschlossene Immobilienfonds, Baden-Baden, 1987, S. 26-36.

Budäus, D. (1993), Alternative Ansätze zur Finanzierung der öffentlichen Infrastruktur in den neuen Bundesländern unter besonderer Berücksichtigung der Transaktionskosten, in: Eichhorn, P., Finanzierung und Organisation der Infrastruktur in den neuen Bundesländern, Schriftenreihe der Gesellschaft für öffentliche Wirtschaft 34, Baden-Baden, 1993, S. 109-128.

Budäus, D.; Grüning, G. (1996), Public Private Partnership - Konzeption und Probleme eines Instruments zur Verwaltungsreform aus Sicht der Public Choice-Theorie. Diskussionsbeiträge des Arbeitsbereichs Public Management der Hochschule für Wirtschaft und Politik, Nr. 26, Hamburg, 1996.

Budde, R.; Eckey, H.-F.; Klemmer, P.; Lagemann, B.; Schrumpf, H. (1991), Die Regionen der fünf neuen Bundesländer im Vergleich zu den anderen Regionen der Bundesrepublik, Untersuchungen des Rheinisch-Westfälischen Instituts für Wirtschaftsforschung Essen, Essen, 1991.

Buhr, W. (1975), Die Rolle der materiellen Infrastruktur um ein Wirtschaftswachstum. Studien über die Infrastruktur eines städtischen Gebietes. Der Fall Santa Clara County/CA, Berlin, 1975.

(Der) Bundesminister für Raumordnung, Bauwesen und Städtebau (1991), Raumordnungsbericht 1991, Bonn, 1991.

(Der) Bundesminister für Umwelt, Naturschutz und Reaktorsicherheit (1991), Eckwerte der ökologischen Sanierung und Entwicklung in den neuen Ländern, Bonn, November 1991.

(Der) Bundesminister für Verkehr (1985), Bundesverkehrswegeplan 1985, Bonn, 1985.

(Der) Bundesminister für Verkehr (1991), Verkehrsprojekte Deutsche Einheit - Beschleunigter Verkehrswegeausbau, Bonn, September 1991.

(Der) Bundesminister für Verkehr (1993), Verkehr in Zahlen, in: erarbeitet vom Deutschen Institut für Wirtschaftsforschung Berlin, Bonn, 1993.

Bundesministerium für Finanzen (1991), Bericht der Arbeitsgruppe „Private Finanzierung öffentlicher Infrastruktur", Schriftenreihe des Bundesministeriums für Finanzen, Heft 44, Bonn, 1991.

Bundesministerium für Raumordnung, Bauwesen und Städtebau (1992), Raumordnerisches Konzept für den Aufbau in den neuen Bundesländern. Manuskript, Bonn, 1992.
Bundesministerium für Raumordnung, Bauwesen und Städtebau (1993), Raumordnungspolitischer Orientierungsrahmen. Leitbilder für die räumliche Entwicklung der Bundesrepublik Deutschland, Bonn-Bad Godesberg, 1993.
Bundesministerium für Raumordnung, Bauwesen und Städtebau (1994a), Raumordnungsbericht 1993, Bonn, 1994.
Bundesministerium für Raumordnung, Bauwesen und Städtebau (1994b), Politiques de L'aménagement du territoire dans le contexte européen (Raumordnungspolitiken im europäischen Kontext), Bonn, Februar 1994.
Bundesministerium für Umwelt, Naturschutz und Reaktorsicherheit (1993a), Umweltpolitik. Ökologische Sanierung und Entwicklung in den neuen Ländern, Bonn, 1993.
Bundesministerium für Umwelt, Naturschutz und Reaktorsicherheit (1993b), Erster Bericht zur Beschleunigung des Aufbaus einer effizienten Umweltschutzinfrastruktur in den neuen Ländern durch privatwirtschaftliche Organisationsformen, Bonn, 30.8.1993.
Bundesministerium für Umwelt, Naturschutz und Reaktorsicherheit (1994), Zweiter Bericht zur Beschleunigung des Aufbaus einer effizienten Umweltschutzinfrastruktur in den neuen Ländern durch privatwirtschaftliche Organisationsformen, in: Infodienst Kommunal - Informationen der Bundesregierung für Städte, Gemeinden und Kreise, Nr. 91, 6.5.1994.
Bundesministerium für Verkehr (1993), Fünfjahresplan für den Ausbau der Bundesfernstraßen in den Jahren 1993 bis 1997 mit Ergänzung bis 2000, o.O., 1993.
(Der) Bundesumweltminister (1991), Eckwerte der ökologischen Sanierung und Entwicklung in den neuen Ländern, Bonn, 1991.
Bundesumweltministerium (1993), Ökologischer Aufbau: Privatwirtschaftliche Realisierung der Abwasserentsorgung. Erfahrungsbericht über BMU-Projekte in den neuen Bundesländern, erarbeitet von Rudolph, K.-U.; Büscher, E. u.a., Witten, 1993.
Busch, B. (1990), Schwerpunkt DDR: III. Verkehrs- und Telekommunikations-Infrastruktur, in: iw-trends: Schwerpunkt: Bestandsaufnahme DDR. Infrastruktur, Sozialsystem, Reformen und Finanzierung, 2(1990), S. III-1-III-13.
Busch, B.; Klös, H.-P. (1995), Potentialfaktor Infrastruktur. Ökonomische Bedeutung und privatwirtschaftliches Engagement, Beiträge zur Wirtschafts- und Sozialpolitik. Institut der deutschen Wirtschaft, Köln, 1995.
Buttler, F.; Gerlach, K.; Liepmann, P. (1977), Grundlagen der Regionalökonomie, Reinbek b. Hamburg, 1977.
Cantner, U.; Hanusch, H.; Westermann, G. (1995), Effizienz, öffentlicher Auftrag und Deregulierung. Die Berücksichtigung nicht-marktfähiger Outputs mit Hilfe der DEA, in: Jahrbücher für Nationalökonomie und Statistik, 214(1995)3, S. 257-274.
Cassel, D. (1988), Wirtschaftspolitik als Ordnungspolitik, in: Cassel, D.; Ramb, B.-T., Thieme, H.J., Ordnungspolitik, München, 1988.
Christaller, W. (1933), Die zentralen Orte in Süddeutschland, Jena, 1933.
Clausnitzer, E. (1990), Die Wasserwirtschaft der DDR und die Lage der Wasserversorgung, in: gwf-Wasser-Abwasser, 131(1990), S. 612-616.
Coase, R.H. (1937), The Nature of the Firm, in: Economica, 4(1937), S. 386-405.
Coase, R.H. (1960), The Problem of Social Cost, in: The Journal of Law and Economics, 3(1960) October.
Coase, R.H. (1974), The Lighthouse in Economics, in: The Journal of Law and Economics, 17(1974), S. 357-376.
Cohen, Y. (1991), California's Private Infrastructure Initiative, in: Journal of Transportation Economics and Policy, 25(1991).
Colm, G. (1965), National Goals Analysis and Marginal Utility Economics, in: Finanzarchiv N.F., 24(1965), S. 209-224.

Conrad, K.; Seitz, H. (1992), The Public Capital Hypothesis: The Case of Germany, in: Recherches Economiques de Louvain, 58(1992), S. 309-328.
Conrad, K.; Seitz, H. (1994), Strategic Competition with Infrastructure Services, Institut für Volkswirtschaftslehre und Statistik der Universität Mannheim. Beiträge zur angewandten Wirtschaftsforschung. Discussion-Paper No. 491-94, Mannheim, 1994.
Cordato, R.E. (1992), Welfare Economics and Externalities in an Open Ended Universe. A Modern Austrian Perspective, Boston, Dordrecht, London, 1992.
Cornes, R.; Sandler, T. (1986), The Theory of Externalities, Public Goods, and Club Goods, Cambridge, London, New York u.a.O., 1986.
Creifelds, C. (1994), Rechtswörterbuch, hrsg. v. H. Kauffmann, 12. Aufl., München, 1994.
Daimler Benz Forschungsinstitut (1990), Verkehrsumfeld und Verkehrsstrukturen in der DDR, Berlin, 1990.
Demsetz, H. (1967), Toward a Theory of Property Rights, in: American Economic Review, Papers and Proceedings, 57(1967), S. 347-359.
Demsetz, H. (1968), Why regulate utilities?, in: Journal of Law and Economics, 11(1968)April, S. 55-66.
Demsetz, H. (1970), The Private Production of Public Goods, in: The Journal of Law and Economics, 13(1970), S. 293-306.
Deregulierungskommission (1991), Ungekürzte Fassung des Kapitels 'Die Stromwirtschaft' des 2. Berichts der Deregulierungskomission, in: IZE, Stromdiskussion, Frankfurt, 1991, S. 78-126.
Deutsche Bundesbank (März 1994), Finanzentwicklung der Gemeinden seit Beginn der neunziger Jahre, Monatsbericht März 1994, Frankfurt am Main, 1994, S. 19-34.
Deutsche Bundesbank (1995), Geschäftsbericht 1994, Frankfurt am Main, 20.4.1995.
Deutsche Bundesbank (September 1995), Monatsbericht September 1995, Frankfurt am Main, 1995.
Deutsche Bundesbank (Juni 1996), Monatsbericht Juni 1996, Frankfurt am Main, 1996.
Devereux, M.B.; Love, D.R. (1993), The Effects of Factor Taxation in a Two-Sector Model of Endogenous Growth. University of British Columbia, Discussion Paper 93.22, Vancouver, 1993.
Diamond, P.A. (1973), Consumption Externalities and Imperfect Corrective Pricing, in: Bell Journal of Economics, 4(1973)2, S. 526-538.
Dichmann, W. (1994), Subsidiarität, in: ORDO, Jahrbuch für die Ordnung von Wirtschaft und Gesellschaft, 1994, S. 195-249.
Dienemann, O. (1990), Zu ausgewählten Ergebnissen der räumlichen Forschung der DDR aus der Sicht des Bauwesens, in: Raumforschung und Raumordnung, (1990)4/5, S. 197-201.
DIW (Deutsches Institut für Wirtschaftsforschung) (10/1991), Ökologische Sanierung in den neuen Bundesländern - Voraussetzungen für eine ökonomisch und sozial verträgliche Gestaltung, in: DIW-Wochenbericht, 58(1991)10, S. 98-102.
DIW (Deutsches Institut für Wirtschaftsforschung) (25/1992), Finanzprobleme der neuen Bundesländer und Länderfinanzausgleich. Verteilungkonflikte vorprogrammiert, in: DIW-Wochenbericht, 59(1992)25, S. 315-325.
DIW (Deutsches Institut für Wirtschaftsforschung) (48/1992), Strukturwandel im Prozeß der deutschen Vereinigung. Kurzfassung der Strukturberichterstattung 1992 des DIW, in: DIW-Wochenbericht, (1992)48, S. 641-652.
DIW (Deutsches Institut für Wirtschaftsforschung) (51/1992), Verkehrswegepolitik muß umweltpolitische Ziele stärker berücksichtigen, in: DIW-Wochenbericht, 59(1992)51.
DIW (Deutsches Institut für Wirtschaftsforschung) (21/1994), Hemmt oder stützt die Staatsverschuldung die Wirtschaftsentwicklung in Deutschland, in: DIW-Wochenbericht, 61(1994)21, S. 341-349.

DIW (Deutsches Institut für Wirtschaftsforschung) (26/1994), Kommunalhaushalte: Finanzprobleme sind nur mittelfristig zu lösen, in: DIW-Wochenbericht, 61(1994)26, S. 439-448.

DIW (Deutsches Institut für Wirtschaftsforschung) (27/1994), Wirtschaftsnahe Infrastruktur und Wirtschaftsentwicklung: Konsequenzen für Ostdeutschland, in: DIW-Wochenbericht, 61(1994)27, S. 457-464.

DIW (Deutsches Institut für Wirtschaftsforschung) (36/1994), Öffentliche Haushalte 1994/5: trotz Ausgabekürzungen und Steuererhöhungen weiterhin hohe Finanzierungsdefizite, in: DIW-Wochenbericht, 61(36/1994)36, S. 627-639.

Dixit, A. (1982), Recent Developments in Oligopoly Theory, in: American Economic Review. Papers and Proceedings, 72(1982), S. 12-17.

Dogs, E.; Platz, H. (1991), Externe Kosten des Verkehrs. Gutachten im Auftrag der Deutschen Bundesbahn, PLANCO Consulting GmbH, Essen, 1991.

Donahue, J. (1989), The Privatization Decision: Public Ends, Private Means, New York, 1989.

Döring, T. (1994), Subsidiaritätsprinzip, in: WiSt, (1994)5, S. 243-246.

Dornbusch, H.-L. (1995), Zur Eigendynamik unserer Staatsverschuldung, Institut „Finanzen und Steuern", Nr. 333, Bonn, 1995.

Dowrick, S. (1992), Estimating the Impact of Government Consumption on Growth: Growth Accounting and Optimising Models. A Study using panal data for 111 countries, Australian National University, Working Paper No. 243, Canberra, March 1992.

Dreißig, W. (1981), Die Technik der Staatsverschuldung, in: Neumark, F., Handbuch der Finanzwissenschaft, Band III, Tübingen, 1981, S. 54-116.

Drukarczyk, J. (1991), Finanzierung, 5. Aufl., Stuttgart, New York, 1991.

Drukarczyk, J. (1993), Theorie und Politik der Finanzierung, 2. Aufl., München, 1993.

Dupuit, Jules (1844/1952), On the Measurement of the Utility of Public Works (translated from the 1844 original „De la mesure de l'utilité des travaux publics" in Annales des Ponts et Chaussées), International Economic Papers No. 2, London and New York, 1952.

Eckerle, K.; Roesler, K., Wolff, H. (1986), Überprüfung des Systems der Schwerpunktorte im Rahmen der Gemeinschaftsaufgabe „Verbesserung der regionalen Wirtschaftsstruktur", in: Informationen zur Raumentwicklung, (1986)9/10, S. 741-748.

Eckey, H.F. (1991), Ansatzpunkte und Möglichkeiten einer regionalen Strukturpolitik, in: Materialien zur Raumentwicklung: Raumordnung in Deutschland. Aufgaben und Lösungsansätze, (1991)40, S. 39-175.

Eckey, H.-F.; Horn, K. (1992), Veränderung der Lagegunst und Erreichbarkeit der Kreise im vereinigten Deutschland durch geplante Aus- und Neubaumaßnahmen von Verkehrswegen, in: Informationen zur Raumentwicklung, (1992)4, S. 225-245.

Eckey, H.-F.; Klemmer, P.; Lauterbach, J.; Bremicker, B. et al. (1985), Überprüfung des Systems der Schwerpunktorte im Rahmen der Gemeinschaftsaufgabe „Verbesserung der regionalen Wirtschaftsstruktur", Sprockhöverl, Schauenburg, Wiesbaden, 1985.

Ekelund, R.B., Jr. (1968), Jules Dupuit and the Early Theory of Marginal Cost Pricing, in: Journal of Political Economy, (1968)Mai/Juni.

Ekelund, R.B., Jr.; Hébert, R.F. (1976), Dupuit and Marginal Utility: Context of the Discovery, in: History of Political Economy, 8(1976)2, S. 266-273.

Ekelund, R.B., Jr.; Shieh, Y.-N. (1986), Dupuit, Spatial Economics and Optimal Resource Allocation: A French Tradition, in: Economica, 53(1986)Nov., S. 483-496.

Enderlein, H.; Kuhfeld, H.; Kunert, U. (1988), Zukünftiger Finanzbedarf für die Verkehrswege in Städten und Gemeinden unter besonderer Berücksichtigung von Ersatzinvestitionen, Berlin, 1988.

Endres, A. (1981), Neuere Entwicklungen in der Theorie öffentlicher Güter, in: Zeitschrift für die gesamte Staatswissenschaft, 137(1981), S. 134-149.

Engel, C. (1992), Planungssicherheit für Unternehmen durch Verwaltungsakt, Tübingen, 1992.

Engen, E.M.; Skinner, J. (1992), Fiscal Policy and Economic Growth, NBER Working Paper Series 4223, Cambridge, Mass., 1992.

Engstler, H. (1987a), Privatisierung öffentlicher Abwasserbeseitigungsanlagen in Niedersachsen, in: der gemeindehaushalt, (1987)5, S. 109-114.

Engstler, H. (1987b), Privatisierung öffentlicher Abwasserbeseitigungsanlagen in Niedersachsen, in: Niedersächsischer Städtetag, (1987)2, S. 45-50.

Engstler, H. (1989), Erfahrungen mit neuen Organisationsformen für die Abwasserbeseitigung - Betreibermodell in Niedersachsen, in: Verein zur Förderung des Instituts für Wasserversorgung, Abwasserbeseitigung und Raumplanung der technischen Hochschule Darmstadt, Schriftenreihe WAR, (1989)42, S. 141-151.

Eucken, W. (1952/1990), Grundsätze der Wirtschaftspolitik, hrsg. v. E, Eucken; P. Hensel, 6. durchges. Aufl., Tübingen, 1990.

Ewers, H.-J. (1991), Dem Verkehrsinfarkt vorbeugen. Zu einer auch ökologisch erträglicheren Alternative der Verkehrspolitik unter veränderten Rahmenbedingungen., Vorträge und Studien aus dem Institut für Verkehrswissenschaft an der Universität Münster, Heft 26, 1991.

Ewers, H.-J: (1993), Aufbau der Vekehrsinfrastruktur in den neuen Bundesländern, in: „Aus Politik und Zeitgeschichte", Beilage zur Wochenzeitung Das Parlament, vom 25.1.93, B. 5/93, S. 23-33.

Ewers, H.-J.; Rodi, H. (1995) Privatisierung der Bundesautobahnen, Beiträge aus dem Institut für Verkehrswissenschaft an der Universität Münster, Heft 134, Göttingen, 1995

Ewringmann, D.; Freund, U.; Hansmeyer, K.-H.; Kortenkamp, L.; Vorholz, F. (1986), Die Gemeinschaftsaufgabe "Verbesserung der regionalen Wirtschaftsstruktur" unter veränderten Rahmenbedingungen, Finanzwirtschaftliche Forschungsarbeiten N.F., Band 55, Berlin, 1986.

Fama, E. (1980/1986), Agency problems and the theory of the firm, in: Putterman, L., The economic nature of the firm (orig. Journal of Political Economy 88(1980) S. 288-307), Cambridge, 1986.

Fege, B.; Göbel, M.; Jung, H.-U. (1990), Regionalreport DDR 1990, Grundzüge räumlicher Strukturen und Entwicklungen, Berlin, Hannover, 1990.

Fehl, U. (1985), Das Konzept der Contestable Markets und der Marktprozeß, in: Bombach, G.; Gahlen, B.; Ott, A.E., Industrieökonomik: Theorie und Empirie, Schriftenreihe des Wirtschaftswissenschaftlichen Seminars Ottobeuren, Band 14, Tübingen, 1985, S. 29-49.

Fehr, G. (1990), Umweltschutz und wirtschaftliche Interessen. Eine vorprogrammierte Konfrontation bei der Privatisierung von Kläranlagen?, in: Schriftenreihe der kommunalen Umwelt Aktion U.A.N. Privatisierung öffentlicher Aufgaben 2, (1990), S. 19-29.

Fielding, G.J.; Klein, D.B. (1993), How to Franchise Highways, in: Journal of Transport Economics and Policy, 27(1993)2, S. 113-131.

Flume, W. (1991), Die Rechtsfigur des Finanzierungsleasings, in: DB, (1991)5, S. 265-271.

Foldvary, F. (1994), Public Goods and Private Communities. The Market Provision of Social Services. Aldershot, 1994.

Ford, R.; Poret, P. (1991), Infrastructure and Private-Sector Productivity, in: OECD Economic Studies, (1991)17, S. 63-89.

Forsthoff, E. (1938), Die Verwaltung als Leistungsträger, Stuttgart, Berlin, 1938.

Forsthoff, E. (1956), Lehrbuch des Verwaltungsrechts. Allgemeiner Teil, 6. neubearb. Aufl., Band 1, München, Berlin, 1956.

Foster, C.D. (1992), Privatization, Public Ownership and the Regulation of Natural Monopoly, Oxford, 1992.

Frank, H.; Moser, R. (1987), Internationale Projektfinanzierung. Eine umfassende Managementaufgabe im Auslandsgeschäft, in: Journal für Betriebswirtschaft, (1987)1, S. 31-49.

Freund, U.; Zabel, G. (1978), Regionale Wirkungen der Wirtschaftsstrukturförderung, Schriftenreihe „Raumordnung" des Bundesministers für Raumordnung, Bauwesen und Städtebau 06.023, Bonn, 1978.

Frey, R.L. (1972), Infrastruktur. Grundlagen der Planung öffentlicher Investitionen, Tübingen, 1972.

Frey, R.L. (1979), Die Infrastruktur als Mittel der Regionalpolitik, Bern u.a.O., 1979.

Frey, R.L. (1984), Infrastruktur, in: Handwörterbuch der Wirtschaftswissenschaften, (1984), S. 200-215.

Frey, R.L.; Brüngger, H. (1977), Wachstumslenkung durch Infrastrukturpolitik, in: Simonis, U.E., Infrastruktur: Theorie und Politik, Gütersloh, 1977, S. 158-178.

Friedrich, P. (1984), Zu einer angebotsorientierten Betrachtung öffentlicher Güter, in: Oettle, K., Öffentliche Güter und Öffentliche Unternehmen. Beiträge zur Relevanz der Theorie öffentlicher Güter für die öffentlichen Unternehmen, Baden-Baden, 1984, S. 103-115.

Friedrich, P.; Reich, J. (1987), Aspekte der Finanzierung kommunaler Investitionen über geschlossene Immobilienfonds, in: Friedrich, P., Finanzierung kommunaler Investitionen über geschlossene Immobilienfonds, Baden-Baden, 1987, S. 11-26.

Fuest, W. (1991), Finanzierung der deutschen Einheit, Köln, 1991.

Fuest, W. (1994), Im Blickpunkt: Der Finanzstatus ost- und westdeutscher Gemeinden, in: iw-trends, 21(1994)2, S. 5-13.

Funck, R.; Blum, U. (1984), Zentralörtlicher Status, Verkehrsinfrastruktur und regionales Einkommen, in: Ewers, H.-J.; Schuster, H., Probleme der Ordnungs- und Strukturpolitik. Festschrift für H.-St. Seidenfus, Göttingen, 1984.

Fürst, D.; Klemmer, P.; Zimmermann, K. (1976), Regionale Wirtschaftspolitik, Tübingen/Düsseldorf, 1976.

Futagami, K.; Mino, K. (1995), Public Capital and Patterns of Growth in the Presence of Threshold Externalities, in: Journal of Economics, 61(1995)2, S. 123-146.

Gabler Volkswirtschaftslexikon (1990), 3. vollst. überarb. u. aktualisierte Aufl., Wiesbaden, 1990.

Gabele, E.; Kroll, M. (1991), Grundlagen des Immobilien-Leasing, in: Der Betrieb, 44(1991)5, S 241-248.

Gatzweiler, H.-P. (1992), Neue Aufgaben für die Raumordnungspolitik in Deutschland, in: Geographische Rundschau, 44(1992)3, S. 136-138.

Gatzweiler, H.-P., Irmen, E.; Janich, H. (1991a), Regionalpolitik als Infrastrukturpolitik, in: Informationen zur Raumentwicklung, (1991)9/10, S. 599-610.

Gatzweiler, H.-P.; Irmen, E.; Janich, H. (1991b), Regionale Infrastrukturausstattung, Bundesforschungsanstalt für Landeskunde und Raumordnung. Forschungen zur Raumentwicklung, Bonn, 1991.

Gellert, M.; Kolodzey, W. (o.J.), Information zur Organisation und Finanzierung der kommunalen Abwasserbeseitigung unter Berücksichtigung privater Organisationsformen, Verband öffentlicher Banken, Bottrop, o.J.

Gern, A. (1994), Deutsches Kommunalrecht, Baden-Baden, 1994.

Gerstenberger, W. (1992), Sektorale Strukturpolitik, in: Institut für Kommunalwissenschaften der Konrad Adenauer Stiftung, Empfehlungen zum Aufbau der neuen Länder. Teil I, Sankt-Augustin, 1992, S. 119-140.

Gluch, E. (1992a), Perspektiven des Baubedarfs im Nichtwohnbau der neuen Bundesländer, in: Ifo-Schnelldienst, (1992)20, S. 5-12.

Gluch, E. u.a. (1992b), Baubedarf in den neuen Bundesländern bis 2005, in: Ifo-Studien zur Bauwirtschaft 18, München, 1992.

Göbel, H. (1994), Das Dickicht der Staatsverschuldung wird lichter: Weniger Nebenhaushalte, mehr Transparenz. in: FAZ vom 2.8.1994, Nr. 177, S. 13.

Goldberg, V.P. (1976), Regulation and Administered Contract, in: Bell Journal of Economics, 7(1976), S. 426-48.

Goldberg, V.P. (1977), Competitive Bidding and the Production of Precontract Information, in: Bell Journal of Economics, 8(1977), S. 250-261.

Goldin, K.D. (1977), Equal Access vs. Selective Access: A Critique of Public Goods Theory, in: Public Choice, 15(1977), S. 53-71.

Gomez-Ibanez, J.A.; Meyer, J.R.; Luberoff, D.E. (1991), The Prospects for Privatising Infrastructure. Lessons from US Roads and Solid Waste, in: Journal of Transport Economics and Policy, 25(1991)September, S. 259-278.

Gordon, H.S. (1954), The Economic Theory of a Common Property Resource: The Fishery, in: Journal of Political Economy, 62(1954), S. 124-142.

Gorißen, N.; Schmitz, S. (1992), Verkehrsentwicklung und Bundesverkehrswegeplanung im vereinten Deutschland, in: Informationen zur Raumentwicklung, (1992)4, S. 193-207.

Gramlich, E.M. (1994), Infrastructure Investment: A Review Essay, in: Journal of Economic Literature, (1994)Sept., S. 1176-1196.

Grosse, P.B. (1990), Projektfinanzierung aus Bankensicht, in: Backhaus, K.; Sandrock, O.; Schill, J.; Uekermann, H., Projektfinanzierung. Wirtschaftliche und rechtliche Aspekte einer Finanzierungsmethode für Großprojekte, Stuttgart, 1990, S. 41-62.

Grossekettler, H. (1985), Options- u. Grenzkostenpreise für Kollektivgüter unterschiedlicher Art und Ordnung. Ein Beitrag zu den Bereitstellungs- und Finanzierungsregeln für öffentliche Leistungen, in: Finanzarchiv N.F., 43 (1985), S. 211-252.

Grossmann, G. (1991), Gesamteuropäische Verkehrsentwicklung: Bedeutung der Binnenhäfen aus Sicht der östlichen Bundesländer, in: Internationales Verkehrswesen, 43(1991)11, S 516-519.

Gutmann, G. (1993), Gustav Schmoller und der Verein für Socialpolitik, in: Backhaus, J.G., Gustav von Schmoller und die Probleme von heute, Berlin, 1993.

Haag, F.; Wyss, M.; Orban, B. (1978), Interregionale Wanderungen in der Schweiz. Analyse der Volkszählung 1970. Band 1: Ergebnisse und Beurteilung. Band 2: Tabellarische Unterlagen, Zürich, 1978.

Hahn, W. (1991), Verkehrsinvestitionen im Aufholprozeß Ostdeutschlands, in: Ifo-Schnelldienst, (1991)28, S. 3-12.

Hahn, W. u.a. (1991), Verkehrskonjunktur 1991: Weiterhin Aufwind im Westen und Rückgang im Osten, in: ifo-Wirtschaftskonjunktur, (1991)9, S. A 15f.

Haller, H. (1981), Die Steuern. Grundlinien eines rationalen Systems öffentlicher Abgaben. 3 überarb. Aufl., Tübingen, 1981.

Hamm, W. (1992), Durchbruch in der Verkehrsregulierung, in: Hamburger Jahrbuch für Wirtschafts- und Gesellschaftspolitik, 37(1992), S. 225-243.

Hanser, C. (1985), Auswirkungen von Investitionen zur Erschließung von Industriegelände, in: Hanser, C., Auswirkungen von Infrastrukturinvestitionen. 'Thema-Hefte' der Programmleitung des NFP 'Regionalprobleme' in der Schweiz, Grüsch, 1985, S. 93-314.

Hansmeyer, K.H.; Fuerst, D.; Zimmermann, K. (1975), Infrastruktur und unternehmerische Standortentscheidung, Veröffentlichungen der Akademie für Raumforschung und Landesplanung, Forschungs- und Sitzungsberichte, Bd. 94, Hannover, 1975.

Hanusch, H. (1981), Äquivalenzprinzip und kollektive Güter - Allokationstheoretische Aspekte. in: Pohmer, D., Beiträge zum Äquivalenzprinzip und zur Zweckbindung öffentlicher Einnahmen, Berlin, 1981, S. 37-91.

Hanusch, H. (1995), Die neue Qualität wirtschaftlichen Wachstums, in: Hanusch, H.; Gick, W., Ansätze für ein neues Denken in der Wirtschaftspolitik, München, 1995.

Hart, O. (1995), Corporate Governance: Some Theory and Implications, in: The Economic Journal, 105(1995)May, S. 678-689.
Hasenpflug, H.; Kowalke, H. (1991), Gedanken zur wirtschaftsräumlichen Gliederung der ehemaligen DDR und ihrer Anpassungsprobleme beim Übergang in die soziale Marktwirtschaft, in: Zeitschrift für Wirtschaftsgeographie, 35(1991)2, S. 68-82.
Hauptverband der deutschen Bauindustrie (1991), Leasing-Modell zur privatwirtschaftlichen Finanzierung und Betreibung von Bundesautobahnen, Bonn, 1991.
Häuser, K. (1989), Friedrich List (1789-1846), in: Starbatty, J., Klassiker des ökonomischen Denkens. Band 1. Von Platon bis John Stuart Mill, München, 1989.
Hayek, F.A. (1969), Der Wettbewerb als Entdeckungsverfahren, Freiburger Studien, Gesammelte Aufsätze, Walter-Eucken-Institut, Freiburg i.Br., 1969.
Head, J.G. (1966), On Merit Goods, in: Finanzarchiv N.F., 25(1966), S. 1-29.
Head, J.G. (1988), On Merit Wants. Reflections on the Evolution, Normative Status and Policy Relevance of a Controversial Public Finance Concept, in: Finanzarchiv, 46(1988), S. 1-37.
Heckhausen, S. (1976), Nachholbedarf an haushaltsorientierter Infrastruktur in den Regionen der Bundesrepublik Deutschland, Göttingen, 1976.
Hedtkamp, G. (1995), Die Bedeutung der Infrastruktur in makroökonomischer Sicht, in: Oberhauser, A., Finanzierungsprobleme der deutschen Einheit III. Ausbau der Infrastruktur und kommunaler Finanzausgleich. Schriften des Vereins f. Socialpolitik, Bd. 229/III, Berlin, 1995, S. 9-70.
Heine, M.; Herr, H. (1994), Theoretische und wirtschaftspolitische Aspekte einer Regionalpolitik für die neuen Bundesländer, in: WSI-Mitteilungen, 47(1994)8, S. 488-498.
Heine, M.; Walter, D. (1990), Sektorale und räumliche Auswirkungen der Strukturanpassung in der DDR, in: Wirtschaftsdienst, (1990)8.
Heinemann, F. (1993), Umverteilung über die Europäische Investitionsbank, in: Wirtschaftsdienst, (1993)2, S. 98-103.
Heintzeler, F. (1982), Internationale Projektfinanzierungen - aus der Sicht der Banken, in: Dülfer, E., Projektmanagement - International, Stuttgart, 1982, S. 163-174.
Heintzeler, F. (1983), Internationale Projektfinanzierung, in: Zeitschrift für das gesamte Kreditwesen, 36(1983)13, S. 601-604.
Helaba (Landesbank Hessen-Thüringen) (1993), Finanzierungsformen für kommunale Infrastrukturinvestitionen. Fallbeispiele aus drei Bereichen, Frankfurt am Main, 1993.
Heller, W.P.; Starret, D.A. (1976), On the Nature of Externalities, in: Lin, S.A.Y., Theory and Measurement of Economic Externalities, New York u.a.O., 1976. S. 9-22.
Henke, K.D.; Schuppert, G.F. (1990), Rechtliche und finanzwissenschaftliche Probleme der Neuordnungen der Finanzbeziehungen von Bund und Ländern im vereinten Deutschland, 1990.
Henning, F.-W. (1985), Das vorindustrielle Deutschland 800-1800 (Wirtschafts- und Sozialgeschichte Band 1), 4. Aufl., Paderborn, München, Wien u.a.O., 1985.
Henning, F.-W. (1993), Die Industrialisierung in Deutschland 1800 bis 1914 (Wirtschafts- und Sozialgeschichte Band 2), 8. Aufl., Paderborn, München, Wien u.a.O., 1993.
Hesse, G. (1979), Staatsaufgaben. Zur Theorie der Legitimation und Identifikation staatlicher Ausgaben. Baden-Baden, 1979.
Heuer, E. (1995), Leasing als Instrument modernen Finanzmanagements. Sind staatliche Investitionen im Wege des Leasings wirklich verfassungskonform und wirtschaftlich?, in: Verwaltung und Management, 1(1995)4, S. 205-209.
Hieronymi, O. (1993), Decision-making für Infrastructure: Environmental and Planning Issues, in: OECD, Infrastructure Policies for the 1990s, Paris, 1993, S. 75-88.
Himmelmann, G. (1986), Geschichtliche Entwicklung der öffentlichen Wirtschaft, in: Brede, H.; Loesch, A.v. Die Unternehmen der öffentlichen Wirtschaft in der Bundesrepublik Deutschland, Baden-Baden, 1986, S. 31-56.
Hirschman, A.O. (1967), Die Strategie der wirtschaftlichen Entwicklung, Stuttgart, 1967.

Hock, G., Krähmer, R. (1989), Die Finanzierung kommunaler Umweltschutzinvestitionen - Probleme, untaugliche Konzepte, Alternativen, in: WSI-Mitteilungen, 42(1989)8, S. 444-453.

Hofmann, W. (1984), Aufgaben und Struktur der kommunalen Selbstverwaltung in der Zeit der Hochindustrialisierung, in: Jeserich, K.G.A.; Pohl, H.; Unruh, G.-C.v., Deutsche Verwaltungsgeschichte. Das Deutsche Reich bis zum Ende der Monarchie, Band 3, Stuttgart, 1984.

Holtmann, A. (1988), Kommunale Sonderfinanzierungen, in: Die Sparkasse, 105(1988)6, S. 258-261.

Horn, M.; Knieps, G.; Müller, J. (1988), Deregulierungsmaßnahmen in den USA: Schlußfolgerungen für die Bundesrepublik Deutschland: Gutachten des Deutschen Instituts für Wirtschaftsforschung, Baden-Baden, 1988.

Huber, J. (1991a), Neue Dimensionen für die Bundesverkehrswegeplanung: Gesamtdeutsche Verkehrswegeplanung und investitionspolitische Perspektiven, in: Internationales Verkehrswesen, 43(1991)9, S. 345-354.

Huber, J. (1991b), Bundesverkehrswegeplanung im Lichte der Deutschen Einheit, in: Straße und Autobahn, (1991)1, S. 9.

Huber, P.M. (1995), Der planungsbedingte Wertzuwachs als Gegenstand städtebaulicher Verträge, Schriften zum Öffentlichen Recht, Band 675, Berlin, 1995.

Hume, D. (1739/1978), A Treatise of Human Nature, ed. Selby-Bigge, 1739/1978.

Hummel, M.; Nierhaus, W. (1994), Die Neuordnung des bundesstaatlichen Finanzausgleichs im Spannungsfeld zwischen Wachstums- und Verteilungszielen, in: Ifo-Schnelldienst, (1994)4, S. 3-11.

Hünnekens, G. (1995), Rechtsfragen der wirtschaftlichen Infrastruktur, Studien zum öffentlichen Wirtschaftrecht, hrsg. von R. Stober, Köln, Berlin, Bonn, München, 1995.

Institut für Kommunalwissenschaften, Konrad-Adenauer-Stiftung (1992), Empfehlungen zum Aufbau der neuen Bundesländer. Teil I, Sankt Augustin, 1992.

Jensen, M.; Meckling, W. (1976/1986), Theory of the firm: Managerial behavior, agency costs, and ownership structure, in: Putterman, L., The economic nature of the firm (orig. Journal of Financial Economics, 3(1976) S. 305-360), Cambridge, 1986.

Jochimsen, R. (1966), Theorie der Infrastruktur. Grundlagen der marktwirtschaftlichen Entwicklung, Tübingen, 1966.

Jochimsen, R. (1993), Thesen zu den räumlichen Erfordernissen einer Infrastrukturpolitik für das Jahr 2000, in: Akademie für Raumordnung und Landesplanung, Infrastrukturelle Voraussetzungen des Strukturwandels. Wissenschaftliche Plenarsitzung 1992. Forschungs- und Sitzungsberichte, 1993, S. 58-69.

Jochimsen, R.; Gustafsson, K. (1977), Infrastruktur. Grundlage der marktwirtschaftlichen Entwicklung, in: Simonis, U.E., Infrastruktur. Theorie und Politik, Gütersloh, 1977.

Jochimsen, R., u.a. (1972), Grundfragen einer zusammenfassenden Darstellung raumbedeutsamer Planungen und Maßnahmen, Mitteilungen des Institutes für Raumordnung, Bonn Bad-Godesberg, 1972.

Jürgenliemk, R. (1990), Finanzielle Instrumente der gemeindlichen Entsorgungswirtschaft, in: der gemeindehaushalt, (1990)2, S. 25-32.

Kahn, A.E. (1993), The Economics of Regulation. Principles and Institutions, 5. Aufl., Cambridge, London, 1993.

Kallwass, W. (1992), Privatrecht. Ein Basisbuch, 14. Aufl., Köln, 1992.

Kamann, M.; Wiegel, K.D. (1983), Internationale Projektfinanzierung, in: Die Bank, (1983)5, S. 226-230.

Kandler, J. (1991), Markt und Staat im Verkehr - Wer kann die Probleme besser bewältigen?, in: Faller, P.; Witt, D., Dienstprinzip und Erwerbsprinzip. Schriften zur öffentlichen Verwaltung und öffentlichen Wirtschaft, Baden-Baden, 1991, S. 84-101.

Karrenberg, H. (1991), Die Finanzierung der ostdeutschen Kommunalhaushalte, in: Wirtschaftsdienst, 71(1991)6, S. 296-304.

Karrenberg, H. (1993a), Gesetz zur Umsetzung des Föderalen Konsolidierungsprogramms. Die Auswirkungen auf die Kommunalfinanzen in West und Ost, in: ZfK, (1993)9, S. 194-202.

Karrenberg, H. (1993b), Städtische Finanzen vor schweren Belastungen, in: Wirtschaftsdienst, (1993)11, S. 571-578.

Kay, J. (1993), Efficiency and Private Capital in the Provision of Infrastructure, in: OECD, Infrastructure Policies for the 1990s, Paris, 1993, S. 55-74.

Kieslich, W.; Kleinschmidt, V.; Löbach, W. (1992), Verkehrsprojekte 'Deutsche Einheit' - Umweltauswirkungen der geplanten Verkehrstrassen im Osten Deutschlands, Dortmund, 1992.

Kirchhoff, U. (1993), Organisations- und Finanzierungsmodelle für den öffentlichen Infrastrukturbereich, in: Der langfristige Kredit, (1993)14, S. 4-11.

Kirchhoff, U.; Land, G. (1993), Organisation und Finanzierung von Infrastrukturinvestitionen mit privatem Kapital, in: Sparkasse, 110(1993)6, S. 246-250.

Kirchhoff, U.; Müller-Godeffroy (1994), Finanzierungsmodelle für kommunale Investitionen, 5. Aufl., Stuttgart, 1994.

Kitterer, W. (1993a), Rechtfertigung und Risiken einer Finanzierung der deutschen Einheit durch Staatsverschuldung, in: Hansmeyer, K.-H., Finanzierungsprobleme der deutschen Einheit I. Staatsverschuldung, EG-Regionalfonds, Treuhandanstalt. Schriften des Vereins für Socialpolitik, Band 299/I, Berlin, 1993, S. 39-76.

Kitterer, W. (1993b), Staatsverschuldung und Haushaltskonsolidierung - Folgen für den Standort Deutschland, in: Wirtschaftsdienst, (1993)12, S. 633-638.

Klatt, S. (1990), Die Finanzierung der Verkehrsinfrastruktur, in: Hamburger Jahrbuch für Wirtschafts- und Gesellschaftspolitik, 35(1990), S. 207-223.

Klein, B.; Crawford, R.; Alchian, A. (1986), Vertical Integration, Appropriable Rents, and the Competitive Contracting Process, in: Putterman, L., The Economic Nature of the Firm. A Reader (orig. Journal of Law and Economics, 21(1978), S. 297-326), London, New York, 1986.

Klein, B.; Leffler, K. (1981), The Role of Market Forces in Assuring Contractual Performance, in: Journal of Political Economy, 89(1981), S. 615-641.

Klemm, P. (1993), Haushaltsrecht, in: Klein, F., Lexikon des Rechts. Steuer- und Finanzrecht, 2. überarb. u. erw. Aufl., Berlin, 1993, S. 261-274.

Klemmer, P. (1986), Wissenschaftliche Bestandsaufnahme des Schwerpunktprinzips, in: Neuorientierung der regionalen Wirtschaftspolitik? Informationen zur Raumentwicklung, (1986)9/10, S. 735-745.

Klemmer, P. (1990), Modernisierung der ostdeutschen Wirtschaft als regionalpolitisches Problem, in: Wirtschaftsdienst, 70(1990)11, S. 557-561.

Klemmer, P. (1991), Übertragbarkeit regionalpolitischer Konzepte auf die neuen Bundesländer, in: Informationen zur Raumentwicklung, (1991)9/10, S. 611-621.

Klemmer, P. (1992), Regionale und kommunale Wirtschaftsförderung, in: Institut für Kommunalwissenschaften der Konrad Adenauer Stiftung, Empfehlungen zum Aufbau der neuen Bundesländer, Teil I, Sankt Augustin, 1992, S. 191-210.

Klemmer, P.; Schrumpf, H. (1990), Probleme einer ökonomischen Umstrukturierung der DDR aus regionalpolitischer Sicht, in: RWI-Mitteilungen, 41(1990), S. 117-130.

Klodt, H.; Stehn, J. et al. (1994), Standort Deutschland: Strukturelle Herausforderungen im neuen Europa, Tübingen, 1994.

Klös, H.-P. (1989a), Öffentliches Infrastrukturmonopol - noch zeitgemäß?, Beiträge zur Wirtschafts- und Sozialpolitik, Institut der deutschen Wirtschaft, Band 172, Köln, 1989.

Klös, H.-P. (1989b), Definition und ökonomische Einordnung, in: IW-Trends. Schwerpunkt: Infrastruktur. Eine Bestandsaufnahme. Quantität, Qualität, Perspektiven, 16(1989)1, S. II-1-II-9.

Knieps, G. (1992), Konkurrenz auf den europäischen Eisenbahnnetzen, in: Jahrbuch für Nationalökonomik und Statistik, 209(1992)3-4, S. 283-290.

Knieps, G. (1995), Neuere Entwicklungen in der Regulierungsdiskussion, Diskussionsbeiträge des Instituts für Verkehrswissenschaft und Regionalpolitik, Nr. 23, Albert-Ludwigs-Universität Freiburg i.Br., 1995.

Knieps, G.; Vogelsang, I. (1982), The Sustainability Concept under Alternative Behavioral Assumptions, in: Bell Journal of Economics, 13(1982), S. 234-241.

Knobbe-Keuk, B. (1991), Bilanz- und Unternehmenssteuerrecht, 8. Aufl., Köln, 1991.

Knoop. P. (1990), Demokratischer Zentralismus - Demokratie - örtliche Haushalte in der DDR, in: der gemeindehaushalt, (1990)5, S. 97-105.

Koeppel, H.-W.; Nonnen, J.; Hille; Zuppke, U.; Kampe, D. (1991), Zu schützende natürliche Ressourcen und umweltbelastete Gebiete in den neuen Bundesländern, Materialien zur Raumentwicklung, Heft 40, Raumordnung in Deutschland. Aufgaben und Lösungsansätze, Bonn, 1991, S. 349-402.

Kofner, S. (1995), Marktmäßige externe Effekte, in: WISU, (1995)5, S. 415-418.

Koll, R. (1976), Bestimmungsfaktoren regionalen Wachstums: Agglomerations- und Lagevariablen, in: Gesellschaft für Regionalforschung, Seminarberichte 12, Trins/ Österreich, 1976.

Kommission der Europäischen Gemeinschaften (1991), Gemeinschaftliches Förderkonzept 1991-1993 für die Gebiete Ost-Berlin, Mecklenburg-Vorpommern, Brandenburg, Sachsen-Anhalt, Thüringen und Sachsen, Dokument, Amt für Veröffentlichungen der Europäischen Gemeinschaft, Bundesrepublik Deutschland, Brüssel, Luxemburg, 1991.

Kraft, J. (1966), Über den Begriff „Infrastruktur", Mitteilungen des Deutschen Verbandes für Wohnungswesen, Städtebau und Raumplanung, (1966)3, S. 13-22.

Krahnen, P. (1991), Sunk Costs und Unternehmensfinanzierung, Wiesbaden, 1991.

Krähmer, R. (1992), Die private Beteiligung an der kommunalen Aufgabenerfüllung, in: WSI-Mitteilungen, 45(1992)2, S. 73-81.

Krause-Junk, G. (1977), Abriß der Theorie von den öffentlichen Gütern, in: Neumark, F., Handbuch der Finanzwissenschaft, 3. Aufl., Band I, Tübingen, 1977, S. 687-711.

Krautzberger, M. (1992), Zum Stand der Bundesraumordnung für die neuen Bundesländer, in: Die öffentliche Verwaltung, (1992)3, S. 911-916.

Kruse, J. (1986), Wirtschaftspolitische Zielkonflikte bei Natürlichen Monopolen, in: Hamburger Jahrbuch für Wirtschafts- und Gesellschaftspolitik, 31(1986), S. 221-239.

Küffner, G. (1995), Elektronische Mautanlagen. Abkassiert wird künftig bei voller Fahrt, in: Frankfurter Allgemeine Zeitung. Dienstag 2. Januar 1995, Nr. 2, S. T1.

Kühne, K. (1984), Öffentliche Güter, meritorische Güter und Klubtheorie, in: Öttle, K., Öffentliche Güter und öffentliche Unternehmen. Beiträge zur Relevanz der Theorie öffentlicher Güter für die öffentlichen Unternehmen, Baden-Baden, 1984, S. 117-135.

Kühnhardt, L. (1991), Föderalismus und Subsidiarität. Betrachtungen zu einer deutschen und europäischen Frage, in: Aus Politik und Zeitgeschichte, Beilage zur Wochenzeitung Das Parlament vom 1.11.1991, S. 37-45.

Kuik, F.C.; Nijkamp, P. (1987), Relevance of Pay-back Effects in Public Investment Appraisal, Project Appraisal, 2(1987)3, S. 153-156.

Laaser, C.-F. (1990), Implikationen der deutschen Vereinigung für die Verkehrspolitik, in: Die Weltwirtschaft, (1990)2, S. 110-125.

Lang, E. (1978), Folgekosten öffentlicher Investitionen, in: Wirtschaftsdienst, 58(1978)10.

Ledyard, J. (1976), Discussion of Heller/Starrett, in: Lin, S.A.Y., Theory and Measurement of Economic Externalities, New York u.a.O., 1976, S. 23-27.

Licht, G.; Seitz, H. (1993), Regional Productivity Growth and Investments in Public Infrastructure: The Case of Germany, Dicussion Paper No. 93-10, Zentrum für Europäische Wirtschaftsforschung, Mannheim, 1993.

Lichtblau, K. (1994), Strukturwandel und Strukturdefizite der ostdeutschen Industrie, in: iw-Trends, 21(1994)2, S. 15-36.

Liersch, K.-M. (1986), Mehr Wirtschaftlichkeit im Klärwerksbau, in: Korrespondenz Abwasser, 33(1986)9, S. 776-778.

List, F. (1837/1929), Beitrag zum Staats-Lexikon: Eisenbahnen und Kanäle, Dampfboote und Dampfwagentransport, in: Beckerath, E.v.; Goeser, K.; Lenz, F.; Nutz, W.; Salin, E. im Auftrag der Friedrich-List-Gesellschaft, 10 Bände, Schriften, Reden, Briefe, Band III/1, Berlin, 1837/1929.

List, F. (1959), Das Nationale System der politischen Ökonomie, Tübingen, 1959.

Löhmann, H.-B. (1985), Das Betreibermodell - Bau, Finanzierung und langfristiger Betrieb kommunaler Abwasserbauvorhaben durch Private, in: Niedersächsicher Städtetag, (1985)1, S. 13-16.

Löhmann, H.-B. (1987), Übertragung der Abwasserbeseitigung auf Private, in: Städte- und Gemeindebund, 5(1987), S. 277-280.

Lorbeer, R. (1990), Die volkswirtschaftliche Effektivität der Straßenverkehrsanlagen als Kriterium für die Erhaltung und Erweiterung des Straßennetzes der DDR, in: Internationales Verkehrswesen, 42(1990)3, S. 128-131.

Lütcke, K.-P. (1990), Der kommunale Spielraum bei der Kreditaufnahme für Abwasseranlagen, in: der gemeindehaushalt, (1990)11, S. 241-242.

Lutter, H.; Pütz, T. (1992), Räumliche Auswirkungen des Bedarfsplans für die Bundesfernstraßen, in: Informationen zur Raumentwicklung, (1992)4, S. 209-224.

Lützenkirchen, G. (1990), Probleme der Entflechtung von Versorgungsbetrieben in der DDR, in: der gemeindehaushalt, (1990)5, S. 105-108.

Lynde, C.; Richmond, J. (1992), The Role of Public Capital in Production, in: The Review of Economics and Statistics, 74(1992), S. 37-44.

Malchus, V.v. (1992), Raumordnung und Landesentwicklungsplanung (Raumplanung), in: Institut für Kommunalwissenschaften der Konrad Adenauer Stiftung, Empfehlungen zum Aufbau der neuen Bundesländer. Teil I, Sankt Augustin, 1992, S. 211-232.

Mankiw, N.G. (1996), Makroökonomik, 2. Aufl., Wiesbaden, 1996.

Mann, U.; Hautzinger, H. u.a.(1991), Personenverkehrsprognose 2010 für Deutschland, Schlußbericht, Intraplan Consult GmbH/Institut für angewandte Verkehrs- und Tourismusforschung e.V. im Auftrag des Bundesministers für Verkehr München/Heilbronn, 1991.

Manne, H. (1965/1986), Mergers and the market for corporate control, in: Putterman, L., The economic nature of the firm (Orig. Journal of Political Economy 73(1965)110-20), Cambridge, 1965/1986.

Maunz, T.; Dürig, G.; Herzog, R. (1984), Kommentar zum Grundgesetz, Band 3, incl. 30. Ergänzungslieferung, Dezember 1992, München, 1984.

Maurer, H. (1992), Allgemeines Verwaltungsrecht, 8. Aufl., München, 1992.

McKay, C. (1989), Möglichkeiten der privatwirtschaftlichen Finanzierung von Verkehrsinfrastruktur-Investitionen in der EG, Beiträge aus dem Institut für Verkehrswissenschaft an der Universität Münster, hrsg. von H.St. Seidenfus, Göttingen, 1989.

McLure, Ch.E., Jr. (1968), Merit Wants: A Normatively Empty Box, in: Finanzarchiv N.F., 27(1968), S. 474-483.

Meade, J.E. (1952), External Economies and Diseconomies in a Competetive Situation, in: Economic Journal, 62(1952), S. 54-67.

Meinhold, H. (1955), Investitionen, in: Handwörterbuch der Sozialwissenschaften, Band 5, 1955, S. 333-346.

Meißner, W.; Fassing, W. (1989), Wirtschaftsstruktur und Strukturpolitik, München, 1989.

Meyer-Pries, D. (1987), Fondsfinanzierung zur Entlastung kommunaler Haushalte, in: Friedrich, P., Finanzierung kommunaler Investitionen über geschlossene Immobilienfonds, Baden-Baden, 1987, S. 121-155.

Milbradt, G.H. (1991), Finanzierung der ostdeutschen Länder, in: Wirtschaftsdienst, (1991)2.

Mill, J.S. (1848/1985), Principles of Political Economy, London, 1848/1985.

Mills, E.S.; Carlino, G. (1989), Dynamics of County Growth, in: Andersson, A., Batten, D.; Johnsson, B.; Nijkamp, P., Advances in Spatial Theory and Dynamics, Amsterdam, 1989, S. 195-206.

Mises, L.v. (1949/1966), Human Action, A Treatise on Economics, Chicago, 1949/1966.

Mishan, E.J. (1969), The Relationship between Joint Products, Collective Goods and External Effects, in: Journal of Political Economy, (1969)May/June, S. 329-348.

Modigliani, F. (1961) Long-run Implications of Alternative Fiscal Policies and the Burden of the National Debt, in: The Economic Journal, 71(1961), S. 730-755.

Müller, J. (1987), Möglichkeiten der Privatisierung im Bereich der Deutschen Bundesbahn, in: Windisch, R., Privatisierung natürlicher Monopole im Bereich von Bahn, Post und Telekommunikation, Tübingen, 1987.

Müller, L. (1993), Probleme der Staatsverschuldung vor dem Hintergrund der deutschen Vereinigung, in: Wirtschaftsdienst, (1993)3, S. 121-130.

Müller-Kästner, B. (1994), Finanzierungsaspekte der wirtschaftlichen Entwicklung in den neuen Bundesländern: Stand-Probleme-Perspektiven, Ifo-Schnelldienst 20(1994), S. 8-16.

Müller-Wrasmann, K. (1987), Erfahrungen mit durchgeführten Privatisierungen und die hieraus gewonnenen Erkenntnisse zur Beurteilung einer Übertragung der Abwasserentsorgung auf private Unternehmen, in: Umweltinformationen für Niedersachsen Nr. 19, Privatisierungen von Kläranlagen? (1987)9, S. 10-15.

Mulligan, G.F. (1984), Agglomeration and Central Place Theory. A Review of Literature, in: International Regional Science Review, 9(1984)1, S. 1-42.

Munnell, A.H. (1990), Why has Productivity Growth Declined? Productivity and Public Investment, in: New England Economic Review, Federal Reserve Bank of Boston, (1990)1-2, S. 3-22.

Munnell, A.H. (1993), An Assessment of Trends in and Economic Impacts of Infrastructure Investment, in: OECD, Infrastructure Policies for the 1990s, Paris, 1993, S. 21-54.

Münstermann, E. (1994a), Der kommunale Finanzausgleich in den neuen Ländern 1993/94, in: ZFK, (1994a)5, S. 98-102.

Münstermann, E. (1994b), Der kommunale Finanzausgleich in den neuen Ländern 1993/94, in: ZFK, (1994b)6, S. 129-132.

Musgrave, R.A. (1956/57), A Multipe Theory of Budget Determination, in: Finanzarchiv N.F., 17(1956/57).

Musgrave, R.A. (1966), Finanztheorie, Tübingen, 1966.

Musgrave, R.A. (1971), Infrastruktur und die Theorie öffentlicher Güter, in: Arndt, H.; Swatek, D., Grundfragen der Infrastrukturplanung für wachsende Wirtschaften, Berlin, 1971.

Musgrave, R.A.; Musgrave, P.B.; Kullmer, L. (1990), Die öffentlichen Finanzen in Theorie und Praxis, 5. überarb. Aufl., Band 1, Tübingen, 1990.

Nadiri, M.I.; Mamuneas, T.P. (1994), The Effects of Public Infrastructure and R&D Capital on the Cost Structure and Performance of U.S. Manufacturing Industries, in: The Review of Economics and Statistics, 76(1994), S. 22-37.

Neumark, F. (1978), Bemerkungen zu einigen ökonomischen Aspekten der grundgesetzlichen Vorschriften über die Einheitlichkeit der Lebensverhältnisse in der Bundesrepublik Deutschland, in: Dreißig, W., Probleme des Finanzausgleichs, Kronberg, 1978.

Nevitt, P.K. (1989), Project Financing, in: Euromoney Publications, 5. Aufl., London, 1989.

Newberry, D.M. (1988), Charging for Roads, in: Research Observer, 3(1988)2, S. 119-138.

Newberry, D.M. (1990), Pricing and Congestion: Economic Principles relevant to Pricing Roads, in: Oxford Review of Economic Policy, 6(1990)2, S. 22ff.

(Der) Niedersächsische Minister für Wirtschaft, Technologie und Verkehr (1988), Privatisierung kommunaler Kläranlagen, 2. Aufl., Hannover, 1988.

Niklas, J. (1989), Überregionaler Verkehr, in: Behring, u.a. Baubedarf - Perspektiven bis 2000. Ifo Studien zur Bauwirtschaft Nr. 14, München, 1989, S. 131-161.

Niskanen, W. A., Jr. (1975), Bureaucrats and Politicians, in: Journal of Law and Economics, 18(1975), S. 617-643.

Niskanen, W.A., Jr. (1971), Bureaucracy and Representative Government, Chicago, 1971.

Noll, W. (1984), Die Relevanz der Theorie der öffentlichen Güter für öffentliche Unternehmen, in: Oettle, K., Öffentliche Güter und öffentliche Unternehmen. Beiträge zur Relevanz der Theorie der öffentlichen Güter für die öffentlichen Unternehmen. Baden-Baden, 1984, S. 91-102.

o.V. (1993), Das Krefelder Modell der Abfallentsorgung und Abwasserbeseitigung, in: Kommunalwirtschaft, (1993)9, S. 167-174.

Oakland, W.H. (1972), Congestion, Public Goods and Welfare, in: Journal of Public Economy, 1(1972), S. 339-357.

Oakland, W.H. (1974), Public Goods, Perfect Competition and Underproduction, in: Journal of Political Economy, 82(1974)5, S. 927-939.

Oakland, W.H. (1987), Theory of Public Goods, in: Handbook of Public Economics, (1987), S. 485-535.

Oates, W.E. (1985), The Environment and the Economy. Environmental Policy at the Crossroads, in: Quigley, J.M.; Rubinfeld, D.L., American Domestic Priorities - An Economic Appraisal, Berkeley u.a.O., 1985, S. 311-345.

Odenwald, R. (1996), Privatfinanzierung staatlicher Bauaufgaben - Eine Einschätzung aus der Sicht des Bayerischen Obersten Rechnungshofs Dokumentation zum Symposium „Public Private Partnership - Neue Formen öffentlicher Aufgabenerfüllung“ am 21. und 22. März 1996 in Hamburg, Hamburg, 1996.

Oi, W.Y. (1971), A Disneyland Dilemma: Two-Part-Tariffs for a Mickey Mouse Monopoly, in: Quarterly Journal of Economics, 84(1971), S. 77-96.

Olson, M. (1973), The Logic of Collective Action: Public Goods and the Theory of Groups, Cambridge, Mass., 1973.

Oppenländer, K.H. (1988), Wachstumstheorie und Wachstumspolitik. Die Strukturdynamik als wesentlicher Erklärungsfaktor des wirtschaftlichen Wachstums und als Ansatzpunkt für eine innovationsbezogene Wachstumspolitik, München, 1988.

Ostrom, E. (1991), Governing the Commons. The evolution of institutions for collective action, Cambridge, New York u.a.O., 1991.

Ostrowski, R. (1993), Neue Wege der Infrastrukturfinanzierung, in: Zeitschrift für Verkehrswissenschaft, 64(1993), S. 49-66.

Ostwald, W. (1990), Die räumliche Situation in den DDR-Regionen. Anforderungen an eine neue Raumplanung, in: Raumforschung und Raumordnung, 48(1990)4-5, S. 186-196.

Pätzold, J. (1991), Stabilisierungspolitik, 4. Aufl., Bern, Stuttgart, 1991.

Peffekoven, H. (1988), Finanzausgleich I: Wirtschaftstheoretische Grundlagen, in: Handwörterbuch der Wirtschaftswissenschaften, (1988), S. 608ff..

Pethig, R. (1981), Möglichkeiten der Allokation gemeinschaftlich nutzbarer Güter mit nutzungsabhängiger Qualität, in: Zeitschrift für die gesamte Staatswissenschaft, 137(1981), S. 187-211.

Petty, W. (1662), A Treatise of Taxes and Contributions, London, 1662.

Pfaffenberger, W. (1991), Finanzwirtschaftliche Aspekte der Modernisierung der Infrastruktur in den neuen Ländern, Wirtschaftswissenschaftliche Diskussionsbeiträge 81, Universität Oldenburg, Oldenburg, 1991.

Pfähler, W.; Hofmann, U.; Lehmann-Grube, U. (1995), Infrastruktur und Wirtschaftsentwicklung. Kritische Bestandsaufnahme, Erweiterungen und Fallstudien, in: Oberhauser, A., Finanzierungsprobleme der deutschen Einheit III. Ausbau der Infrastruktur und kommunaler Finanzausgleich, Band 229/III, Berlin, 1995.

Pfähler, W.; Lorz, J.-O. (1994/5), Optionen der deutschen Standortpolitik, in: Kantzenbach, E.; Mayer, O.G., Deutschland im internationalen Standortwettbewerb, Baden-Baden, 1994/5.

Pfüller, H.-J. (1990), Abwasserbeseitigung durch Private. Kurzdarstellung des niedersächsischen Betreibermodells, in: Schriftenreihe der kommunalen Umwelt Aktion U.A.N., Privatisierung öffentlicher Aufgaben 2, Hannover, 1990, S. 63-72.

Picot, A. (1991), Subsidiaritätsprinzip und ökonomische Theorie der Organisation, in: Faller, P.; Witt, D., Dienstprinzip und Erwerbsprinzip. Fragen der Grundorientierung in Verkehr und öffentlicher Wirtschaft, Baden-Baden, 1991.

Pigou, A.C. (1928), A Study of Public Finance, Teil 2, London, 1928.

Pilz, F.; Ortwein, H. (1992), Das vereinte Deutschland: wirtschaftliche, soziale und finanzielle Folgeprobleme und Konsequenzen für die Politik, Stuttgart, Jena, 1992.

Planungsausschuß für regionale Wirtschaftsstruktur (1992), 21. Rahmenplan der Gemeinschaftsaufgabe 'Verbesserung der regionalen Wirtschaftsstruktur' für den Zeitraum 1992 bis 1995 (1996), Bundestagsdrucksache 12/2599, Bonn, 13.5.1992.

Planungsausschuß für regionale Wirtschaftsstruktur (1994), Dreiundzwanzigster Rahmenplan der Gemeinschaftsaufgabe 'Verbesserung der regionalen Wirtschaftsstruktur' für den Zeitraum 1994 bis 1997 (1998) Bonn, 28.3.1994.

Pommerehne, W.W. (1990), Genügt bloßes Reprivatisieren?, in: Aufderheide, D., Deregulierung und Privatisierung. Symposium Oeconomicum Münster, Stuttgart, Berlin, Köln, 1990, S. 27-63.

Posner, R.A. (1969), Natural Monopoly and its Regulation, in: Stanford Law Journal, 21(1969), S. 548-643.

Posner, R.A. (1972), The Appropriate Scope of Regulation in the Cable Television Industry, in: Bell Journal of Economics, 3(1972), S. 98-129.

Prager, R.A. (1990), Firm Behaviour in Franchise Monopoly Markets, in: Rand Journal of Economics, 21(1990), S. 211-225.

Pütz, T. (1979), Grundlagen der theoretischen Wirtschaftspolitik, 4. neubearb. und erw. Aufl., Stuttgart, New York, 1979.

Ragnitz, J. (1991), Regionalpolitische Aufgaben in den neuen Bundesländern, in: Wirtschaftsdienst, (1991)8, S. 411-415.

Ramsey, F.P. (1927), A Contribution to the Theory of Taxation, in: Economic Journal, 37(1927)March, S. 47-61.

Recktenwald, H.C. (1980), Staatswirtschaft aus analytischer Sicht, in: Grüske, K.-D., Markt und Staat: Fundamente einer freiheitlichen Ordnung in Wirtschaft und Politik, Göttingen, 1980.

Reffken, H. (1990), Erweiterung des finanziellen Handlungsspielraumes durch Privatisierung?, in: Schriftenreihe der kommunalen Umwelt Aktion U.A.N., Privatisierung öffentlicher Aufgaben 2, Hannover, 1990, S. 47-50.

Rehm, H. (1989), Neue Modelle der Finanzierung kommunaler Investitionen, in: Zeitschrift für öffentliche und gemeinwirtschaftliche Unternehmen, (1989)1, S. 49-70.

Rehm, H. (1994), Neue Wege zur Finanzierung öffentlicher Investitionen, in: Zeitschrift für öffentliche und gemeinwirtschaftliche Unternehmen, (1994)Beiheft 18.

Reich, J. (1987), Gesamtwirtschaftliche Implikationen der Finanzierung öffentlicher Investitionen über geschlossene Immobilienfonds, in: Friedrich, P., Finanzierung kommunaler Investitionen über geschlossene Immobilienfonds, Baden-Baden, 1987, S. 156-187.

Relles, M. (1990), Finanzierung im Grenzbereich zwischen Projektfinanzierung und öffentlicher Finanzierung am Beispiel von Müllverbrennungsanlagen, in: Backhaus, K.; Sandrock, O.; Schill, J.; Uekermann, H., Projektfinanzierung. Wirtschaftliche und rechtliche Aspekte einer Finanzierungsmethode für Großprojekte, Stuttgart, 1990, S. 101-112.

Richter, R.; Bindseil; U. (1995), Neue Institutionenökonomik, in: WiSt, (1995)3, S. 132-140.

Richter, W.F. (1992), Staatsverschuldung, in: Staatswissenschaften und Staatspraxis, 3(1992), S. 171-185.

Rieger, H. (1990), Juristische Aspekte einer Projektfinanzierung, in: Backhaus, K.; Sandrock, O.; Schill, J.; Uekermann, H., Projektfinanzierung. Wirtschaftliche und rechtliche Aspekte einer Finanzierungsmethode für Großprojekte, Stuttgart, 1990, S. 63-76.

Rima, I.H. (1986), Development of Economic Analysis, 4. Aufl., Homewood, Ill., 1986.

Rittig, G. (1984), Öffentliche Güter, Öffentliche Unternehmungen und die oeconomia publica, in: Oettle, K., Öffentliche Güter und öffentliche Unternehmen. Schriftenreihe der Gesellschaft für Wirtschaft und Gemeinwirtschaft. Baden-Baden, 1984.

Robert Bosch GmbH, Deutsche Bank AG, Philipp Holzmann AG, Volkswagen AG, Verband der Automobilindustrie e.V. (VDA) (1991), Privatwirtschaftlicher Ausbau der Verkehrsinfrastruktur. Autobahn A2 Berlin - Helmstedt, o.O., 1991.

Röhling, W.; Kessel, P. (Kessel u. Partner) (1991), Güterverkehrsprognose 2010. Schlußbericht. Forschungsprojekt des Bundesministers für Verkehr, Freiburg i.Br., 1991.

Romer, P.M. (1989), Capital Accumulation in the Theory of Long-Run Growth, in: Barro, R.J., Modern Business Cycle Theory, Cambridge (Mass.), 1989, S. 51-127.

Ronellenfitsch, M. (1993), Verkehrswegeplanung in Deutschland. Beschleunigungsgesetz - Investitionsmaßnahmengesetze, in: Blümel, W., Verkehrswegeplanung in Deutschland. Speyerer Forschungsberichte 105, 3. Aufl., 1993, S. 5-21.

Roscher, H. (1993), Herstellungs- und Erneuerungsbedarf kommunaler technischer Infrastruktur, in: Akademie für Raumforschung und Landesplanung, Infrastrukturelle Voraussetzungen des Strukturwandels. Wissenschaftliche Plenarsitzung 1992. Forschungs- und Sitzungsberichte, Hannover, 1993, S. 15-36.

Rose, J. (1989), Privatisierung der Abwasserbeseitigung - Preisvorteil durch Kalkulationsfehler?, in: der gemeindehaushalt, (1989)9, S. 198-200.

Rosen, H.S. (1988), Public Finance, 2nd edition, Homewood, Ill., 1988.

Rosen, H.S.; Windisch, R. (1992), Finanzwissenschaft, Band I, München, Wien, 1992.

Roßberg, K. (1991), Der Zustand des Straßennetzes der ehemaligen DDR und dessen Ursachen, in: Straße und Autobahn, (1991)5, S. 264-269.

Rudolph, K.-U. (1990), Das Niedersächsische Betreibermodell zur kommunalen Abwasserbeseitigung und andere Möglichkeiten zur Kostensenkung, in: Schriftenreihe der kommunalen Umwelt Aktion U.A.N. Privatisierung öffentlicher Aufgaben 2, Hannover, 1990, S. 157-177.

Rudolph, K.-U. (1994), Zur privaten Finanzierung öffentlicher Investitionen, in: Wirtschaftsdienst, (1994)2, S. 92-95.

Rudolph, K.-U.; Gellert, M. (1988), Das Niedersächsische Betreibermodell zur kommunalen Abwasserbeseitigung, in: der gemeindehaushalt, (1988)6, S. 121-126.

Runge, M. (1994), Wasserversorgung und Abwasserentsorgung in den neuen Bundesländern. Anmerkungen zu Privatisierungskampagne und Zentralisierungsbestrebungen, in: Zeitschrift für öffentliche und gemeinwirtschaftliche Unternehmen, 17(1994)4, S. 430-456.

Sachverständigenrat zur Beurteilung der gesamtwirtschaftlichen Entwicklung (1990), Jahresgutachten 1990/91, o.O. 15.11.1990.

Sachverständigenrat zur Begutachtung der gesamtwirtschaftlichen Entwicklung (1991), Marktwirtschaftlichen Kurs Halten. Zur Wirtschaftspolitik für die neuen Bundesländer, Sondergutachten, o.O., 13.4.1991.

Sachverständigenrat zur Begutachtung der gesamtwirtschaftlichen Entwicklung (1993), Jahresgutachten 1993/94, o.O., 15.11.1993.

Sachverständigenrat zur Begutachtung der gesamtwirtschaftlichen Entwicklung (1995), Jahresgutachten 1995/96, o.O., 15.11.1995.

Salop, S.C. (1979), New Directions in Industrial Organization. Strategic Entry Deterrence, in: American Economic Review, Papers and Proceedings, 69(1979)5, S. 335-338.

Samuelson, P.A. (1954), The Pure Theory of Public Expenditure, in: The Review of Economics and Statistics, 36(1954), S. 387-389.

Samuelson, P.A. (1955), Diagrammatic Exposition of a Theory of Public Expenditure, in: The Review of Economics and Statistics, 37(1955), S. 350-356.
Sandler, T. (1992), Collective Action. Theory and Applications, Ann Arbor, 1992.
Sandler, T.; Tschirhart, J.T. (1980), The Economic Theory of Clubs: An Evaluative Survey, in: Journal of Economic Literature, 18(1980)Dez., S. 1481-1521.
Sarmet, M. (1981), Recent Trends in International Project Financing, in: The Banker, 131(1981)Sept., S. 123-135.
Savas, E.S. (1982), Privatizing the Public Sector. How to Shrink Government, Catham, New Jersey, 1982.
Scharpf, F.W. (1990), Föderalismus an der Wegscheide: eine Replik, in: Staatswissenschaft und Staatspraxis, (1990), S. 579-587.
Schätzl, L. (1992), Wirtschaftsgeographie 1, Theorie, 4. Aufl., Paderborn, München, Wien, Zürich, 1992.
Scheele, U. (1993), Privatisierung von Infrastruktur. Möglichkeiten und Alternativen, Köln, 1993.
Scheidemann, D. (1991), Der Begriff der Daseinsvorsorge: Ursprung, Funktion und Wandlungen der Konzeption Ernst Forsthoffs, Göttingen, 1991.
Schlesinger, H.; Weber, M.; Ziebarth, G. (1993), Staatsverschuldung - ohne Ende? Zur Rationalität und Problematik des öffentlichen Kredits, Darmstadt, 1993.
Schmalensee, R. (1979), The Control of Natural Monopolies, Lexington, Massachusetts, 1979.
Schmidt, F.O. (1993a), Neue Wege zur Finanzierung von Verkehrsinvestitionen, in: Die Bank, (1993)7, S. 412-417.
Schmidt, F.O. (1993b), Privates Kapital für den öffentlichen Verkehr, in: Die Bank, (1993)9, S. 524-529.
Schmidt, F.O. (1994), Die Finanzierung der Verkehrsinfrastruktur vor dem Hintergrund der Wiedervereinigung. Privatfinanzierung: Eine Alternative zur öffentlichen Finanzierung? Frankfurt am Main, 1994.
Schmidt, K. (1970), Kollektivbedürfnisse und Staatstätigkeit, in: Haller, H. u.a., Theorie und Praxis des finanzpolitischen Interventionismus. Fritz Neumark zum 70. Geburtstag, Tübingen, 1970, S. 3-27.
Schmidt, R.F.; Terberger, E. (1996), Grundzüge der Investitions- und Finanzierungstheorie, 3. Aufl., Wiesbaden, 1996.
Schmitt, W. (1989), Internationale Projektfinanzierung bei deutschen Banken, Veröffentlichungen des Instituts für Bankwirtschaft und Bankrecht and der Universität zu Köln. Wirtschaftswissenschaftliche Reihe, Bd. 37, Frankfurt, 1989.
Schmitz, S.; Wiegandt, C.-C. (1992), Die Uneinheitlichkeit der ökologischen Lebensverhältnisse in Deutschland, in: Geographische Rundschau, 44(1992)3, S. 168-174.
Schmölders, G. (1988), Historische Schule, in: Issing, O., Geschichte der Nationalökonomie 2. Aufl., München, 1988.
Schmuck, A. (1990), Nachholbedarf für die Verkehrsinfrastruktur auf dem Gebiet der ehemaligen DDR - Verkehrsträger Straße, in: Straße und Autobahn, (1990)11, S. 531-540.
Schneider, F.; Bartel, R. (1989), Gemeinwirtschaft vs. Privatwirtschaft. Ein Effizienzvergleich, Wien, 1989.
Schneider, W. (1986), Projektfinanzierung im Verkehrssektor, in: Der langfristige Kredit, (1986)18, S. 570-572.
Schönknecht, R. (1991), Entwicklungsdefizite bei den ostdeutschen Wasserstraßen, in: Internationales Verkehrswesen, 43(1991)9, S. 360-366.
Schröder, R. (1968), Strukturwandel, Standortwahl und regionales Wachstum, Stuttgart, 1968.
Schrödter, W.; Partetzke, G. (1987), Abwasserbeseitigung im Betreibermodell, in: Die niedersächsische Gemeinde, (1987)2, S. 33-39.
Schrumpf, H. (1992), Engpässe in der Infrastruktur in den neuen Bundesländern, in: Beihefte der Konjunkturpolitik, (1992)39, S. 127-140.

Schürer, G. (1992), Schürers Krisen-Analyse, Dokumentation, in: Deutschlandarchiv, 25(1992)11, S. 1112-1120.
Schweisfurth, T. (1991), Privatwirtschaftliche Formen kommunaler Investitionsfinanzierung, DST-Beiträge zur Finanzpolitik, (1991)11.
Scotchmer, S. (1994), Public Goods and the Invisible Hand, in: Quigley, J.M.; Smolensky, E., Modern Public Finance, Cambridge, London, 1994.
Seers, D. (1974), Was heißt 'Entwicklung'?, in: Senghaas, D., Peripherer Kapitalismus, Analysen über Abhängigkeit und Unterentwicklung, Frankfurt, 1974.
Seitz, H. (1994), Public Capital and the Demand for Private Inputs, in: Journal of Public Economics, 54(1994)2, S. 287-307.
Seitz, H. (1995), Infrastruktur als Wettbewerbsinstrument zwischen Städten: Theoretische Überlegungen und empirische Ergebnisse für westdeutsche Städte, in: Ifo-Studien, Zeitschrift für empirische Wirtschaftsforschung, 41(1995)2, S. 211-243.
Senf, P. (1977), Kurzfristige Haushaltsplanung, in: Neumark, F., Handbuch der Finanzwissenschaft, 3. Aufl., Band 1, Tübingen, 1977.
Shah, A. (1992), Dynamics of Public Infrastructure, Industrial Productivity and Profitability, in: The Review of Economics and Statistics, 74(1992), S. 28-36.
Sharkey, W.W. (1982), The Theory of Natural Monopoly, Cambridge, London u.a.O, 1982.
Shephard, W.G. (1984), „Contestability" vs. Competition, in: American Economic Review, 74(1984)4, S. 572-587.
Sherman, R. (1989), The Regulation of Monopoly, Cambridge, 1989.
Shibata, H. (1979), A Theory of Group Consumption and Group Formation, in: Public Finance, 34(1979)3, S. 395-413.
Siebert, H. (1970), Zur Frage der Distributionswirkungen öffentlicher Infrastrukturinvestitionen, in: Jochimsen, R.; Simonis, E., Theorie und Praxis der Infrastrukturpolitik, Berlin, 1970.
Siebert, H. (1972), Infrastruktur und regionales Wachstum, in: Jahrbücher für Nationalökonomie und Statistik, Band 186, 1972, S. 184-202.
Siebert, H. (1977), Infrastruktur und Wachstum, in: Simonis, U.E., Infrastruktur: Theorie und Politik, Gütersloh, 1977, S. 132-144.
Simonis, U.E. (1977), Infrastruktur. Theorie und Politik, Gütersloh, 1977.
Sinn, H.-W. (1996), Das Subsidiaritätsprinzip und der Systemwettbewerb, Aufsatz für die Tagung des Finanzwissenschaftlichen Ausschusses des Vereins für Socialpolitik in Hamburg vom 29. bis 31. Mai 1996, Manuskript, 1996.
Sinz, K. (1996), Praktische Erfahrungen und Probleme mit Public Private Partnership in der Entsorgungswirtschaft, Dokumentation zum Symposium „Public Private Partnership - Neue Formen öffentlicher Aufgabenerfüllung" am 21. und 22. März 1996 in Hamburg, Hamburg, 1996.
Sitte, R. (1994), Regionalförderung in den neuen Bundesländern - Zwischenbilanz und Perspektiven, in: WSI-Mitteilungen, (1994)4, S. 243-250.
Small, K.A. (1992), Urban Transportation Economics, Chur, 1992.
Smith, A. (1776/1994), An Inquiry into the Nature and Causes of the Wealth of Nations, ed. by E. Cannan, New York, 1776/1994.
Smith, V.L. (1980), Experiments with a Decentralized Mechanism for Public Good Decisions, in: American Economic Review, 70(1980)4, S. 584-599.
Sohmen, E. (1976), Allokationstheorie und Wirtschaftspolitik, 1. Aufl., Tübingen, 1976.
Spelthahn, S.; Steger, U. (1992), Privatisierung der Abwasserbeseitigung - Ein internationaler Vergleich am Beispiel Bundesrepublik Deutschland, Frankreich und Großbritannien, Wiesbaden, 1992.
Stedler, H.; Peters, H.H. (1983), Venture Capital - ein zukunftsorientiertes Finanzierungsinstrument, in: Zeitschrift für das gesamte Kreditwesen, (1983)21, S. 988-997.

Steenbock, R. (1987), Grenzen der Privatisierung öffentlicher Aufgaben, insbesondere der Abwasserbeseitigung. Anmerkungen zum Betreibermodell, in: der gemeindehaushalt, (1987)11, S. 246-253.

Steenbock, R. (1990), Grenzen der Privatisierung öffentlicher Aufgaben, insbesondere der Abwasserbeseitigung, in: Schriftenreihe der kommunalen Umwelt Aktion U.A.N. 2, Privatisierung öffentlicher Aufgaben, Hannover, 1990, S. 87-108.

Steenbock, R. (1993), Kommunalhaushaltsrecht, in: Klein, F., Lexikon des Rechts. Steuer- und Finanzrecht, 2. überarb. und erw. Aufl., Berlin, 1993, S. 320-326.

Steiner, U. (1992a), Straßen- und Wegerecht, in: Steiner, U., Besonderes Verwaltungsrecht, Heidelberg, 1992, S. 623-296.

Steiner, U. (1992b), Raumordnungs- und Landesplanungsrecht, in: Steiner, U., Besonderes Verwaltungsrecht, Heidelberg, 1992, S. 697-734.

Stern, K.; Schmidt-Bleibtreu, B. (1990), Einigungsvertrag und Wahlvertrag, München, 1990.

Stevens, B.; Michalski, W. (1990), Infrastructure in the 1990s: An Overview of Trends and Policy Issues, in: OECD, Infrastructure Policies for the 1990s, Paris, 1990.

Stigler, G.J. (1968), The Organization of Industry, Homewood, Ill., 1968.

Stiglitz, J.E. (1985), Credit Markets and the Control of Capital, in: Journal of Money, Credit and Banking, 17(1985), S. 133-152.

Stille, F., u.a. (1992), Strukturwandel im Prozeß der deutschen Vereinigung. Analyse der strukturellen Entwicklung, Strukturberichterstattung 1992, Deutsches Institut für Wirtschaftsforschung, Beiträge zur Strukturforschung, Berlin, 1992.

Stober, R. (1993), Wirtschaftsverwaltungsrecht, 8. Aufl., Stuttgart, 1993.

Stohler, J. (1965), Zur rationalen Planung der Infrastruktur, in: Konjunkturpolitik, 11(1965), S. 279-308.

Streit, M.E. (1991), Theorie der Wirtschaftspolitik, 4. Aufl., Düsseldorf, 1991.

Suntum, U.v. (1986), Verkehrspolitik, München, 1986.

Suntum, U.v. (1989), Ökosteuern im Verkehr? in: Wirtschaftsdienst, (1989)11, S. 557-563.

Suntum, U.v. (1993), Verkehrspolitik in der Marktwirtschaft, in: „Aus Politik und Zeitgeschichte“ Beilage zur Wochenzeitung 'Das Parlament' vom 25.1.1993, S. 3-13.

Tanner, E. (1982), Ökonomisch optimale Aufgabenteilung zwischen den staatlichen Ebenen, Schriften des Forschungsinstituts für Föderalismus und Regionalstrukturen Nr. 13, Bern, Frankfurt a.M., 1982.

Telser, L.G. (1969), On the Regulation of Industry: A Note, in: Journal of Political Economy, 77(1969), S. 937-952.

Thiemeyer, T. (1984), Öffentliche Unternehmen in der sozialen Marktwirtschaft heute, in: Öffentliche Unternehmen in der sozialen Marktwirtschaft heute, Baden-Baden, 1984, S. 15-32.

Thomson, J.M. (1978), Grundlagen der Verkehrspolitik, Bern, Stuttgart, 1978.

Tinbergen, J. (1968), Wirtschaftspolitik, Freiburg i.Br., 1968.

Tipke, K.; Lang, J. (1991), Steuerrecht: ein systematischer Grundriß, 13. Aufl., Köln, 1991.

Tofaute, H. (1992), Die Finanzsituation der öffentlichen Haushalte zur Jahreswende 1991/1992, in: WSI-Mitteilungen, 45(1992)2, S. 61-68.

Töpfer, K. (1991), Aktionsprogramm ökologischer Aufbau, in: Stadt und Gemeinde, (1991)5, S. 179-184.

Treuner, P. (1993), Erfordernisse des Infrastrukturaufbaus, in: Akademie für Raumforschung und Landesplanung, Infrastrukturelle Voraussetzungen des Strukturwandels. Wissenschaftliche Plenarsitzung 1992. Forschungs- und Sitzungsberichte, (1993), S. 7-14.

Tuchtfeld, E. (1977), Infrastrukturinvestitionen als Mittel der Strukturpolitik, in: Simonis, U.E., Infrastruktur. Theorie und Politik, Gütersloh, 1977, S. 146-157.

Uekermann, H. (1990), Technik der internationalen Projektfinanzierung, in: Backhaus, K.; Sandrock, O.; Schill, J.; Uekermann, H., Projektfinanzierung. Wirtschaftliche und rechtliche Aspekte einer Finanzierungsmethode für Großprojekte, Stuttgart, 1990, S. 13-28.

Uhlig, K. (1990), Private Public Partnership. Aufgaben, Formen und Risiken kommunaler öffentlich-privater Gemeinschaftsfinanzierung - mit Beispielen der Stadt Köln, in: Archiv für Kommunalwissenschaft, (1990)1, S. 106-117.

UPI (Umwelt- und Prognose-Institut Heidelberg e.V.) (1991), Ökologische und soziale Kosten der Umweltbelastung in der Bundesrepublik Deutschland im Jahre 1989, UPI-Bericht Nr. 20, Heidelberg, 1991.

Van der Bellen, A. (1971) Diskussionsbeitrag zu R.A. Musgrave, Infrastruktur und die Theorie der öffentlichen Güter, in: Arndt, H.; Swatek, D., Grundfragen der Infrastrukturplanung für wachsende Wirtschaften, Berlin, 1971.

Van Laak, D. (1995), Der Begriff der 'Infrastruktur' und was er vor seiner Erfindung besagte, Unveröffentlichtes Manuskript, Jena, 1995.

Vickerman, R.W. (1991), Infrastructure and Regional Development: Introduction, in: Vickermann, R.W., Infrastructure and Regional Development, European Research in Regional Science, Band 1, London, 1991, S. 1-8.

Viner, J. (1931/1953), Cost Curves and Supply Curves, in: The American Economic Association, Readings in Price Theory, London, 1953 (orig. Zeitschrift für Nationalökonomie, 3(1931), S. 23-46.

Voigt, W. (1990), Ausgewählte Aspekte zur Situation im Verkehrswesen der DDR, in: Straßenverkehrstechnik, (1990)3, S. 105ff..

Voss, G. (1990), Schwerpunkt DDR: Energieversorgung und Umweltschutz, in: Institut der deutschen Wirtschaft. Bestandsaufnahme DDR: Infrastruktur, Sozialsystem, Reformen und Finanzierung, 1990, S. IV-1-IV-17.

Weber, Alfred (1922), Über den Standort der Industrie, 1. Teil, Reine Theorie des Standorts, 2. Aufl., Tübingen, 1922.

Wegehenkel, L. (1981), Marktsystem und exklusive Verfügungsrechte an Umwelt, in: Wegehenkel, L., Marktwirtschaft und Umwelt, Tübingen, 1981, S. 236-270.

Weltbank (1994), Weltentwicklungsbericht 1994, Infrastruktur und Entwicklung, Washington, 1994.

Werner, F. (1985), Die Raumordnungspolitik der DDR, Veröffentlichungen der Akademie für Raumforschung und Landesplanung, Band 82, Hannover, 1985.

West, C.-D. (1985), Kommunale Finanzen in der DDR, in: Zeitschrift für Kommunalfinanzen, (1985)9, S. 197-202.

Wetzker, K. (Hrsg.) (1990), Wirtschaftsreport: Daten und Fakten zur wirtschaftlichen Lage Ostdeutschland, Berlin, 1990.

Wille, E. (1993), Die Bedeutung der öffentlichen Infrastruktur für die wirtschaftliche Entwicklung - Notwendigkeiten in den neuen Bundesländern, in: Eichhorn, P., Finanzierung und Organisation der Infrastruktur in den neuen Bundesländern, Baden-Baden, 1993, S. 11-37.

Willeke, R. (1977), 'Ruinöse Konkurrenz' als verkehrspolitisches Argument, in: ORDO, 1977, S. 155-170.

Willeke, R. (1990), Ziele und Hauptprobleme einer gemeinsamen deutschen Verkehrspolitik, in: Zeitschrift für Verkehrswissenschaft, 61(1990), S. 59-73.

Willeke, R. (1993), Zur Frage der externen Kosten und Nutzen des motorisierten Straßenverkehrs, in: Zeitschrift für Verkehrswissenschaft, 64(1993), S. 215-236.

Williamson, O.E. (1975), Markets and Hierarchies: Analysis and Antitrust Implications, New York, 1975.

Williamson, O.E. (1976), Franchise Bidding for Natural Monopolies - in general and with respect to CATV, in: The Bell Journal of Economics, 7(1976), S. 73-104.

Williamson, O.E. (1985), The Economic Institutions of Capitalism, New York, 1985.

Windisch, R. (1981), Das Anreizproblem bei marktlicher Koordinierung der Nutzung knapper Umweltressourcen, in: Wegehenkel, L., Marktwirtschaft und Umwelt, Tübingen, 1981, S. 105-149.

Windisch, R. (1986), Über Agenda und Grenzen der Staatstätigkeit in einer marktwirtschaftlichen Ordnung, in: Weigel, W.; Leithner, E.; Windisch, R., Handbuch der österreichischen Finanzpolitik. Festgabe für Wilhelm Weber, Wien, 1986.

Windisch, R. (1987), Privatisierung natürlicher Monopole: Theoretische Grundlage und Kriterien, in: Windisch, R., Privatisierung natürlicher Monopole im Bereich von Bahn, Post und Telekommunikation, Tübingen, 1987, S. 1-146.

Windisch, R. (1996a), Artikel Verfügungsrechte, in: Gabler Volkswirtschaftslexikon, 4. Aufl., Bd. 2 L-Z, Wiesbaden, 1996, S. 1158-1167.

Windisch, R. (1996b) Artikel für Gabler Wirtschaftslexikon: Zitronenproblem, Manuskript, S. 1-5.

Wink, R. (1995), Verkehrsinfrastrukturpolitik in der Marktwirtschaft: eine institutionenökonomische Analyse, Berlin, 1995.

Wissenschaftlicher Beirat (beim Bundesministerium für Verkehr) (1987), Verkehrsinfrastruktur als Voraussetzung für gesellschaftliche und wirtschaftliche Entwicklung, in: Zeitschrift für Verkehrswissenschaft, 58(1987), S. 131-153.

Wissenschaftlicher Beirat (beim Bundesministerium für Verkehr) (1993), Bahnstrukturreform und Verkehrsfinanzierung, Internationales Verkehrswesen, 45(1993)11, S. 622-633.

Witten, R.; Wellnitz, J. (1991), Zustand und Sanierungsbedarf der Abwasserkanäle in den neuen Bundesländern, in: Korrespondenz Abwasser, (1991)12, S. 1625-1630.

Wöhe, G.; Bilstein, J. (1988), Grundzüge der Unternehmensfinanzierung, 5. Aufl., München, 1988.

Wulf-Mathies, M (1984), Öffentliche Unternehmen - Instrumente zur Durchsetzung sozial- und wirtschaftspolitischer Ziele, in: Öffentliche Unternehmen in der sozialen Marktwirtschaft, Schriftenreihe der Gesellschaft für öffentliche Wirtschaft und Gemeinwirtschaft, Baden-Baden, 1984, S. 77-94.

Ziegler, A. (1992), Angleichung der Lebensbedingungen zwischen den ost- und westdeutschen Regionen als Herausforderung der Strukturpolitik, in: WSI-Mitteilungen, (1992)11, S. 729-735.

Zimmermann, H. (1978), Zur Methodik einer Ermittlung der Raumwirksamkeit von Bundesausgaben, in: Raumforschung und Raumordnung, 36(1978)3, S. 94-99.

Zimmermann, H. (1983), Allgemeine Probleme und Methoden des Finanzausgleichs, in: Neumark, F., Handbuch der Finanzwissenschaft, 3. Aufl., Band IV, Tübingen, 1983, S. 3-51.

Zimmermann, H. (1987), Föderalismus und „Einheitlichkeit der Lebensverhältnisse“. Das Verhältnis regionaler Ausgleichsziele zu den Zielen des föderativen Staatsaufbaus, in: Schmidt, K., Kirsch, G., Beiträge zu ökonomischen Problemen des Föderalismus, Berlin, 1987, S. 35-69.

Zimmermann, H.; Henke, K.-D. (1994), Finanzwissenschaft. Eine Einführung in die Lehre von der öffentlichen Finanzwirtschaft, 7. vollst. überarb. und erw. Aufl., München, 1994.

Zimmermann, H.; Müller, W.; Döring, T.; Lass, W.; Lapp, S. (1993), Der Zustand der kommunalen Infrastruktur, Beiträge der Akademie für Raumforschung und Landesplanung, Band 122, Hannover, 1993.

Zupan, M.A. (1989a), The Efficacy of Franchise Bidding Schemes in the Case of Cable Television: Some Systematic Evidence, in: Journal of Law and Economics, 32(1989), S. 401-456.

Zupan, M.A. (1989b), Nonprice Concessions and the Effect of Franchise Bidding Schemes on Cable Company Costs, in: Applied Economics, 21(1989), S. 305-323.

Rechtsprechungsverzeichnis

BVerfGE (1, 117), Bundesverfassungsgericht, Urteil vom 20. Februar 1952 (1 BvF 2/51), Gesetz über den Finanzausgleich unter den Ländern im Rechnungsjahr 1950 v. 16.3.51, Entscheidungen des Bundesverfassungsgerichts, Band 1, Nr. 26, S. 117-144.

BVerfGE (3, 407), Bundesverfassungsgericht, Beschluß vom 16. Juni 1954 (1 PBvF 2/52), Rechtsgutachten über die Zuständigkeit des Bundes zum Erlaß eines Baugesetzes, Entscheidungen des Bundesverfassungsgerichts, Band 3, Nr. 29, S. 407-440.

BVerfGE (79, 311), Bundesverfassungsgericht, Urteil vom 18. April 1989 (2 BvF 1/82), Haushaltsgesetz 1981, Überschreitung der in Art. 115 I, Satz 1, Halbs. 1 GG festgelegten Kreditobergrenze, Entscheidungen des Bundesverfassungsgerichts, Band 79, Nr. 27, S. 311-357.

Verzeichnis der Gesetze

AO, Abgabenordnung vom 16. März 1976, BGBL. I S. 613, ber. BGBl. 1977 I S. 269, zuletzt geändert 14.9.1994, BGBl. 1994 I, S. 2325.

BGB, Bürgerliches Gesetzbuch vom 18. August 1896, RGBl. 1896, S. 195, BGBl. III, S. 400-2, zuletzt geändert durch Gesetz zur Übernahme befristeter Kündigungsmöglichkeiten als Dauerrecht vom 21.2.1996, BGBl. 1996 I, S. 222.

Einigungsvertrag, Vertrag zwischen der Bundesrepublik Deutschland und der Deutschen Demokratischen Republik über die Herstellung der Einheit Deutschlands vom 31. August 1990, BGBl. 1990 II, S. 889.

EStG, Einkommensteuergesetz in der Fassung der Bekanntmachung vom 7. September 1990, BGBl. 1990 I, S. 1898, ber. BGBl. 1991 I, S. 808, zuletzt geändert durch Jahressteuer-Ergänzungsgesetz 1996 vom 18.12.1995, BGBl. 1996 I, S. 1959.

Gesetz über die GRW, Gesetz über die Gemeinschaftsaufgabe „Verbesserung der regionalen Wirtschaftsstruktur“ vom 6. Oktober 1969, BGBl. 1969 I, S. 1861, zuletzt geändert durch Gesetz zur Förderung von Investitionen und Schaffung von Arbeitsplätzen im Beitrittsgebiet sowie zur Änderung steuerrechtlicher und anderer Vorschriften (Steueränderungsgesetz 1991) vom 24. Juni 1991, BGBl. 1991 I, S. 1322, 1336.

GG, 1. Grundgesetz für die Bundesrepublik Deutschland vom 23. Mai 1949, BGBl. 1949, S. 1, geändert durch Gesetz zur Änderung des Grundgesetzes vom 3.11.1995, BGBl. 1995 I, S. 1492.

HGRG, Gesetz über die Grundsätze des Haushaltsrechts des Bundes und der Länder (Haushaltsgrundsätzegesetz) vom 19. August 1969, BGBl 1969 I, S. 1273, zul. geändert durch Artikel 29 des Gesetzes vom 29. Juli 1994, BGBl. I S. 1890.

KWG, Gesetz über das Kreditwesen vom 30. Juni 1993, BGBl. 1993 I, S. 1082, geänd. durch Art. 4 des Gesetzes über das Aufspüren von Gewinnen aus schweren Straftaten (Geldwäschegesetz - GwG) vom 25. Oktober 1993 (BGBl 1993 I, S. 1770) und §7 I Buchstabe c des Gesetzes zur Umsetzung des Beschlusses des Deutschen Bundestages vom 20. Juni 1991 zur Vollendung der Einheit Deutschlands (Berlin/Bonn-Gesetz) vom 26. April 1994 (BGBl. 1994 I, S. 918).

ROG, Raumordnungsgesetz in der Fassung der Bekanntmachung vom 28. April 1993, BGBl. 1993 I, S. 630, geändert durch Artikel 6 Abs. 33 des Gesetzes zur Neuordnung des Eisenbahnwesens vom 27. Dezember 1993, BGBl. 1993 I, S. 2378.

ThürGemHV, Thüringer Verordnung über das Haushalts-, Kassen- und Rechnungswesen der Gemeinden (Thüringer Gemeindehaushaltsverordnung) vom 26. Januar 1993, GVBl. 1993, S. 181.

ThürKAG, Thüringer Kommunalabgabengesetz vom 7. August 1991, GVBl. 1991, S. 329.

ThürKO, Thüringer Gemeinde- und Landkreisordnung (Thüringer Kommunalordnung) vom 16. August 1993, GVBl. 1993, S. 501.
Verkehrswegeplanungsbeschleunigungsgesetz vom 16. Dezember 1991, BGBl. 1991 I, S. 2174, zuletzt geänd. am 15. Dezember 1995, BGBl. 1995 I, S. 1840.

Manfred M. Gößl

Der westeuropäische Wirtschaftsraum im globalen Wettbewerb

Regionale Integration und Standortwettbewerbsfähigkeit

Frankfurt/M., Berlin, Bern, New York, Paris, Wien, 1997.
406 S., 21 Abb., 30 Tab.
Studien der Bremer Gesellschaft für Wirtschaftsforschung e.V.
Herausgegeben von Alfons Lemper und Rolf W. Stuchtey. Bd. 7
ISBN 3-631-31731-X · br. DM 98.–*

In den vergangenen fünfzig Jahren entwickelte sich Westeuropa zu einem hochintegrierten Wirtschaftsraum, der an die Spitze der Welteinkommenspyramide aufrückte. Daran anknüpfend will die Studie zwei Hauptsachverhalte näher ergründen. Erstens geht sie der Frage nach, welche politisch-ökonomischen „Mechanismen" im Hinblick auf den westeuropäischen Integrationsverlauf identifizierbar sind. Zweitens analysiert sie die relative Attraktivität des westeuropäischen Wirtschaftsstandortes für unternehmerische Aktivitäten und damit dessen Potential, das erreichte Wohlstandsniveau im globalen Standortwettbewerb um mobile Ressourcen auch zukünftig sichern und möglichst noch anheben zu können.

Aus dem Inhalt: Politisch-ökonomische Entwicklungslinien und -mechanismen der westeuropäischen Integration 1947-1996 · Theorie der relativen Standortattraktivität · Stärken-Schwächen-Profil Westeuropas im globalen Standortwettbewerb · Wirtschaftspolitische Reformempfehlungen · Geoökonomische Megatrends und Weltwirtschaftsordnung